近江の考古学

小笠原好彦 著

粟津貝塚（上）、久保田山古墳（下）

宝光寺講堂の瓦積基壇（上）、穴太遺跡の土壁造り住居（下）

宮井廃寺の塔跡（上）、穴太廃寺の金堂跡（下）

目次

第二部　近江の地域世界

はじめに

古代の近江は近淡海《ちかつおうみ》と呼ばれたように琵琶湖をめぐる地域であった。ここは、古代には白村江《はくそんこう》の役《えき》の後、天智天皇によって大津遷都が行われ、奈良時代にも聖武天皇によって紫香楽宮《しがらきのみや》へ遷都が行われるなど、古代国家の政治の中心地となったこともある。

この近江は藤原氏の『家伝《かでん》』に記された「武智麻呂伝《むちまろでん》」（藤原不比等《ふじわらのふひと》の子）に、「近江国は宇宙有名の地なり。地広く人衆《おお》く、国富み家給《そな》ふ。東は不破《ふわ》に交り、北は鶴賀《つるが》に接す。南は山背《やましろ》に通じて、この京邑《みやこのさと》に至る。水海《みずうみ》清くして広く……」と記されているように、古代の宮都《きゅうと》の近くに位置し、広大で肥沃《ひよく》な土壌にめぐまれた豊かな地域であった。また、『万葉集』の「藤原宮の役民《えきみん》」の歌には近江から木材を運んで宮の造営を行ったことを詠《うた》っているが、近年の調査や研究では近江で鉄生産が行われたことが明らかになってきており、鉄資源にもめぐまれたところであったことが知られている。

このような近江で、稲作農業が開始した弥生時代以降に、どのようにして農耕社会が成立し、発展したのか。また各地にどのようにして豪族が出現したのか。これらを明らかにすることは考古学の大きな課題である。

近江は琵琶湖に面した地域だけに、各時代にわたって琵琶湖を除いては語れないが、この湖上交通と東国、西国にのびる陸路による交通によって諸物資や文化、情報の伝達が行われ、東国の諸文化を西国に、また西国の諸文化を東国に伝える大きな役割を果たした。これは近江の各時代の遺跡から出土する諸遺物によって具体的に知ることができる。

さらに、琵琶湖から流れでる唯一の河川である瀬田川に架《か》けられた勢多橋《せたばし》をめぐってしばしば歴史的なドラマが展開した。

本書では、このような近江の原始・古代史を明らかにするために、各地の歴史的展開に共通する普遍的な性格と近江固有ともいうべきこの地域の人びとによって生み出された特殊性、あるいは個性的な性格を明らかにするようにつとめた論稿を収録した。これには大学で考古学を専攻した後、大和で十数年にわたって平城京、藤原京、飛鳥での考古学調査にかかわって得た研究成果や経験をふくめ、いま一つの視点として私が生まれ育った東国の辺境から近江を視ることをもふくめている。

本書に掲載した論稿は、主としてこの一〇年間に近江に関連して記述したもののうち、第Ⅰ部として、近江全体に関連する原始から古代を扱ったものをまとめて配列した。ここには近江固有の研究課題の代表とも言うべき琵琶湖の湖底遺跡に関するもの、古墳時代後期に展開した渡来人の活動とそれに関連する古墳、集落遺跡、大津宮・京の性格を探《さぐ》る問題、近江各地に造営された古代寺院のことを中心に述べている。また、第Ⅱ部では近江の地域史を掘りさげることを意図した論稿を配した。ここでは特にこの一〇年間にわたって、『蒲生町史』の編纂《へんさん》にかかわったことからも、日野川流域の古代遺跡の歴史的展開と意義を論述したものを中心に、湖南、湖東、湖北の地域を論じたものをふくめて構成した。

このように、古代近江の性格に関連するものと、近江各地の地域的展開を考古学資料をもとに論述することを意図した論稿をまとめたことから、『近江の考古学』と題することにした。

考古学の研究では各地で新たな発掘調査があいついで行われている。近江の場合も同様である。この二〇年間に近江で行われた発掘調査では、各地で行われた圃場《ほじょう》整備に関連して大規模な発掘調査が実施され、さらに地域開発に関連する調査によって膨大《ぼうだい》な成果が集積されている。それらの成果をもととして、今後さらに近江の研究が生み出され、また進展することになるであろう。

二〇〇〇年七月

小笠原好彦

第一部

近江の遺跡と歴史的展開

一　葛籠尾崎湖底遺跡考

はじめに

琵琶湖の北端部に北から突きだした岬がある。これが葛籠《つづら》尾《お》崎である。先端付近は最高所で二九三・四ｍあり、そこから急傾斜で琵琶湖に下っている。葛籠尾崎湖底遺跡は、この岬の両端から東側一帯に及ぶ水深数十ｍの湖底遺跡である。現在、琵琶湖には七〇余カ所の湖底遺跡が知られるが、この遺跡のように深い湖底に沈むものは他に類例が見つかっていない。

このような葛籠尾崎湖底遺跡がどのような原因によってできたのかは、この遺跡が見つかった一九二〇年代以来、環境変化、環境不変化の二つの側面から諸説がだされてきた。しかし、いずれの説もこの遺跡がもつ一側面を説明するのみで、なお未解決な点を残している。これには葛籠尾崎湖底遺跡がもつ主要な特徴である完全な、あるいは完形の土器が多いこと、縄文時代から平安時代まで長期にわたってこの遺跡が存続した背景を十分に解明することが必要である。

小稿では、一つには近年に小《お》江《え》慶《よし》雄《お》氏によって提示されている最新説を中心に、これまでの諸説を検討すること、二つには琵琶湖がもつ固有の諸条件に留意して、この遺跡の性格および成因を検討し、これまでの祭祀《さいし》説とは異なった投棄《とうき》説の提起を試みることにしたい。

(1) 葛籠尾崎湖底遺跡をめぐる諸説

葛籠尾崎湖底遺跡は昭和三年（一九二八）に刊行された島田貞彦《さだひこ》氏による『有史以前の近江』に、湖底から採集された縄文土器二点、弥生土器二点、石器三点が紹介されて以来、琵琶湖の代表的な湖底遺跡として注目され、広く知られるようになったものである。この遺跡から採集された土器と石器は、いずれも魦《いさざ》漁の網によって湖底から引き上げられたものであった。これらは一般的に完全土器あるいは完形土器と呼ぶ全体の形をとどめたものが大部分である点にこの遺跡の顕著な特徴がみられる。このような土器の特徴と水深六〇ないし七〇mの深い湖底から土器が引き上げられたことから、島田貞彦氏は前述の報告で、これらの土器が湖底から採集された理由として、

①湖岸の遺跡から押し流された場合
②事故によって落下した場合
③湖流などの関係から一カ所に集合した場合
④遺跡付近に地層の変化が生じた場合

の四つの可能性を想定した。これらはその後、潮流集合説、船舶《せんぱく》沈没説、地滑り説、地殻陥没《ちかくかんぼつ》説と呼ばれたものであるが、これらのうち地滑り説と地殻陥没説による可能性を高く想定し、潮流による集合は水没した遺物が結果的にそのようになるもので、湖底に土器が沈んだ理由とはなしえないことを論述した。

この葛籠尾崎湖底遺跡の土器、石器の紹介にあたって島田氏が、地滑り説、地殻陥没説の可能性が高いとしたの

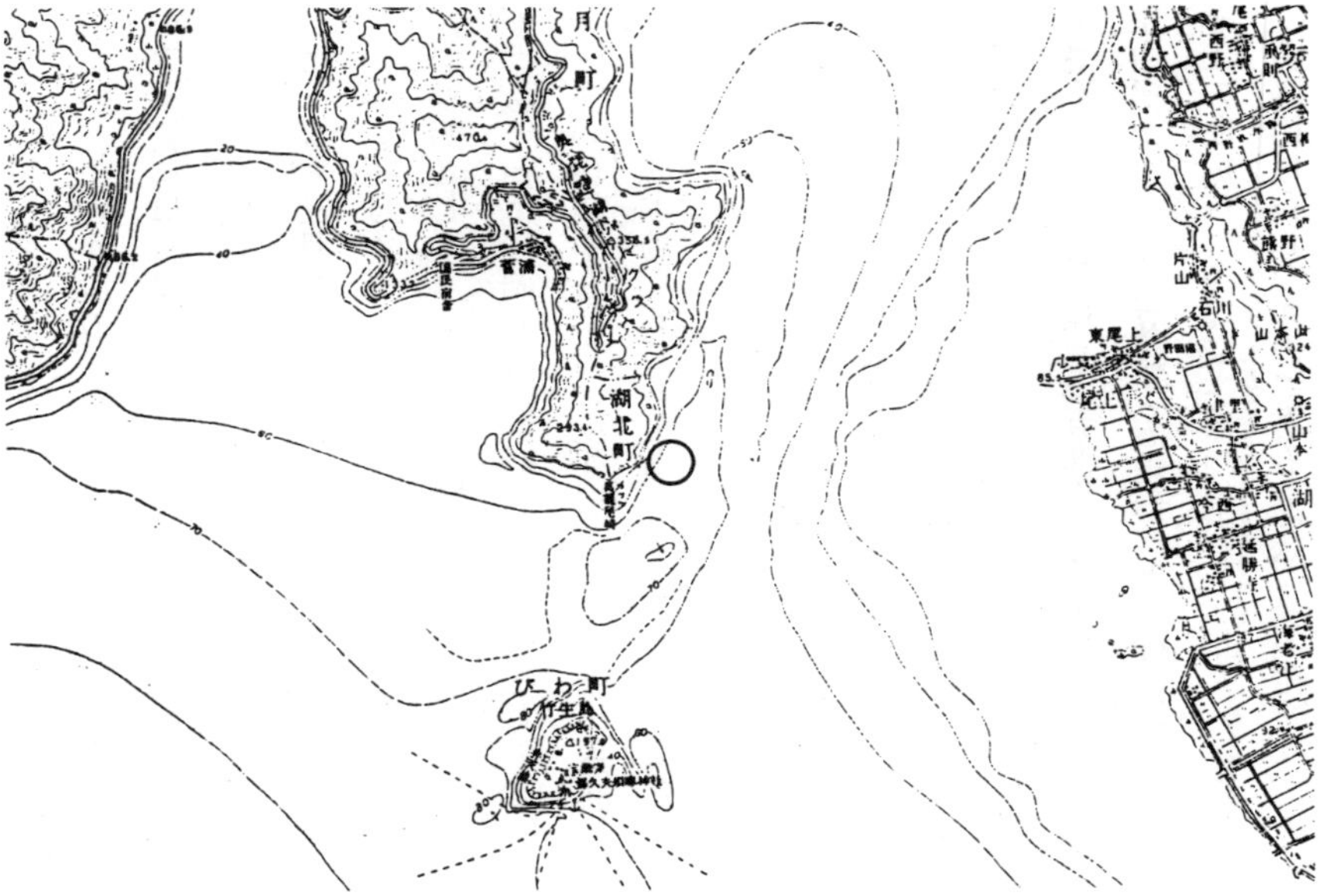

図1-1-1　葛籠尾崎湖底遺跡の位置

は地質学の文献を註にあげているように、この地域の地盤が弱いという地質学的な知見に負《お》うところが少なくなかったとみてよいであろう。

その後も葛籠尾崎湖底遺跡から網によって引き上げられた土器は量的にも増加し、一九五〇年には小江《おえ》慶《よし》雄《お》氏によって縄文、弥生土器の分類が試みられるに至った[註(1)]。

一方では小江氏は琵琶湖に長命寺《ちょうめいじ》湖底遺跡、内湖岸に元水茎《もとすいけい》遺跡、弁天島遺跡などの湖底遺跡が沈んでいることが知られることから、それらの湖底遺跡を類型化して把握する方法をとったほか、葛籠尾崎湖底遺跡が水没した要因も二つの側面から検討を試みている。それは立地条件の変化に求める環境変化説と環境不変説である[註(2)]。環境変化説は地盤沈降説、水面上昇説、さらに地盤沈降と水面上昇の複合説、環境不変説は水上住居説、奉賽《ほうさい》ないし遺棄《いき》説、二次堆積説などに分類し、これらの諸説の妥当性を論じている。この諸説に対する小江氏による次のような検討内容と批判には聞くべき点が少なくない。

まず、環境変化説のうち、地盤沈降説は北部に柳ケ瀬断層崖や余呉川《よごがわ》断層谷がみられ、葛籠尾崎の東西では塩津大川の谷や大浦川の谷の近くに南北方向の構造線がある。葛籠尾崎は北から突き出した半島状をなし、急峻《きゅうしゅん》で岬の東南側には断崖絶壁をなし、崩壊したところが少なくない。しかし、遺跡の下限を八世紀とした場合、乾元《けんげん》元年(一三〇二)の「竹生島《ちくぶしま》図」にみる地形が現状と変化がないので、その間に六〇数mの沈降を想定する必要がある。だが、昭和三四年(一九五九)の音響測深記録では地盤降下の事実は知られなかった。

つぎに水位上昇説は内湖の浅位部の湖底遺跡の場合にはその原因となりうるが、水深六〇~七〇mの深い湖底遺跡の説明としてはこの説も有効でない。地盤沈降と水位上昇の複合説も水深二~三m前後のものでは可能性があるが、数十m下の湖底遺跡では同様に有効な考えとはみなしにくい。

一方の環境不変説の水上住居説は、内湖の遺跡の場合でも杭上《こうじょう》住居が見つかっていない。奉賽《ほうさい》ないし祭祀《さいし》説は、古代信仰の霊場《れいじょう》である竹生島があることから湖底に土器類を投下した習俗があったことを想定してもよいが、湖底から土器のみでなく石器も採集されることと、一つの祭祀が数千年にわたって連綿と行われたとは考え難いと否定されている。

また、二次堆積説は湖底での遺物の破壊状態と遺物の分布状態によって、それが妥当か不適当かが推測されるとともに、近くに二次堆積を導くような条件の遺跡が存在することと、その遺跡の時期が対応するかが問題になるとしている。

さらに、小江氏は一九五九年五月に行われた「びわ湖学術研究会」による精密音響測深、ドレッジ・コアリング、水中撮影などの調査による地形、湖成鉄《こせいてつ》に関する新たな知見にも注目した。それは、地形では葛籠尾崎と対岸の尾上《おのえ》の断面は、深いＶ字形の谷底をなしていること、採集された土器は湖底谷か底に近い斜面から魞漁の網によって引き揚げられたものであること、その範囲は葛籠尾崎の「土山」と「寺が浦」間の東沖六〇〇~八〇〇mの湖底に集中して散布していること、湖底谷には陸成による堆積はみられないので、遺物は他から移動してきたものとみなされること、さらに、縄文時代以降の新しい断層運動を示す湖底地形と湖底の層序に撹乱《かくらん》状態がみられないことなどが含まれていた。これらの新知見は葛籠尾崎湖底遺跡が、かつて居住した環境が数十mの陥没が生じたことによって湖底遺跡となった可能性をほぼ否定したものであった。

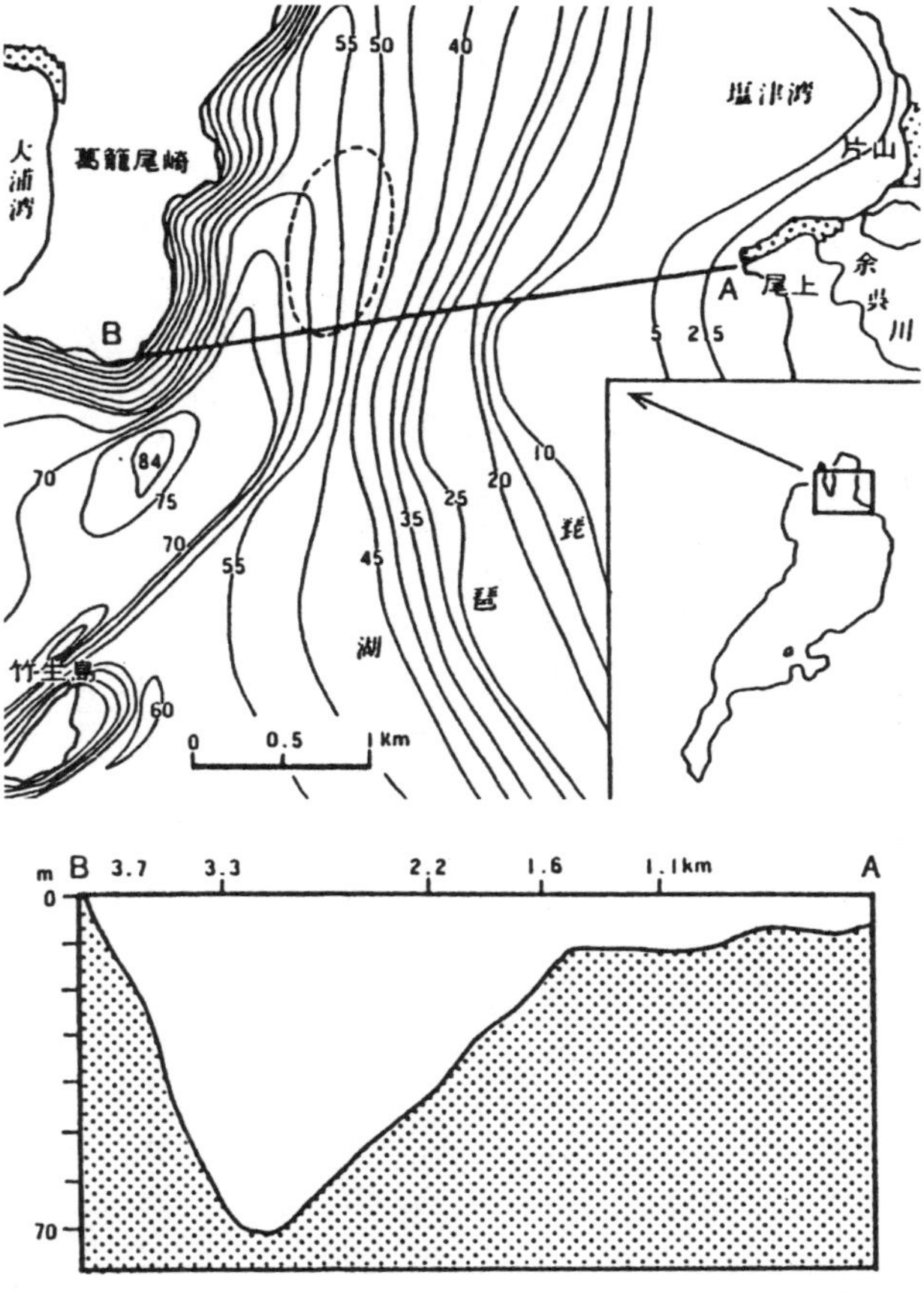

図1-1-2　葛籠尾崎湖底遺跡付近断面図（註⑵文献による）

以上記したような小江氏によって述べられた新知見は、それまで葛籠尾崎湖底遺跡をめぐる客観的な立地条件に関連する基礎データが乏しかっただけに、じつに重要な意味をもつものであった。とくに葛籠尾崎の先端からそのまま深いV字谷をなして湖底に達し、そののち浅底となって尾上に達するという湖底断面が明らかになったことは、この遺跡を理解するうえできわめて重要視されることであった。

その後行われたものでは、昭和四八年（一九七三）に滋賀県教育委員会によって実施された湖底遺跡分布調査による考古学的調査がある。[註(3)] この調査では葛籠尾崎の南端の二地点（C地点、D地点）で須恵器と江戸時代の瓦が採集された。さらに東側では岸から九〇m、水深三〇m付近で弥生土器（B地点）、岸から三〇〇～四〇〇m、水深七〇mで縄文土器（E地点）、岸から一・六kmで弥生土器（A地点）が見つかっている。

これらの調査結果は、岬の南端部から東側で土器が採集されるとした前述の小江氏が述べた遺物の分布範囲とほぼ一致したものであった。

さて、一九七八年に小江氏は、『琵琶湖水底の謎』で、葛籠尾崎湖底遺跡に対して、装《よそお》いを新たにした見解を提示した。この内容はそれまで湖底遺跡の遺物は、葛籠尾崎の湖底に近い遺跡に遺存したものが水力によって湖底に移動したとする氏の持論《じろん》を分かりやすく詳述《しょうじゅつ》したものであった。小江氏によると、従来有力視されてきた地盤運動のような破壊的運動による要因は、土器類が破壊せずに湖底に沈んでいることからみて不適当である。湖底に沈んだ土器類は、葛籠尾崎の東斜面の水際にあった遺跡から水位の変動がくりかえす作用によって水中に漂流し、そのまま沈下して湖底に分散したと解されるという。この小江氏の考えは現在の水面下二～三mに多くの湖底遺跡が存在し、琵琶湖に水位変動があったことが想定されることと葛籠尾崎周辺の湖底が急峻なV字谷の地形を示す特徴によって、完全な形をとどめた土器が多い理由を説明しようとしたものであった。この説は琵琶湖の水位変動と葛籠尾崎の地形の特徴によって説明を試みたものだけに、現状で到達した最も説得力をもった説と評価しうるものである。これによって、島田氏が述べて以来、成因説の最有力説とみられてきた大規模な地盤変動に求める地滑り説や地盤陥没説は大きく後退せざるをえなくなったといってよいであろう。

しかし、この小江説の場合も、現状ではやはり最も合理的な一つの仮説を提示したにとどまるものと言わざるをえないであろう。この仮説は、今後の調査によって明らかにされるべき課題と方向を明示したものと理解すべきものと思われる。

その課題の一つは、湖底から採集された土器に対応した葛籠尾崎の汀線《ていせん》ぎわに営まれた縄文時代、弥生時代、古墳時代など各時代の集落遺跡の残存を確認することである。二つは既に小江説に対する疑問の一つとして丸山竜平氏によって提示されているように[註(4)]、完全土器あるいは完形土器が異常に高い比率で、しかも長期にわたって採集される理由である。後者の完全土器あるいは完形土器の比率は、丸山氏によると一般集落遺跡の土器は、九〇％以上が破片であるが、不要になって投棄された時点の土器は、いずれも準完形品ではなかったかという。したがって、葛籠尾崎湖底遺跡の土器が遺跡廃絶後の早い時点で水没化することによって埋没し、土圧作用による破砕《はさい》が防ぎえたとした場合、そのような条件が葛籠尾崎の周辺でどのような理由のもとに可能であったかを説明することが残ると指摘されている。

さらに丸山氏は、完形品の土器群が出土する遺跡として、墳墓の土器があることに注意を促《うなが》している。葛籠尾崎湖底遺跡の弥生中期の壺のなかには体部下半に穿孔《せんこう》した土器も知られる。これは丸山氏によると、この遺跡で水葬《すいそう》か風葬が縄文時代から古墳時代まで存在したのではないかとし、甕《かめ》や壺は幼児、小児の埋葬あるいは祭祀に用いられたものではないかという見解が提示されていることも併せて記しておくことにする。

(2)　採集土器の構成と性格

これまで葛籠尾崎湖底遺跡から採集された遺物の主要なものは、小江氏によって、『琵琶湖底先史土器序説』、『水中考古学』、『琵琶湖水底の謎』などに図示されている。小江氏が図示しているこれらの資料は、現在も分散することなく湖北町尾上《おのえ》公民館の資料室に保管され、展示されている。小江氏によると資料室には縄文土器三一点、弥生土器二一点、土師器《はじき》三四点、須恵器《すえき》五点、磨製石斧三点、鹿角製品二点が保管されていることが記されているが、現在では若干増加しているようにみえる。

いま、これらの資料を時代別に分類すると、縄文時代では押型《おしがた》文《もん》を施文した早期のものから晩期まで各時期の土器が含まれている。続く弥生時代は中期、後期のものがあり、現状では前期の土器を欠いている。その後の土師器は小江氏の論文で述べられているように、古墳時代のものが比較的少なく、その大半はそれよりも新しい時期のものである。小江氏はそれらを奈良、平安時代とひとまとめに表現しているが、土師器の坏《つき》、皿、埦は、私が観察できた資料では九世紀後半以降の平安時代のものがほとんどで、明らかに奈良時代と認められるものは見あたらなかった。須恵器

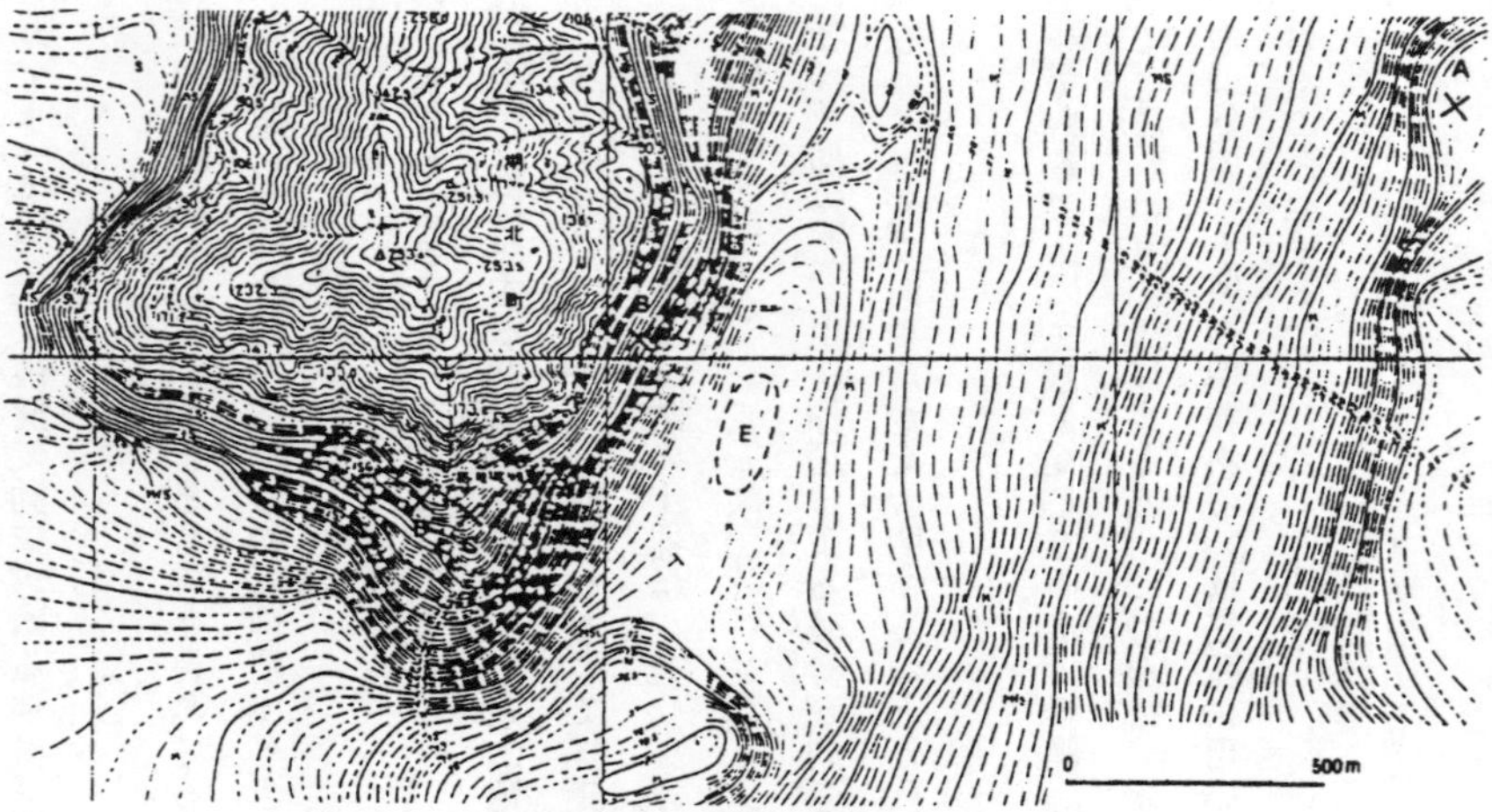

図1-1-3　1973年調査遺物採集地点（註(3)文献による）

も壺、甕などがみられるが、やはり明らかに八世紀とみてよいものはないように思われた。したがって、一口に奈良、平安時代と表現されているものの、八世紀の土師器、須恵器は現状では採集されていないか、あってもごく一部と理解したほうがよいように思われる。

　ほかに滋賀県教育委員会によって、一九七三年に調査された際に採集された資料は、図と写真が『琵琶湖湖岸・湖底遺跡分布調査概要Ⅰ』に掲載されている。これは正確な採集地点が明らかになったものなので、各地点ごとに列記すると

A地点　東岸から一五八〇m、水深一八m（標高六五・九五m）のところで、弥生土器の壺体部下半から底部。

B地点　南端から東北四五〇m、東岸から五〇m、水深三〇m、（標高五三・九五m）の地点から弥生中期の壺上半部。

C地点　南端から一〇〇m南、水深一五m（標高六八・九五m）の地点で、七世紀後半の高台《こうだい》付《つ》き須恵器坏。

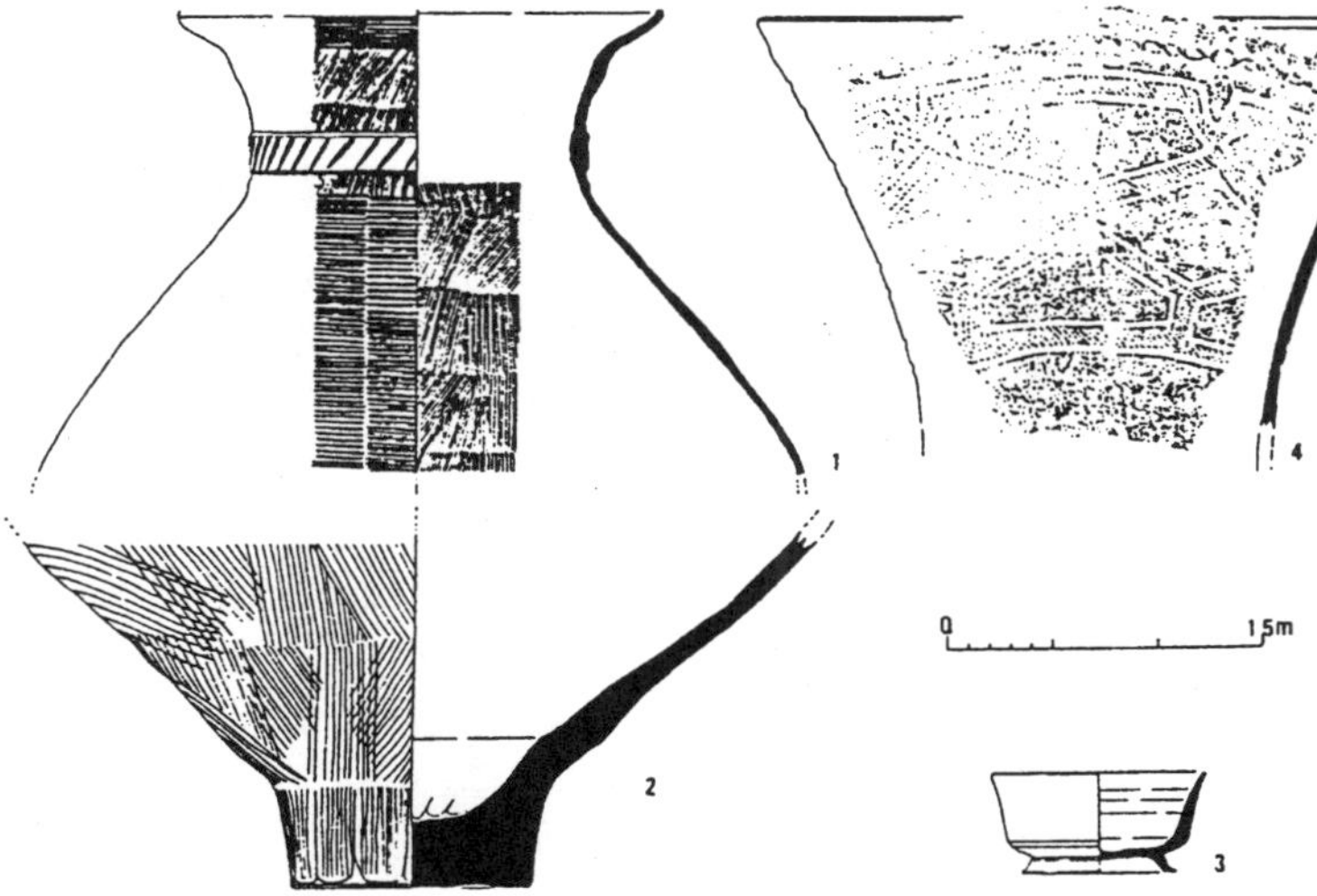

図1-1-4　1973年調査採集土器（註⑶文献による）

D地点　南端から南南西六〇m、水深一四m（標高六九・九五m）の地点、江戸時代の軒平瓦《のきひらがわら》。
E地点　東岸から三〇〇mから四〇〇m、水深七〇m（標高一三・九五m）の地点で、後期の縄文土器の上半部破片

がそれぞれ採集されている。

以上述べたほかに、尾上公民館には縄文時代、弥生時代の石斧などの石器と先端が鋭利《えいり》な角器《かくき》が保管されていることも、遺跡の性格を考えるうえでは注意されることである。

前述した各遺物のうち、土器の表面には湖成鉄《こせいてつ》が厚く付着したものが少なくない。この湖成鉄の付着状態は小江氏によってつぎのような詳細な検討がなされており、湖底における土器の遺存状態を知るうえで重要な内容がふくまれている[註(5)]。

湖成鉄は葛籠尾崎の「土山」の東沖から南にかけての湖底に分布する。この湖成鉄産出の中心は、深さ五五～七〇mの範囲で、湖底に遺物が分布する範囲とほぼ重なることが報告されている。湖成鉄の付着状態は完形土器の場合は内壁に、完形でも浅い土師器皿では口縁部外面に環状にみられる。しかもこの湖成鉄の付着状態から、土器が湖底でどのような状態にあったかが推測しうるという。小江氏によると、縄文土器、弥生土器は湖底の泥土層に底部を少しつっこんだ状態でほぼまっすぐ、あるいは斜めに傾いていたと復原され、湖底で土器が上向き状態にあったとした。しかもこれを小江氏は土器が底を下にし、水中を揺れながら湖底にたどりついたことが想定されるので、遺物包含層に含まれたまま湖底に崩れ落ちたものでないことを意味すると理解している。この理解は、湖底の土器が大規模な激しい地殻変動によって湖底にもたらされたことを、土器の遺存状態によって否定したものであった。

さらに土器に付着した湖成鉄の付着状態は、土器があった湖底の条件にも影響されることが大きいことから、土器が湖中に沈下した時期をそのまま示すものではないとしたが、一般的傾向として、縄文土器、弥生土器の湖成鉄

の付着が厚く、土師器ではごく薄いことも言及されている。

つぎに土器の器種構成を問題にしたものに丸山竜平氏の見解がある。[註(6)] 丸山氏は平安時代以降の土師器皿に対応する堝《なべ》、釜《かま》、甕《かめ》、さらに埦《わん》類などがみられないことに注意を喚起《かんき》する。そして、このような土器構成からすると祭祀《さいし》説があげられるという。この土器構成を、さらに弥生土器の場合にも問題にする。葛籠尾崎湖底遺跡の弥生土器の構成は、七〇％近くを煮沸《しゃふつ》用の甕が占めている。この器種構成は弥生土器の比率からすると高坏、鉢などが欠除しているなど、器種の種類が乏しいことは否めない。このような器種構成の乏しさは、葛籠尾崎に遺跡があったことを認めた場合でも、一般的な農業集落を想定しにくいことを示していることはまちがいないことである。

しかし、このことから丸山氏が穿孔《せんこう》土器に注目し、これによって葛籠尾崎遺跡に祭祀的性格や墓を推測したことは、なお説得性を欠くように思われる。それは採集されている土器のごく一部にすぎないこと、前段階の縄文時代の遺跡との関連性を見い出し難いこと、さらには祭祀、墓そのものの具体的な内容が判然としないことなどがあげられるであろう。

(3) 水位の変化と波浪

小江氏によると湖東の内湖には、安土町弁天島遺跡、大中《だいなか》の湖南《こみなみ》遺跡のように水深二～五mに沈んだ遺跡があるので、現在は湖全体の水位が数m上昇した可能性が高いという。そして小江氏は葛籠尾崎の東斜面の水ぎわにあった縄文、弥生遺跡とその後にできた遺跡が水位の上昇をくりかえすうちに沈水し、その際の長期間にわたる水の浸食作用によって遺跡が分解され、土器が湖底に沈下したことが推測されるとした。

この小江説は、琵琶湖の水位変化と水の作用、すなわち波浪による浸食作用にその要因を求めた点にそれまでにない新しさがあった。では、この新説を支える琵琶湖の水の変化と水の浸食作用を少し検討してみよう。

まず、水位の変化は、近年、琵琶湖の湖底遺跡の発掘調査が進展し、縄文時代、弥生時代、古墳時代などの遺構が検出されている。縄文時代では米原町磯山城《いそやまじょう》遺跡で一九七四年の発掘調査の結果、琵琶湖の水面下二・四〜三・四m（標高八二・〇〜八一・〇m）で、早期から前期の時期に陸化していたことが知られている。註(7) 一九八四年に発掘調査された近江八幡市長命寺《ちょうめいじ》湖底遺跡からは、後期の丸木舟が出土したが、同時にこの調査では後期に琵琶湖の汀線《ていせん》が標高八一・七mにあったことが知られた。註(8) さらに晩期の資料には、一九八四年に調査された草津市志那《しな》湖底遺跡で、現在の湖岸から沖合い四〇〇m、水面下一・八m〜二・〇m（標高八二・六〜八二・四m）から土器棺と考えられる土壙墓《どこうぼ》三基が見つかっている。註(9)

このような縄文時代の遺構の存在からみると、縄文時代には各時期とも標高八一〜八二m前後にあったことが知られる。これらは従来の高水位の琵琶湖の想定と大きく異なる事実が集積されてきていることを示している。

その後の弥生時代では、守山市赤野井《あかのい》湾遺跡で、一九八五年に後期の溝が水面下一・八m（標高八二・六m）から見つかっている。註(10) さらに水面下一・七mで古墳時代後期の人の足跡が検出されている。

以上のような湖底遺跡の発掘調査結果からすると、縄文時代、弥生時代、古墳時代とも現在の湖水面である標高八四・三七一mよりも二・〇〜三・四m下で遺構が確実に存在することが知られることになる。このような低い標高に遺跡、遺構があることの要因は、一つには地殻変動による後世の地盤沈降、二つには湖水面の変化が想定されている。前者の地殻変動にかかわるものには、近年、新旭町針江浜《はりえはま》遺跡などで検出されている噴砂《ふんさ》跡がある。註(11) これは地震にともなったとみられるもので、地震の規模は明らかでないとしても、この作用で湖岸の遺跡の地盤に影響があったことも十分想定されることである。

後者の水位の変化は、湖水面下の縄文、弥生時代などの遺跡が一地域のみでなく、琵琶湖の北、南両域にわたっ

月 ＼ 風速 m/s	0～0.9	1.0～1.9	2.0～2.9	3.0～3.9	4.0～4.9	5.0～5.9	6.0～6.9	7.0～7.9
1月		5	5	**13**	5	3		
2月		4	6	**8**	6	2	1	1
3月		**9**	**9**	3	2	6	2	1
4月		**13**	10	4			1	1
5月		7	**13**	10	1			
6月		**16**	13		1			
7月	1	**20**	4	5	1			
8月		**13**	12	3	1	1	1	
9月		11	**13**	2	3	1		
10月		**12**	8	3	4	2	1	1
11月	2	**12**	5	5	3	1	2	
12月		**12**	7	3	2	5	2	

表1-1-1　1986年の日平均風速日数（彦根地区）（註⒀文献による）

て広範囲にみられることが明らかになったので、有力視されてきているものである。これは水位の変化の要因をどのように考えるか、一時的なものか、あるいは遺跡がいつ水没したのかなど、なお検討すべき課題が少なくない。しかし、小江氏が葛籠尾崎湖底遺跡の成因の一つとして、水位の変化に求めた点は、現状では確認されたとは言えないまでも、その可能性が高くなっている状況にあるといってよい。

以上のように、水位の変化があったことが認められる可能性が高いので、つぎに第二点の水による浸食作用の検討に移すことにしよう。

小江氏が想定する水による遺跡の浸食作用は、葛籠尾崎にみる激しい波浪《はろう》によって削り取られたことを意味しているということで、ここでは波浪の問題を対象に検討することにする。

琵琶湖の気象調査では、波浪調査は必ずしも十分なされているとはいえないようである。ここでは直接に葛籠尾崎周辺の波浪の状態を明らかにした資料を欠くので、琵琶湖全体に広げて類推する方法をとることにする。

琵琶湖の波浪は海上の場合と同じく、主として風の作用によって生ずる。そこで風と波浪の関係をみると、最も波浪の少ない夏期の調査資料として、少しデータは古いが、一九二五年の調査では、風力一で波高が一〇cm前後、波長一・〇m前後、風力二で波高が二〇cm、波長二m前後、風力三で波高が二五cm、波長三m前後、風力四で波高が三〇cm、波長四~五mが記録されている。[註(12)] これは夏期、冬期の風速をあわせてみると、湖岸に近い彦根地方気象台の日平均風速の記録では、一九八六年七月は一・〇~一・九m、八月は二・〇~二・九mの風速が最も多い。冬期は一月、二月とも三・〇~三・九mが最も多く、さらに四・〇~四・九mがそれにつぐ風速となっている。[註(13)] これは波浪からみると冬期は夏期に比べてかなり高い波浪とウネリがみられることを示している。

このような琵琶湖の波浪の性格からすると、上昇した水位によって波浪が遺跡の表面を洗い出した際に、球形の形態をもつ土器を湖水が移動させ、さらにそれが急峻《きゅうしゅん》な斜面を転落して湖底にもたらした可能性は高い。とくに葛籠尾崎周辺は波浪が激しく、かつ早い流れがみられることからも否定しえないことになるであろう。[註(14)]

以上述べたことから、葛籠尾崎に小江氏が想定した水位の上昇と激しい波浪作用による浸食を想定することは、十分想定しうることになる。では、これらの水位上昇と波浪作用を認めることによって、小江氏が主張するように湖底遺跡の成因が解明されたことになるであろうか。これには、前述の二つの前提を認めたうえでも、なお次のような解決すべき課題が残っているように思われる。

その一つは、葛籠尾崎湖底遺跡の土器が、長期間の波浪作用に洗われて湖底にもたらされたとみるには、土器にローリングによる磨滅の痕跡がみられないこと、二つには形をとどめた土器のほか土器片や石器が採集されており、これらの土器片、石器が湖底に転落した理由、三つには葛籠尾崎にあった各時代の遺跡に、とくに高い比率で完全土器、完形土器が遺存した理由が小江氏によってとくに説明されていないことなどがあげられよう。したがって、この説の成立には、以上の点の解明もあわせて果たすことが必要条件であったということになる。

(4) 碇泊港と投棄説の再評価

小江説は、葛籠尾崎に湖底から採集されている土器にみあった各時代の集落遺跡があったことを前提にしている。この想定は、換言《かんげん》すると縄文時代には狩猟《しゅりょう》、採集、漁労生活をもとにした集落、弥生時代とそれ以降には水田耕作を中心とした農耕集落があったことを意味している。しかし、現状でみる葛籠尾崎の地形は、北湖に突き出した急峻な岬で、平坦地は東側にごく一部みられるだけにすぎない。そこは縄文時代には集落が立地することが可能であるが、その場合でも採集されている土器にみあった各時期の集落が存在したとすること、あるいは一つの集落が長期にわたって営まれたことを想定することは困難である。しかし、小江氏は、「葛籠尾崎半島もまた、この時期(縄文時代＝筆者註)集落の立地のこよなき場所であった」とし、[註(15)]ここが居住地として選択されたのは外敵《がいてき》の防禦《ぼうぎょ》に便利であり、時には背後の谷間に交通路を開いて日本海との接触を維持しえたと理解した。

だが、採集された土器は破損していないものがきわめて多いことから地滑りなど激しい地殻変動がなかったとすると、小江氏の考えとは逆に、一般的な縄文時代集落には例のないきわめて特殊な条件のもとにあったことを想定せざるをえないであろう。さらに農耕社会が成立した弥生時代以降では、たとえごく小規模な水田耕作が可能な空間があったとしても、居住地としては縄文時代以上に劣悪《れつあく》な条件のもとにあったことになる。小江氏もこのような水田耕作が困難であったことを認めていたふしがあり、氏は農耕という新生活様式がこの遺跡では全般的に受容されなかったのではないかとし、前代からの生産様式が依然存続したという特殊な集落を想定している。[註(16)]しかし、このような水田耕作すらも思うにまかせない劣悪な立地条件にもかかわらず、弥生時代、古墳時代以降にも集落がなお存続しえたとするのは理解しにくいことである。しかも、弥生時代以降もこの集落遺跡から採集される土器は完全土器や完形土器が高い比率を占めている。

はたして、このような遺跡が、小江氏によって既に否定された特殊な祭祀や水葬のような墓を除いてほかに成立しうる余地があるであろうか。すなわち、葛籠尾崎という特殊な立地条件、完全、完形の土器が異常に多く、しかも縄文時代から弥生、古墳時代、さらに平安時代まで継続することを満足させる一般的な集落を想定することができるであろうか。少なくとも、これまで明らかになっている集落の例からすると、これと類似あるいは同一の遺跡を見出すことはできないように思われる。このことは小江説の成立もまた困難、あるいは矛盾を含んでいることを意味することになるであろう。

さて、縄文時代、弥生時代、あるいは古墳時代でも一般的な集落の想定が難しいとした場合、再び前述の諸条件を満足させるような特殊な遺跡を想定せざるをえないことになる。そこで、あらためて、完全土器、完形土器がとくに多い遺跡、遺構に注目すると、このような出土状態を示すものに、丸山氏が想定したような祭祀、墓のほかにデポと呼ばれる特殊な遺構、遺跡がある。

デポは特定の遺物が一括《いっかつ》して貯蔵あるいは収納された遺構を意味している。その代表的な例として、銅鐸、銅剣などの青銅器を埋納した遺構を考える見解がある。私は葛籠尾崎の場合も、このデポと類似した遺構、遺跡が存在したことを想定して検討を加える視点がなお残されているように思考する。そこで、この遺跡が始まった縄文時代を中心に推論を展開することにしよう。

縄文時代の生業には狩猟、採集とともに漁労があった。琵琶湖は縄文人にとっ

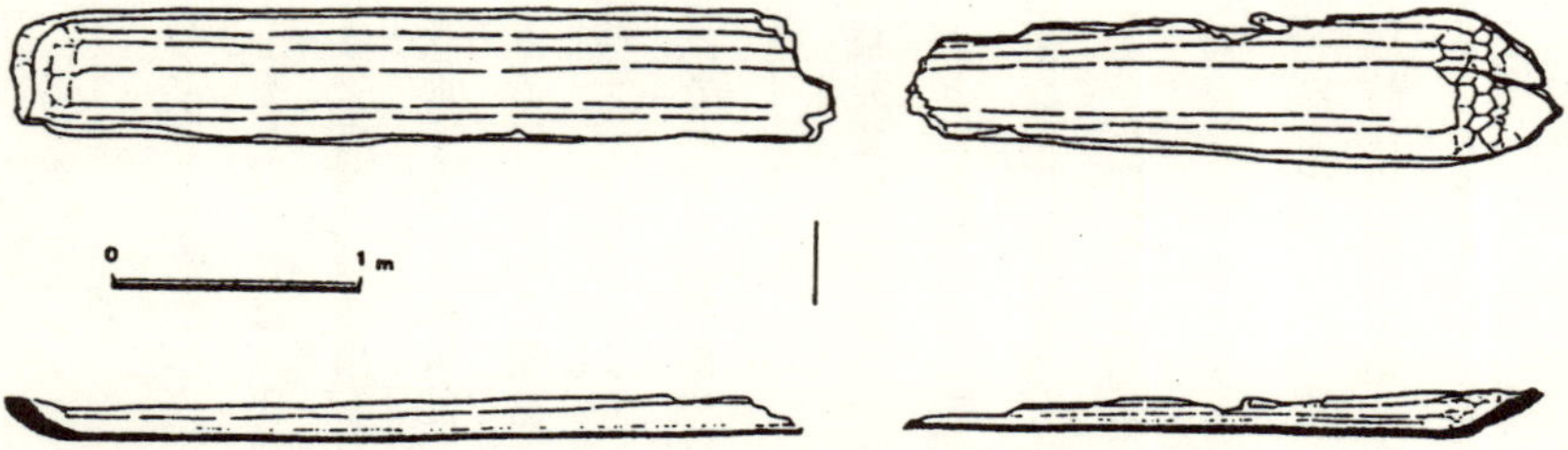

図1-1-5　長命寺湖底遺跡出土の丸木舟（註(8)文献による）

て格好《かっこう》の漁場であった。これは琵琶湖とその内湖、いずれもがその対象地になった。漁労には漁具のほか近江八幡市長命寺湖底遺跡、元水茎遺跡などで見つかっている丸木舟が大いに利用された。この丸木舟の利用は湖での漁労活動の領域を拡大し、一方では対象とする魚類の種類を広げることにつながった。これに加えて重要なことは縄文人の交通機関として、物資の運搬に利用され、さらに広域にわたる物資の交換をも促すことにもなったことが容易に推測できることである。

縄文時代には葛籠尾崎と竹生島周辺もすぐれた条件をもつ漁場であったと考えてよい。さらに半島状に突きだした岬と湖上に浮かぶ竹生島は、北湖のなかでも最も判別しやすい目標値の性格をおびたところであったであろう。このことは竹生島、葛籠尾崎周辺が漁労水域としておおいに賑《にぎ》わったと同時に、丸木舟を漕ぐ多数の縄文人達が各地の湖畔から往来し、交流することがあったことを容易に想定しうることである。これは、時間の経過にともなって物資の交換がさかんに行われることになったことも十分推測することができることである。このような葛籠尾崎周辺がもった二つの性格のうち、漁労対象地と物資交換の場としての利用比率は、縄文人が居住した集落地からの距離の遠近によっておのずと差異が生ずることになったであろう。

ところで、このような漁労活動や物資交換にあたっては、葛籠尾崎の州浜《すはま》に舟を一時的に碇泊《ていはく》させることも少なくなかった。これは琵琶湖の波浪に以下のような性格があることが報告[註(17)]されていることからすると、その利用度は決して低いものではなかったと思われる。

その第一は、琵琶湖は淡水なので波浪抵抗が小さく、そのため風による波浪の発生がきわ

月	1月	2月	3月	4月	5月	6月	7月	8月	9月	10月	11月	12月
回数	9	5	2	1	6	1	1	5	5	6	5	6

表1-1-2　琵琶湖強風注意報（註(13)文献による）

めて速い。第二は一度発生した波浪は容易に減幅《げんぷく》せずに遠方まで波及する。波浪が集合するところでは、風力に比べて大きな波浪となることがある。第三には湖水は一度激しく荒れると長時間波浪がおさまりにくく、第二と第三の性質によって波峰が破れて白波の状態になるのが比較的速い。第四は磯波《いそなみ》の発達が風力に比べて著しい。

以上の波浪の性質をまとめると、琵琶湖は風によって波浪が生じやすく、しかも一度生じた場合はおさまりにくい。波浪が集合するところでは、風力に比べて大きな波浪になりやすいということになる。

このような琵琶湖の波浪の性格を理解したうえで、各月の日平均風速を記した表1を再度みてみよう。それによると夏の七月、八月は主として東南方向の風が吹き、平均風速が一・〇〜一・九mないし二・〇〜二・九mの微風《びふう》が多いのに対し、一二月〜二月には西北方向の季節風が吹き、平均風速も三・〇〜三・九mないし四・〇〜四・九mのものが多くなる。この風速差は風力の差になるので、湖上では波高や波長の差になって表れることになる。さらに表1-1-2は風速一〇m以上が予想される時に出される琵琶湖強風注意報の回数を示したものである。この注意報の回数も六月〜八月の夏期は台風を除いては少なく、一〇月から、二月の秋期から冬期に集中することが知られる。このような琵琶湖の気象からすると、縄文人が葛籠尾崎から竹生島周辺を丸木舟で漁労活動や物資交換のために回漕中《かいそうちゅう》、突然風が発達し、高い波浪が生じたことも容易に推測されることである。丸木舟は製作や漕運《そううん》は容易であるが、波浪に弱い舟である。その際、湖畔の集落地に戻る時間的余裕がない場合、あるいは既に高い波浪が周囲にたち、危険な状態に陥っていることを知ることも少なくなかったであろう。このような場合、縄文人は波浪がおさまるまで一定時間、安全な場所で待機せざるをえなかったことが十分想定されることである。この待機場所は、秋期、冬期の場合は西風、北西風による波浪を避けるため、他の季節でも地形からみて東側の州浜に碇泊《ていはく》することになったであろう。とくに波浪に対する避難は、午前中に比べて午後に風が発達しやすい傾向がある。だとすれば波浪の静止を待つには夜営《やえい》せざるをえない場合が少なくなかったのではなかろうか。

このような丸木舟遭運中の波浪との遭遇と葛籠尾崎の地形の特殊性との関係を考えると、これは縄文時代の早期に偶然的な事態の処置として始まったとみなされる。その後、経験の蓄積によって葛籠尾崎で短期間碇泊し、夜営することを前提とした活動へと発展したことを想定してよい。この葛籠尾崎での碇泊は、ごく短期間のものであったとしても、これには滞在に最小限の炊事《すいじ》用具をもちこむ必要があった。すなわち煮沸用の一定量の土器が携帯《けいたい》され、それらが所定の場所に貯蔵されることになった。つまり仮設的《かせってき》な住居あるいはデポ的な貯蔵設置が州浜の一部に設置されることになったことを想定することが可能である。この仮設的住居もしくはデポ的な炊事用具収納施設は、州浜に到来する縄文人によって、それぞれ場所を違えて設置されたことが想定されるのである。

さて、漁労活動、物資交換を目的とした葛籠尾崎の利用は、春から秋にかけて展開した。冬期は北西の季節風と積雪をみるなどの悪条件がともなうので、その利用の機会はごく限られたものとなった。したがって、越冬後、湖上の安全性が回復した春に再び葛籠尾崎周辺の活動と州浜の利用が再開することになる。私は縄文時代の葛籠尾崎では、このような活動と利用が毎年周期的に行われたと理解するのである。

これは葛籠尾崎が恒常的に集落を営みうる居住条件に恵まれなかったことから、このような一時的な漁労活動による避難港《ひなんこう》または碇泊港《ていはくこう》と物資交換のためのベースキャンプ的な特殊な利用形態が行われることになったと推測されるのである。

ところで、このような葛籠尾崎では、活動が開始される春、あるいは土器製作が行われた時期など、それまで保管された土器が年ごとに、あるいは数年ごとのサイクルで新旧交代されることになったであろう。交換の際の土器の多くは完全あるいは完形の形態をとどめたものであった。この時、それまでに使用された土器は、もとの集落に再び返還《へんかん》すべき理由が求めにくいので、そのまま湖中に投棄され、処分されることになったと理解してよいであろう。[註(18)] その際に湖中に投棄された土器は、二次的な破損を受けることなく、水中で口縁部を上に揺れながら数十m下の湖底に、また時にはＶ字谷の斜面を徐々に転落して移動し、湖底に到達した。これは時には岬で木材の伐採に使用した石斧などの石器も交替され、湖中に投棄されることがあったことも想定されるのである。

このように湖中に土器が投棄された背景には、この葛籠尾崎の州浜が極度に狭いことから、湖中に投棄することが最良の処理方法としてとられたものであった。勿論、時にはそれまでのデポ的な収納貯蔵穴がそのまま廃絶に利用された場合もあったであろう。

以上のような葛籠尾崎の利用と土器の投棄は縄文時代の早期から始まった。これは縄文人が琵琶湖岸に居住を開始したとほぼ同時に行われたことが早期の最古の押型文土器によって知ることができる。註(19) その後、前期、中期、後期、晩期まで継続したことが、採集された土器から知られる。さらに弥生時代にも続いた。弥生時代は稲作農耕を主体とした農耕社会であったが、大中の湖南遺跡から丸木舟、網などが見つかっているように、水田農耕のほかに湖岸の集落では立地条件を生かした漁労も行われた。葛籠尾崎では、弥生時代も漁労活動のほか物資の交易がやはり活発に続いたと理解してよい。

さらに古墳時代でもなお続いた。しかし、奈良時代の八世紀、平安時代の九世紀の土器はないか、ごくわずかである。これは、たまたまそのような結果になっているとみる考え方もあるが、そこに大きな変化が生じたとみることもできるのではなかろうか。私はこの時期に葛籠尾崎の活用に大きな変化があったと想定する。それは背景に舟の発達があったことによる。すなわち、縄文時代、弥生時代の丸木舟の利用から古墳時代の半構造船を経て奈良時代には構造船が採用されたことがあげられる。それは、この構造船の採用によって多少の波浪でも葛籠尾崎での碇泊なしに活動することが可能になったことを意味した。これは葛籠尾崎の利用の質的な変化を生み、以後、それまでのような避難港、碇泊港としての利用は激減した。一方では物資の交易も市の発達によって、おのずと終末を迎えることになったのである。

しかし、葛籠尾崎湖底遺跡からは、なお一〇世紀以降の小型土師器皿が多く採集されている。では、これらはどのような理由によると説明されるであろうか。

これと関連するとみられるものに、平安時代後期に三善為康《みよしためやす》が記した『拾遺往生《しゅういおうじょう》伝』がある。これには竹生島の僧成務が諸国を行脚《あんぎゃ》した晩年の康平年間（一〇五八～六九）に、葛籠尾崎に移って往生したことが記されている。対岸の葛籠尾崎に移ったのは聖地の竹生島《ちくぶしま》での他界を忌《い》むためであった。しかし、このような慣習がいつできたかは明らかでない。湖底の小型土師器皿からみると、一〇世紀以降のことではないかと推測される。これに対し、小江氏は乾元《けんげん》元年（一三〇二）八月一七日の裏書のある竹生島図に、竹生島の社寺と葛籠尾崎に数棟の屋舎《おくしゃ》、さらに山上に二棟の僧堂らしき建物が描かれていることに注目する。そして中世の縁起に聖武天皇の神亀元年（七二四）に僧行基《ぎょうき》が島に渡り、小堂を建てたという伝えがあることから、それ以前のかなり早い時期に寺域を拡張する余裕がないので新たに対岸に開かれたことを想定している。しかし、このような小江氏の想定は、竹生島では僧たちの日常食料を自給することができなかったが、葛籠尾崎は縄文時代以来、古代人が長期間定住したところで豊かな山幸に恵まれた場所という理解にもとづいたものであった。

以上のような見解の相違は、葛籠尾崎の立地条件に対する理解の差異にある。これは、現在採集されている土師器皿には、八世紀、九世紀のものはほとんどみられないことが事実として、まず重視されるべきであろう。さらに、葛籠尾崎に縄文時代だけでなく、農耕社会の弥生時代、古墳時代にも水田耕作しうる可耕地が乏しかったにもかかわらず連綿と集落が存続しえた経済的基盤が説明される必要があるだろう。

ところで、これまで述べたような考えのもとに縄文時代以来、碇泊港が葛籠尾崎にあったとした場合、竹生島にも同様の湖底遺跡があったことも想定しうることになるであろう。しかし、現状で知られる限りでは、縄文、弥生、古墳時代まで遡りうる土器は見つかっていない。これは、まだ見つかっていないだけにすぎないと考えることもできるが、つぎのような存在しない理由があったのではなかろうか。それは、竹生島と葛籠尾崎の地形の差異である。

葛籠尾崎は南端から東側に州浜がある。そこは狭いながら現在でも容易に船を碇泊させたり、引き上げることができる状態となっている。しかし、一方の竹生島は四周とも絶壁状をなし、容易に碇泊しうる適地がみられない。これには現在みるように、船舶の碇泊用桟橋《さんばし》を設置することが必要であった。このような自然地形の差が、縄文時代早期以降、葛籠尾崎のみが各時代にわたって、避難港と碇泊港として活用された最も大きな要因ではなかったろうか。

おわりに

一九八六年四月初旬、朝日新聞大阪本社が琵琶湖の湖底にテレビカメラをセットした水中ロボットを沈めて湖底調査を行った。この調査には、私も考古学部門の調査の一員として加わった。調査の目的は多岐《たき》にわたったが、その一つに葛籠尾崎湖底遺跡で、なぜ水深数十ｍから遺物が採集されるのか、その手がかりを得ることがあった。

葛籠尾崎先端の湖底は小江氏の論文で図示されているように、水深六〇～七〇ｍまでＶ字状に下っていた。この傾斜面には泥土の堆積はなく、また大きな岩も少なかった。その上、かなりの流れがあることもカメラによって映《うつ》し出された。

四月初旬の湖上は春とはいっても、波が立ちやすい。午後には西風によって波浪が生じ、調査の続行が困難となって二時すぎには尾上《おのえ》港に戻らざるをえないことが重なった。調査船が尾上港に戻る前に、葛籠尾崎の州浜と対面しながら、古代人の立場に立って考えてみることにつとめてみた。

葛籠尾崎の狭い州浜に、どのような遺跡があったのか。また、そこでどのような生活ができたのか。小稿の視点は、その時に考えついたものである。[註(20)]

この遺跡はほかに類例がない特殊性をもった湖底遺跡だけに、その解明は今後ともなお時間を必要とするであろう。これには、葛籠尾崎湖底遺跡も遺跡であることからすると、この解明には考古学的な発掘調査が必要である。

小稿では一般的な集落とは異なった碇泊港あるいは避難港として、きわめて小規模で散在する仮設的住居とデポ的な土器収納遺構があったことを推測した。そして、土器が取り替えられた際に湖中に投棄されたと推測した。これは従来の投棄説とは異なる内容のもので、新投棄説ともいうべき性格のものである。はたして、葛籠尾崎に縄文時代から古墳時代にかけてのデポ的遺構が遺存しないかどうか。これを確認することがあらためて課題となるであろう。

葛籠尾崎湖底遺跡との関わり合いは、一九八一年九月中旬に、尾上公民館に保管されていた資料を見学し、強い印象を受けたのに始まる。その日は、滋賀大学に転任後、湖北地域の出土遺物についてメモを作成した最初の日であった。それだけに、今でもよく記憶している。

今回、歴史学研究室の栗林 健先生の定年退官にあたって、これまでの学恩に感謝して、数千年にわたって連綿と続いたとされる長寿な遺跡をテーマにした粗論をささげたい。

終わりに、葛籠尾崎の湖底を観察する機会を与えてくれた朝日新聞大阪本社の高橋 徹、天野幸弘氏に感謝したい。

註

(1) 小江慶雄『琵琶湖底先史土器序説』一九五〇年一一月
(2) 小江慶雄「琵琶湖の湖底遺跡」『京都教育大学紀要』A №30 一九六七年三月
(3) 滋賀県教育委員会『琵琶湖湖岸・湖底遺跡』一九七三年一〇月
(4) 丸山竜平「葛籠尾崎湖底遺跡の考古学的検討覚書」『滋賀県考古学論叢』第三集 一九八六年一二月
(5) 註(2)に同じ。

(6) 註(4)に同じ。
(7) 中井均『磯山城遺跡—琵琶湖辺縄文早期～晩期遺跡の調査—』一九八六年三月
(8) 宮崎幹也『長命寺湖底遺跡発掘調査概要』一九八四年三月
(9) 井上洋介『志那湖底遺跡発掘調査概要—志那南その二I区—』一九八七年三月
(10) 浜修『湖岸堤天神川水門工事に伴う埋蔵文化財発掘調査概要報告書2　赤野井湾遺跡』一九八七年三月
(11) 針江浜遺跡では湖岸から約一三〇m沖で、水深二mの湖底から一m掘り下げて調査が行われ、地震による下層の砂が上層の粘土質を突き破った噴砂跡が検出されている。滋賀県埋蔵文化センター『滋賀埋文ニュース』一〇四号　一九八八年一一月
(12) 海洋気象台（神戸）『海洋気象台彙報第八号　琵琶湖調査報告』一九二五年九月
(13) 彦根地方気象台『滋賀県気象月報　一九八六年』一九八六年
(14) 小江氏は葛籠尾崎南端の堆石湖岸は長年月の間に激しい波浪のため浸食された形跡を強くとどめていることを記している。とくに冬期の西からの季節風が強く、三ないし四mの波が岬先端を洗い、漁船等が多く難破するのもこの水域で、近くの漁民達が恐れているという。註(2)文献。
(15) 註(1)に同じ。
(16) 註(1)に同じ。
(17) 註(12)文献と同じ。この一九二五年八月の琵琶湖の気象調査の所見として、波浪の特徴が詳細に記されている。しかし、この調査での波浪の調査データは夏期のものに限られる。
(18) 土器が廃棄される機会は破損した場合だけに限定されない。たとえば、使用によって汚れたものを新製品と交替する場合もある。土器の製作時にかなりの土器が一新されることを説く研究者もある。これらの場合では、破損個所のない土器が湖中に投棄されることになる。
(19) 早期の押型文土器を葛籠尾崎に運んだ候補としては、入江内湖畔に居住した磯山城遺跡の縄文人が最有力者としてあげられる。
(20) この時の調査のことは、小笠原好彦「湖底に眠る古代遺跡」『日本の湖沼と渓谷』一〇—琵琶湖と保津峡・瀞八丁—　一九八七年四月に記したことがある。参照されたい。

『滋賀史学会誌』第七号　一九八九年二月

二　湖底に眠る古代遺跡

大正一三年（一九二四）、奥琵琶《おくびわ》湖の葛籠尾崎で、魦《いさざ》漁の網によって、数個の縄文土器、弥生土器が引き上げられた。これが琵琶湖の湖底遺跡に強い関心がもたれるようになったきっかけであった。湖底から古代の遺物が採集されることは、古く江戸末期に、木内石亭《きうちせきてい》が近江八幡《おうみはちまん》市長命寺《ちょうめい》の湖中から石鏃《せきぞく》（石作りの矢の根）を見つけたことからもわかっていた。しかし、それは湖底遺跡とすぐには結びつかなかった。引き上げられて四年後、島田貞彦《しまださだひこ》氏は『有史以前の近江』に、これらの土器のほか石剣と磨製石斧を紹介した。ここでは沈んだ理由

写1-2-1　長命寺遺跡で発掘された丸木舟

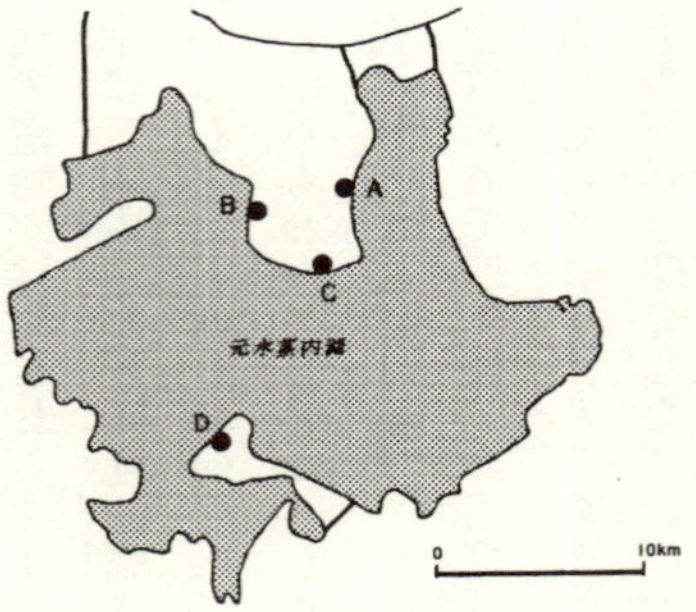

図1-2-1　元水茎遺跡

を、湖岸遺跡から流された場合、地滑りなどの地層変化、事故で落下、湖流によって集積された場合などを想定し、前二者の可能性が高いものとした。

その後、小《お》江《え》慶《よし》雄《お》氏は琵琶湖に沈む遺跡には、葛籠尾崎湖底遺跡のほかに、内湖や琵琶湖岸にも多くの古代遺跡があることを明らかにした。現在では、湖底遺跡の分布調査が行われ、六〇カ所を超す遺跡が知られている。

(1) 活用された丸木舟

琵琶湖の湖底遺跡には、文字通り湖中にあるものと、湖岸にあって一部が湖中に沈んでいるものとがある。これは水深からみると、水面下数十mの深いものと、二〜三mのごく浅い湖底にあるものとに分かれる。前者は葛籠尾崎湖底遺跡が唯一の例で、ほかはごく浅い湖底に沈むものである。

浅い湖底に沈む湖底遺跡の立地には、近年の調査で、①湖岸やそれに続く遠浅にあるもの、②内湖に面した浜堤上のもの、③湖中の浜堤状の浅瀬にあるもの、などが明らかになってきている。

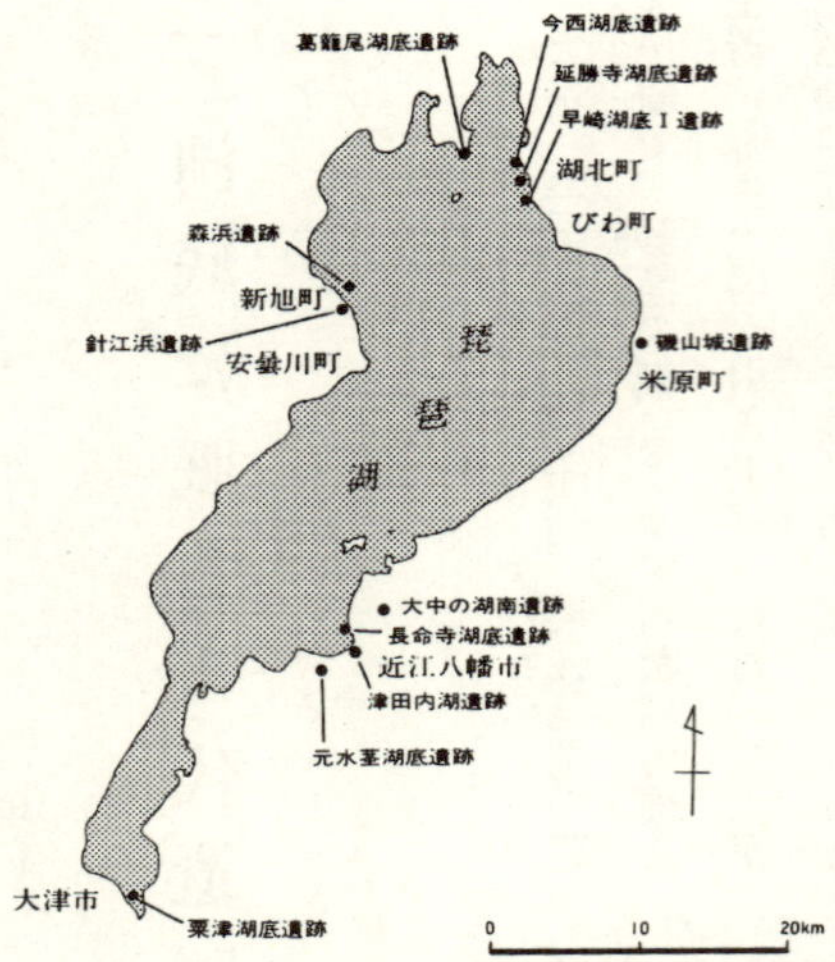

図1-2-2　琵琶湖の湖底遺跡

木内石亭が注意した長命寺湖底遺跡は、長命寺山すそにあった湖岸の湖底遺跡で、旧津田内湖の北西端に位置する。

この遺跡は、昭和五八年に発掘され、現在の湖面から二・八m下でかつての湖岸の汀線《ていせん》が知られた。調査では、舟のほか縄文時代後・晩期、弥生時代中期の土器が見つかった。舟は縄文時代晩期の丸木舟二隻のほか、古墳時代の準構造船の一部など五隻が出土した。これらは湖岸に営まれた集落の舟着場にあったものが、そのまま沈んだものであった。

びわ町の旧早崎内湖にも、南西端の湖岸に早崎《はやさき》湖底Ｉ遺跡とよぶ湖底遺跡が知られている。ここでは湖岸から一二〇m沖まで、古墳時代から奈良時代の土器が散布する。ほかに新旭町《しんあさひ》針江浜《はりえはま》遺跡でも、一〇〇m沖まで弥生土器、土師器《はじき》、須恵器などが見つかっている。

内湖の浜堤上にあった縄文時代の湖底遺跡では、近江八幡市の元水茎《もとすいけい》遺跡が著名である。この遺跡は、旧元水茎内湖に向かってのびた砂嘴《さし》に立地しており、Ａ～Ｄの四地点の遺跡があった。昭和四四年の干拓にともなった調査では、Ａ地点で二隻、Ｂ地点で五隻の後期の丸木舟が見つかった。これらの舟は、内湖畔に居住した縄文人が長命寺遺跡と同じく、湖岸につなぎとめていたものと推測された。この遺跡からは、網に用いる石錘《せきすい》も出土しており、これらの丸木舟が内湖で漁労を行うのに盛んに使用されたことをうかがわせたが、それだけでなく、琵琶湖沿岸の集落へも生活物資の運搬や湖上交通のために活用されたであろう。前述の長命寺遺跡の場合も、石錘が出土していないとはいえ、やはりよく似た立地条件にあるので、旧津田内湖や琵琶湖で同様に活用されていたとみてよい。

(2) 弥生時代の生活を知る

昭和三九年、干拓によって弥生時代の村が湖底から出現して注目された大中の湖南遺跡も、かつて内湖に面した湖底遺跡であった。この遺跡は、小中と大中の湖を分ける東西にのびた砂州上に立地しており、東から縄文後期、弥生、

写1-2-2　大中の湖南遺跡

古墳、奈良～平安時代の遺物が集中して出土する地点があったが、調査が大規模に行われた弥生時代中期の遺構では、湖に向かって東西にのびた大砂州の北側に居住地があり、その南に平行した小砂州との間に、水路と水田があった。水田は幅七ｍの水路に面し、矢板を打った畦畔で東西に仕切っていた。東側の水田は、北辺七五ｍ、南一二〇ｍ、南北九〇ｍの大規模なものであった。

北側の水路からは、木製の鍬《くわ》、鋤《すき》などの農耕具とその製作途中の未製品、竪杵《たてぎね》やはしごなどの木製用具が多量に出土した。このような多量の木製品が見つかったのは、この遺跡が水深一～二ｍの湖底に沈んだことから、良好な保存状態で維持されてきたからである。ここでは、穂首を刈った稲束も出土した。

居住区には二カ所に小規模な貝塚があり、獣骨も見つかった。さらに、その西には、二カ所で方形周溝墓《ほうけいしゅうこうぼ》とみられる遺構もあった。

内湖にのぞんだこの村は、低湿地で水田を営むかたわら、貝や魚をとる漁労も盛んに行っていた。弥生時代の初期の水稲農耕では、生産力が低いため、湖での漁労活動による水産物も欠かせない食料だが、それだけでなく、他地域との交易品としても重要なものであった。

このような大中の湖南遺跡で見つかった資料は、弥生時代の村の生活実態をわれわれにまざまざと見せてくれたものであった。この湖底遺跡によって、わが国の初期農耕社会の研究が大きく前進することになった。

内湖の浜堤に立地した遺跡には、ほかに長命寺遺跡の南対岸に位置した津田内湖遺跡がある。くわしいことはまだ明らかでないが、縄文時代から奈良時代の各時代の土器が散布する。この遺跡からは、内湖と琵琶湖の二つの湖に面した立地条件のもとに、縄文時代から長期間にわたって安定した生活が営まれた集落の姿を推測することができる。

(3) なぜ湖中に沈んだのか

つぎに、湖中に没した浜堤上に立地した湖底遺跡には、新旭町森浜《もりはま》遺跡、湖北《こほく》町延勝寺《えんしょうじ》湖底遺跡、今西《いまにし》湖底遺跡などがある。森浜遺跡は湖岸から沖へ七〇〇m付近まで、弓状にのびた浅瀬に位置した弥生時代から古墳時代の遺跡である。延勝寺湖底遺跡、今西湖底遺跡も、数百m沖まで浅瀬や小島が帯状につらなる。これらの遺跡は、かつてあった内湖の浜堤に営まれた集落であったと推測される。今西湖底遺跡では須恵器が散布し、延勝寺湖底遺跡は数地点に遺物が見られ、あわせると縄文時代から奈良時代まで続いたことが知られる。

以上のほか、浅瀬にある著名な湖底遺跡に、瀬田《せた》川の源付近の湖中にある粟津《あわづ》湖底遺跡がある。この遺跡は昭和二七年に、藤岡謙二郎《ふじおかけんじろう》氏によ

写1-2-3　葛籠尾崎

って調査され、縄文時代中期の貝塚であることが判明した。その後も数回の調査によって東西一九〇m、南北二三〇mの大規模な貝塚で、前・中期を中心とし、ほかに後・晩期にも続いたことが知られている。

では、このような水深二～三mにある湖底遺跡は、なぜ湖中に沈んだのか。これは現在もなお、未解決な課題として残っているが、これまでのところ砂嘴、砂州や湖岸に立地した遺跡が地盤沈下したとする説と琵琶湖の水位変動説とがある。地盤沈下説では、これらの遺跡がいつ沈下したのか、沈下したとすれば、琵琶湖岸全体か、局部的なものかが解明される必要がある。これには地質学者の研究にまつべき点もあるであろうが、それぞれの湖底遺跡の成立時期と廃絶時期を詳細に検討することによって、明らかになる点も少なくない。たとえば大中の湖南遺跡では、縄文時代後期から奈良、平安時代にかけて各時代の遺物が見つかっているので、この遺跡は平安時代以降に湖底に沈んだことを示している。

水位変動説では、湖底遺跡の海抜高が問題になる。湖底遺跡のほとんどは、水深二～三mである。現在の琵琶湖の水位は、海抜約八四・四mである。長命寺遺跡からは、八一・七mで縄文時代晩期の汀線が見つかっており、粟津湖底遺跡でも縄文中期の貝塚が八一～八二mに堆積している。ほかに近年の調査では、旧入江内湖西岸にあった米原《まいばら》町磯山城《いそやまじょう》遺跡でも、縄文早期に八一～八二mに遺跡が立地し、早期末には埋葬が行われていることが知られた。

これらの判明した遺跡の海抜高からすると、縄文時代には水位が一・五～三・五m低かったことを想定させる。とすると、このような水位の変動説は、地盤沈下説以上に重視すべきであろう。

(4) 葛籠尾崎湖底遺跡の謎

では、水深数十mの葛籠尾崎湖底遺跡の場合はどうか。これには先に島田氏があげたように、地盤沈下説、供献《きょうけん》ないし投棄説、二次堆積説などがだされている。二次堆積説では、近年、新たに小江氏が葛籠尾崎にあった遺跡が水位の上昇によって水没し、遺物が急斜面を湖底まで移動したという説をだしている。

葛籠尾崎湖底遺跡の土器は尾上《おのえ》町公民館に保管されている。それを見ると破片も引き上げられているが、完全な形をよくとどめた土器が多いことが重視される。引き上げられた場所は、岬の南側から東側に集中する。土器ははじめ縄文土器、弥生土器が引き上げられたが、その後、古墳時代の土師器、須恵器、平安時代中・後期の土師器皿などが加わっている。このように多くの時代にわたることや石斧などの石器も含まれることは、祭祀による供献とはみなしにくい。地盤沈下説は、付近に南北方向の構造線が走ることが知られるが、平安時代以降、大規模な地盤変動があった記録や痕跡はまだ確認されていない。

ところで、昭和六一年四月上旬、朝日新聞社が琵琶湖の湖底にテレビカメラをセットした水中ロボットを沈め、湖底調査を行った。この調査には、私も考古学部門の調査の一員として加わった。調査の目的は多岐にわたったが、その一つはこの葛籠尾崎湖底遺跡の謎を探ることにあった。調査中、水中ロボットが葛籠尾崎の南から東側の湖底を映し出す画像を船上で長時間にわたって観察した。

葛籠尾崎付近の湖底は、水深六〇～七〇mまでV字形に下っていた。湖底は浅

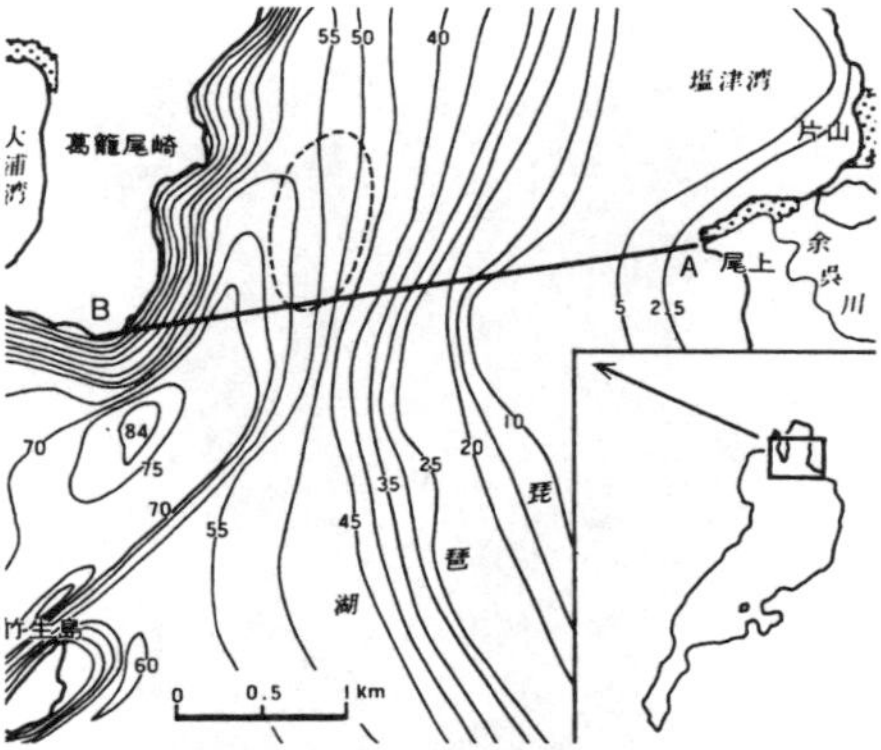

図1-2-3　葛籠尾崎湖底遺跡付近地形図
（点線内は遺跡）

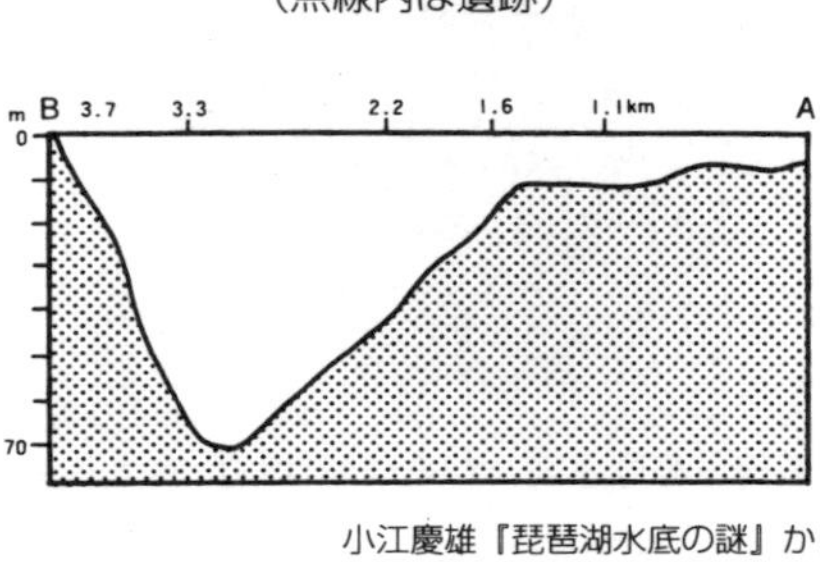

小江慶雄『琵琶湖水底の謎』から
図1-2-4　尾上Aと葛籠尾崎B間の断面図

写1-2-4　湖底調査船と水中ロボット

写1-2-5　葛籠尾崎湖底遺跡から発掘された縄文土器

瀬とは異なって泥の堆積はなく、流れがあった。四月上旬の湖上は、春とはいっても波が立ちやすい。午後になると西風によって波浪が立ち、調査船が流される状態となったので、二時すぎには調査を打ち切って尾上港に戻らざるをえなかった。琵琶湖はまさに近江のうみであった。

このような状況は、古代の場合も変わらないことだ。古代人も琵琶湖に丸木舟を漕《こ》ぎ、竹生《ちくぶ》島や葛籠尾崎付近で活動したであろう。それは、漁労と交易のための物資運搬が多かったにちがいない。

葛籠尾崎には、集落を営むほどの広い平坦地が見られない。しかし南側と東側の一部には、狭いながら州浜がある。ここはごく短期間なら居住ができる場所である。にわかに西風が吹き、波浪が立ったとき、古代人はこの州浜の東側に降りて、舟をつなぐことがなかったであろうか。葛籠尾崎は竹生島に向かって突き出た遠方からも目立つ岬である。古代人は竹生島とこの岬をめやすとして湖上を運行したであろう。付近を通過したり、漁労を行ったとき、この岬はかっこうの避難港であったはずである。竹生島は周囲が絶壁で、州浜がない。だとすれば波の立ちやすい季節には、古代人がこの岬に一時的に碇泊《ていはく》し、宿泊することも少なくなかったであろう。それには日常雑器の土器を持参し、煮炊きすることも少なくなかったはずである。

　このような葛籠尾崎の利用は、近江の縄文時代の開始とともにはじまった。近江でもっとも古い早期の押型文を施文した尖底《せんてい》土器が、ここから引き上げられているのもこのような理由からであろう。水田耕作がまったく不可能な立地でありながら弥生時代以降の土器があるのも、同じ利用形態が続いたことを意味する。これらの土器は一時的に使用され、州浜に保管され、その目的が終わった段階で湖中に投棄されたものであろう。奈良時代の土師器、須恵器を欠くのはなぜか。それはそれまでの丸木舟から構造船の発達にともなって、この避難港としての利用が終わったか、乏しくなったからであろう。その後の平安時代中・後期の土師器皿は、おそらく聖地竹生島の僧が島での往生を避けるため、短期間居住したこととかかわったと推測する。私は小江氏が想定した集落遺跡とは異なった、このような性格の遺跡があったと考えている。

『日本の湖沼と渓谷』一〇　近畿　琵琶湖と保津川・瀞八丁　ぎょうせい　一九八七年四月

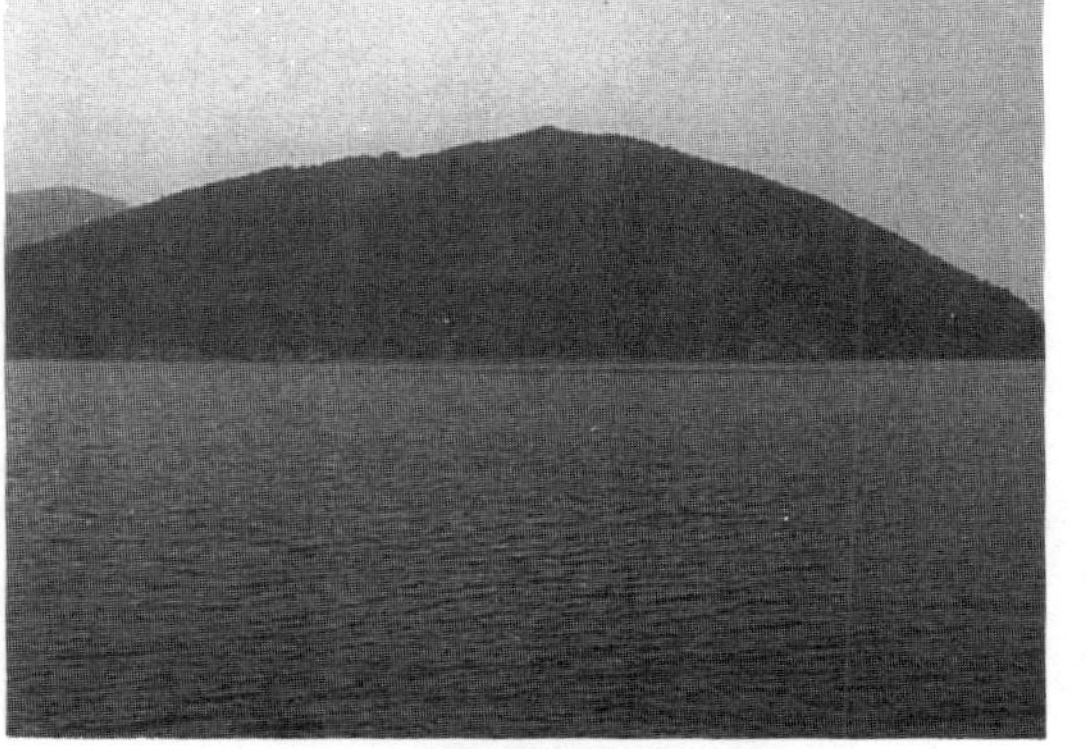

写1-2-6　葛籠尾崎から見た竹生島

三　近江の縄文遺跡と貝塚食料

(1) 近江の縄文遺跡の分布

今日は、粟津貝塚の理解を深めるために、近江の縄文遺跡に関連し、少しお話しすることにしたい。近畿地方でも近年は、縄文時代の遺跡がかなり増加してきている。滋賀県では、県で出している遺跡分布地図、市町村で出している分布地図、さらに市町村史などをあわせて見ると現在わかっている縄文遺跡は一八五カ所ほどになる。

これからも、圃場整備やいろいろな調査で縄文時代の遺跡が新たに見つかってくるであろうから、数年の間に二〇〇カ所ほどになるかもしれない。

そのうちの主要な遺跡は、近江風土記の丘資料館が昭和五九年に作製した『近江の縄文時代』という冊子に遺跡の分布図が揚げられている。その図をもとに遺跡が特に集中するところを円形にとり囲んでみたのが図1-3-1である。これは現在滋賀県の縄文時代を考える場合に、ほぼこのように大きな捉え方をしていいのではないだろうかと考えているものである。

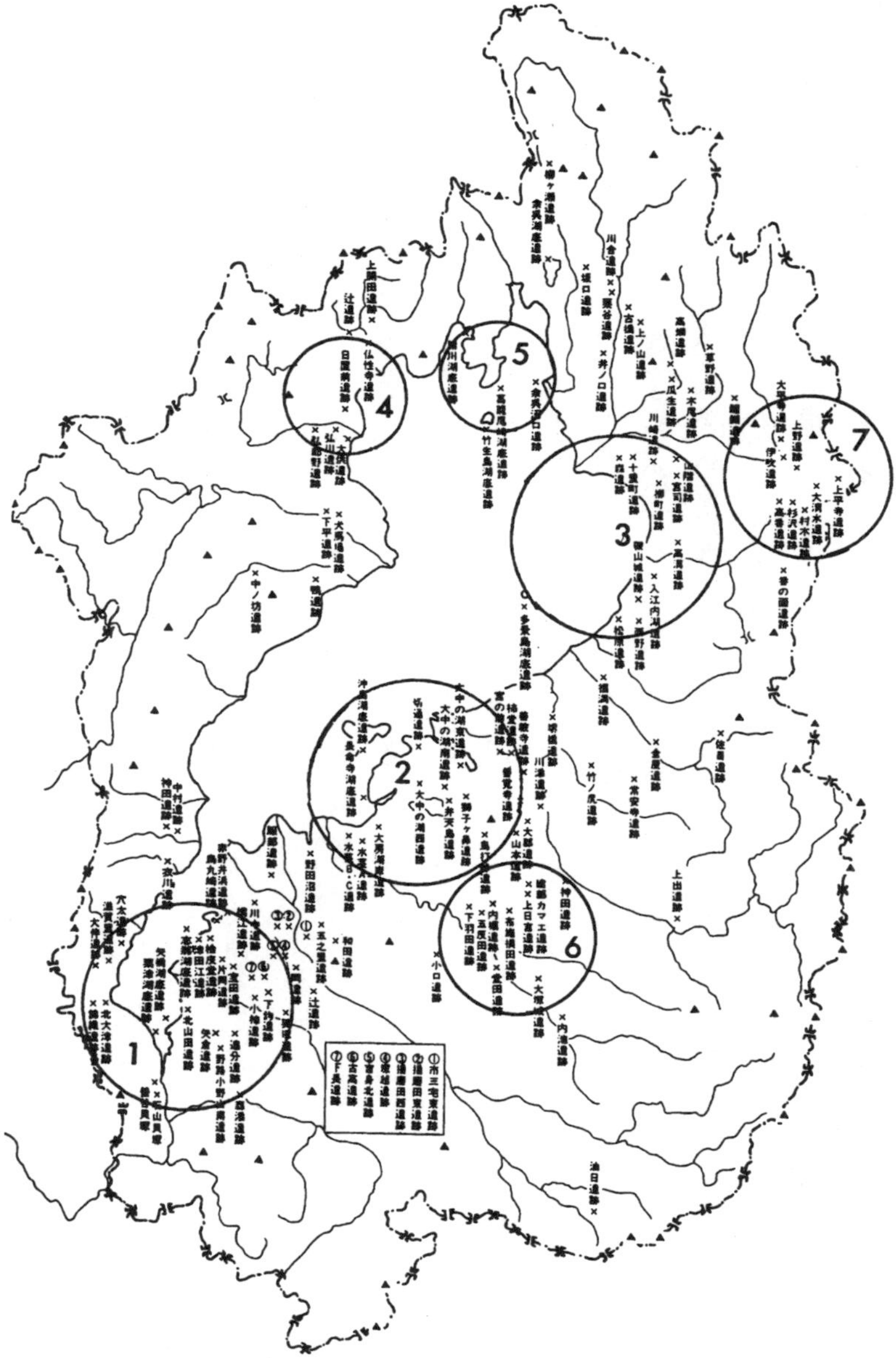

図1-3-1　近江の縄文遺跡

一つは湖南地域である。ここは今日のシンポジウムの中心になる粟津貝塚や石山貝塚を含めて、縄文時代に分布の中心があったと理解していいところである。この地域では南湖の中でも南よりのところに、時に多くの縄文時代の遺跡がある。

二つ目は現在の行政区分で、近江八幡市から安土町の地域にあたるところで、縄文時代の早期から各時期の縄文時代の遺跡がある。ここは、現在では琵琶湖の内湖がほとんど埋められてしまっているのでわかりにくいが、元水《もとすい》茎《けい》の内湖、大中の湖の内湖、あるいは津田内湖などの内湖の浜堤《ひんてい》、つまり内湖を抱えている砂州上に多くの縄文時代遺跡がある。

三つ目は姉川の流域と平野部である。さらに、その北に有名な葛籠尾崎《つづらおざき》の湖底遺跡を中心とした遺跡がある。葛籠尾崎湖底遺跡は一般的な集落遺跡ではなく、かなり特殊な遺跡だとみなされている。ここは有名な葛籠尾崎湖底遺跡を含んでいるけれども、遺跡の集中度は決して高いとはいいにくい。

次に図1-3-2では、縄文時代早期の段階の遺跡を遺跡地図から揚げてみたものである。早期の段階は、今から一万年前から七千年ぐらい前の時期である。早期の時期は長かったとみられるが、図1-3-2のようなごく限られた遺跡の分布状況がうかがえる。南湖の南端のところと瀬田川沿いのところに、早期の一つの中心地域がある。もう一つは、近江八幡市の湖岸のところの大中の湖、元水茎内湖のところに一つの中心地域がある。また、今の米原町から彦根市のあたりにも入江内湖、松原内湖があり、そこにも中心がある。そしてもう一つは葛籠尾崎のところ、葛籠尾崎湖底遺跡は先にも少しふれたが、私は琵琶湖の湖上で漁業をしていた時、あるいは各地から丸木舟に乗って物資の交換に来た人たちが避難港として利用し、貯蔵穴を作ったり、小屋掛けしたりしてそこに滞在したそういう特殊な遺跡であると考えたことがある。以上のように、早期には大きく四つの地域を中心に居住していたことを知ることができる。

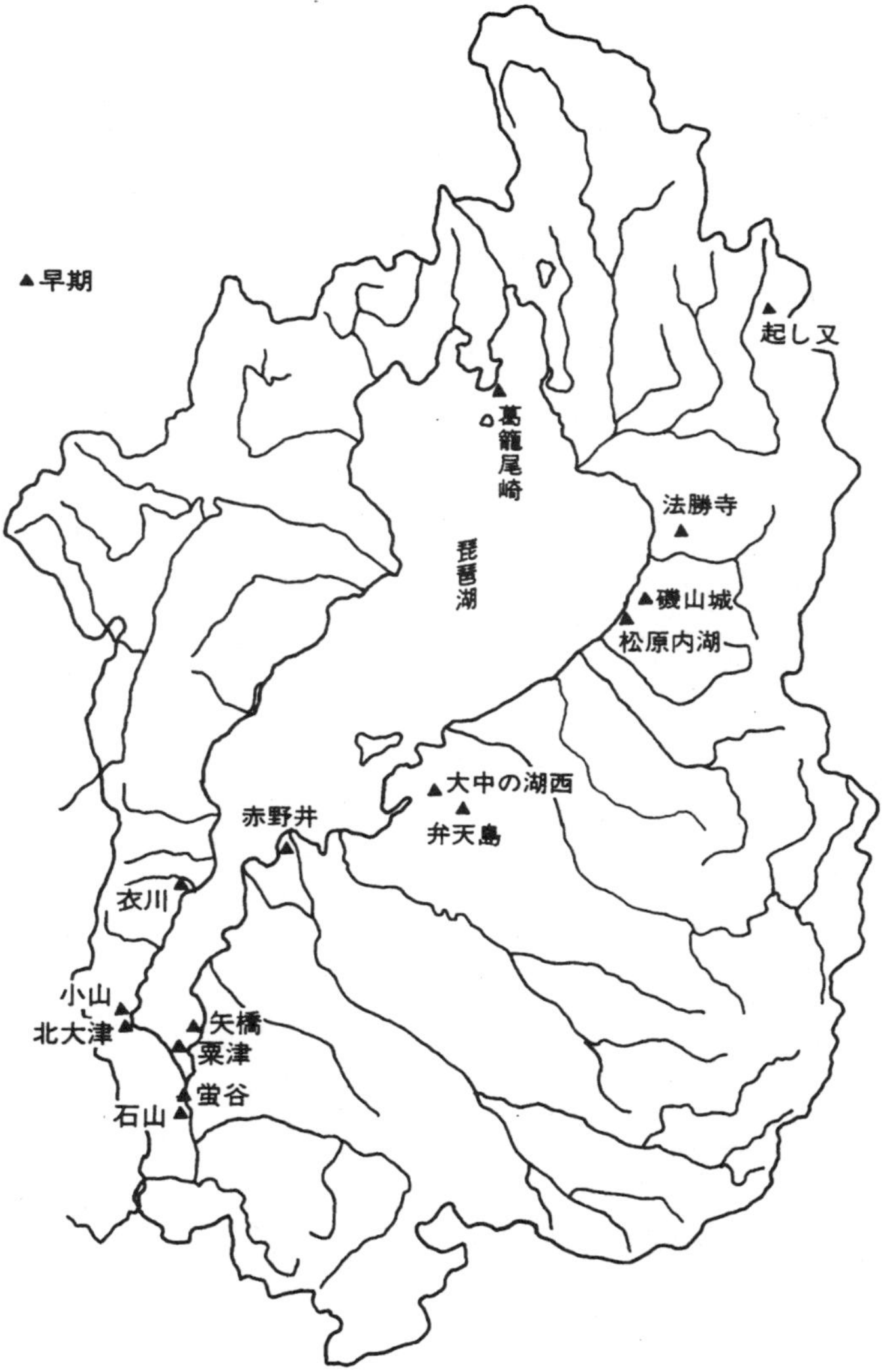

図1-3-2　早期の縄文遺跡

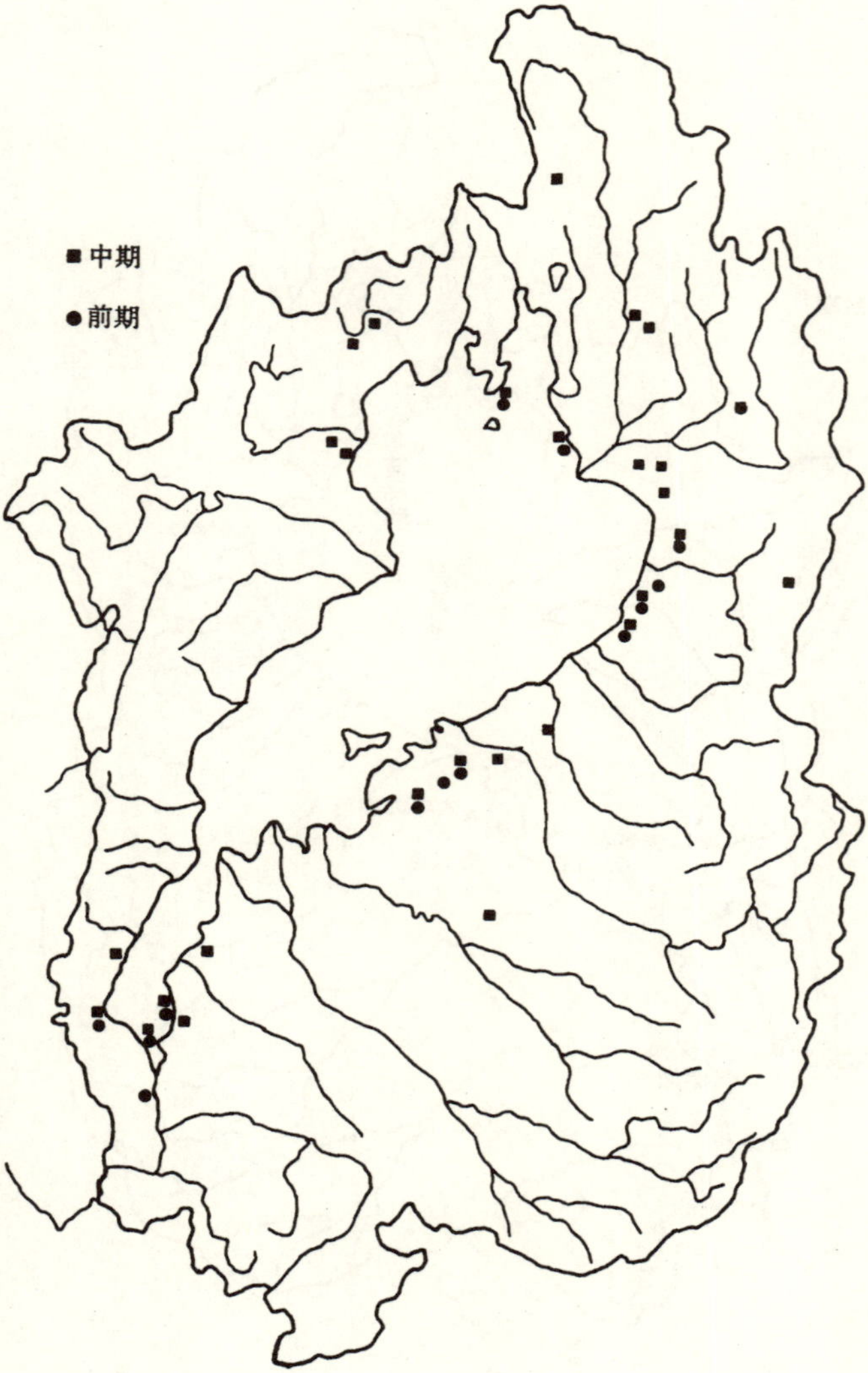

図1-3-3　前期・中期の縄文遺跡

つぎに、図1-3-3では前期の遺跡を示している。これは約七千年から五千五百年くらい前になる時期である。また中期のものには四角いマークをつけている。この段階の中心地域も早期の段階とほぼ同じような傾向がみられる。この段階では新たに湖北の南側と湖西に中期の遺跡が出現している。したがって早期の段階より二つの地域が増えてくると理解してよい。それぞれの地域の遺跡がはたしてどのように繋《つな》がっていたのかが問題になる。これはいろいろな考え方があると思われるが、その地域でいくつかの遺跡が集団関係をもって続き、時にはいくつかの遺跡が場所を少し移しながら続いたり、あるいはよそから集団に入ってくるなど、基本的にはその地域の中で少しずつ定住度を強めながら居住していたと思われる。しかし狩猟を主としているので、外から入ったり、また出ていく集団も少なくなかったであろう。

後期から晩期の時代のうち、後期の時期は終わりが三千年くらい前と理解すると、今から四千年から三千年くらい前のことと考えてもよい。それが図1-3-4の丸を付けたところにあたる。図には丸と四角を入れたので複雑になったが、やはり前段階をほぼ踏襲しているとみてよい。

さらに晩期の時期は、今からだいたい三千年くらい前から二千三百年くらい前にあたる。今まで内陸部の方には触れていないが、中期段階でも内陸部にもいくつか点々と遺跡がある。ただし、あまり集中しない状態なので湖岸と内陸の集落がそれぞれ分散して営まれていたと想定される。しかし、晩期の段階になると、湖岸に寄ったところと、河川の中流域で遺跡が集中するところがみられる。そのような晩期の段階の遺跡がつぎの弥生時代前期の水稲農耕を受け入れる母体になるところである。

このように、近江の縄文時代の遺跡を大きく理解すると、今回調査された粟津貝塚の特徴は、これまでになく非常にたくさんの植物が見つかったことにあると思われる。

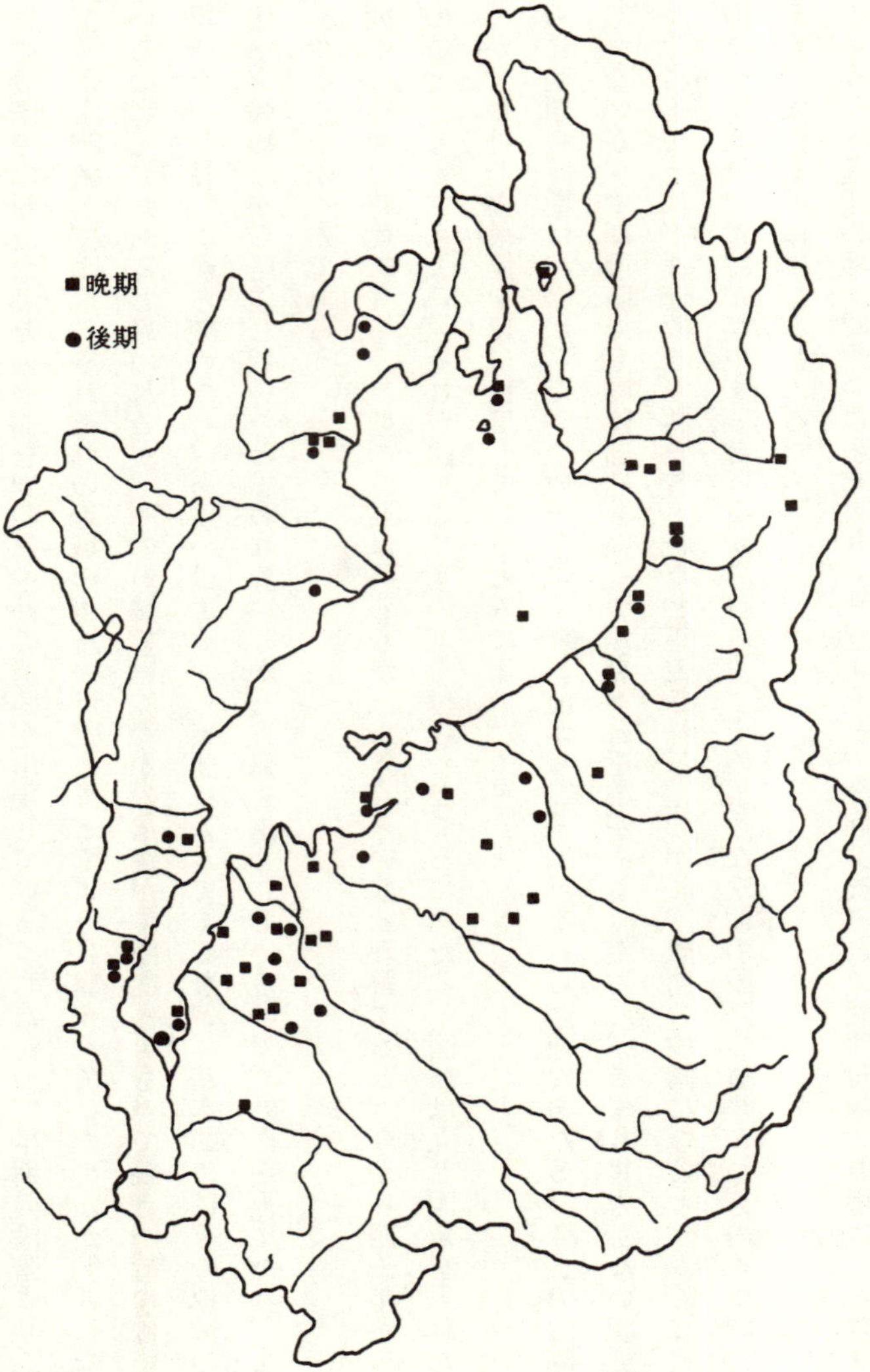

図1-3-4　後期・晩期の縄文遺跡

(2) 貝塚と縄文人

いま、日本全体で大きく貝塚が集中する地域を少し触れると、北の東北地方では一番北にあるのが岩手県の三陸海岸から気仙沼あたりに貝塚が集中する地域がある。下がると、松島湾のところ、ここには非常にたくさんの島があり、島と海岸に貝塚が集中する。私も著名な宮戸《みやと》島貝塚とか大木囲《だいきがこい》貝塚を発掘した経験がある。宮戸島貝塚は、東北歴史資料館が昭和四九年（一九七四年）以来継続して調査をしており、現在報告が六冊にわたって刊行されている。それから南に下がると、小名浜の地域のいわき市あたり、それから茨城県の霞ケ浦と、東京湾、ここは房総半島から横須賀の地域がふくまれる。さらに南に下がると伊勢湾、そして西では瀬戸内海の地域、九州の有明海地域、こうしたところに貝塚が集中して分布する。

太平洋側と日本海側を比べると、日本海側にはほとんど貝塚の集中する地域がみられない。逆にいえば太平洋側にのみ集中している。その理由の一つは、日本海側の海岸線が落ち込んでおり、貝塚の形成にあまりいい条件ではなかったということが挙げられている。

さて、粟津貝塚を理解するにあたって、宮城県里浜《さとはま》貝塚の調査の最近の成果を二、三紹介しておくことにする。里浜貝塚は、いくつかの地点の貝塚から構成されている。つまり、宮戸島の里浜に一二カ所ほど貝塚がある。このうち、西畑《にしはた》地区の調査では貝層が厚く、一・八ｍから二ｍある。これは石山貝塚の貝層とよく似た厚さである。その西畑地区では、貝層とか混貝土層とか約五〇層に区分されている。

それらの貝層から出てきたものから、アサリ貝の成長の状況、回遊する魚の種類、魚の成長線、春から秋にかけて獲られていたウニ、あるいは捕獲されたカニ、さらには冬にたくさん渡ってきた冬鳥を捕獲したことが知られている。

そのような貝塚から出土した資料から、貝層にふくまれている自然遺物のシーズンを特定し、しかも貝層の広がりや変化をていねいに検討している。その結果、松島湾の貝塚の場合は、冬になると魚が増加し、春になると魚は減っている。また、春先になると魚が減るのに対して鳥類やほ乳類が増えている。さらに秋から冬にかけては貝類が減ってくるという状況もわかっている。これは寒い時期になると貝の捕獲が積極的に行われなくなり、それに対応して魚の捕獲が非常に増えてくることが考えられている。さらにこれらのデータから、カロリー計算を行っている。そのカロリー計算の方法の一つとして貝層の範囲を細かく見ていると、どうやらその貝を捨てている広がりが家族単位で捨てたような状況が見られたということも書かれている。

現在のわれわれが一日に、二、〇〇〇キロカロリーか二、四〇〇キロカロリーをとっているとして、貝層の広がりを割ってみると、一日にどれくらいの人間が捨てているかということも計算されている。その結果、どうやらそこに捨てている家族は五人くらいの単位の人間がそれぞれまとまって一つの貝層を作っていたというようなことが述べられている。そして、そういう所が何地点もあって、それによって漁業をする場合も、春などのイワシがたくさん獲れるときには集落全体で一斉に共同で作業をし、後はまた個別にいろいろと作業をしたとみなされることも報告されている。

したがって里浜貝塚の調査をみると、貝塚の調査からずいぶん詳しい当時の生活形態が復原されているわけである。しかし、松島湾では前期から晩期にかけての非常に多くの貝塚があるけれども、植物遺体はまったく含まれていない。その点で出土していない資料はいくら精緻を極めようとしても無理ということになる。この粟津貝塚は、そういう点では縄文時代の貝層の中にたくさんの植物遺体が入っているから、前期の終わりから中期にかけて、この近江の琵琶湖に面した地域に居住した縄文人が、どのような食糧を獲って、どういうような生活を行っていたのかということが、おそらく細かくわかってくると思われる。

(3) オーストラリア原住民の食生活

それを考える一つの例として資料（表1‐3‐1～1‐3‐3）をあげた。これは、外国の現代の例であるが、鈴木公雄《きみお》さんが「縄文人の食べ物」ということで『縄文人の知恵』という本で紹介している。これは、オーストラリアの北の方、アーネムランドというところで生活している原住民の食糧事情を、ミーハンという女性研究者が一九七二年から七三年にかけて、何をどれだけ獲ってどれだけ食べたのかを丁寧にデータ整理したものである。表1‐3‐1は、鈴木さんの文献から、表1‐3‐2、1‐3‐3は原典から引用したものである。

左側に食糧の種類が書いている。貝類がはじめにあり、最後に購入食品も記されている。貝類は、殻も含めたのが総体の重さである。それに対して貝は殻《から》が食べられないので食べられるのが五〇kgである。これは日数が一七日間で人間三一人が食べた量である。そのなかにタンパク質が一〇kg含まれてお

食糧の種類	重さ(総体) kg	重さ(正味) kg	タンパク kg	カロリー kcal	%
貝類	239	50	10	40,000	3.6
マングローブの虫	6	6	1	5,000	0.5
甲殻類	14	8	1	7,000	0.6
幼虫類	0.5	P	P	P	P
魚類	221	177	35	242,000	22.0
爬虫類	100	70	14	105,000	9.5
鳥類	30.5	21	4	64,000	5.8
哺乳類	87	65	12	196,000	17.8
果実・ナッツ	141	10	2	33,000	3.0
野菜類	6	6	P	8,000	0.7
アリの巣	0.5	P	P	P	P
ハチミツ	8	8	P	13,000	1.2
購入食品	131	105	10.5	388,000	35.2
合計	984.5	526	90	1,101,000	

(Meehan,1977)

表1-3-1　1972年の9月のオーストラリア原住民メニューとカロリー
(『縄文人の知恵』より)

り、そのカロリーを出している。この表ではPと書いているところがあるが、これはパーセントを測ると、ごくわずかで、パーセントでは表記できないものが微量ながらあるというものである。

いま、一九七二年の九月を見ると、オーストラリアの海浜部の人は、貝類が二三kgで圧倒的に多い。つぎに魚、そして果実のナッツ、そういったものを食べている。それに加えて哺乳類の動物、これはカンガルーとかを食べている。それから鳥類を食べている。全体のカロリーは、一、一〇一、〇〇〇カロリーを一七日間で割って、さらに三一人で割ると、一人平均大体二、〇九〇キロカロリー摂っているということになる。

次のデータに移ると少し変わってくる。それは一九七三年の一月であるが、この時期はシーズンでいうと雨期である。表1-3-2では雨期に貝類が八〇〇kgその次に魚類で三五四kg、そしてフルーツとナッツが一二〇kg。それに続くのが哺乳動物、鳥類といったものである。これらの総量を、人数の三〇人と、期間の三〇日で割ると、一六一九・四キロカロリーで、だいたい一、六二〇キロカロリーを雨期の段階で摂っている。したがって、先ほどの二、〇九〇キロカロリーより少し減っているが、ミーハンという研究者の文献を読むと、あんまりひもじいような態度は見せていないと書いている。彼らはその時には、活発な活動をしていないということである。

つぎに一九七三年の四月をみると、その時は雨期が延びて、しかも暑い日と湿気の多い日がかなり顕著で、あまりいい条件ではなかったということのようである(表1-3-3)。その時は、貝が六八三kg、そして魚が五〇〇kg、フルーツとナッツが二七五kgなど、あとは買ってきたものが五〇〇kgである。雨期のわりにはあまり買ってないことになる。ひもじくてもあまり動かないで、低カロリーで生活しているということになる。そこで見てほしいのは、フルーツとナッツ、それから野菜など、そういったものを海浜部の住民でもとっているということ、人間は魚や貝のような食べ物だけでは生きられないということがこの表でよく分かるのである。

したがって、これはあくまでもミーハンという研究者がオーストラリアで調べたデータであるが、はたして粟津

食糧の種類	重さ（総体）		重さ（正味）		タンパク		カロリー	
	kg	%	kg	%	kg	%	kcal	%
貝類	800	48.5	168	19.7	34	26.2	134,000	8.9
マングローブの虫	—	—	—	—	—	—	—	—
甲殻類	20	1.2	11	1.3	2	1.5	10,000	0.7
幼虫類	—	—	—	—	—	—	—	—
魚類	345	21.5	283	33.2	57	43.8	388,000	25.8
爬虫類	32	2.0	22	2.6	4	3.1	33,000	2.2
鳥類	15	0.9	10.5	1.2	2	1.5	31,500	2.1
哺乳類	91	5.5	68	8.0	13	10.0	204,000	13.6
果実・ナッツ	120	7.3	114	13.4	1	0.8	68,000	4.5
野菜類	6	0.4	6	0.7	P	P	8,000	0.5
アリの巣	—	—	—	—	—	—	—	—
ハチミツ	—	—	—	—	—	—	—	—
購入食品	212	12.8	170	19.9	17	13.1	629,000	41.8
合計	1,650		853		130		1,506,000	

調査日数30日、対象者30日、Pは少量

表1-3-2　1973年1月のオーストラリア原住民のメニューとカロリー
（Meehan, 1977より）

食糧の種類	重さ（総体）		重さ（正味）		タンパク		カロリー	
	kg	%	kg	%	kg	%	kcal	%
貝類	683	30.0	143	10.6	29	16.9	114,000	4.5
マングローブの虫	1	0.1	1	0.1	P	P	1,000	P
甲殻類	50	2.2	27.5	2.0	5	2.9	26,000	1.0
幼虫類	—	—	—	—	—	—	—	—
魚類	500	21.9	400	29.5	80	46.5	548,000	21.4
爬虫類	86	3.8	60	4.4	12	7.0	90,000	3.5
鳥類	7	0.3	5	0.4	1	0.6	15,000	0.6
哺乳類	10	0.4	7.5	0.6	1	0.6	22,500	0.9
果実・ナッツ	275	12.1	144	10.6	1	0.6	44,000	1.7
野菜類	160	7.0	160	11.8	3	1.7	208,000	8.1
アリの巣	2	0.1	P	P	P	P	P	P
ハチミツ	6	0.3	6	0.4	—	—	10,000	0.4
購入食品	500	21.9	400	29.5	40	23.3	1,480,000	57.8
合計	2,280		1,354		172		2,558,500	

調査日数35日、対象者35日、Pは少量

表1-3-3　1973年4月のオーストラリア原住民のメニューとカロリー
（Meehan, 1977より）

貝塚では、いったいどういうような食事がとられていたのか興味深く思われる。里浜貝塚では貝層の形成は必ずしも一年ごとではなくて、集中して貝が捨てられていた。シーズン的にというと言い過ぎになるが、長い場合には六～八ケ月、短い場合には二ケ月くらいとみなされる集中した貝層がブロックになっているとのことである。

近江の縄文時代の各時期の遺跡を考えるにあたって粟津貝塚の調査成果が及ぼす影響はきわめて大きいと考える。今後の研究の進展を期待して、報告を終わることにしたい。

参考文献

埴原和郎『縄文人の知恵』一九八五年

滋賀県近江風土記の丘資料館『近江の縄文時代』一九八四年

東北歴史資料館『里浜貝塚Ⅴ・Ⅵ』一九八七年

Meehan, B. Man does not live by calories alone: the role of shellfish in acoastal cuisine. Sunda and Shaul, 1977

「付記」本章は坪井清足編『縄文の湖―琵琶湖粟津貝塚をめぐって―』（雄山閣出版　一九九四年八月）に掲載された同名の論考を文章表現のみを一部変えている。

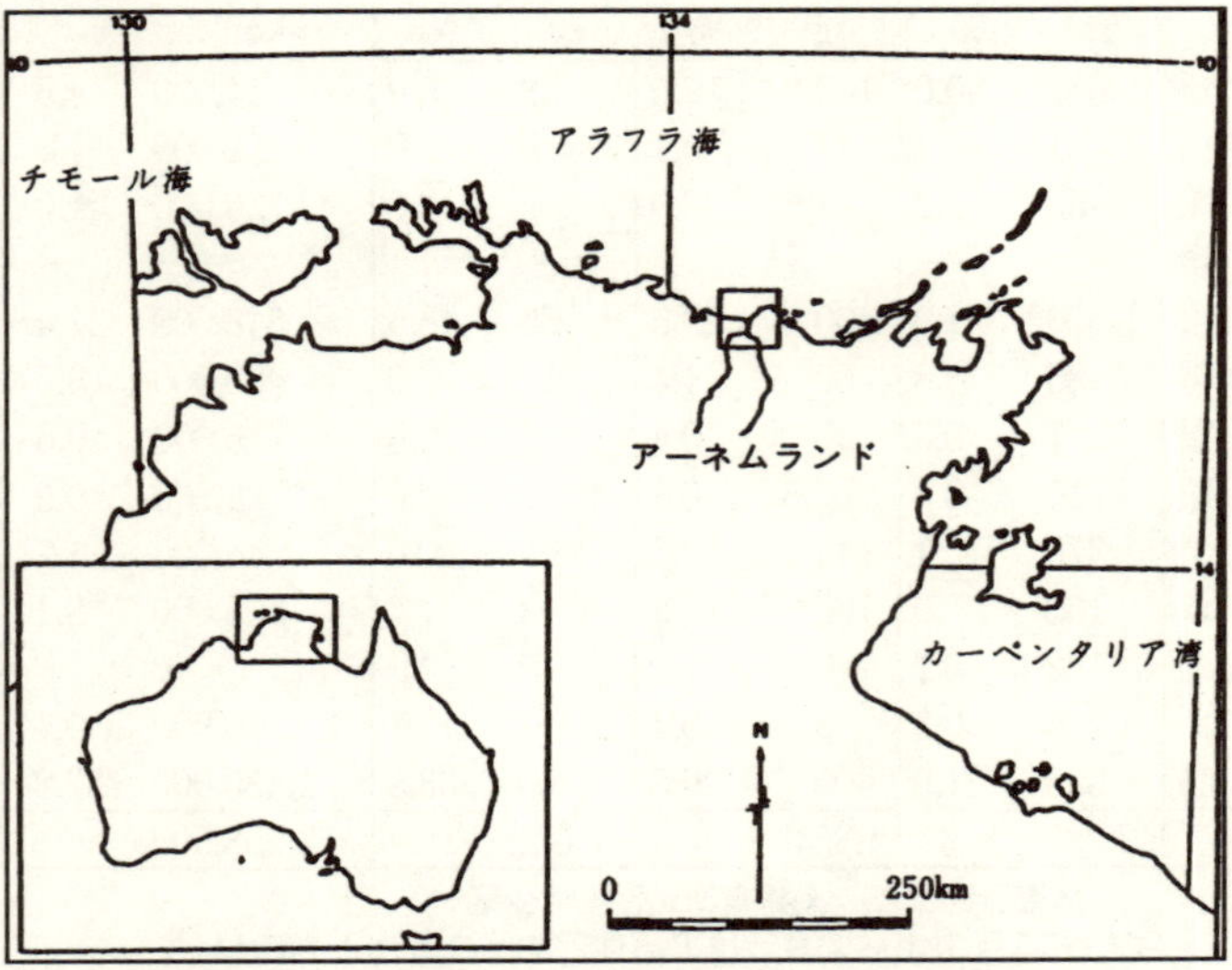

図1-3-5　オーストラリアのアーネムランドの位置

四　縄文人と弥生人のくらし

(1) 初期の縄文人と湖

琵琶湖を中心として広がる近江には、二〇〇カ所近い縄文遺跡が知られている。それらは南湖の周辺、湖東の湖岸、湖東北部の湖岸など、いずれも湖岸地域に集中している。これらのうち、縄文時代が始まったごく初期にあたる早期には、南湖の周辺、湖東の湖岸、湖北南部の湖岸などに縄文人が住みついていたことがわかる。

南湖岸で縄文人が残した早期の遺跡といえば、大津市石山貝塚、粟津《あわづ》湖底遺跡、守山市赤野井《あかのい》湾遺跡がよく知られている。これらも、琵琶湖や湖から瀬田川を少しだけ下ったところにあり、近江で生活した縄文人は、当初から琵琶湖と深くかかわりあって生活していたものとみてよいだろう。

石山貝塚は石山寺の東南に数軒並ぶ茶店の一帯にある貝塚で、茶店の前に説明板が立っている。ここではセタシジミを中心に貝層が二m近くも厚く堆積している。ここに住んだ縄文人たちは台地に住居を作り、主として琵琶湖と瀬田川を対象にして生活していた。発掘調査では、こぶし大の円礫《えんれき》を直径一m大の円形に集めた炉が一二カ所も見つかっている。これらの炉は肉や魚を植物の葉に包んで焼石を利用して、蒸し焼き料理をつくったものと推測されている。これは赤野井湾遺跡でも、鋼矢板《やいた》で仕切って陸化させて発掘したところ、最下層で早期の焼石の集石炉が三カ所見つかっている。

また、湖底遺跡の大規模な調査として全国的に知られるようになった粟津貝塚でも、貝塚から少し南に離れた調査地で検出された早期の自然流路から縄文人の生活をよくうかがえる資料が多く見つかった。自然流路からはたくさんの土器のほかに、クリの果皮、オニグルミの核などとともに、籠《かご》状の小さな編物も出土した。ヒョウタンは容器とし使用されたものであるが、自生していないので住居のそばで栽培されたものとみなす研究者もいる。

早期の縄文人は湖東では、近江八幡市大中ノ湖東遺跡や安土町弁天島遺跡、湖北南部の湖岸では入江内湖の西側にある磯山城《いそやまじょう》遺跡などで住んでおり、縄文人が残した押型文《おしがたもん》土器が出土している。そして湖北では、琵琶湖に突き出した葛籠尾崎《つづらおざき》の先端にある湖底遺跡でも、多くの押型文土器が湖中から見つかっている。(1)葛籠尾崎の湖底遺跡は近江で縄文人が生活しはじめた当初から平安時代まで断続的に続いた遺跡である。それだけに、数多い湖底遺跡のなかでもその成因を解明するのが難しい遺跡である。

前期には磯山城遺跡、粟津湖底遺跡などから土器が出土している。しかし、この時期の縄文人が活動した様子はあまりよく明らかになっていない。よくわかるのは中期の縄文人の活動である。

(2) 粟津貝塚の縄文人

中期の縄文人の活動は、近年に行われた粟津貝塚(2)の調査でよく知られるようになった。粟津貝塚は琵琶湖漕艇場《そうていじょう》の沖合いに沈んでいる貝塚で、南北九五〇m、東西四六〇mの広がりがあるとされている。その北西部に第一貝塚、第二貝塚、東北部に第三貝塚がある。発掘調査された第三貝塚は、南北約三五m、最大幅が約一五mの三日月状をなすもので、最も厚いところで約五〇ｍの貝層の堆積があった。貝層はセタシジミを主としたもので、この貝層が植物層と互層をなして堆積していた。一般に貝塚は動物の骨はよく残っているが、植物質のものはめったに残らない。それだけに、粟津貝塚で貝層と植物層が互層に堆積していたことは驚嘆すべきことであった。この植物層はトチが七割、ドングリが約二割、クルミ、クリと水生のヒシが一割を占めていた。これらの採集された植物のうち、とくに注目されるのは最も多く出土したトチの実である。

というのは、トチはアクを抜かないと食料にできない実である。アク抜きの技術は、これまで東日本では中期に始まったが、西日本では京都府桑飼下《くわがいしも》遺跡などの資料によって、かなり遅れて後期に普及したとみなされてきた。

しかし、粟津貝塚の調査で、これだけ多く出土したことは、中期前半に西日本でもアク抜きして食べていたことが明らかである。クリも大粒のものが多く出土した。これは粟津貝塚の周辺に住んでいた縄文人が、たまたま大粒のクリの実を収穫したということではないであろう。おそらく、特定の山林に自生するクリの木の周辺の雑木を伐採するなど毎年管理することによって、大粒のものが収穫できたことを示すものと推測されるのである。

また、貝層を構成する貝類はセタシジミが主体をなしていたが、ほかにイシガイ、タニシ、カラスガイなどが含まれていた。セタシジミは石山貝塚の貝層でも同様であるが、じつに大粒のものが多い。粟津貝塚の貝層を剥《は》ぎ取ったものが、平成八年（一九九六）に開館した琵琶湖博物館に展示されているので、直接見ることができる。石山貝塚の貝層も近年の調査時に断面を剥ぎ取ったものが大津市滋賀里にある大津市埋蔵文化財調査センターと平津二丁目の滋賀大学教育学部環境教育湖沼実習センターに展示されている。これらの貝層のセタシジミをみると、琵琶湖や瀬田川には、いかに大粒のセタシジミが多く生息《せいそく》していたかがよくわかる。

粟津貝塚は、ここに住んだ縄文人が日常的に生活しながら貝類や植物質のものを投棄した結果として、貝塚ができたというには、出土する縄文土器や石器などが少なすぎるようだ。しかも、短期間のうちに貝類と植物質のものをふくむ層が交互に捨てられていた。これは、貝類を捕獲するシーズンと秋にトチ、ドングリ、クリなどの木の実を多量に採集したシーズンとが示されているものと推測されている。このような貝塚の形成は、各地でみられる貝塚とは著しく異なっている。粟津貝塚の第三貝塚は、ここに住んだ縄文人たちが琵琶湖から捕獲した貝類や周辺の山林から採集したトチ、ドングリ、クリなどの木の実をここで食料化したり、保存食をつくる共同作業場となっていたものと考えられている。しかも、貝層を構成するセタシジミが、前述したように大粒のものが捨てられているのを見ると、いかに周辺に大粒のものが多く生息していたかがわかる。しかも、これは湖岸に住んだ縄文人によってセタシジミが捕獲されながらも、琵琶湖での生態系が崩されることなく、自然による回復力とのバランスがよくとれていたことをよく物語っている。

貝層中には、コイ、ナマズ、ギギなどの魚骨、イノシシ、シカ、サルなどの動物、さらにカモなどの鳥類も見つかっている。そのほか、現在の料理店では見られない倍ほどもある大きなスッポンも出土して注目された。

写1-4-1　粟津貝塚の調査

このように、粟津貝塚の調査から南湖岸に住んだ縄文人たちが食料とした動物、植物をみると、春は主として貝類を捕獲し、夏には漁労によって魚を捕り、秋には周辺の山麓で木の実を採集したことがわかる。そして、これらの食料が得にくい冬には山麓でシカやイノシシを狩猟し、また湖岸に群れをなして飛来するカモ猟を行っていたのである（写真1－4－1）。

(3) 後・晩期の縄文人

さて、後期には近江八幡市元水茎遺跡で七隻《せき》、長命寺湖底遺跡[3]で三隻、湖北町尾上浜遺跡で一隻の丸木舟が見つかっている。これらの丸木舟は湖での漁労活動に使われたが、縄文人による諸物資の交易にも大いに役立った。さらに湖西の縄文人と湖東や湖北の縄文人とが諸物資や情報を交換するのにも大いに役立ったことを想定してよいであろう。そして、この交流は琵琶湖を媒介として東日本と西日本の諸文化が交流したり、諸物資を交換したりする重要な役割を果たすことになったのである。

縄文時代の末にあたる晩期では、湖西北部の今津町北仰西海道《きとげにしかいどう》遺跡から土器棺《どきかん》墓九六基、土壙墓《どこうぼ》一〇〇基ほどが密集して見つかっている[4]。同様の墓は大津市滋賀里遺跡でも土器棺墓二五基、土壙墓八一基が見つかっている。これらの縄文人の集団墓では、副葬品と呼ぶべきものがなく身分差がほとんど表れていない。滋賀里遺跡の調査では、弓、石斧柄、櫂、椀、木槍などの木製品が多く出土した。ここでは凹地から多量の原木も出土しているので、付近にこれらの道具をつくるための貯木場が設けられていたものと推測されている。さらに籃胎漆器《らんたいしっき》と呼ぶ籠に漆を塗って作った東北の亀ケ岡文化圏からもたらされた高度な技術による容器も出土している。

晩期でも、彦根市松原内湖遺跡から丸木舟が一〇隻も出土しており、丸木舟がさかんに利用されたことがわかる。しかし、晩期の縄文人が使用した狩猟、漁労用の石器、骨角器、さらに日常用に作られた木器などの道具からみると、あまり発展した様子は認められない。そして晩期後半からは土器の形態、文様ともに北九州の影響が顕著にみられるようになった。このことから北九州で大陸から導入された稲作農業文化が成立し、その後、稲作技術と情報が瀬戸内から淀川を経由して、近江に住む縄文人にももたらされていたものと考えられる。しかも、そのような新たな稲作農業文化を主体的に受け入れていったのは、草津市烏丸崎《からすまざき》遺跡、守山市服部遺跡、長浜市川崎遺跡、今津町弘野《ひろのべ》部遺跡などの弥生時代の前期遺跡からみると、琵琶湖や内湖周辺に集落を営んだ縄文人たちであったことがよくわかるのである。

(4) 稲作農業の開始

弥生時代は稲作農業が各地で始まった時代である。近江の稲作農業の開始は、以前には長浜市川崎遺跡などの資料から伊勢湾地域から伝わったとする考えがだされていた。しかし、湖南地域の弥生前期遺跡の発掘調査例が増加した結果、淀川経由でもたらされたことが明らかになっている。前期では草津市烏丸崎遺跡、守山市服部遺跡、米原町立花遺跡、長浜市川崎遺跡などがよく知られている。

これらの前期遺跡の立地をみると、湖岸周辺に広がるグライ土壌、強グライ土壌と呼ばれる湿田型土壌にムラが営まれている。これは縄文晩期末の縄文人たちが稲作農業技術を受け入れ、湖岸の周辺に広がる湿田型土壌を木製鍬、鋤で耕して稲作農業を営んだことをよく示している。このような湿田型土壌に水田が作られたのは、この時代には鉄製農具を入手することが難しかったことから、木製農具で耕すことができる土壌を意図的に選択したことによるものと思われる。また、この土壌は地下水位が高いので、少し耕すと湧水《ゆうすい》があり、河川から水を引く必要がなかったことも利用された一要因と推測されている。

このように近江では湖岸や内湖周辺に住む晩期の縄文人が新たに稲作農業を行うことによって、弥生人と呼ばれるようになり、急速に初期の農業社会が形成されていったものとみられる。

コメは保存がきく穀物なので、食糧としてだけでなく、諸物資の交換財としても重要な役割を果たすことになった。弥生人が前期末に大規模に開発した水田が、近江でも昭和四九～五四年（一九七四～七九）にかけて守市山服部遺跡でみつかった。(5)ここでは水田が二六〇区画も検出された。水田の畦畔には幅〇・八～一・五ｍほどの大畦《おおあぜ》、〇・二～〇・六ｍの小畦《こあぜ》によるものとがあった。これらの水田は青灰色粘土を基盤層に黒色粘土層を耕作土とし、その区画が一〇ｍ以下の小区画が大半で、二〇ｍを越えるものはみられない。

このような小区画に区切られた水田は服部遺跡だけでなく、兵庫県志知川沖田南遺跡、岡山県百間川《ひゃっけんがわ》遺跡など、各地の弥生遺跡や古墳時代の遺跡からみつかっており、このような小区画水田の存在が注目されている。

では、はじめて稲作農業を行った各地の弥生人が、このような小さな水田区画をどうして営んだのだろうか。これは、まだよくわかっていないことが多い。その理由としては少し傾斜がある地形のところでは、水平に水を張るために小区画にしたほうが水田区画を作りやすかったのだといわれている。また、土を移動させて水田区画を作るには、小区画の方が移動する土量が少なくてすむので適していたともいわれている。さらに、高低差のない平坦地でも、下層に水が漏水《ろうすい》するのを防ぐには、小区画水田が有効な水利用になることから採用されたとも推測されている。

しかし、服部遺跡で見つかった多数の小区画水田をよくみると、水田の比高差はあまりないので、地形によって小区画にせざるを得なかったとは思えないものである。また、湿田型土壌に水田が作られているので、用水の漏水を考える必要もあまりなかったであろう。とすると、土の移動量しか考えにくいことになる。しかし、水田を作るのにあたって移動させる土量が主要な要因とすると、その時どきの条件で中区画、あるいは大区画のものが各地の弥生時代の水田で見られてもよいことになるであろう。だが、各地で発掘されている弥生時代の水田は、きまったように小区画水田が作られている。

　そこで、ここで小区画水田が作られた他の理由を少し考えると、弥生人が種籾《たねもみ》を蒔《ま》く作業と収穫作業と深くかかわった可能性が少なくないのではないだろうか。すなわち、弥生人が行った初期の播種《はしゅ》は水田に直播《じかま》きしたとみなされている。この直播きは大区画や中区画水田では水田面に播いた種籾が風圧などによって一方に移動しがちなので、平均化したものにはなりにくい。これは、むしろ小区画の方が平均しやすく直播きするのに適していた。

　また、中、大区画の水田では収穫期にも問題が少なくない。弥生人による収穫作業は石包丁《いしぼうちょう》によって穂刈りされていた。この穂刈りは実った穂から順次刈り入れする作業が行われたと想定されている。とすると、この収穫作業をより能率的に行うには、中区画、大区画水田よりも作業の進行状況がわかりよい小区画水田のほうがより適していたのではないでだろうか。なお、直播きに替わって田植えが行われるようになったのは、十分に明らかになっていないが、古墳時代からとみなされている。これは周辺の集落と集落とのつながりが進展し、田植えのために一時的に多くの労働力を集中させることができるようになってからということであろう。また、根刈りが一般化するのも、鉄鎌が広く普及した古墳時代のことであった。

写1-4-2　弥生前期の水田（服部遺跡）
（滋賀県教育委員会提供）

さて、近江の弥生人による稲作農業は、中期中ごろになると湿田型土壌から生産性の高い半湿田型土壌を対象に開発が進展することになった。例えば野洲川左岸地域では、中期中ごろに守山市下之郷《しものごう》遺跡、吉身西《よしみにし》遺跡、そして中期後半に播磨田東《はりまだひがし》遺跡など灰色低地土壌と呼ぶ半湿田型土壌にムラが多く出現した。また、湖東の日野川中流域でも半湿田型土壌に蒲生町市子《いちこ》遺跡などいくつかのムラが出現している。

このように、中期の中頃からは、近江の各地で湖岸から隔たった地域にも弥生人のムラが営まれるようになり、各地に拡散していったことがわかるのである（写真1-4-2）。

(5) 近江の玉作りムラ

ところで、近江の弥生遺跡の調査では、中期のムラで碧玉の原石がとれないのに管玉を製作した玉作り遺跡[6]があいついで見つかってきている。この玉作りのムラは、湖南では烏丸崎遺跡、小津浜《おつはま》遺跡、七条浦遺跡、八夫《やぶ》遺跡、市三宅東《いちみやけひがし》遺跡、湖東では宮ノ前遺跡、大中の湖南遺跡、高木遺跡、湖北では横山遺跡、物部《ものべ》遺跡、高月南遺跡、鴨田遺跡、立花遺跡、湖西では北仰西海道《きとげにしかいどう》遺跡、南市東《みなみいちひがし》遺跡などが知られている。これらの玉作り遺跡の立地をみると、琵琶湖岸、内湖岸と河川の流域に営まれたものとがある。これらは、そのムラの位置からみると管玉の材料である碧玉の原石を搬入したり、製品の管玉を交易するのに適した条件にあったことを容易に知ることができる。

では、玉造りの工房が見つかっている遺跡の一つである野洲町市三宅東遺跡を少しみてみよう。ここでは円形の竪穴住居が工房として見つかった。内部には、中央に工作用のピット、土壙がある。その一つの中央土壙からは製作中に生じた磨きカス、炭、灰がつまっており、玉を磨くための荒砥石《あらといし》、中砥石、仕上げ砥石、製作途中のもの、碧玉片《へきぎょく》などが含まれていた。また、ピットは水溜《みずだめ》用とみなされ、磨きカスが沈殿したもの、金剛砂《こんごうしゃ》、石英砂が検出

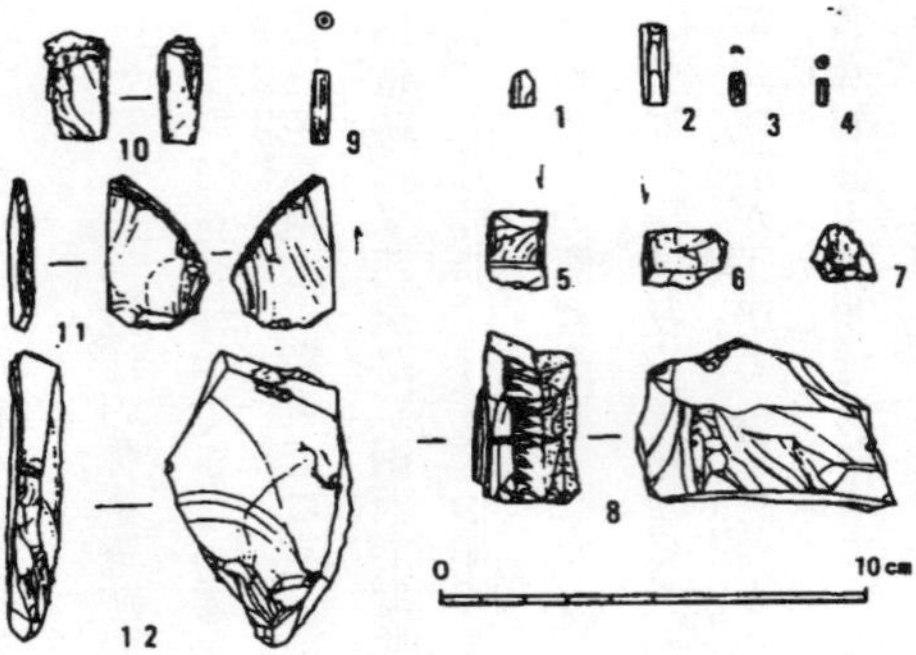

図1-4-1　玉作り関連遺物
（1～8立花遺跡、9～12横山遺跡）

されたものがある。さらに、工房の付近からは石鋸《いしのこ》や碧玉片が多く出土している。

また、湖北の横山遺跡では方形や五角形に近い竪穴状遺構が二〇基ほど検出されており、その中に玉作りの工房とみなされるものが含まれていた。その工房では内部に楕円や方形の土壙があり、金剛砂、石英砂が入っていた。また、碧玉の管玉を製作する過程の未製品も出土した（図1-4-1）。

このように、碧玉の原石を割るための石鋸、孔をあけるための石錐（石針）、砥石、碧玉の薄片、さらに研磨する工程で生じた粉状の磨きカスなどが出土したことは、ここで製作された量の多寡はともかく、ここで玉造りが行われたことをよく示しているのである。

これまで、弥生時代の玉作りは、山陰、越前、佐渡で行われていたことが知られる。これらの地域では、いずれも管玉を生産するのに適した碧玉の原石が豊富に産出することから、玉作り集団が出現したものである。しかし、近年では碧玉の原石がないところでも、京都府神足《こうたり》遺跡、兵庫県田能《たのう》遺跡などのように玉作りした遺跡が見つかっている。だが、近江のように琵琶湖を囲んだ各地の遺跡で玉作りが行われた地域はほかに知られない。これは、近江の弥生人の活動や弥生社会の構成を考える上でおおいに注目すべきことである。

では、原石が産出していないのに、近江の各地のムラで弥生人たちが、玉作りを行ったのはどのような背景によるものであろうか。

それは、まず近江の弥生人たちが他地域よりも、越前や北陸から玉作りの原石を入手しやすい条件にあったことによるものであろう。すなわち玉作り遺跡は、琵琶湖岸と河川流域に位置することからみて、越前や北陸地方からもたらされた原石を湖上ルートによって、各地の玉作りのムラがそれらの原石を容易に入手し得たことによるものと推測される。また一方では、製作した管玉を淀川流域一帯のムラと交易しやすい条件があったことを物語っている。しかし、このように他地域に比べて玉作りの原石を入手しやすい条件に恵まれていたとはいえ、市三宅東遺跡と佐渡や山陰地域の玉作り遺跡の工房を比べますと、その生産規模はじつに小規模に行われたものであったことがわかる（図1-4-2）。

これは、近江の弥生人による玉作りは、原石を入手し得るとはいっても、その生産量を大幅にあげ得る条件にはなかったものとみてよいだろう。そのため、弥生後期に佐渡や山陰地域などで良質の原石に恵まれた条件を生かして管玉の生産量の拡大化がはかられると、その影響を強く受けるようになり、そのまま玉作りを維持することが困難となって、衰退の傾向をたどらざるを得なくなったのではないだろうか。

それは、碧玉の原石を搬入することには多くの労力が伴い、軽量な装身具のような製品では、豊富な良質の原石を生かした製品が大量にもたらされると、それに対抗し得なかったことによるものではないかと思われる。しかし、近江の玉作り技術は、弥生時代に絶えたわけではない。次の古墳時代でも、一部では継続して行われていたことが栗東町辻遺跡など前期の古墳時代集落から管玉を製作した未製品が多量に出土したことによって知ることができるのである。

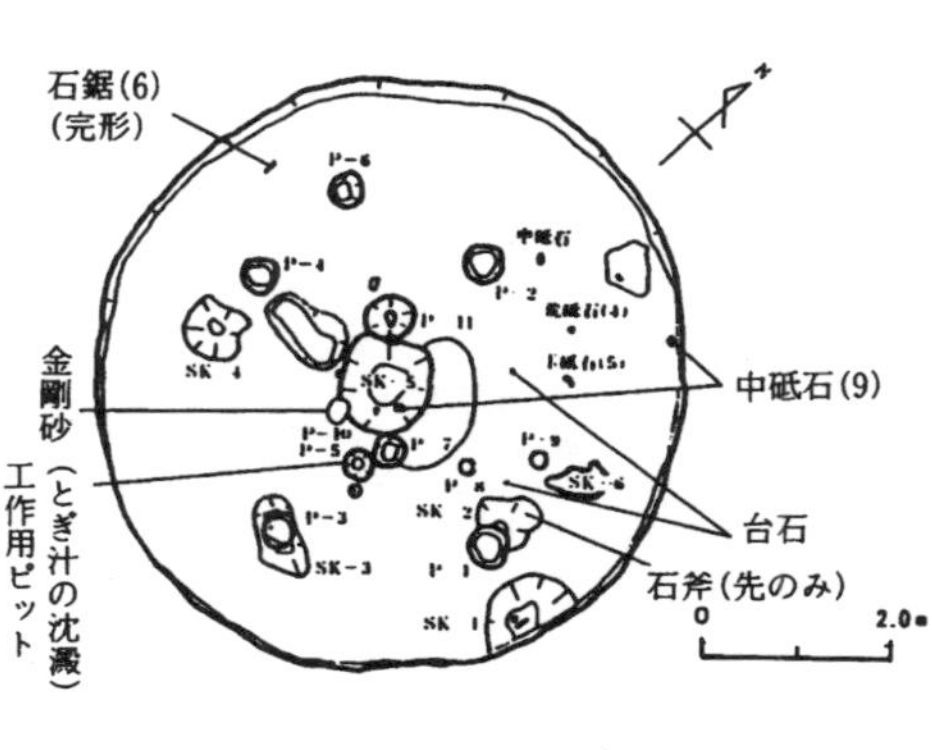

図1-4-2　市三宅遺跡の玉作り工房跡

参考文献

(1) 小笠原好彦「葛籠尾崎湖底遺跡考」『滋賀史学会誌』第七号、一九八九年二月
(2) 坪井清足編『縄文の湖』、雄山閣出版、一九九四年八月
(3) 宮崎幹也ほか『長命寺湖底遺跡発掘調査概要』一九八四年三月
(4) 滋賀県立近江風土記の丘資料館『近江の縄文時代』一九八四年一〇月
(5) 大橋信弥ほか『服部遺跡発掘調査概報』、滋賀県教育委員会、一九七九年三月
(6) 黒坂秀樹「近江における弥生玉作研究ノート」『滋賀考古』第三号、一九九〇年一月

「付記」本章は滋賀大学教育学部附属環境教育湖沼実習センター編『びわ湖から学ぶ―人々のくらしと環境―』(大学教育出版　一九九九年四月)に掲載した同名の論考を文章表現のみを一部変えている。

五　近江の朝鮮系古代集落の世界

はじめに

日本の古代社会では、海辺、平野部、山間部などの立地条件や生業に関連して個性をもつ社会集団を構成した集落が営まれたことが想定されながらも、集落構成からその差異を明らかにしえた例は、なお乏しい状態にある。

一方、海を越えて到来した渡来系氏族が日本の古代国家のもとで、どのような社会集団を構成し、周辺の在地系氏族の集団とどのようなかかわりあいをもって集落を営んでいたのかも、現状では十分に明らかになっているとは言い難い。

文献史料によって、渡来系氏族の本拠地を広い地域として把握しうるところは少なくないが、考古学資料を踏まえることによって、その狭い意味での本拠地を明らかにした最初の研究は、水野正好氏による近江の大津市北郊に群集する古墳群の解明であった。水野氏は古代滋賀郡に築造された古墳群を対象に、和邇《わに》系《けい》氏族が本拠地とした真《ま》野《の》郷の後期の群集墳と、その南の大友郷、錦織《にしごり》郷にふくまれる大津市北郊に築造された古墳群の横穴式石室の構造が著しく異なることを識別した。そして、これらの古墳群にはミニチュアの炊飯具《すいはんぐ》をセットで副葬する習俗がみら

れることから、渡来系氏族の古墳群であることを明らかにした。[註1]

この方法は遺構と遺物の両者から渡来人の居住地域を明らかにしたもので、その後、水野氏が対象とした大津市北郊に分布する古墳群の調査もかなり進展し、この考えは一層裏づけられるようになった。

さらに注目されることは、昭和五七年（一九八二）に、この地域の穴太《あのう》遺跡で渡来系氏族が居住した可能性が高い固有の形態をもつ大壁造《おおかべづく》り住居と呼称された建物が検出されることになった。しかも、この建物は大津市北郊の古墳群の分布と対応した広がりをもって建てられていることも、ほぼ明らかになった。さらに、穴太遺跡の弥生町A区では朝鮮民族固有の暖房施設ともいうべきオンドル遺構も検出され、この地域の渡来系氏族の住居構造の特色が一層明らかになった。そして、これらの資料が増加することによって、この地域を本拠地にした朝鮮系の渡来系氏族が築造した古墳群と居住した集落との関係にも、新たな見解が提示されている。[註2]

ここでは、朝鮮系の渡来系氏族が営んだ集落構造を考える契機となった穴太遺跡の調査成果が報告されたのを機会に、一つには大壁造り建物と呼ばれる固有の建物をふくむ集落構成の特色を検討してみることにする。また、二つには、この地域の集落と水野氏によって明らかにされた固有の形態と構築技法による横穴式石室をもつ古墳群を統一的に把握することによって、この地域を本拠地として発展した朝鮮系の渡来系氏族が営んだ集落の世界を明らかにすることにしたい。

(1) 土壁造り建物と掘立柱建物の集落

一九八二年、穴太遺跡で見つかった四周に溝をめぐらし、その溝に狭い間隔で柱を立て並べた住居（図1―5―3）は、棟を支える一対の少し太い柱が遺存したことによって切妻大壁造り住居と呼ばれた。[註3]その後、この住居は棟持《むなもち》柱《ばしら》がみられないものも滋賀里遺跡６号住居や穴太遺跡の第二遺構面の大壁造り建物１・２などで検出され、切妻造りとは限定しえないことが知られるようになり、調査報告では大壁造り建物と改称されている。[註(4)] しかし、さらに滋賀里遺跡の７号住居のように、溝の外側に太い柱が一対立てられたものもあり、大壁造りのほかに真壁《しんかべ》造りが想定されるものもある。

　このように大壁造り建物の呼称も、大壁造りとは限定しえないものが散見することからすると、これも適切とは言い難い。そこで、ここでは土壁造《つちかべづく》り建物と呼ぶことにしたい。

　この周溝をめぐらした土壁造り建物は、その大部分が方形もしくは方形状に近い平面プランをなしている。この建物は溝中に立てられた細い柱によって木舞《こまい》を編み、土壁の壁体をなしたものと推測され、屋根は方形の平面プランが大半であることからすると、切妻造りのほかに寄棟のものも少なくなかったであろう。この建物には一部に塀がともなったものもある。

　土壁造り建物は穴太遺跡で初めて確認されたが、それ以前に調査された穴太南遺跡、北大津遺跡などでも検出されており、さらに滋賀里遺跡、上高砂遺跡、南滋賀遺跡、大谷遺跡などから検出されている。

　この土壁造り建物は一辺が六ないし七mのものが多いが、滋賀里遺跡の南生水《みなみしょうずい》地区では一辺が一〇mを測るものも見つかっている。小型のものでは穴太遺跡で五・五mのものがある。構築された時期は穴太遺跡の弥生町Ａ区のＳＢ１では囲む溝から陶邑《すえむら》ＴＫ二〇九型式の須恵器坏、滋賀里遺跡の見世《みせ》地区の建物でも、間柱の柱穴からＴＫ二〇九の須恵器が出土しているので、六世紀末から七世紀前半の時期に構築されたことがわかる。また穴太遺跡でも出土した土器から、土壁造り建物が検出された第一遺構面が七世紀前半、第二遺構面が六世紀後半ないし七世紀初めに想定されている。そして、その下の六世紀前半から中葉の第三遺構面で掘立柱建物《ほったてばしらたてもの》が多数検出され、掘立柱建物群から土壁造り建物をふくむ建物小群に変化したことをうかがうことができる。

さらに、穴太遺跡では礎石建ち建物、弥生町A区ではオンドル遺構も検出されている。オンドル遺構とみなされたものは集中して五カ所で見つかった。これらのうち遺存状態のよいSX22は、第二遺構面で検出され、焚口《たきぐち》からやや屈曲する煙道《えんどう》が北にのび、さらに東より屈曲する石組溝状をなしていた。これに伴う施設は同一面では見つかっていない。これには天井石《てんじょういし》はないが、暗渠《あんきょ》状に覆《おお》っていたものとみられる。このほか付近にはSX23、24が検出されており、これらは七世紀前半の陶邑TK二〇九型式の時期に設けられたものと想定されている。これらのうちSX24は、その上層で土壁造り建物が検出されているので、それにともなったものとする考えがだされている。[註(5)]

また礎石建ち建物は穴太遺跡のGB—FB区の第二遺構面で検出されたもので、1号建物は東西五m、南北五mの正方形プランで高さ一五cmの基壇をもっていた。これは北側の北西隅の礎石と中央礎石にかけて土居桁《どいげた》が渡されていた。2号建物は礎石が一カ所のみ遺存したもので、東西一五m、南北六、七m以上の規模の基壇で、壇の端に横板を杭《くい》で留めていた（図1-5-4）。

さて、大津市北郊の集落は、花田勝広氏によって検討されているように、五世紀末に竪穴住居群のみが穴太遺跡、榿木原《はんのきはら》遺跡、上高砂遺跡などで検出され、ついで六世紀前半から後半の陶邑MT一五、TK一〇、MT八五型式段階にかけて、滋賀里遺跡、南滋賀遺跡などが新たに加わり、しかも掘立柱建物を主体とした集落が営まれた。さらに六世紀末から七世紀前半にかけて、掘立柱建物群のほかに土壁造り建物が顕著に見られるようになった。[註(6)]

近江の六世紀の集落遺跡では、栗東町高野遺跡、辻遺跡をはじめ多くの集落で竪穴住居集落が見つかっている。これらの集落では、数棟の竪穴住居で住居小群が構成されている。溝や柵がともなったものはほとんどみられない。

このように近江の一般的集落からすると、穴太遺跡、穴太南遺跡、滋賀里遺跡をはじめとする大津市北郊の六世紀代に建てられた掘立柱建物小群を主体とした集落は、きわめて特殊な氏族集団が居住したものとみてよい。これは既に水野氏によって明らかにされたこの地域の古墳群の特殊性を踏まえて考えると、在来の有力氏族の集落というよりも、朝鮮系の渡来系氏族が集中して居住した集落とみなしてよいものである。そして、それに続く六世紀末から七世紀前半には、これらの掘立柱建物群に加えて、新たに土壁造り建物が出現したことになる。

では、固有の横穴式石室が盛んに構築された時期ではなく、六世紀末以降に、この地域に営まれた建物小群の一部に土壁造り建物がふくまれるようになったのは、どのように理解すべきであろうか。そこで、この問題を、ここに築造された古墳群のありかたを踏まえて検討してみることにしたい。

(2) 大津市北郊地域の古墳小群と建物小群

坂本から南滋賀地域一帯に分布する古墳群は、水野正好氏が朝鮮系の渡来系氏族の古墳群とみなした大小の古墳群が群集する。これらは大津市北郊の坂本、穴太、滋賀里、南滋賀の四地域に広がって分布する。それらの古墳群の分布は、図1-5-1に示した通りである。古墳群には大小の規模のものがあり、大型古墳群には坂本地域の日吉大社古墳群、穴太地域の野添《のぞい》古墳群、滋賀里地域の大通寺《だいつうじ》古墳群、太鼓塚《たいこづか》古墳群、中型古墳群には裳立山《もたてやま》古墳群、飼込《かいごめ》古墳群、百穴《ひゃっけつ》古墳群、そのほかはいずれも小型古墳群である。

また、古墳群の立地には尾根の斜面に密集する尾根型と、扇状地に広域にわたって密集して築造された扇状地型のものがある。このうち尾根型は野添古墳群西部、百穴古墳群、山田古墳群など、また扇状地型には日吉大社古墳群、野添古墳群東部、飼込古墳群、大通寺古墳群、太鼓塚古墳群、福王子古墳群などがある。これらはその立地条件からみると、扇状地型は有力首長クラスの古墳がふくまれ、六世紀初頭から七世紀初めまで築造されているので、在地集団による墓域、尾根型は傾斜の強い丘陵地で狭い空間をなし、六世紀中ごろから七世紀初めまで密集して構

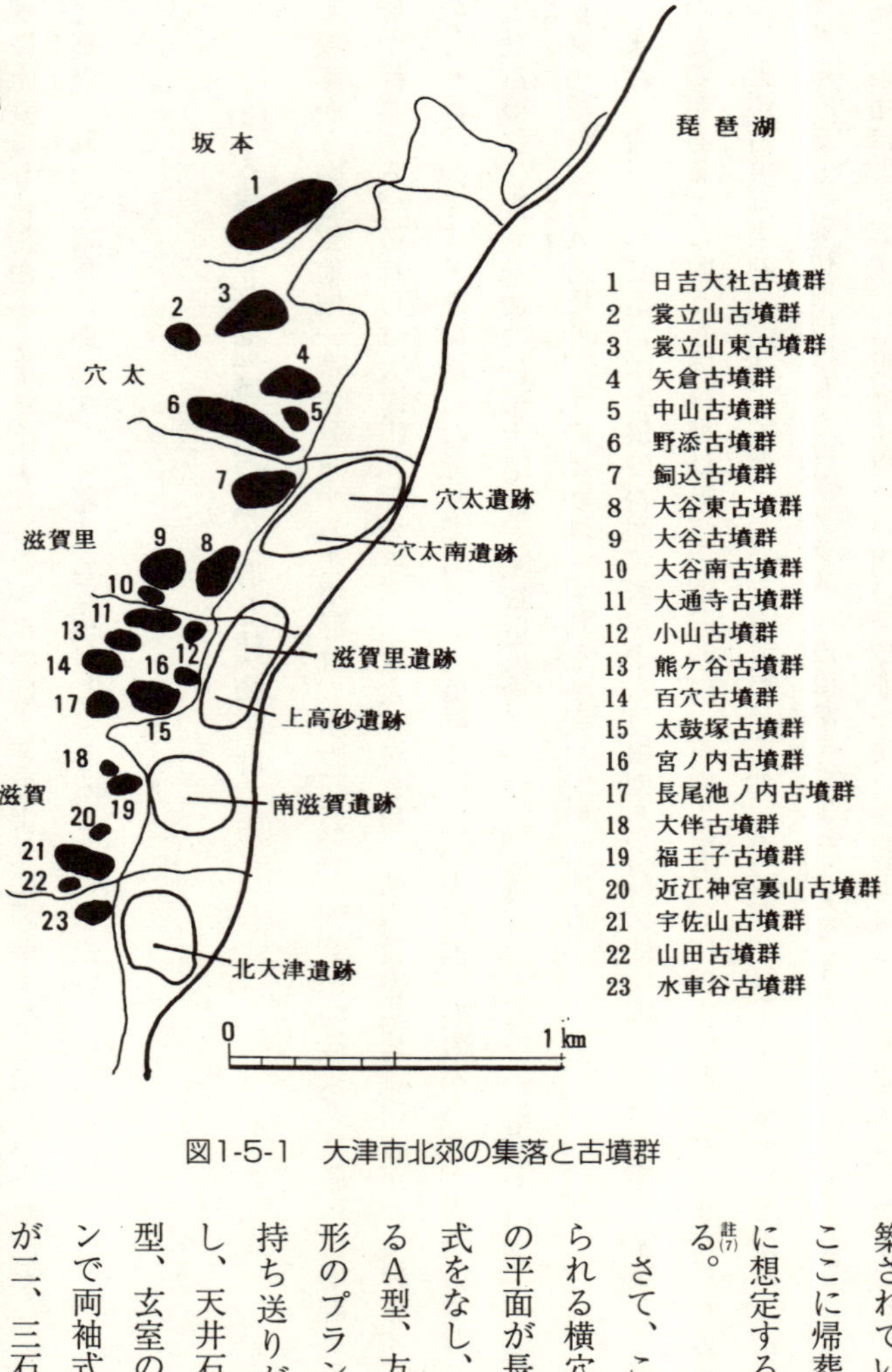

図1-5-1　大津市北郊の集落と古墳群

築されているので、他所からここに帰葬された集団の墓域に想定する考えが出されている。註(7)

さて、これらの古墳群にみられる横穴式石室には、玄室の平面が長方形プランで片袖《かたそで》式をなし、持ち送りがみられるA型、方形あるいは横長方形のプランで両袖式をなし、持ち送りが強く穹窿《きゅうりゅう》状をなし、天井石は一石をのせるB型、玄室の平面が長方形プランで両袖式のもので、天井石が二、三石をのせるC型、玄室の平面が長方形で無袖式のD型がある。

これらの四型式の横穴式石室は、花田氏によるとA型は六世紀初め陶邑TK四七型式を上限とし、六世紀末のTK四三型式まで継続して構築され、B型は六世紀初頭の陶邑MT一五型式の大通寺三号墳を最古として、TK四三型式を少し下がる時期まで築造されたという。また、C型はごく限られたもので、六世紀後半の陶邑MT八五型式を中心に築造され、D型は六世紀末ないし七世紀初めのTK二〇九型式から七世紀中ごろまで築造されたとする。A型、B型のものは、いずれも強い持ち送りがみられ、B型の横穴式石室は全体の二〇％前後、A型が六〇％前後とみなされ、残りがC型、D型ということになる。

このように、この古墳群では、長方形プランのA型と方形や横長方形プランのB型とが著しい対照をなして構築されていたことがわかる。

そこで、この地域の古墳に構築された横穴式石室を西大津バイパス建設にともなって調査された太鼓塚古墳群で具体的にみてみよう。

この調査では、9号墳から33号墳の古墳が南北に連なるように検出されている。調査範囲は限られているが、谷地形や微地形と横穴式石室の主軸方位の差異などをもとにグルーピングすると、北のA群からF群の六群に群別することができる。A群は調査範囲では一基のみ検出されているが、周辺に他の古墳をともなうことが容易に想定され、B群・C群・E群・F群はいずれも四ないし三基、D群のみ六基と小石室から構成されていた。

しかも、C群とF群では玄室が方形あるいは横長方形プランのB型と、三基前後の長方形プランのA型から構成され、E群は一基のA型と二基のB型から構成されている。また、B型の12号墳、26号墳、30号墳には、いずれも須恵器の大型器台が副葬されていた。この大型器台の副葬は沢村治郎氏によって、近畿の古墳では階層差が顕著に表れる器種で、主として有力層の石室に副葬されたことが明らかにされている。註(8)太鼓塚古墳群でも、方形、あるいは横長方形プランのB型を示す玄室が広い面積を有し、いずれも須恵器の大型器台が副葬されている。また、この地域の古墳群に特徴的なミニチュアの竈、甕、堝、甑は破壊が著しく副葬品がほとんど残っていない9号墳を除くと、その大半の石室に副葬されていた。

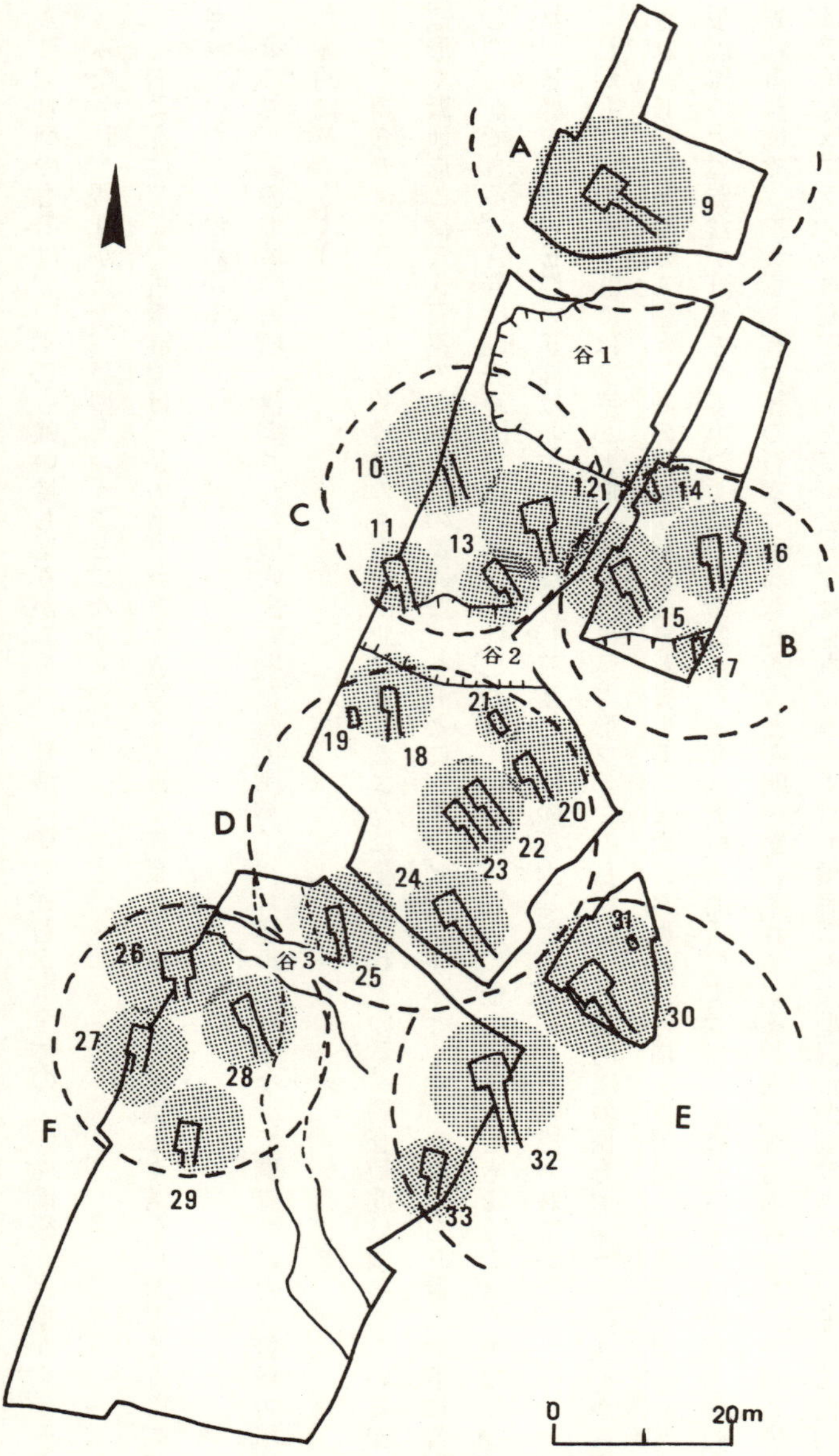
A
9
谷1
10
11
12
13
14
15
16
17
B
C
谷2
18
19
20
21
22
23
24
D
25
谷3
26
27
28
29
30
31
32
33
E
F
0
20m

図1-5-2　太鼓塚古墳群

以上のように、太鼓塚古墳群を構成する古墳小群をみると、いずれも渡来系氏族を構成する古代家族墓を示すものと理解される。そして方形もしくは横長方形のB型は石室の規模、副葬品からみて有力家長層の古墳とみてよい。

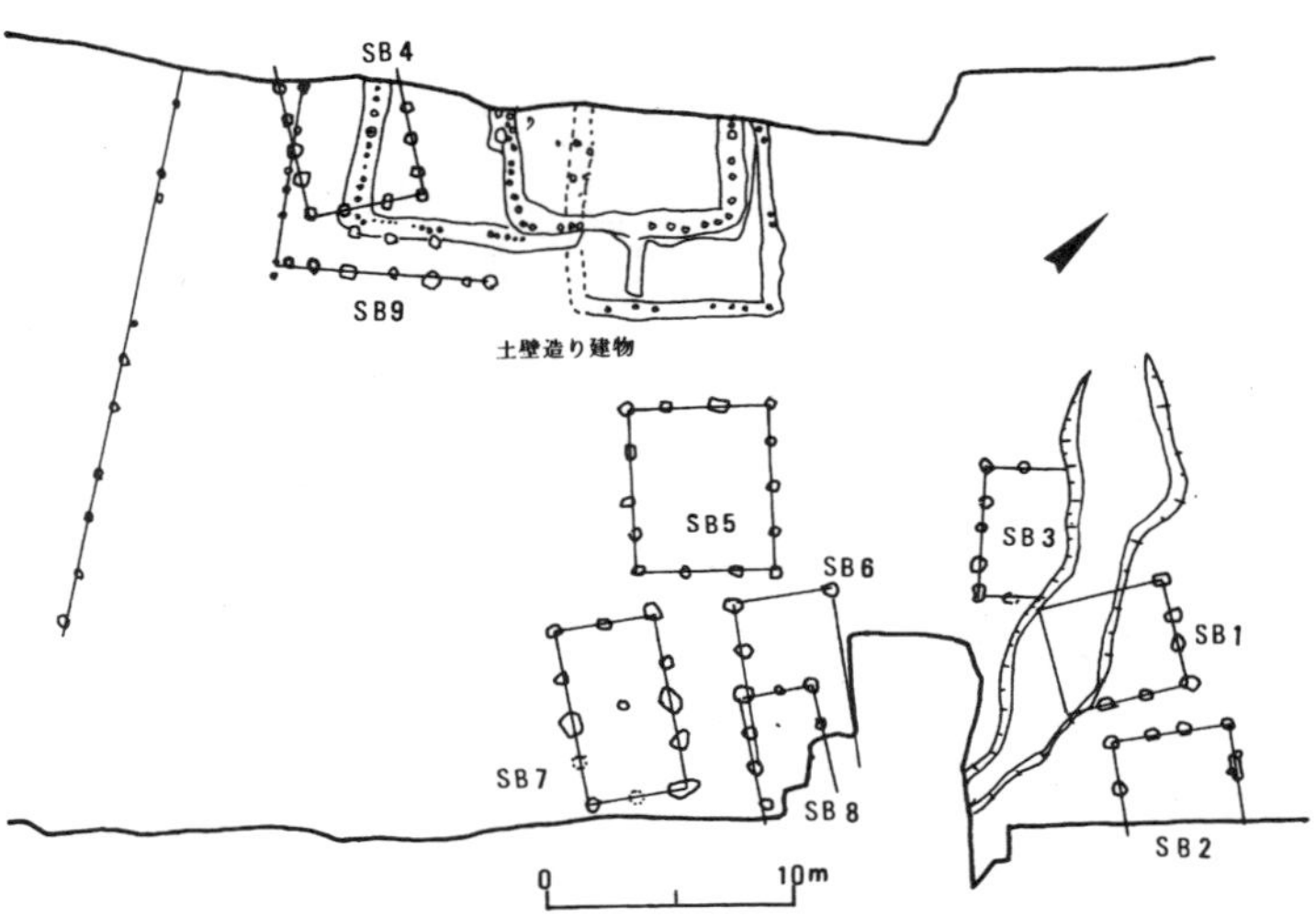

図1-5-3　穴太遺跡第１遺構面の建物

また、30号墳、32号墳の二基のB型有するE群では、有力家長墳のほかに有力層の古墳をふくんでいたものとみてよい。

以上のような太鼓塚古墳群を構成する古墳小群を踏まえて穴太遺跡で見つかった第二遺構面の建物小群との関連をみると、穴太遺跡で検出された第二遺構面の東側では、六世紀後半から末にかけて営まれた土壁造り建物一棟と、掘立柱建物1から6の半分が組み合って建物小群を構成していたとみてよい（図1-5-4）。また、その西側でも土壁造り建物一棟と掘立柱建物10から14のうちの半分が組み合って建物小群を構成していたものとみなされる。

これと同様の建物小群の構成は、西八〇〇ｍ隔てた弥生町A区でも、建物方位からみて土壁造り建物SB1と掘立柱建物SB2、4がまとまって構築されていたものと推測される。さらに穴太南遺跡でも、第二期に土壁造り建物二棟と掘立柱建物が一二棟検出されており、掘立柱建物群と土壁造り建物との対応は正確には求めにくいが、土壁造り

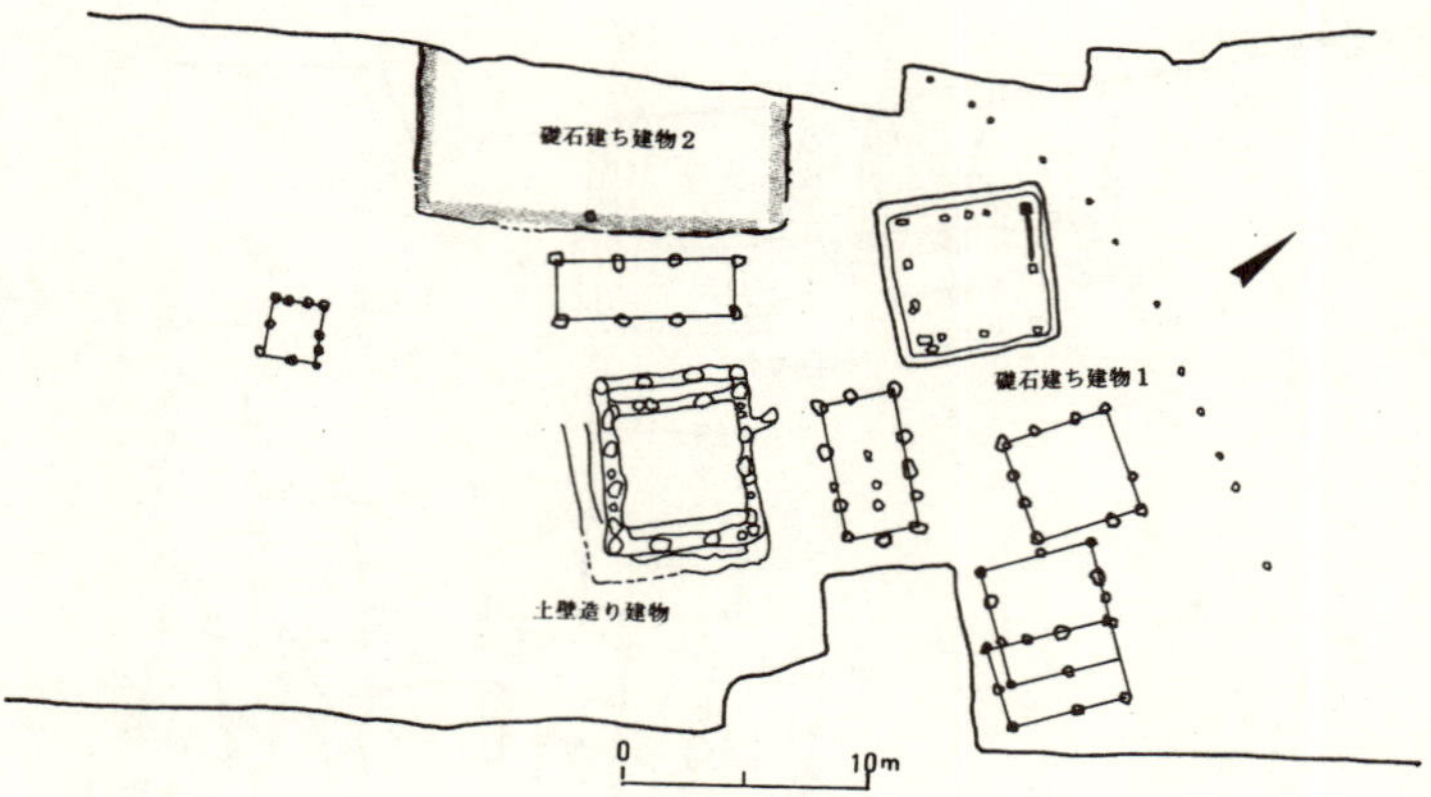

図1-5-4　穴太遺跡第2遺構面の建物

建物一棟と三ないし四棟の掘立柱建物群とが組み合って建物小群をなした可能性が高い。滋賀里遺跡でも同様である。

このように、大津市北郊の穴太遺跡、穴太南遺跡、滋賀里遺跡では土壁造り建物のみで建物小群を構成したものはみられず、土壁造り建物一棟と三ないし四棟の掘立柱建物から建物小群を構成していたとみなされるのである。しかも、これは花田氏が述べたように、建物小群の中心的位置を土壁造り建物が占めていたものと理解してよい。また総柱の高床倉庫をともなうことも、少なくなかったものと推測される。註(9)

以上のことからすると、一棟の土壁造り建物と三ないし四棟の掘立柱建物による組み合わせは、前述した古墳小群の中心となる方形あるいは横長方形プランのB型の横穴式石室と、三ないし四棟で構成されるA型のものとの組み合わせとほぼ対応する性格のものとみなされることになる。そして、この地域の古墳群で方形あるいは横長方形のB型が二〇数%、長方形のA型が六〇%を占める数字も、これと関連することになるのである。

では、あらためて朝鮮系の渡来系氏族の集落で、六世紀末から七世紀前半に土壁造り建物が取り入れられ、しかもこれが各建物小群にほぼ一棟のみ取り入れられたのはどのような意味をもつものであろうか。

(3) 渡来系氏族集落の世界

古代集落にみられる掘立柱建物群は、古墳時代には主に近畿、西日本の有力氏族の首長層の居館建物として構築され、その後、大阪府百舌鳥陵南《もずりょうなん》遺跡、八尾南遺跡のように畿内の有力氏族が居住した集落などに新たな建築様式として取り入れられている。註(10) そして、これらの在来の有力氏族の集落とは別に、六世紀に出現した大津市北郊の穴太遺跡、穴太南遺跡、滋賀里遺跡、南滋賀遺跡などの集落に見られる掘立柱建物群は、先進的技術をもつ渡来系氏族によって構築された建物群ということになる。

しかも、六世紀末に近い時期に渡来系氏族の集落では、呼応《こおう》したように土壁造り建物が建物小群の中心的建物として加えられている。これは、この時期に新たに渡来した集団によってもたらされたとする考えもある。しかし、その考えでは六世紀前半から営まれたこの地域の各集落で、六世紀末になると土壁造り建物が共通して構築され、しかも中心的な位置を占める特定の建物として建てられた背景を説明するのが難しい。これはこの時期に新たに海を渡って到来した渡来系氏族の集落にもたらされたというよりも、この地域に構築された横穴式石室による古墳小群の構成とよく対応することからみると、以下に記すような、この時期に加えられた群集墳の築造に対する国家的な規制と何らかの関連をもつものではなかろうか。

かつて水野氏は、近畿では推古朝に葬送規制があったことを論じ、それによって群集墳を築造することが終焉《しゅうえん》を迎え、七世紀前半から追葬《ついそう》のみが行われたことを述べたことがある。註(11) これは大津市北郊に築造された一〇〇〇基を越す大小の古墳でも同様の動きがあったことからすると、推古朝の冠位制に関連を求める点では問題が残るが、この規制は六世紀末に遡ることが想定される。この古墳築造に対する規制は、それまで固有の形態をもつ横穴式石室を構築し、ミニチュアの炊飯具や釵子《かんざし》などを副葬し、送葬儀礼や墓前祭祀《さいし》を行って同族的結合を確認し、その結束を強化しながら発展してきたこの地域の渡来系氏族の氏族集団にとって、渡来系氏族がもつ固有の同族意識を低下させるという存亡にかかわる大きな危機的側面を内在させたものであったと推測される。

大津市北郊では狭小《きょうしょう》な平野部しかないことからみて、他地域に分散した同族集団も、この地域の丘陵部に帰葬《きそう》して古墳群を築造し、同族意識の低下が回避されていたとみてよい。これは大津市北郊の渡来系氏族の氏寺である穴太廃寺、南滋賀廃寺に葺かれた軒瓦と同形式の輻線文縁《ふくせんもんえん》軒丸瓦が、対岸の草津市地域に建立された宝光寺廃寺、観音堂廃寺でも葺《ふ》かれたことからみて、それ以前から渡来系氏族によって帰葬された古墳群が築造されたことは間違いないことと思われる。しかし、その古墳築造が終焉《しゅうえん》を迎えることは氏族集団が結集し、結合を強化させる葬送祭祀の場を喪失《そうしつ》することになり、いきおい渡来人としての同族意識が著しく薄らぐことになりかねない。

そこで、この地域の渡来系氏族にとって古墳築造に替わる新たな出自を確認する手だてが必須なものとなったことが想定されるのである。その対象となったのが朝鮮半島では、百済の公州艇止山《ていしざん》遺跡[註(12)]、公山城《こうさんじょう》遺跡などで検出され、六世紀前半まで遡《さかのぼ》ることが知られる土壁造り建物であったと思われる。この朝鮮半島で見つかっている土壁造り建物は、四周に狭くめぐらした溝に柱を密に配する共通点をもっており、大津市北郊の集落から検出されている土壁造り建物と共通したものとみなしてよいものである。しかも、大津市北郊に本拠地をもつ朝鮮系の渡来系氏族の集落では、朝鮮半島とは異なり、この土壁造り建物はB型の横穴式石室を構築する条件をもつ有力家長層に限って採用されたものと理解されるのである。

これは集落に有力家長層や有力層の住居として氏族集団の出自を強く表示した建物を建てることによって、朝鮮系氏族として同族的結合を強化し、しかも集落内で他の構成員との間に階層制を明示することを引き継いだものと推測されるのである。すなわち、渡来人としての出自を故地の習俗を採用することによって強化し、併せて階層制をも厳守したものと理解されるのである。これには、出土資料を欠くけれども、集落内で故国《ここく》の様式の衣服を着用することも、より意識的に行われたであろう。

この土壁造り建物は、大和にある鍛冶《かじ》集団を構成する南郷遺跡などでも検出されている。しかし、大津市北郊の朝鮮系の渡来氏族の集落で特に顕著に建てられている。これは、この地域では大規模な集団をなして渡来系の氏族集団が集落を営んだことと、きわめて強い同族意識をもって固有の職掌にかかわったことと関連するものであろう。

この、土壁造り建物は一九九九年六月、滋賀県野洲郡中主《ちゅうず》町の光相寺《こうそうじ》遺跡では、方形にめぐらした狭い溝に〇・五m間隔に直径〇・三mの太い柱を密に立て並べた八世紀に下る建物が検出されている。これによって近江では八世紀まで、この様式の建物が継続して構築されていたことが想定しうることになる。[註(13)]

つぎに、穴太遺跡では第二遺構面から礎石建ち建物が二棟見つかった。これは礎石を用いただけでなく、〇・一五mほどの低い基壇をともなっていた点でも、きわめて特殊な建物であった。この建物は、現状では穴太遺跡のみで検出されており、この地域の他の渡来系氏族の集落でも普遍的に建てられていたかは、現状では明らかでない。

この穴太遺跡の礎石建ち建物に対しては、宗廟《そうびょう》的建物とする考えもだされており、その可能性も否定できない。しかし、穴太遺跡で見つかったことをあえて重視すると、後の七世紀第2四半期に近江で最古の寺院である穴太廃寺が四〇〇m西に建立されたことが注目される。そこで、その前身的な性格をもつ草堂《そうどう》的な仏堂を想定するほうがより可能性が高いのではなかろうか。

古代では基壇をもつ建物は、堂的な性格を強くもつものであった。この礎石建ち建物のうち、1号建物は一辺が五mの方形状建物をなすが、2号建物は長辺が一五mの規模をもち、この基壇規模は穴太廃寺の創建期に建てられた金堂の正面長の一四・五mとほぼ共通する（図1-5-4）。さらに注意されるのは、穴太廃寺の創建伽藍は北で磁北から東へ四〇度前後振れて配置されていた。この振れはこの地域の地割りとの関連で偏したことが想定されてきたが、より直接的には第三遺構面に建てられた掘立柱建物群の主軸の振れに始まり、第二遺構面、第一遺構面の掘立柱建物と土壁造り建物の主軸の振れとして継承されたものである。穴太廃寺は、まさに穴太遺跡に営まれた朝鮮系氏族集団の建物小群と草堂的仏堂の方位をそのまま継承して造営された伽藍であったということになるであろう。

このように理解すると、穴太遺跡の集落は、この地域で他の在地系の氏族集団に先んじて仏教を篤《あつ》く崇敬《すうけい》し、集落内に仏堂を構築していたことになる。これはこの時期の在地系氏族の集落にはみられない渡来系氏族集団が営んだ集落の世界にのみみられる特質の一つと理解されるのである。しかも、この地域を本拠地とした朝鮮系の渡来系氏族の中で、この穴太遺跡が特に同族的結合が強く、また政治力と経済力をもつ中核的氏族としてここに集落が営まれていたことを物語るものであろう。

また、穴太遺跡の弥生町A区でオンドル遺構が見つかったことは前述した。このオンドルと建物との関連は十分に解明されていないが、この朝鮮式暖房は、ほぼ一カ所で集中して検出されている。とすると、この暖房はこの集落に一般的に設けられたものというよりも、ここに集落を営んだ朝鮮系氏族の氏族集団を統率する族長的性格をもつ首長居館が建てられ、その建物のいくつかに民族的なオンドルが採用されていた可能性が少なくないものと思われる。

さらに、前述したように大津市北郊に築造された六世紀代の古墳群には高い比率でミニチュアの炊飯具《すいはんぐ》が副葬された。これと同じ組み合わせの副葬品は、朝鮮半島ではほとんど見つかっていない。これは、むしろ中国の漢代以降に副葬された明器《めいき》の炊飯具とつながりをもっており、その系譜をひくものと想定される。そして、その一部は高《こう》句麗《くり》の墳墓でも出土する。[註(14)] このミニチュアの炊飯具は近江では愛知《えち》郡に本拠地をもつ渡来系氏族の古墳群には副葬されず、水野氏が志賀漢人《しがのあやひと》と呼んだ大津市北郊の渡来系氏族に限って、副葬されている。これは、この地域に集住した渡来系氏族の集団が朝鮮半島の習俗を深く身につけながらも、たとえば穴太村主が自らの出自を後漢の孝献帝《こうけんてい》の後裔《こうえい》と称したことからみて、畿内に居住する漢人系の渡来系氏族が、その系譜を強く漢に求めたことと関係し、それを集団で互いに確認しあうものとして創出された副葬品ではなかろうか。

ところで、前述した穴太遺跡の渡来系氏族の集団がこの地域に集落を営み、どのような生業や職掌《しょくしょう》にかかわって穴太廃寺を造営しうる経済力や政治力を得ることができたかを知りうる資料は乏しい。その点で注目されるのは、穴太遺跡の第二遺構面から出土した荷札《にふだ》状の木製品がある。これは形態からみて荷札木簡とみなされ、出土した層位から七世紀初めの時期に想定されている。これは文字の記入や墨痕《ぼっこん》はないが、ここを本拠地とした渡来系氏族が調納《ちょうのう》の貢進制が行われる以前に荷札木簡を用いていたことはきわめて重視されることである。

この木簡が諸物資の輸送に用いられたとすると、穴太遺跡を本拠地とした朝鮮系の渡来系氏族の集団は、まさに文字を使用し、近くの唐崎の湖岸に設けられた津港を拠点として、琵琶湖での漕運《そううん》にかかわって活動したことが少なくなかったものと推測される。これは大津市北郊に集中して居住した渡来系氏族の集団が強い同族意識をもちながら、比叡山麓から湖岸までのこの狭い平地部で耕地開発にかかわっただけでなく、広大な湖上での漕運を重要な職掌として担うことによって強い経済力を得たことを想定させるものである。

この大津市北郊を本拠地とした渡来系氏族は、水野氏によって大友郷に大友村主《おおとものすぐり》、三津首《みつのおびと》、穴太村主《あのうのすぐり》、志賀漢人《しがのあやひと》、錦織郷に錦織村主《にしごりのすぐり》、大友村主、大友日佐《おおとものおさ》らであったことが明らかにされている。[註(15)]その後、大橋信弥《のぶや》氏によって、さらに検討が加えられ、補強されている。[註(16)]これらの渡来系氏族のうち、穴太遺跡を本拠地としたのは穴太村主に想定され、この氏族によって造営された穴太廃寺の造営に着手されるまでの過程も、前述した礎石建ち建物によってほぼ明らかになるものと思われる。

穴太村主は唐崎の立地条件を生かし、諸物資の漕運にかかわることによって、この地域で最も強力な経済力をもつことになったことが想定される。そして、この職掌の分担と関連して、近江の湖北の坂田郡、浅井郡などにも同族の一部が本拠地をもったことが、「正倉院文書」『平安遺文』、さらに近年に出土した「長屋《ながや》王木簡《おうもっかん》」などによって知ることができる。これは、ここを本拠地とした大友村主など他の渡来系氏族の場合も、おそらく大同小異のことであったと推測されるのである。

おわりに

小稿では、近年の穴太遺跡の調査成果を踏まえながら大津市北郊の集落から見つかっている土壁造り建物を、朝鮮系の渡来系氏族が大和王権による古墳築造の規制という外的条件に抗《あらが》いながら、渡来人として同族意識の強力な結束をはかる手だてとし、民族性と先進性と経済力を誇示するものとして構築したものと推測した。しかし、現状では、在地系の氏族とどのような係わりあいをもってこの地域で集落が営まれたかは明らかでない。これは周辺地域の集落調査の進展によって解明されることを期待したい。

なお、近江には湖東地域の宇曾川《うそがわ》流域の愛知郡に、秦氏系の渡来系氏族が大集団を構成していた。そして、ここの上蚊野《かみかの》古墳群の調査によって竪穴系横口式石室《たてあなけいよこぐちしき》の構造をもつ古墳群が築造されたことが知られている。この地域の渡来系氏族が営んだ集落の世界に関してはふれえなかったので、別の機会に述べることにしたい。

註

(1) 水野正好「滋賀郡所住の漢人系帰化氏族とその墓制」『滋賀県文化財調査報告書』第四冊　一九七〇年三月
(2) 花田勝広「渡来人の集落と墓域」『考古学研究』三九巻四号　一九九三年三月

(3) 財団法人滋賀県文化財保護協会『近江の原始・古代—最近の発掘調査から』一九八三年一一月
(4) 滋賀県教育委員会『一般国道一六一号（西大津バイパス）建設に伴う穴太遺跡発掘調査報告書Ⅱ』一九九七年三月
(5) 花田勝広前掲注(2)
(6) 花田勝広前掲注(2)
(7) 大崎哲人「大津市北部の後期古墳の再考」『滋賀県埋蔵文化財センター紀要』二　一九八九年三月
(8) 沢村治郎「須恵器大型器台考」『滋賀史学会誌』一一号、一九九九年二月
(9) 花田勝広前掲注(2)
(10) 小笠原好彦「畿内および周辺地域における掘立柱建物集落の展開」『考古学研究』二五巻四号　一九七九年三月
(11) 水野正好「群集墳と古墳の終焉」『古代の日本』五　近畿　角川書店、一九七〇年一月
(12) 林博通「大壁造り建物の発見・経緯・問題点」『一般国道一六一号（西大津バイパス）建設に伴う穴太遺跡発掘調査報告書』一九九七年三月
(13) 中主町教育委員会「光相寺遺跡第二六次発掘調査資料」一九九九年六月
(14) 京都大学文学部『京都大学文学部博物館考古学資料目録』第三部　一九六三年三月
(15) 水野正好前掲注(1)
(16) 大橋信弥「近江における渡来系氏族の研究—志賀漢人を中心として」『青丘学術論集』第六集　一九九五年三月

「朝鮮系古代集落の世界—近江—」『歴史評論』第五七九号　二〇〇〇年一月

六　近江の群集墳の成立—近江の群集墳のさまざま—

古墳時代の後半には、埋葬する部屋とそれに墳丘の外まで通路を設けた横穴式石室をもつ古墳が出現した。このような古墳は、近江の山麓や平野部にも、数基から一〇〇余基におよぶ数をなして群集している。これらは、それぞれの地域に居住した有力氏族によって築造されたものである。近江の群集墳のいくつかをとりあげて、その性格をさぐってみることにしよう。

(1) 妙光寺山古墳群の古墳を捜す

湖東平野の秀峰である三上山のすぐ北向いには、標高二六〇mのあまり目立たない妙光寺山《みょうこうじやま》と呼ぶ丘陵がある。この丘陵の西麓から南麓にかけて踏みわけて歩くと、十数基におよぶ横穴式石室が点々と開口しているのを見ることができる。南麓下にはため池があり、その北岸に御上山神社が鎮座《ちんざ》しているが、古墳はこの神社裏一帯でとくに密集して築造されている。

これまで妙光寺山古墳は、数カ所に分散した十数基の古墳が知られていただけで、未確認の分を含めてもおそらく三〇基くらい分布する小規模な群集墳とみなされてきた。しかし、昭和五四（一九七九）年冬から、翌年の春にかけてこの山麓全体の分布調査を行ったところ、新たに多数の古墳が確認され、六〇基ちかい古墳が築造されたかなり大きな群集墳であることがわかった。

これらの群集墳は、石室が開口したり、石室の石材の一部が露出しているものからみると、いずれも長方形の玄室《げんしつ》をもち、それに廊下状の羨道《せんどう》をつけた横穴式石室を有する小円墳である。石室を構築した石は、この妙光寺山で産出する茶色味の強い珪岩質の石材を使用している。この石は扁平に割れやすい性質をもっているので、石室の側壁や奥壁は、比較的平坦面の多い石材を多数積み重ね、玄室の天井は三枚ないし四枚の大型の石材をのせておおっている。

(2)　横穴式石室と埋葬の変化

横穴式石室は、中国や朝鮮で行われた墳墓の系譜を引くもので、四世紀末に、まず九州地方で採用され、さほど時間をへだてずに畿内でも広まった。そして六世紀に入ると各地域の古墳の主体部として一般的にとりいれら

写1-6-1　妙光寺山古墳群の横穴式石室

れたものである。

それ以前の古墳は、木棺を竪穴式石室や粘土槨《ねんどかく》などでおおい、豪族の族長やその親近者を埋葬したものであるが、追葬に適さない構造のものであった。しかし、この横穴式石室は外部に開口し、同じ石室に複数の人を埋葬することが容易なので、一つの石室に追葬する風習が一般化した。おりしもこの時期には新たな技術導入によって農業生産力の発展もみられたので、階層分化の進行も著しいものがあった。このような背景から、古墳の築造がそれまでの族長クラスのほかに、村々の有力家族の墳墓として採用され、多数の古墳が群集して築造されることになった。つまり各地で群集墳が出現したわけである。

妙光寺山古墳群では、おおまかにみると、西麓、南麓、東南麓に数基から二〇基にちかい古墳が群在する。これらの群構成の規模の差は、有力家族がもっていた政治力・経済力を象徴的に反映しているものとみることができる。

(3) 有力首長の墓域と村々の墓域

妙光寺山麓を含む野洲地域の古墳の変遷をみると、銅鐸《どうたく》が出土した地域のすぐ北に前期の大岩山《おおいわやま》古墳や天王山《てんのうやま》古墳などの前方後円墳がある。やがて六世紀に入ると小篠原丘陵の北端に巨大な家形石棺を置いたあとに、横穴式石室を構築した円山《まるやま》古墳や甲山《かぶとやま》古墳が築造されている。さらに六世紀後半には、この小篠原《こしのはら》丘陵を中心に二三基の群集墳が形成されるにいたっている。水野正好氏は、これら二三基の群集墳に墓道を想定することから、一二群に区別し、それらが安国造家《やすのくにのみやつこけ》とそれをとりまく一二家族によるものと推測している。そして、その西に接する妙光寺山古墳群は、野洲の広大な平野に居住した村々の墓域であったとみなしている。

野洲地域の首長墳の変遷を順次追いかけると、おそらくこの考え方は妥当な見方であると思われる。ただ妙光寺山麓には、これまで知られてきた以上に多くの古墳が群集し、しかも複雑な群構成をみせているので、小篠原丘陵の群集墳との充分な比較作業が必要であろう。また丘陵の北端には、妙光寺山古墳群とわずかに離れているが、前方後円墳で横穴式石室をもつ越前塚《こしまえづか》古墳が築造されているから、この首長墳との関係についても解明する課題が残っている。

(4) 氏族の墓域のばあい

滋賀県で群集墳の発掘調査が行き届いた例に、甲賀郡甲西町《こうせいちょう》の狐栗《きつねぐり》古墳群がある。この古墳群は丘陵中腹に二一基の古墳群が七支群に分かれて築造されている。各支群は三ないし四基から構成されているが、六世紀後半に二あるいは三基の横穴式石室を順次築き、七世紀には木棺直葬か小石室による古墳を一基ずつ築造して終わっている。これらの各支群のうち北のG群だけが他の支群より墳丘、石室とも規模が大きく、首長家族の墓域とみなされ、ほかはこの首長に率いられた有力家族のものと推測されている。このように群集墳を細かく分析することによって、当時の氏族の実態をもかいまみることができる。

一般に群集墳は、有力家族が墓域をもち、そこに戸主《へぬし》が死亡する

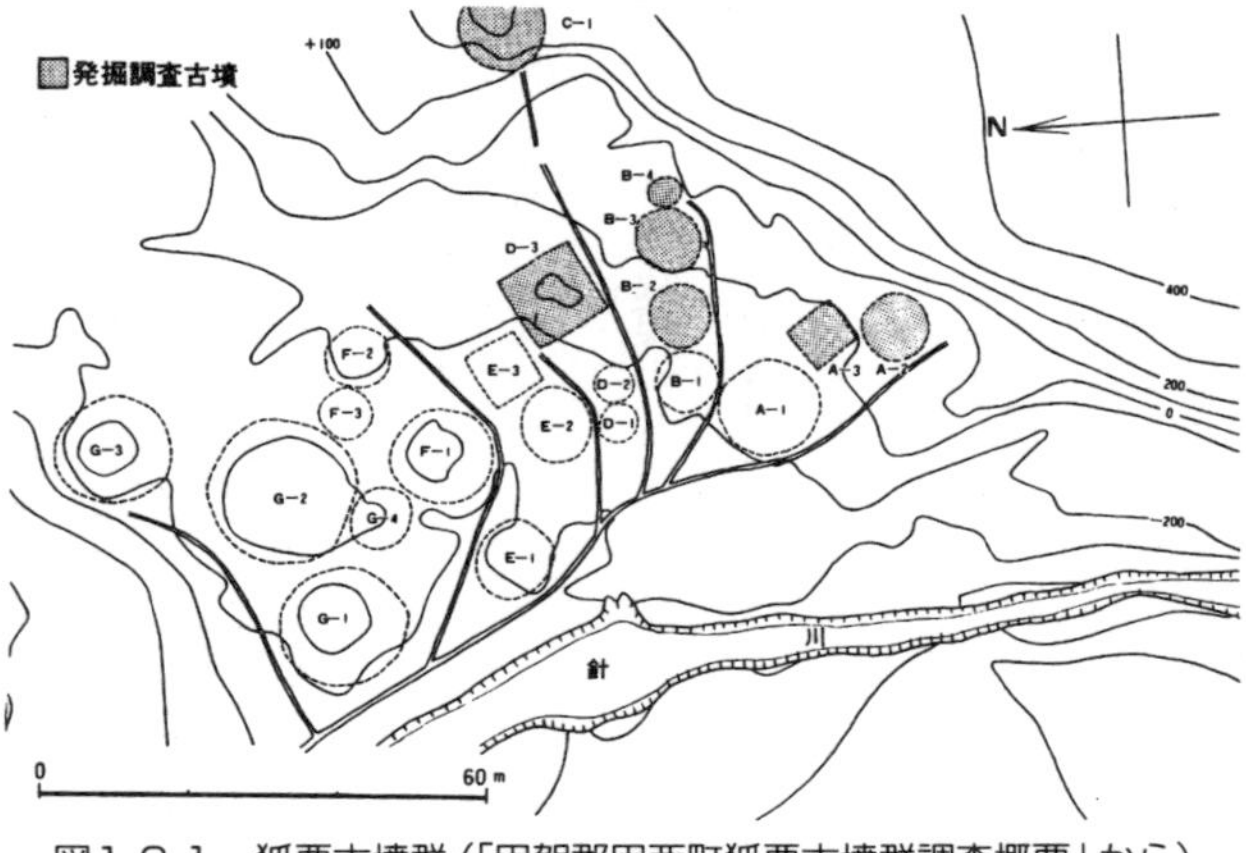

図1-6-1　狐栗古墳群（「甲賀郡甲西町狐栗古墳群調査概要」から）

たびに新たに古墳を築造し、その間に亡くなった者を追葬したものと解されている。しかし、狐栗古墳群をはじめ草津市北谷古墳群など、群集墳の調査例からみると、葬られている人数は、三ないし四人程度と想定される。とすると、群集墳は有力家族の家族墓とはいっても、家族の構成員全員を葬ったものとはみなしにくいことも注意すべき点である。

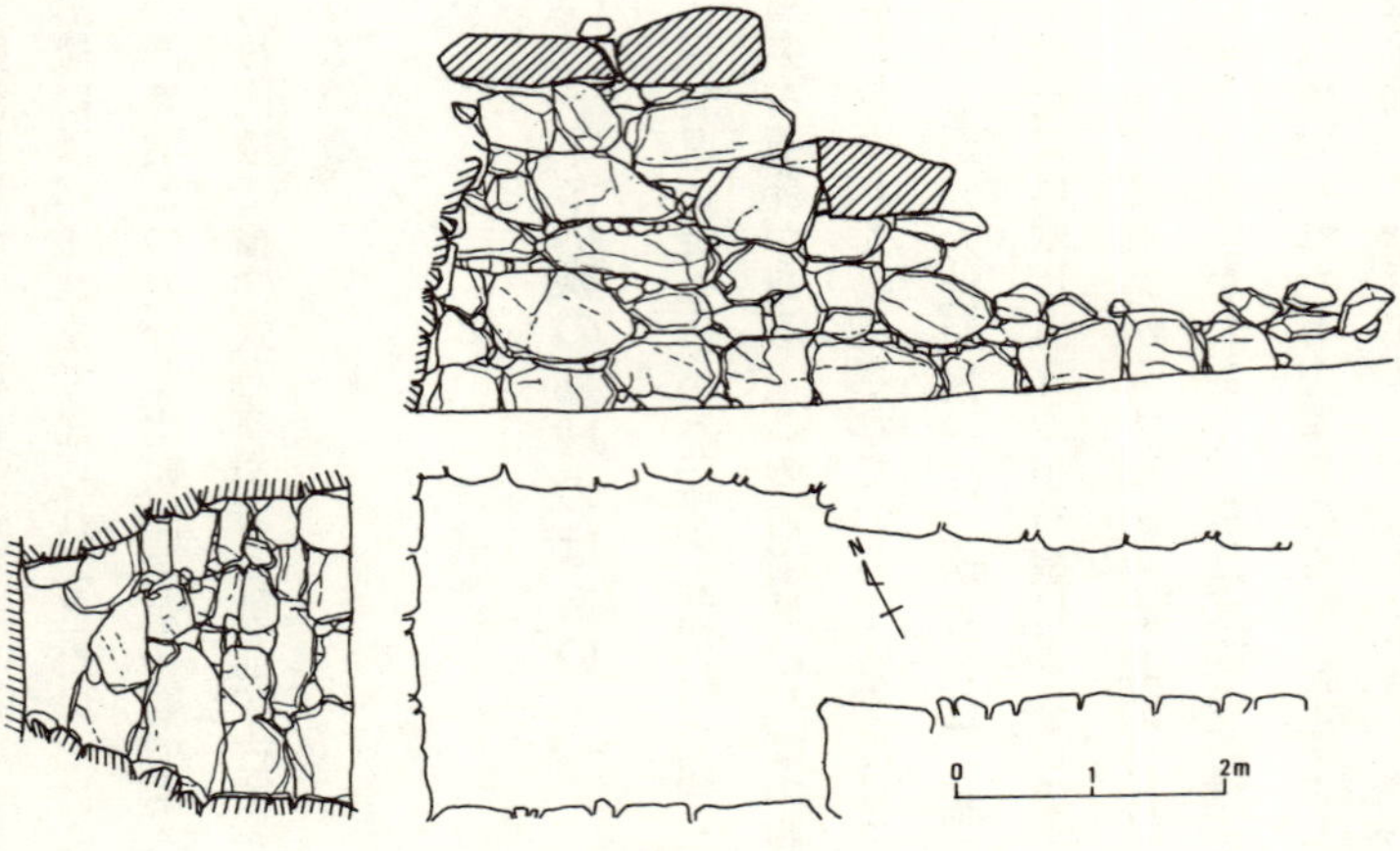

図1-6-2　福王子8号古墳石室実測図
（『滋賀県文化財調査報告書第4冊』による）

(5) 近江の大群集墳

群集墳の群構成はさまざまな規模のものがある。しかし一〇〇基を越える大群集墳となると畿内でもさほど多くない。近江では、これまで一一カ所が知られているだけである。湖東では犬上郡の池寺古墳群、愛知郡の金剛寺野《こんごうじの》古墳群、湖南では栗太郡の三ツ塚古墳群、甲賀郡の酒人山《さこうどやま》古墳群で、ほかはいずれも湖西地域に分布する。

湖西では百穴古墳群・大通寺古墳群・大谷古墳群・穴太《あのう》古墳群・春日山古墳群・曼陀羅《まんだら》山古墳群など南部に集中し、北部は高島郡に北マキノ古墳群があるだけである。これらの大群集墳は、なぜか有力豪族が居住した湖北や湖東の野洲地域では知られていない。しかもその半数が耕作地の著しく狭い湖西南部に集中することは、おおいに注目される。とくに湖西南部の穴太地域から錦織地区に集中する一〇〇〇余基の群集墳では、正方形もしくは横に長い玄室に羨道をつけ、玄室の四壁をドーム状に持ち送り、一個の巨石で天井をおおった横穴式石室が構築されている。

このような形態の石室はほかに例が乏しく、朝鮮半島の高句麗《こうくり》の古墳や宋山里《そうざんり》古墳群など百済の古墳に多くの例をみることができる。

(6) ミニチュアの炊飯具を入れた古墳

湖西南部の古墳では、石室の玄室入口あたりに、しばしば竈《かまど》・釜《かま》・甑《こしき》の三点をセットとしたミニチュアの土製品が出土する事実が知られている。これらの炊飯具セットを副葬する習俗は、死後の世界の食事である黄泉戸喫《よもつへぐい》に関連したものともいわれ、そのおこりもまた中国や朝鮮にあったことが明らかにされている。

古代の湖西地域には、穴太村主《あのうのすぐり》、大友村主、志賀漢人《あやひと》、錦織《にしごりの》村主《すぐり》など、渡来系氏族が多数居住したことは『新撰姓氏録《しんせんしょうじろく》』をはじめとする古代文献からも知られるので、これらの特徴的な古墳は渡来系氏族を葬った墓域ではないかと考えられている。群集墳は、家族墓の性格を強くもっているだけに、それぞれの古墳は土地に築かれた古代人の戸籍というべきであろう。

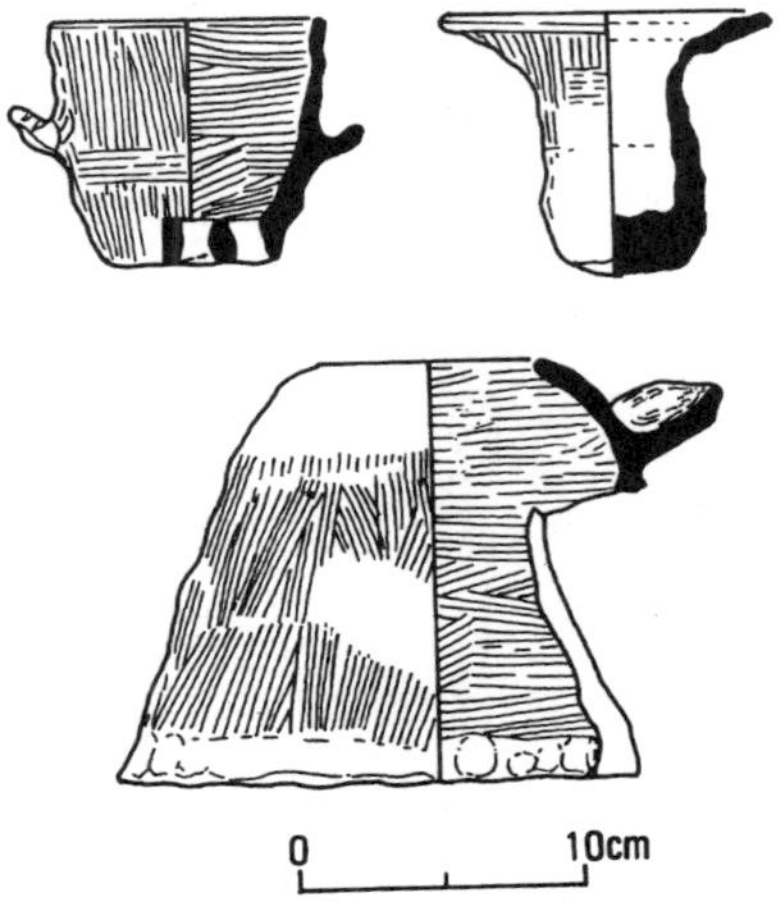

図1-6-3　ミニチュアの炊飯具

参考文献

水野正好「群集墳と古墳の終焉」『古代の日本』五　近畿　角川書店、一九七〇年一月
都出比呂志「横穴式石室と群集墳の発生」『古代の日本』五　近畿　角川書店、一九七〇年一月
広瀬和雄「群集墳論序説」『古代研究』一五　一九七八年九月

岡田精司編『史跡でつづる古代の近江』法律文化社　一九八一年七月

七　大津京と穴太廃寺

はじめに

一九八九年、大津市穴太《あのう》の国道一六一号線バイパス予定地で、穴太廃寺の伽藍《がらん》が見つかった。この穴太廃寺の伽藍は新旧二つのものが同一場所で重複して検出されたことから、多くの研究者の注目を集めることになった。特に注意をひいたのは、新伽藍がほぼ真北に近く建てられていたのに対し、旧伽藍が東に大きく振れていたことであった。[註(1)]

この穴太廃寺が建つ穴太から唐崎の地は、穴太駅家が存在したことが想定されてきたほか、南滋賀一帯にかけて滋賀郡条里と異なる真南北地割がみられることから、大津京とのかかわりを説く見解がだされてきたところである。[註(2)]しかし、これまでのところ大津京との関連が説かれながらも、いま一つ具体的なよりどころに乏《とぼ》しい状態にあった。この点では、穴太廃寺の発掘調査は、この地域の新たで、重要な考古学的資料が得られたことになるのである。

ところで、大津京に関連した発掘調査は、一九七四年に大津市錦織《にしこおり》地区で、大型の柱穴をもつ門とそれにとりついた複廊回廊が検出されている。その後、門跡の北側でも建物が加えられ、一九八三年には門跡の北七〇 mで大型の東西棟建物が見つかり、大津宮内裏《だいり》の中心部とみなしうる可能性がきわめて高くなった。同時にこれまで検出された建物や区画施設によって、大津宮内裏の構造復原が試みられるなど大きく前進を見ている。[註(3)]

現状の大津京、大津宮の発掘調査は錦織地区の遺構を宮殿跡と確定しうる資料が出土していないことから、大津宮とみることに異論もないではない。[註(4)]しかし、大型建物、大型門跡、複廊などの存在からすると、大津宮の可能性は一段と高くなったと理解してよい。

小稿は、穴太廃寺が造営後まもなく建替えられた背景を検討し、これに関連して、大津京域の復原をあえて試みてみることにしたい。

(1) 穴太廃寺の二つの伽藍

穴太廃寺は大津市穴太二丁目、小字下大門、赤田、上大門、苅分の一帯に営まれた古代寺院である。この寺院は一九七三年に下大門地区の発掘調査で多量の瓦が出土し、古代寺院の存在が初めて確認されたものである。[註(5)]さらに一九八四年には、国道一六一号線バイパスの事前調査で寺院の伽藍中枢部の建物配置が明らかになった。[註(6)]

発掘された伽藍は創建と移建[註(7)]の二つのものがある。創建伽藍は西金堂（東西一二・三m、北一四・四m）と塔（推定一辺約一二m）が東西に対面し、これを回廊が囲む。伽藍の主軸は真北から約三五度大きく東に偏する。西金堂、塔は地覆石のみが遺存しており、基壇の外装は明らかでない。

一方の移建した伽藍は西に金堂、東に塔、その北で講堂が見つかっており、法起寺式の伽藍配置がとられている。伽藍中軸線は真北から約三度東に振れるだけで、ほぼ真北に近い。検出された金堂基壇の外装は、地覆石《じふくいし》を据《す》えて瓦を積んだ瓦積基壇である。塔、講堂は地覆石のみが遺存し、外装は明らかでないが、金堂と同様とみてよいであ

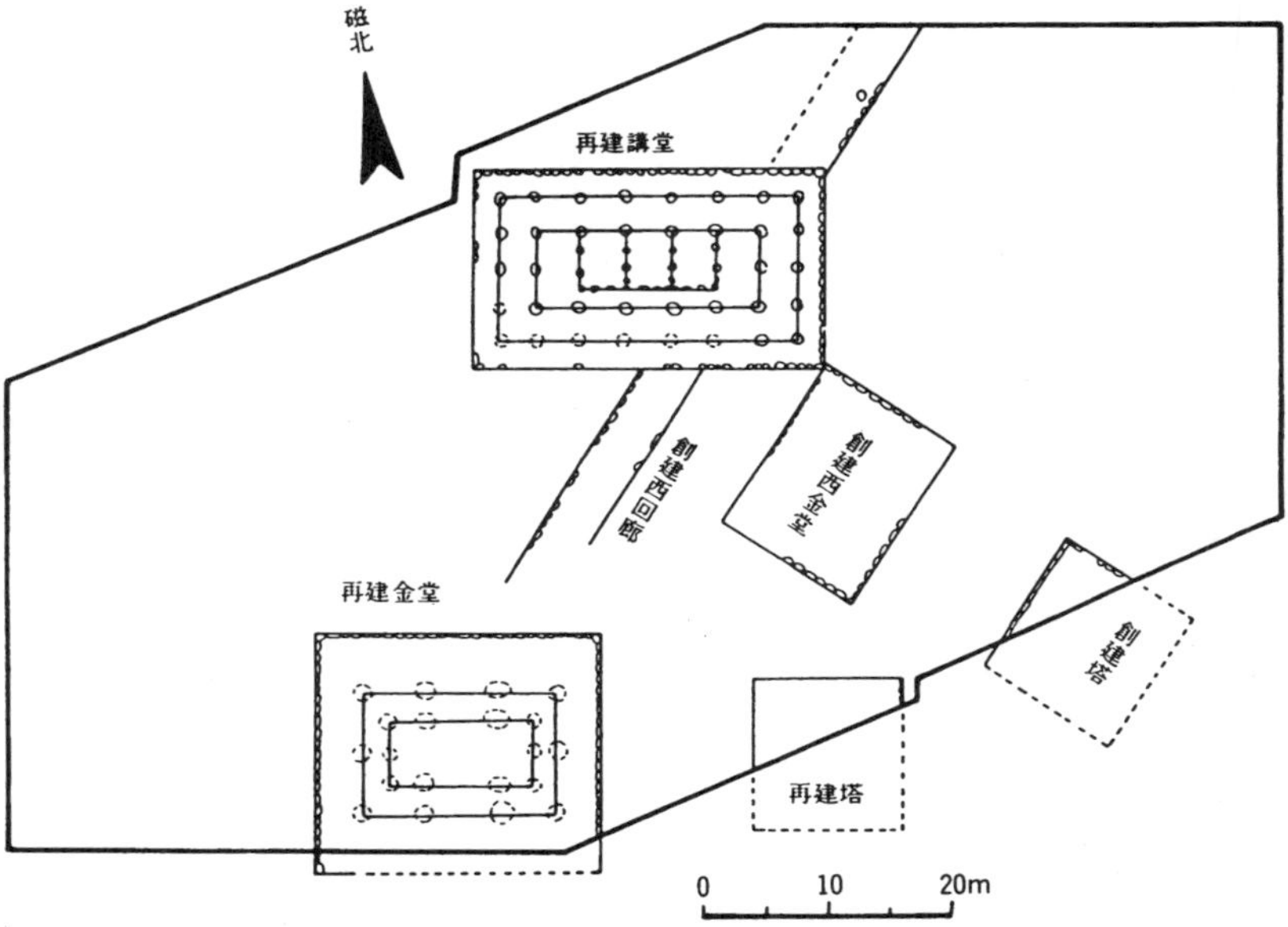

図1-7-1　穴太廃寺の伽藍（註(1)による）

ろう。

以上の二伽藍にともなった瓦類は、大津京関連寺院に見るA系統の複弁蓮華文軒丸瓦と重弧文軒平瓦、B系統の単弁蓮華文軒丸瓦と素文方形軒平瓦、方形瓦が多量に出土している。ほかに、これらの白鳳時代の瓦類よりも、様式的に先行する飛鳥時代とみてよい有稜素弁蓮華文軒丸瓦が出土している。

さて、穴太廃寺の創建伽藍は西金堂、塔が検出されただけなので、伽藍形式は確定しにくい。これには中金堂は見つかっていないが、川原寺式とみる見解のほかに、東面する四天王寺式とする見解もだされている。検出された二つの基壇のうち、西金堂は、東西一二・三m、南北一四・四mなので、金堂としては小規模である。他方の塔跡を一辺一二mに復原すると、金堂と塔の南辺はほぼ同一線上に並ぶという。[註(8)]これは四天王寺式とみるには、同一中軸線上に金堂、塔が位置しないので、そのように想定するのが難しいことになる。西金堂がこの時期の寺院に一般的にみる金堂に比して小規模なことは、大津の南滋賀廃寺、崇福寺の伽藍と類似する点を考慮すると、やはり川原寺式とみるのが妥当であろう。

二つの伽藍と軒瓦の関係では、創建伽藍は有稜素弁蓮華文軒丸瓦がともなった可能性が高い。瓦類には、「庚寅年」、「壬辰年」と記された平瓦が出土し、これらが、六三〇年、六三二年に推測される点をあわせて考えると、創建伽藍は飛鳥時代、移建伽藍は白鳳時代の大津京期とみるのが現状では最も無理のない推定である。

以上のように理解しうるとすると、創建伽藍に採用された川原寺式の伽藍配置は、近江では飛鳥時代に成立していた可能性が生じてくる。これは川原寺式伽藍が大和の川原寺の造営に初めて採用されたと理解されてきたことからすると、今後、この伽藍配置の成立時期について再検討の余地があることになる。[註(9)]

さて、穴太廃寺の伽藍は新旧二つのものが主軸を大きく異にして造営されている。二つのうち、創建伽藍が北で大きく東に偏したのは、穴太地域の地割に沿って造営されたことによるという。[註(10)]そこで、穴太廃寺周辺の地割を概観すると、小字檜込、上大門、苅分、山守、北菊尾とほぼ東西に一列、真南北、真東西方向のものが連なる。さらにその南にあたる小字下大門、赤田、神田、南菊尾から大字の南滋賀、滋賀里、錦織、山上にかけて、同一地割がそのまま延びていることがわかる。

一方、寺域のすぐ北側にあたる小字下飴屋、出口、大背戸、上ノ田には、北で東に約四五度近く偏した地割が広がる。この地割はそのまま北一帯に延びている。

以上の地割からすると、一つには穴太廃寺付近が北と南で方位を異にする地割の境界に位置すること、二つには異なる二つの地割のうち、現状では穴太廃寺が真南北、真東西地割に位置することが重視される。さらに検出された穴太廃寺の創建伽藍が北で東に偏していることは、創建伽藍の造営期には範囲は明らかでないが、北側と同一の地割が穴太廃寺を含んでなお南側一帯に及んでいたことをうかがわせる。

では、移建伽藍が主軸を真南北、真東西に変更されたのはどのような理由か。これには既に大津宮、大津京と同

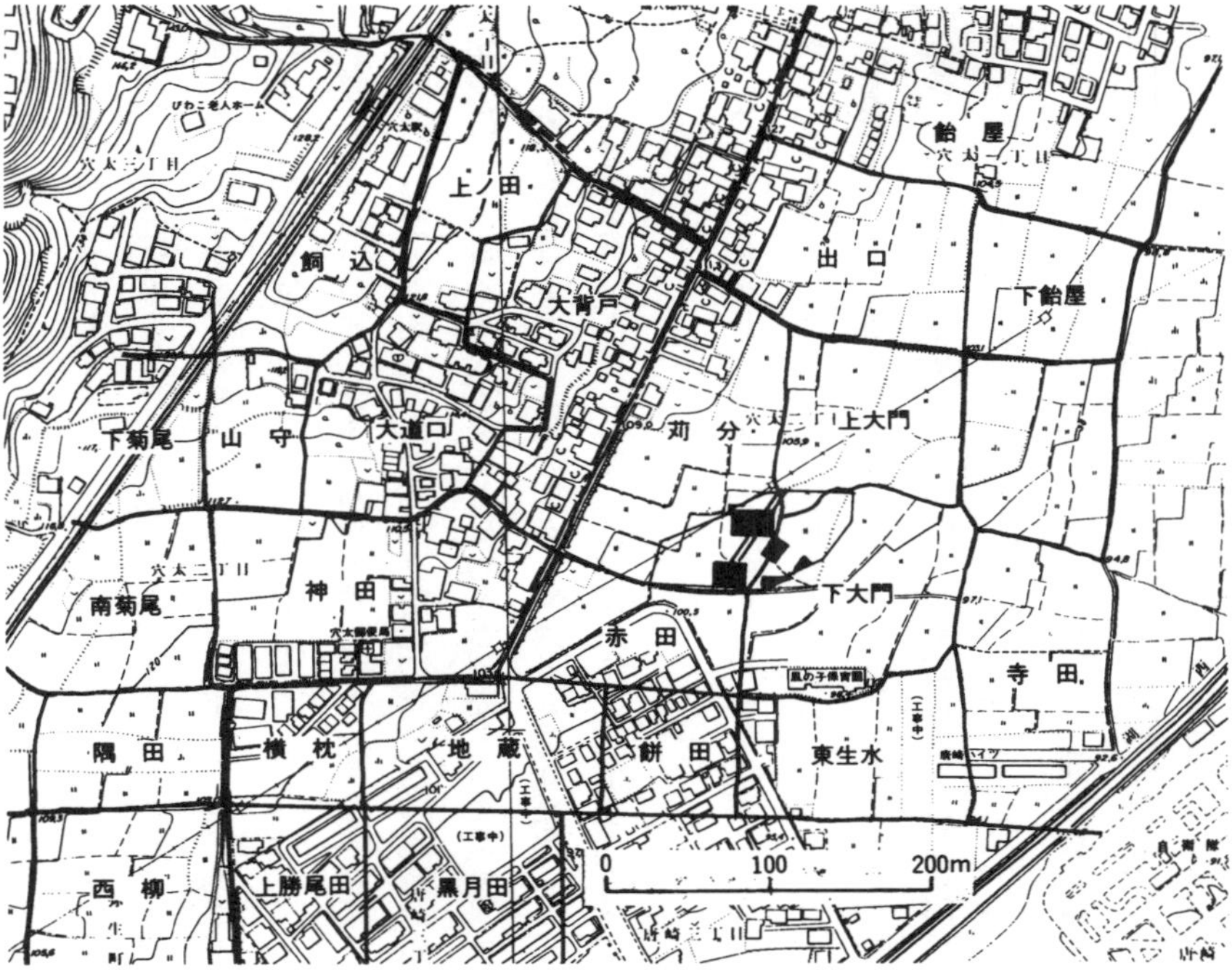

図1-7-2　穴太廃寺周辺の地割

一方位に変更して造営されたとみる見解が有力視されている。これは妥当な見解とみられるが、少し検討してみることにしたい。

穴太廃寺の移建伽藍では伽藍中軸線から東一二八mで、築地とみてよい遺構が検出されている。これを中軸線によって折りかえすと寺域の東西幅は二・五町になる。つぎに一九七三年の調査地点では軒瓦が多量に出土し、門跡が付近に想定されている。いま、この地点を南門跡とは確定できないまでも南限に想定すると、南北も二・五町を占めたとみることができる。この想定は、穴太廃寺の北限を小字「上大門」の北縁に求めうることを意味する。さらにこの北限想定線を東西に延長すると、小字檜込、山守、北菊尾の北縁付近に該当することになる。これはいずれも前述した真南北、真東西方向を示す地割のほぼ北限に相当する。

このような結果からみると、真南北、真東

西地割が穴太廃寺の北端まで及んでおり、さらにこの地割変更にともなって、穴太廃寺移建伽藍の造営が一体として行われた可能性が想定されることになる。

ところで、近江の古代寺院と地割との関連で注意されるものに、条里との関係がある。たとえば、条里地割に白鳳期の古代寺院が多く分布するものに、草津市北西部の例がある。ここの花摘寺廃寺《はなづみでら》、観音堂廃寺の寺域が条里とどのような関係にあるか一例を記しておこう。

花摘寺廃寺は下物町《おろしもちょう》の天満宮境内を中心とした白鳳寺院で、寺域が推定される小字追垣、下物、寺前は北で東に三五度偏した栗太郡条里と異なり、真南北、真東西の地割を示す。また白鳳寺院の観音堂廃寺の寺域が想定される小字南出畑、居村も栗太郡条里とは地割が異なり、やはり真南北、真東西方向の地割をみることができる。これらの二寺院は発掘調査でも寺域の四至と関連した溝が検出されており、ほぼ地割に近い寺域を占めたことが知られている。[註(11)] 同様の条里と寺域との関係は、ほかに草津市宝光寺跡、観音寺廃寺、笠寺廃寺、蒲生町宮井廃寺など近江では少なくない。

以上のような真南北、真東西方向の地割が条里地割のなかに島状に遺存するのは、条里地割の施行が白鳳寺院の寺域に変更を加えることなしに実施されたことを示すものと理解される。換言すると、条里地割は既存の寺院には特に伽藍や寺域の変更を行うことなしに施行されたことを意味している。だとすれば、穴太廃寺の移建伽藍が既存の伽藍、寺域を大きく変更したのは、条里施行以上の強い関与がこの地域の地割変更に関連して及んだと考えざるをえないのではなかろうか。

さらに、穴太廃寺の伽藍で留意されるのは、創建伽藍が焼失していない点である。これは創建と再建伽藍の方位を異にして造営された法隆寺若草伽藍と再建の西院伽藍の場合とは、明らかに事情を異にした造営の背景があったことが推測される。すなわち、穴太廃寺の移建伽藍の造営時期は軒瓦からみて大津京時であったことが認められるので、大津京遷都と深い関連があったとみるのがやはり最も可能性の高い想定ということになるであろう。

　では、穴太廃寺は大津京と具体的にどのような関連をもったのであろうか。そこで、ここでは少し迂遠《うえん》になるが、大津宮について先にふれ、あわせて大津京との関係を考えてみることにしたい。

(2) 大津宮

　大津宮の発掘は、一九七四年に錦織《にしごおり》二丁目の小字「御所之内《ごしょのうち》」での門跡調査が大きな契機となった。その後、一九七五年には門跡の東南約一三五mで桁行《けたゆき》二間以上、梁行《はりゆき》二間の建物が検出された。また一九七七年には南北塀（ＳＡ００２）、東西塀（ＳＡ００３）、桁行四間の東西棟建物（ＳＢ００３）などが調査された。さらに一九八三年には門の北側で、桁行四間、梁行三間以上の四面庇をもつ大型建物（ＳＢ０１５）が見つかった。この建物は門ＳＢ００１と同一主軸上に建てられており、中心建物の正殿に推定されることから林博通氏によって、それまで検出されている建物、塀をもとに大津宮の中心部構造の復原が試みられている[註(12)]（図1-7-3）。

　その復原によると、最初に見つかった門は内裏《だいり》南門で、これに複廊の回廊が東西に併設される。その内側は塀ＳＡ００１とＳＡ００４があり、それぞれ区画を構成し、さらに進んだ中央やや北よりに正殿ＳＢ０１５が配置される。この正殿北側は塀ＳＡ００３によって区画され、さらに東西棟の長殿《ちょうでん》風建物が配置される。ほかに、内裏中心部区画の北側にも建物や倉庫などが存在する。また内裏南門の南側でも南北棟建物ＳＢ００６があり、これが朝堂《ちょうどう》院《いん》建物の一つに想定されている。

　以上の復原では、一つは南門が桁行七間、梁行二間に想定され、複廊がともなうこと、二つには南門と同一中軸線上で四面庇をもつ桁行七間、梁行二間に想定される大型東西棟建物が配置されていることが重要である。これら

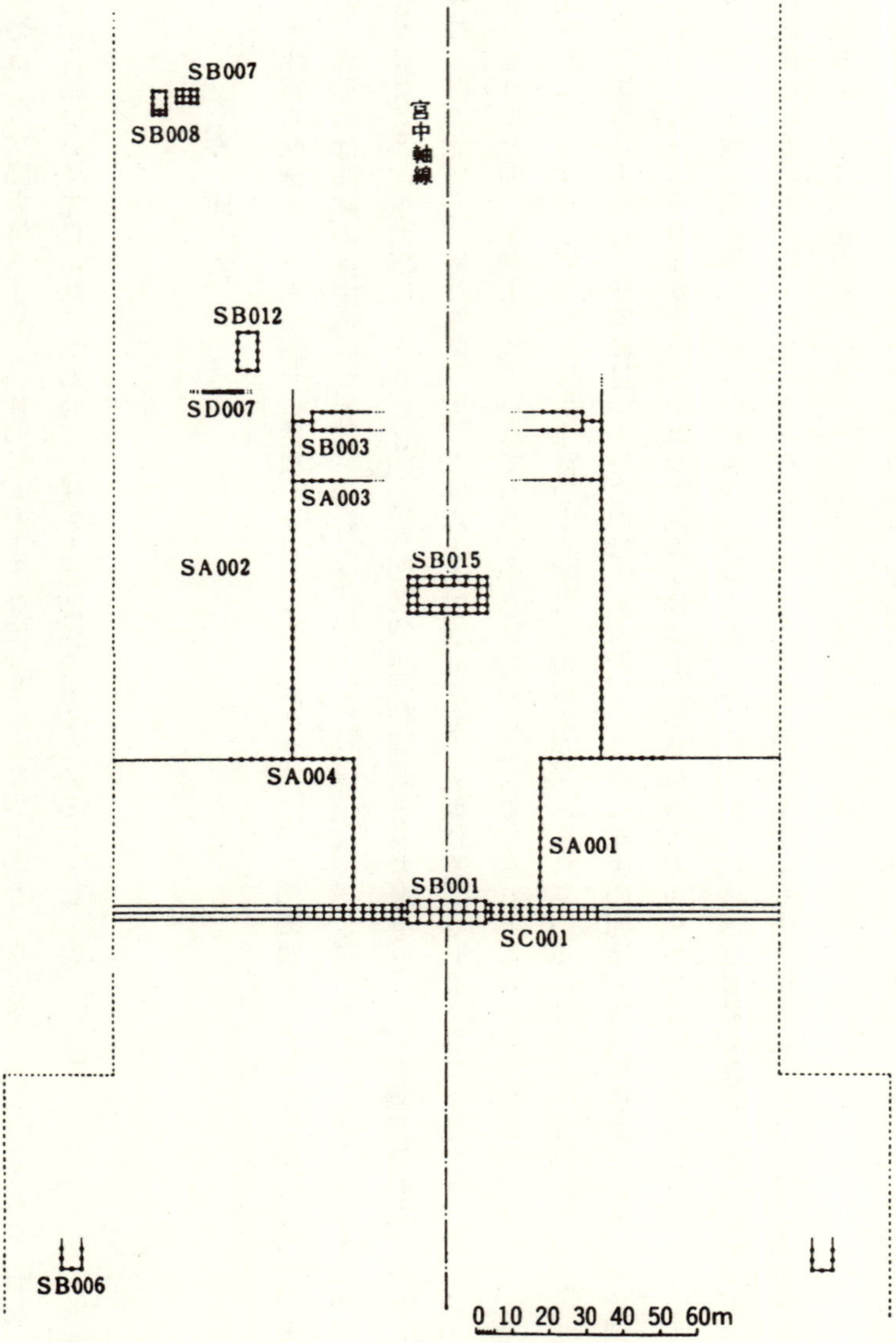

図1-7-3　大津宮復原図（註(3)による）

の点を重視すると、錦織地区の建物は、火災痕跡が認められないことや建物の時期を明瞭に示す遺物が十分でないとはいえ、大津宮の中心部とみなしうる可能性がきわめて高いとみてよいことになる。

さて、これらの建物が大津宮内裏に想定しうるとすると、これまで明らかになっている都城では、年代的にみて前期難波宮の内裏構造との関連が問題になるであろう。

まず、大津宮南門が桁行七間、梁行二間に想定され、門に複廊がつく点は共通する。その内側に前期難波宮では桁行九間、梁行五間の四面庇《ひさし》がつく内裏前殿と後殿の二棟の東西棟建物が配置される。しかし、大津宮の内裏正殿は現状では桁行七間、梁行四間に想定され、少し小規模である点に違いがある。この正殿と南門の心心距離は八八・九五ｍを測るという[註13]。一方の前期難波宮の正殿、後殿までの心心距離はそれぞれ六一・三八ｍ、一〇五・二八ｍを測るので[註14]、大津宮正殿は前期難波宮の正殿、後殿の中間に位置することになる。したがって、大津宮では正殿前に空間が大きくとられており、ここになお建物が入りうる余地を残している。

また、南門内側の東西には塀による区画があり、前期難波宮の八角殿院の区画との類似性がうかがえる点も重要である。なお、前期難波宮の内裏では前殿、後殿とも脇殿が対称に配置されており、これらの建物が大津宮内裏に存在したかどうかも、なお両者の関連を検討するうえで留意される点である。

ところで、大津宮の内裏南門と正殿の心心距離は、前述したように八八・九ｍを測ることが報告されている。この数値は大津宮南門から小字「御所之内《ごしょのうち》」の東縁の半分に近似した数値である。小字「御所之内」の東縁はさらに北に延長すると志賀小学校前を通り、小字南福王子、北福王子、勧学堂、大川、中図子、浦瀬戸、上高砂子の東縁を経て滋賀里の小字「蟻之内《ありのうち》」の西縁に至ることも注目されることである。

一方、大津宮内裏南門と正殿の中軸線は大津市役所前から錦織を北上する直線道路と重なる。さらに北進すると小字の王流と大将軍、鳥居川《とりいがわ》と久保田の界線、さらに離れて南滋賀廃寺が位置する南榿木原《はんのきはら》、福王子の界線とも関

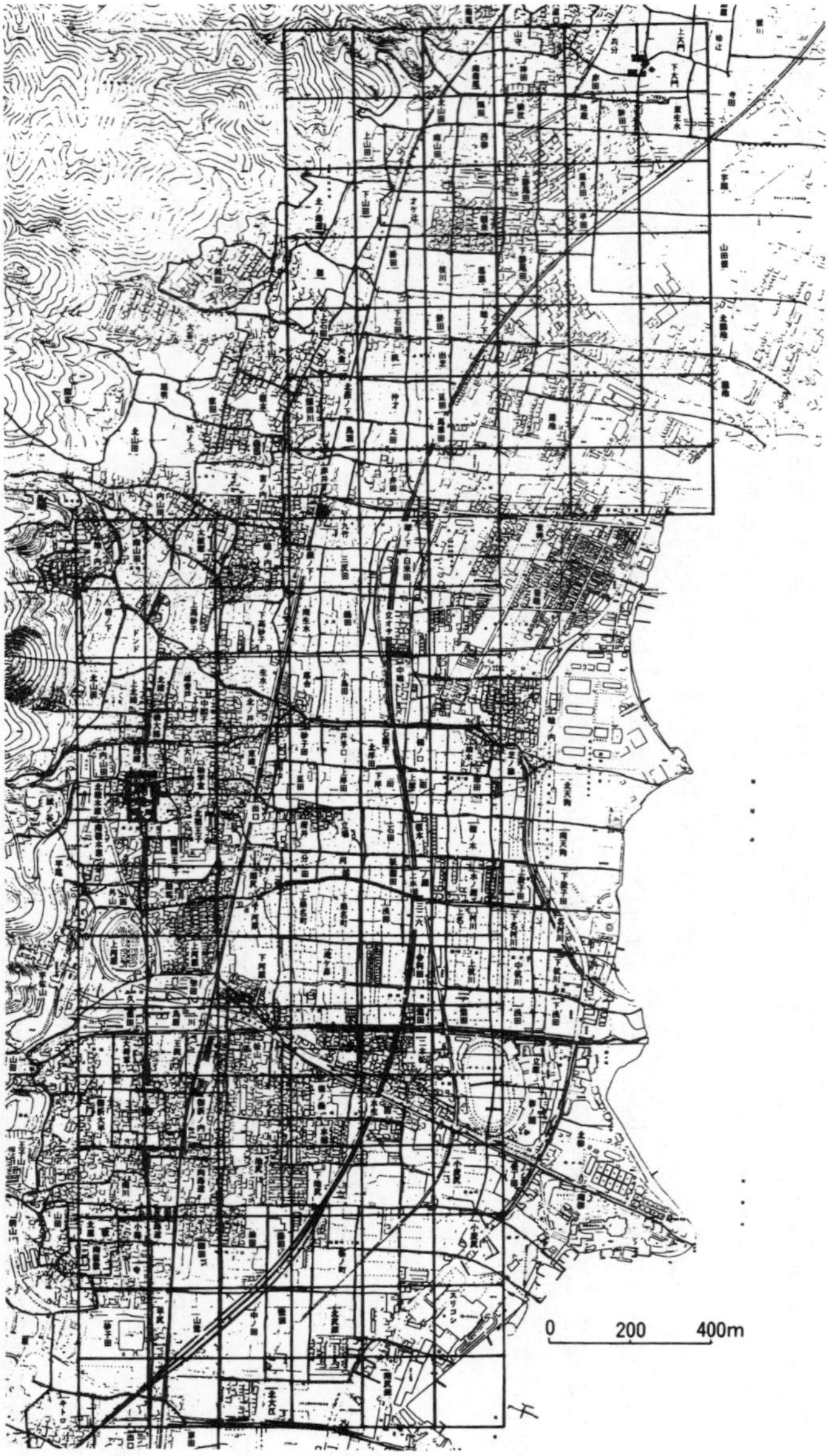

図1-7-4　大津京の条坊

連をもつことが知られる。

以上述べたこれらの地割は、昭和一七年（一九四二）に福尾猛市郎《たけいちろう》氏が『大津市史』に記した条里と異った特殊区画と呼んだ地割と関連するものである。[註(15)]そこで論述上、ここで福尾氏の見解を述べる必要があるので以下に略記することにする。

福尾氏は山上では山麓まで方六〇間の条里制地割がみられるのに対し、錦織と山上の境界線を基準にその北の滋賀里までは方八〇間または四〇間を単位とした道、溝、小字の区画が存在するとし、これを特殊区画と呼称した。この特殊区画内には、小字「御所之内」があり、また天智朝の寺院の南滋賀廃寺があること、北に小字宮ノ内、蟻ノ内、太鼓塚など、大津宮が想定された有力候補地がいずれも含まれることから、これが大津京条坊の痕跡ではないかとした。さらに条坊の範囲は南限を錦織と山上との境、西限は北国街道をまっすぐ延したところで、南滋賀台地では少し西に広がり、そこに南滋賀廃寺が位置する。また東限は北国街道より東一六〇間にあり、北限を小字「宮ノ内」に限られるとした。

以上のような福尾氏の特殊区画と関連する地割は、地図上で平均すると約一七六・五mを測ることができる。この数値は大津宮南門と正殿の心心距離を二倍したものと一・四m短いだけなので、大津宮南門と正殿の距離は高麗尺＝令大尺の五〇〇尺の半分に相当する。だとすると、この五〇〇大尺の基準値は、既に一九七一年に秋山日出雄氏が福尾氏の特殊区画を令制《りょうせい》一〇〇歩＝五〇〇大尺と理解し、特殊区画と南滋賀廃寺の中軸線によって大津京復原を試みたことが想起される。[註(16)] この南滋賀廃寺の中軸線が大津京復原の基準線となりうるかどうかは別として、特殊区画が五〇〇大尺で区画されているとしたことは認めうることになるであろう。

つぎに、大津宮内裏南門を基準として、さらに南北に地割を検討すると、小字「下河原」の北縁が約五三〇mを測り、一五〇〇大尺に相当する。さらに、これまで注意されてきたものに小字「横大路《よこおおじ》」と際川《さいがわ》の流路がある。「横大路」は秋山氏が大津京の条坊復原を試みた際に、ここに東西区画線を想定したところである。[註(17)] また河川の際川は藤岡謙二郎氏が大津京の条坊を藤原京の二分の一を基準値として復原した結果、大津宮の南限をこの河川に想定している。[註(18)] しかも藤岡氏はこの河川が地形に影響されずに真東西に流路をとることから人為河川とみなしている。じつはこの小字「横大路」は際川の西延長上にあり、同一東西線上に位置する。この小字「横大路」、際川と大津宮内裏南門との距離は地図上で測ると一〇五九ｍあり、三〇〇〇大尺に相当する。すなわち五〇〇大尺の六倍で際川と小字「横大路」を通ることを示している。

以上のように、特殊区画では大津宮内裏南門を基準として、南北でも五〇〇大尺で区画される地割が認められることになるのである。

ところで、先に穴太廃寺の移建伽藍が中軸線を変更して造営された理由として、大津京と関連したことを想定したので、ここで大津宮内裏と穴太廃寺の位置を検討してみることにする。

穴太廃寺は大津宮内裏の東北方に遠く隔てて位置するので、両者の距離測定には中軸線の振れが問題になる。そこで、ここでは大津京と密接な関係をもつと想定される特殊区画の平均的な振れを北で、三度西に偏すると想定し、両者の南北中軸線間を地図上で測定すると約一二三五ｍを測る。この数値は三五〇〇大尺と理解されるので、前述の基準値五〇〇大尺の七倍に相当する。とすると東西は穴太廃寺付近まで及んでいた可能性が高くなる。

つぎに南北は穴太廃寺の移建金堂と内裏南門の距離は約二七三三ｍ＝七七四二大尺となる。これは五〇〇大尺の整数倍を示さない。そこで穴太廃寺の南門との関係を求めると、南門跡は未検出なので、小字下大門、赤田、神田の南縁線上に南限を求めると約二六五〇ｍを測る。この数値は七五〇〇大尺で五〇〇大尺の一五倍に相当することがわかる。したがって、東西と同様に南北も大津宮南門と関係をもつ位置にあることになる。

以上の結果は、基準値五〇〇大尺による区画が錦織、南滋賀、滋賀里の特殊区画の範囲を越えて及んでいた可能性がきわめて高いことを物語る。そこで、あらためて福尾、秋山両氏が大津京域を想定した特殊区画の地域を越えて、五〇〇大尺による地割を求め、大津京の範囲をつぎに検討してみることにしたい。

(3) 大津京の復原

大津京の区画基準値が五〇〇大尺＝一七六・五mとみなしうることが判明したので、大津宮を中心とした区画の存否を順次確認し、その範囲を求めてみよう。

まず、東西は内裏中軸線から東五〇〇大尺で、前述したように小字「上河原」の東縁にあたる。これは北上すると滋賀里の「蟻《あり》ノ内《うち》」の西縁まで延びる地割に一致する。ついで東一〇〇〇大尺＝三五三mに合う南北線は見られない。小字下河原、畑尻、生水、蟻ノ内の東縁線はいずれも約二〇～二五m短い。これらは小字豆田、砂子田、落合、南生水、藪ノ下など後の条里地割の施行によって地割が変更し、その結果として減少したものであろう。東一五〇〇大尺＝五二九・五mは小字雀ノ森、滝ヶ鼻、下桑名町、立場、上浮田などの東縁線とほぼ一致する。しかしこれらは周辺の地割からみると条里地割と一致するものとみなされる。東二〇〇〇大尺＝七〇六mは一致した地割はみられない。東二五〇〇大尺＝八八二・五mは赤塚の小字「葛尾」の東縁線と一致するが、この「葛尾」も周辺地割からすると条里地割が一部移動した結果とみられる。東三〇〇〇大尺＝一〇五九mは一致した地割はない。しかし穴太地域では小字「大道口」を通ることが注意される。東三五〇〇大尺＝一二三五mは穴太、下坂本の地域のみ通り、他は琵琶湖を通る。穴太地域では地割は確認されないが、前述したように、穴太廃寺の移建伽藍の中軸線と一致することが重視される。さらに東四〇〇〇大尺＝一四一二mも穴太、下坂本地域のみ通り、その南は湖上を通過する。この想定線は、穴太廃寺の寺域東限から東四二m付近を通り、一致する地割はみられない。

一方、大津宮南門の西五〇〇大尺は、小字「御所大平」、「大将軍」から比叡山系の山麓を通る南北線である。一致する地割は乏しいが、わずかに滋賀里の小字「岩の下」に想定線付近に南北に走る小径がみられる。

つぎに南北は北五〇〇大尺、北一〇〇〇大尺ともに一致する地割はみられない。その北の一五〇〇大尺では小字

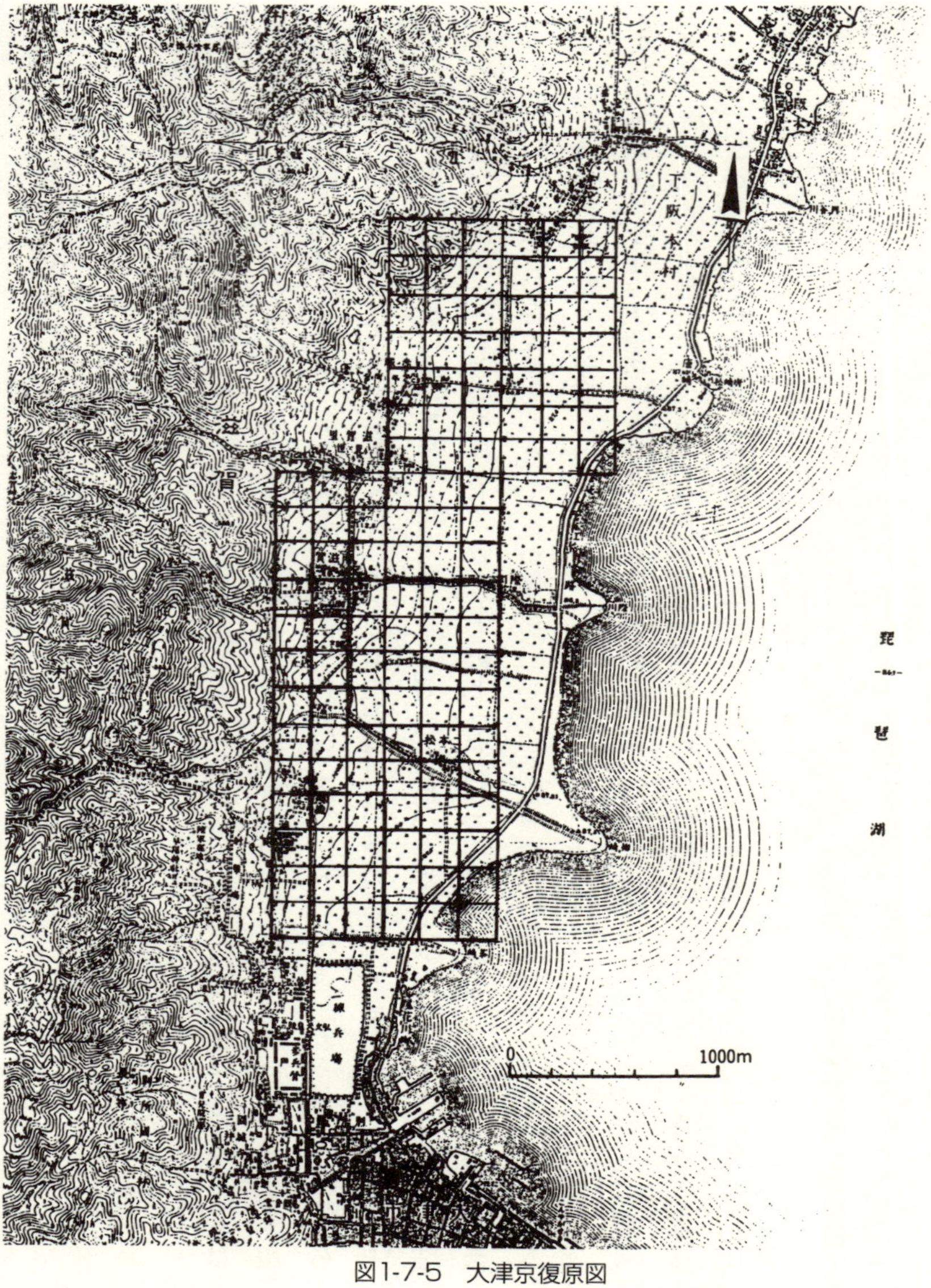

図1-7-5　大津京復原図

「下河原」を南と北に区分する界線があり、これが一致する。この線は東側では南滋賀と錦織の大字の境となっているが、東側の小字舎利田、上杭川、中杭川では大きく南にずれる。北三〇〇〇大尺は河川の際川が一致し、小字「横大路」を通ることは前述した。北三五〇〇大尺と一致する地割はないが、想定線の北一〇mで小字生水《しょうずい》、落合、小島田、中畦の北縁線に一致する。さらに北四五〇〇大尺では、滋賀里の小字太鼓塚、宮ノ内を通る。ここには崇福寺へ通じる道がある。この道は西進するにしたがって北に振れるので、正確には一致しないが、北四五〇〇大尺との関連を考慮すべき位置にある道である。小字「宮ノ内」から北は傾斜が大きくなり、さらに大字赤塚では山麓になる。北五〇〇〇～七五〇〇大尺は該当する地割はみられない。ついで、北七五〇〇大尺は小字赤田、神田、南菊尾の南縁線が一致し、穴太廃寺の南限もこの線上に想定されることは既に述べた。北八〇〇〇大尺では一致した地割はない。この付近の小字上大門、苅分、山守は真東西、真南北方向の地割がみられる北限である。

つぎに内裏《だいり》南門から南五〇〇大尺では、横長の地割を示す小字「小路海道」の北縁線と一致する。この線は条里とは異なる。さらに南一五〇〇大尺では不動川が想定線に接して北側を流れる。この不動川がこの位置で真東西方向に直線に流路をとるのは、北の際川の場合と同じく、人工的に流路が設定された可能性が高い。この南一五〇〇大尺想定線の南に接して、「京田」と「出口」の小字があるのも、不動川を人口流路と考えると重視してよいものである。

以上、大津宮内裏南門を中心として、五〇〇大尺を基準とした地割および発掘された遺跡との関連を列記した。このような結果からみると、大津宮を中心として東西は西五〇〇大尺から東四〇〇〇大尺まで、南北は北八〇〇〇大尺から南二〇〇〇大尺までみられることになる。これは、全体としてみると、東西は四五〇〇大尺、南北一〇万大尺の範囲に及ぶことになる。ここで、さらにこの範囲を検討すると、滋賀里の小字宮ノ内、太鼓塚以北の地域は西側三分の一は比叡山系の山麓になる。ここは平坦部と同一の地割がそのまま設置された痕跡は全く認められない。したがって、「宮ノ内」、「蟻ノ内」以北では、山麓を除いた東西三〇〇〇大尺に限られる。同様に滋賀里の「宮ノ内」、「蟻ノ内」から南側も西の山麓裾から東三〇〇〇大尺の範囲に限られることになる。

ところで、大津京の範囲を考えるには当時の琵琶湖の水位と湖岸線との関係が問題になるが、現状ではこの地域の湖岸線の解明にかかわる調査が乏しく、なお明らかでない。ここでは対岸にあたる草津市域の湖岸寄りに造営された白鳳寺院の海抜高が明らかなので、それを依りどころとしてみてみよう。

草津市北西部の湖岸部には花摘寺《はなづみでら》廃寺、観音堂廃寺、大般若寺跡、宝光寺《ほうこうじ》跡、観音寺廃寺などの白鳳寺院が集中して分布する。これらの各寺院は海抜八六ｍに造営されており[註(19)]、その後、平安初期まで存続したことが知られる。これは白鳳期に海抜八六ｍが琵琶湖の季節的な水位の変化で影響を受けない安定した土地であったことを示している。そこで、大津北郊地域に海抜八六ｍの等高線を求めると、前述した範囲を十分満足させることがわかる。あわせて条里地割の東限も、同様に湖水の直接的な影響を受けないことを知ることができる。

このように、大津京を想定するにあたって、対象地域の山麓の地形条件と琵琶湖の水位とを合わせて考慮すると、大津京の区画が設定可能な範囲は滋賀里以北では、小字「宮ノ内」の東限から東三〇〇〇大尺まで、その南は大津宮内裏中軸線から東二五〇〇大尺と西五〇〇大尺の範囲に限られることになるのである。

さて、現在明らかになっている藤原京の条坊と藤原宮の中軸上の建物との関連では、大極殿院南門が四条大路の心と一致することが知られる[註(20)]。大津京でもこれまで述べてきたように大津宮内裏南門を中心とした五〇〇大尺の地割が存在することからすると、同様の関係にあったとみなしうる可能性がきわめて高いことになる。そこで、前述した大津宮と関連をもつとみた地割が存在する範囲を京域とみなし、仮に後の条坊制の呼称によって北から五〇〇大尺ごとに数えると、穴太廃寺の南限は一条と二条、際川は一〇条と一一条、内裏南門は一六条と一七条の境界をなし、不動川は二〇条の南限にあたる。また東西は宮に近い西端から同様に数えると、大津宮内裏南門は一坊と二坊、志賀小学校前の道路は二坊と三坊、小字「雀ノ森」、「滝ヶ鼻」の東縁線は三坊と四坊、穴太廃寺の中軸線は八坊と九坊の境界に相当する。

以上のような結果を整理し、大津京域の四至を検討すると、南は不動川を南京極とし、西は内裏南門から西五〇〇大尺の山麓裾を西京極《きょうごく》とする東西三〇〇〇大尺幅で北六五〇〇大尺まで広がる。さらに北は西京極から東一五〇〇大尺の線を基準とし、東西三〇〇〇大尺幅で南京極から一〇〇〇〇大尺まで及んでいたことが復原される。したがって、大津京は南京と北京と仮称されるものに二分され、[註21] 北京は南京の西京極から一五〇〇大尺幅で東にずれた形状を示すことになる。このような大津京の復原に関して、なお少し関連することをあげると、つぎのような点がある。

まず、東京極から西一〇〇〇大尺の南北想定線と想定北京極との交点には、「大道口」の小字があることが注目される。「大道口」は、一つにはここに大道（大路）が通じていたことを示し、二つには北京極に位置することから、大津京の北の出入口を意味するものと理解される。したがって、ここには南北大路が通じ、ここから京外にでる境界にあたっていたことを推測することができよう。

また、一方の南京極に想定した不動川のすぐ南には、小字「京田」、「出口」がある。「京田」はこの小字が大津京の存在を示すかどうかは別としても、大津京もしくは大津宮と何らかの関連をもつ位置にあるものと推測される。隣接する「出口」は、この地域ではほかに南滋賀の「勧学堂」の西、穴太の「上大門」の北にもみられる。それらは南滋賀廃寺、穴太廃寺の寺域境界や門と関係したことが想定される。したがって、この不動川南の「出口」も隣接する「京田」と合わせて考えると、まさに京と外との境界に位置し、出入口を意味すると考えられる。だとすれば、ここに藤原京以降の都城にみる羅城門に類した出入口の施設を想定することもできるかも知れない。

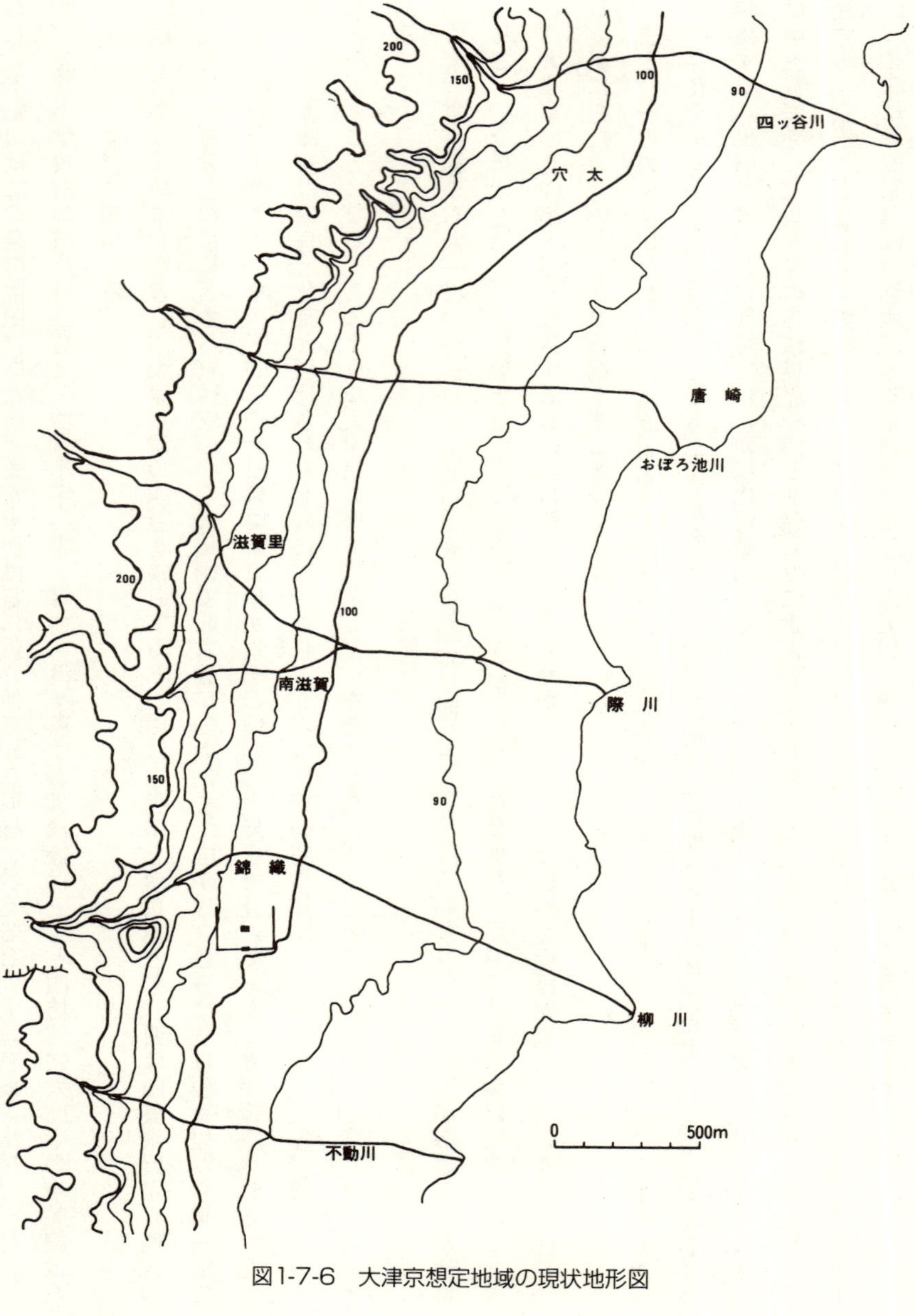

図1-7-6 大津京想定地域の現状地形図

さて、大津京の区画基準値を五〇〇大尺とし、京域を南北一〇〇〇〇大尺、東西幅を南京、北京とも三〇〇〇大尺に復原すると、これまでの大津京復原では同様に令制一〇〇歩＝五〇〇大尺で区画を復原し、東西を三〇〇〇大尺、南北五〇〇〇大尺とした秋山日出雄氏の説との関連が問題になる。[註22]秋山氏は福尾氏が明らかにした特殊区画に注目し、その基準値が令制一〇〇歩＝五〇〇大尺にあたることを飛鳥京との関連を含めて確認し、さらに特殊区画に対して発掘によって明らかな南滋賀廃寺の伽藍中軸線をもとにして大津京復原を試みている。その結果、大津京条坊の南北は、特殊区画の北限の小字「塚ノ下」から南は錦織、山上の境界線まで令制一〇〇〇歩＝五〇〇〇大尺とした。また東西は西限を南滋賀廃寺から令制一〇〇歩の線、東限を喜田貞吉氏が想定した小字「二本松」までとし、東西を令制六〇〇歩＝三〇〇〇大尺に復原している。

この秋山氏の復原が東西を三〇〇〇大尺とした点は私案と共通する。しかし南北は秋山氏が特殊区画に限定したことから、私案の二分の一となっている。また秋山氏は東西を区分するにあたって求めた南滋賀廃寺中軸線と私案の大津宮中軸線とは微妙にずれをもっていること、南北区画の基準を定位置を定めにくい錦織と山上の境界線に求めたことから、特殊区画内での区分でもおのずと差異が生じていることが留意される。

つぎに、大津京を南北一〇〇〇〇大尺、東西三〇〇〇大尺とし、北京の三五〇〇大尺が東に一五〇〇大尺ずれた京域をなしたとすると、一つには南京と北京とが同一性格かどうかも問題になるであろう。これは滋賀里以北が山麓部をなす地形条件の規制から、東側に京域が移動する結果になったと理解されること。大津京の南北が全体として五〇〇大尺区画が二〇条をなし、総体として一〇〇〇〇大尺に計画されたと推測されることが、まずあげられよう。また大津京の区画施行にともなって穴太廃寺の寺域と伽藍配置が変更されたことも、大津宮周辺の南京と北京が同一計画で行われたことによるものと思われる。なお、ほかに大津京は五年余の短期間の都城であったので、後に北京が追加される条件に乏しかったことも、当初から一体に計画されたとみなされる点である。

二つには、大津宮は大津京全体からみると、京の西南部に偏して占地し、京の中軸線上には位置しないことになる。これは後の藤原京以降にみる都城と大きく異なる。このように一端に偏して大津宮が置かれた要因も大きな問題になるであろう。ここでは、大津北郊地域の地形の特殊性に要因を求めて、少し検討してみることにする。

大津北郊の平野部は、比叡山系の山麓と琵琶湖に挟まれた細長く狭小な空間が南北にのびる。ここには多数の小河川が形成した扇状地があり、その間は河川によって分断された形状を示す。図1-7-6は大津市一万分の1地図による等高線である。等高線は一〇m間隔で示した。

まず、北の滋賀里では小字蟻ノ内、太鼓塚が際川によって形成された扇状地に位置する。その広がりは、東西約四二五m、南北約四〇〇mで、約一〇度前後の強い傾斜がある。続く南は小字上北浦、北浦、西浦を含む谷が入り、さらに南には大川によって形成された南滋賀扇状地がある。この扇状地の空間は東西約四〇〇m、南北五〇〇mで、傾斜は約五～六度で滋賀里よりも少し緩やかである。大津京関連寺院の南滋賀廃寺はこの丘陵寄りに立地する。さらに南には近江神宮が鎮座する谷をはさんで柳川と不動川が形成した錦織扇状地がある。この扇状地は東西五〇〇m、南北六〇〇m、比較的広く、傾斜も約三度前後で三つの扇状地のうち最も緩やかである。大津宮関連の造構が検出されている「御所ノ内」、「御所太平」の小字はここに位置する。

以上のような大津北郊の地形条件からみると、湖水の影響をこうむらない安全性が高く、しかも広い平坦地は主として滋賀里、南滋賀、錦織の三扇状地に限られる。これらのうち、最も傾斜が緩く、しかも広い空間地は錦織扇状地である。すなわち琵琶湖西岸の大津地域で求めうる都宮の適地ということになる。このような地形条件は大津北郊地域では、いずれも狭小で傾斜の強い空間しか得れないだけに、大津宮造営の占地にあたっては、大きな意味をもったと推測してよいであろう。註(23)

(4) 大津京の性格

大津京は『日本書紀』天武元年五月の是月条に、

或有レ人奏曰、自二近江京一、至二于倭京一、處々置レ候。

と記され、さらに同六月条に、

是時、近江朝聞三大皇弟入二東国一、其群臣悉愕、京内震動。

などとみえるものである。このような『日本書紀』の記述をもとに、喜田貞吉氏以来、多くの研究者によって大津宮、大津京の所在地や大津宮の構造、近江遷都の歴史的背景などが論議されてきた。これらの研究史は別にまとめられたものがあるので、ここではそれにゆずることにする。[註24]

ところで、近年、七世紀の都城制研究の進展にともなって、孝徳朝の前期難波宮、天智朝の大津宮に対する「京」の有無が焦点の一つとなってきた。この「宮」に対する「京」の性格としては、

① 条坊制が施行
② 特別行政区画（京職）が存在すること
③ 王族、官人が集住する

ことなどが主要な指標とされている。これらの点から大津京をみると、第一点は『日本書紀』では、「近江京」は「倭京」に対するものとして記されている。この「倭京」にあたる飛鳥京では、方格地割が存在したという見解が岸俊男[註25]・網干善教[註26]・秋山日出雄[註27]・千田稔氏[註28]らによってだされてきたが、文献史料はもとより、考古学資料でも、なお条坊制が存在したことを確認しうる資料はみられない。現状ではむしろ、文献、考古学的知見とも条坊制は藤原京に始まり、「倭京」、「近江京」の段階には存在しなかったという否定的な見解が有力視されている。[註29]

第二点は岸俊男氏によれば、律令制では国―郡―里（郷）の行政単位で統治されたのに対し、京は坊が単位となり、国と異なる統治組織になっていたという。[註30] そして律令制による行政の国や京の成立は天武朝とされ、それ以前の「倭京」や「近江京」の段階には、ともに特別行政区画が存在したとはみなしえないとされている。

以上のように、第一、第二点からみると、『日本書紀』に「近江京」と記されているが、大津京は令制にもとづいた条坊制をもつ都城《とじょう》とみることは困難であるという。では、これまで述べてきた大津宮周辺から穴太地域にみる令制五〇〇大尺による大津京区画としたものは、どのような性格をもつであろうか。これには大津京を飛鳥から遠く隔てた大津に遷都した特殊性と天智朝の政治情勢をもとに、なお第三点の王族や貴族、官人層の集住との関連を検討する必要があるように思われる。

飛鳥の倭京から遠く隔てた大津京に遷都した理由としては、喜田貞吉《きださだきち》氏以来、白村江《はくすきのえ》の敗戦による都宮防衛のため、軍事、交通上の要地として高句麗《こうくり》、蝦夷《えみし》を意識した遷都、[註31] 渡来人の居住地と近江の生産力の高さ、[註32] 藤原氏との関係や旧勢力と新興勢力との対立[註33]などの諸説がだされてきた。これらの諸説では近江遷都が白村江の敗戦による複雑な政治情勢に対処するという点では共通した理解となっているが、主要な要因を地理的、政治的、経済的側面のいずれに力点を置くかによってそれぞれ異なった見解がだされている。これには複数の要因が複雑に関係したとみられるが、水城《みずき》、大野城、基肄城《きいじょう》などの築城に加えて、大津京遷都の同年に、なお大和に高安城《たかやすじょう》、讃岐に屋嶋城《やしまじょう》、対島に金田城《かなたじょう》の築城が行われていることからすると、逢坂山《おうさかやま》を越えた要害の地に都城を移すのが、主要な要因ではないかと思われる。大津はその際に、経済的、交通、琵琶湖畔の立地など諸条件を満足させる適地であったと考えられる。この選地には築城の指導に百済の遺臣がかかわったように、都城の軍事策にも百済人の考えが反映したことも考慮されよう。

遷都した大津宮に関係した官衙や建物・施設は、『日本書紀』では、「内裏」、「殿」、「西小殿」、「西殿」、「宮門」、

「漏刻」などとともに、「大蔵」、「大炊」の官衙が宮周辺に存したことが記されている。これらのうち、「大蔵（省）」「大炊（省）」の記述は、近年、仁藤敦史《にとうあつし》によって天智三年に施行された新冠位制によって旧伴造の中、下級豪族が実務官僚に位置づけられたことから、大津への遷都にともなって自己の本貫地を離れ、近江に長期間居住することが余儀なくされたこと。さらに「大炊」は新興官人層への給食、給粮《きゅうろう》に関連した官司であったことが説かれている[註(34)]ことは注目されよう。というのは、このような天智三年以降の官人制、官司制が進展し、新たに中、下級官人層が成立したことからすると、大津への遷都は飛鳥周辺から離れた官人層に対し、大津宮周辺で宅地班給を行う重要な課題が新たに生じた可能性が高いであろう。

ところで、飛鳥から新たに遷都対象地となった大津の錦織から北の南滋賀、滋賀里、赤塚、穴太の地域は、前述したように、東に琵琶湖、西に比叡山系の山麓がせまり、南北に狭小な平野をみるにすぎない地域である。このような狭小な平野部にもかかわらず、この地域の後期古墳群では、南から山田古墳群、宇佐山古墳群、福王子《ふくおうじ》古墳群、池ノ内古墳群、太鼓塚《たいこづか》古墳群、百穴古墳群、熊ヶ谷古墳群、大通寺古墳群、大谷古墳群、穴太飼込《あのうかいごめ》古墳群、穴太野《あのうの》添《ぞい》古墳群など大小の群集墳が山麓から縁辺部にかけて分布し、近江で最も後期の群集墳が集中する地域である[註(35)]。これらの群集墳は平面が矩形の玄室プランと四壁をドーム状に持ち送り、天井石を一石のせる横穴式石室に、ミニチュアの炊飯器の副葬がみられる。このような石室と副葬品の特徴によって、これらの古墳群は後の滋賀郡錦織郷、大友郷に居住した漢人系渡来氏族によって営まれたことが既に水野正好氏によって明らかにされている[註(36)]。これらの古墳群の全てがここに居住した渡来系氏族によってのみ営まれたかどうかは明らかでないが、多数の渡来系氏族がこの地域に集中して居住したことは否定できない。このような地に大津宮遷都にともない新たに多くの新興官人層の移住がはかられたことは、この地域における居住地の再編成をはかることが、まず必要になったであろう。さらに遷都にともなって官人層の移住を短期間に円滑に進めるには、公権力による居住地の早急な対応なしには遷都の

実現は困難なことではなかったかと推測される。近江への遷都に対し、『日本書紀』天智六年三月己卯条は、

是時、天下百姓、不レ願レ遷レ都、諷諫者多。童謡亦衆。日々夜々、失火處多。

と反対が甚だしく多かったことを記している。

しかし、大津宮への遷都は実施され、太皇弟や貴族、官人らが大津に居住したことが知られる。これは大津宮周辺に王族、貴族、下級官人層の居住地が計画的に整備された結果によるものではなかったかと思われる。大津宮の内裏南門を基準とし、山上から穴太地域に及ぶ令制五〇〇大尺による地割は、まさにその具体的に計画され、施行された居住区と理解される。大津京のこの居住区では大津宮が置かれた錦織地区は海抜一〇〇m以上の高燥な地で、琵琶湖の一時的な水位変動による水害の被害を受けない、しかも最も平坦な最良の地であった。ここには内裏のほか、大蔵（省）、大炊（省）などの官司も配置されたことが推測される。しかし、この大津京の計画では比較的広い湖岸よりの低湿地を避け、高燥な西南の地に宮を置くことと、宮を中心に配した左右対称の都城を営むこととは、おのずと矛盾をきたすことになったと考えられる。このような要因が藤原京以降にみる宮を都城の北端中央部に配し、京城を左右に区分した都城とおのずと異なるものとなった。また、大津京は新たな地に遷都した点で、推古朝以降、諸官司や寺院、官人層の居宅が長期にわたって集住をみた「倭京」とも本質的に異なる都城であった。天智天皇が大津京に遷都後の天智九年二月に、蒲生郡の匱迮野に行幸し、宮地を観たのも、宮を京の中心に配した、より一体化した都城の造営を意図したことによるものではなかろうか。

以上のように、大津京は計画された街路と居住区を備え、王族、貴族、官人層が集住したところであった。この居住区は令の制定前に計画、実施されたものだけに、令制にもとづいた条坊制とは異なるものである。しかし、一方では近江令制定の準備過程にあった時だけに、条坊制採用の試行を計画に含んだ都城であったとみることができ

るのではなかろうか。換言すると、大津京は令の制定を前提として計画的な区画された京域に官人が集住した都城で、まさに条坊を採用しながら、条坊制をもつに至らなかった都城ではなかろうか。

現状の都城制研究では、大津京に先行する孝徳朝の前期難波宮に京が存在したとする見解もあり、[註(37)]なお条坊制の初現は明らかでない。大津京にみる一里＝三〇〇歩を三条＝三坊に区画した居住区は天武朝難波京、藤原京の一里を二条＝二坊に区画した条坊制よりも狭いものである。それは大津の狭小な平野部にみあったものであるが、なお飛鳥とのつながりのつよい区画ではなかったかとも思われる。

令制五〇〇大尺の区画をもつ大津京の性格をこのように理解し、さきに復原した京域をあらためてみると、なお二、三の知りうる点がある。

まず、京域を南京と北京に区分した七条と八条の区画線は、西へ延長すると天智七年に内裏西北方の山中に造営された崇福寺《すうふくじ》に通ずる。この道はさらに西進すると比叡山地を横断する山中越（志賀越）の北ルートになる。崇福寺はこの南京の北端を特に意識して山中に造営された可能性がある。さらにこの北端区画線は東進すると、東端の九坊では京域ながら湾状をなす湖岸を含むことになる。これは北京の東南隅にもあたる。ここは現在の唐崎のすぐ南側にあたるところであり、この位置からみると、『万葉集』に

楽浪《ささなみ》の志賀の辛崎《からさき》幸くあれど　大宮人の船待ちかねつ（柿本人麻呂　一—三〇）

やすみししわご大君《おおきみ》の大御船《おおみふね》　待ちか恋ひなむ志賀の辛崎（舎人吉年　二—一五二）

などと読まれた唐崎の津を大津京内に含めて、この付近に想定するのも一つの考え方であろう。

京域内に湖を一部含むとすると、想定の京域内で湖岸を含むところがもう一箇所ある。南京の東南隅である。ここは現在の柳ヶ崎の南、茶ヶ崎の北側にあたる。現在と古代では湖岸線に少なからず変化があったと想定されるが、対岸の草津側の古代寺院が立地する海抜高からみて、海抜八六ｍまでは大きな変化がなかったとみられる。したが

って、この高さまでとると、東南隅は現在の地形よりも広くなり、京域内により大きな湖岸が含まれることになる。ここにも港津が存在したことが推測できる。この位置は大津宮の東方にあたるので、ここに大津の港津を推測することも可能ではなかろうか。

つぎに北京の東京極は、現状の地割ではそれを明瞭にとどめた痕跡は認め難い。しかし、この東京極の想定線を北京極を越えてさらに北進すると、盛安寺《せいあんじ》前の直線をなす南北道路と重なる。盛安寺前の南北道路は明治二五年製作の二万分の一地図でも確認され、条里とは関係しないので、北京の東京極が延長した道が遺存した可能性がきわめて高いことになる。

また、南京の西京極は喜田貞吉氏以来、田村吉永・秋山日出雄・藤岡謙二郎氏らによって、山麓裾付近に想定されている。とくに藤岡氏はこの南北線が壺笠山（四二六m）を通ることに注目している。大津京の西京極が大津宮に近く、東西の基準線となった可能性が高いことを想定すると、大和の中ツ道が香久山を通るように壺笠山《つほかさやま》に南北線の基準線が求められた可能性があるかも知れない。さらに大津京の南京極はこれまで大字山上と錦織の境に求められてきたが、今回、その南の不動川《ふどうがわ》まで京域に理解した。この南限を考えるにあたって考慮すべきものに、一九七九年に北大津遺跡で見つかった木簡が出土した南北溝がある。[註(38)] この溝は従来の考えでは京域外に位置し、木簡は京内から流出したということになる。しかし、不動川まで京域に理解すると、溝の性明は不明であるが、大津京内から出土したことになり、付近に官衙もしくは上級官人の居宅が存在したことが想定されることになるであろう。

ほかに大津京と古代寺院との関連にふれると、崇福寺が山城から山中越を経由し、大津京の南京北端の西方山中に造営された寺院であることは前述した。その東西の南滋賀廃寺は南京の一一条と一二条に位置する。この南滋賀廃寺の伽藍中軸線は大津宮の中軸線より西に約二〇mずれる。想定される南門は一二条と一三条の区画線よりも約七五mほど北に位置する。このように南滋賀廃寺は中軸線、南門想定位置が大津京の区画線と一致しないのは理解しにくい。これには南門の確定がまず必要である。また、南滋賀廃寺の白鳳期の軒丸瓦には単弁系、複弁系とも種類が多く、堂塔と軒丸瓦との関係がなお明らかでない。このように白鳳期の軒瓦が多いことからすると、寺院造営の開始が大津京遷都前に遡ることも、検討すべき点としてあげられるかも知れない。

おわりに

小稿では大津市錦織遺跡の中心建物が検出され、大津宮内裏構造の復原が進展したこと、穴太廃寺の新旧伽藍のうち、新伽藍が大津京地割と同一方向に造営されたことに関連を求め、大津京の復原を試みたものである。結論を簡単にまとめると、

① 大津宮内裏正殿と南門は令尺二五〇大尺にあたり、この二倍の五〇〇大尺は特殊区画の長さと一致し、これが大津京区画の基準値とみなされる。

② 穴太廃寺の新伽藍の中軸線は、大津宮内裏中軸線から東三五〇〇大尺、想定南門は内裏南門から北七五〇〇大尺にあたるので、大津京の区画施行にともなって伽藍の変更を行ったと推測される。

③ 令制五〇〇大尺で大津京を復原すると、南京が南北六五〇〇大尺、東西三〇〇〇大尺、北京が南北三五〇〇大尺、東西三〇〇〇大尺となる。しかも北京が南京に対して東に一五〇〇大尺ずれた京域をもっていた。

④ 大津京は令制にもとづいた条坊制をもった「京」とはいえないが、遷都にあたり、それを意図して京域設定を行った都城であった。

大津京は天智天皇が亡くなった後、壬申《じんしん》の乱が勃発し、乱後は、再び飛鳥の倭京に遷都し荒廃した。このように短期間の都城だけに、どれだけ都城としての景観をもちえたか、今後の発掘調査によって解明する必要がある。こ

の点では、大津宮、大津京の調査は湖西線の事前調査を除くと、錦織、南滋賀の特殊区画の一部に限られており、今後は、より大きな視点に立った調査の方針と調査を進める組織体制をつくることが急務であろう。

伊東信雄先生には、大学三年の時、多賀城廃寺の塔跡調査に参加して以来、二五年余にわたって御指導をうけた。課程を修了したが、先の見通しがつかなかった一九六六年春、先生の研究室で平城京の発掘調査にかかわるよう教示された時のことが、今でも忘れ難い。都城遺跡の研究にかかわる契機と、その後の御教示に対する感謝の意をこめて、大津京にかかわる粗論をささげたい。

（一九八九・六・三〇）

註

(1) 大橋信弥・仲川靖「滋賀県穴太廃寺」『月刊文化財』二五七号　一九八五年二月
林博通「穴太廃寺」『仏教芸術』一七四号　一九八七年九月
(2) 藤岡謙二郎「古代の大津京域とその周辺の地割に関する若干の歴史地理学的考察」『人文地理』第二三巻　第六号　一九七一年一二月
(3) 林博通『大津京』ニューサイエンス社　一九八四年九月
(4) 丸山竜平「近江大津宮錦織遺跡の諸問題覚書―皇子山を守る民衆の視座から―」『北山茂夫追悼日本史学論集』一九八六年一月
(5) 佐藤宗諄ほか「穴太下大門遺跡」『大津市文化財調査報告書』三　一九七五年三月
(6) 註(1)と同じ。
(7) これまで新たに造られた伽藍は再建伽藍と呼ばれている。しかし古代寺院の再建の用語は一度建物が失われたものを再び建立する意味で用いる場合が通例である。ここでは改築にあたって建物の位置を動かしたことに意味をもたせて移建伽藍と呼ぶことにした。

(8) 仲川靖「穴太廃寺の建立と再建の年代をめぐって」『滋賀県埋蔵文化財センター紀要』三　一九八九年三月

(9) 小笠原好彦「穴太廃寺と近江の古代寺院」『穴太廃寺の保存を願って』一九八五年五月

(10) 註(3)と同じ。

(11) 丸山竜平・辻広志「草津市下寺観音堂」『昭和五一年滋賀県文化財調査年報』一九七八年三月

(12) 註(3)と同じ。

(13) 註(3)と同じ。

(14) 中尾芳治「前期難波宮をめぐる諸問題」『考古学雑誌』第五八巻第一号　一九七二年七月

(15) 福尾猛市郎「大津京阯の地理的推定」『大津市史』上　一九四二年四月

(16) 秋山日出雄「飛鳥京と大津京の比較研究」『飛鳥京跡』一　一九七一年三月

(17) 註(16)と同じ。

(18) 註(2)と同じ。

(19) 藤居朗「草津の古代寺院」『滋賀史学会誌』第五号　一九八六年　六月

(20) 奈良県教育委員会「藤原宮」『奈良県史跡名勝天然記念物調査報告』第二五冊　一九六九年三月

(21) 論述の都合上、南北に区分して呼称する。

(22) 註(16)に同じ。

(23) 林博通『大津京』(ニューサイエンス社　一九八四年九月)でも、大津宮が錦織に置かれた理由を、この地域が最も傾斜が少ない点に求めている。ここでは、八賀晋「古代都城の占地について」『学叢』創刊号　一九七九年三月、を参考に地図(二五〇〇分の一)で地形の検討を行った。

(24) 林博通『さざなみの都・大津京』サンブライト出版　一九七八年一一月
田辺昭三『よみがえる古都』日本放送出版協会　一九八三年一二月

(25) 岸俊男「飛鳥の方格地割」『史林』第五三巻第二号　一九七〇年七月

(26) 網干善教「倭京(飛鳥)地割の復原—飛鳥地方の寺院跡を中心として—」『関西大学考古学研究室紀要』三　一九七七年

(27) 註(16)に同じ。

(28) 千田稔「道と地割の計画—河内磯長谷の古墳配置の問題に関連して—」『環境文化』No.51　一九八一年

⑵⑼ 岸俊男『NHK大学講座　日本の古代宮都』一九八一年四月
⑶⑽ 岸俊男「日本における宮室・都城の展開」『日中合同シンポジウム　奈良・平安の都と長安』一九八三年一〇月
⑶⑴ 喜田貞吉「大津京遷都考」『歴史地理』一五の一〇号・二〇号　一九一〇年一月・二月
⑶⑵ 水野祐「大津京遷都考」『東アジアの古代文化』一一・一二号　一九七七年早春・夏
⑶⑶ 註⑶⑴と同じ。
⑶⑷ 仁藤敦史「「大津京」の再検討」『史観』第一一五冊　一九八六年九月
⑶⑸ 大津市教育委員会「埋蔵文化財包蔵地分布調査報告書」『大津市埋蔵文化財調査報告書』二　一九八一年三月
⑶⑹ 水野正好「滋賀郡所住の漢人系帰化氏族とその墓制」『滋賀県文化財調査報告』第四冊　一九六九年三月
⑶⑺ 沢村仁「難波京について」『難波宮址の研究』六　一九七〇年　一〇月
⑶⑻ 林紀昭・近藤滋「北大津遺跡出土の木簡」『第三回木簡研究集会記録』一九七九年　三月
⑶⑼ 浅野克「律令国家と宮都の成立」『ヒストリア』第一二二号　一九八九年三月では、倭京の存在形態と性格をとりあげ、近江京との関連についても検討が加えられており、本稿と関係する点が少なくないが、ほぼ脱稿後に接したので、生かすことができなかった。

伊東信雄先生追悼論文刊行会編『考古学古代史論攷』一九九〇年一一月

八　紫香楽宮を考える

(1) 謎多き紫香楽宮《しがらきのみや》

陶器の町で著名な信楽町《しがらき》は、いまから一二五〇年ほどまえに、日本の宮都がおかれたところである。ここは、天平時代の政治史と仏教をめぐって、複雑なドラマが展開した舞台である。なぜ、聖武天皇は恭仁宮《くにのみや》から大戸川《だいとがわ》上流のこの狭い山間部に遷都したのだろうか。国史跡の紫香楽宮跡の二km北にある宮町遺跡で、数年前からあいついで奈良時代の木簡が出土し、ここに紫香楽宮があったことがほぼ確実になった。これは古代史研究上で特筆すべき重要な成果なので、今回は謎の多い紫香楽宮を少し考えてみることにしよう。

(2) 藤原広嗣の乱おこる

聖武天皇が紫香楽宮を造営するきっかけとなったのは、天平一二年（七四〇）九月に、太宰府《だざいふ》の小弐《しょうに》（次官）の藤原広嗣が反乱を起こしたことにある。これにも、じつは前史があって、その三年前、九州から大流行した天然痘によって、長屋王を倒してこのころ政界を指導していた藤原四子（不比等の子）の武智《むち》麻呂、房前《ふささき》、宇合《うまかい》、麻呂があいついで他界した。

そこで、かれらに代わって光明皇后の異母兄の橘諸兄《たちばなのもろえ》が政治を担うことになった。しかも、諸兄は藤原氏を押さえる政策を行ったので、焦《あせ》った宇合の長男の広嗣が九州で武力に訴えて反乱を起こすことになったのである。

この報告を受けた聖武天皇は驚いて、まだ反乱が続いているさなかの一〇月二六日、「思うところがあるので、驚いたり怪しんだりしないように」、と言い残して伊勢に行幸した。

四日後の伊勢に滞在中に、広嗣が逮捕され、続いて処刑された報告が届いた。が、なぜか天皇は平城京には戻らず、そのまま伊勢から美濃に入り、さらに近江の湖東平野を西進して大津から山背《やましろ》の恭仁《くに》郷を訪れた。しかも、そこにとどまって平城京からここに都を遷す方針が明らかにされた。にわかに宮都の造営が行われることになったのである。この恭仁の地は、諸兄の別宅があり、まさに彼の本拠地であった。

翌年の三月には、国分寺、国分尼寺を全国に造るように詔がだされ、各地で大造営がおこなわれることになった。

(3) 紫香楽宮の造営

続く、天平一四年（七四二）二月、恭仁宮の造営のさなか、新都の恭仁京から近江の甲賀郡に通じる道が開かれた。しかも、紫香楽村に離宮が造られた。

そして、一五年一〇月一五日、聖武天皇は、国中の銅を費やし、盧遮那《るしゃな》仏の金銅像を造るようにという、大仏と寺院造営の詔を出すことになった。その、翌日には東海道、東山道、北陸道に属する二五国がこの年に貢納する調庸物《ちょうようぶつ》を、この紫香楽宮に納めさせることにしたのである。

このように紫香楽では大仏と甲賀寺の造営が開始した。とすると、この紫香楽宮は大仏造営と深いつながりがあったことが、よくうかがえることになる。それにしても、恭仁宮・京の造営、紫香楽宮と大仏、甲賀寺の造営をあいついで行うことは、国家財政が厳しい状態となることは避けがたい。そこで、恭仁京の工事は中止されることになった。

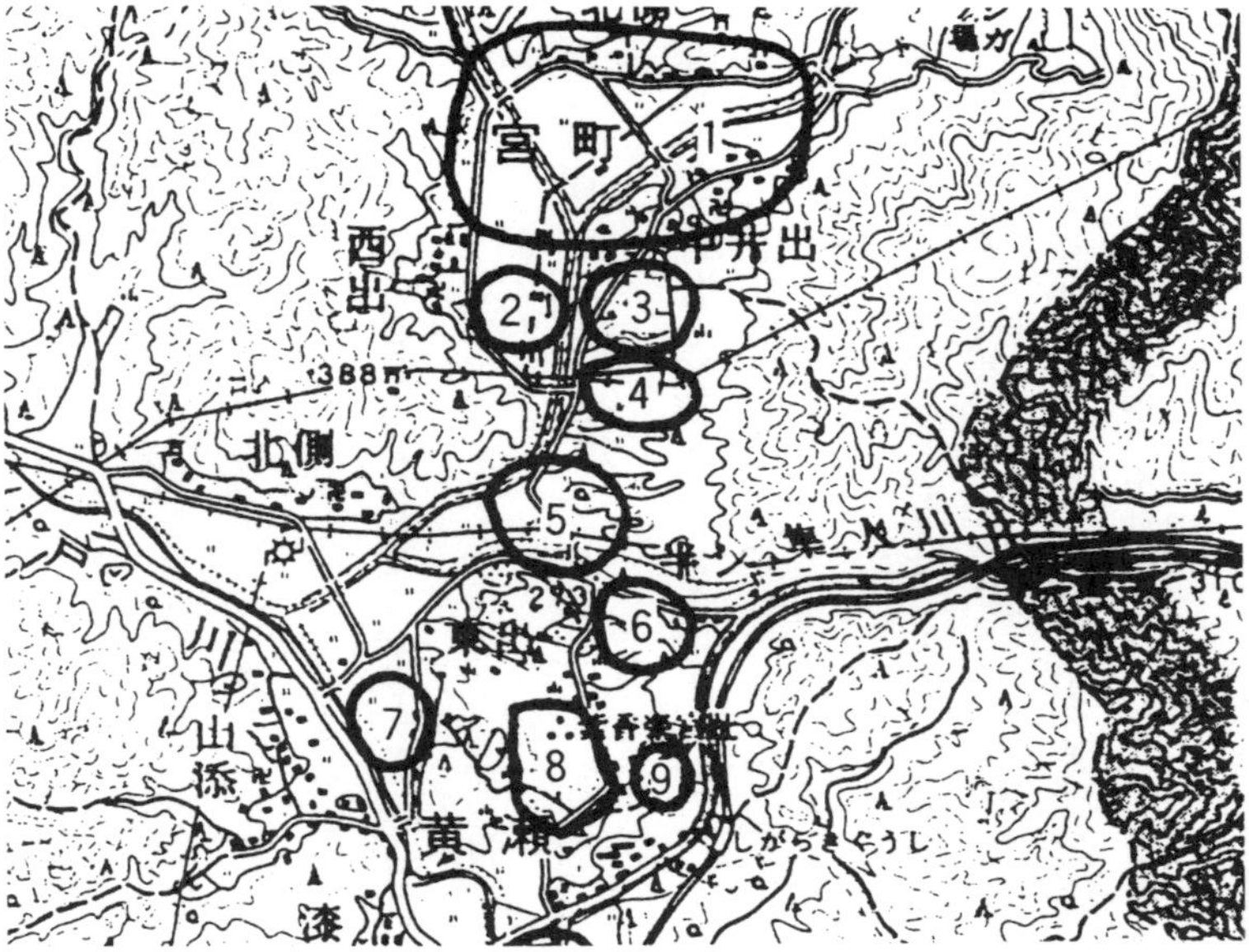

図1-8-1　紫香楽宮関連遺跡
1　宮町遺跡　　8　史跡紫香楽宮跡

ところが、天平一六年（七四五）二月二六日、宮都を恭仁京《くにきょう》から難波京に遷すことが公にされた。しかも、この勅が左大臣の橘諸兄によって読まれたのは聖武天皇が難波宮から紫香楽宮に行幸した二日後のことであった。その後、聖武天皇は難波宮には戻らず、紫香楽宮の大仏造営に専念し、一一月には大仏の体骨柱《たいこつちゅう》をつくるところまで工事が進展した。そして、天平一七年（七四五）正月には、紫香楽宮は新京と呼ばれ、大楯と槍が宮門に立てられた。まさに紫香楽宮への遷都である。

(4) 火事と地震

しかし、この年の四月から紫香楽宮や甲賀寺の周辺では山火事があいつぐようになった。この火事は紫香楽宮遷都への不満をもつ人による放火とみなされている。さらに四月末には美濃国で役所や寺が倒壊する大地震が起こった。そして、五月一日から連日のごとく地震が続くことになった。このような火事と地震が続く異常な状況のなか、聖武天皇は五月六日に恭仁京に戻り、さらに一一日に五年ぶりに平城京に還都した。

(5) 聖武天皇と造営

聖武天皇は即位して間もない神亀三年（七二六）、難波宮の造営に着手している。難波宮は天武天皇が中国の複都制にならって飛鳥のほかに宮都を営んだものである。しかし、朱鳥元年（六八六）一月、大蔵省から失火し、焼失してしまった。

聖武天皇がこの難波宮の復興をはかったのは、それなりの理由があったという。聖武天皇がほかにも長屋王のように皇位の継承資格者がいる中で、天皇になれたのは文武天皇の子であったからである。つまり、天武天皇が後継者に決めた草壁皇子の血を引く天武天皇の直系の男子であったからだ。聖武天皇にとって難波宮の再興は、曾祖父《そうそふ》が着手しながら失った事業を継承することによって、自らの皇位の正当性をアピールするねらいがあったものとみてよい。

これは天平一一年には、この難波京の工事も終わり、計画どおり成功したといってよい。しかし、これだけでは彼に対する高い評価は生まれにくいであろう。

(6) 新たな造営

そこで、さらに新たな造営が計画されたことが想定される。これが恭仁宮、恭仁京の造営であろう。これには、古くから橘諸兄が藤原氏の勢力を一掃するために、平城京を捨てて、自らの根拠地に遷都することを勧めたとする考えがだされている。

しかし、滝川政次郎氏が、聖武天皇が「朕《ちん》思うところあって」という『続日本紀』の記述や平城京から行幸する直前にも恭仁の地を訪れていたことなどから、聖武天皇による計画的な造営とみなす魅力的な考えを述べている。滝川氏によれば、聖武天皇は難波京が完成したので、唐の玄宗皇帝が太原《たいげん》を北都として長安、洛陽の三都制を行ったのにならい、恭仁京の造営を計画したという。

洛陽は京内を東西に洛水が流れ、その南の龍門石窟《りゅうもんせっくつ》に奉先寺《ほうせんじ》が建てられ、巨大な大仏が造られている。恭仁京にも木津川が東西に造られている。というわけで、紫香楽での大仏と甲賀寺の造営計画は、まさに洛陽たらんとしたものだという。

この考えは、かつて洛陽と大仏のある龍門石窟を踏査した私の経験からみても、おそらく妥当な考えといってよいであろう。ただし、これには、なぜ聖武天皇が伊勢、美濃、近江へ行幸したのか、その意図の究明もなお必要なことであろう。

(7) 宮町遺跡は紫香楽宮である

さて、紫香楽宮は、大正一二年（一九二三）に、黒板勝美《くろいたかつみ》氏の踏査によって、翌年に仮指定され、さらに大正一

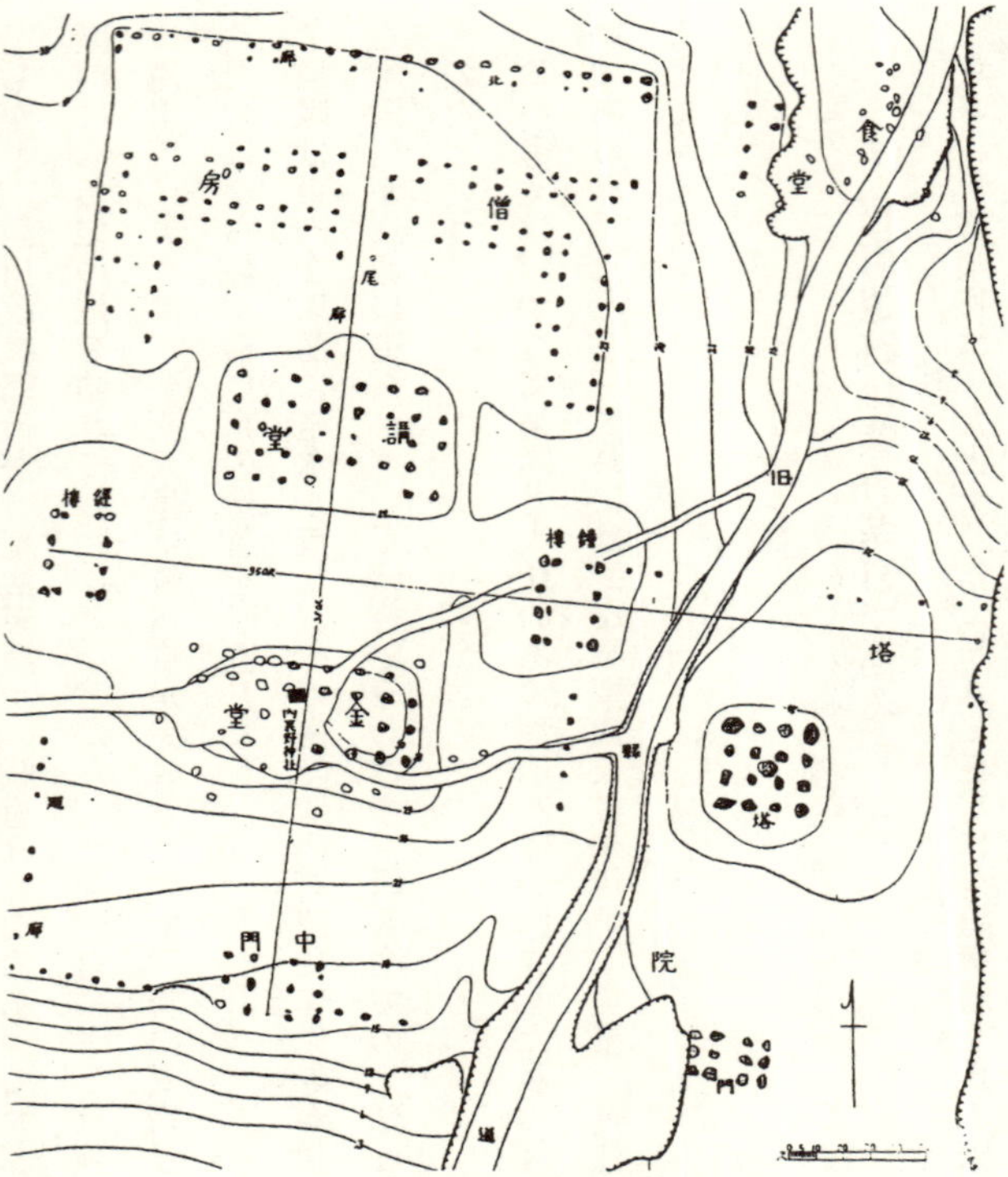

図1-8-2　紫香楽宮跡

五年に紫香楽宮として史跡に指定された。その直後、肥後和男氏によって調査され、西側に金堂、講堂、僧房など、東側にも塔と回廊などが配置された東大寺の伽藍とよく似た寺院が建てられていたことが明らかになった。これらは、現在では多くの研究者が紫香楽宮を甲賀寺、あるいは近江国分寺につくり替えたものとみなしている。

　しかし、そうみなすには、これまで紫香楽宮跡としている史跡から宮殿の建物を掘り出して確認する必要がある。

　ところが、昭和五八年（一九八三）以降、建物の柱根《ちゅうこん》が見つかった宮町遺跡で発掘調査が行われ、木簡、掘立柱建物などが検出され、ここが紫香楽宮の跡ではないかとする意見が出されるようになった。そして以前に見つかった建物の柱根は年輪年代法による測定の結果、紫香楽宮が造られている天平一四、一五年という期間に伐採されたことも明らかになった。

　ごく近年の調査では、庇《ひさし》をもつ大型の建物や柵（塀）などの建物が検出されている。しかし、まだ天皇が常居する内裏《だいり》とみてよいような建物は検出されていない。

出土した木簡には、「造大殿所」「御炊殿」などと記されたものがあり、紫香楽宮の中心的な建物を造作する役所などがここにあったことが想定されるようになった。さらに、越前国江沼郡から天平一五年一一月の日付を記した調（各地の特産物を納める税）の荷札も出土している。これは『続日本紀』に、この年の東海道、東山道、北陸道の調を紫香楽宮に貢納するように命じられたことから、ここにもたらされたことを示すものだ。ほかに、駿河国有度《う》郡《と》から鰹《かつお》、上総朝夷郡から鮑《あわび》につけられた荷札などが出土している。

このような内容の木簡がこの遺跡から見つかったことは、この宮町遺跡が紫香楽宮であることを証明するものである。しかし、この宮町遺跡に立って周囲の広がりを見ると、ここには紫香楽宮があったとしても、平城京、恭仁宮の内裏、朝堂院とすべての役所がここに置かれていたとみなすのはどうみても無理があるであろう。とすると、国史跡である紫香楽宮跡の北側一帯の台地にも、紫香楽宮を構成する建物の一部が分かれて建てられていた可能性が少なくないように思われる。

(8) 聖武天皇の意図を思う

それにしても、天平一二年、聖武天皇は広嗣の乱のさなか、なぜ伊勢、美濃、近江を行幸し、その後に恭仁宮の造営を行ったのであろうか。滝川氏は聖武天皇が仏教に篤《あつ》い信仰をもっていたので自ら洛陽と龍門大仏を造営する計画を実施したという。その可能性を否定できない。しかし、数キロ離れた恭仁の地を訪れるのに、伊勢、美濃、近江を経由した理由にはふれていない。

このルートは北山茂夫氏が注意するように壬申の乱のとき、天武天皇がたどったコースである。とすると、聖武天皇は、天武天皇が後継者として、天武天皇がたどった乱の足跡をたどりながら、いわばセレモニーを済ましてこの大事業に着手したのではなかろうか。

しかし、そのように考えた背景には藤原四子が他界してしまったことから、橘諸兄ではその大事業に対し、政府全体の合意を形成することは困難と判断したことによるものと思われる。つまり、この混乱のもとは、合意を得る手続きをせずに強引に、自らが恭仁に直接常居することによって恭仁宮・京を造営し、さらに紫香楽宮に身を置くことによって大仏と甲賀寺の造営を実現しようとしたことによるものであろう。

ここには、古代の天皇のもつ権力が何人にも拒否し得ない超越《ちょうえつ》した権力であったことが如実《にょじつ》に示されている。だが、この三都計画には、聖武天皇の当時の都市に対する認識の不十分さが示されているように思われる。古代の日本では生産の分業体制が未発達で都市が都市として自立し得る条件を欠いていたのである。たとえ三都が建設できても、それらが相互に有機的なつながりをもって発展しうる条件がなかったのである。それだけ多くの京と宮室を維持しうる財政基盤もなかったのだ。

聖武天皇が紫香楽宮から平城京に遷都すると、せっかく造営された恭仁宮・京は利用されることなく、わずか一年後の天平一八年（七四六）九月には、恭仁宮の大極殿は山背の国分寺に施入され、恭仁京はそのまま終わりを迎えてしまった。

滋賀大学教育学部附属小学校編『初等みずうみ』第一一二号　一九九七年二月

九　発掘された勢多橋

(1) 見つかった勢多橋

一九八八年七月一四日の新聞は、滋賀県の大津市を流れる瀬田《せた》川の川底から、奈良時代の勢多橋《せたはし》の遺構《いこう》が見つかったことを報道した。各社とも社会面に写真と復原図を掲《かか》げて大きく取り上げたことは、この記事がいかにニュース性に富むものであったかがよくわかる。

古代の瀬田川に橋が架けられていたことは、『日本書紀』に壬申《じんしん》の乱（六七二年）の最後の決戦がこの勢多橋をめぐって近江軍と大海人《おおあま》皇子軍とで戦われたことが、記されていることからもよく知られることである。まず、これまで公表された橋の遺構についてまとめると、つぎのようである。

調査で見つかったのは橋脚《きょうきゃく》部分の遺構である。その位置は瀬田川に現在かかる瀬田唐橋《せたのからはし》から約八〇m下流、東岸から八m離れた水面下三・五mの川底である。ここは、以前から唐橋遺跡と呼ばれる遺跡の一画にあたり、弥生時代の石剣《せっけん》などが採集されていたところであった。

発掘調査は建設省が瀬田川を浚渫《しゅんせつ》する工事を行うのに先だって、滋賀県教育委員会・財団法人滋賀県文化財保護協会によって実施されたものである。調査地は水中地点なので、約四五〇㎡を鋼板《こうはん》の矢板《やいた》で囲って排水し、陸地化して乾燥させるという大がかりな工事を行って実施されたものであった。

　橋脚遺構は矢板による区画内で一カ所、その西方、約一五m隔てた川底で一カ所の計二カ所で見つかった。発掘されたのはそのうち東側の一カ所である。検出された橋脚遺構は、下の基礎構造部とその上にのる橋脚台部から構成されていた。(図1-9-1)

　まず、基礎構造部が置かれたところは川底の東西約九m、南北一五mの範囲が整地されていた。ついで、川の流れと同じ方向に直径約二〇cm、長さ五m大の丸太材《まるたざい》を数本並べている。この上に直径二五cm、長さ三~八mの丸太材一一本が直角方向に置かれ、全体として四角状に配置される。さらに上に直径三~五cmの細い棒状の材が網状《あみじょう》に組まれていた。

　橋脚台部は、長さ五~六m、幅四〇~五〇cmの角材を南北約一一m、東西約五mの扁平な六角形に組み合わせる。各材のほぼ中央部には深さ五~一〇cm、直径二〇cm大の穴が一カ所ずつあけられていた。この穴は上に立つ橋脚材を組み合わせるための仕口《しぐち》である。

　このような基礎構造部と橋脚台部は、上に大量の山石が積まれており、全体が石で埋められた状態となっていた。調査ではほかに橋脚遺構から少し離れた上流側で、中央に孔をあけた小型礎石が見つかった。これは橋脚を補助した支柱《しちゅう》ではないかという。

　以上のような橋脚構造物をみると、橋脚台部では各辺にあけた孔に、橋脚の柱が立つので、六本の橋柱で支《ささ》えた橋脚構造であったことがわかる。各橋柱の上端は東西方向にのびる横材を支え、その上に南北方向の梁材《はりだい》がのることになる。さらに梁材の上には、桁材が橋の橋脚間をつなぐように架けられ、その上に床の橋板を敷いていたことが推測される。ほかに勢多橋のような大きな橋では、通行人の安全を期するために、橋板《はしいた》の両端部に付属施設とし

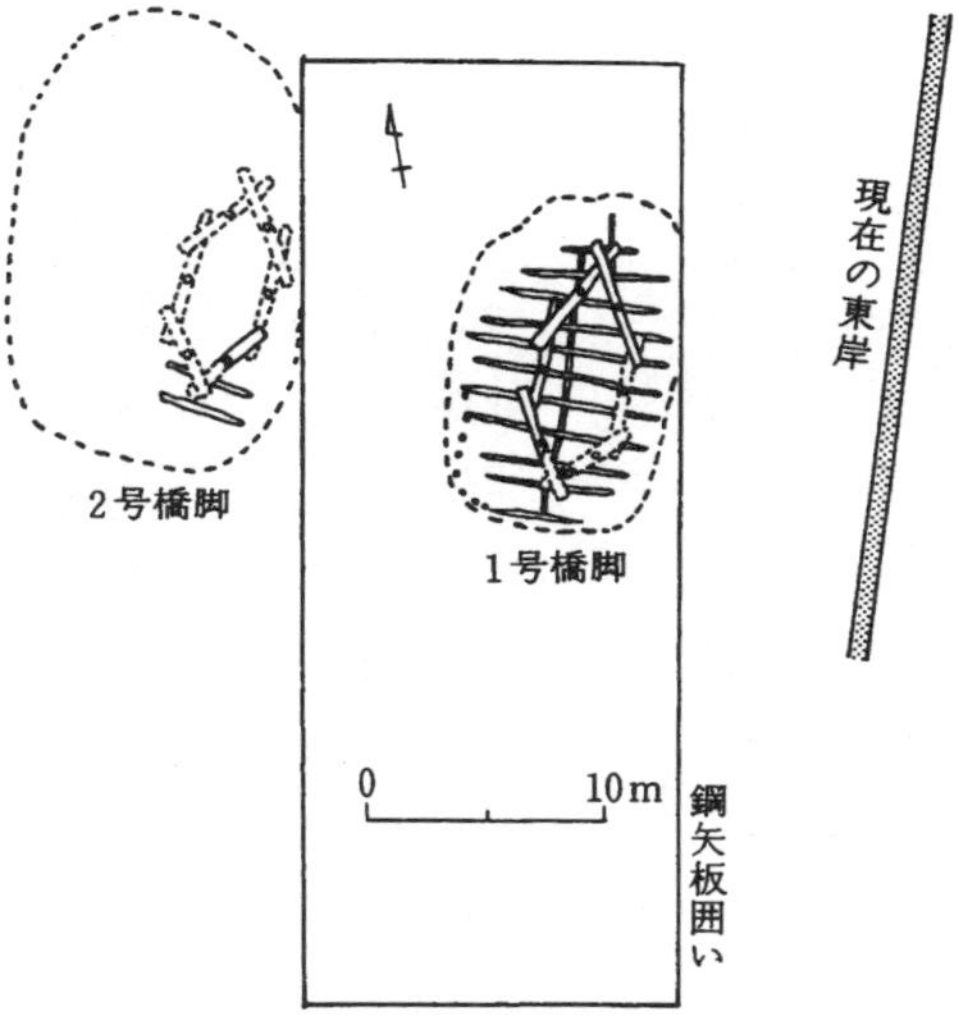

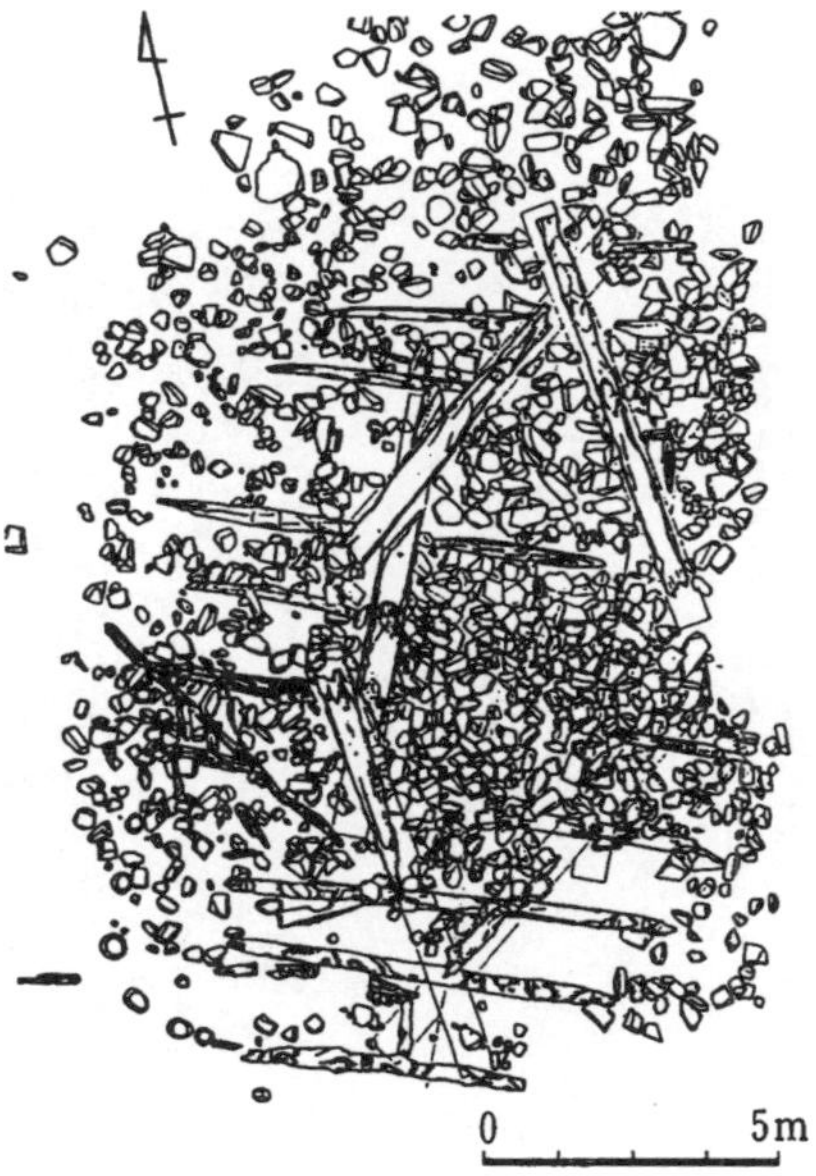

図1-9-1　発掘された勢多橋
　実測図は1号橋脚とその位置（現地説明会資料より一部加筆、次頁の写真は滋賀県教育委員会提供）

写1-9-1　勢多橋の基礎礫群

写1-9-2　勢多橋基礎の木材

て欄干《らんかん》と手すりが併置されていたことも想定されている。

さて、見つかった勢多橋の橋幅は橋脚の梁行《はりゆき》の長さが約九mなので、最大幅として九m前後あったとみなされる。ただし、橋脚台部から、あるいは瀬田川水面から橋桁《はしけた》まで、どの程度の高さがあったかは明らかでない。そこで、この点を少し推測してみることにしよう。

前例のない大規模な橋

古代の瀬田川は宇治《うじ》川、淀《よど》川を介して、琵琶湖と大阪湾を結んでいたこともあり、舟の通航《つうこう》が盛んであった。したがって、舟の通航に支障のない高さが確保される必要があったであろう。現在の瀬田川は大津市南郷の洗堰《あらいぜき》で水位調節が行われ、琵琶湖の平均水位が海抜《かいばつ》八四・三七mに保たれている。しかし、古代の琵琶湖の水位は自然の流出にまかされたので、現在のようではなかったはずである。じつは、かなり水位の変動があったことがうかがえる資料が、近年の発掘調査で知られてきている。現在、琵琶湖では、琵琶湖総合開発に関連して湖岸の湖底遺跡の発掘調査が、既《すで》に二十数カ所で実施されている。その一つ、近江八幡市長命寺《ちょうめいじ》湖底遺跡の調査では、縄文時代晩期の汀線《ていせん》と丸木舟が、平均湖水面の二〜三m下で見つかった。草津市志那《しな》湖底遺跡でも、現在の湖岸から沖合い四〇〇mの地点で、水面下一・八〜二・〇mから、縄文時代晩期の土器棺墓《どきかんぼ》が三カ所検出されている。さらに守山市赤《あか》野井《のい》湾湖底遺跡からは、平均水面下一・九〜二・一mで古墳時代後期の人間が歩いた足跡が多数検出された。

このように琵琶湖の湖底で多数の古代遺構が見つかっており、古代には現在の湖水面よりも水位が低かった可能性が高くなった。だとすると、橋脚が見つかった勢多橋が架《か》かっていた時代も瀬田川が現在よりも二m前後は水位が低かったことを想定してもよさそうである。このことは、橋脚台部に立てられた橋脚が現在の水位をもとに復原するよりも、少し低いもので足りたことを意味する。ただし、瀬田川は琵琶湖から流出する唯一《ゆいいつ》の河川なので、季節的な水位変動も大きかったとみなされる。したがって、勢多橋はこのような季節的な水位の変化にも十分対応しうる高さをもって構築されたであろう。

水位との関連でさらに問題となるのは、橋脚台部全体をおおう礫《れき》群との関係である。礫群は橋脚台部が浮上《ふじょう》したり、水流によって移動や解体しないように上から固定《こてい》したものである。礫群の南端には、この礫そのものが流れによって移動しないように杭《くい》が打たれていた。礫群を考える場合、常に瀬田川の水面下に水没していた場合と、かなりの部分が水面上に見えていた場合とが想定される。後者の場合は舟の通航の際に橋脚から少し余裕をもって離れて通過することが必要である。前者は水位が高い時には問題はないが、水位の変化によっては通航の際に舟底が触《ふ》れることになりかねないので、かえって危険をともなうことになろう。これを回避するには礫の一部が常に水面上に現われていたとみたほうがよいかもしれない。とすると、橋脚台部には二m前後の高さまで礫群が積まれ、その上に三m程の余裕をもたせ、五m前後の高さはあったと想定してよいであろう。

さて、発掘された橋脚のつぎの位置は水中での探査《たんさ》によって西一五m隔《へだ》てた地点で確認されている。この間隔で均等に橋脚が構築されて瀬田川を横断していたとすると、この位置の現在の瀬田川は約一三〇m幅なので、計算上では八カ所の橋脚が必要ということになる。

しかし、今回検出された古代の勢多橋の位置には西寄りに中ノ島がある。さらに、この位置の瀬田川が古代と現代とで同一幅かどうかも検討が必要である。古代の川幅は両岸の発掘調査を行わないと知りえない。下って信長《のぶなが》の天正架橋《てんしょうのかきょう》は、『信長公記《しんちょうこうき》』に長さ一八〇間とある。江戸時代では寒川辰清《さむかわたつきよ》の『近江輿地志略《おうみよちしりゃく》』（一七三四年）に、勢多橋の説明として、

是《これ》志賀栗太二郡の界湖水に架せる橋也。小橋を志賀郡といひ大橋を栗太郡などといふ説もあれど、勢多橋といふ時は栗太郡に属せるなるべし。大橋九十六間小橋二十七間倶に幅四間あり大橋と小橋との中間を中島といふ。橋より橋までの間十五間あり此中島にある故に大橋小橋などいへども一大橋といふ。日本三大橋の其一なり。

図1-9-2　勢多橋橋脚の位置（『日本考古学年報』41より一部加筆）

と記され、大橋が九六間、小橋が二七間、その間の中島が一五間あったことがわかる。大橋と小橋の区分は、やはり江戸時代の『近江名所図会《おうみめいしょずえ》』の挿図でも二つに区分した絵が描かれている。いま、狭いほうの『近江輿地志略』の数値で計算すると大橋は一一個、小橋は三個の橋脚を必要としたことになる。天正年間にはさらに川幅が広かったことになり、そのまま計算すると二〇個が必要である。

ところで、勢多橋の橋脚は一九八八年七月の発掘調査で、突然に、あるいは偶然にそこで見つかったというわけではない。これはその前年に潜水による周到な予備調査が行われてのことであった。この予備調査のことに、少しふれておこう。

無文銀銭の発見から

この潜水調査ではダイバーがジェットカッターと呼ぶ高水圧噴射装置《ふんしゃそうち》で川底の土砂を掘り、その土砂を高圧空気の浮力を利用したエアリフトで作業船上に揚げて遺物を採集する方法がとられた。この作業の結果、水中で集石遺構が検出され、さらに集石遺構の石と石の間から多くの遺物も採集された。この調査による集石遺構の検討は、水中での観察に終わったので、これが人工的なものとした場合でも、瀬田川の護岸用石垣の残存、舟着場の施設とする考えなどがだされたにとどまった。

また採集された遺物をみると、縄文土器、石器、奈良・平安時代の土器、中・近世の陶磁器など各時代に及んでおり、注目されるものとしては無文銀銭《むもんぎんせん》一枚、和銅開珎《わどうかいちん》二枚、開元通宝《かいげんつうほう》三枚のほか、一〇～一四世紀に流通した三六枚の中国貨幣など総計四二枚の貨幣がある。このなかでは、とくに川の中央寄りの橋脚基礎構造物から出土した無文銀銭が注意される。

無文銀銭は和銅開珎が鋳造される以前に使われたとされる貨幣である。『日本書紀』天武十二年（六八三）四月壬申条には、「今より以後《のち》、必ず銅銭を用いよ。銀銭を用いること莫《なか》れ」と記されており、この時に禁止された銀銭を無文銀銭にあてる見解が有力視されている。

　これまで無文銀銭は、奈良県小治田安麻呂《おはりだのやすまろ》墓、川原寺《かわはらでら》の塔跡、大阪府船橋《ふなはし》遺跡、滋賀県崇福寺《すうふくじ》の塔跡など九遺跡から出土している。これらは近畿に限られている。複数枚の銀銭が出土して著名なのは、大津市崇福寺の塔跡の場合である。崇福寺では塔跡の地下一・二mから心礎が検出され、その側面にあけられた舎利埋納孔《しゃりまいのうこう》から舎利容器と舎利荘厳具《そうごんぐ》が見つかった。舎利容器は金銅製外函《こんどうせいそとはこ》、その内側に銀製中函、さらに金製内函があり、中に金蓋《きんぶた》付きガラス瓶《びん》を収めていた。無文銀銭は舎利容器の外から、金銅製外函の台脚に銹着《しゅうちゃく》し一二枚が唐草文金銅製銀縁鉄鏡一面、銅鈴二個などとともに出土した。

　瀬田川から採集された無文銀銭は直径二・八～三・〇㎝の不整円形で、中央に小孔があけられ、厚さ二㎜、重さ九・五三gである。片面は平坦であるが、他の面には銀の小片が貼りつけられている。崇福寺のものも一一枚はほぼ同大であるが、一枚のみ三・九㎝と一回り大きなも

写1-9-3　江上Ａ遺跡の弥生時代の橋
（富山県埋蔵文化財センター提供）

のがある。銀の小片の貼付は大型品を除いていずれもみられる。これは重量を一定にしようとしたものである。また二枚のみ田の字様の刻印《こくいん》が押されていた。

では、無文銀銭や和銅開珎をはじめとした貨幣が橋脚の基礎部から出土したのはなぜか。橋脚部分から出土した貨幣は予備調査と一九八八年の発掘調査資料をあわせると、無文銀銭や和銅開珎のほかに、神功開宝《じんぐうかいほう》（七六五年）、隆平永宝《りゅうへいえいほう》（七九六年）、富壽神宝《ふじゅしんぽう》（八一八年）、延喜通宝《えんぎつうほう》（九〇七年）など古代の皇朝十二銭とその後の時期のものとがある。これは同じ貨幣でも区別して考える必要があるかもしれない。

無文銀銭や皇朝十二銭などの貨幣は勢多橋を構築するにあたって、地鎮《じちん》的な祭祀《さいし》、さらに橋脚の補修工事や礫群の補充工事などにともなった祭祀にかかわって捧げられたものであろう。また、その後の多数の貨幣は、唐橋の東岸に龍王社、秀郷《ひでさと》社が鎮座しており、唐崎の下を龍宮とする伝承や水神信仰などとかかわって献じられたものであろう。それにしても、各時代にわたって多数の貨幣が献じられたのは、勢多橋が古代以来いかに交通上で重要な役割を果たしていた橋であったかをよく物語るものである。

勢多橋の橋脚遺構が公表されたとき、とくに関心がもたれたのは、これまでに前例のない橋脚の規模の大きさと、いま一つは構造の特異さであった。新たに見つかった勢多橋の遺構の歴史的性格を考えるには、それ以前の発掘調査で明らかにされてきた古代の橋の遺構と性格をみておく必要がある。

(2) 発掘された古代の橋

弥生・古墳時代の橋

弥生時代以降、溝や流路は各地の古代遺跡から最も顕著に見つかっている遺構の一つである。しかし、それに架

写1-9-4　三ツ寺Ⅰ遺跡の北辺橋梁
(群馬県埋蔵文化財調査事業団提供)

けられた橋は数えるほどしか知られていない。橋は通行のため特定の場所に架けられたからだ。

現在のところ、橋の形状をもつ最も古いものは、富山県江上《えがみ》A遺跡で見つかった弥生時代後期の橋である(写真1-9-3)。長さ三m、幅〇・三mの板を三枚合わせて渡した板橋である。三枚の板のうち二枚には、紐《ひも》とじ穴があり、つなぎ合わせて架けていた。この遺跡では住居の間を縫うように溝があり、板橋は溝を渡るために架けていた。

古墳時代では一九八一年に群馬県三《み》ツ寺《でら》Ⅰ遺跡の豪《ごう》族居館《ぞくきょかん》から二つの橋が検出されている。一つは北辺の堤状遺構と西辺の第一張出部との間に架けたものである(写真1-9-4)。ここでは四列に並ぶ橋脚の柱が検出されており、居館の出入りに用いられた橋である。この橋は濠の幅からみて、もとは桁行《けたゆき》一〇m前後のものであったとみられる。橋脚には丸柱と角柱があり、先端を鋭く削った打ち込み式と先端が平らな掘立式とみられるものとがあり、改築されていた。橋脚周辺からは桁や梁に想定される木材が散乱して出土している。いま一つは、西辺の濠から二対の支柱と石垣の中位の高さに円形の対をなす柱穴が見つかっている。対をなす支柱の一つは西辺石垣基部、他は濠《ほり》の底面に地山を壇状に掘り残して基礎がつくられていた。近くで木樋《もくひ》も出土したことから導水橋《どうすいきょう》とみられている。この導水橋は濠の外から居館の祭祀用石敷遺構に神聖な水を導くのに用いられた施設であった。

奈良時代の橋

古代遺跡で橋の遺構が顕著に見つかっているのは、幅広い溝が多く掘られ、道路が設置された平城京《へいじょうきょう》、平城《へいじょう》宮《きゅう》からである。これまで調査された橋遺構は平城京で七カ所、平城宮で一一カ所、そして平城京外で一カ所の一九カ所にのぼる（表1-9-1）。いずれも木造橋である。

平城京で見つかった代表的な橋の一つは、二条大路と東一坊大路《ひがしいちぼうおおじ》との交差点で検出されたものである。これは平城京の東南隅のすぐ外側にあたり、東西に通る二条大路の北側溝と南北方向の東一坊大路西側溝が合流し、さらに西側溝がそのまま二条大路を縦断《じゅうだん》した位置に架けられている。すなわち、二条大路が分断されたので大路中央部に東一坊大路西側溝を渡る橋として架《か》けている。この橋は溝中に橋杭《はしぐい》七本を二列に打ち込んでおり、桁行三・八m、梁行の橋幅一三・四mのものである。

これには三回の改修がある。橋が架かった部分の溝の両壁には、壁を護岸した杭列と板が見つかった。橋の付近からは欄干《らんかん》につけていたとみられる大型の瓦製擬宝珠《ぎぼし》が出土した。橋の下には流れが澱《よど》むところがあったとみえて、溝の側壁に沿って有機質のものを含む堆積層があった。ここから多量の木簡《もっかん》が出土した。

そのなかには、

炭焼一人　将監《しょうげん》紀朝臣曹司《ぞうし》一人

と記されたものがある。将監《しょうげん》は近衛府の判官で近衛府が設置されたのは天平神護元（七六五）年なので、木簡を含んだ堆積層は奈良時代後半ということになる。木簡に記された将監紀朝臣は、『続日本紀』神護景雲《じんごけいうん》三年三月に近衛将監紀朝臣船守の名がみえるので、その人をさすとみなされる。

この木簡の断片は曹司の詰所で使役した炭焼夫の割付けに関係したとみられ、ほかに近衛らに支給した食料を記したもの、宮の警衛などにしたがった衛士《えじ》や仕丁《しちょう》のなかで炊飯に従事した火頭《かとう》の名前などが記されたもの、「近衛大将」と習書された土器などがある。いずれも宮門警衛に関連したもので、平城宮内から流出したことがわかる。

また平城京の南端に近い左京九条条間路と東堀河《ひがしほりかわ》が交差した地点でも、大きな橋が検出されている。ここは九条三坊十坪にあたり、堀河が南流して九条条間路を縦断することから橋が架けられていた。

この橋は九m幅の堀河の中央に、直径三一～三五cmの太い四本の柱を桁行約四m、梁行約二・七mに打ち込み、さらに西側の脚柱の西一・八mと東脚柱の東一・五mに補助脚柱が打ち込まれていた。しかも堀河の西岸近くで、橋桁、梁、橋板などがほぼ桁行一間分にあたる部材が折り重なって出土した。橋の構造は橋脚の柱頭部が残存していないが、梁の形から枘《ほぞ》を柱頭に造出して梁を受けたことが知られる。梁上には二本の桁が平行に架かる。この際、桁は一方の出た枘を他方の枘穴に差して継ぎ合わせて横ずれを防いでいた。桁もまた離脱を避けるために桁側の面に太枘《だぼ》を用いて桁と桁、桁と梁を縄絡《なわから》みして固定していた。

二本の桁材の上には橋板を敷き並べる。この橋板の端部に残る圧痕や腐蝕状態から、桁の間隔は二・四m（八尺）で、梁行二・六五m（九尺）よりも少し狭いことが判明した。これは梁の長さを橋脚の外面いっぱいに納めているので、一五cm前後の余裕を残し、桁が横振《よこふ》れした場合でも桁が落ちないように控えたものである。桁上の橋板は敷き並べただけで、その上に桁材と同位置に地覆材を重ねて橋板をはさみ、釘止めはしていない。桁材と地覆材を固定するには桁材の合わせ目で縄縛《なわしば》りしたとみられる。欄干《らんかん》は部材が出土していないので、高欄《こうらん》がついていなかったとみてよい。さらに橋板は上面の風蝕が一様で差異がないことから、両端の地覆間に土を盛って路面にしたことも推測されるという。

以上の二つの橋が、平城京では代表的な橋遺構であるが、ほかに二、三つけ加えておく。

一つは、平城宮の南面西門前にある二条大路の北側溝に門の出入りのために橋が架けられていた。この橋は四m幅の溝に桁行一間（三・六m）、梁行二間（四・八m）規模のものが造られていた。橋脚は掘立式《ほったてしき》で太い柱を据《す》えており、橋下から溝の西側には両壁に杭《くい》としがらみによる護岸がみられる。護岸は高さを変えて二段に施されたところもある。

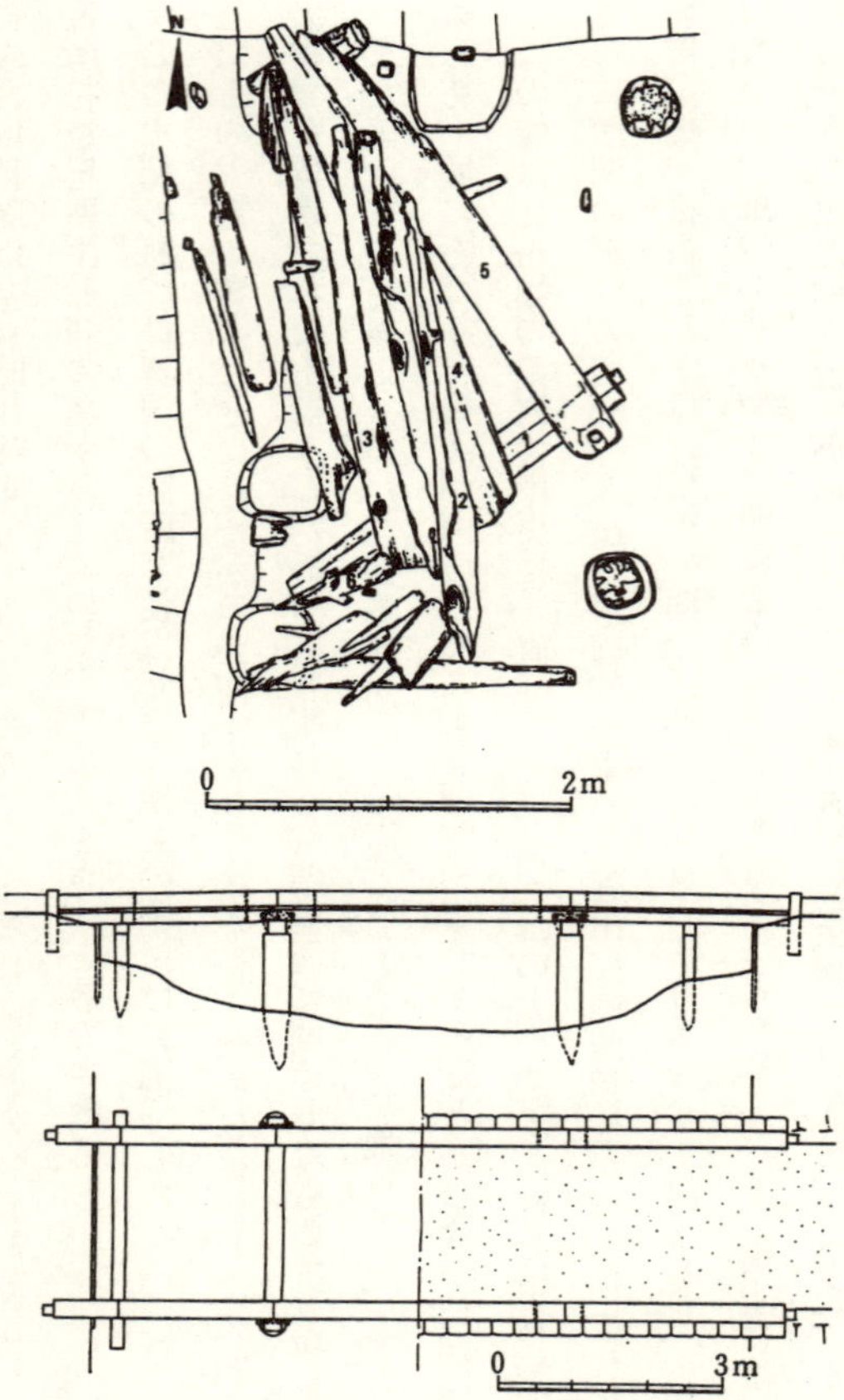

図1-9-3　平城京・東堀河の橋出土状況と復原図
1．桁　2．梁　3〜5．橋板　6．地覆

いま一つには、左京八条三坊の東市の東北地域で橋が二カ所検出されている。一カ所は十六坪の西を縦断する南北小路の東側溝に桁行一間、梁行二間の木橋が架けられていた。桁行は一・七m、梁行三・三mで溝を跨《また》ぐように掘立式の橋脚の柱穴が掘られていた。ここでは溝幅が一mほどで、しかも浅いせいか溝の岸に護岸施設はみられない。

他の一カ所は九坪と十六坪の間を通る小路の南

側溝に、坪の中央よりやや西に十坪に出入りするために桁行四間、梁行一間の小さな橋がある。橋脚は掘立式によって柱を据えている。

つぎに、平城京外では京から少し南に下った大和郡山《やまとこおりやま》市稗田《ひえだ》遺跡で、平城京へ往来する人たちが通った下《しも》ツ道《みち》から、一九八〇年度に大きな橋が見つかって注目された。下ツ道は路面幅が約一六mで、西に幅三m、深さ一mの側溝と東に幅一一m、深さ二mの運河状の大きな側溝がともなっていた。橋は下ツ道を一二m幅で東から西へ斜めに横断する川の流路上に、二時期のものが検出された。橋脚が遺存したⅡ期のものは、桁行四間（七m）、梁行四間（一二m）で、直径〇・四mの檜材の橋脚が残っていた。この橋脚は下ツ道の道路とほぼ同じ方位に掘立式で据えていた。

これより古いⅠ期の橋は、川の流路と同じく、斜め方向に平面形が菱形に桁行三間（一九m）、梁行七間（一八m）の橋脚の柱穴が見つかっている。この橋は東西の両端とも橋脚が道路の側溝に入るので、橋が架けられた時期には下ツ道の道路幅がさらに大きかったことが想定されている。橋下にあたる流路と下ツ道の東側溝部分は杭を用いた護岸がみられる。流路が半ば埋まった時期につくられたしがらみに長さ六m、厚さ六cm、幅二五cmの板材が使用されていた。この板材の端から三mのところに釘《くぎ》が打たれていた。これは橋脚の長さと一致するので、橋板が後に転用されたものとされている。

下ツ道の東側溝と斜行する川が交差した地点では、墨書人面土器《ぼくしょじんめんどき》、ミニチュアの竈《かまど》、土馬《どば》、銅銭、斎串《いぐし》、人形《ひとがた》、絵馬《えま》、木簡など祭祀関係の遺物が多量に出土している。これらは橋から流路の上流にかけて墨書人面土器《ぼくしょじんめんどき》、ミニチュアの竈、土馬、橋の周辺で銅銭、人形、木簡、斎串が集中して出土した。銅銭を除くと、いずれも木製品がしがらみによってとどまったとみなされる。貨幣には和銅開珎《わどうかいほう》、隆平永宝、饒益《にょうやく》神宝（八五九年）などが出土し、とくに和銅開珎の銀銭二枚が含まれていた点は注意される。

つぎに平城宮では、第一次大極殿院《だいごくでんいん》、第二次内裏《だいり》、官衙《かんが》地区などで橋が検出されている。まず、第一次大極殿院地区では、東外郭《ひがしがいかく》を画する南北溝（SD三七一五）に溝の両岸に桁行一間（二m）、梁行三間（二・八五m）に杭を打ち込んだ橋がある。この橋脚は護岸をかねたもので、橋脚に接して護岸の板を入れていた。通路用の橋である。

同じ溝の南では、桁行一間で梁行二間、桁行一間（三m）で梁行一二間（四〇・二m）、桁行一間で梁行五間の、三つの橋が架けてある。これらは掘立式で橋のように架け、溝に蓋をした暗渠《あんきょ》状の構造をもつ橋ということになる。これらは溝の東岸に置かれた建物に対して設けたものである。

第二次内裏地区では東外郭東方に、玉石積みの幅二・六m、深さ一・五mの東大溝がある。この東大溝と東西方向にのびる宮内道路が交差する位置に、桁行一間（四・六m）梁行二間（五・〇m）の掘立式による橋が構築されていた。また官衙地区では、宮域西方の馬寮《めりょう》東方にあたる官衙で、東西溝（SD五二八〇）に桁行一間、梁行三間の掘立式の橋がある。

さらに東院の東南部に営まれた庭園には、宮の大垣に沿って鉤《かぎ》の手に延びる屈曲した汀線をもつ園池《えんち》があり、ここに二つの橋が架けられていた。一つは園池の東北部に桁行五間（一三m）、梁行一間（三m）の橋で園池を南北に渡っている。もう一つは園池中央部の西岸に建つ殿舎と東岸とを結ぶもので、桁行三間（一〇・八m）、梁行一間（二・四m）の橋が架けられていた。二つの橋とも掘立式の橋脚をもつ規模の大きな橋である（『奈良国立文化財研究所年報一九七七年』）。

勢多橋のルーツを探る

以上のような平城京や平城宮で見つかっている橋を見ると、その大部分は橋脚の柱の上に桁・梁を渡し、その上に橋板をのせた桁橋《けたはし》である。橋の橋脚を据える方法には、地面に柱を直接打ち込んだものと、柱穴を掘る掘立式とがある。その数は平城京では打ち込み式が二例に対し、掘立式が七例、平城宮では打ち込み式二例で掘立式が九例といずれも掘立式が三倍以上になっている。このような比率からすると、奈良時代の橋の構築は掘立式の橋脚が一般的であったとみてよい。打ち込み式の代表例は九条条間路と東堀河の交差点と東一坊大路と二条大路の交差点の橋である。この二つの橋が掘立式ではなく打ち込み式が採用されたのはなぜであろうか。これは、掘立式を採用しにくいような条件があったのではなかろうか。

二つの橋の場合、いずれも幅の広い溝に架けられた橋であること、遺存した橋は溝の最終時に近い時期のもので、

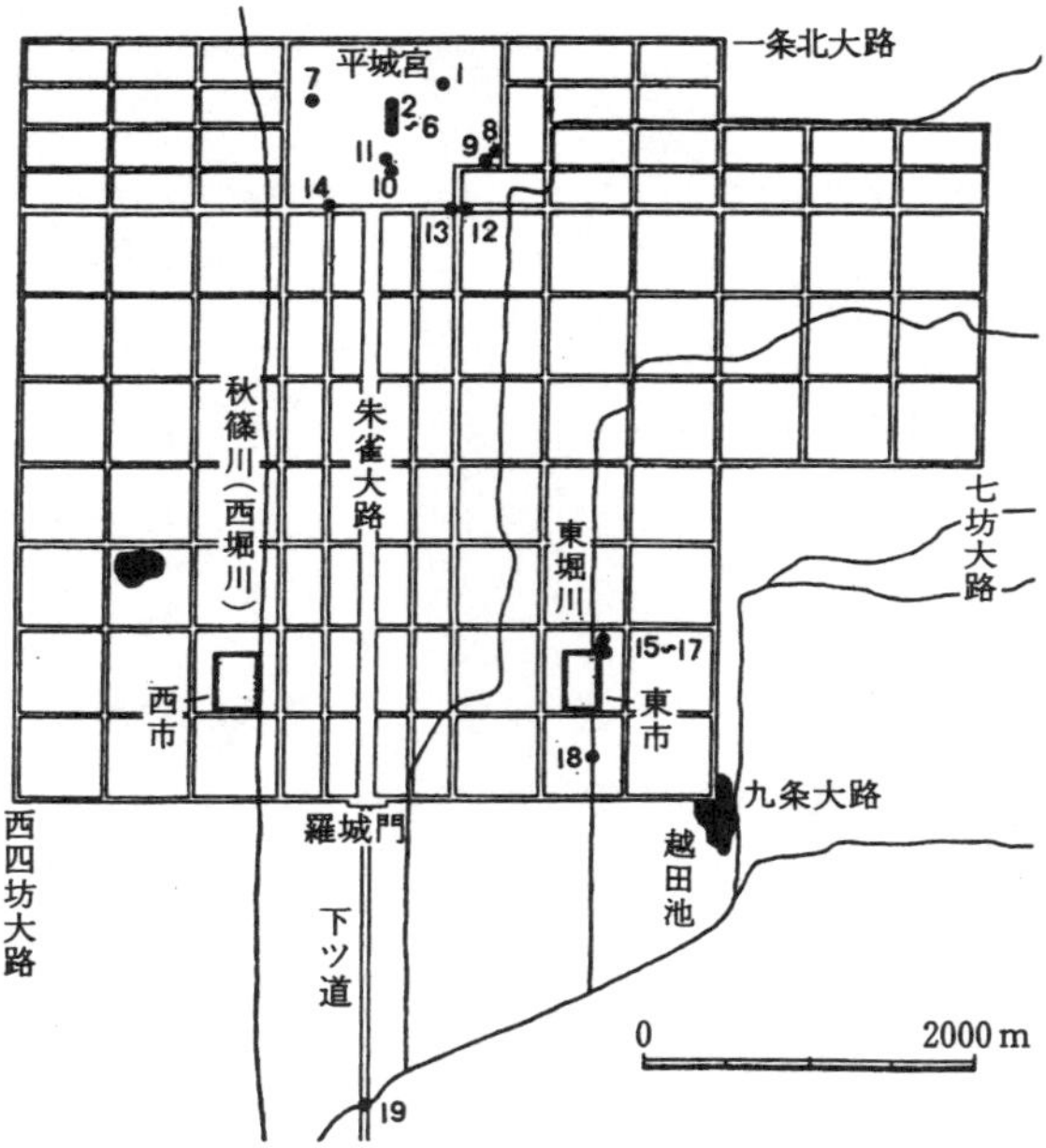

図1-9-4　平城京・平城宮の橋（数字は表と対応）

写1-9-5　稗田遺跡の橋（奈良県立橿原考古学研究所提供）

表1-9-1　平城京・平城宮の橋

	位　　　置	規模（間）	桁行（m）	梁間（m）	残存状況	橋脚据付
1	第二次内裏東外郭東方、東大溝と宮内道路の交差点	1×3	4.6	5	柱穴 橋脚	掘立
2	第一次大極殿院東方、SD3715とSF3742の交差点	1×3	1.85	2.85	橋脚	打込
3	第一次大極殿院東方、西大溝SD3715	1×5	3	8.5	柱穴	掘立
4	同　　上	1×12	3	26.5	柱穴	掘立
5	同　　上	1×2	3	3.6	柱穴	掘立
6	第一次大極殿院東方、南北溝SD5530	1×2	0.8	1.35	橋脚	打込
7	馬寮東方の官衙域内東西溝SD5280	1×3	2.8	8.5	柱穴	掘立
8	東院園地の東北隅	5×1	13	3	柱穴	掘立
9	東院園地の中央、西岸の掘立柱建物と東岸を結ぶ	3×1	10.8	2.4	柱穴	掘立
10	第一次朝堂院東南隅のやや南、西大溝SD3715	不明	不明	不明	橋脚	掘立
11	第一次朝堂院東方、SD3715の枝溝	1×2	2.1	3.4	柱穴	掘立
12	東一坊大路と二条大路の交差点、東一坊大路東側溝	1×2	1.2	2.3	柱穴 橋脚	掘立
13	東一坊大路と二条大路の交差点、東一坊大路西側溝	1×6	3.8	13.4	柱穴 橋脚	掘立
14	宮の南面西門の正面　二条大路北側溝	1×2	3.6	4.8	脚	掘立
15	左京八条三坊九・十坪間　南北小路南側溝	?×1	不明	1.2	柱穴 橋脚	掘立
16	坪鏡南北小路と東西小路の交差点、東西小路南側溝	?×1	不明	2.6	礎石 2	
17	左京八条三坊九・十六坪間　南北小路東側溝	1×2	1.7	3.3	柱穴	掘立
18	九条条間路と東堀河の交差点	5×1	12？	2.7	橋脚 部材	打込
19	稗田遺跡　京造営時掘削の人工河川	(第Ⅰ期) 3×7	19	18	柱穴 橋脚	掘立
		(第Ⅱ期) 4×4	17	12	橋脚 橋板	掘立

溝の掘削時からかなりの時間を経過していたためとみられる。幅の広い溝では桁材の長さの限界から溝の中に橋脚を立てる必要がある。その際、溝の掘削時からかなりの時間を経過した溝では泥土が堆積し、また、溝底の地盤が軟弱化しており、掘立式は安定性と耐久性を確保しにくいことになる。しかし、大きな人口河川に架けた稗田遺跡の橋は、Ⅰ期、Ⅱ期とも川の流路内に大きな柱穴で掘立式で据えられている。これはⅠ期は流路に堆積土がない状態を想定しうるとしても、Ⅱ期にはかなりの量の堆積土があり、底の地盤も軟弱化していたであろう。にもかかわらず、掘立式で橋が改築されたのはなぜか。これはⅠ期と同一工法がそのまま継続してとられたと考える他に、それなりの理由があったであろう。

推測するに、稗田遺跡の橋は他の橋の橋脚に比べて太い柱を用いた大型橋で、このような橋にともなう長く太い柱を打ち込むには、大がかりな櫓《やぐら》を組むなどの設備を必要とした点が考えられる。そのため川底の地盤が軟弱化していたにもかかわらず、櫓を組む煩雑《はんざつ》さを避けて短期間で橋を構築するために、掘立式が採用されたのではなかろうか。

このような地盤との関連からみると、掘立式の橋脚は溝や川の中に立てることを避け、溝を大きく跨《また》ぐもの、溝の肩に柱穴を掘ったものが一般的である。奈良時代は畿内で掘立柱建物が広範に構築された時期であった。おそらく、このような方法が最も作業能率のよい構築法として用いられた歴史的背景もあったかもしれない。

つぎに、橋の規模のうち、橋の長さに相当する桁行は横断する川や溝、流路の幅によって決定することはいうまでもない。この点では、橋を構築後に川幅、溝幅が変化すると橋の機能が果たせないことになる。そのため橋の構築時、またその後も橋下とその周辺の流路が拡大しないように護岸《ごがん》工事を施すことが不可欠な条件であった。古代の橋遺構もよくそのことを示している。

護岸には岸に杭を打つもの、杭としがらみを併用したもの、板や自然木を加えたものなどがあり、水量や水勢に対応した処置がとられた。平城京や平城宮では、投棄された木簡や遺物がこの杭やしがらみにとどまって出土したものが少なくない。

では、橋幅にあたる梁行の長さはどうか。これは平城京の橋では、二条大路を東一坊大路の西側溝が縦断した位置に架けた橋が現状では最も大きい。二条大路の幅は三七・六mあり、この中央に梁行一三・四m（四五尺）の橋が架けられた。瓦製擬宝珠《がせいぎぼし》をつけた欄干《らんかん》がともなっていたのも大きな橋にふさわしい外観を備えていたことを示す。九条条間路と東堀河の交差点の橋は梁行二・七m、さらに左京八条三坊の坪境《つぼさかい》の小路には二・六mの橋が架けられていた。これらは大路の橋よりも小さく、二・七m（九尺）前後のものを架ける基準にしていたふしがあるという。この幅は平城京内の生活で、人や車が往来するのに最小限必要とした橋幅ということになろう。

つぎに、平城宮の場合は、第一次大極殿院の東外郭を画した大溝、第二次内裏の東外郭を画した東大溝のように、基幹《きかん》排水路に橋が架けられた。これらの溝は平城宮では最も規模の大きな水路であるが、それでも幅三mを越えていない。そのためか溝中に桁、梁を支える橋脚を立てたものがない。第一次大極殿院の東外郭東方溝に架けた橋には、梁行が二六・五mの大きなものがあるが、暗渠《あんきょ》構造なので、橋とはいっても少し性格が異なる。平城宮で最も規模が大きな橋といえば、現状では東院の東南隅に営まれた園池の橋ということになろう。二つの橋とも園池に架けられているので、庭園に合うように丹塗りした欄干をもつなど十分な美観をもっていたにちがいない。

以上のような平城京、平城宮にみる橋の規模を大きく越えたのが、下ツ道に架けられた稗田遺跡の橋であった。Ⅰ期の橋は川の流路方向に沿って斜めに構築されたが、Ⅱ期以降は下ツ道の道路方向に合わせて改築されている。流路を越えるのが橋の主要な目的とはいっても、道路と斜行するのはやはり往来になじまなかったのであろうか。

稗田遺跡の流路は人口河川で約一五mの幅があった。最下層から霊亀三年（七一七）銘の木簡、最上層から饒益《にょうやく》神宝《しんぽう》（八五九年）の貨幣が出土しているので、奈良時代の初めに掘削され、平安時代初期まで流れたことがわかる。

Ⅰ期の橋は桁行三間のうち、中央の間が約一〇mあり、平城京、平城宮で最も広い第二次内裏東外郭の東大溝に架けた橋の四・六mをはるかに越えている。中央部の橋脚が端に比べて大きく跨《また》いだのは、この川が東は左京の東堀川とつながり、西は約六〇〇mで秋篠《あきしの》川と合流していたとみられることから、舟の通航が考慮されたものと思われる。しかし、Ⅱ期では桁行を四間とし、中間の二間分を約四m強に縮めて改築された。これはⅠ期の橋が一〇mの広い間隔をとったので構造的な無理を含み、耐久性と矛盾したからであろう。四m強に狭くしたのは、それでも舟の通航にさしつかえがなかったからである。というのは、左京の九条条間路と東堀川の交差点で見つかった橋も桁行の中央間が約四mに復原されているので、同一間隔がとられていたことが知られるからである。

以上、これまで発掘されている奈良時代までの橋遺構をみたが、今回見つかった勢多橋の橋脚基礎構造と系譜《けいふ》的につながるものはみられないことが判明したことになる。

そこで、勢多橋の橋脚と構造的に類似した橋を地域を広げて求めると、注目されるのが朝鮮半島の新羅《しらぎ》の都であった慶州《けいしゅう》で一九八六〜八七年に発掘調査された月精橋《げっせいきょう》である。

月精橋は月城を流れる南川に架けられた橋で、石造の橋脚基礎とそのすぐ下流で木製の橋脚基礎の二つの橋脚が見つかった。石造橋脚基礎は長辺が約一三・二m、短辺三・七m、両端を三角にした縦長の六角形で、一二・五m間隔に四個検出されている。一方の木製橋脚基礎は一端のみを三角にした縦長の五角形で、石製橋脚基礎の四分の一大である。調査では八個が検出されたが、もとは五m間隔に一二個構築されていたとみられている。二つの種類の橋脚は石造は統一新羅時代、木製がそれ以前の三国時代に構築されたという。木製の基礎台部の上に柱を三列立てて橋脚を構成したとみられる点でよく類似する。ほかに木材の基礎に橋脚を立てた橋は平壌の大同江で清湖洞と休岩洞を結ぶ高句麗時代（五世紀）の木橋が見つかっている。

(3) 勢多橋の下と上

瀬田川に合った橋の構造

勢多橋の橋脚基礎部は最下部に細い丸太材を並べ、その上に直交して太い丸太材を敷《し》いていた。このような構築物の基礎に木材を敷き並べた類例をわが国の古代遺跡に求めると、宮城県多《た》賀城《がじょう》跡の外郭東南隅でみつかった櫓《やぐら》の基礎とされたものがある。多賀城は丘陵上に立地するが、西辺と東南隅に低湿地を含んでいる。この東南隅の櫓は軟質な青灰色粘土の整地土の上に一辺五m前後の角材を筏《いかだ》状に敷き並べ、その上に長さ約五m、木口《こぐち》の一辺が〇・三m前後の角材をせいろ組みにしていた。上に組んだ角材には各隅に〇・二m大の枘穴《ほぞあな》が上に立てる柱のために穿《うが》たれていた。この櫓は、平安時代初期の構築物で、軟弱な地盤のために櫓の土居桁《どいけた》が不等沈下するのを防いだものである。勢多橋の場合は丸太材であるが、同じ目的でこの技法が多賀城に利用されたものと理解される。これは、特定の部分にかかる重量を分散し耐久性をもたせる意図もあわせて含まれていた。さらに調査関係者によると、勢多橋の場合は、橋脚台部の下が水流によって抉《えぐ》られることを防ぐ目的もあったとされている。勢多橋の橋脚基礎部は水面下に置かれたものなので、水流に対する対策も含まれていたとみてよいであろう。

ところで、現状では勢多橋と同一構築法による橋脚は、奈良時代の都城である平城京で見つかっていない。これは、まだ見つかっていないだけと理解することもできるが、他に瀬田川のような幅広い自然河川が平城京ではみられないこともその一因であろう。勢多橋に月精橋と同一の橋脚構造が朝鮮半島から導入されたのは、約一五mの桁行間隔をとりうる構造であった点にあるであろう。さらに、他にもこの構造は川底に掘立式や打ち込み式で橋脚をつくるよりもすぐれた点があった。川底に掘立式や打ち込み式で橋脚を地中に固定する方法では、橋脚の柱がいたんだ時に部分的な取り替えが難しい。これは、古代の掘立柱建物の建て替えが全面的に行われていることをみても、想定できることである。勢多橋は規模の大きな橋である。全体的な建て替えは資材の調達や労働力編成などからみても、大事業とならざるをえないことになる。しかし、勢多橋や月精橋にみる橋脚は組み合わせ式で橋脚台部を構成し、橋脚の柱がその上に立つ構造である。したがって、材質の差異などによって一部の橋脚材が老朽化《ろうきゅうか》した場合や舟の運航などによって破損した場合も部分的な修理、取り替えが可能な構造であったと理解される。おそらく、この二つの利点が勢多橋に月精橋と同一系譜の技術が導入された主要な要因であろう。この技術の導入時期は、無文銀銭が含まれていたことと、天智朝に朝鮮半島から新たな渡来人による技術導入があったとみられることからも、壬申《じんしん》の乱以前に遡る可能性が高いであろう。

さて、勢多橋の橋脚台部と基礎構造部はどのような方法で瀬田川に構築されたのであろうか。これまで報道された見解では、筏《いかだ》状に組んだ橋脚基礎構造物を川底に沈めたとみる見解と、川底を陸化させて構築したとみる考えがある。いずれの方法も可能であろう。しかし、私は後者の瀬田川の川底を陸化させて構築したと推測する。その理由の一つは、橋脚基礎構造物の丸太材の上には棒材を網状に置き、さらに石をのせて丸太材が浮上するのを防いでいた。この棒材は軽いので全体的に沈めにくいように思われること。橋脚台部を構成した六角形の台材が置かれた間には石が積まれ、さらに粘土が石の間を充填していたという。この台材が水中で固定されたとすると、その間を粘土で充填《じゅうてん》するのは難しい。また橋脚の基礎構造物は大量の石で埋められて固定されていた。これを固定するのに用いられた石は角ばった山石で、相互に強固に組み合わせていたという。このような細かな作業が一貫して行われるには、水中に沈めながらの作業では困難なように思われる。このような諸点からすると、渇水期《かっすいき》に土嚢《どのう》袋を用いることによって橋脚予定地周辺の水を排除し、陸化したほうがより作業工程が容易であり、しかも精度の高い橋脚が構築できるであろう。橋脚の基礎構造部の埋土から出土した無文銀銭や和同開珎などの貨幣の多くは、この基礎構造部の工事の際に地鎮的祭祀《じちんてきさいし》にともなって埋土《うめつち》に納められたことも考慮される点である。

古代人の見た勢多橋

つぎに勢多橋の上部構造の詳細は桁行、梁材が出土していないので、直接復原することは困難である。慶州の月精橋の場合も、部材がわずかに出土しただけなので同様である。橋の桁行、梁行が揃《そろ》って出土したのは平城京の九条条間路を縦断した堀河の橋である。この橋は運河として掘られたので舟が通航した。これには橋を高くする必要があったとみられるが、橋桁材は反《そ》りがなく、直線的に架けられていた。おそらく水面から橋桁までは一・五m前後かと思われる。それでも舟の運航に支障がなかったのであろう。

このように日本の古代の橋は反りがないものが一般的であったと思われるが、しかし、それだけではない。『日本書紀』推古二十年是歳条によると、一人の百済から来た男が顔や身体が白斑で異様なので、海中の島に棄てられようとした。その男は白斑を嫌うならば、白斑の牛馬を飼うことができなくなること、山岳の形を構成する才能があることを述べたので、男に須弥山《しゅみせん》の形と呉橋《くれはし》を南庭に築くよう命じた話が記されている。この呉橋は韓橋《からはし》と同じで、欄干のある反橋《そりはし》と一般に理解されている。喜田貞吉氏も、唐橋は両側に欄干《らんかん》があり、その欄干に擬宝珠《ぎぼし》がついた中国の橋を模したもの、呉橋は反橋で両側に欄干があり、屋蓋《おくがい》で覆っていることと、階段状であることに特徴を求めている。

近年、岸俊男氏は中国の江南地方の橋がいずれも舟の通航に便利なようにアーチ型にして欄干がつき、しかも床が階段になっている点から、呉橋に階段を重視した考えを提示した（「小墾田宮の呉橋」『古代宮都の探究』）。江南地方の橋は、一九八三年に私も蘇州、揚州、杭州で多くの橋を見たことがある。特に蘇州の街中に通じた小運河にはアーチ型の石橋が架けられており、その下を小型の舟が通航するのを眺めることができた。

唐代に蘇州の長官をつとめたことのある白居易《はっきょい》は、「正月三日門行」の詩で、

緑浪、東西南北の水

紅欄三百九十の橋

と詠んでおり、多数の木橋が架かっていたことがわかる。蘇州博物館で見た南宋の蘇州城を刻んだ「平江府図《へいこうふ》」の碑は、紹定二年（一二二九）のもので、中国で最も早い時期の詳細な都市平面図である。これには三五九の橋が描かれている。また、マルコポーロは、『東方見聞録』で蘇州に六千の石橋が架かっていたと記しており、これは実数とは思えないが、元代にはほとんど現代と同じように石橋に変わっていたことが知られる。

蘇州の橋では、蘇州城の西南隅に位置する盤門《ばんもん》からみた呉門橋《ごもんきょう》や寒山寺前の楓橋《ふうきょう》のアーチ型が周囲の景観によくあっていた。いずれも呉橋の典型とみてよいものである。石橋は両側に水路にせり出すように橋台が築かれ、その上にアーチ型の橋が築かれていた。これはかなりの高さがあり、欄干と石段がついていた。なかには石段の中央部に幅の狭い平坦な自転車用通路をつけた橋も多く見られた。

このような船の通航と橋の形態との関係を見ると、勢多橋の場合も琵琶湖と瀬田川で舟の通航が少なくなかったから、反りをもった橋が望ましかったであろう。しかし、大きな河川に架けた橋は、水位の変化を考慮して高く架けられる場合が多いので、勢多橋が当初から反りをもち、しかも欄干に擬宝珠がつけられた唐橋の形態をなしていたかは明らかでない。

からはしという表現は、『類聚三代格』巻一五、延喜《えんぎ》二年（九〇二）の太政官符《だじょうかんぷ》にみるのが早い例である。しかし、前に述べたように、近江には渡来系氏族が多く居住したので、月精橋の系譜を引く橋脚が採用された際に、欄干と擬宝珠を備えた唐橋の形態が採用された可能性が少なくないように思われる。

参考文献

石井則孝・三輪嘉六「昭和四〇年度平城京発掘調査概報」『奈良国立文化財研究所年報』一九六六　一九六六年
上市町教育委員会「江上A遺跡」『北陸自動車道遺跡調査報告』一九八一年
奈良国立文化財研究所『平城宮発掘調査報告』XI　一九八二年
奈良県立橿原考古学研究所「大和郡山市稗田・若槻遺跡発掘調査概報」『奈良県遺跡調査概報』一九八〇年度　一九八二年
奈良国立文化財研究所『平城京東堀河　左京九条三坊の発掘調査』一九八三年
滋賀県教育委員会・㈶滋賀県文化財保護協会『長命寺湖底遺跡発掘調査概要』一九八四年
岸俊男『古代宮都の探究』一九八四年、塙書房
滋賀県教育委員会・㈶滋賀県文化財保護協会『志那湖底遺跡発掘調査概要―志那南その2I区―』一九八七年
滋賀県教育委員会・㈶滋賀県文化財保護協会「赤野井湾遺跡」『湖岸堤天神川水門工事に伴う埋蔵文化財発掘調査概要報告書2』一九八七年
滋賀県教育委員会・㈶滋賀県文化財保護協会「唐橋遺跡―瀬田川浚渫関連文化財範囲確認調査―」一九八七年
㈶群馬県埋蔵文化財調査事業団「三ツ寺I遺跡」『上越新幹線関係埋蔵文化財発掘調査報告』第八集　一九八八年
文化財研究所・慶州古蹟発掘調査団『月精橋発掘調査報告書』一九八八年
大沼芳幸「滋賀県大津市唐橋遺跡」『日本考古学年報』一九八八年度版　一九九〇年

小笠原好彦編『勢多唐橋―橋にみる古代史』六興出版　一九九〇年九月

十　近江の仏教と古代寺院

(1) 近江の初期寺院と穴太廃寺

穴太廃寺の新旧伽藍

一九八四・八五年、西大津バイパスの事前発掘調査によって大津市北郊にある穴太《あのう》廃寺の中心伽藍《がらん》があきらかになった。この調査では新旧二つの伽藍の主要堂塔が重複して検出された。しかも旧伽藍は北で東に三五度偏し、新伽藍はほぼ真北という伽藍の方位が大きく異なる例の少ないものであった。

まず、旧伽藍は西に金堂（東西一二m、南北一四・四m）東に塔を配したものである。金堂は基壇の一部と地覆石、塔は基壇の北辺と西辺の一部の地覆石がみつかった。塔の地覆石の西辺には、近江では産出しない凝灰岩《ぎょうかいがん》切石が使用されていた。ほかに金堂の西八mで、南北に走る回廊も検出された。この旧伽藍は中金堂の遺構がみつかっていないが、南北棟の金堂を西に、東に塔を配した川原寺式とみる考えと、四天王寺式（回廊が講堂と金堂間にはいるので、むしろ山田寺式）とみる考えとがあり、前者が有力視されている。

新伽藍は創建伽藍を全面的に撤去《てっきょ》して建て替えたもので、西に金堂、東に塔、その北に講堂が配置されていた。

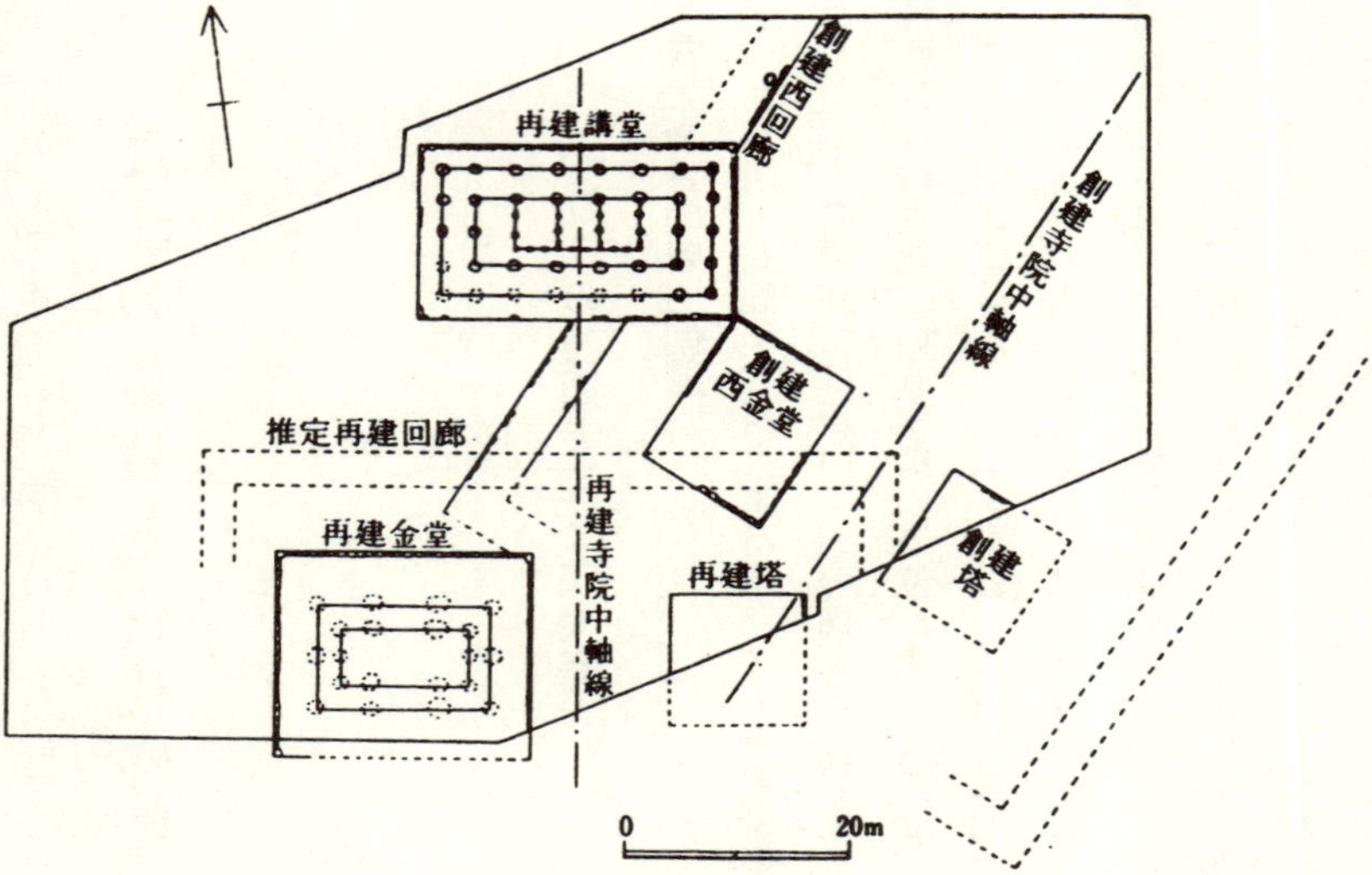

図1-10-1　穴太廃寺検出遺構概略図

金堂は通常と異なり、桁行三間（二二・八m）梁行二間（一九m）で、四面庇《しめんひさし》をつけており、奈良県山田寺、三重県夏見《なつみ》廃寺の金堂と同一構造のものであった。基壇外《がい》装《そう》は地覆石《じふくいし》上に平瓦を積んだ瓦積基壇で、北面では一m近く遺存した。塔は調査地内では北半部の地覆石が検出されただけであるが、講堂は桁行七間（二七・六m）、梁行四間（一五・六m）で、礎石の大部分がのこり、身舎《もや》の中央に三間分の須弥壇《しゅみだん》をもうけた束石《つかいし》も検出された。

二つの伽藍のうち、新伽藍は川原寺系の複弁八葉蓮華文軒丸瓦と大型の単弁八葉蓮華文軒丸瓦が共伴したことから、大津北郊の南滋賀町廃寺や崇福寺とおなじく、大津京時に建て替えられたことがわかる。いっぽう、旧伽藍は直接ともなった軒瓦はないが、軒丸瓦のなかに新伽藍のものに先行する型式の小さな中房の中央に蓮子を一つ配し、弁の中央に稜をもつ蓮弁と楔形《くさびがた》の間弁《かんべん》をつけた高句麗《こうくり》系の軒丸瓦が出土しているので、これがともなった可能性が高い。これと同型式の軒丸瓦は京都市北野廃寺、幡枝《はたえだ》瓦窯、宇治市隼上《はやあが》り瓦窯から出土し、飛鳥期にさかのぼるということになる。さらに関連するものに

「庚寅年《かのえのとら》」、「壬辰年《みずのえのたつ》六月」とヘラ描きした文字瓦も出土している。庚寅年は六三〇年か六九〇年、壬辰年は六三二年か六九二年のいずれかにあたるが、六三〇年と六三二年以外の該当年は考えがたい。このように穴太廃寺が飛鳥期に造営されたとすると、発掘された近江の飛鳥寺院は大津市堅田の衣川《きぬがわ》廃寺についで二例目ということになる。

衣川廃寺の造営氏族

衣川廃寺は一九七五年に調査され、金堂跡とその東南で塔跡がみつかった。塔の対称位置にあたる西側では堂塔が検出されていない。出土した軒丸瓦七型式、軒平瓦一型式のうち、薄肉で無子葉弁の蓮華文軒丸瓦は飛鳥期まであがるとみてよいものである。

衣川廃寺は天神川の南に位置し、この氏寺の造営を行った氏族に関係をもつとみられる古墳としては、北の真野《まの》川《がわ》とのあいだにある春日山古墳群があげられる。春日山古墳群を墓域とした氏族としては、真野氏、近淡海国造《ちかつおうみのくにのみやつこ》氏・近江臣氏らが候補になる。このうち近淡海国造氏と近江臣氏は同一氏族とみる見解（大橋信弥「近淡海国造について」『滋賀考古学論叢』二）にしたがうと、真野氏と近江臣氏のいずれかである。春日山古墳群は少なくとも六群にわかれており、天神川以南地域に近江臣氏にみあった大規模な群集墳がないことと近江臣氏と真野氏が同族であることからすると、この古墳群には真野氏だけでなく近江臣氏の古墳もふくまれていた可能性が高い。さらに七世紀後半に、真野川の南、春日山古墳群の東北に真野氏の氏寺とみてよい真野廃寺が造営されたことをみると、衣川廃寺は近江臣氏によって造営されたと理解される。

衣川廃寺の無子葉八弁蓮華文と同型式の軒丸瓦は、大和の飛鳥地域の奥山久米寺、斑鳩《いかるが》地域の法輪寺・中宮寺、大和東北部の横井廃寺などに分布する。このうち中房に1＋4の蓮子をつけたものは、飛鳥の奥山久米寺と大和東北部の横井廃寺にみられる。大和東北部は春日・大宅《おおやけ》・粟田《あわた》・小野・柿本《かきのもと》など和邇《わに》系氏族が居住した地域である。だとすると、近江の和邇系氏族である近江臣氏が建立した衣川廃寺は、飛鳥地域よりも、大和東北部の寺院と強い関連をもって造営されたとみてよいであろう。

穴太廃寺の創建瓦

穴太廃寺から出土した最古型式の無子葉有稜弁で楔形の間弁を配した軒丸瓦は、前述のように京都市北野廃寺やその瓦を生産した幡枝瓦窯、豊浦寺の瓦を生産した宇治市隼上り瓦窯と関連が深い。北野廃寺は『日本書紀』推古一一年（六〇三）一一月己亥条にみる秦造河勝《はたのみやつこかわかつ》によって造営された蜂岡寺や野寺とする説がある。これは葛野郡《かどのぐん》にあり、秦氏が開発した地に造営された寺院である。また隼上り瓦窯の管理・運営は在地の有力氏族であった宇治氏のほかに秦氏も関係したことが考慮されるという（杉本宏『隼上り瓦窯跡発掘調査概報』）。とすると、穴太村主《あのうのすぐり》氏によって造営されたとみてよい穴太廃寺の軒丸瓦は、北野廃寺、隼上り瓦窯いずれの関連からみても渡来系氏族の秦氏とのつながりによって導入された可能性がきわめて高い。

このようにみると、初期の仏教文化の導入期にあたる衣川廃寺・穴太廃寺の造営では、氏族のつながりによって寺院造営が行われたとともに、氏族の個性が顕著に反映されたことがわかる。

穴太遺跡の基壇建物

穴太遺跡は一画に穴太廃寺をふくむ集落遺跡である。この遺跡の穴太廃寺の西と東にあたる調査地では、穴太村主が居住したとみられる集落の住居跡がみつかっている。ここでは両調査地とも六世紀末から七世紀はじめの切妻大壁《おおかべ》造り住居がみつかった。これは方形に掘られた細い溝に〇・五～一・〇m間隔に細い柱を立

写1-10-1　衣川廃寺出土の軒丸瓦

て、むかいあった辺の中央に棟持柱をすえたほかに類例のないものである。さらに東調査地では、六世紀末に一辺約五m、高さ〇・二mの基壇上に礎石を配した土壁造りの方形建物も検出された。この集落の住居は、前述の切妻大壁造り住居のほかに掘立柱建物がみつかっているので、基壇をもつ方形造り礎石建物はきわめて特異な性格の建物と推測される。『扶桑略記《ふそうりゃっき》』には継体十六年（五二二）に、渡来した司馬達等《しばたっと》が大和国高市郡坂田原に草堂《そうどう》をむすび、本尊を安置礼拝したという。このような記事を見ると、穴太遺跡では仏教的遺物はみつかっていないが、渡来系氏族の穴太村主氏も穴太廃寺造営以前に、草堂的建物を集落の一画にいとなみ仏教を崇拝していた可能性を考慮する必要があるであろう。

近江の初期仏教

近江で発掘された飛鳥期の寺院は、衣川廃寺と穴太廃寺のみであるが、文献や古瓦からはほかにも飛鳥期の寺院や仏教文化とかかわりをもったとみられるものが少なからず散見する。

まず、『日本書紀』敏達《びたつ》十三年（五八四）には、百済から帰朝した鹿深臣《かふかのおみ》が弥勒《みろく》石像を将来した。鹿深臣は甲賀郡を居拠とした甲賀臣で、天平勝宝三年（七五一）の「東大寺文書」で、甲賀郡蔵部《くらぶ》郷に居住したことがわかる。また、『日本書紀』推古十四年（六〇六）五月戊午条には、鞍作止利《くらつくりのとり》が飛鳥寺の本尊を製作し、しかも金堂の戸より高かった仏像を堂内に安置した功で、近江国坂田郡の水田二〇町をたまわり、金剛寺（坂田尼寺）を建立した記事がある。これによって、坂田郡が飛鳥地域の仏教文化となんらかの関係をもったことが想定される。さらに、推古十六年（六〇八）、小野妹子らと中国にわたった遣唐学問僧に、志賀漢人恵隠《しがのあやひとえおん》がいる。恵隠は在唐三一年後の舒《じょ》明《めい》十一年（六三九）に帰朝した。

軒瓦では、ふるく神崎郡能登川町《のとがわちょう》の小川廃寺から飛鳥期の無子葉十弁蓮華文軒丸瓦が採集されている。これは拓影が『近江神崎郡志稿』、『滋賀県史蹟名勝天然記念物概要』に掲載されており、外縁幅が広くみえるが、笵《はん》の外縁はせまく古い型式とみてよい。現在は所在があきらかでないけれども注目される資料である。また、草津市志那《しな》中《なか》町の大般若寺跡からは、一九五〇年に梅原末治氏によって報告された花弁に五葉の忍冬文をいれた飛鳥期の六弁蓮華文軒丸瓦が出土している。これは法隆寺若草伽藍のものと同笵《どうはん》という。大般若寺は、『興福寺官務牒疏《かんむちょうそ》』に天武天皇による勅願で、恵隠の弟子の定恵《じょうえ》が建立した寺院としており、法隆寺との関係はあきらかでない。しかし、『法隆寺伽藍縁起并流記資財帳』には、近江栗太郡に水田二一町七段一四四歩、栗太郡物部郷に薗地四段と庄倉屋一処があったことをしるしている。志那の大般若寺は木川《きのかわ》郷にふくまれるので、直接には関連をもたないとしても、隣接する物部郷と法隆寺とのあいだに強いつながりがあったことは留意される点である。

(2) 大津京の寺院

大津京の四寺院

大津京の存在が推測される大津北郊には、前述の穴太廃寺のほかに崇福寺《すうふくじ》・南滋賀町廃寺・園城寺《おんじょうじ》の三寺院がある。これらは同様の軒瓦が出土しているので、大津京時に京と関連をもっていとなまれた寺院とみてよい。各寺院の位置を見ると、穴太廃寺は山城から白鳥越でぬけたすぐ南、崇福寺は滋賀里の西方山中にあり、山中越えの北ルートから大津京にはいる古道ぞいに面する。南滋賀町廃寺は山中越をそのまま東進して大津京にはいった位置、さらに園城寺は小関越と古近江路との交点付近に位置した。各寺院はこのように古道と深い関連をもつ位置に建立されている。これには大津京を防備する意図を含めて各寺院が配置されたとみる見解もある（林博通『大津京』）。しかし、穴太廃寺の造営は大津京以前にさかのぼる。また南滋賀町廃寺・園城寺も寺院造営を行った大友村主氏が山城ルートを重視した位置に集落をいとなんだことも考慮する必要があるであろう。

穴太廃寺の新伽藍は、大津京時に中軸線を京の地割にそって法起寺式に配置された。焼失していない穴太廃寺が建て替えられたのは、官寺として大津京域にふくまれたことによるものであろう。新伽藍の金堂基壇は花崗岩の地覆石上に平瓦を積んだ瓦積基壇《かわらづみきだん》で、ほかの塔・講堂も同様とみてよい。寺域は東西二・五町、南北も同規模とみられる。遺物では講堂から銀製押出仏《おしだしぶつ》の菩薩《ぼさつ》像と三尊仏を表現した塼仏《せんぶつ》が出土した。

崇福寺は、『扶桑略記《ふそうりゃっき》』に天智天皇の勅願によって天智七年（六六八）に大津宮の乾《いぬい》の山中に造営された寺院である。堂塔は三尾根にわかれ、南尾根に金堂跡・講堂跡、中尾根に小金堂・塔跡、北尾根に弥勒堂《みろくどう》跡と東方基壇が遺存する。三尾根のうち、南尾根と中尾根・北尾根の建物主軸方位がちがっており、造営時期が異なることが知られている。北尾根の弥勒堂は花崗岩の上に平瓦を積んだ瓦積基壇、その東方基壇では平瓦を合掌積《がっしょうづみ》した瓦積基壇がみつかっている。中尾根の塔心礎で検出された舎利孔《しゃりこう》から、金銅製外函、銀製中函、金製内函の舎利容器と荘厳具《そうごんぐ》が出土した。外函の台脚部に透彫りした格狭間《こうざま》があり、この格狭間様式の時期をめぐり、梅原末治氏と石田茂作氏によって論争が行われたことは著名である。ほかに中尾根の塔と小金堂の中間付近で独尊仏の塼仏が出土している。

南滋賀町廃寺は金堂の西南に西金堂、東南に塔、北に講堂を配した川原寺式伽藍の寺院である。前述の崇福寺も中尾根の小金堂・塔と北尾根の弥勒堂の配置は、この南滋賀町廃寺と共通することになる。金堂・西金堂・塔の基壇外装はいずれも花崗岩上に平瓦を積んだ瓦積基壇である。

園城寺は発掘されていないので、堂塔の配置はあきらかでないが、大津京時とみてよい軒瓦が採集されている。

以上の各寺院では川原寺式の軒瓦（A系統）と崇福寺ではあきらかでないが、ほかに単弁八葉蓮華文（B系統）の軒丸瓦が葺《ふ》かれている。二系統の軒瓦は穴太廃寺の金堂では両者が使用されていた。これは大きさが少し異なるので、同一の屋根にくみあわせて葺《ふ》くのはむずかしい。おそらく初層と上層とで屋根の軒瓦をちがえて葺くなど、層ごとに区別して葺いた可能性が高いであろう。

瓦積基壇の成立

大津京の寺院では、瓦積基壇が顕著にみられる。瓦積基壇には、地覆石の使用の有無や平瓦の積み方で数種の構築法がある。地覆石上に平瓦を平積した崇福寺弥勒堂、南滋賀町廃寺中金堂・西金堂・塔、穴太廃寺金堂と地覆石上に平瓦を合掌積した崇福寺弥勒堂の東方建物の基壇は、地覆石を省略したものよりもふるい様式とみてよい。古様式のものは、ほかに京都市北白川廃寺、高麗寺《こまでら》塔、兵庫県三ツ塚廃寺塔、西条廃寺塔、鳥取県大寺廃寺金堂・講堂、大分県虚空蔵寺《こくぞうじ》塔などにみる。これらのうち、成立時期を知りうるものでは大津京関連寺院の穴太廃寺・崇福寺・南滋賀町廃寺がもっともふるいので、近江の古代寺院で瓦積基壇が成立したとみてよい。崇福寺弥勒堂の東方建物基壇にみる合掌積《がっしょう》の瓦積基壇は、朝鮮扶余《ふよ》の軍守里《ぐんしゅり》廃寺の中央基壇（金堂）の南面部、東方基壇の南面部、北方基壇（講堂）の南面部でみつかっているので、瓦積基壇の外装は百済寺院から導入されたものとみなされる。とすると、この外装様式が導入される契機は、白村江《はくそんこう》の戦い（六六三年）による百済の滅亡によって日本に移住した百済人が大津京の寺院造営とかかわりをもつことによって成立したことが考えられるが、穴太廃寺の創建西金堂にももちいられた可能性があり、なおあきらかでない。

この瓦積基壇は壬申の乱のとき、近江方の副将であった田辺史小隅《たなべのふひとおすみ》と関連をもつ大阪府田辺廃寺、南滋賀町廃寺と伽藍、出土瓦に関連をもつ鳥取県大寺廃寺など、近江とかかわりの深い寺院にみられる。また百済滅亡のときに渡来した百済僧弘済によって建立された三谷寺に想定される広島県寺町廃寺、さらに山城をはじめ近畿の渡来系氏族寺院などで多く採用されている。近江でも後述するように輻線文縁《ふくせんもんえん》軒丸瓦を葺く草津市宝光寺や白村江《はくそんこう》の戦い後に百済人が移住した蒲生郡の宮井廃寺などで出土していることからすると、渡来人とのかかわりが多くみられることになる。

(3) 近江の渡来系氏族寺院

輻線文縁軒丸瓦と渡来系氏族

近江には渡来人が各地に居住した。このうち、大津市北郊地域の渡来系氏族については、水野正好氏がこの地域の後期群集墳の横穴式石室に玄室の平面形が方形で、壁がドーム状をなし、天井に一石をのせ、ミニチュアの炊飯具を副葬する特異性をあきらかにした。また水野氏はあわせて滋賀郡大友郷に穴太村主《あのうのすぐり》・三津首《みつのおびと》・大友村主・志賀漢人《しがのあやひと》、錦織郷に錦織村主・大友村主らの渡来系氏族が集住したことも解明した（水野正好「滋賀郡所住の漢人系帰化氏族とその墓制」『滋賀県文化財調査報告書』四）。いっぽう、山崎信二氏はこの地域に造営された穴太廃寺、南滋賀町廃寺、崇福寺など近江の寺院をはじめとする外縁に輻線文《ふくせんもん》をつけた軒丸瓦がいずれも渡来系氏族によって造営された寺院に葺かれたことをあきらかにした（山崎信二「後期古墳と飛鳥、白鳳寺院」『文化財論叢』）。

輻線文とは車輪のスポーク状の放射線をつけた文様である。この軒丸瓦はほかに近江では草津市宝光寺跡・観音堂廃寺・栗東町手原廃寺・近江八幡市安養寺廃寺・彦根市屋中寺《やちゅうじ》跡・下岡部《したおかべ》廃寺からみつかっている。近江以外では大和の桧隈寺《ひのくまでら》跡・大窪《おおくぼ》寺跡・橘寺、山城の法観寺跡、三河の寺領廃寺など、ごくわずかにすぎない。輻線文縁軒丸瓦には蓮弁が無子葉弁・有子葉弁・複子葉弁の三種がある。無子葉弁は穴太廃寺・南滋賀町廃寺・崇福寺・宝光寺跡・観音堂廃寺・手原廃寺で出土し、琵琶湖西岸の大津京関連寺院とその対岸にあたる栗太《くりた》郡にかぎられる。単子葉弁は安養寺廃寺・三河寺領廃寺、複子葉弁は崇福寺・下岡部廃寺・屋中寺跡・大和桧隈寺跡で出土する。このように輻線文縁軒丸瓦は近江に集中し、しかも大津京関連寺院に無子葉弁のものが顕著にみられることから、大津市北郊の渡来系氏族によって採用された可能性がもっとも高い。穴太廃寺は穴太村主、南滋賀町廃寺は大友村主によって造営された渡来系氏族寺院である。そのほかの近江の寺院は、山崎氏によれば宝光寺は栗太郡に居住した漢人系の磐城村主《いわきのすぐり》・大石村主、安養寺廃寺は「正倉院文書」にみえる大友曰佐《おさ》、屋中寺跡、下岡部廃寺は『続日本紀』天平宝字二年（七五八）条に神崎郡に居住したことをしるす桑原史に想定されるという。その後判明した観音堂廃寺の追加をふくめ、栗太郡の造営氏族の想定には、なお検討の余地があるが、いずれも寺院の所在地周辺に渡来系氏族が居住したことが知られる。

このように、近江の渡来系氏族は後期の群集墳の石室に固有の形態を採用したように、寺院造営を行うにあたっても、固有の瓦当文様を採用したことがわかるのである。

宝光寺と二つの軒丸瓦

輻線文縁軒丸瓦をもつ宝光寺には、なお二つの注目される軒丸瓦がある。一つは蓮弁の中央に稜線が走り、二枚

輻線文縁軒丸瓦

単弁蓮華文軒丸瓦

複弁を十字に配した軒丸瓦

写1-10-2　宝光寺跡出土の軒丸瓦

かさなる下弁の輪郭線が基部で左右の蓮弁に連結するもの、いま一つは三弁からなる複弁を中房をはさんで十字に配し、そのあいだに円形文もしくは蓮華文を一個ずつ配したものである。前者の単弁蓮華文軒丸瓦は日本には例がなく、朝鮮新羅の天恩寺址・四天王寺址・檣頭《しょうとう》山西麓などに複弁八葉ながら下弁の輪郭線の基部で連結し、外縁に珠文をめぐらすものがある。また後者の複弁を十字に配した軒丸瓦は、大津市東光寺《とうこうじ》跡でも同笵のものが出土し、東光寺の軒丸瓦とみられるふしがある。これも朝鮮新羅の南山仏付近に、蓮弁を十字に配し、そのあいだに「万正之寺」の文字を分割して配したものがある。

以上の二つの軒丸瓦は新羅の瓦当文様をとりいれたとみてよい。とすると、宝光寺は創建時には輻線文縁《ふくせんもんえん》軒丸瓦を葺き、その後、新羅の文様をいれた単弁蓮華文、さらに東光寺から新羅の文様をいれた軒丸瓦が供給されたことになる。宝光寺が建立された草津西北部の湖岸よりには、ほかに花摘寺《はなつみでら》廃寺・観音寺廃寺・長束《なつか》廃寺・観音堂廃寺・大般若寺跡・笠寺廃寺などの白鳳寺院が集中する。これらのうち、東光寺から宝光寺にのみ軒丸瓦が供給されたのは、両寺院が渡来系氏族として親密な関係にあったからにちがいない。

草津市の湖岸よりから瀬田に集中する白鳳寺院を造営した氏族が、いつからここを本拠地としたかはあきらかでない。なかには宝光寺・観音堂廃寺・東光寺を造営した渡来系氏族をふくんでいる。この地域の後期古墳群は伊岐《いき》志呂《しろ》神社古墳群・山田古墳群など、ごく一部にすぎない。渡来系氏族の古墳とみるべき石室もみあたらない。とすると、渡来系氏族の古墳群は対岸の大津北郊の山麓にいとなまれた古墳群の中にふくまれている可能性があるであろう。

湖東式軒丸瓦の性格

近江の湖東地域には、湖東式軒丸瓦と呼ぶ近江固有の瓦当文様をもつ軒瓦を葺いた寺院がある。この軒丸瓦は単弁八葉蓮華文で中房に大きな蓮子を一つつけ、その周囲に蓮子を環状にめぐらし、外区内縁に珠文をつける点に特徴がある。外区外縁は圏線《けんせん》をつけるものと素文のものとがある。この型式の軒丸瓦は秦荘町《はたしょうちょう》軽野塔ノ塚《かるのとうのつか》廃寺・小八木廃寺・妙園《みょうおん》寺廃寺・野々目《ののめ》廃寺・蒲生町綺田《かばた》廃寺・宮井廃寺・竜王町雪野寺《ゆきのでら》跡など湖東でも愛知《えち》郡と蒲生《がもう》郡の二郡に集中し、ほかは湖北町小江《おえ》廃寺・高月町浅井寺跡・井口《いのくち》廃寺など湖北の北部地域に一部みるだけである。

湖東式軒丸瓦は畿内はもとより、日本では類例がない。朝鮮では百済の忠清南道《ちゅうせいなんどう》公州の大通寺址・南穴寺《なんけつじ》址・西《せい》穴寺《けつじ》址、新羅の阿火付近出土の軒丸瓦によくにたものがある。大通寺址、阿火付近のものは蓮弁や中房の特徴では共通するが、外区に珠文をめぐらすだけである。

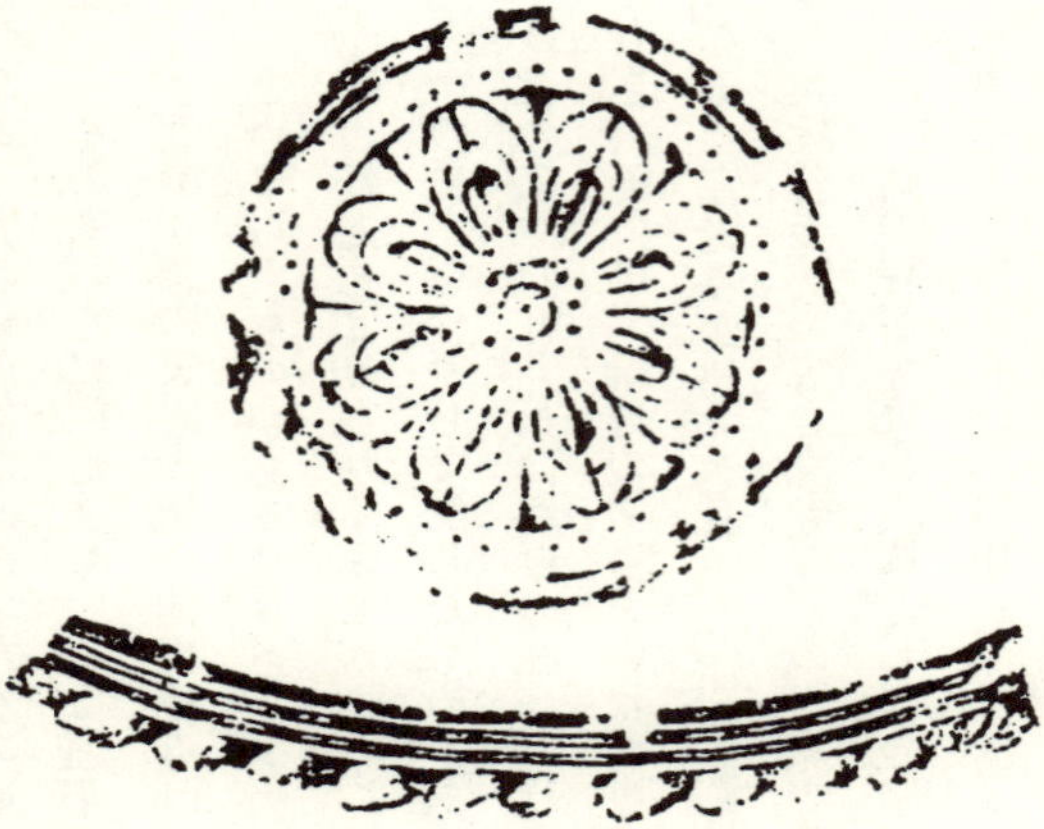

図1-10-2　軽野塔ノ塚廃寺出土の湖東式軒瓦

西穴寺址からはほぼ同一文様構成のものが出土している。また南穴寺址のものは複弁ながら中房を界線で八区分し、蓮子を環状につけたものがある。この特徴は近江の野々目廃寺、井口廃寺の湖東式軒丸瓦にみる。これは高句麗の軒丸瓦に顕著にみる特徴で、百済にも伝えられていたことがわかる。

このように、湖東式軒丸瓦の祖型は百済・新羅寺院の軒丸瓦にみられ、西穴寺址には同一文様のものがあるので、朝鮮から畿内を経由せずに伝えられたことになる。西穴寺址・南穴寺址など、これらの軒丸瓦の年代はあきらかでないが、新羅統一後とみられている（軽部慈恩「公州出土の百済古瓦に就《つ》いて」『考古学雑誌』二二―八）ので、おそらく七世紀の第Ⅲないしは第Ⅳ四半期のものであろう。なお、湖東式軒丸瓦と組み合う軒平瓦は軽野塔ノ塚廃寺・小八木廃寺などで指頭圧痕をつけた重弧文軒丸瓦が出土している。これは朝鮮では百済扶余《ふよ》の軍守里《ぐんしゅり》廃寺にみられ、中国でも吉林省の渤海《ぼっかい》時代の遺跡、河南省、内蒙古自治区などで散見する。

湖東式軒丸瓦を創建瓦とした軽野塔ノ塚廃寺・小八木廃寺・野々目廃寺・妙園寺廃寺が建立された愛知郡は、『日本書紀』大化元年条に、朴市秦造田来津《えちはたのみやつこたくつ》の名がしるされているように、渡来人の朴市（依知）秦氏が居住した地域である。その後も、「正倉院文書」に愛智郡大領依智秦公門守、郡司子弟の依智秦公浄成、長万呂らの名が記載されている。この地域の古墳群には上蚊野《かみかの》古墳群・蚊野外《かのとの》古墳群をふくむ約三〇〇基からなる大群集墳の金剛寺野古墳群がある。一九七六年の上蚊野古墳群の発掘調査では、通常の横穴式石室のほかに、玄室《げんしつ》の床面を一段低くした竪穴系横口式石室をふくむことが判明した。この型式の石室は輻線文縁軒丸瓦を葺いた渡来系氏族寺院の安養寺廃寺に近い竜王町三ツ山古墳群でも知られ、ミニチュアの炊飯具のような特殊な遺物は出土しないが、渡来系氏族の古墳群とみる見解がある（中谷雅治「階段状石積みのある横穴式石室」『水と土の考古学』）。このような古墳の特徴をもあわせると、愛知郡の湖東式軒丸瓦を葺いた寺院の多くは、渡来系氏族の依智秦氏一族の寺院とみてよいであろう。

つぎに蒲生郡の綺田《かばた》廃寺は地名の綺が錦を意味し、近くに百済系の石塔をもつ石塔寺が所在することからも、渡来系氏族寺院とみてよい。また塑像《そぞう》が多量に出土して著名な雪野寺は、この寺院が位置する雪野山が「野寺鐘縁起」に安吉《あぎ》山と呼ばれ、蒲生郡安吉郷にあったことがわかる。さらに北六㎞には安吉神社もあるので、雪野寺は安吉氏一族によって造営された寺院と推測される。また宮井廃寺は一九八〇～八三年の発掘調査で紀寺式軒丸瓦と指頭圧《しとうあつ》痕《こん》をもつ重弧文軒平瓦が金堂・塔など主要伽藍に葺かれたことが判明した寺院で、調査では湖東式軒丸瓦はまったく出土していないので、なお検討が必要である。

さらに湖北の余呉川周辺に位置する井口廃寺・浅井廃寺・小江廃寺の湖東式軒丸瓦もほぼ同様の特徴をもつものであるが、ここではなぜか指頭圧痕の重弧文軒丸瓦がともなわない。おそらく、湖北のものは少し時期的におくれるものであろう。湖北に居住した渡来系氏族には、浅井郡に漢人系の錦曰佐・錦村主らが知られるので、こうした渡来系氏族とかかわった氏寺であったとみてよいであろう。

以上あげた近江の渡来系氏族の寺院は一八寺院にのぼる。この数は近江の飛鳥・白鳳寺院として知られる六十数寺院の約三〇%を占める高い比率である。

では、湖東式軒丸瓦や宝光寺・東光寺の軒丸瓦は、いつ、どのようにして成立したのか。湖東式軒丸瓦の年代は、七世紀後半とみるほかに八世紀とする見解もある。宮井廃寺では、湖東式軒丸瓦とくむ指頭圧痕の重弧文軒平瓦が紀寺式軒丸瓦とくんでいる。宮井廃寺の創建平瓦は蒲生町辻岡山一号窯で、飛鳥Ⅳの須恵器とともに出土しているので、七世紀第Ⅳ四半期には成立していたとみてよい。とすると、この時期に朝鮮半島と関連深いことには白村江の戦いの敗戦（六六三年）によって、百済から日本への移住者が多数にのぼったことがあげられる。『日本書紀』天智四年（六六五）二月是月条には、「百済の百姓男女四百余人を以て、近江国の神前郡《かんざきぐん》に居《お》く」と記す。さらに四年後の天智八年是歳条には、「佐平余自信《さへいよじしん》、佐平鬼室集斯《さへいきしつしゅうし》ら、男女七百余人を以て、近江国蒲生郡に遷《うつ》し居く」とのべ、神崎郡・蒲生郡に百済人が配されたことをしるしている。これによって、この時期に進行していた湖東の渡来系氏族による寺院造営とのかかわりが生じたことも十分ありえたことである。いっぽう、白村江の戦い以後、七〇二年に遣唐使が再開されるまで、日本は唐との文化交流を欠いた時期である。この間の外来文化はもっぱら新羅に依存した。東光寺・宝光寺の軒丸瓦はこの時期に、近江の渡来系氏族が新羅の仏教文化を積極的に直接とりいれることがあったことを示すものであろう。

〔補記〕本稿は水野正好編『古代を考える 近江』所収（吉川弘文館 一九九二年）の「近江の仏教文化」を改題して掲載した。

十一　近江の古代寺院と渡来系氏族

(1) 大津京関連寺院の瓦

近江は古代寺院の多いところである。これまでの研究によると、飛鳥・白鳳時代に遡る古代寺院は六〇数カ所が知られる。これは当時の中心地である大和の八〇数寺院につぐ数である。これらの古代寺院に葺かれた瓦は、山田寺式や川原寺式の軒丸瓦が採用されたものが多く、基本的には大和など畿内の古代寺院と変わらない。しかし、全く同じというわけではない。近江の古代寺院には、畿内の古代寺院では全くみられないか、あるいは、ごくわずかしかみられないものがあることもこれまで注意されてきた。

その代表的なものの一つは、一九八四・八五年の発掘調査で伽藍が見つかった大津市穴太《あのう》廃寺などから出土する外縁に輻線文《ふくせんもん》をつけた軒丸瓦である。輻線文とは、車輪のスポーク状に放射線をなす文様である。穴太廃寺の輻線文をもつ軒丸瓦は、子葉をもたない蓮弁の中央に稜線をつけた肉厚な蓮弁と幅広い外縁に、放射線をつけた大形のものである。この穴太廃寺では、主軸が北で東に四二度振った創建伽藍とほぼ真北に近い再建伽藍の二つの伽藍が重複して見つかっており、軒丸瓦も素弁系、単弁系、複弁系の三種のものが出土している。二つの時期の伽藍と軒丸瓦との関係は、今後だされる正式報告にまつべきであろうが、いま問題とする輻線文縁の単弁八葉蓮華文軒丸瓦は、再建した金堂の周辺から多量に出土したことからして、再建伽藍に葺かれた軒瓦であったことはまちがいない。この再建伽藍は、東に偏して配置された創建伽藍真北方向に大きく変更して建立されている。その理由は、これまで調査関係者によって見解がだされてきたように、天智天皇による大津京造営と密接に関連したこともまた、まちがいないことであろう。

さて、穴太廃寺から出土した軒丸瓦と同じ外縁に輻線文をつけた瓦をほかに求めると、近江では大津市南滋賀廃寺、崇福寺跡、草津市宝光寺跡、栗東町手原廃寺、近江八幡市安養寺廃寺、彦根市屋中《やちゅう》寺跡、下岡部廃寺の七寺院から見つかっている。この瓦は、近江のほかには大和桧隈《ひのくま》寺跡、大窪寺跡、橘寺、山城法観寺跡、三河寺領廃寺など、ごくわずかに散在して知られる程度であり、近江で最も集中してみられる軒丸瓦ということになる。

輻線文縁軒丸瓦は、蓮弁の型式からみると、無子葉弁、有子葉弁、複弁の三種がある。無子葉弁は穴太廃寺、南滋賀廃寺、崇福寺跡、宝光寺跡、手原廃寺で出土する。これらは大津京関連寺院とその対岸の栗太郡に限って分布

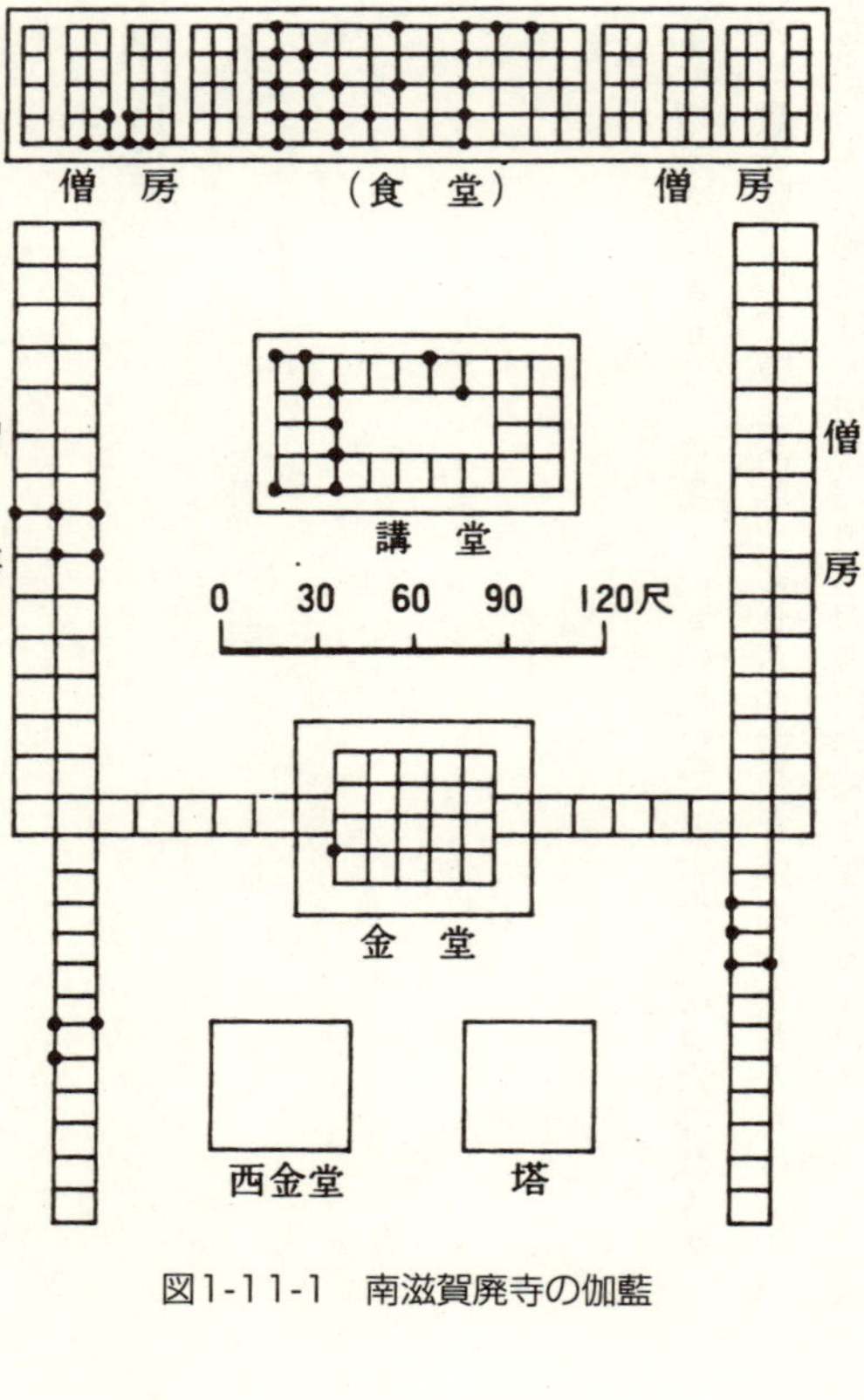

図1-11-1　南滋賀廃寺の伽藍

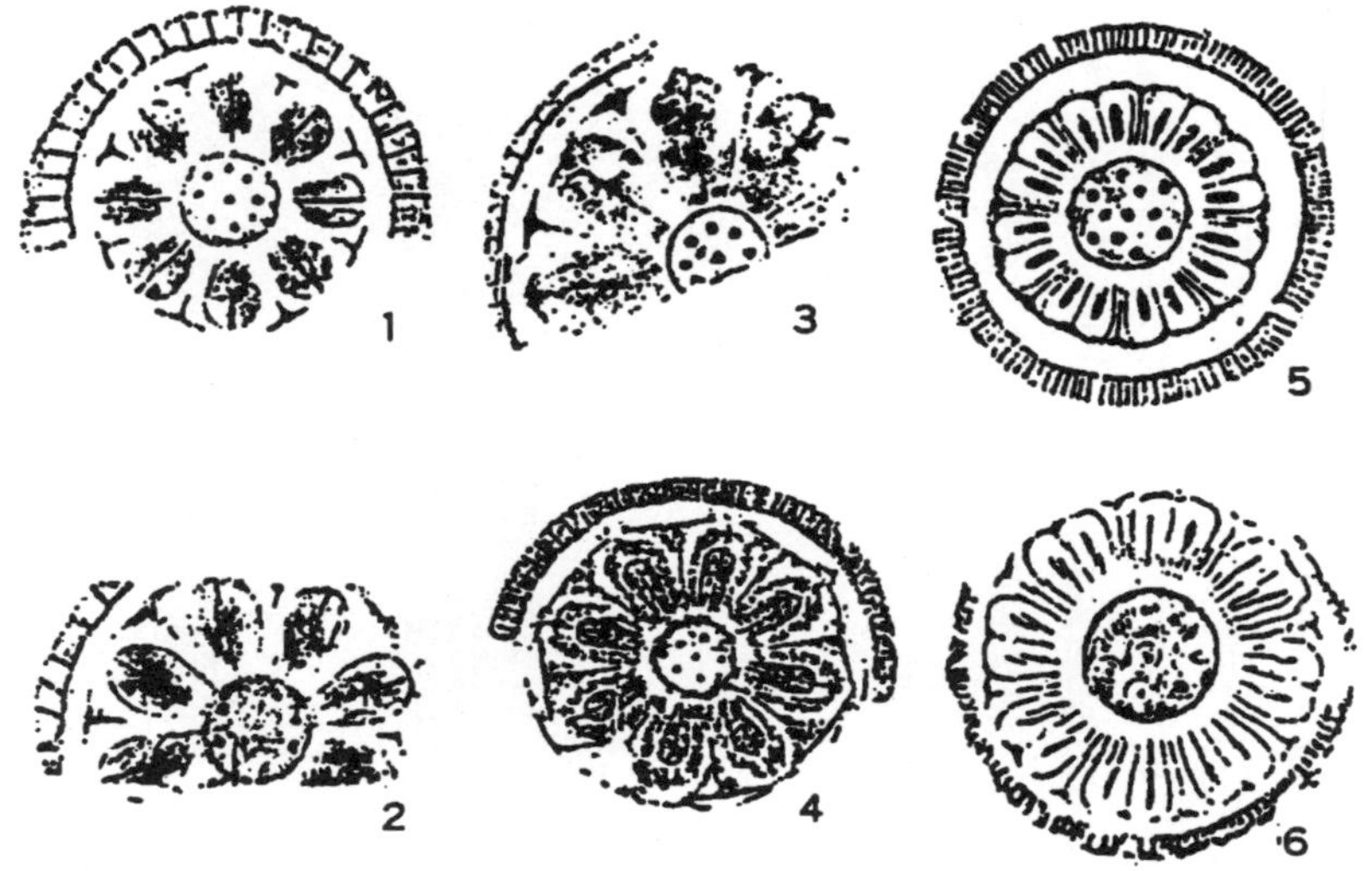

図1-11-2　近江の輻線文縁軒丸瓦
1．穴太廃寺　2．南滋賀廃寺　3．宝光寺跡
4．安養寺廃寺　5．崇福寺跡　6．下岡部廃寺跡

する。また有子葉単弁は安養寺廃寺、寺領廃寺、複弁は桧隈寺跡、橘寺、崇福寺跡、南滋賀廃寺、下岡部廃寺、屋中寺跡からみられる。以上の三型式に新旧の関係を求めると、無子葉単弁が有子葉単弁や複弁よりも先行したものとみてよいことが知られる。

ところで、無子葉単弁の輻線文縁軒丸瓦が集中して出土する大津北郊地域で、寺院造営に先立つ後期古墳をみると、すでに水野正好氏が明らかにしたように、玄室の平面形が方形で、壁がドーム状をなし、天井に一石を載せた横穴式石室が顕著にみられる。これは各地の通常の横穴式石室が長方形の平面をなす玄室をもち、四壁が垂直に近い形状を示すのと大きな違いがある。石室内には他ではあまり例をみないミニチュアの竈《かまど》、釜《かま》、堝《なべ》、甑《こしき》の炊飯具がセットで副葬される。このような特殊な副葬品もわが国の古墳では例がなく、朝鮮三国時代の古墳にみることから、石室構造の類似点をあわせて渡来系氏族が営んだ古墳群に想定されている。そして、この大津北郊地域に居住した渡来系氏族も、水野氏によって大友郷には三津首《みつのおびと》、穴太村主《あのうのすぐり》、志《し》

写1-11-1　草津市宝光寺の軒丸瓦　上＝複弁　下＝単弁

賀漢人《がのあやひと》、錦織《にしごり》郷には大友村主、錦織村主、古市郷に大友但波史《たんばのふひと》など漢人系の渡来系氏族が居住したことが明らかにされている。これらの渡来系氏族の居住地と古代寺院との関係からすると、大津京関連寺院の穴太廃寺は穴太村主、南滋賀廃寺は大友村主によって造営された可能性が高いことになる。さらに、このような大津北郊地域の古代寺院の軒瓦文様と古墳群の特殊性に注目した山崎信二氏の「後期古墳と飛鳥白鳳寺院」の論文では、無子葉単弁の輻線文縁軒丸瓦は、この地域に居住した漢人系の渡来系氏族によって造営された寺院と関連をもった瓦であることが述べられている。先に記したように、大津京関連寺院のものが輻線文縁軒丸瓦のなかでも、最も古くみなされることからすると、渡来系氏族によって造営された大津京関連寺院でこのデザインが新たに採用され、その後、大和、山城など他地域の古代寺院に採用されたということになる。

山崎氏は、近江の輻線文縁軒丸瓦を出土した寺院のうち、宝光寺は栗太郡に居住した漢人系氏族である磐城村主《いわきのすぐり》、大石村主《おおいしのすぐり》、安養寺廃寺は「正倉院文書」によって、寺院付近に漢人系の氏族である大友日佐《おさ》千鳥の居住が知られることに注意している。さらに屋中寺跡、下岡部廃寺も『続日本紀』の天平宝字二年六月条に、桑原史が神崎郡に居住したことを記しているので、輻線文の軒丸瓦を葺いた各寺院はいずれも漢人系の渡来氏族と関連した寺院であったと推測している。

(2)　宝光寺・東光寺の瓦

宝光寺跡の輻線文縁をもつ軒丸瓦は、一九八〇～八三年の発掘調査で出土したものである。この調査を私が行う動機となったのは、大正一五年（一九二五）に刊行された『近江栗太郡志』に、宝光寺の軒丸瓦二点の写真が掲載されていたことによる。この瓦の出土を確認し、伽藍配置を明らかにすることが目的であった。『近江栗太郡志』に載せられた軒丸瓦の一つは、単弁の中央に稜線があり、二枚重なる蓮弁の下の輪郭線が基部で左右の蓮弁に連絡する。しかも弁の中央を走る稜線は、弁端から外縁との間にある溝にまでのびるものである。他は三弁からなる複弁を中房をはさんで十字に配し、その間に円形文もしくは蓮華文とも呼ぶべき文様を一個ずつ配したものである。

発掘調査では、瓦積基壇の外装をもった講堂が見つかったほか、多量の瓦類が出土した。瓦は軒丸瓦に無子葉単弁、複弁など九種類、軒平瓦は重弧文のみが五種類出土した。目的の一つとした『近江栗太郡志』に掲載された二個の軒丸瓦の確認は、複弁を十字に配した軒丸瓦のみが出土し、もう一つの単弁の軒丸瓦は講堂とその周辺では見つかっていない。単弁の軒丸瓦はこれまで講堂の西北九〇m離れた民家の庭で二点採集されているもので、宝光寺の軒丸瓦としては、金堂、塔、講堂などの主要堂塔が建立された後に葺かれた軒丸瓦であった可能性が高いことになる。

この単弁軒丸瓦は、畿内でも全く例がないものである。そこで類似したものを大陸に求めると、新羅の天恩寺址、四天王寺址、檣頭《しょうとう》山西麓などに複弁八葉蓮華文ながら、下弁の輪郭線の基部近くで連結し、外縁に珠文をめぐらせたものがある。二つの瓦をみると、単弁と複弁の違いがある。ほかに新羅では外縁に珠文がつき、宝光寺のものは珠文が省略され、蓮弁中央の稜線が外線までのびる。このような違いがあるが、畿内をはじめとし、わが国では他に例がないので、宝光寺の瓦は新羅の瓦当文様をもとにして、この文様のデザインが作られたと考えてよいことになる。

では、複弁を十字に配し、その間に蓮華文状の円形文を配したもう一つの瓦はどうであろうか。この瓦は、『近江栗太郡志』には、大津市瀬田にある東光寺の例も掲載しており、二つの瓦は文様が全く同一なので同じ笵《はん》で作られたことがわかる。宝光寺は発掘調査によって単弁系のほかに川原寺式の複弁系など、主体となる軒丸瓦が他に知られるので、この軒丸瓦は東光寺から宝光寺に何らかの関連で供給されたものとみてよいものである。この東光寺、宝光寺の軒丸瓦も、現在のところ祖形となるものがわが国では明らかでない。

そこで、この軒丸瓦の文様を再び大陸に求めると、全く同一のものはみられないが、文様構成からこの軒丸瓦の祖形となったとみられるものを新羅の南山仏付近の出土瓦に見いだすことができる。南山仏付近の軒丸瓦は、二枚からなる複弁を十字に配し、各蓮弁間に「万正之寺」の四文字を分割して配し、外縁に珠文をめぐらしたものである。東光寺、宝光寺の瓦は、三枚の蓮弁を複弁とし、複弁による区画内に蓮華文様を配置すること、さらに外縁に線鋸歯文をつけるなどの違いがある。しかし、「万正之寺」の文字を蓮華文に置きかえたのは、この時期のわが国の古代寺院の軒瓦には、文字を入れる習慣がまだなかったことによるものであろう。

このように宝光寺、東光寺にみる類例の乏しい特殊な軒丸瓦のいずれにも、朝鮮半島の新羅の軒丸瓦の文様とのつながりが想定されることになるのである。これは、宝光寺では造営当初に漢人系の渡来系氏族による穴太廃寺や南滋賀廃寺とのつながりをもつ輻線文縁の軒丸瓦が葺かれ、その後、新羅と直接関連をもつ単弁八葉蓮華文の瓦当文様が採用され、さらに新羅の瓦当文様をもとにした東光寺の軒丸瓦が供給されたことを物語る。宝光寺の周辺には、同時期の寺院として他に草津市花摘寺《はなつみでら》廃寺、観音堂廃寺、大般若寺跡、長束《なつか》廃寺などの古代寺院が分布する。しかし東光寺の軒瓦は宝光寺に限って供給されている。これは二つの寺院が単に距離が近いということよりも、両寺院がきわめて親密な関係にあったことによるものではなかったかと推測される。それは、渡来系氏族寺院という関係に起因するものであったであろう。

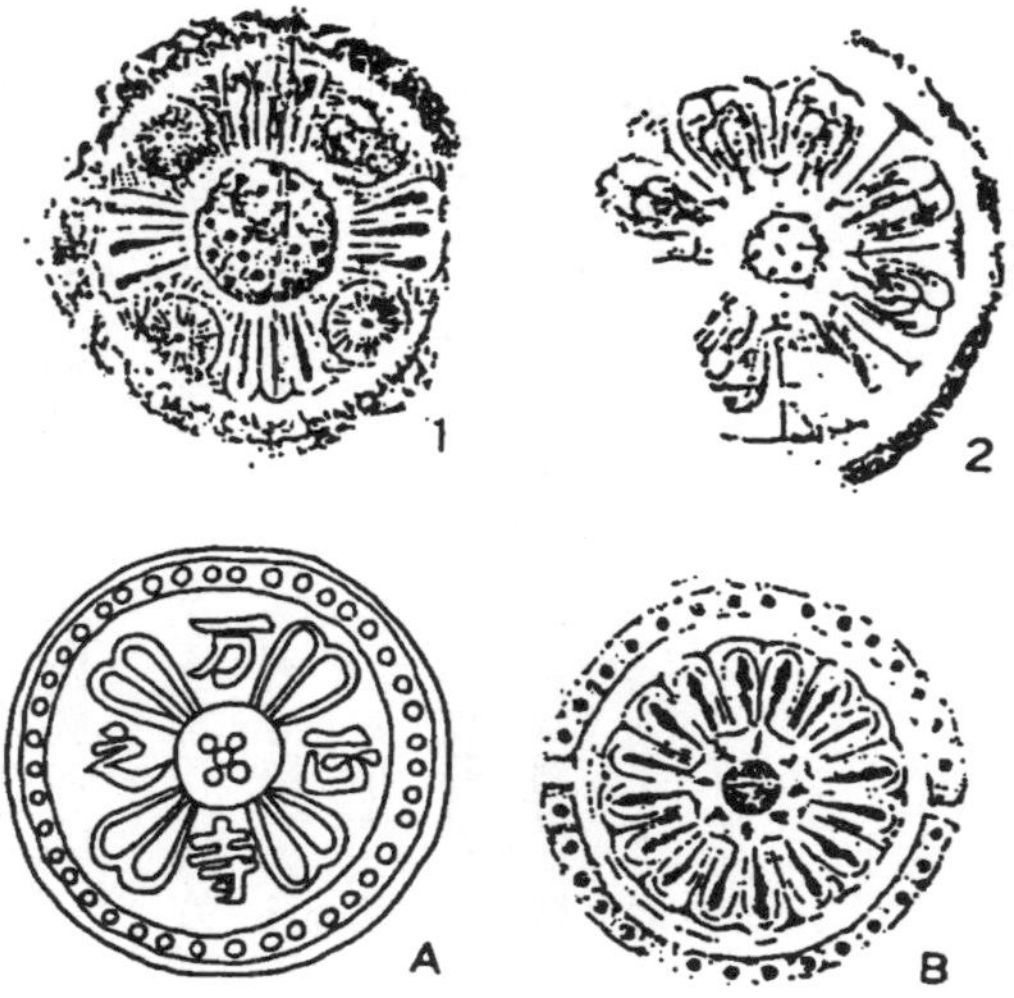

図1-11-3　宝光寺と朝鮮半島の軒丸瓦
1・2. 宝光寺跡　A. 南山仏付近　B. 天恩寺址・四天王寺址

宝光寺の造営氏族としては、前述したように山崎氏は栗太郡に居住した漢人系の磐城村主、大石村主に注目している。しかし磐城村主《いわきのすぐり》は野洲郡と栗太郡にかけて勢力をもったことが想定される氏族なので、輻線文縁軒丸瓦をもつ栗東町手原廃寺との関連がむしろ強いであろう。したがって、宝光寺は、「正倉院文書」によって栗太郡木川《きのかわ》郷に大友曰佐椋麻呂《おさくらまろ》の名が知られるので、漢人系の渡来系氏族である大友曰佐、あるいは付近の地名から山田連などが候補としてあげられるであろう。

(3) 湖東地域の渡来系氏族寺院

つぎに近江で顕著にみる瓦の文様でありながら、畿内などでは全くみない、いま一つの瓦がある。それは蒲生町綺田《かばた》廃寺、宮井廃寺、竜王町雪野寺跡、秦荘町小八木廃寺、妙園寺廃寺、軽野塔ノ塚廃寺、野々目廃寺など、蒲生郡、愛知郡の古代寺院に顕著にみる単弁八葉蓮華文軒丸瓦である。この軒丸瓦の特徴は、単弁八葉蓮華文で中房に大きな蓮子を一つ置き、その周囲に蓮子を環状につけ、外区内縁には珠文がめぐり、外区外縁に圏線をつけるか素文とするものである。この軒丸瓦は湖東地域の古代寺院で集中して出土することから、近年、滋賀県の研究者によって湖東式軒丸瓦とも呼ばれている。しかし、この軒丸瓦は湖東地域に集中するが、この地域に限られるというわけではない。ほかに湖北地域でも、湖北町小江《おえ》廃寺、高月町浅井寺跡、井口廃寺でも同型式のものが出土することが注意される。

この湖東式軒丸瓦も、畿内をはじめわが国の古代寺院ではほかに例をみない瓦である。そこでこの瓦も大陸に関連するものを求めると、朝鮮百済《くだら》の忠清南道公州の大通寺址や新羅の阿火付近から出土したものに類似する瓦が知られる。阿火付近や大通寺址の軒丸瓦は単弁八葉蓮華文で中房に大きな蓮子を一つつけ、その周囲に小さな蓮子を環状にめぐらし、さらに外縁に珠文を配したものである。近江と朝鮮のものを比較すると、湖東式では珠文を外区内縁にめぐらし、外区外縁には圏線をつけるか、あるいは素文となっているので、この点に違いがあるが、ほかは全く共通する。近江の綺田廃寺の湖東式軒丸瓦には、中房に区画する界線を入れたものもある。この特徴も朝鮮半島では、高句麗の軒丸瓦に顕著にみられ、忠清南道公州の南穴寺址の軒丸瓦にも複弁ながら中房に界線を入れたものがあるように、百済にも伝えられたことを知ることができるものである。

このように湖東式軒丸瓦が、百済もしくは新羅の軒丸瓦に祖形を求めることができることは、畿内を経由せずに湖東地域の古代寺院によって、直接これらの瓦の文様が採用され、葺かれたことが想定されるのである。この瓦を創建瓦とした軽野塔ノ塚廃寺、小八木廃寺、野々目廃寺、妙園寺廃寺が位置する愛知郡には、『日本書紀』大化元年の記事に、朴市秦造田来津《えちはたのみやつこたくつ》の名をみるように、朴市秦氏が有力氏族として居住したことが知られる地域である。朴市秦造は秦氏の一族が愛知郡に移り住んだとみられる渡来系氏族である。後の延暦頃の近江国愛知郡売券には、依智秦公が多くみられることからも、この愛知郡で最も力をえた有力氏族であったことが知られる。愛知郡に分布する古墳群では、上蚊野《かみかの》古墳群、蚊野外《かのとの》古墳群からなる金剛寺野古墳群が、かつて二九八基からなる大古墳群を形成していたことが知られている。これらの古墳群のうち、一九七六年に行われた上蚊野古墳群の調査では、一般的な形態の横穴式石室のほかに、石積みによって羨道部よりも玄室の床面を一段低くした竪穴系横口式石室と呼ぶ石室がふくまれていることが明らかになった。このような石室は、近江ではほかに輻線文縁の軒丸瓦が出土し、渡来系氏族寺院とみなされる近江八幡市安養寺廃寺の近くに位置する竜王町三ツ山古墳群などでも見つかっている。近年、これは大津北郊地域に分布する渡来系氏族の古墳群とは違った形態ながら、いま一つの渡来系氏族と関連した古墳群とみる考えがだされている。

　このような古墳の石室構造にみる顕著な違いと愛知郡にみる湖東式軒丸瓦を創建瓦とする寺院の分布からみると、これ

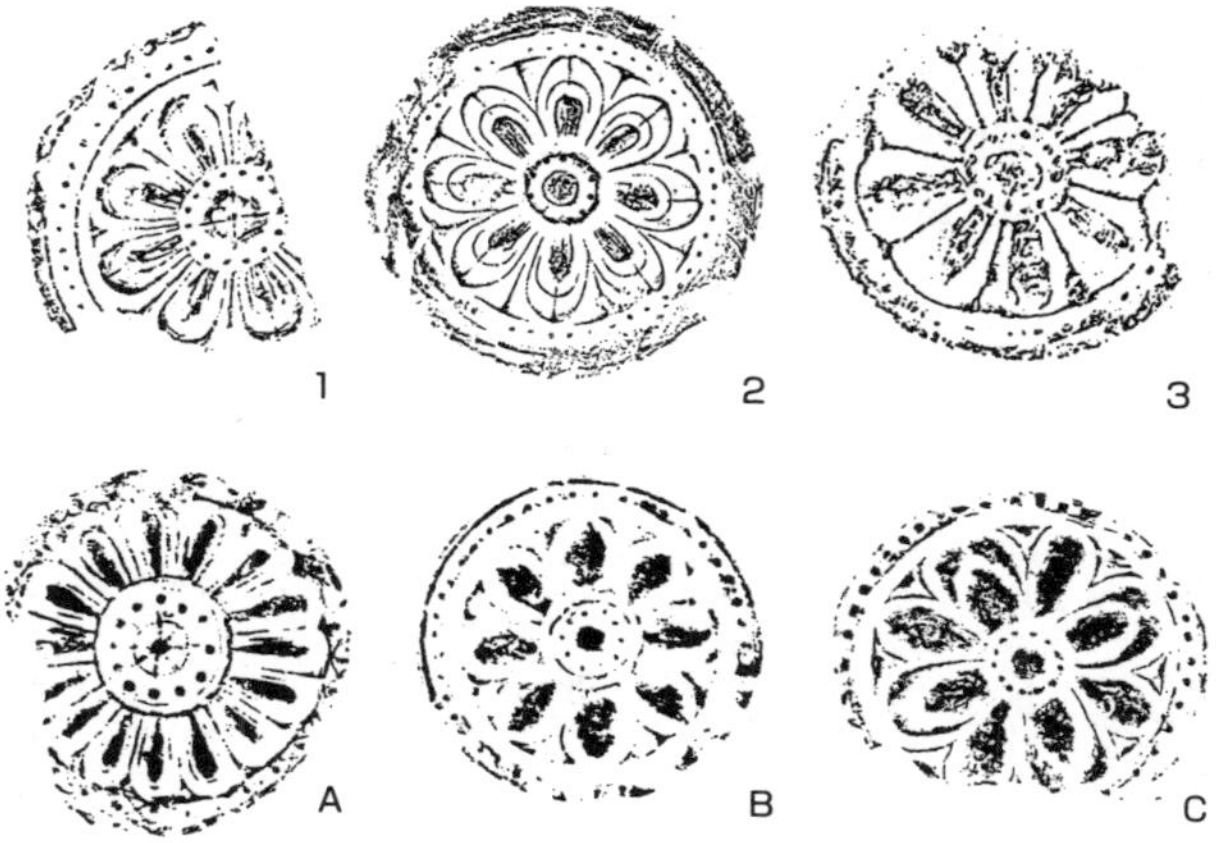

図1-11-4　湖東式軒丸瓦
1．綺田廃寺　2．軽野塔ノ塚廃寺　3．小八木廃寺
A．南穴寺跡　B．大通寺跡　C．阿火付近

らの古代寺院が渡来系氏族の朴市秦造氏一族によって営まれた古代寺院であったことはまちがいないことのように思われる。

ところで、この湖東式軒丸瓦と一緒に葺かれた軒平瓦は、軽野塔ノ塚廃寺、小八木廃寺、野々目廃寺、雪野寺跡などにみるように、重弧文の下部に指頭圧痕をつけたものが用いられている。軒平瓦の下端を波状にひねるものは、中国では北魏から遼代にかけてみえる。地域も吉林省、河南省、内蒙古自治区に及んでいる。吉林省では高句麗時代やそのあとの渤海時代のものがある。朝鮮でも百済の軍守里廃寺から沈線を一本引き、その下に指頭圧痕をつけたものと沈線をつけずに指頭で凹凸をつけたものとが出土している。山崎氏によると近江の指頭圧痕をもつ重弧文軒平瓦は、『日本書紀』天智四年、天智八年に記された、後に述べるような百済人を神崎郡、蒲生郡に居住させたことと関連するものとみている。これは、朝鮮半島での比較資料が乏しいが、百済寺院にみられること、湖東式軒丸瓦とセットで用いられることからみて、朝鮮半島から導入されたとする見解を指示することができるであろう。

湖東式軒丸瓦は、愛知郡のほか綺田《かばた》廃寺、宮井廃寺、雪野寺跡など蒲生郡でも出土する。綺田廃寺はごく一部の調査にとどまるが、この軒瓦を創建瓦としたとみられる古代寺院である。『近江蒲生郡志』には、地名の綺は錦を意味することから、綺田廃寺が位置する地域を渡来系氏族が居住したところとしている。現状では付近の古墳との関係は明らかでないが、湖東式軒丸瓦を主体としたとみられることと矛盾しないので、渡来系氏族によって造営された寺院を想定してよいものである。

では、宮井廃寺、雪野寺跡も同様にみられるであろうか。宮井廃寺は一九八〇～八三年の発掘調査で、雷文縁をつけた複弁八葉蓮華文の紀寺式軒丸瓦を創建瓦とし、その後も紀寺式を一貫して用いた寺院であることが明らかになった。調査では、金堂、塔、西方建物、北方建物の四つの堂塔が見つかったほか、方一・五町の寺域の範囲も明らかになった。建物および周辺からは、多量の瓦が出土したが、湖東式軒丸瓦は調査では全く出土していない。宮井廃寺の軒丸瓦は、古く大正一五年（一九二六）に刊行された『滋賀県史蹟名勝天然紀念物概要』に、紀寺式軒丸瓦とともに湖東式軒丸瓦の写真が掲載されている。しかし、広範囲にわたった発掘調査にもかかわらず、この瓦が全く出土しなかったのは、宮井廃寺ではごく一部が補修瓦などとして用いられたにとどまったと考えるべきであろう。だとすると、宮井廃寺は湖東式軒丸瓦が採集されているが、渡来系氏族によって造営された寺院とするのは困難ということになる。

つぎに雪野寺は多量の塑像が出土したことで著名な寺院である。ここでも湖東式軒丸瓦が出土する。一九三四・三五年に行われた塔跡の調査では、湖東式軒丸瓦のほか、複弁八葉蓮華文で周縁に面違い鋸歯文をつけた川原寺式の軒丸瓦などが出土している。雪野寺がその山麓に位置する雪野山は、天文十一年の「野寺鐘縁起」には、安吉山《あぎ》と呼ばれている。『和名抄』には蒲生郡に安吉郷があったことを記しており、この雪野寺も安吉郷に含まれた可能性が高い。安吉郷の有力氏族には、後の承和年間の文献史料で安吉氏が居住したことが知られる。ほかに雪野寺跡の六km北の近江八幡市馬淵町には安吉神社があることも、この地域に安吉氏一族が居住したことをうかがわせるものである。このようにみると、雪野寺に川原寺式の軒丸瓦のほかに湖東式軒丸瓦が採用されたのは、この寺院の造営者が渡来系氏族の性格をもつことから指頭圧痕をつけた重弧文軒平瓦とともに用いたことを想定することができることになる。

⑷　湖北地域の渡来系氏族寺院

湖東式軒丸瓦は、愛知郡、蒲生郡のほかに、湖北地域でも出土する。湖北では伊香郡高月町井口廃寺から中房が半球状で、これに区画する界線をつけ、中房をとりまいて蓮子がめぐり、外区内縁に珠文を配した軒丸瓦が出土す

写1-11-2　雪野寺跡から出土した童子形の塑像

る。同町の浅井寺跡でも中房の特徴は破損しているのでよく分からないが、同型式の軒丸瓦が採集されている。ほかに東浅井郡湖北町小江《おえ》廃寺でも、外区内縁につけた珠文が小さく、しかも密に配した軒丸瓦が出土する。これらの湖北地域の三寺院は余呉川流域に集中して分布する。そして、いずれも指頭圧痕をつける重弧文の軒平瓦がなぜかともなっていない。井口廃寺、浅井寺跡の蓮弁の特徴は湖東地域のものと少し異なり、小江廃寺にみるように珠文も小さく、しかも密につけていることからすると、これらは湖東地域よりもやや年代的に下がるのではないかと思われる。このようにみると湖北のものは文様構成は湖東地域のものと共通するが、湖東地域でこの型式が成立し、渡来系氏族寺院に一定の期間広まった後に、湖北地域の古代寺院にもたらされたものでなかろうか。しかし、遅れて湖北地域にこの型式の瓦の文様が導入されたとしても、やはりこの瓦当文様は渡来系氏族による古代寺院に限って採用されたとみてよいであろう。恐らくこれらは湖北のこの地域に渡来系氏族が移住した時期とかかわるものと思われる。

東浅井郡の渡来系氏族では、文献史料から湖南地域から移住したとみられる漢人系の渡来系氏族の錦曰佐、錦村主が居住したことが知られる。この地域の湖東式軒丸瓦は、これらの有力氏族によって導入された瓦とみてよいであろう。

(5) 近江の渡来系氏族寺院の性格

軒瓦文様から渡来系氏族とみなされるもの、あるいはその可能性がきわめて高いものをあげると、十八寺院にのぼる。この数は近江の飛鳥・白鳳寺院六〇数寺院のうち、四分の一強を占める高い比率である。これは近江の古代寺院がもつ性格の一つとして、今後おおいに注目すべきことである。しかも、近江の渡来系氏族寺院は、飛鳥地域を中心とした畿内寺院では導入されなかった朝鮮半島の百済、新羅の瓦の文様を直接的に導入したことが知られる。その最も古いものは大津市南滋賀廃寺で出土する六葉の無子葉弁軒丸瓦である。これは新羅の皇龍寺などから出土するものとよく似たものである。

新羅、あるいは百済の瓦当文様が、畿内を経由せずにどのようなルートで近江にもたらされたのであろうか。これは現状ではまだ明らかでない。この課題を解くには、宝光寺の単弁軒丸瓦、宝光寺、東光寺の複弁軒丸瓦、さらに湖東式軒丸瓦と指頭圧痕をつけた重弧文軒平瓦の製作年代を確定することが先決であろう。しかし現在のところ、宝光寺、東光寺の瓦とも年代のよりどころを欠いている。湖東式軒丸瓦は七世紀の第4四半期とみる見解と八世紀まで下がるとみる見解とがある。この二つの見解について言えば、私は七世紀の第4四半期とみてよい宮井廃寺の紀寺式軒丸瓦が指頭圧痕をつけた重弧文軒平瓦と組み合って葺かれているので、湖東式軒丸瓦も七世紀の第4四半期には製作されたと考えている。

湖東式軒丸瓦が七世紀の第4四半期、さらに宝光寺、東光寺の軒丸瓦も同様にみてよいとすると、今後、わが国と新羅との関係でなお検討を必要とする興味ある問題がでてくる。一つは、七世紀後半の天智朝以降の大陸文化の導入のありかたについてである。

七世紀後半の六六三年、日本は百済を救援し、唐・新羅と白村江で戦い、敗戦した。その後、六六四年、唐使の

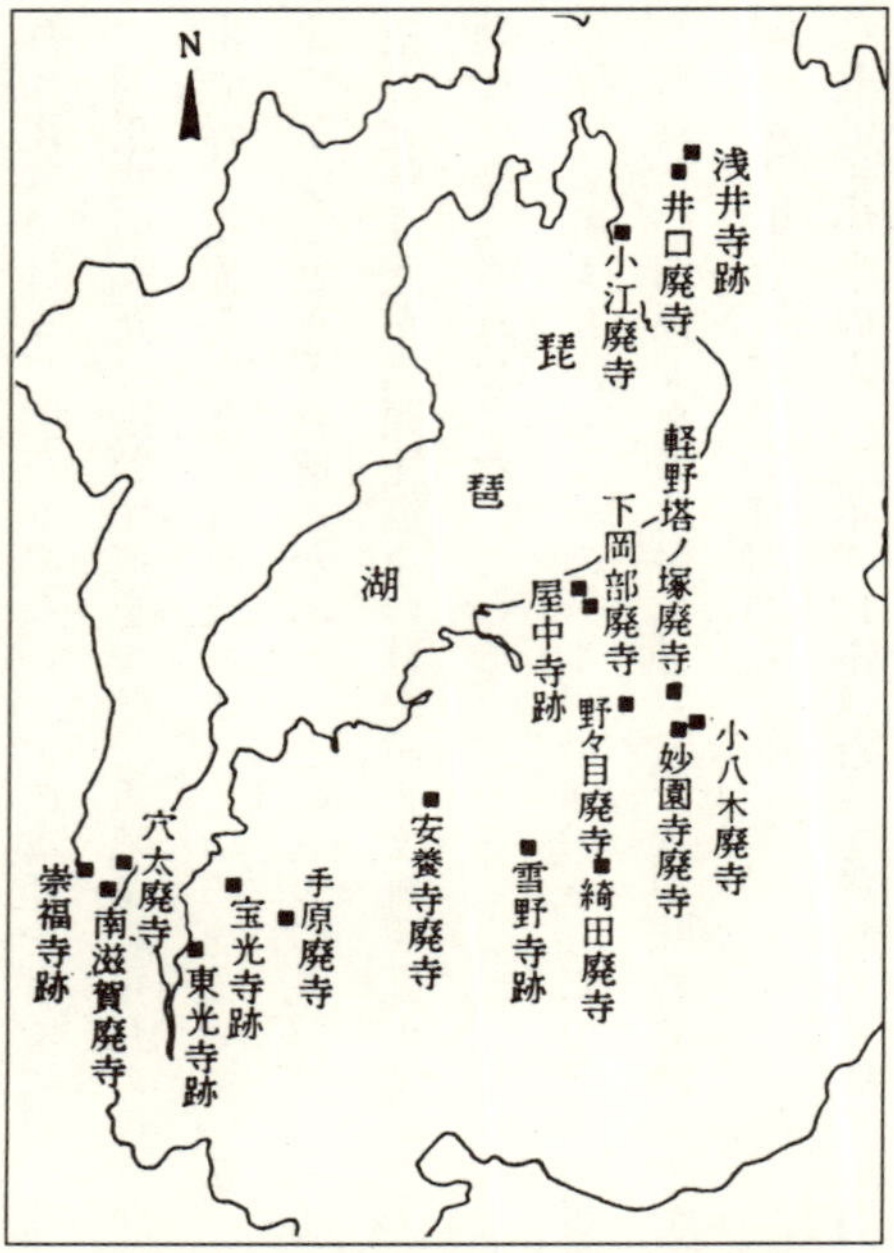

図1-11-5　近江の渡来系寺院分布図

郭務悰《かくむそう》らが来日し、さらに六六七、六六九、六七一年と派遣が続いた。日本も六六五年、六六九年に遣唐使として使いを送ったが唐長安へは入れなかった。しかも唐は六七六年に朝鮮統一を進めた新羅に敗れ、七〇一年に日本の遣唐使が派遣されるまで長い空白期となった。

一方、新羅との外交は、六六八年に金東厳《きんとうげん》らが来日し、ただちに日本からも遣新羅使が任ぜられ外交が再開した。その後、七〇〇年までに新羅は二三回、日本側も九回の遣日・新羅使が遣わされ相互に往来があった。この時期は先に述べたように、唐との交渉を欠いたので、外来文化は新羅に依存することとなった時期であった。しかし、この間に、わが国が新羅から、どのような文物を、どのように取り入れたかはまだ不明な点が多い。したがって、近江の古代寺院、とくに渡来系氏族寺院に南滋賀廃寺の六葉の単弁軒丸瓦、宝光寺、東光寺にみる軒丸瓦、さらに湖東式軒丸瓦など新羅の瓦当文様との関連が認められるとすると、それを具体的に知る手がかりの一つとなるであろう。

また、一方では白村江の戦いの敗戦によって、百済からの亡命者は多数にのぼった。『日本書紀』天智四年二月是月条には、「百済の百姓男女四百人を以て、近江国の神前郡に居き」と記し、さらに天智八年是歳条にも、「佐平余自信、佐平鬼室集斯等、男女七百余人を以て近江国蒲生郡に遷し居く」と記している。これら神崎郡、蒲生郡を中心に配された百済人が、この時期に各郡で進行していた寺院造営と何らかのかかわりをもったことも十分想定されることである。現状では、湖東式軒丸瓦は百済、新羅いずれの可能性もあるだけに、これらの百済人とのかかわりによって指頭圧痕をつけた重弧文軒平瓦と組み合って成立した可能性も少なくないであろう。しかし、この湖東式軒丸瓦の成立は、この瓦が最も集中する愛知郡においてであったと推測される。とすると、この瓦当文様の成立は、大規模群集墳を築造した渡来系氏族の朴市秦造氏一族によって主体的になされたと理解してよいのではなかろうか。

参考文献

軽部慈恩「百済系古瓦に就いて」『考古学雑誌』第二二巻第八号　一九三二年八月
浜田耕作・梅原末治「新羅古瓦の研究」『京都帝国大学文学部考古学研究報告』第一三冊　一九三四年九月
山崎信二「後期古墳と飛鳥白鳳寺院」『文化財論叢』同朋舎　一九八三年一二月
小笠原好彦「近江の仏教文化」『古代を考える 近江』一九九二年五月

『湖国と文化』四三号　一九八八年四月

十二　宮井廃寺と辻岡山瓦窯

(1) 宮井廃寺

蒲生町宮井廃寺の発掘調査は昭和五五～五七年度にかけて、滋賀大学歴史学研究室と蒲生町教育委員会が実施したものである。調査以前は塔跡の土壇が水田中に知られていただけであったが、この調査によって塔跡の規模を確認できたのに加えて、金堂、西方建物、北方建物の所在が明らかになった。[註(1)] 創建の伽藍は金堂の西南に塔を配した薬師寺式から東側の塔を省略した配置で、その後、西方建物と北方建物が建てられたことが知られた。この配置と類似したものは、近年調査されている群馬県上植木《かみうえき》廃寺[註(2)]の例がある。

宮井廃寺からは外区内縁に雷文をつけた紀寺式の複弁蓮華文二型式と単弁蓮華文二型式など軒丸瓦六型式、軒平瓦は指頭圧痕をつけた重弧文三型式以上、偏行唐草文《へんこうからくさもん》、均整唐草文など一五型式におよぶ多種類が出土している。これらは白鳳時代から平安時代におよんでいるが、軒丸瓦と軒平瓦の組合わせは出土状態や出土量の関係からは確かな手がかりを得ることができなかった。

(2) 辻岡山瓦窯の調査結果

宮井廃寺の瓦は、近年の分布調査で西南四〇〇mに位置する辻岡山B遺跡で生産されたことが想定されてきた。この辻岡山B遺跡は古く、『滋賀県史蹟名勝天然紀念物概要』では、宮川廃寺と呼ばれたものである。[註(3)] しかし、東側のA遺跡では須恵器窯の存在が知られ、西側のB遺跡も丘陵の地形を示すことから、寺院跡よりも瓦窯が存在することが推測されるに至ったものである。そこで、宮井廃寺の瓦窯跡であることを確認することと、あわせて宮井廃寺の軒瓦の組合せを明らかにすることを意図し、一九八七年に発掘調査を実施した結果、瓦窯跡一基が見つかった。

検出された瓦窯は長さ九・八m、幅一・八mの地下式の登窯で、焼成部は三〇度ほどの傾斜をもっていた。この窯は床面に階段のない須恵器窯とほぼ同一の形態と構造をもつものであった。焼成部から燃焼部の床面には多量の瓦が遺存したほか、須恵器の坏や甕などの破片も出土しており、瓦に比べて須恵器の量は少ないが、瓦陶兼業窯《がとうけんぎょうよう》であったとみてよいものである。なお、瓦窯に遺存した瓦はいずれも平瓦、丸瓦のみで、軒瓦は出土しなかったので、宮井廃寺の瓦当文様との関係の解明は今後に残されることになった。

出土した平瓦はいずれも下面に格子叩きをつけたものだけである。これは宮井廃寺の平瓦のうち最も古い時期にみていたものである。これらの平瓦や丸瓦と窯内で共伴した須恵器杯は、飛鳥地域の編年ではⅣもしくは飛鳥Ⅲの新しい時期とみられるもので、飛鳥Ⅴの藤原宮の時期よりは明らかに古いものであった。辻岡山瓦窯出土の平瓦が宮井廃寺の創建期に葺かれたものとすると、飛鳥Ⅳ期には宮井廃寺が造営されていたとみなしうる材料が得られたことになるのである。もし、このようにみてよいとすると、次に述べるような近江の湖東地域の古代寺院の年代を考えるうえでも益するところが少なくない。

(3) 指頭圧痕重弧文の年代

宮井廃寺の創建瓦である雷文縁複弁八葉蓮華文軒丸瓦は、金堂跡、塔跡の発掘結果から指頭圧痕重弧文軒平瓦と組合って葺かれたものと推測された。この指頭圧痕重弧文軒平瓦は、近江では秦荘《はたしょう》町軽野塔ノ塚廃寺、妙園寺廃寺、小八木廃寺、野々目廃寺、蒲生町綺田《かばた》廃寺、竜王町雪野寺跡など湖東地域に顕著に分布する単弁八葉蓮華文で中房の周囲に蓮子を環状に配し、外区内縁に珠文をめぐらせた湖東式軒丸瓦と組合って出土する。この湖東式軒丸瓦は、これまで白鳳時代とみる考えと八世紀まで下げる考えとがあった。註(4)

しかし、宮井廃寺の創建瓦に指頭圧痕軒平瓦が採用されたとみられることからすると、白鳳期にこの瓦当文様が遡ることはほぼまちがいないことになるのである。このように、辻岡山瓦窯の瓦は宮井廃寺の創建年代だけでなく、湖東地域の古代寺院の造営年代を知るうえでも重要な意味をもっている。

ところで、『滋賀県史蹟名勝天然紀念物概要』では、宮井廃寺から出土した軒瓦として、湖東式軒丸瓦の写真が掲載されている。しかし、この軒丸瓦は金堂、塔、西方建物、北方建物の発掘調査では確認されていない。したがって、宮井廃寺ではたとえ採用されていたとしても、中心伽藍の建物に葺かれたものではなかったのではないかと思われる。

(4) 湖東式軒丸瓦の性格

湖東式軒丸瓦の文様は、畿内をはじめ他地域の白鳳期の寺院では全くみられないものである。そこでこの軒瓦の祖型を他に求めると朝鮮半島の百済の忠清南道の大通寺址、南穴寺址、新羅の阿火付近に類似の軒丸瓦がみられる。湖東式軒丸瓦には蒲生町綺田廃寺のように中房に高句麗系の瓦にみる区画線を入れたものもあるが、この特徴は百

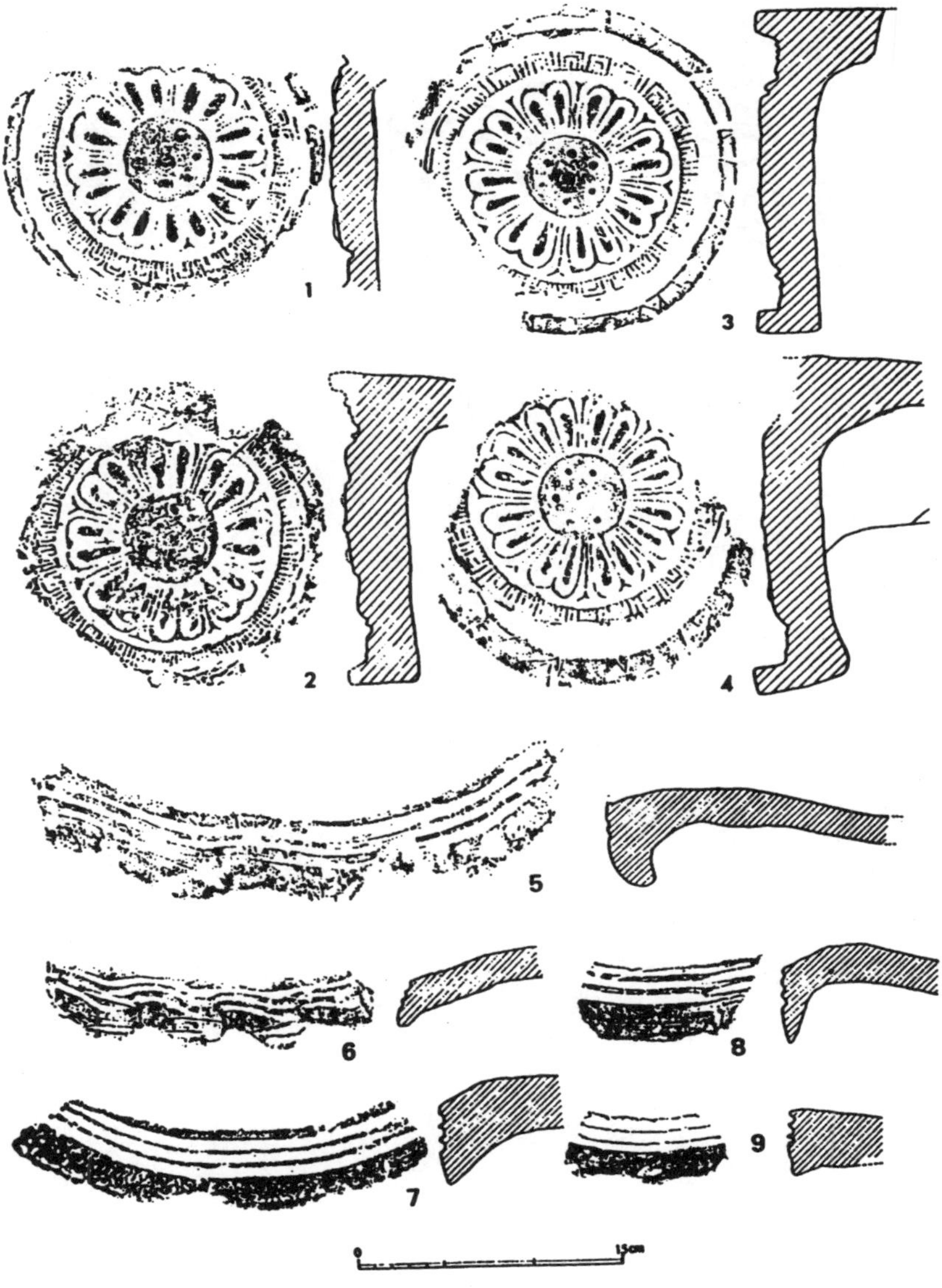

図1-12-1　宮井廃寺の軒瓦

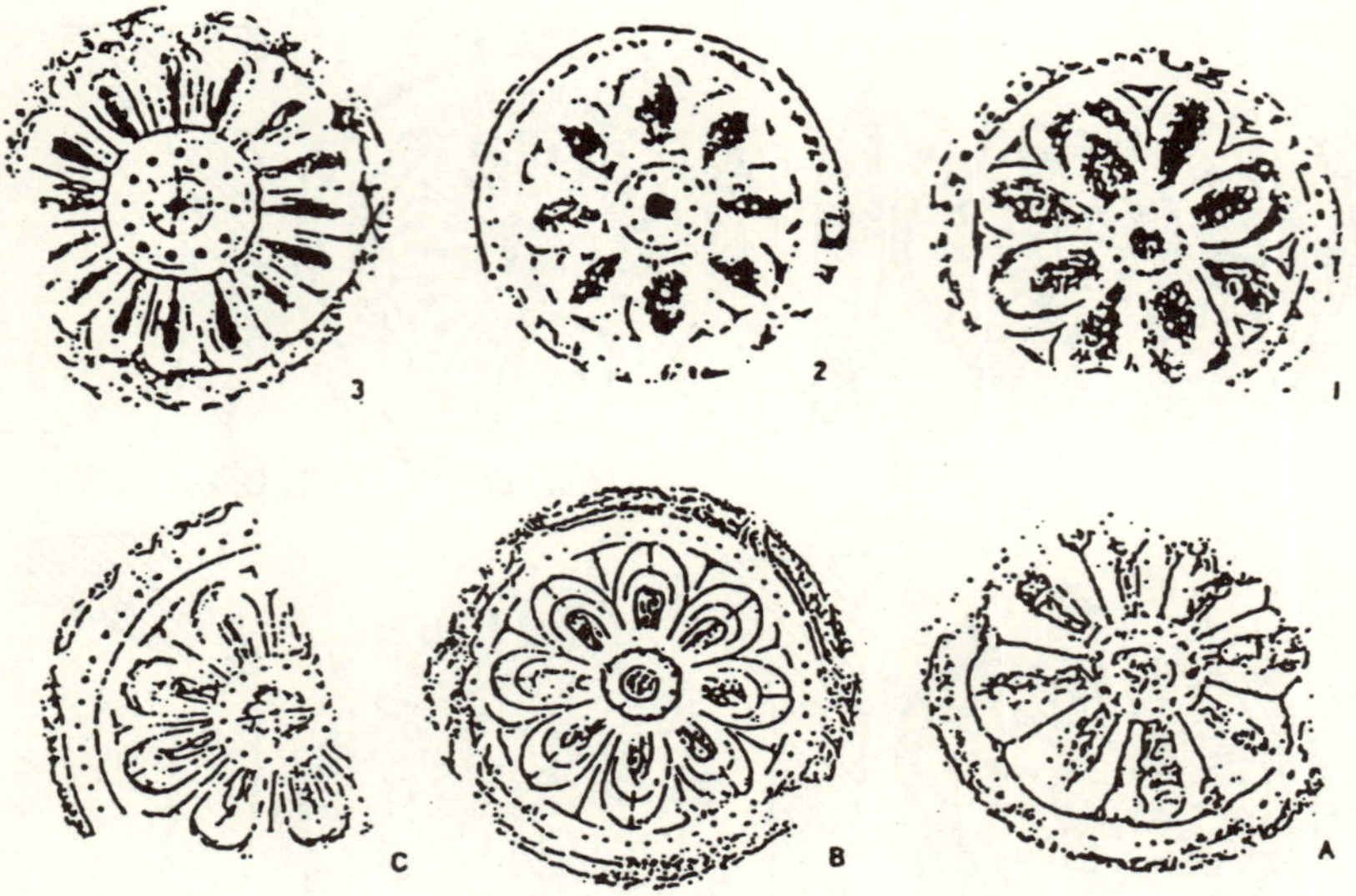

図1-12-2　湖東式軒丸瓦と朝鮮半島の軒丸瓦
1．阿火付近　　2．大通寺址　　3．南穴寺址
A．小八木廃寺　B．軽野塔ノ塚廃寺　C．綺田廃寺（湖東式軒丸瓦）

済の瓦にも伝えられているので、百済あるいは新羅の瓦からこの瓦当文様が採用されたことが想定される。このようにみると、これらの瓦当文様が、いつ、どのようなルートによって朝鮮半島から近江の湖東地域の古代寺院に導入されたかは、重要な問題が存在することになるのである[註(5)]。

これに関連して、畿内の古代寺院にはみられない瓦当文様で、朝鮮半島の古代寺院の瓦に直接結びつくとみられるものを他にあげると、草津市宝光寺跡出土の二種の軒丸瓦がある。これは古く、『近江栗太郡志』に宝光寺の軒丸瓦として掲載されているもので、一つは単弁の中央に稜線があり、二枚重なる蓮弁の下の輪郭線が基部で左右の蓮弁に連結するものである。他の一つは三弁からなる複弁を中房をはさんで十字に配し、その間に円形文もしくは蓮華文とみられる文様を一個ずつ配したものである。前者は新羅の天恩寺址、四天王寺址、檣頭《しょうとう》山西麓などに複弁八葉蓮華文ながら下弁の輪郭線が基部近くで連結し、外縁に珠文をめぐらせたものがある。両者の軒丸瓦では単弁と複弁の違いや宝光寺の軒丸瓦に珠文を欠くなどの差異があるが、畿内など他地域にはみられないので、新羅の軒丸瓦を祖型にして成立した文様であったことはまちがいないものである[註(6)]。

　後者の複弁を十字に配した軒丸瓦は、宝光寺では複弁の間に蓮華文あるいは円形文を配している。これは大津市瀬田の東光寺跡でも出土し、宝光寺は他に軒丸瓦があるので東光寺から供給された軒丸瓦とみられるものである。

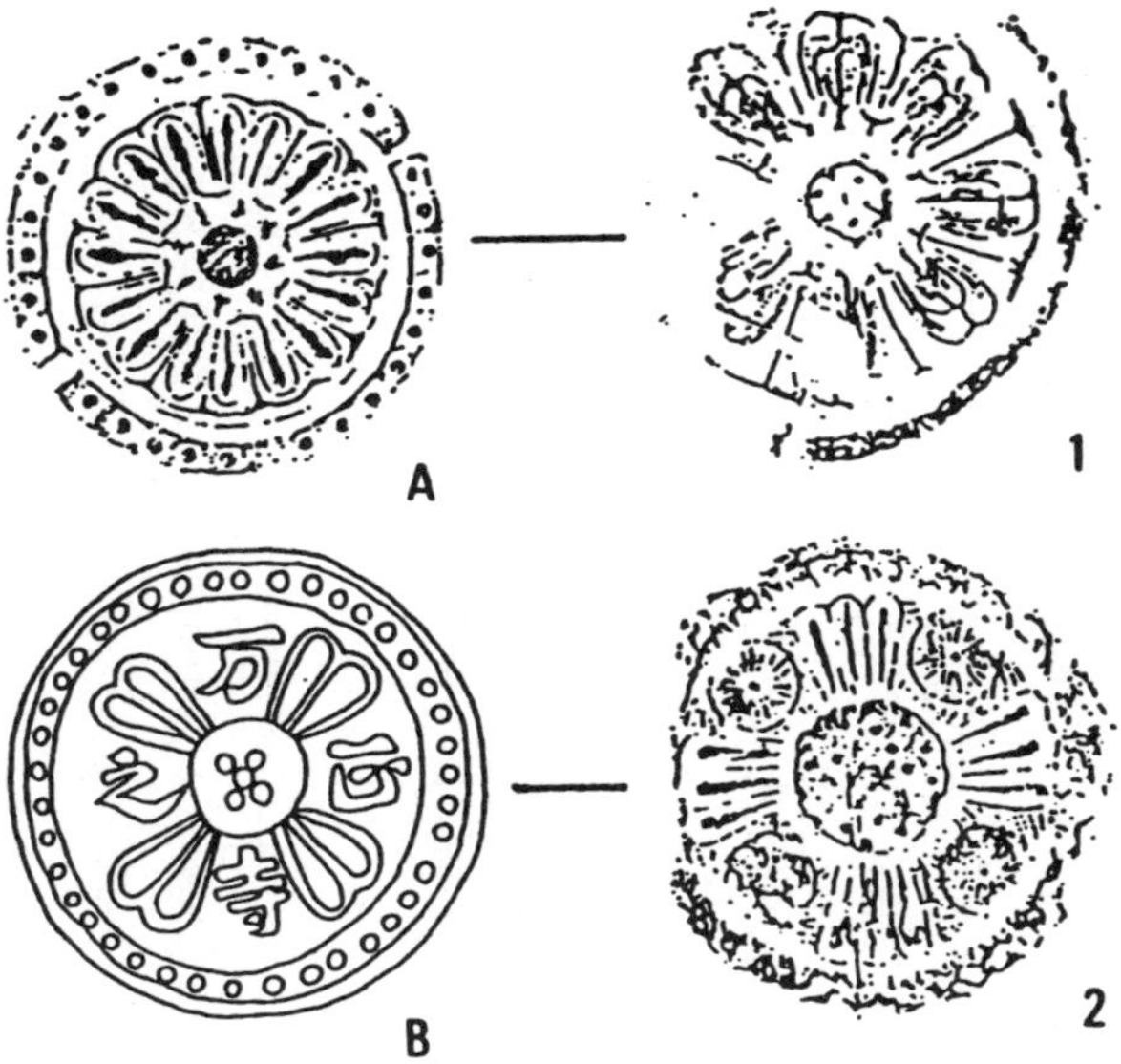

図1-12-3　宝光寺と朝鮮半島の軒丸瓦
1～2．宝光寺
A．天恩寺址、四天王寺址
B．南山仏付近

この軒丸瓦も朝鮮半島では新羅の南山仏付近で出土している。南山仏付近のものは二枚の複弁を十字に配し、各連弁間に「万正之寺」の四文字を分割して配しており、外縁に珠文がめぐるなどの違いがある。しかし、これも文様の主要なモチーフは共通しており、文字が入れられなかったのは、当時の我国の古代寺院では軒瓦に文字を入れる習慣がなかったことによるものとみてよいので、新羅の軒丸瓦の直接的な影響によって製作されたとみなされるものである。

　以上あげた朝鮮半島と関連をもつ軒丸瓦のうち、湖東式軒丸瓦が顕著に分布する愛智郡は、『日本書記』大化元年条に朴市秦造田来津《えちはたのみやつこのたくつ》の名がみられるように朴市秦造氏が有力氏族として居住したことが知られる地域である。朴市秦造氏は秦氏の一族が愛智《えち》郡に移り住んだとみられる渡来系氏族で、後の八世紀の愛智郡の売券に依智秦公が有力氏族として居住したことが知られることから、これらの軒丸瓦を葺《ふ》いた寺院も渡来系氏族によって造営されたことが推測されることになる。

また、関連して述べた宝光寺も大津京関連寺院の崇福寺、南滋賀廃寺、穴太廃寺と同じく輻線《ふくせん》文縁軒丸瓦が出土している。この軒丸瓦は山崎信二氏によって漢人系の渡来系氏族との関連が注意されているように、宝光寺も渡来系氏族によって建立された寺院であったと推測される。このような宝光寺の性格が新羅の瓦当文様をもとにして成立した渡来系氏族寺院の東光寺から軒丸瓦が供給されるという関係が生じたことが想定される。

(5) 辻岡山瓦窯と近江の七世紀の瓦窯

辻岡山瓦窯は無段の登窯で、須恵器窯と基本的に変わらない構造のものであった。これまで滋賀県で調査された七世紀の瓦窯としては、大津市衣川《きぬがわ》瓦窯、榿木原《はんのきはら》瓦窯、穴太《あのう》瓦窯、軽野塔ノ塚瓦窯が知られている。衣川瓦窯は全長七m、幅一mの地下式の有段登窯で、飛鳥時代末から白鳳時代の軒丸瓦が出土している。註(7) 榿木原瓦窯は南滋賀廃寺の瓦窯で、白鳳、奈良、平安時代のものがあるが、問題とする白鳳期は五基がみつかっている。註(8) これにはA―1号、B―4号、C―2号のように有階有段のものとB―3号のように幅の狭い明瞭な段と異なる形状の幅広い低い段がみられるものがある。これらの衣川瓦窯、榿木原瓦窯の構造からみると辻岡山瓦窯が須恵器窯とほとんど変わらないものである点は、この差異に注意してよいことである。これは辻岡山A遺跡の須恵器窯が六世紀以降に須恵器生産を行っていたことからすると、ここでの須恵器生産の下限が明らかでないが、この須恵器工人が深いかかわりあいをもっていたことが想定される。この辻岡山瓦窯からは量的には少ないながら、須恵器が出土したことも、須恵器工人の関与を物語ることのように思われる。これは、瓦生産の開始にあたって、須恵器生産が行われていた辻岡山の須恵器生産集団を主体とした生産体制がつくられたことが想定される。しかも宮井廃寺の造営者がこの須恵器窯による須恵器生産の経営主体でもあった可能性が高いであろう。

なお、辻岡山瓦窯では窯内から丸瓦、平瓦が出土したのみで、軒瓦は全く出土しなかった。これは灰原の大半が削られて遺存していないので、軒瓦を焼成したか否かは判別しかねるが、楢木原瓦窯でもB—3号窯、C—2号窯

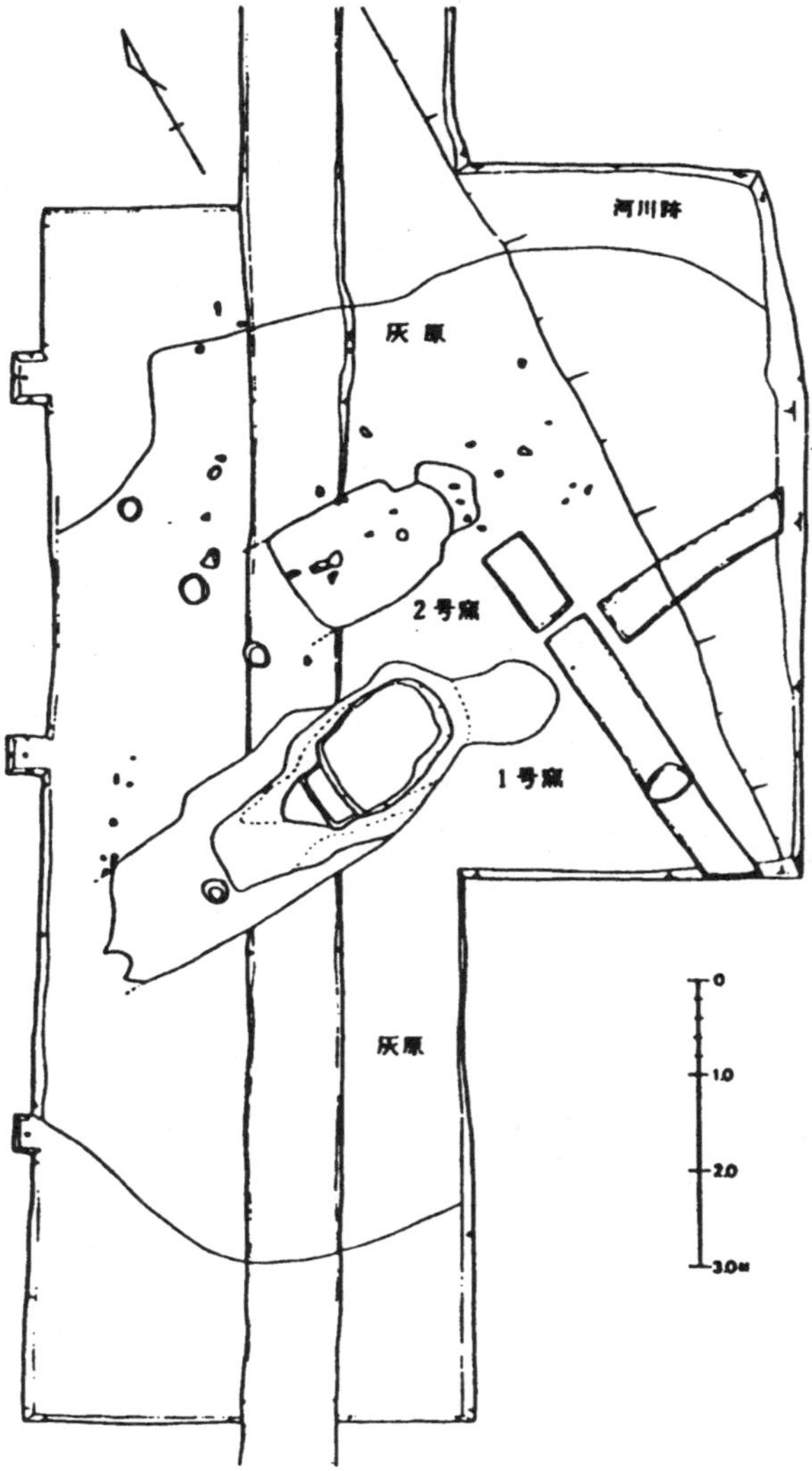

図1-12-4　軽野塔ノ塚瓦窯（註(4)による）

のように軒瓦が全く出土していない類例があることからすると、軒瓦の焼成が他の瓦窯で行われた可能性が少なくない。これは同時期に複数の瓦窯が設置されていたことをうかがわせている。この点も今後の調査によって明らかになるであろう。

つぎに白鳳期の瓦窯の残りの穴太瓦窯、軽野塔ノ塚瓦窯は、先に述べた瓦窯が立地した丘陵とは異なり、扇状地に築かれたものである。軽野塔ノ塚1号窯は焼成部の残存長三・〇m、最大幅一・三五m、燃焼部幅一m、奥行一・二mほどで楕円状を示したものである。2号窯はそのすぐ北側に平行して床面が見つかったものである。いずれも焚口《たきぐち》を扇状地の高い方に設置している[註(9)]。

また穴太廃寺の穴太瓦窯も窯体の大半は失われていたが、焚口幅一m前後、焼成部奥行一・七mほど遺存したものである。この瓦窯も焚口は扇状地斜面の高い方に位置し、焼成部が低い側にある[註(10)]。このことから、穴太瓦窯は燃焼部、焼成部の大半を盛土して構築されたことが想定されている。これは床面が勾配をもった登窯《のぼりがま》か平窯《ひらがま》風のものか、いずれの場合も想定しうる内容のものである。

このように丘陵に築かれた地下式の登窯と異なった瓦窯が大津北郊地域と湖東地域で見つかっていることは、同様の構造のものがこの時期の他の古代寺院の周辺でも検出されることが十分予想されることである。今後、このような瓦窯の成立時期や系譜も構造とともに問題になるであろう。

近江の飛鳥、白鳳寺院は六十数カ所が知られる。この寺院数からすると、現在調査されている瓦窯はいかに少ないか。古代寺院の内容を明らかにするには、その瓦を生産した瓦窯の側面から検討しうる点も少なくない。それだけに、各古代寺院の瓦窯の所在地を明らかにするとともに、瓦窯の規模、内容を明らかにすることが望まれる。さらに瓦窯のなかには、二つ以上の寺院に瓦を供給したものも知られるので、それによって寺院との関連も知りうる点が少なくない。

註

(1) 滋賀大学考古学ゼミナール・蒲生町教育委員会『宮井廃寺跡』一九八五年
(2) 伊勢崎市教育委員会『上植木廃寺』一九八七年
(3) 滋賀県史蹟名勝天然紀念物調査会『滋賀県史蹟名勝天然紀念物概要』一九三六年
(4) 滋賀県教育委員会「愛知郡秦荘町軽野遺跡」『ほ場整備関係遺跡発掘調査報告書』X—1　一九八三年
(5) 小笠原好彦「近江の古代寺院と渡来系氏族」『湖国と文化』第四三号　一九八八年で、近江の渡来系氏族寺院の瓦と朝鮮半島の瓦との関連について述べた。
(6) 小笠原好彦「宝光寺の造営氏族と性格」『宝光寺跡発掘調査報告書』一九八七年
(7) 滋賀県教育委員会『衣川廃寺発掘調査報告』一九七五年
(8) 滋賀県教育委員会『榿木原遺跡発掘調査報告』Ⅲ　一九八一年
(9) 註(4)と同じ
(10) 林博通・葛野泰樹「滋賀県大津市穴太遺跡の瓦窯跡」『考古学雑誌』第六四巻第一号　一九七八年

〔補記〕本稿は「白鳳寺院と瓦窯—宮井廃寺・辻岡山瓦窯の発掘調査から—」『滋賀県埋蔵文化センター紀要』三号（一九九〇年三月）を改題して掲載した。

十三　近江の古代寺院と条里

はじめに

畿内の条里では、正東西、正南北方位の条里地割が広い範囲にわたってみられる。しかし、周辺に位置する近江では、ほぼ中央部に琵琶湖をかかえ、この琵琶湖に向って河川による平野部が形成されたことから、条里が湖岸線に平行する方位で施行されたことが知られている。註(1)これは、例えば栗太郡、野洲郡、甲賀郡は北で三五度東、蒲生郡は北で五五度東に偏しているように、各郡ともいわば斜行する地割が施行されている。

ところで、近江の古代寺院は衣川廃寺、穴太廃寺など飛鳥時代のものと、南滋賀廃寺、宝光寺跡など六〇カ所ほどの白鳳寺院が知られている。この寺院数は大和につぐものであるが、これらの古代寺院の寺域は畿内やその他の地域のものと同じように、正東西、正南北の方位の寺域をもって造営されていたことが知られる。

このように、古代寺院が占めた寺域と条里の地割との方向が異なることから、古代寺院の寺域が条里地割のなかに、特殊地割として遺存しているものが少なくない。したがって、これまで条里地割と異なる方二町規模の広さをもつもので、瓦片が採集されるもの、あるいは寺院と関連をもつ小字が含まれたり、周辺にみられるものは、そこに古代寺院があったものとみなす見解がとられてきている。ここでは、近江にみられるこのような条里地割と異方位の地割を示す古代寺院の寺域とみなされるもののうち、栗太郡と蒲生郡の場合をとりあげて検討してみることにしたい。

(1) 草津北西部の古代寺院

草津北西部には野洲川によって形成された平野部が湖岸一帯に広がっている。ここは古代の栗太郡の北部にあたり、湖岸周辺に、下物町《おろしもちょう》花摘寺廃寺、下寺町《しもでらちょう》観音堂廃寺、葦浦町観音寺廃寺、北大萱町《きたおおがいちょう》宝光寺跡、南笠町笠寺廃寺、長束《なつか》町長束廃寺、志那中町大般若寺跡など、飛鳥から白鳳時代の古代寺院が集中して分布する（図1-13-1）。これらの古代寺院のうち、ここでは花摘寺《はなつみでら》廃寺、観音堂廃寺、宝光寺跡の地割と、発掘調査の結果を検討してみることにする。

花摘寺廃寺は草津市下物町にある天満宮の境内を中心とした古代寺院である。古く、『栗太志』に境内に方形の蓋状石製品、礎石が多数置かれていることが記されている。寺域は条里地割が北で三五度東に偏するのに対し、それとは異なる正東西、正南北方向のものが、小字「追垣」「寺前」などにみられる。発掘調査は昭和五一年〜五三年（一九七六〜七八）にかけて周辺で圃場整備《ほじょうせいび》事業が計画されたことから、寺域の範囲を確認するために実施されている[註(2)]。

一九七六年、天満宮の東と南で調査され、南の水田で幅一・七m〜三m、深さ〇・四mの東西溝ＳＤ51が検出され、南限にみなされた。ついで、翌年に、東辺で幅五・五m、深さ〇・三mの南北溝ＳＤ1、北で幅二mの東西溝ＳＤ2が検出されている。そこで、南北溝を東限、北の東西溝を北限とみなす見解がだされている。これらの結果

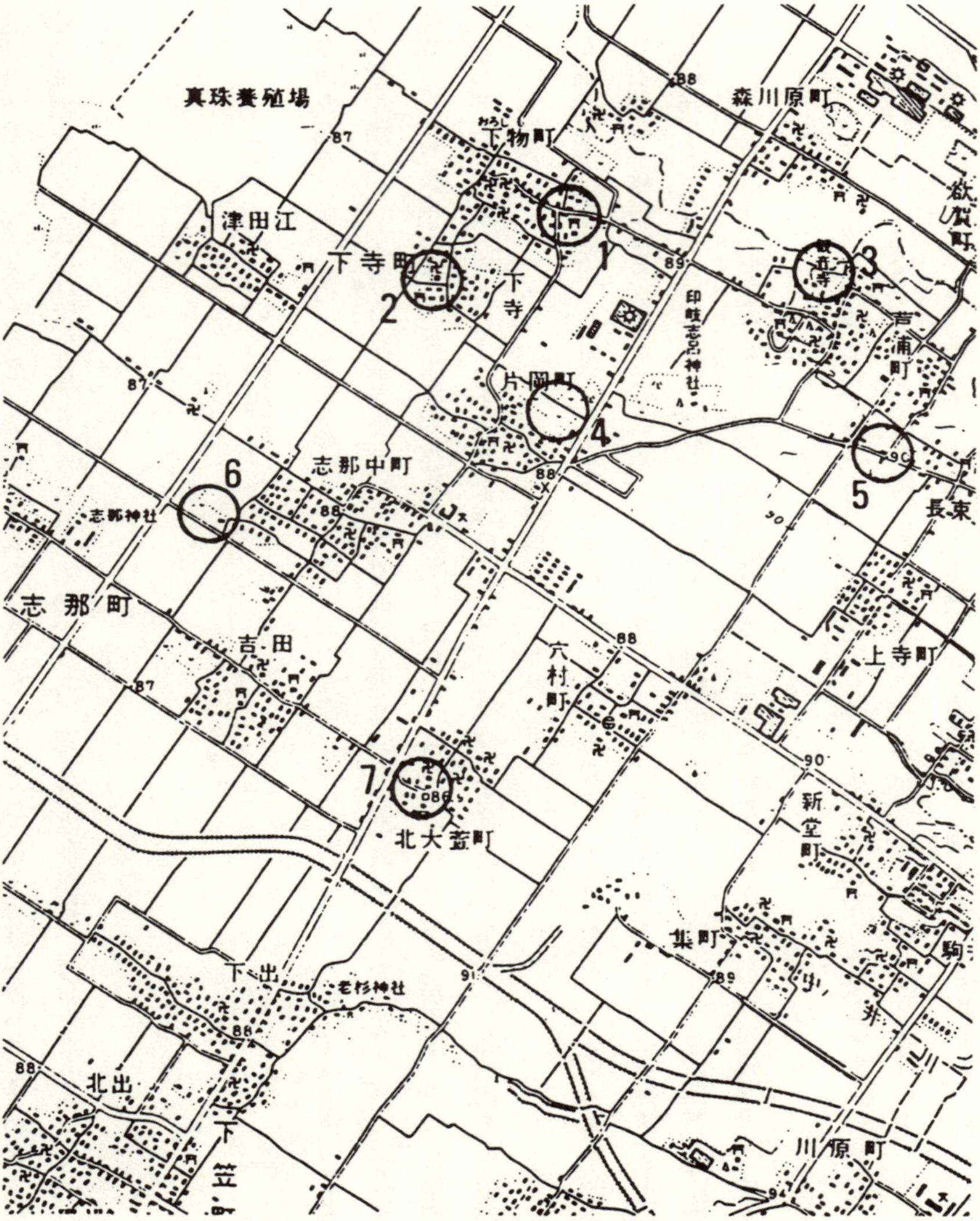

図1-13-1　草津北西部の古代寺院
1．花摘寺廃寺　2．観音堂廃寺　3．観音寺廃寺　4．片岡廃寺
5．長束廃寺　　6．大般若寺跡　7．宝光寺跡

をみると、SD2とSD51の心心距離は二一八・一五mを測るので、南北は二町とみなされている。また、東西は西限が確認されていないが、天満宮から西六〇mで南北に走る道があり、そこを西限とみなし、一・五町に想定されている[註(3)]（図1–13–2）。

しかし、地割では、小字「太鼓ノ堂」の東北に条里地割が一部及んでいたとみられること、東限とみなされているSD1が南限から一・五町より北では確認されていないので、南北も一・五町とみなす見解もだされている。だが、この一・五町を想定する考えの場合も、南限から一・五町で北限を示す遺構はまだ検出されるには至っていない。したがって、SD2からは布目瓦、陶磁器なども出土しているので、花摘寺廃寺と関連をもつ溝とみなしうる可能性が高い。おそらく、SD2の溝まで花摘寺廃寺の寺域が及んでいたことが、その北にみられる条里地割が小字「ミコノ小路」までのびていないことと関連するものと推測される。

花摘寺廃寺の堂塔の所在位置は、正東西、正南北の地割内部では発掘調査がなされていないので、明らかでない。しかし、現在の天満宮境内に礎石が集中して置かれており、そこから遠く動いたものでないとすると、伽藍の中心建物は想定される寺域の西側一町に偏して配置されていたものと推測されることになる。出土瓦では、藤原宮式の軒丸瓦、奈良時代の均整唐草文軒平瓦、さらに平安時代とみられる幅の狭い瓦当面に蓮華文をつけた軒平瓦がある。

つぎに、観音堂廃寺は花摘寺廃寺の西、下物町の天神社、観音堂境内を中心にあったとみなされる古代寺院である。ここには、小字「皆出」「南出」「居村」が条里と異なる正東西、正南北の地割を示しており、これによって早くから方二町の寺域が想定されてきた（図1–13–3）。

観音堂廃寺の発掘調査は、一九七五～七六年に寺域の範囲を確認する調査が実施されている[註(4)]。調査では、「皆出」「南出」の南側で幅四mの東西溝SD2、その内側で九～一〇mで幅一・五mの東西溝SD1が検出されている。

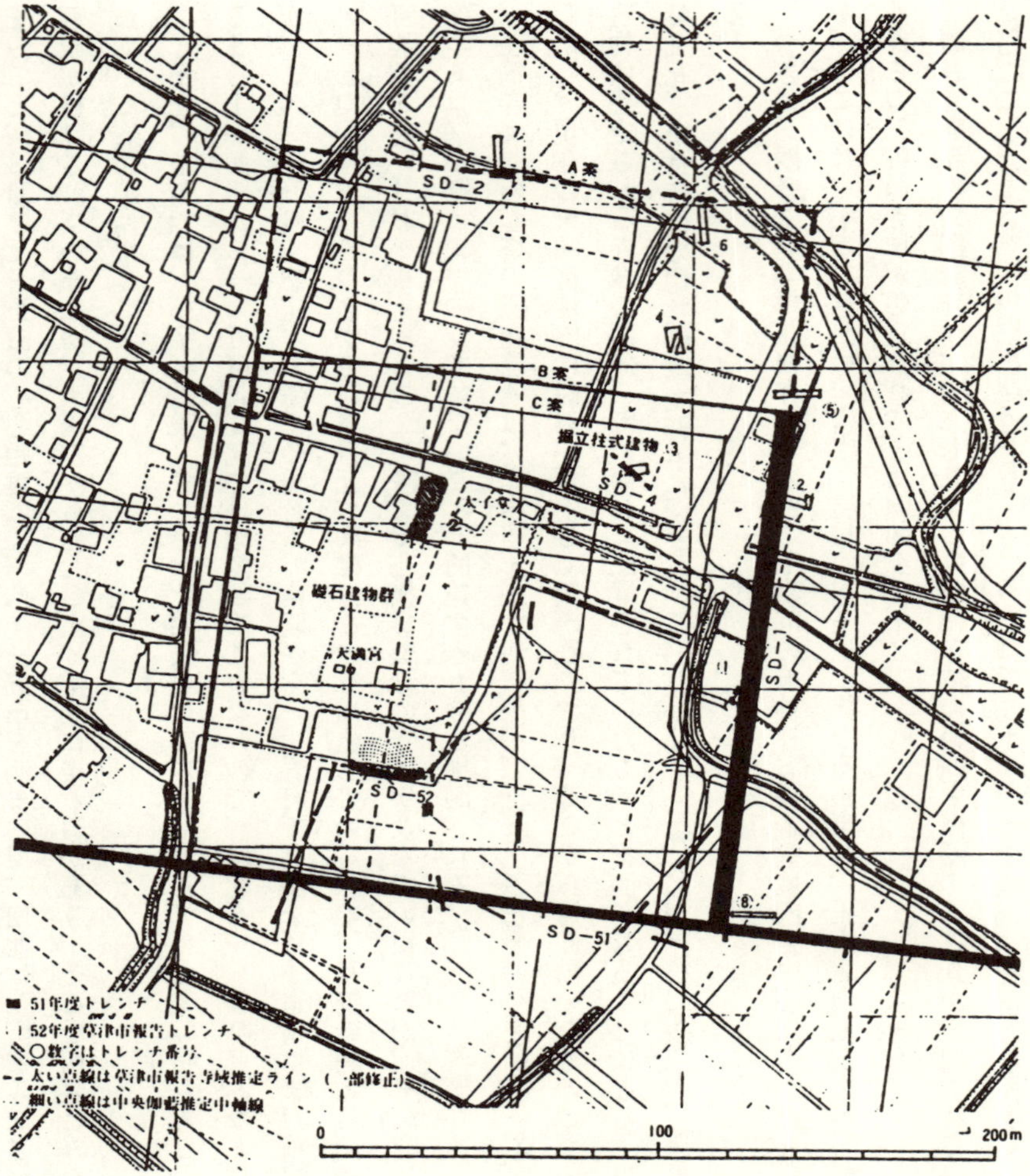

図1-13-2　花摘寺廃寺の寺域

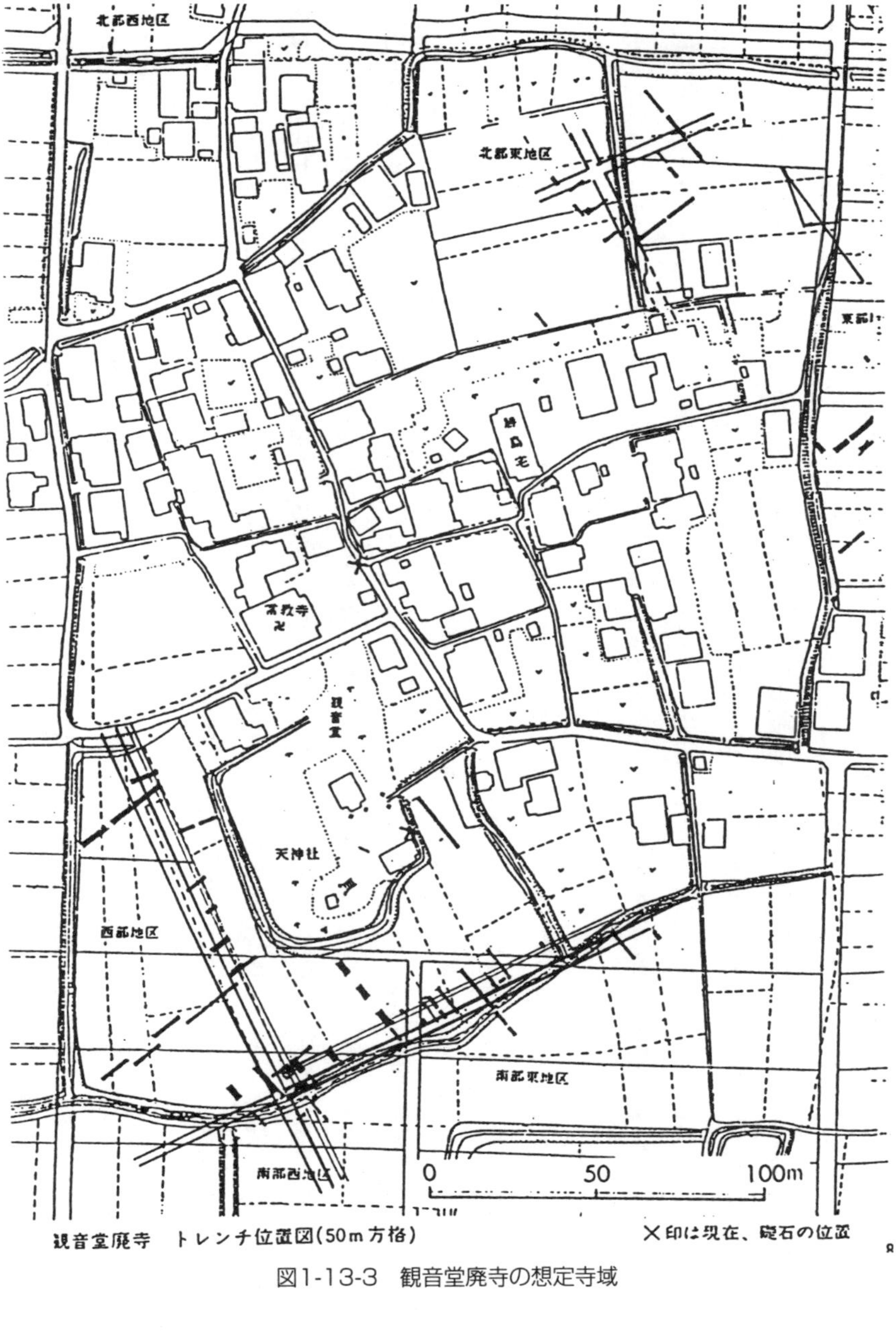

図1-13-3　観音堂廃寺の想定寺域

この二本の溝はＳＤ２が南限を画す外溝、ＳＤ１がその内溝とみなされている。一方、西側は天神社の西方で、幅三ｍの外溝ＳＤ４と幅一・六〜一・七ｍの内溝ＳＤ３が検出されている。また、東限と北限は、寺域想定地の東北部にあたる小字「居村」の東北部で、幅四・〇〜五・五ｍの東西溝ＳＤ８と幅三・六ｍの南北溝ＳＤ７が交差して見つかっている。

その結果、南北はＳＤ８とＳＤ２の心心距離二一八・五ｍ、東西はＳＤ４とＳＤ７との心心距離一九五ｍとなり、いずれも二町規模の寺地をもったことが想定されている。この調査結果からみると、南限は南の水路と一致し、北限は小字「居村」の北にある小字「佐田」の境界と一致することになる。しかし、西限、東限の境界は地割には表われていないことになる。また、南限溝ＳＤ２と西限溝ＳＤ４との交点では、奈良時代の土師器、須恵器とそれ以降の土器が多量に出土し、土器にみられる下限は十世紀中ごろと推測され、おそらく、その頃まで観音堂廃寺が存在したものとみなされる。なお、観音堂廃寺の南限、西限では、内側と外側の二つの溝が検出されているので、確認されていないが、ここに築地《ついじ》が構築されていたものと想定してよいであろう。観音堂廃寺からは、素弁八葉蓮華文、単弁八葉蓮華文、複弁八葉蓮華文の軒丸瓦と重弧文の軒平瓦、さらに時期が下がる剣頭文《けんとうもん》をつけた軒平瓦が出土している。

宝光寺跡は、北大萱町の宝光寺とその南の大萱神社の境内地を中心としたとみなされる古代寺院である。宝光寺の周辺では、小字「南出」「中出」「西出」「東出」にかけて、正東西、正南北の地割がみられ、寺域に想定されてきた（図1―13―4）。一九八〇・八一年、一九八三年の発掘調査の結果、宝光寺本堂前で講堂跡とみなされる規模の大きな瓦積基壇が検出されている。[註(5)] この瓦積基壇に伽藍の中軸線を求めると、西は約一〇〇ｍに、小字「南出」「西出」を北に流れる南北溝がある。これを西限に想定すると、ほぼ一町になる。それを東に折りかえした位置では一致する地割は見いだしがたい。南限は西限にみなされる南北水路が東に折れるあたりを、また北限は宝光寺の北にある報恩寺の北まで瓦が散布しているが、西限の南北溝が西に折れるあたりに想定すると、南北も二町になる（図1-13-5）。

図1-13-4　宝光寺周辺の地割

宝光寺跡からは素弁八葉蓮華文、単弁八葉蓮華文、複弁八葉蓮華文など三型式九種の軒丸瓦と重弧文を施文した五種の軒平瓦が出土している。これらの軒瓦は平安前期までのもので、その後の新しいものはみられない。しかし、土器では本堂の北側一帯で、奈良時代以降の瓦器、陶器などが多く出土しているので、平安後期まで続いたとみられるが、明らかでない。

以上のように、花摘寺廃寺、観音堂廃寺、宝光寺跡にみられる条里と異方位を示す方二町規模の正東西、正南北の地割は、ほぼそのまま白鳳寺院の寺域とみなしうることが知られる。これらは花摘寺廃寺では軒瓦が七世紀末の藤原宮式軒丸瓦が出土し、下限は寺境

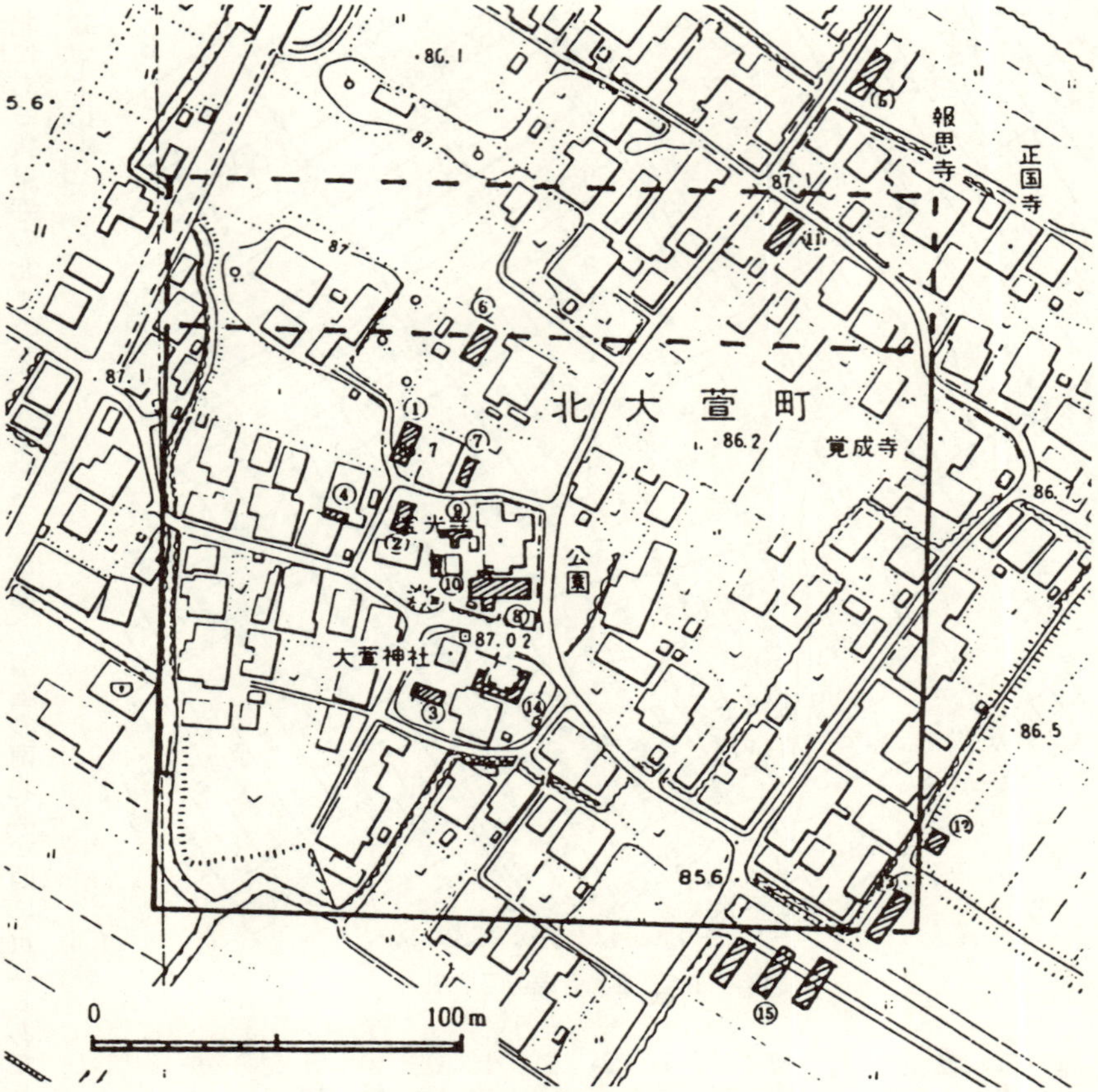

図1-13-5　宝光寺推定寺域

内で八世紀後半から九世紀につくられた井戸が十世紀末に廃絶《はいぜつ》しているので、その頃までは存続していた可能性がある。観音堂廃寺も大半は白鳳、奈良時代の軒瓦が出土しているが、剣頭文をつけた軒平瓦が出土しているので、平安時代まで衰退しながらも存続していたとみなされる。宝光寺は軒瓦では十世紀以降とみなされるものは知られない。しかし、本堂北側で瓦器《がき》、陶器が多く出土していることと、現在の本堂に平安時代の薬師如来《やくしにょらい》（国宝）が安置されていることからすると、講堂など中心建物が焼失後も、建物の一部が再建されて存続したものと推測される。

このように、三寺院の存続期間からすると、これらの寺院は十世紀頃までは存続していたものと推測される。そして、条里が草津北西部に施行された時期には、これらの寺院が廃絶せずに存続していたものと推測される。なお、三寺院のうち、宝光寺は東半部の寺域想定地に、正東西、正南北方向の地割や水田畦畔が乏しいのは、西半部に比べて東半部の寺域を早く失ったものであろう。

以上とりあげたほかに、草津市北西部では芦浦町観音寺廃寺でも、現在の観音寺の境内を中心とした方一・五町に条里と異なる正東西、正南北の地割をみることができる。発掘調査は行われていないが、宝光寺の創建の軒丸瓦と類似した素弁系の八葉蓮華文軒丸瓦が境内から工事中に採集されているので、七世紀の第3四半期まであがる古代寺院があったことが想定される。

また、南笠町の笠寺廃寺の場合も、妙楽寺《みょうらくじ》境内の東側一帯に条里地割と方位を異にした正東西、正南北の地割がみられる。[註(6)] 妙楽寺境内には古くから大型の塔心礎と造り出しをもつ礎石が保存され、川原寺系の複弁八葉蓮華文軒丸瓦、重弧文軒平瓦などが採集されているので、付近に古代寺院があったことが知られる。発掘調査は妙楽寺から南一〇〇ｍで実施されたことがあるが、寺域や伽藍にかかわる資料は得られていない。地割からみると、妙楽寺を西北隅とする方一町、あるいは北の仙命庵をもふくむ方一・五町の寺域を想定してよさそうである。

(2) 蒲生郡の古代寺院

日野川中流域では蒲生町宮井廃寺、綺田《かばた》廃寺、蒲生堂廃寺に、条里と異なる正東西、正南北の寺域とみなされる地割が知られている。ここでは、近年、寺域想定地とその周辺が大規模に発掘された宮井廃寺を中心に述べることにする。

宮井廃寺は日野川左岸、宮上橋を渡った西一二〇mにある天神社境内を中心とした白鳳寺院である。この宮井廃寺周辺には、北で五五度東に偏する蒲生郡条里の地割がみられるが、方一・五町の範囲で正東西、正南北方位の矩形にめぐる農道があり、これが寺域を示すものと想定されてきた。一九八一～八三年に寺域想定地で発掘調査され、さらに圃場整備事業に関連して宮井廃寺をそのなかに含む野瀬《のせ》遺跡も広く発掘されている。

宮井廃寺の伽藍は金堂の東南に塔を一基のみ配置したもので、ほかに金堂の西に西方建物、北で北方建物が見つかっている。寺域は西を限ると想定されてきた南北農道の西三mで幅二mの南北溝を検出し、北でも北を限るとみなされてきた東西農道の南八mで東西溝、南も南を限ると想定されてきた東西農道のすぐ南で幅一mの東西溝が検出されている。その結果、東限は明らかでないが、西限とみなされた南北溝を金堂を中軸として折りかえすと、東西二町、南北は一・五町の寺域を有していたと想定しうることになった。[註(7)]

その後、一九八三・八四年度に宮井廃寺が隣接する野瀬遺跡を大規模に調査したところ、多くの新たな知見が加えられることになった（図1-13-6）。宮井廃寺の北に接する第五地区の調査では、北限とみなしてきた東西農道の北でSD5077、SD5076の東西溝が検出されている。この溝の南では宮井廃寺のものとみなしてよい大規模な井戸SE五〇三があり、瓦も出土するので寺域はさらに半町北に広がっていたと考えられ、南北も二町を占めていたものとみなされることが判明した（図1-13-7）。

また、第五地区の北半部と宮井廃寺の西北の第四地区では、正東西、正南北方向の八世紀前後の掘立柱建物が検出され、寺域の北部一帯に集落が存在したことが知られた（図1-13-8）。この集落に関連する調査では、寺域の西北一五〇mの第一地区から、「(勢)本寺」「本寺」「寺」、第四地区から、「西一坊」「造佛」、第五地区から「東一方」など、寺院名や寺院の建物などに関連した墨書土器《ぼくしょどき》が出土し、宮井廃寺の造営氏族が隣接して居住していたこ

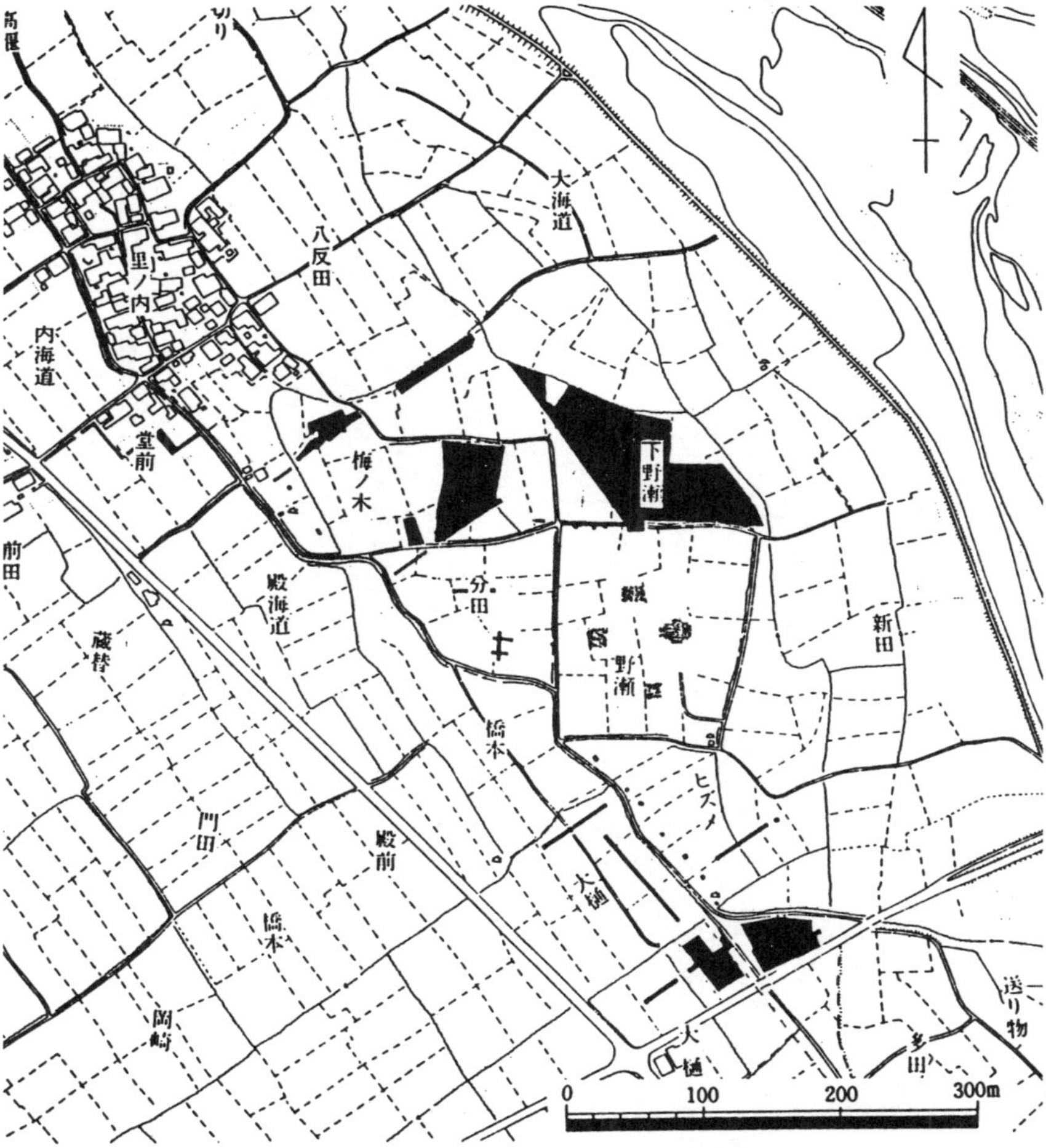

図1-13-6　野瀬遺跡の調査地点と宮井廃寺

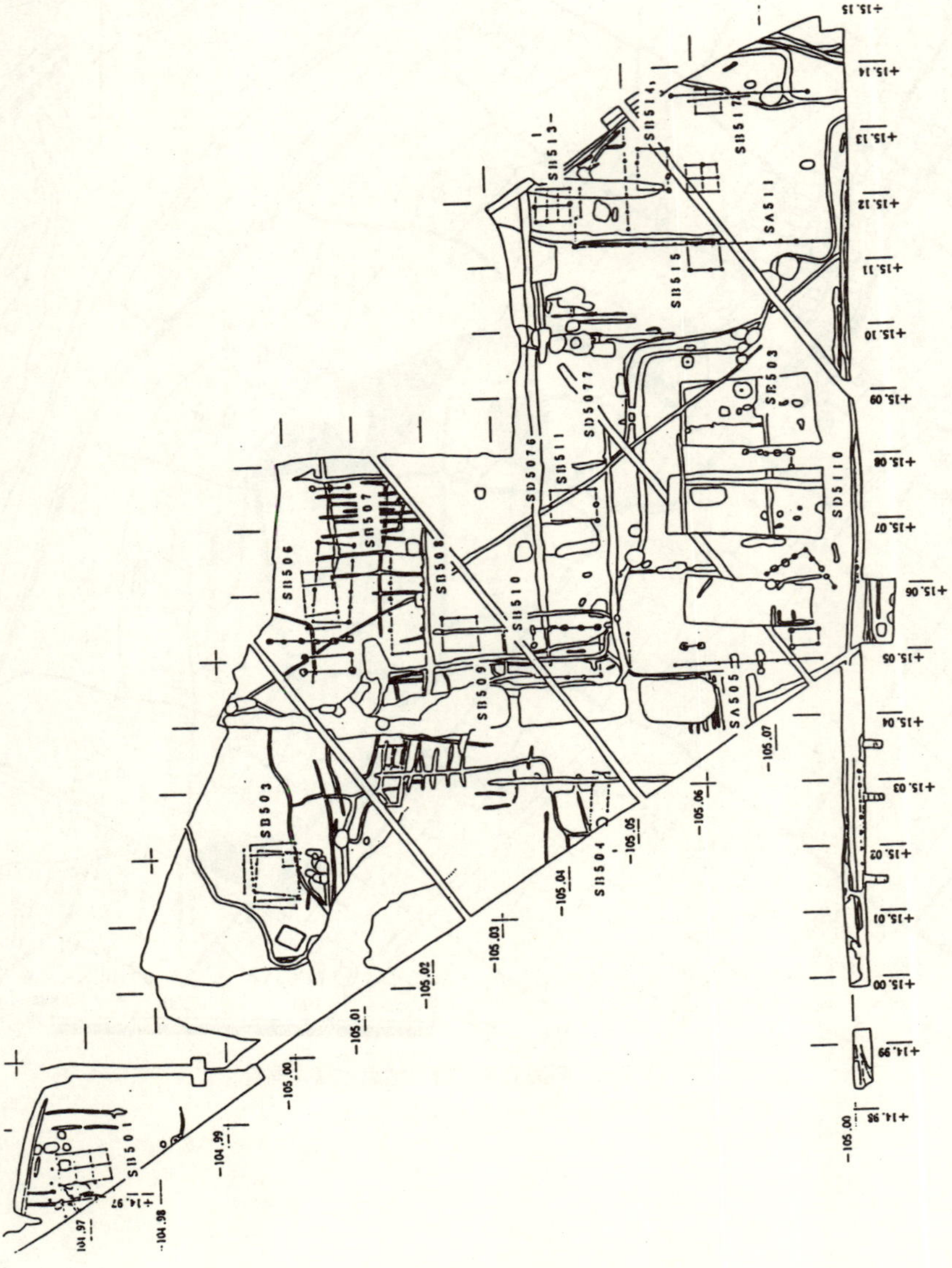

図1-13-7　野瀬遺跡の第5調査地区

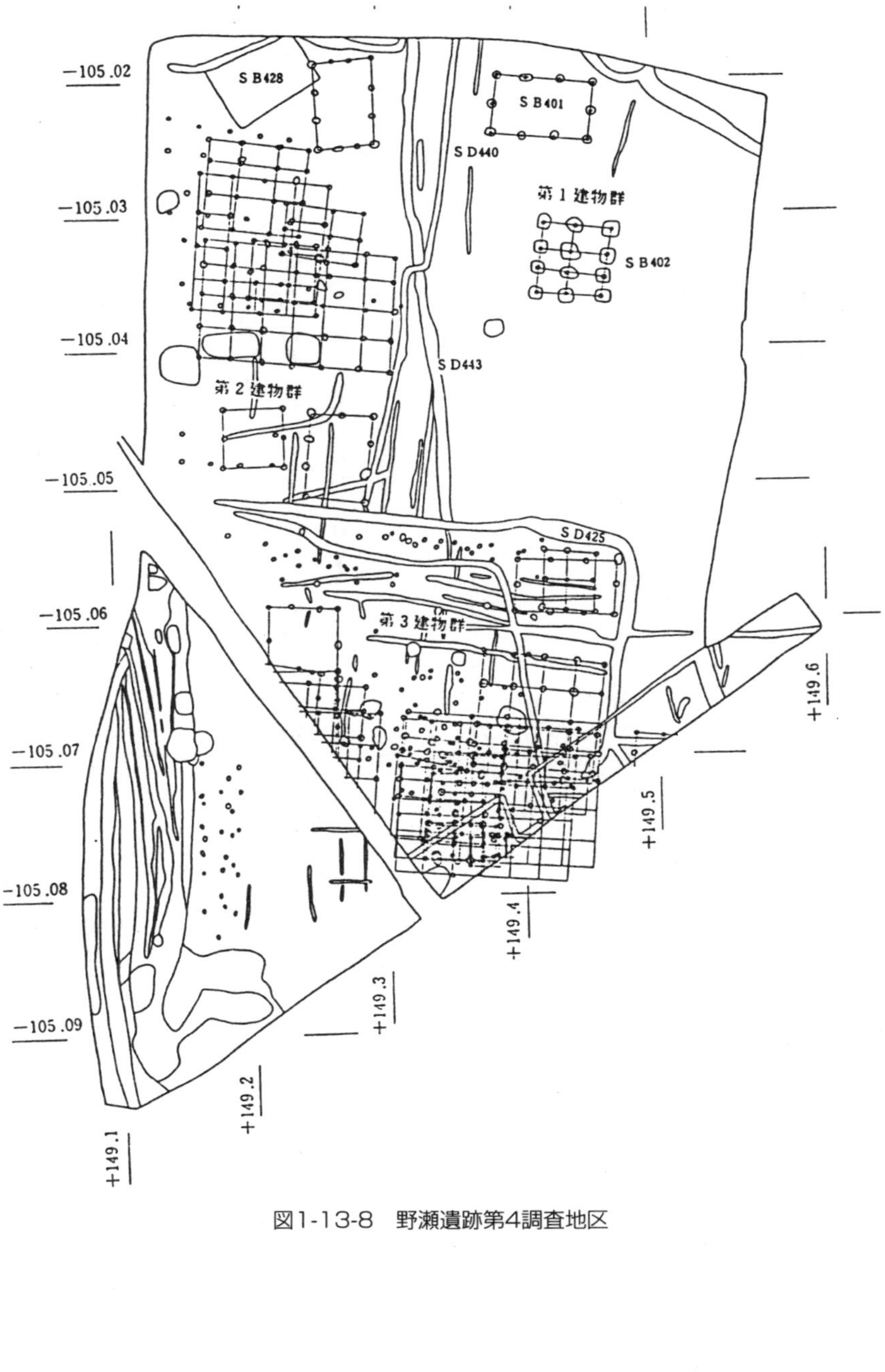

図1-13-8　野瀬遺跡第4調査地区

とも明らかになった（図1-13-9）。この造営氏族が居住したとみなされる宮井廃寺の北にあたる小字「北野瀬」、西の「分田」、西北の「梅ノ木」では、条里と方向を異にする正東西、正南北の方向の水田が寺域想定地から一〇〇m余もそのまま北に広がっており、条里地割がみられない。

　このように、宮井廃寺の寺域北側一帯にも条里地割がみられないのは、宮井廃寺の北側に寺院の造営にかかわった氏族が居住した建物が集中して営まれたことから、条里地割が施行されなかったことが考えられる。あるいは、ほかに野瀬遺跡の第四地区で出土した「西一坊」、第五地区の「東一方（坊）」と記された墨書土器は十世紀後半に下る灰釉陶器《かいゆうとうき》なので、宮井廃寺と関連をもつ建物そのものが古代寺院の寺域から、さらに北に拡大して建てられるなど、寺域そのものが拡大していたことも考慮すべきかもしれない。

　さらに、第四地区では一二世紀代とみなされる時期でも、小型の柱穴をもつ掘立柱建物が正東西、正南北の方位をなして建てられている。この時期には蒲生町麻生《あそう》遺跡、市子遺跡、堂田遺跡などの近隣の集落遺跡では、条里地割と同じ方向で建てられた建物が多数見つかっている。とすると、第四地区をはじめ宮井廃寺の北側一帯では、寺院とのかかわりあいが、この時期まで存続したものと推測されるのである。

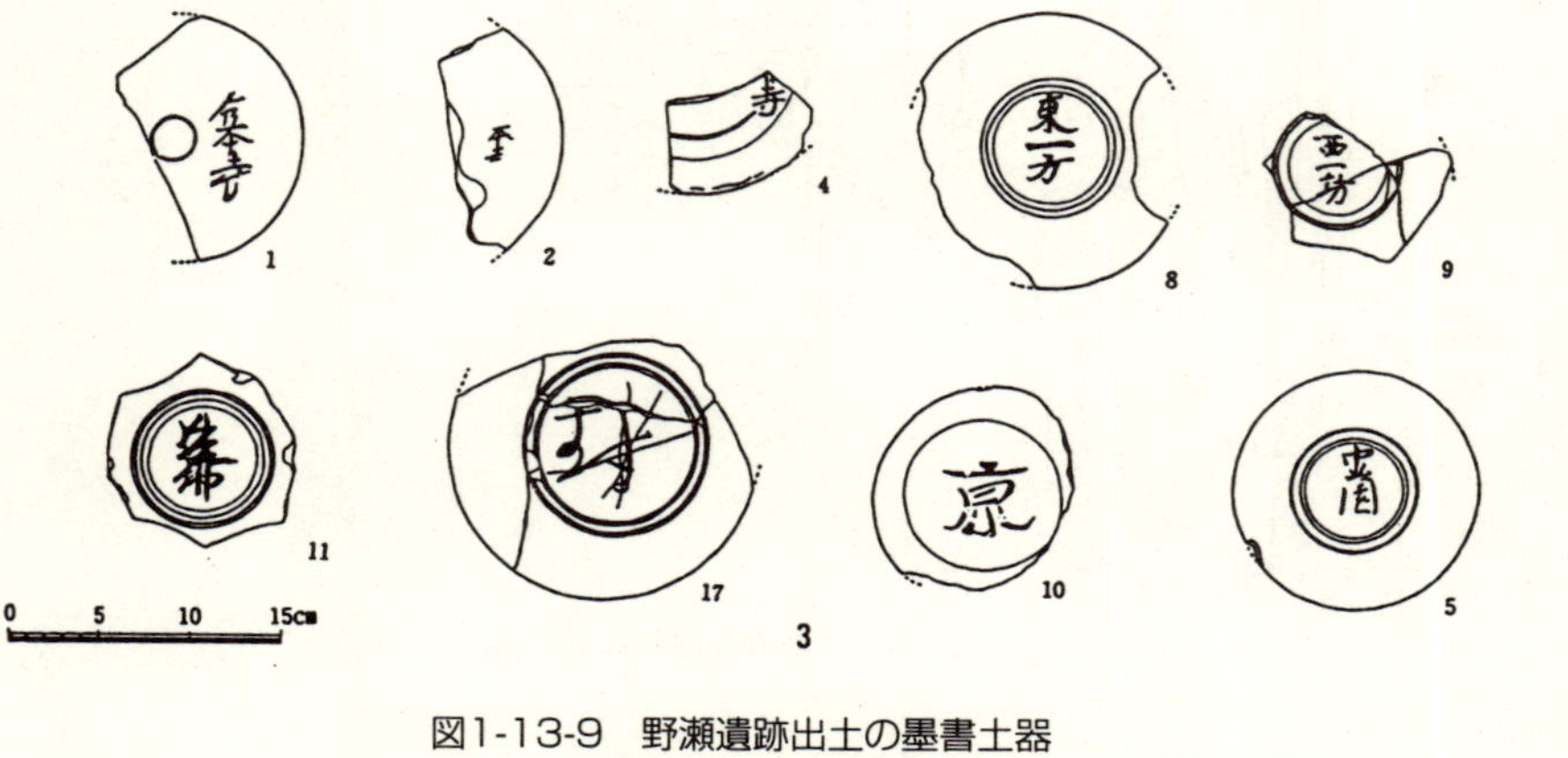

図1-13-9　野瀬遺跡出土の墨書土器

しかし、その後の時期の建物は、宮井廃寺の北側一帯では見つかっていない。それと代るように、野瀬遺跡では宮井廃寺の南限から南一五〇mにあたる第六地区で、一三世紀前半から中葉の掘立柱建物が検出されている。それらは、北で五〇～五五度東に振れた建物が集中して建てられている。この第六地区の掘立柱建物群は調査者によって、宮井廃寺の北側一帯から集落が移動したものと想定されているように、宮井廃寺の廃絶にともなってこの地域での集落が再編成されたものであろう。その後、宮井廃寺と北側一帯の地割は条里地割に変更されることなく、そのままの地割で耕地に変えられることになったものと推測される。

つぎに、蒲生堂廃寺は日野川の左岸、蒲生町蒲生堂にあったとみなされている古代寺院である。ここは少ないながら瓦が採集されたことがあり、「大堂」「塔ノ本」の寺院に関連する小字があり、小字「上川原」とその北の「坂口」にかけて、正東西、正南北に走る農道がみられることから、古代寺院があったことが想定されてきたところである（図1-13-10）。

一九八一年度に、小字「大堂」の南辺とその南にあたる「下野瀬」で発掘調査が実施されている。註(8) その結果、「大堂」、「下野瀬」では正東西、正南北に近い方位の掘立柱建物が検出されたが、寺院と関連を示す遺構はみつかっていない。また、二つの調査地点ともに、瓦の出土がほとんどみられなかったことから、古代寺院の存在が確認されるには至っていない。

ほかに、日野川支流の佐久良川《さくらがわ》北岸、蒲生町の稲荷神社の境内地を中心とした綺田廃寺一帯でも、註(9) 条里と異方向の正東西、正南北の地割が広くみられる。綺田廃寺は神社境内が寺域の中心部とみなすと、西一〇〇m付近に南北道路があり、それまで寺域に含められるとすると、方二町の規模の寺域を想定しうることになる。

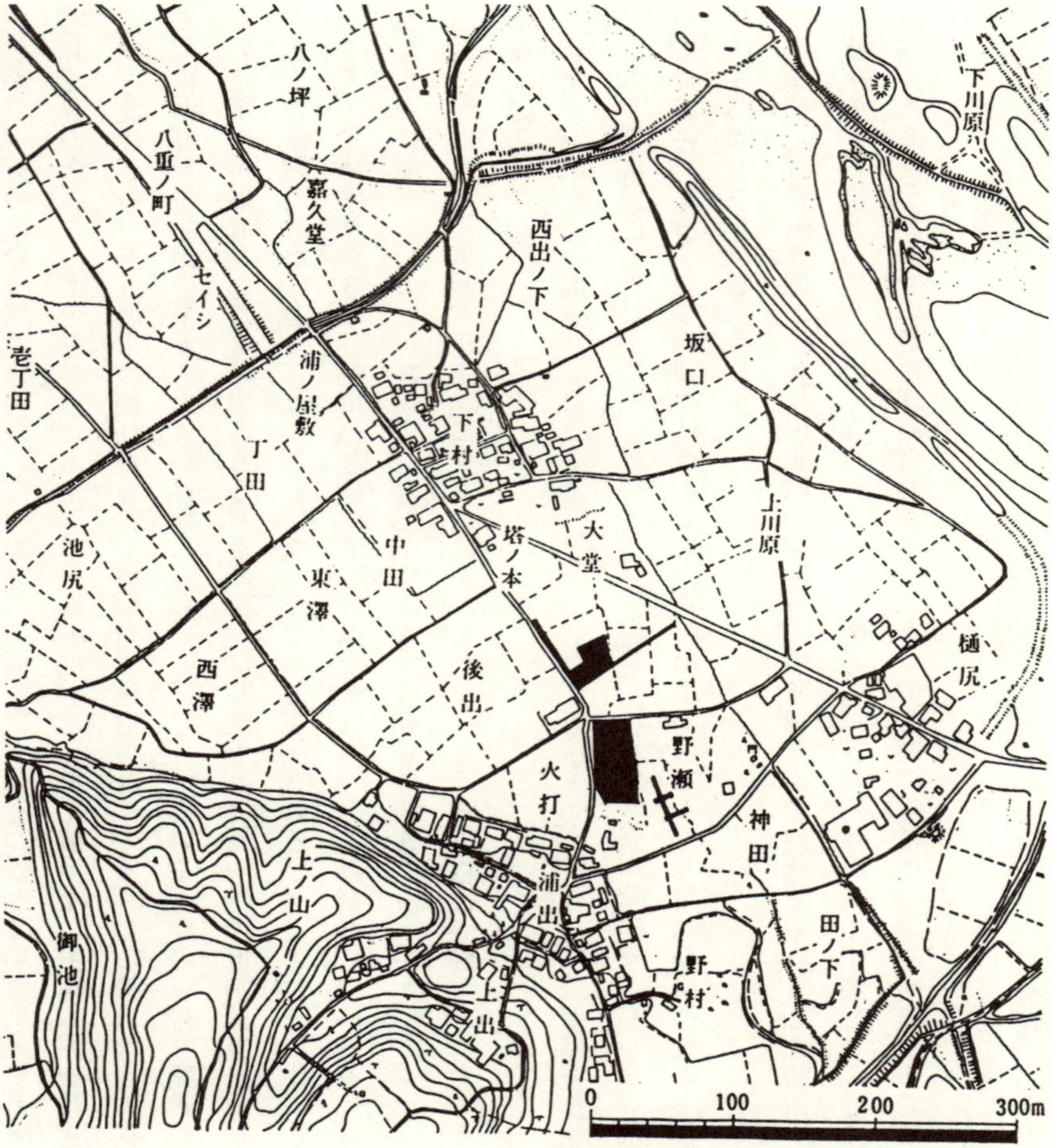

図1-13-10　蒲生堂廃寺周辺の地割

(3) 寺域と条里地割

近江の栗太郡、蒲生郡にみられる条里地割と異なる正東西、正南北の方位をもつ二町規模の地割をもつものは、発掘調査結果からみると、そのまま古代寺院の寺域を示すものと、寺院に隣接した集落もあわせてふくまれているとみられるものがあることが知られる。寺院に隣接した集落は、出土した墨書土器からみると、寺院と関係をもつ内容の文字がふくまれているので、寺院造営を行った氏族の集落があったことが推測される。ただし、宮井廃寺の場合、造営氏族の集落が寺域に隣接した正東西、正南北の地割の範囲内に限られていたのか、集落の一部が含まれたにすぎないのか、明らかでない。寺院造営を行いうるだけの有力氏族の集落とみるには、この時期の集落としては規模が小さいように思われるので、後者の可能性の方が高いであろう。

また、栗太郡の草津北西部では、方二町規模の寺域のみを示すとみられる場合も、寺院造営氏族の集落が隣接して営まれていなかったとは考えにくい。とすると、どのような条件から、そのような差異が地割として生じたかが問題になるであろう。

つぎに、草津北西部では軒瓦が採集され、古代寺院の存在が注目されながらも、寺域を想定しうる地割がみられないものもある。志那中町大般若寺跡の場合がこれに相当する。この寺院は、素弁の上に忍冬分を飾った法隆寺の飛鳥時代の軒丸瓦と同笵とみられる軒瓦が出土していることから、飛鳥寺院があったことが推測されているものである。註(10) 寺域想定地では瓦は採集されているが、寺域を示す正東西、正南北の地割はみられない。これは、この地域にある他の古代寺院の寺域が地割としてよく残されていることからすると不審である。条里地割が施行される以前に火災で焼失するなど、寺院が衰退していたことによるものであろうか。

ほかに、草津北西部の古代寺院の寺域と条里地割で問題になることは、花摘寺廃寺で検出された南限の東西溝を西に延長した位置で、観音堂廃寺の寺域北限の東西溝と一致すると想定されている点である。この二つの寺院の間には花摘寺廃寺の西限と観音堂廃寺の東限間で二〇〇mの距離を隔てている。現状ではこの間で溝の存在が確認されていないが、同一線上にあるとみなす見解がだされている。[註(11)]とすると、寺院造営前に、正東西、正南北の地割がこの地域にかなり広い範囲にわたって存在し、それが条里地割によって変更されたと想定されることになる。これは、花摘寺廃寺、観音堂廃寺の東が葦浦で、『日本書紀』安閑二年条に記されている葦浦屯倉との関係も想起させることになり、寺域の地割にとどまらない問題もふくまれている。

註

(1) 足利健亮「近江の条里」『びわ湖周遊』ナカニシヤ出版　一九八〇年
(2) 別所健二「花摘寺遺跡発掘調査報告Ⅱ」『草津市文化財調査報告書』4　一九七九年
(3) 辻　広志・丸山竜平「草津市下物花摘寺遺跡」『昭和五十三年度　滋賀県文化財調査年報』一九七九年
(4) 丸山竜平・辻　広志「草津市下寺観音堂遺跡」『昭和五十一年度　滋賀県文化財調査年報』一九七八年
(5) 藤居　朗「宝光寺跡発掘調査報告書」『草津市文化財調査報告書』12　一九八七年
(6) 小笠原好彦「笠寺廃寺」『近江の古代寺院』一九八九年
(7) 滋賀大学考古学ゼミナール・蒲生町教育委員会『宮井廃寺跡』一九八五年
(8) 北川　浩「ほ場整備関係遺跡発掘調査報告書」Ⅰ　『蒲生町文化財資料集』7　一九八九年
(9) 小笠原好彦「綺田廃寺」『近江の古代寺院』一九八九年
(10) 梅原末治「忍冬文様軒丸瓦について」『史迹と美術』第二〇輯一八　一九五〇年
(11) 註(4)と同じ

『条里制研究』第八号　一九九二年一二月

十四　古代の近江型土師器甕と二つの特徴

はじめに

土師器は須恵器とともに使用された古代の日常雑器である。この土器は供膳用や煮沸用として、ときには貯蔵用の器種を含めてごく一般的に使用され、各種の遺跡から普遍的に出土する。この土師器の研究は、古墳時代前期のものでは著しい進展がみられるが、六世紀以降のものでは生産窯址が知られる須恵器ほどには、細かな地域差などが研究されないままに残されている。しかしもっともありふれて出土する土器だけに、各地の地域差が明らかになれば、地域を越えて出土する場合には土器が移動したことになるので、それによって古代の土器の移動や流通の一側面をさぐる重要な手がかりになると考えられる。

このようなことから、かつて近畿地方の大和、河内、和泉、摂津、山城、近江、伊賀・伊勢の土師器の甕・堝《なべ》に注目し、その移動の実態を一部さぐってみたことがある[註(1)]。もとより対象とした遺跡の土器を十分検討できないまま資料化したものも少なくなかったので、不十分さを避けがたい点があった。したがって、各地域の煮沸形態の土器に対する時期的な変化の把握、すなわち細部の特徴による編年作業を早急にすすめ、移動した土器のより細かで確かな時期の把握が必要な課題の一つとなる。もう一つは、古代の各国ごとにみた土師器の形態、製作技法の普遍性に加えて、さらに各地域での固有の技術的な差異を明確にすることができれば、土器の生産地と移動の関係をより詳細に検討できることになる。ここでは、直接後者にかかわりをもつものとはいえないが、そうした意図を含めながら古代の近江型土師器甕にみる二つの特徴についてとりあげることにしたい。

(1) 近江型甕の特徴

近江の古代遺跡から出土する土師器甕は、球形の体部に短かく口縁部をつけたもの（甕A）と同形態の体部中央に一対の把手《とって》をつけたもの（甕B）、そして長胴形で短かく口縁部をつけたもの（甕C）の三つの形態がある。これらの甕では、甕Aの小形のものに限って口縁部がほぼまっすぐ外反するが、ほかは口縁部がやや内弯し、内傾する口縁端部をもつ点に、大和や河内あるいは山城など他地域のものと異なる大きな特徴がある。その製作技法は、外面は刷毛目《はけめ》を施したあと、体部下半をたてにヘラケズリする。内面は体部に刷毛目《はけめ》をつけ、口縁部にも刷毛目をつけたものとヨコナデを施しただけのものとがある。長胴の甕Cは高さ四〇cm大におよび、器高が高いものが一般的である。なお、煮沸形態にはこれらの甕のほかに、半球状の浅い体部に短かく口縁部をつけた堝も少なからず用いられて

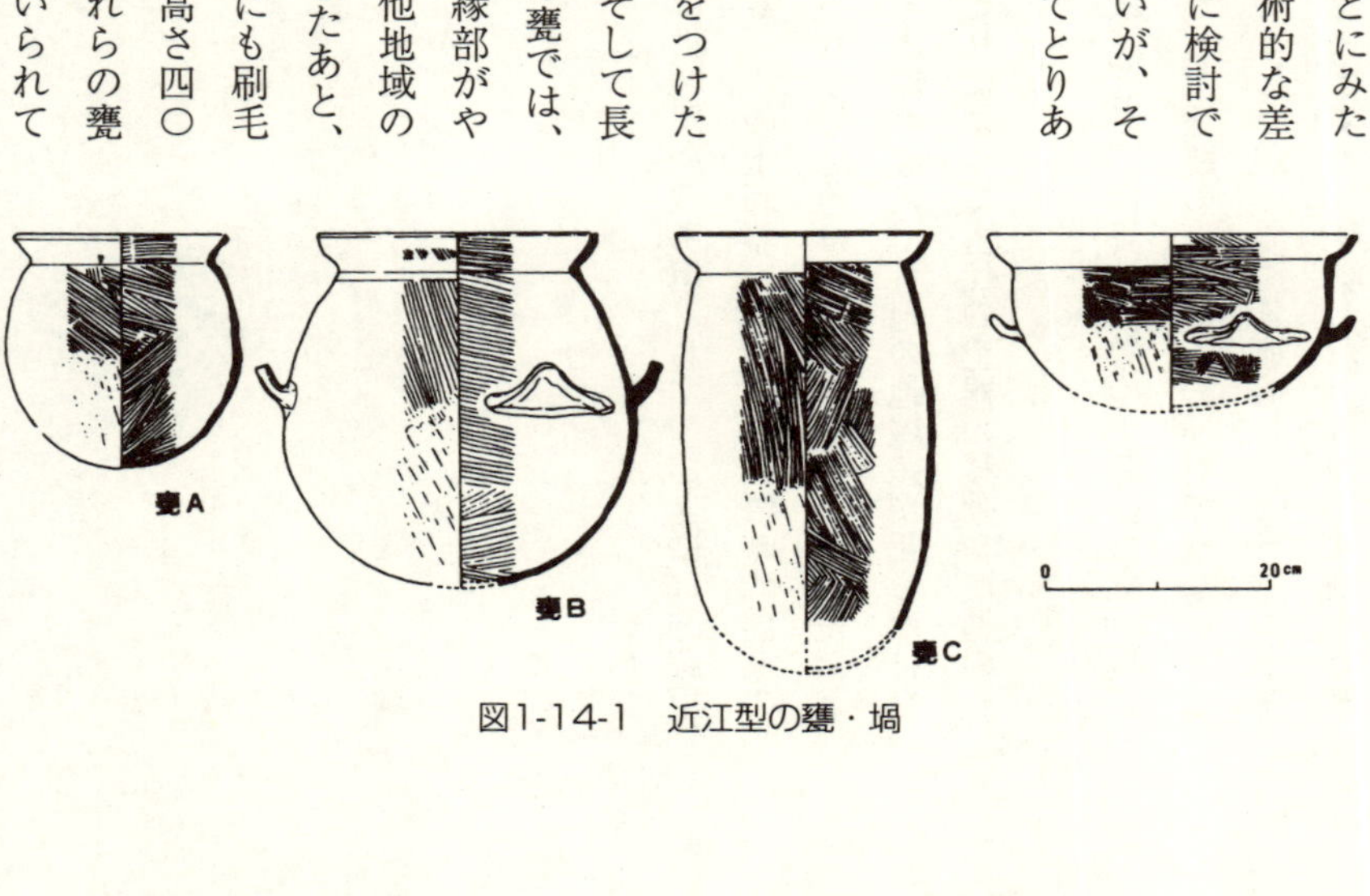

図1-14-1　近江型の甕・堝

いるが、この堝の口縁部の形態や体部の調整技法も甕の場合とほぼ共通する。

以上のような近江型の土師器甕は、一九七〇年までは大津市中保町遺跡[註(2)]や甲西町狐栗古墳群[註(3)]などでわずかに散見するだけで、まとまった資料を欠いていた。しかし一九七一～一九七二年にかけて行われた湖西線関係遺跡の発掘調査で、滋賀里地区のⅣB・ⅤA・ⅤB遺構群から多くの資料が出土したことによって、その内容が具体的に知りうるようになり、近江型甕の認識が進展した[註(4)]。その後、現在までに湖東地域の草津市下寺観音堂遺跡[註(5)]、野洲町下々《げげ》塚《づか》遺跡[註(6)]、湖西地域の新旭町美園遺跡[註(7)]、今津町弘川遺跡[註(8)]、湖北地域の長浜市宮司《みやし》遺跡[註(9)]、高月町井口遺跡[註(10)]などからかなりのまとまった資料が出土している。この間に、宮司遺跡の発掘調査報告書では、「近江型長甕」が竪穴住居に設置されたカマドと密接なつながりをもって使用されたことなどが検討されている。

(2) 口縁部にヘラ記号をつけた土師器甕

近江型の土師器甕は、前述したような形態と製作技法の共通性をもって近江一円に分布する。現状では六世紀後半に成立し、少なくとも八世紀まで製作されている。このようにかなり長期にわたって製作されていることからすると、当然のことながら形態、製作技法ともに時期的な細かな差異を含んでいるものとみられる。しかし今のところ編年できるところまで至っていないので、その作業が望まれる。さらにその性格が明らかにされていないものの一つに、口縁部にヘラで記号状にキズをつけた甕が散見することである。

この口縁部のいわゆるヘラ記号は、湖西線関係遺跡の出土品で初めて注意されたものである[註(11)]。この調査報告書では、甕A・甕Bに三個、甕Cに二個のヘラ記号をつけた土器が図示されている。ヘラ記号は、／　//　///　×　卅　などがあり、いずれもきまって口縁部内面につけられている。これらの土師器甕は、ⅣB・ⅤA・ⅤB遺構群から出土しており、六世紀後半の時期の土器と共伴している。

その後、口縁部にヘラ記号をつけた土師器甕は、近江では今津町弘川遺跡、大津市大伴遺跡[註12]、穴太遺跡[註13]、新旭町正伝寺南遺跡[註14]、高月町井口遺跡などから出土しており、六世紀後半から七世紀にかけてみられることが知られてきている。そして六世紀後半から七世紀前半に、とくに顕著にみられるようである。しかし八世紀までそのまま続いているかは明らかになっていない。

口縁部にヘラ記号をつけた近江型甕は、京都市中臣《なかとみ》遺跡[註15]、旭山古墳群[註16]、常盤東ノ町古墳群[註17]など、近江以外の地域でも出土している。中臣遺跡のものは口縁部内面に×印をつけた甕Ａで、六世紀末から七世紀初頭の八号竪穴住居に先行する土壙五から出土したものである。旭山古墳群では、Ｅ九号墳から口縁部に一本線をつけた七世紀前半の甕Ｃの口縁部片が出土している。また常盤東ノ町古墳群では、二号墳から小形甕Ａに×印をつけた七世紀前半のものが知られる。これらはいずれも形態、製作技法とも近江型甕とみてよい条件を備えている。山城にはこの地域固有の甕Ａ・甕Ｂ・甕Ｃの形態が存在することからみても、これらは近江から搬出された甕とみてまちがいないものである。

ではこれらの近江型土師器甕が、近江のどの地域から搬出されたものか、考古学的方法によって知りえないであろうか。それは、このヘラ記号をつけた甕が近江でどのような広がりをもつかを明らかにすることによって、その対象地域をせばめることができるのではなかろうか。土器は近江の国でも、一つの製作地からかなりの遠距離まで移動して消費されることも想定される。したがって、ヘラ記号の検討には、記号をつけた甕が単に出土するか否かにとどまらず、その地域の製作技法の一つとして位置づけうるかをさぐる必要がある。これまで散見する資料からは、湖西地域から湖東南部にかけて顕著にみられるようである。しかし、湖北地域でも高月町井口遺跡から出土しているので、その出土状況を地域ごとに比較検討することが必要な作業となるであろう。このヘラ記号をつけた甕は、大和、河内、山城、摂津などの隣接地域や周辺地域ではみられない特徴である。これは焼成前につけられているので当然のことながら須恵器のヘラ記号の場合と同様に、土器生産のありかたと密接にかかわったことが想定される。そのヘラ記号をつけた意図も興味を引くことであるが、近江型甕の移動・流通をさぐる素材としても重要視されるものである。

(3) 体部に刷毛目擦り消し線をもつ甕

近江から搬出された土師器甕・堝《なべ》は、畿内では二十数カ所の遺跡からその出土例が報告されている。これらは、いずれも在地の煮沸形態の甕・堝に混ざってごく限られた数のものが出土している。その点で特異なのは大和の平城宮SD1900溝の出土品である。[註(18)] SD1900溝は平城宮の造営前にあった下ツ道の側溝で、平城宮の朱雀門が造営されたときに埋められたと想定されている。この溝では都合一八三個体の土師器が出土しているが、形態や製作技法、胎土、色調などの差異によって二つの土器群に区別されている。第一群は坏、椀、皿、高坏、鉢、壺のほか甑《こしき》、甕Cからなる四三個体で、第二群は甕A、甕B、甕C、甑、鉢、椀など九六個体がある。前者の第一群の煮沸形態は、甕一個と甑一個のみで、これらは大和型の特徴をもっている。第二群の甕、堝、鉢はいずれも外面の体部下半をへ

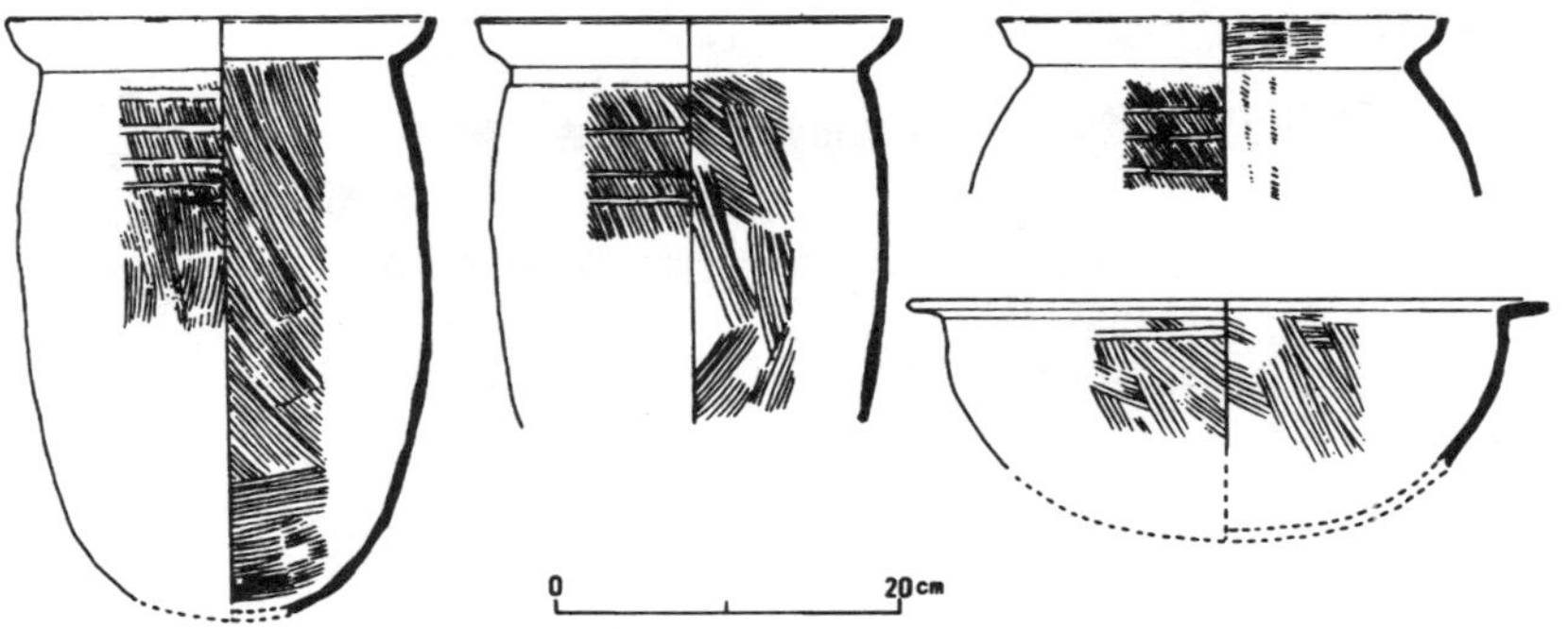

図1-14-2　平城宮SD1900溝出土の甕・堝

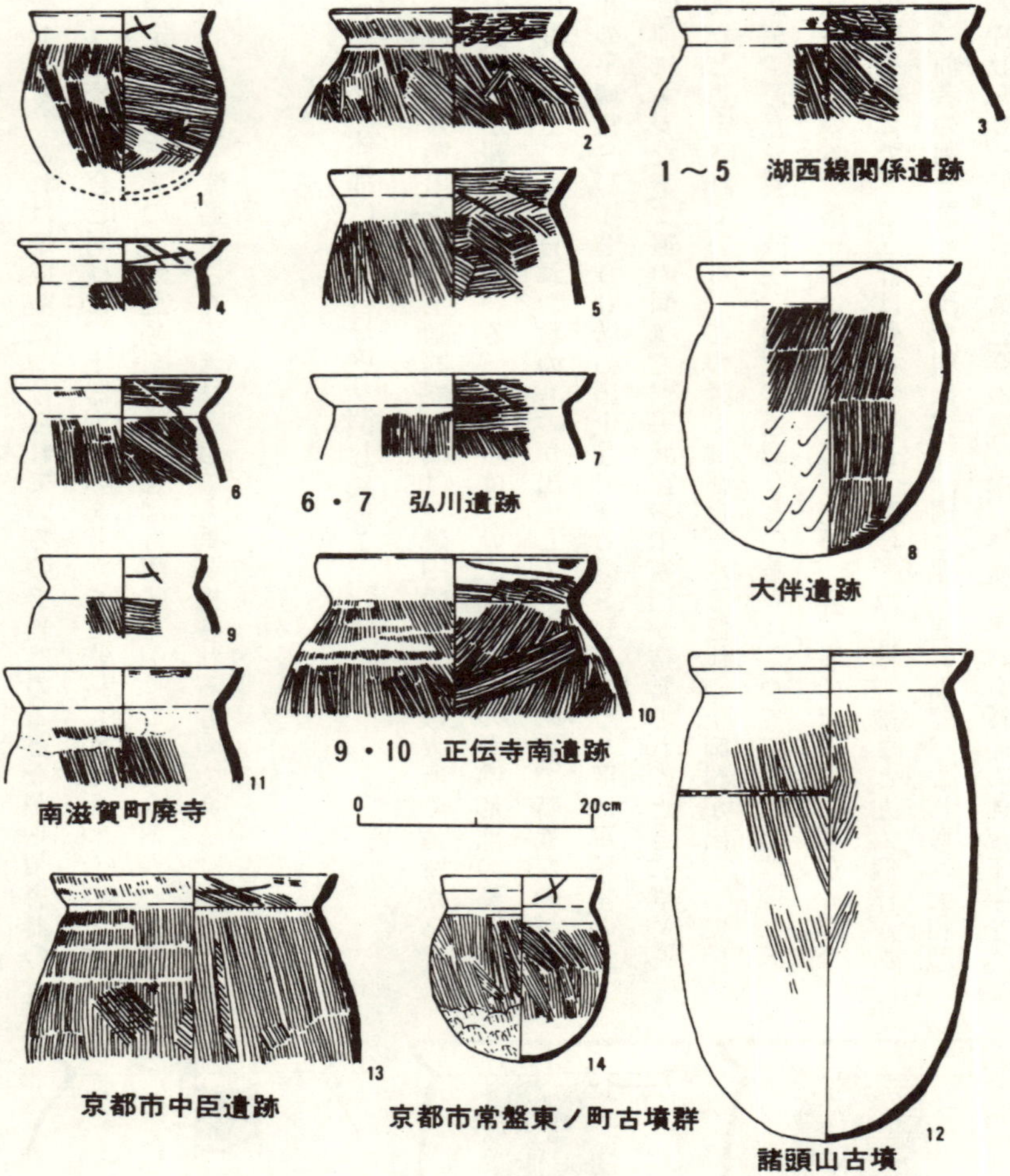

図1-14-3　ヘラ記号・刷毛目擦り消し線をもつ甕

ラケズリした製作技法がみられ、形態の特徴からみても近江型とみなされるものである。この第一群と第二群の土器は、胎土に対する蛍光X線分析による微量分析でも差異がみいだされ、その結果として産地を異にした製品とみなしうることが明らかにされている。『平城宮発掘調査報告Ⅸ』では、これらの近江型甕や堝は、下ツ道付近にあった農業集落によって使用された場合と、ＳＤ１９００溝が平城宮造営時に埋められていることから、都城の造営にともなってもたらされた土器の二つの場合が想定されている。

前者の考えは、「五十戸家」「五十家」などの墨書した須恵器が共伴していることがその考えのよりどころとなっている。しかし、大和北部の遺跡では、在地の煮沸形態もしくは山城型のものがその大部分を占めているのに対して、これらの煮沸形態がごく少量しか使用されていないのは特異である。律令制下の土器の移動には種々の場合が想定されるので、興味深い例である。しかし、いまここでとりあげるのは、近江型の甕や堝がどのような理由によって多量に搬出され、大和で使用されて廃棄されたかということではない。それは、このＳＤ１９００溝から出土した近江型の甕・堝にみる特異な製作手法とも呼ぶべきものについてである。

ＳＤ１９００の近江型の甕・堝は、外面に刷毛目をつけ体部下半をヘラケズリする。これは近江でみるものと共通する。しかしこの体部外面に施された刷毛目には、指によって一㎝幅ほどに線状に擦《す》り消された痕跡をとどめたものがみられることが注意される（図1―14―2）。この体部外面の刷毛目の擦り消し線は、ラセン状に数条めぐらされており、多いものでは五条が平行線を描くようにつけられている。そしてこの刷毛目を擦り消した線は、甕A・甕B・甕C・堝のいずれの器種にも施されている。

このような、刷毛目を一部分だけ擦り消した技法は、これまでのところ畿内の甕・堝には知られないものなので、近江型の甕・堝に限ってみられる特徴とみなしうる可能性が高い。しかし、この刷毛目を線状に擦り消す技法は、これまでの近江型の甕・堝の報告では、ヘラ記号ほどにはよく認識されている技法とは言い難い。それは、刷毛目の一部をせまい幅で擦り消しているので、破片では判別しにくいこともあり、見落されている場合も少なくないであろう。

いま、これまでの調査報告書に掲載されている図にその例を求めると、大津市南滋賀町廃寺、[註(19)]長浜市諸頭《もろと》山《やま》古墳群、[註(20)]新旭町正伝寺南遺跡の甕に散見するだけである。南滋賀町廃寺の甕は、甕Ａの体部上半に刷毛目を消すように一条の線がつけられているもので、指頭圧痕の痕跡もめぐっている。その時期は七世紀代のものとみられる。諸頭山古墳群は、二号墳から出土した高さ四〇㎝大の甕Ｃの体部上半に一条の擦り消し線がつけられており、これは六世紀末の時期が想定されている。また正伝寺南遺跡のものは、甕Ａの体部上半に刷毛目が消えた部分が四条みられるものである。この甕は、口縁部内面に一本線のヘラ記号もつけられている。

さらに、近江以外の地から出土している近江型甕・堝を求めると、京都市中臣遺跡で体部上半に三条の擦り消し線をつけ、口縁部内面に×印のヘラ記号をつけた甕Ａがみられる。

以上のような調査報告の図が、刷毛目を線状に擦り消したものとみなしうるとすると、現状で知られるわずかの資料からでも、この技法が六世紀末から八世紀初頭まで確認しうることになる。平城宮ＳＤ１９００溝では、七六個体の近江型の甕・堝が出土しているが、これらのうち何個体にこの擦り消し線がつけられているかは記されていないので、その比率は明らかでない。しかし、甕Ａ・甕Ｂ・甕Ｃ・堝と煮沸形態の器種の全てに及んでいることからみると、たまたま製作工人の手が仕上げ段階に刷毛目を消した、あるいは移動したといった性格のものではないであろう。時期を異にして存在することからすれば、煮沸形態を製作する手法の一つとして伝習《でんしゅう》されていたものと推測される。とすると、各時期とも近江で一般的にみられるのか、あるいは近江の特定地域の手法としてみられるかが問題となる。もし特定地域に限って、あるいはとくにこの擦り消し線をつけることが顕著な地域があるとすれば、八世紀初頭では平城宮ＳＤ１９００溝の近江型甕・堝を搬出した候補地として重視されよう。

現状では、近江での実態の把握が何よりも先行するが、この技法を顕著に採用した地域は、古代の近江を湖西、湖南、湖東、湖北に区分する程度には限定できるのではないかと思われる。なお、このような刷毛目を一部擦り消して線状を描く技法が、どのようにして近江で採用されたのか、あるいはこの技法のもつ技術的な系譜についても考えるべきことが少なくない。しかし、これらの諸点も近江での資料の増加をまち、確かな材料によって考えるべきものと思われる。

註

(1) 小笠原好彦「近畿地方の七・八世紀の土師器とその流通」『考古学研究』一〇六号　一九八〇年九月

(2) 西田弘「大津市中保町遺跡」『滋賀県文化財研究所月報』一九六八年九月

(3) 滋賀県教育委員会「甲賀郡甲西町狐栗古墳群調査概要」『滋賀県文化財調査概要』第六集　一九六八年三月

(4) 湖西線関係遺跡発掘調査団『湖西線関係遺跡調査報告書』一九七三年三月

(5) 滋賀県教育委員会『滋賀県文化財調査年報　昭和五一年度』一九七八年三月

(6) 野洲町教育委員会・花園大学考古学研究室「下々塚遺跡発掘調査報告書」『野洲町文化財資料集一九八一―二』一九八一年八月

(7) 滋賀県教育委員会『美園遺跡発掘調査報告』一九七五年八月

(8) 滋賀県教育委員会『滋賀県高島郡今津町弘川遺跡発掘調査報告書―古代郷倉跡―』一九七九年三月

滋賀県教育委員会『ほ場整備関係遺跡発掘調査報告書』Ⅷ―三　一九八一年三月

(9) 長浜市教育委員会『宮司遺跡・十里町遺跡調査報告書』一九七七年三月

(10) 滋賀県教育委員会『国道三六五号線バイパス工事に伴う埋蔵文化財発掘調査概要報告書―高月町井口遺跡―』一九八一年三月

(11) ヘラ記号が器形の大小を問わず、口縁部の内面にみられること、×印など五種類が認められることが記されている。また七世紀後半のＶＤ区出土の畿内風の甕には、ヘラ記号は認められないことが触れられている。

(12) 滋賀県教育委員会『大伴遺跡発掘調査報告』一九八三年三月

(13) 西大津バイパス建設に伴う下阪本一丁目の穴太遺跡の第二次調査で、ヘラ記号をつけた甕が出土している。林博通氏の教示による。

(14) 滋賀県教育委員会『新庄城遺跡・正伝寺南遺跡・針江中遺跡・針江北遺跡発掘調査概要—高島郡新旭町所在—』一九八三年三月

(15) 京都市埋蔵文化財研究所『京都市埋蔵文化財研究所報告一九七七—一』一九七七年八月

(16) 京都市埋蔵文化財研究所「旭山古墳群発掘調査報告」『京都市埋蔵文化財研究所調査報告第五冊』一九八一年三月

(17) 京都市埋蔵文化財研究所「常盤東ノ町古墳群」『京都市埋蔵文化財研究所調査報告—一』一九七七年一二年

(18) 奈良国立文化財研究所『平城宮発掘調査報告Ⅸ』一九七八年三月

(19) 滋賀県教育委員会『昭和五一年度滋賀県文化財調査年報』一九七八年三月

(20) 滋賀県教育委員会『北陸自動車道関係遺跡発掘調査報告書Ⅰ』一九七四年三月

『滋賀文化財だより』No.82　一九八四年一一月

十五　古代近江の生産遺跡

近江は琵琶湖をかかえ、天然資源と水陸の交通に恵まれたところである。しかも、古代の宮都が置かれた大和、山城に近接、隣接し、一時は大津京が置かれたことからも多くの産業分野で高い技術を示す生産が行われた。ここでは、主として古代の中心的な生産であった土器・陶器、瓦、鉄・銅生産に関連する近江の遺跡について述べることにする。

(1) 土器・陶器生産

古代の土器生産では、土師器《はじき》と須恵器《すえき》の生産が各地で行われた。土師器は古墳時代以降の古代集落から多量に出土している土器であるが、野焼きして生産されたとみられ、直接生産にかかわった遺構や遺跡がまだ見つかっていない。古墳時代には後の郷《ごう》ごとに、また律令時代には近江の各郡に数カ所ほど、土器製作の条件に恵まれた集落で生産されていたと想定される。近江の土師器では、とくに口縁部が内弯し、長胴型の長甕が多量に生産され、瀬田川の水運によって山城、大和、摂津の地域に、また陸路によって伊賀、伊勢地域に運ばれている。

もう一つの土器である須恵器は、五世紀代に朝鮮半島から製作技術がもたらされた硬質の土器で、山麓にトンネル状に登窯《のぼりがま》を築いて生産されたものである。この須恵器を生産した窯は、近江では古墳時代から奈良・平安時代のものも含めて約一〇〇カ所が知られる。これらの須恵器窯址のうち、最も古いのは甲賀郡水口町泉古窯址群で、五世紀末の登窯が二基見つかっている。近くには甲賀郡最大の前方後円墳の塚越《つかごし》古墳や帆立貝式の西罐子塚《にしかんすづか》古墳が築造されているので、これらの古墳に葬られた有力首長のもとに須恵器生産が営まれたことをうかがわせている。

これに続く六世紀の須恵器窯は前半のものが大津市真野沢組古窯址群、後半のものが野洲町大篠原《おおしのはら》古窯址群、竜王町鏡谷《かがみたに》古窯址群、八重谷《やえたに》古窯址群、蒲生町宮川古窯址群（辻岡山古窯址群）、大津市堅田天神山古窯址群などがある。これらの近江の初期の須恵器窯址をみると、六世紀には甲賀郡では続かず、野洲町から竜王町一帯の山麓が中心となって大規模な生産が行われたことになる。これらの窯で生産された須恵器は近江の各地の集落に供給され、その一部は群集墳の副葬品となっている。

なお、わが国の須恵器生産は大阪府陶邑《すえむら》古窯址群、一須賀古窯址群などで五世紀前半に開始している。この点では、近江は現在のところ、五世紀後半のものしか確認されていないので、半世紀近い遅れがみられることになる。しかし、『日本書紀』垂仁紀には、「近江国の鏡村の谷《はざま》の陶人《すえひと》は、天日槍《あめのひぼこ》の従人《つかひと》なり。」と記されているので、鏡村周辺で五世紀中頃まで遡る須恵器窯が今後の調査によって見つかる可能性が少なくないであろう。

その後の七世紀代の須恵器生産は、湖東では蒲生町宮川古窯址群、岡本古窯址群、湖南では草津市笠山古窯址群、大津市山ノ神古窯址群、湖北の浅井町内野神古窯址群などで行われている。これらのうち瀬田丘陵の山ノ神古窯址群は近年、大津市教育委員会によって数回にわたって発掘され、七世紀中頃に生産が開始し、大津京の時期に大規模に生産拡大がなされたことが判明した。これは大津京遷都にともない宮殿、官衙《かんが》、寺院、さらに官人達をはじめとする京の居住民に、ここで量産された坏、蓋付坏、椀、高坏、壺、甕などの須恵器が大量に供給されたものとみてよいであろう。山ノ神古窯では特殊なものとして、官人や僧が用いた陶硯も多数焼かれている。

さらに、八世紀以降の窯は八日市黒丸古窯址、日野大谷古窯址などが知られる。瀬田川右岸の南郷古窯址は対岸の瀬田に置かれた国府、国分寺、国分尼寺などに製品が供給されたものとみられる。

ほかに、近江の十世紀以降の窯業生産で特に注目されるものに、水口町春日山の神古窯址、日野町作谷《つくりや》古窯址、八日市市十禅谷古窯址で行われた緑釉陶器の生産がある。近江産の緑釉陶器には高台の端部内側に一条の沈線をつける特徴がみられる。これらの窯で生産された坏、皿、椀、瓶などの緑釉陶器は高度な技術を必要とした高級品として、平安京をはじめとした畿内、伊賀、伊勢など近江の周辺地域の官衙、寺院、さらには有力氏族らに供給されている。

このように、緑釉陶器は特定の階級の対象者に供給されたもので、生産する窯も平安京近く、しかも交通の便のよい近江に官営工房として設置されたとみなされるものである。

(2) 瓦　生　産

近江は大和につぐ数の古代寺院が造営された地域である。これまで知られる近江の飛鳥・白鳳寺院は六十数寺院あり、大和の八十数寺院とは少しひらきがあるが、つぎの河内の四十数寺院を大きく越えている。うち、飛鳥寺院として確実なものは大津市穴太廃寺《あのうはいじ》、衣川廃寺《きぬかわはいじ》の二寺院で、ほかは白鳳寺院である。古代寺院では金堂、塔、講堂、中門など主要な建物はいずれも瓦葺されたので、寺の造営には大規模な瓦生産がともなうことになったのである。

飛鳥時代に遡る穴太廃寺では寺域のすぐ東側に、衣川廃寺でも寺域内に瓦窯一基がそれぞれ設置されていた。多量に必要とした堂塔の瓦は、瓦窯一基ではまかないきれないので、ほかにも近くにいくつか構築して瓦生産が行われていたであろう。

続く、白鳳寺院の瓦窯は大津京に建てられた南滋賀廃寺の榿木原《はんのきはら》瓦窯、蒲生町宮井廃寺の辻岡山瓦窯、秦荘町軽野塔ノ塚廃寺の瓦窯などが発掘されている。ほかに大津市石居《いしずえ》廃寺の森瓦窯、栗東町手原廃寺の樋ノ口瓦窯、竜王町雪野寺跡の瓦窯などが知られる。これらのうち、大津市榿木原瓦窯は白鳳期の登窯五基と平安期の平窯五基が見つかっている。さらに瓦窯の周辺では掘立式による工房や粘土貯蔵用施設など、大規模な瓦製作所も検出されている。また宮井廃寺の瓦を生産した辻岡山瓦窯では五基の瓦窯が発掘され、なお、ほかにも構築されていたとみられる。この瓦窯は寺院の創建時に営まれたもののほか、建物の増加や補修瓦を焼成するために瓦窯が追加して構築されており、時には宮井廃寺以外の寺院にも瓦を供給したふしがある。

このような古代寺院の瓦生産にあたった瓦工人は、寺院近隣で須恵器生産にかかわっていた須恵器工人が導入された場合も少なくないようである。宮井廃寺の場合は、辻岡山の西麓で当初は須恵器窯と同一形態の無段式の登窯が構築され、その後、段階をもつ本格的な瓦窯が設置されている。これは辻岡山の東麓でそれまで須恵器生産にたずさわってきた須恵器工人が導入されて瓦生産が開始したことを想定させている。

奈良時代には国分寺、国分尼寺、甲賀寺などの造営が行われたが、新たに造営された寺院は少ない。大津市野畑《のばたけ》瓦窯は平安初期に国庁と勢多駅家《せたのうまや》に想定される堂ノ上遺跡、瀬田廃寺などに瓦を供給した瓦窯で、国衙に所属した官営工房であった。この窯はロストルをもつ平窯で、窯体の周囲に柱穴がめぐっており、屋根が架けられていたことが判明した。この時期の平窯はほかに平安期の南滋賀廃寺に瓦を供給した榿木原瓦窯、崇福寺の長尾瓦窯で見つかっている。

(3) 鉄 生 産

鉄は生産用具の材料として、きわめて重要なものであった。しかし、古代の日本では弥生時代から古墳時代前期までは、鉄素材を朝鮮半島に全面的に依存していた。その後、古墳時代中期には岡山県大蔵池南《おおぞういけみなみ》遺跡、北九州の門田遺跡など、中国、北九州地域などで製鉄が開始した。さらに七世紀には西日本で生産が拡大し、奈良時代には北陸や関東地域に及び、平安時代末には東北北半でも鉄生産が行われた。

近江では現在約五〇カ所の製鉄遺跡が明らかになっている。これらは大きくみると、マキノ町北牧野遺跡、小荒路遺跡のマキノ製鉄遺跡群、西浅井町小山遺跡、黒山遺跡の大浦製鉄遺跡群、志賀町北比良遺跡、地蔵谷遺跡の比良山麓製鉄遺跡群、大津市藤尾遺跡の逢坂山製鉄遺跡群、大津市南郷遺跡、平津池ノ下遺跡の南郷製鉄遺跡群、大津市関ノ津東遺跡、大塚遺跡の田上山麓遺跡群、大津市源内峠遺跡、草津市野路小野山遺跡など瀬田丘陵製鉄遺跡群、ほかに伊吹山麓製鉄遺跡群に分けられる。

製鉄遺跡には、砂鉄、鉄鉱石の採鉱、精錬、精錬鍛冶、鍛錬鍛冶、鋳造に関連するものがあるので、近江に分布する製鉄遺跡の場合も、種々の性格をもつものが含まれているのであろう。

近江の製鉄遺跡で発掘された代表的な遺跡は草津市野路小野山遺跡である。この遺跡は奈良時代前半のもので、一二基の製鉄炉、六基の木炭窯、工房跡、管理用建物、区画施設をともなう倉庫などが見つかった大規模な製鉄遺跡である。製鉄炉は炉床が円形状の竪炉タイプと想定されており、それに湯道《ゆみち》、前庭部と長い排滓溝がともなっていた。また、木炭窯は白炭用とみられるものが二基と、黒炭用が四基ある。ここでは原料の鉄鉱石が出土しているので、鉄鉱石から精錬を行い、さらに鉄製品の生産まで作業する一貫した生産体制がとられていたことがわかる。この遺跡が営まれた八世紀前半には紫香楽宮《しがらきのみや》の造営、甲賀寺造営など、近江には大規模な造営事業があっただけに、これらの国家的な造営事業に鉄を供給した官営の製鉄所であった可能性が高い。ほかにこの遺跡が立地する瀬田丘陵には、源内峠遺跡、涌済谷遺跡、木瓜原《ぼけわら》遺跡、笠山南遺跡などの製鉄遺跡が集中しており、東海道に近く、交通至便なこの地域に古代の一大製鉄地帯が形成されていた。原料の鉄鉱石は、『続日本紀』天平一四年（七四二）に

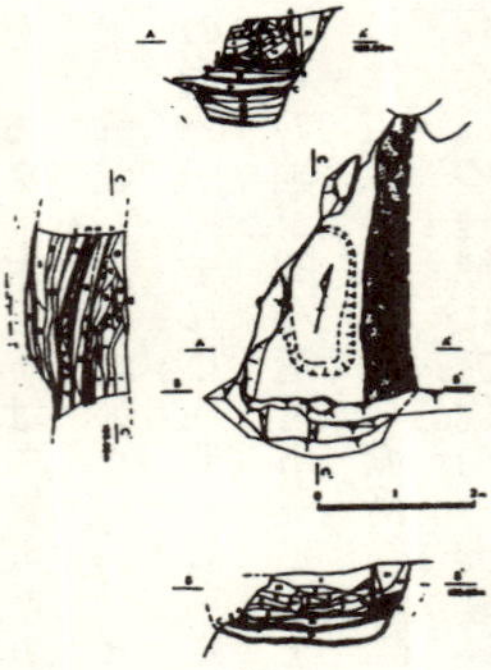

図1-15-1　山ノ神遺跡第1号窯実測図

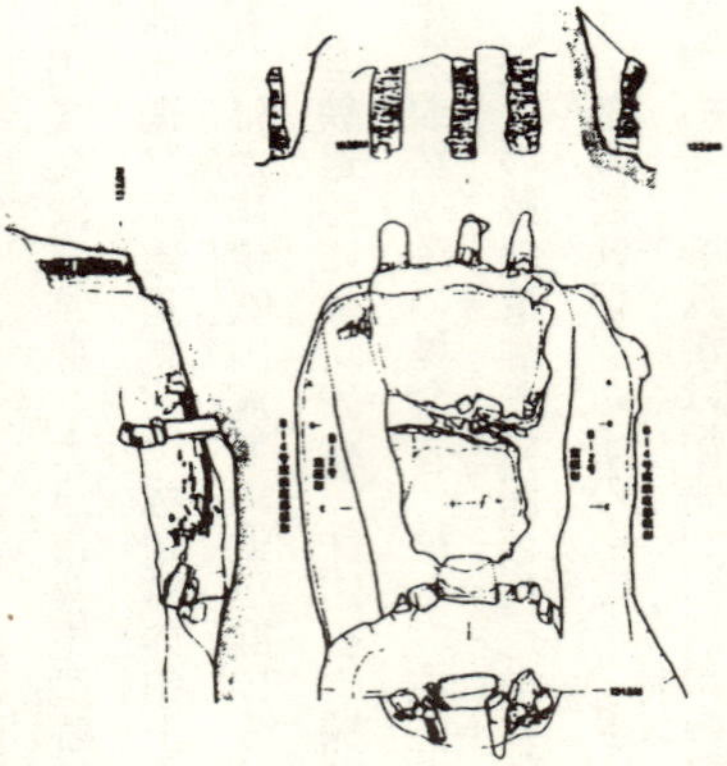

図1-15-2　檻木原遺跡B-2号窯実測図

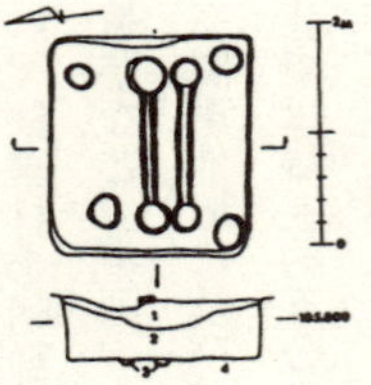

図1-15-3　坂本八条遺跡梵鐘鋳造遺構実測図

近江の有勢者が鉄穴を独占した記事、天平宝字六年（七六二）に藤原仲麻呂に近江の浅井郡、高島郡の鉄穴を一処ずつ賜った記事があるように、これらの地域で採掘されたものが水運によって運ばれたものであろう。

(4) 梵鐘鋳造遺構

大津市長尾遺跡、坂本八条遺跡からは寺院の梵鐘《ぼんしょう》を鋳造した遺構が見つかっている。長尾遺跡では銅を溶かした溶解炉とみられる楕円形の掘込みが二カ所、鋳型を置き溶けた湯を注ぎ梵鐘を鋳造した掘込み施設が二カ所検出されている。鋳造用掘込みは方形で、四隅に柱穴があり、床面に二条と三条の溝がある。この溝は丸太を置いた痕跡ではないかという。坂本八条遺跡のものも同様のもので、梵鐘の鋳型が出土している。ほかに中世の遺構が秦荘町軽野正境遺跡で見つかっている。

大津市歴史博物館『企画展　火の贈りもの—国づくりを支えた古代人の技術—』

一九九一年四月

第二部　近江の地域世界

一　草津川流域の古墳の展開

(1) 前・中期の古墳

初期の古墳

草津市内の古墳は、古墳が築造されている場所からおおまかに二つに分けることができる。一つは、草津市東南部の笠山《かさやま》（南笠町）から追分町・山寺町一帯におよぶ洪積丘陵地北端部やその延長部に立地するもので、もう一つは、西方の平坦な平野部に点在するものである。市内で最古の古墳として知られる追分古墳や北谷《きたたに》一一号墳・一号墳は、前者の立地に属している。

追分古墳は、追分町の野上神社境内にある直径約一五m、高さ約二mの古墳である。南側では墳丘の一部を平坦にして社殿が建立され、さらに東・西・北でも墳丘が削られている。しかし、西南部には周濠《しゅうごう》がめぐらされていた痕跡が現在でもよく残っている。この古墳は円墳といわれているが、西側では周濠が円形にめぐっていたとは思われないことや、北側の地形が周辺よりもやや高く二〇mほど延びていることなどから、西もしくは北に前方部をもつ前方後円墳であった可能性も十分考えられる。

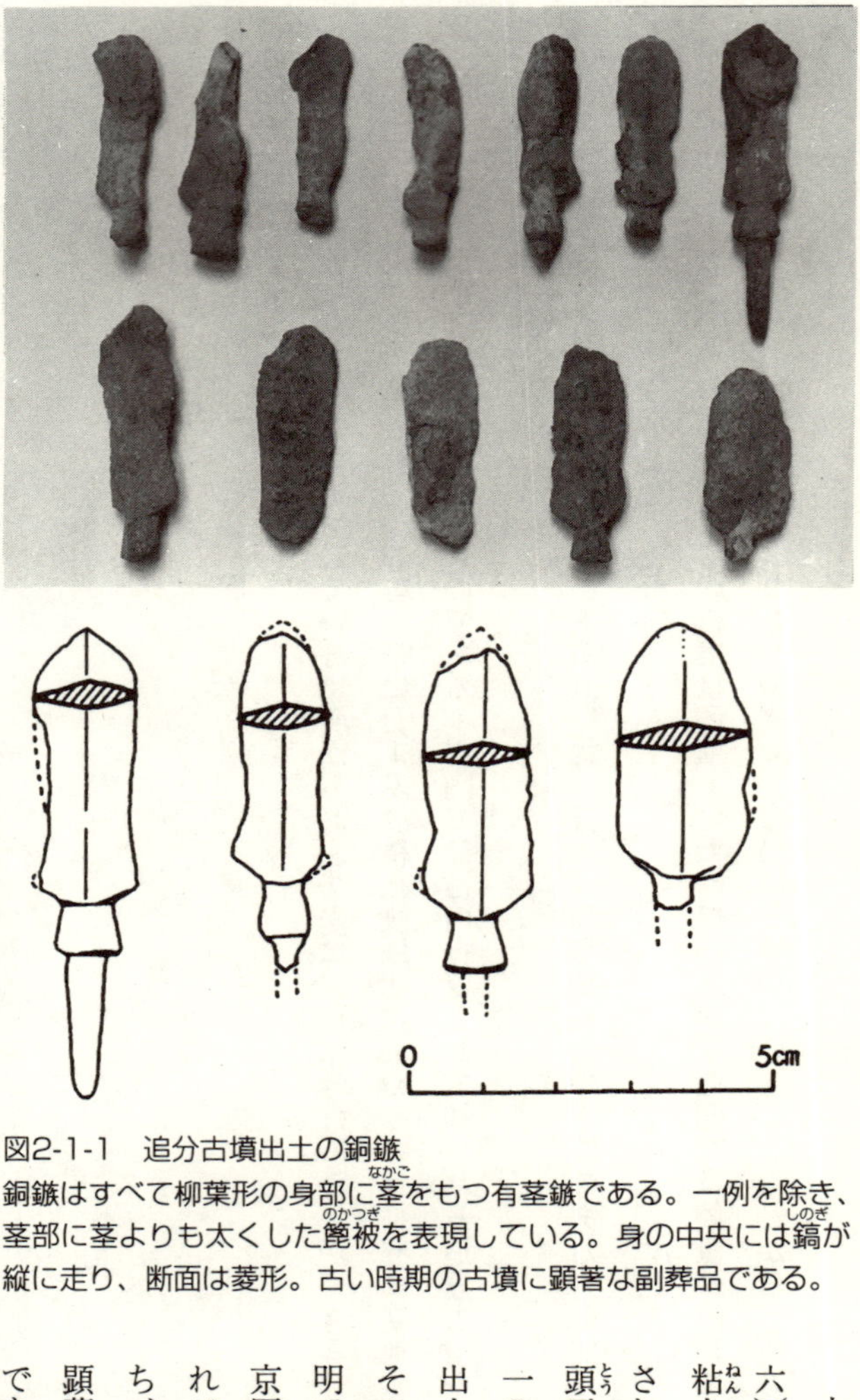

図2-1-1　追分古墳出土の銅鏃
銅鏃はすべて柳葉形の身部に茎《なかご》をもつ有茎鏃である。一例を除き、茎部に茎よりも太くした箆被《のかつぎ》を表現している。身の中央には鎬《しのぎ》が縦に走り、断面は菱形。古い時期の古墳に顕著な副葬品である。

大正一五年（一九二六）に墳丘中央部から粘土槨《ねんどかく》の主体部が検出され、鏡・刀剣四・斧《ふ》頭《とう》三・銅鏃《どうぞく》一二・鉄鏃一〇余などの副葬品が出土した。鏡の特徴やその所在については不明であるが、ほかは東京国立博物館に所蔵されている。これらのうち、銅鏃は前期古墳に顕著にみられる副葬品であることから、この追分古墳の築造年代の古さがうかがえる。

現在残っているこれらのごく限られた出土品からみても、追分古墳はつぎに述べる北谷一一号墳・一号墳よりも先行して築造された草津市最古の古墳と考えられる。

北谷一一号墳・一号墳を含む北谷古墳群は、草津川と金勝川によって区切られた山寺町の丘陵上に位置している。昭和三五年の名神高速道路の建設工事の際、一一基の古墳が調査された。その結果、そのうち一一号墳と一号墳が

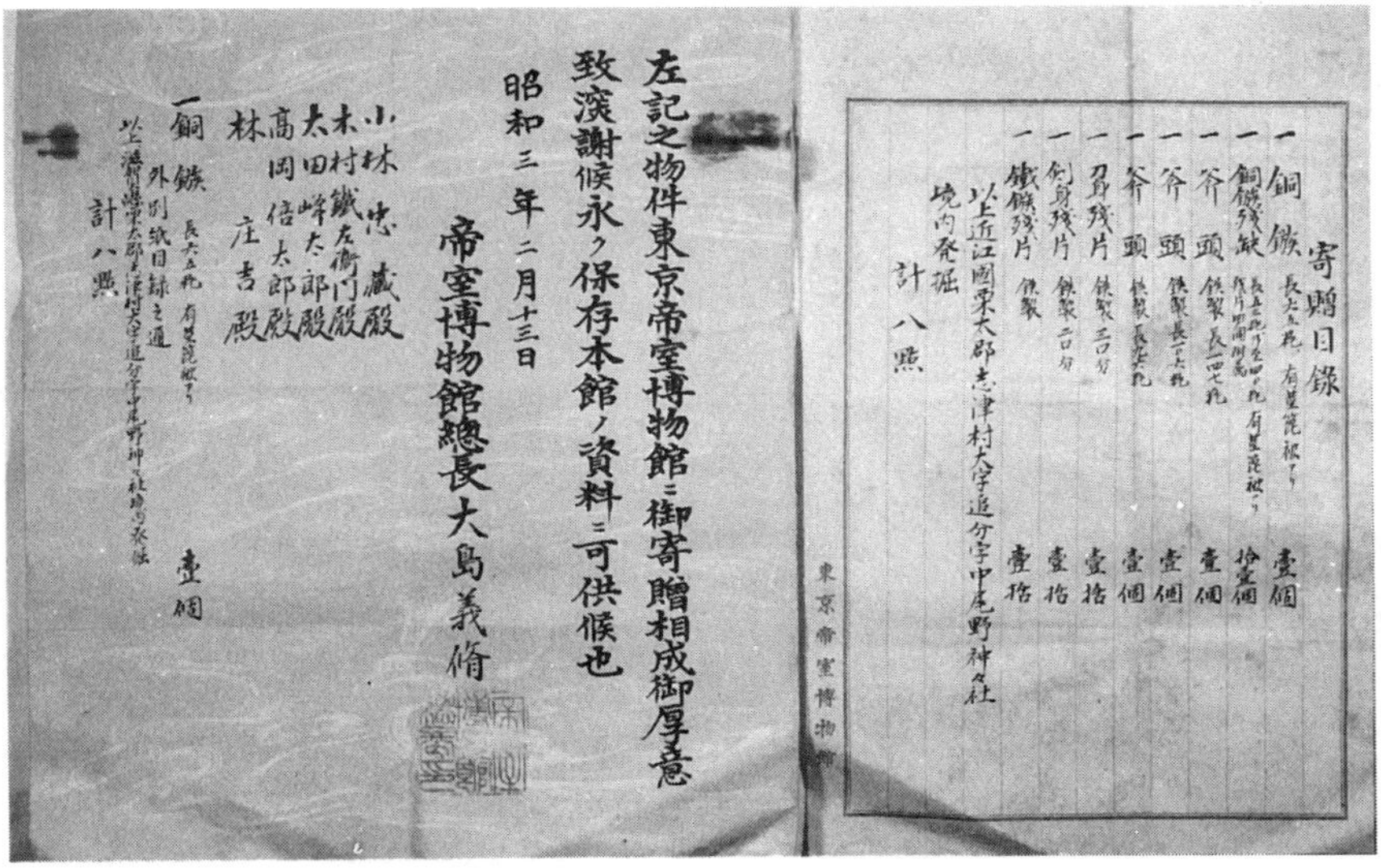
寄贈目録
一 銅鏃　壹個
一 銅鏃残缺
一 斧頭 鉄製　壹個
一 斧頭 鉄製　壹個
一 斧頭 鉄製　壹個
一 刀身残片 鉄製　壹括
一 剣身残片 鉄製　壹括
一 鉄鏃残片 鉄製　壹括
以上近江國栗太郡志津村大字追分字中尾野神社境内発掘
計 八點
東京帝室博物館

左記之物件東京帝室博物館ニ御寄贈相成御厚意致深謝候永ク保存本館ノ資料ニ可供候也
昭和三年二月十三日
帝室博物館總長大島義脩
小林忠藏殿
木村鐵左衛門殿
太田峰太郎殿
高岡信太郎殿
林庄吉殿
一 銅鏃　壹個
外別紙目録之通
計 八點

写2-1-1　追分古墳出土遺物目録
古く追分古墳から工事中に出土した遺物が、東京国立博物館に寄贈された際の目録が地元に残っている。出土品目には、鉄刀・鉄剣・銅鏃・鉄鏃・鉄斧など武器・工具がある。ほかに鏡が出土したというが明らかでない。目録の出土遺物は散逸を免れ、一括して所蔵されている。

早い時期に築造され、ほかは後期古墳群であることが明らかになった。

北谷一一号墳は、丘陵にそって東西に並ぶ古墳群のうち、頂上東端部を占める前方後円墳である。全長は約九〇m、後円部の直径約四五m、前方部の幅約二五mで、前方部は西に広がる平野に面している。後円部の東側では葺石《ふきいし》がよく残っており、埴輪片も検出されている。主体部は五〇cmほどの厚い青粘土で木棺を覆った粘土槨と呼ばれるもので、墳丘の主軸に対し直交している。

粘土槨は墳丘の崩壊により一部破損しているが、幅七〇cm、長さ四・三m分が残っていた。槨内の木棺には腐蝕を防止するための朱塗りがみられ、棺の端から一・三〜一・九mにかけて、背面を上にした仿製《ぼうせい》方格規《ほうかくき》矩鏡《くきょう》（文様から規矩鏡と名付けられた、漢の鏡を模して日本で作られた鏡）一面と鍬形石《くわがたいし》（碧玉を材料として作られた腕輪）三個が副葬されている。三個の鍬

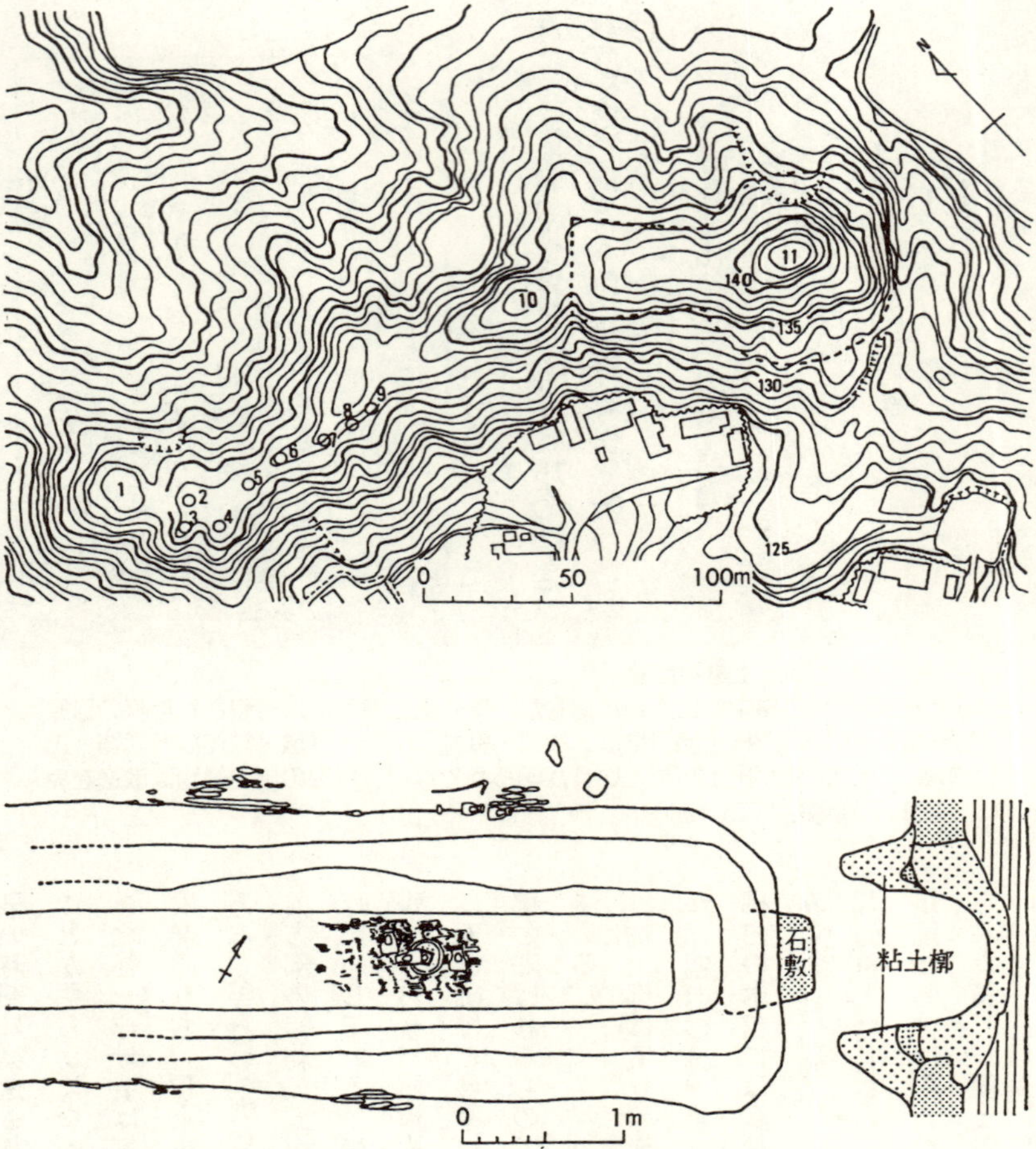

図2-1-2　北谷古墳群の分布図（上）と11号墳の粘土槨平面図・断面図（下）
古墳群は、東西にのびる丘陵の尾根上に並んで築造されている。前期の11号墳は眺望の最もきく丘陵の最高所を占め、前方部を平野部に向けている。同じく前期の1号墳は西端に位置する。後期古墳は、この中間に群集する。この古墳群は名神高速道路建設の際に、土取場となりすべてが消滅した。11号墳の粘土槨は、後円部に主軸とほぼ直交して配置されている。地山の粘土層を、深さ30㎝まで掘り下げ、さらに棺床の部分を一段深く掘ってから粘土槨を構築する。粘土床の断面はU字形で割竹形木棺であったことを示す。中央部に棺材の一部が副葬品とともに遺存していた。

形石のうち一個は、細部の表現がまだ完成していない未完成品のまま納められていた。棺内から出土した副葬品は、頭部に置かれたと考えられるもので、被葬者は北東を枕に葬られたものと思われる。副葬品は、ほかに粘土槨外の北壁にそっても鍬形石二や鉄剣一六・鉄鏃八などの武器や手斧《ちょうな》一・刀子《とうす》一などの木工具が二カ所にまとめて置かれている。そして粘土槨外の南壁にも量は少ないが、鉄剣などの武器がやはり二カ所にまとめて納められている。

写2-1-2　北谷11号墳の粘土槨（上）と棺内遺物の出土状況（下）
粘土槨中央部から、背面を上にした仿製方格規矩鏡1面と表を上にした鍬形石3個が出土した。左端の鍬形石は未製品のまま副葬された珍しい例。これらの副葬品の位置から被葬者の頭位は北東に埋葬されたことがわかる。

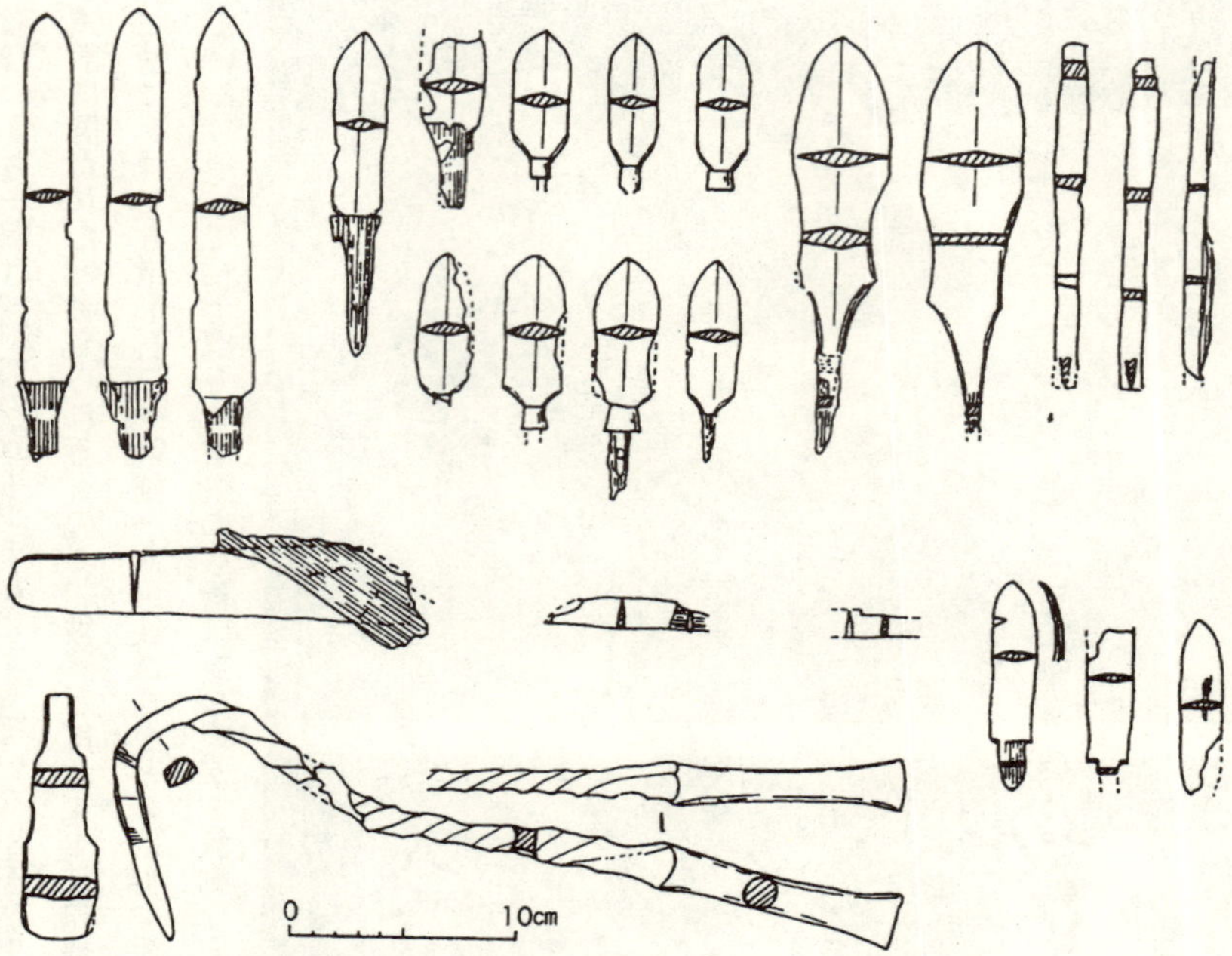

図2-1-3　北谷11号墳出土の鉄製品
鉄製品は、粘土槨外から4カ所に分かれて出土した。鉄剣には大・中・小あるが、鎬が明瞭でない中型品が多い。鉄鏃は柳葉形で、箆被をもつ銅鏃に似たものが半数を占める。斧頭から握りまで連続した鉄製手斧は、柄の中間部に捩《ねじ》りを加えた珍しい例である。

粘土槨の底にあたる粘土床は、割《わり》竹形木棺《たけがたもっかん》の痕跡とみられるU字形をなしている。この下には全体におよぶ排水施設はみられないが、東端部のみ一辺六〇cmほど溝状に小石が薄く敷かれていることが判明した。

一号墳は丘陵の西端部に築造された円墳で、幅の狭い尾根に盛土した古墳である。墳丘に葺石はなく、埴輪もみられない。主体部は一一号墳と同じく青粘土による粘土槨で、長さ四・七五m、幅一m、高さ三五cmを測り、被覆された木棺は、長さ四・一m、幅五五cmほどに復原される。粘土床の下には一五cmの厚さで小石を敷いた排水施設が検出されている。主体部での副葬品は少なく、頭部にあたる位置で細長い鉄製品一点が出土しただけである。ほかに足もとで鉄銹《てつさび》が認められたが、遺物は残っていない。棺内には全体に朱を塗っていたことが知られる。以上の三基が草津市内で最も古く築造された古墳である。

ところで、わが国の古墳の築造が開始された年代には諸説があり、いまだに決着をみていないが、おそくとも四世紀前半には出現していたとみなされている。古墳の発生地域と推定されている大和盆地やその周辺地域では、初

写2-1-3　北谷11号墳粘土槨（上）とその構造断面（下）
丘陵西端に築造された1号墳の主体部は、封土の現地下0.6mのところで、粘土槨が検出された。これから木棺を復原すると長さ4.1m、幅55㎝となる。粘土槨は青色粘土を用い、粘土床の下に小石を敷きつめた排水施設をともなっていた。

写2-1-4　瓢箪山古墳（安土町）
安土町の観音寺山西麓にある全長162mの、近江最大の前方後円墳。築造年代は、4世紀末から5世紀初頭ころと考えられ、大津市の皇子山古墳、膳所の茶臼山古墳（近江第2位の大きさを持つ前方後円墳）などとともに、近江では最も古い時期の古墳である。

期の古墳として、奈良県箸墓《はしはか》古墳・同茶臼山《ちゃうすやま》古墳・京都府椿井《つばい》大塚山《おおつかやま》古墳・兵庫県万籟《ばんらい》山古墳・大阪府紫金山《しきんざん》古墳などの前方後円墳が知られている。これらの初期の古墳は、大和盆地や淀川・木津川流域に開けた平野部を一望できる山上や台地上に、自然地形を利用して築造されている。その大きさは一〇〇mから二〇〇mにおよぶ大規模なものである。このような大規模な古墳は、単なる一人の首長の墳墓とはいい難く、大和政権を確立した畿内首長層が自らの権威を視覚的・即物的に誇示するために築造したものであると考えられている。

さて、近江で最も古い古墳としては安土町の瓢《ひょう》箪山《たんやま》古墳や大津市の皇子山古墳などが考えられており、これらは追分古墳や北谷一一号墳などよりも一時期遡って築造された古墳である。

瓢箪山古墳は、湖東平野の東端付近に位置する全長一六二mの前方後円墳である。後円部には三基の竪穴式石室《たてあなしきせきしつ》が墳丘の主軸と直交して築かれ、前方部でも箱式石棺二基が検出されている。竪穴式石室は、板石を小口積みして四壁を作り最後に天井石を乗せて内部を閉じた石室であるが、その中のU字形の粘土床上から、鏡・鍬形石・石《いし》釧《くしろ》（腕輪）・車輪石《しゃりんせき》（腕輪）・管玉《くだたま》・筒形銅器・刀剣・刀子・銅鏃・鉄鏃・斧・鉇・短甲《たんこう》（肩から腰までの短い甲）など、豊富な副葬品が出土している。鏡は夔鳳《きほう》鏡と二神二獣《にしんにじゅう》鏡の二面で、いずれも中国製鏡である。

湖西の皇子山古墳は、大津市錦織地区の丘陵上に築造された全長六〇ｍの前方後方墳で、主軸は湖岸線に平行して南面する。埋葬施設は位置の確認にとどまっているが、長さ一〇ｍ、幅七ｍの掘方が検出されており、その中に瓢箪山古墳と同じような竪穴式石室が存在するものと予想されている。ほかに前方部にも、粘土槨の主体部が一つ存在することが判明している。

これら二つの古墳は、平野部を一望できる広くて眺望のきく台地や丘陵上に、自然地形を効率よく利用して築造されている。瓢箪山古墳は、板石を小口積みした竪穴式石室の構造を持ち、割竹形木棺とみられる木棺の形式や、鏡・武器・鉄製品・工具類の副葬品など、畿内で最古の時期の古墳と推測される椿井大塚山古墳や茶臼山古墳などの特徴と共通する点が多い。おそらく瓢箪山古墳は皇子山古墳とともに、畿内最古の古墳とごく近い年代に築造されたものとみなされる。

追分古墳・北谷一一号墳・北谷一号墳は、瓢箪山古墳や皇子山古墳からすると、主体部の構造が簡略化されて粘土槨となっている。この変化は各地域で少なくとも一時期遅れて営まれた古墳に顕著に見られるので近江でも同様の変化をたどったことが想定される。

古墳築造の背景

古墳の築造は、単なる地域首長の死に対する埋葬儀礼ではなく、先の首長から次の新しい首長への首長権を継承する祭祀の場であったといわれる。つまり、新首長が地域集団に対する支配権と農耕儀礼などを中心とする祭祀権とを掌握したことを、自らの地域集団と他の地域集団とに、視覚的に誇示するために古墳を築造したという。この大土木工事ともいえる古墳造営と祭祀を挙行することによって、はじめて新首長の首長権が確立した。したがって、古墳築造は一人の首長のために、多大な労働力を集約する大工事であった。この大工事は首長と地域集団の構成員とによる共同事業、あるいは共同祭祀の形態をとりながら進められたものと考えられる。しかし、この事業はきわめて非生産的な性格をもっており、首長が地域集団の多大な剰余労働力を搾取することによって行われたことにも留意する必要がある。

草津市の追分古墳や北谷一一号墳・一号墳の出現は、このような古墳を造営できた強力な首長権が、この地域にも成長してきたことを示している。この首長権の成長は、一つには草津川や伯母川・狼川流域の平野部で、弥生時代から始まった農業経営が、ある程度安定した展開をみたことを物語っている。そしてさらに注目されることは、追分古墳が占めている空間的な位置である。

追分古墳は、後の東山道《とうさんどう》と東海道の分岐点付近に築造されている。この地域は、古墳時代にもやはり畿内と東国とを結ぶ幹線道路が通過していたと推定される交通の要衝であったことから、政治的にも軍事的にも重要性を帯びた位置にあったと考えられる。確証はないが、追分古墳は前方後円墳の墳丘を持っていた可能性も高く、しかも副葬品の一つに鏡の存在を伝えている。これらのことから、この地域の首長は大和政権と強い政治的な関係を持つことによって成長してきたものと考えられる。その政治的なつながりは、大和政権が追分古墳の被葬者である首長に対してこの地域を支配する首長権を承認すると同時に、非常時にはその後盾《うしろだて》となることの確約などを含んでいたであろう。

また、北谷一一号墳は、追分古墳に次ぐこの地域の首長墳で、全長九〇m余りの大規模な前方後円墳である。その位置は、後の東海道沿いには眺望がきくが、やや東に引き込んだところにある。この立地の変化は、より大きな古墳造営のために丘陵を効果的に利用するという築造技術と関係があると考えられる。しかし、それだけではなく、次の首長が支配する地域全体を眺望しうる条件を満足させることにあったであろう。墳丘規模の拡大は、首長権の強化や拡大にともなっており、副葬品もこの変化に十分に見合う豊かな内容を示している。副葬品は棺内とそれを覆った粘土槨外とに区別して置かれ、槨外の副葬品は、南壁・北壁とも二カ所ずつまとまって納められている。これは被葬者である首長の支配下にあった各共同体が、別々に副葬品を納めたことを推測してよいかも知れない。

北谷一一号墳は一一号墳と同じ粘土槨の主体部からなるが、墳丘は円墳で副葬品も乏しい。しかし、その築造位置は北谷丘陵の西端で、一一号墳に次ぐ好条件の場所を占めている。一一号墳との関係をさぐる材料に乏しいが、主体部の構造からするとほぼ同時期に営まれたものとみられるので、一一号墳の陪冢《ばいちょう》（大きな古墳の被葬者に対し近親者や従者の墳墓をいう）の性格をもつ古墳と考えてよいであろう。

北谷一一号墳・一号墳にみるような主体部が粘土槨をなす古墳は、近江でもかなり知られる。近くに位置する古墳例では、北東わずか一・三㎞隔てた栗東町の安養寺《あんようじ》丘陵に集中する下味《したみ》古墳・山ノ上古墳・毛刈《もつかり》古墳・佐世川古墳などがあり、名神高速道路建設の際に調査され著名になった。

安養寺丘陵の西北麓に位置する下味古墳は、直径三五mの円墳で、東西二つの粘土槨が検出されている。東棺は七mで、棺内から内行花文鏡一・石釧一・玉類二〇・鉄剣四・鉄斧一・刀子三・鉇が出土した。西棺は東棺よりも少し短い六・二mで、櫛歯文《くしばもん》鏡一・石釧一・玉類一七八・鉄剣一・鉄刀一・刀子一・鉇一・竹櫛一など、両者とも類似した副葬品が出土している。その東の山ノ上古墳は、大部分が破壊されていたが、粘土槨内の木棺から、二神二獣鏡一・石釧一・鉄剣七・小玉四が出土した。山ノ上古墳の東の毛刈古墳は、大部分が破壊されながらも粘土槨が検出され、変形文《へんけいもん》鏡一・石釧一・勾玉二・管玉七二などが出土している。

また丘陵東端の佐世川古墳は、直径四九mの円墳で、長さ九・五mの粘土槨が検出されている。すでに盗掘されていたが、槨内から鉄剣七・鉇四・刀子二が出土し、槨外からも鉄刀一が検出されている。ほかにこの丘陵では、やはり粘土槨の主体部の可能性がある山寺屋敷古墳と、二つの木棺を別々に直葬した埋葬施設を持つ新開《しんがい》古墳が存在する。新開古墳では、南遺構から変形神獣鏡一・衝角付冑《しょうかくつきかぶと》一・眉庇《まびさし》付冑四・短甲四・頸甲《あかべよろい》二・肩甲二・玉類・

金銅装帯金具《こんどうそうおびかなぐ》・刀剣など多量の武器・武具が出土し、棺外からも鉄矛・鉄鏃や三面の漆塗盾などわが国に舶載された初期の馬具が一式出土しており、注目されている。

以上の各古墳は、北谷丘陵とごく近距離の丘陵の東西に連なっており、二つの丘陵の間には、金勝川流域の狭い平野が介在するだけである。しかし、安養寺丘陵のこれらの古墳は、その位置からすれば、丘陵北方の野洲川左岸に開けた平野部を基盤とする首長層の古墳とみられ、北谷丘陵の古墳とは基盤を異にするものであろう。

さて、北谷一一号墳に続く、五世紀半のころの有力首長墳である前方後円墳は、北谷丘陵の周辺地域では明らかにされていない。北谷古墳群が立地する周辺であえて求めると、北谷丘陵の東麓に築造されている下戸山《しもとやま》古墳が、その有力候補の一つとしてあげられよう。大型円墳のようにみえる下戸山古墳は、周辺の地形を考慮すると前方後円墳の可能性も考えられ、主体部の構造は明らかではないが、墳丘はていねいに人頭大の葺石で覆われている。墳丘の観察だけでははっきりしないけれども、前方後円墳とみてよければ、一一号墳に続いて営まれたこの地域の首長墳でないかとも予想される。

南笠古墳群

北谷丘陵の首長墳に続く五世紀の首長墳の系譜を引く古墳は、少し西に距離を隔てた南笠古墳群である。これは南笠町の治田《はるた》神社の西北の水田に位置し、前方後円墳二基と円墳一基が現存する。二基の前方後円墳のうち北墳（一号墳）は、全長二七・五m、後円部直径一八・五m、高さ三・五m、前方部幅一六m、高さ一・七五mである。後円部に比べて前方部の高さが比較的低く、二段築成の手法で造られており、しかも前方部の長さは後円部直径の半分に企画されている。主体部の構造や副葬品については明らかではないが、墳丘の裾《すそ》からは埴輪が採集されている。

南墳（二号墳）は全長三〇m、後円部直径二一m、高さ四m、前方部幅一五・五m、高さ二・二五mを測り、やはり墳丘から埴輪片が採集されている。

二つの古墳を比べると南の二号墳がわずかながら大きいが、それぞれよく似た数値を示している。北墳・南墳とも前方部は南面し、古くは墳丘の周囲に二・五mほどの周濠がめぐらされていたといわれるが、現在では確認できない。このように二つの前方後円墳はよく類似しているので、築造年代にほとんど差を感じさせない。しかし、これは一方が他方を原型として、もしくは同じ企画で築造された結果によるものとみられる。現在の研究段階ではいずれが先に築造されたかを判別する手がかりを欠いているが、二世代の首長墳が継起的に造営されたものと考えられ、その築造年代は五世紀後半から末にかけてとみてよいであろう。

写2-1-5　南笠古墳群（左　南墳、右　北墳）
治田神社の西北に南北に並んで築造された2基の前方後円墳である。今は他に1基が残るだけであるが、もとは22基あったという。周辺には水田が広がり、2基の前方後円墳は目立つ存在である。一般に前期古墳は展望のきく丘陵地に築造され、中期には平野部に築造された。

二つの前方後円墳の西南には、半壊状の円墳が一基ある。この円墳からは、五世紀末の須恵器坏身・坏蓋が採集されている。文政四年（一八二一）に編纂《さん》された『栗太志』には、二基の前方後円墳を含めて二二基の古墳が付近に群集していたことを記している。したがって、現存する一基の円墳を、前方後円墳の陪冢とみなしてよいか明らかでない。しかし、おそらく陪冢

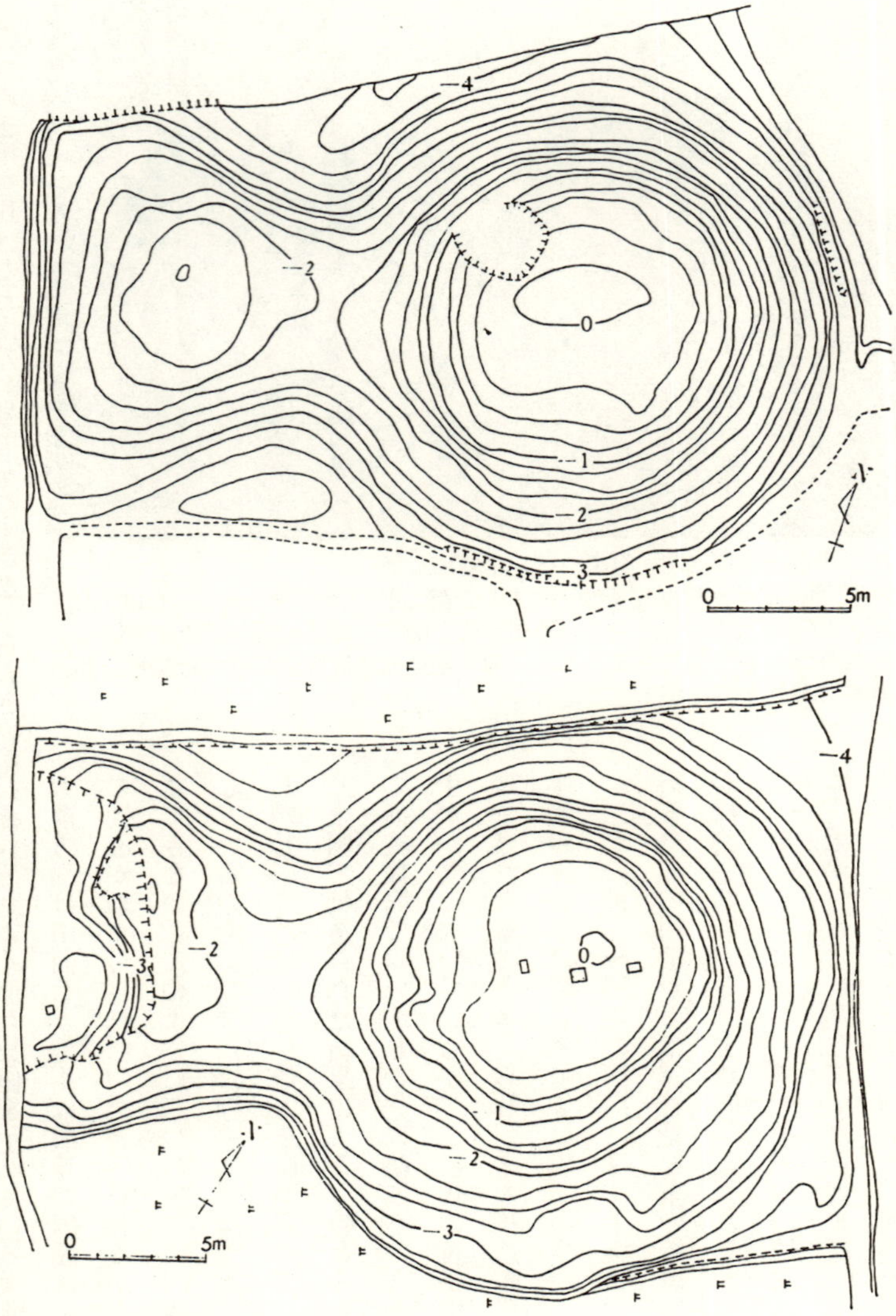

図2-1-4　南笠古墳群
南墳（下）が北墳（上）よりもわずかに大きいが、よく類似した二つの前方後円墳である。前方部の長さは後円部直径の2分の1に築造。墳丘は二段築成で、後円部に比べて前方部が低い特徴をもつ。

の性格を持つものも、二三基の古墳の中には含まれていたであろう。

南笠古墳群は、付近を流れる狼川や十禅寺川によって形成された沖積地が開発され、この地域を本拠地とする有力首長が、大きく成長したことを示している。付近には首長が居住した集落や、その支配下に置かれた多くの集落の存在したことが想定される。現状では、この時期の集落の発掘調査はまだ行き届いていないが、いずれ集落遺跡が集中して検出されることが予想される。

草津市内では、以上のような前方後円墳、あるいはその可能性が高い墳丘をもつ有力首長墳の系譜をたどることができる。各古墳の実年代は、絶対年代を求める拠りどころに乏しく、おおまかには追分古墳が四世紀末、南笠《みなみがさ》古墳群の新しいほうが五世紀末と考えられる。これらから、一〇〇年余りにわたってこの地域を政治的に支配した首長墳の変遷・系譜を知ることができる。初期には東の丘陵地にあった首長権が、後には平野部の大規模な開発の南西部への進展によって、移行したことになる。六世紀以降では、草津川から狼川流域にかけての地域全体を統轄したと推測される首長の前方後円墳が現在までに確認されていないことから、首長はその姿を消したのではないかと考えられる。

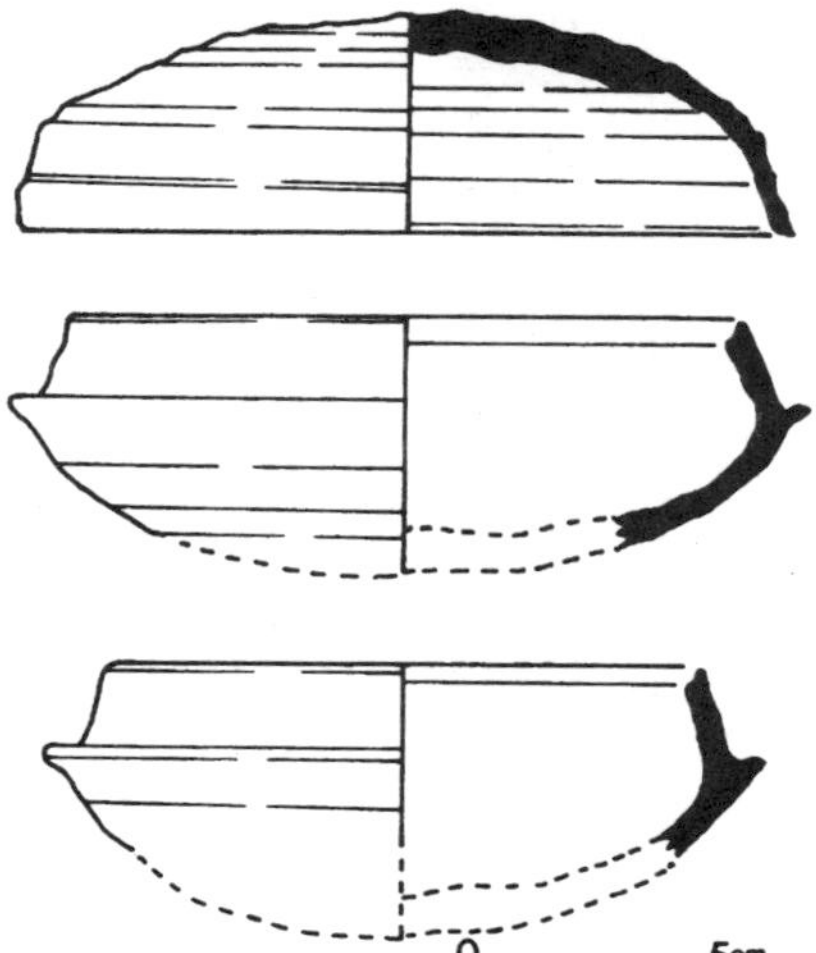

図2-1-5　南笠古墳群出土須恵器実測図
2基の前方後円墳の西南にあたる半壊状の古墳から出土した須恵器である。坏身は口径が大きく、内傾し低くたちあがる口縁部をもつ。蓋は天井部と口縁部を区別する稜が目立たず、浅い凹線状をなしている。5世紀末のもの。

(2) 後期古墳の展開

横穴式石室の築造

六世紀から七世紀にかけての後期古墳では、横穴式石室を主体部とする古墳が一般的に築造されている。草津市内でも横穴式石室をもつ多くの古墳が見られる。

この横穴式石室は中国の秦・漢時代に成立した形式の墓で、楽浪《らくろう》・帯方《たいほう》の二郡を経て朝鮮半島の南部に伝わり、のち中国・朝鮮の諸文化とともに日本にもたらされたものである。わが国では、横穴式石室の初見とみられる北九州の福岡市老司《ろうじ》古墳が四世紀末の築造といわれ、福岡市丸隈山《まるくまやま》古墳や佐賀県横田下《よこたしも》古墳など本格的なものが五世紀前半にいたって築造されている。畿内では、九州地方よりやや遅れた五世紀中ごろから後半にかけて、大阪府藤井寺市藤ノ森古墳・堺市塔塚古墳・東大阪市芝山古墳・奈良県平群《へぐり》町椿井宮山古墳などが築造され、五世紀後半から末にかけて西日本各地の有力首長層によって採用された。近江で採用された初期の横穴式石室の古墳では、大陸系の金属製装身具や馬具が出土して注目された高島郡高島町大字鴨《かも》の稲荷山《いなりやま》古墳などが知られている。

横穴式石室の平面形は、遺体を納める主室（玄室《げんしつ》）と外から主室にいたる通路（羨道《せんどう》）からなっている。羨道の入口は、埋葬した後に石をつめて閉塞し、追葬する際には、羨道の閉塞口を再び開口して埋葬する。墳丘は数m規模の小型円墳が多く、その数も二、三基から一〇〇基を越えて群集する群集墳まで、さまざまである。このような後期古墳は、それまでの古墳とは異なり、草津市全域の支配におよぶような有力首長やそれに連なるごく一部の階層だけでなく、諸階層にわたって造営されたことを示している。

後期古墳の成立

草津市の丘陵地や平野部には、横穴式石室をもつ多数の後期古墳が営まれている。その分布状況をみると、丘陵地では東部の山寺町に北谷古墳群や山寺古墳群がある。その西にあたる青地町には部田《へた》古墳群があり、追分町にも追分北古墳やヘソ山古墳などがある。三ツ塚古墳群は現在では全壊してしまったが、南笠町の笠山地域にあった大規模な群集墳として知られている。

平野部では矢倉町に矢倉古墳群、野路町に南田山《なんだやま》古墳があり、その西の矢橋町では鞭《むち》崎《ざき》神社境内古墳群が知られている。南山田町に大宮若松神社古墳・大市神社跡古墳、北山田町に五条古墳群など、少しずつ離れているが古墳が集在する。その北にあたる片岡

表2-1-1　北谷古墳群

古墳	主体部	規模（m）	副葬品
2号	横穴式石室		高坏5・提瓶1
3号	横穴式石室		
4号	横穴式石室・片袖式	玄室 4.3×1.8	金環2・銅環2・硬玉勾玉1・碧玉管玉2・ガラス小玉5・鉄鏃9・刀子6・刀残欠2・須恵器（広口壺1・䤭1・高坏1・台付壺1・壺1）土師器（椀4・高坏5・壺1）
5号	横穴式石室・片袖式	玄室 3.3×1.6 高さ 1.9 羨道 〃 0.8	銀環2・銅環2・ガラス小玉1・琥珀玉15・鉄鏃11・刀1・刀子3・銅鏃1・轡1・雲珠1・須恵器（平瓶1・横瓶2・直口壺1・䤭4・提瓶3・台付壺1・高坏3・坏身7・坏蓋6・皿1・椀1）土師器（高坏3）
6号	横穴式石室	玄室 4.2×1.5 高さ 1.8	金環3・刀子2・雲珠・須恵器（提瓶6・高坏1・坏身7・坏蓋9・皿2・椀2）土師器（高坏1・坩1・皿2）
7号	横穴式石室	玄室 4.3×1.8	銅環2・ガラス小玉2・土製小玉30・琥珀玉2・刀装具・轡1・須恵器（提瓶3・高坏3・坏身2・坏蓋1・直口壺1・台付壺1・広口壺1）
8号	横穴式石室		鉄製工具・須恵器（坏蓋1・高坏1・提瓶1）
9号	横穴式石室・片袖式	玄室 3.3×1.5	銀環2・土製小玉6・鑿8・須恵器（高坏2・広口壺1）
10号	横穴式石室		土器片

破壊された石室が多く、天井石をすべて失っている。平面形を知りうるものは、いずれも片袖式である。床面に石敷する。装身具・武器・馬具・須恵器・土師器などが副葬されており、後期古墳にみえる品目をほぼ網羅している。これらの数量から追葬されたことがうかがえる。

町の印岐志呂神社境内にも、小規模ながら古墳群がある。これらのほか、現在ではほとんど失われてしまったが、南笠古墳群にも、この時期の古墳が多数含まれていた可能性が高い。次に、それぞれの古墳の特徴を概述しよう。

北谷古墳群では、先に述べた一一号墳・一号墳を除く二号墳から一〇号墳がいずれも後期古墳である。九基の古墳群は、尾根の形状にしたがって東西に連なって築造されている。

四号墳は丘陵の西端付近にあり、玄室は長さ四・三m幅一・八mを測る片袖式の横穴式石室で、玄室の床面に石が敷かれている。石室内からは、金環二・銅環二・硬玉勾玉一・碧玉《へきぎょく》管玉二・ガラス小玉五などの装身具、鉄鏃九・刀子六などの武器・工具、須恵器の広口壺一・𤭯《はそう》一・高坏一・台付壺一、土師器の椀四・高坏五・壺一など豊富な副葬品が出土した。

写2-1-6　北谷4号墳石室全景
天井石や南側壁の石が取り去られているが、奥壁と北壁の下半部が残っている。玄室は長方形の平面形をなし、片袖式に羨道部がつく。床の全面に石敷をしており、玄室北側で装身具・鉄器類、南側に須恵器・土師器の土器が副葬されていた。

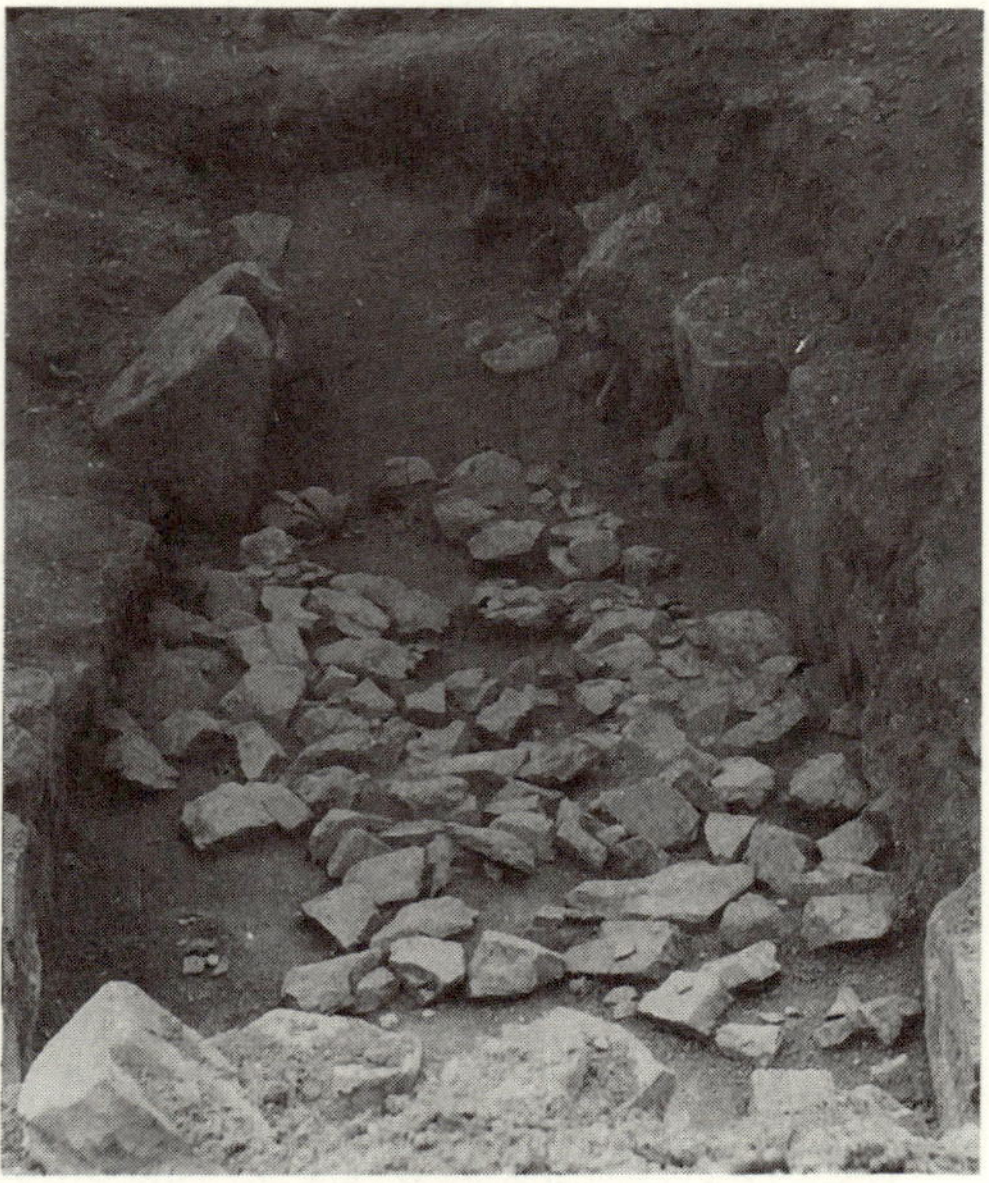
写2-1-7　北谷9号墳石室全景
玄室の側壁基底部だけが残っている古墳である。床面は他の石室と同じく、石敷が施されている。

その東の五号墳は、玄室の長さ三・三m、幅一・六m、高さ一・九m、羨道の幅八〇㎝の片袖式の横穴式石室である。副葬品は銀環二・銅環二・ガラス小玉一・琥珀《こはく》玉一五・鉄鏃一一・刀一・刀子三・銅鏃一・馬具の轡《くつわ》一・雲《う》珠《ず》一、須恵器の平瓶一・横瓶二・直口壺一・𤭯四・提瓶《ていへい》三・台付壺一・高坏三・坏身七・坏蓋六・皿一・椀一、土師器の高坏三などが出土した。

五号墳の東にあたる七号墳では、玄室の長さ四・三m、幅一・八mで床面に砂利を敷き、しかも玄室の中央に三

写2-1-8　北谷古墳群出土装身具
後期古墳には、金環・銀環・銅環の耳飾りや一連の頸飾りなど装身具の副葬が顕著である。金環・銀環の多くは、銅にメッキするか、金・銀の薄板を貼り、頸飾りでは同じ玉を配列したり、他の玉を組み合わせたりする。

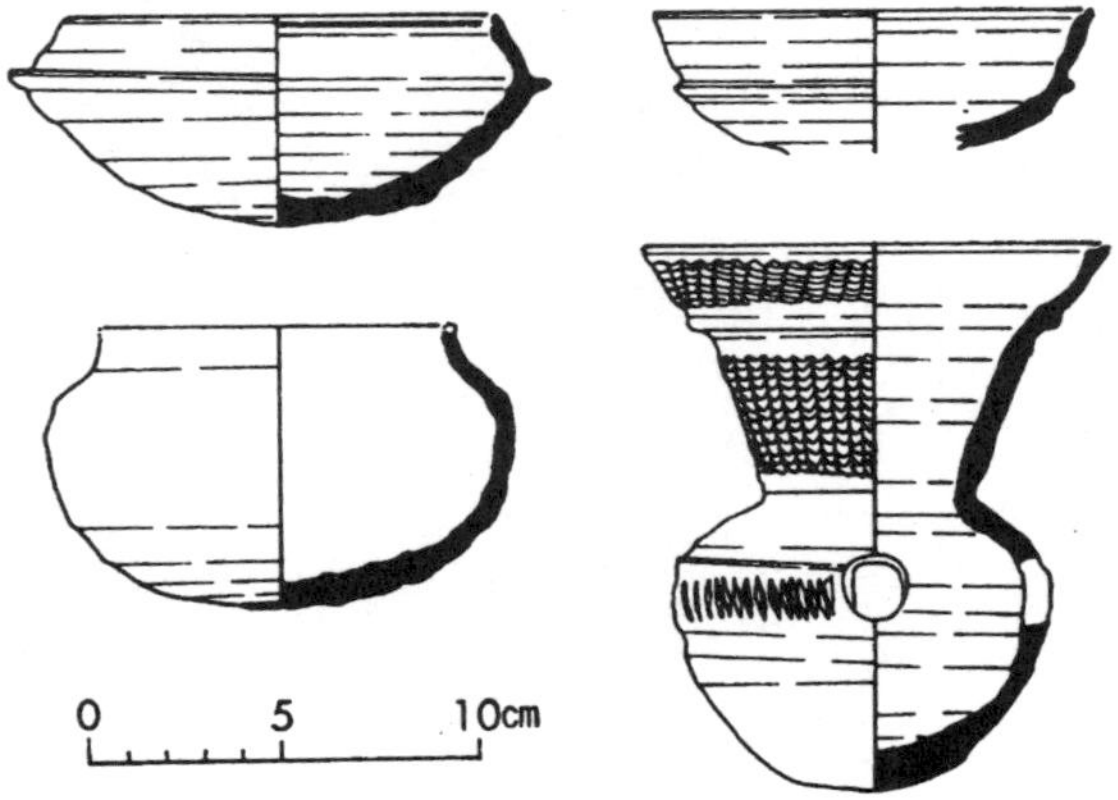

図2-1-6　追分北古墳出土土器実測図
後期古墳では、須恵器の副葬が一般化する。追分北古墳でも坏・高坏・短頸壺・𤭯などが出土している。𤭯の頸部がのびているのは、年代的に下がる特徴である。高坏は脚を欠くが、長脚がつくものである。坏・短頸壺とも同一時期で、6世紀前半。

〇cm幅で石を並べた排水溝が検出されている。

以上の三例だけでなく北谷古墳群のうち石室平面形と規模の類似するものとして六号墳と九号墳があげられるが、ほかの四基も同様のものであろうと思われる。副葬品も量の多少はあるが、装身具・武器・鉄製工具・馬具・須恵器・土師器など共通した品目からなる。五号墳では複数の人骨が検出され、身に付けていたとみられる耳飾りも二種類が出土していることから、明らかに追葬されていることがうかがえる。九基からなる古墳群は築造順序は明らかでないが、いずれも六世紀中ごろから末にかけて築造された古墳である。

写2-1-9　北谷7号墳排水設備
7号墳では、床面に玉砂利を敷き、さらに下に玄室内に浸透した水を羨道から墳丘外へ導く排水溝がある。これは、玄室・羨道部の床面中央部に溝を一条掘り、割石と自然石を並べて構築する。北谷古墳群では、この1基だけにみられる。

山寺古墳群は、北谷古墳群の築造された同一丘陵の西側裾部に立地する。ほとんどの石室は破壊されており、三基以上の古墳で構成されていたことが確認されたにすぎず、石室規模・構造・副葬品については何も知られていない。

部田古墳群は小槻《おづき》神社境内にあり、本殿背後の山林内に円墳四基が散在する。かつて、古墳群の一基から刀・須恵

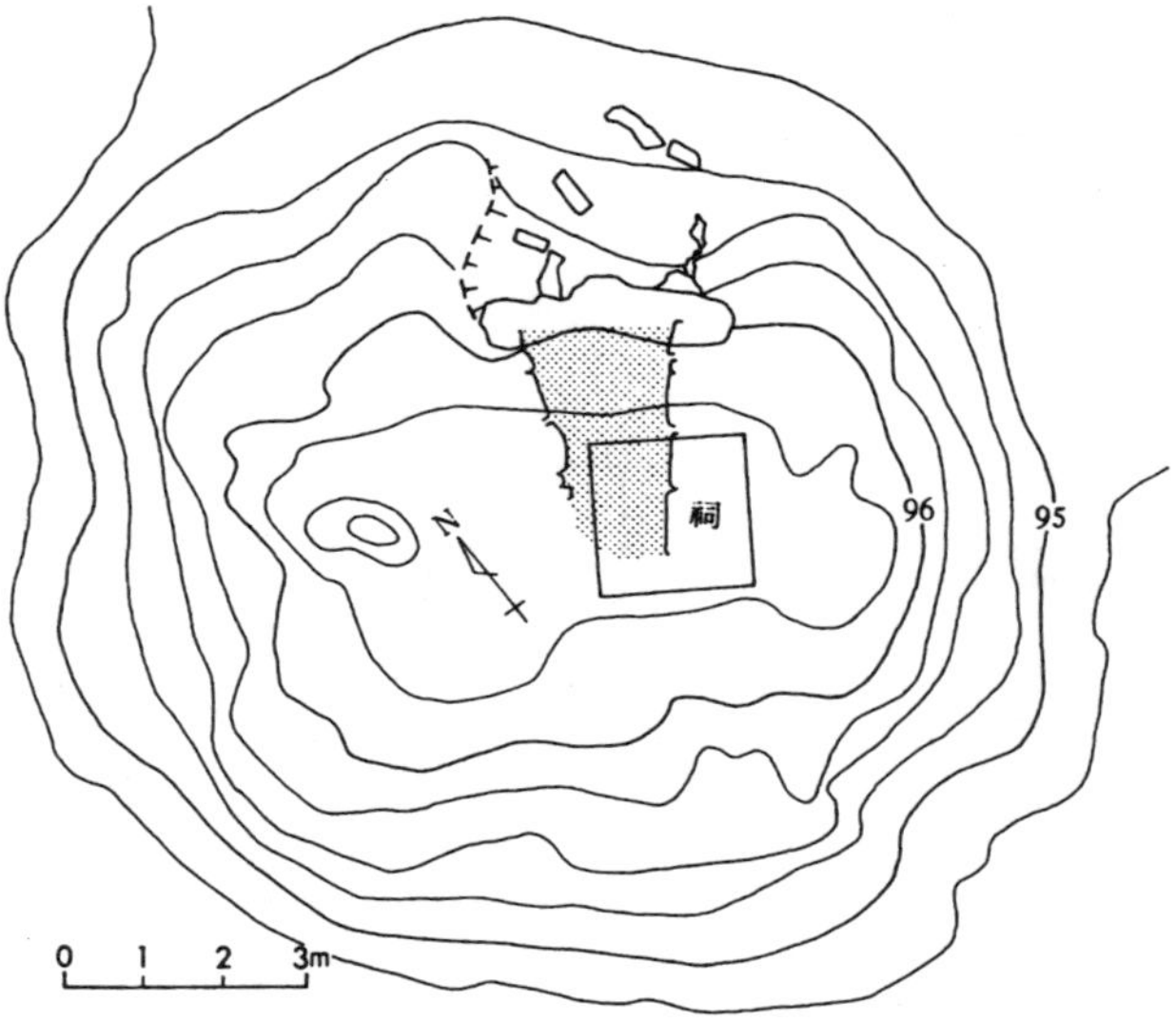

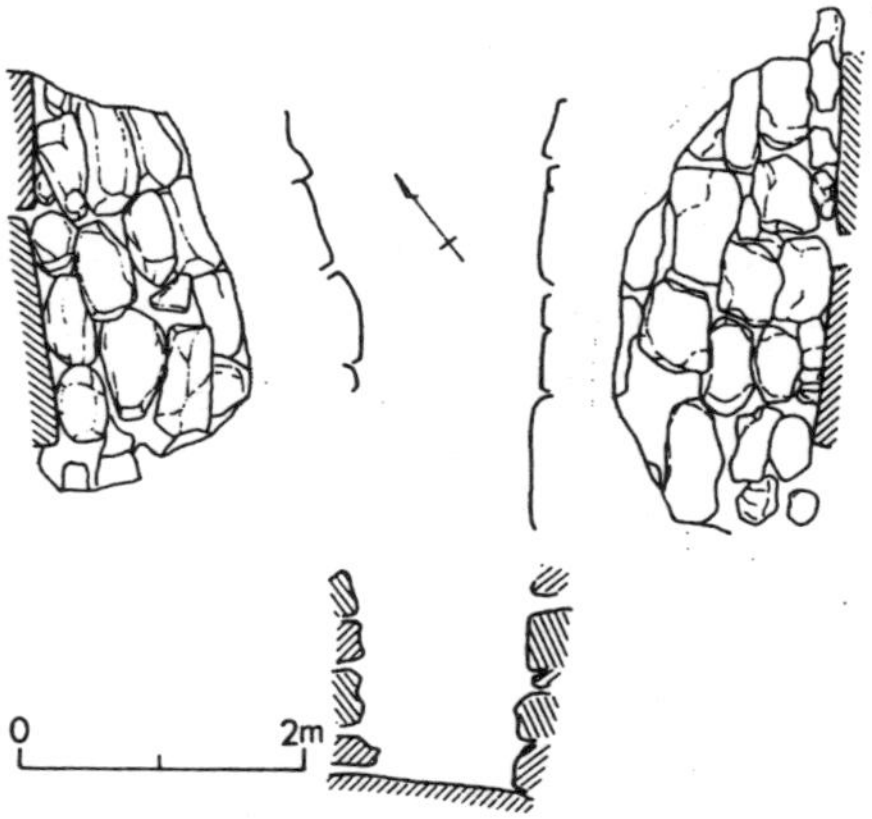

図2-1-7　南田山古墳
この円墳の墳丘中央部には祠がある。右は、右室部分（横穴式石室）である。玄室の側壁は、自然石の四段積みで、天井は平坦な2枚の石で覆われている。羨道部は、かつて玄室の北側に一部残っていたようであるが、今は抜かれてしまっており、玄室との関係は知りえない。築造年代は、6世紀後半と想定される。

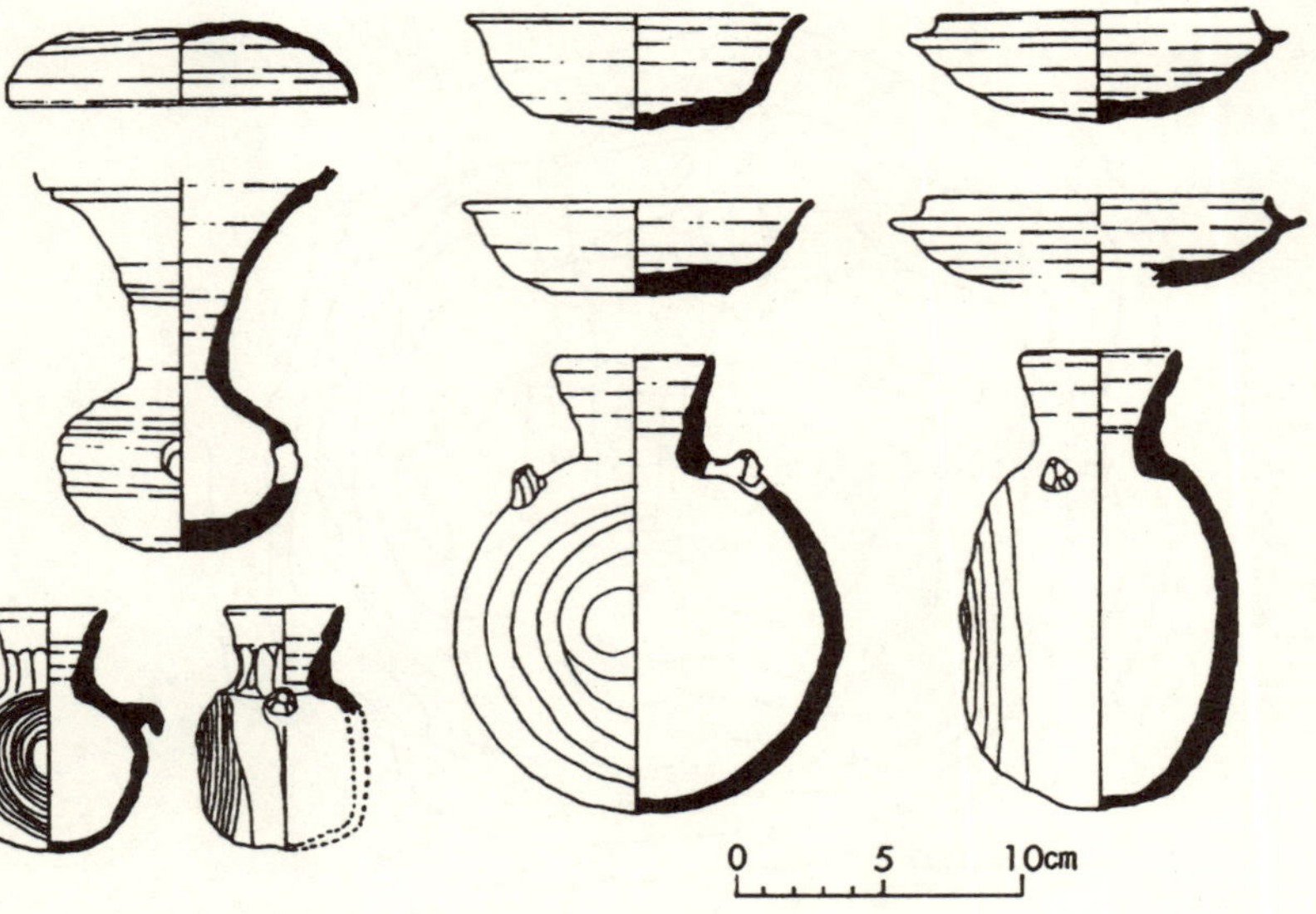

図2-1-8　鞭崎神社境内古墳出土須恵器実測図
工事中の採集品で、坏身・坏蓋・𤭯・提瓶がある。坏には受部をもつものと、口縁部が外反するものの二形態がある。前者は6世紀末であるが、後者は7世紀前半のものなので、追葬品であろう。小型提瓶は実用品とは思えない。

器の高坏三・甕一が出土し、また他の一基から須恵器の提瓶《ていへい》一が出土したといわれている。

追分北古墳は、直径一五mの円墳である。主体部は前述のような横穴式石室ではなく、木棺をそのまま直葬した可能性が強い。須恵器の𤭯《はそう》・坏身・高坏・坩《つぼ》などが出土しており、これらの土器からみると六世紀中ごろの古墳であったと考えられる。

矢倉古墳群は、若宮八幡神社境内にある円墳一基と、その西に点在する二基から構成されるものである。

南田山古墳は野路町南田山の稲荷神社境内にある直径一三m、高さ二mほどの円墳である。花崗岩を四段積みした玄室の側壁と天井石二枚が残り、玄室の長さは三・三m、幅一・六m、高さ一・八mである。玄室の奥壁が失われ、羨道部も破壊されているが、北に開口していたとみられる（図2-1-7参照）。明治三〇年（一八九七）に直刀一と須恵器の提瓶が出土したといわれている。

鞭崎《むちざき》神社境内古墳群は二基よりなり、調査された一基は、直径約一〇m、高さ一mの円墳である。石室の大部分は破損しており、調査結果では三段積みした奥壁の一部が検出されただけである。玄室は三mほどのものと推測される。須恵器の提瓶二・𤭯一・坏身四・坏蓋一と土師器の壺一が出土しており、六世紀末のものと七世紀前半の二時期の土器が副葬されている。後者は追葬された際の副葬品である。

南山田町の大宮若松神社古墳は、直径約一八m、高さ九mの比較的大きな円墳である。この大宮若松神社に合祀《ごうし》された大市神社は、もと木棺を直葬したとみられる円墳上に鎮座していたものである。大正二年（一九一三）に大市神社跡地の墳丘を崩した際に、直刀二・甲冑・馬具・須恵器の高坏五・埴輪片など多量の遺物が出土している。これらの副葬品は現在も東京国立博物館に所蔵されており、六世紀後半に築造された古墳であることがわかる。

写2-1-10　大市神社跡古墳出土遺物（上　鏡板、下　鉄鏃）
墳丘上にあった大市神社跡から、大正2年に直刀・鉄鏃の武器、鞍・轡の馬具のほか刀子・高坏などが出土した。出土品のうちF字形鏡板付轡・冑・鉄鏃が東京国立博物館に所蔵されている。これらから6世紀後半の古墳であることがわかる。

写2-1-11　五条古墳（北山田町山田正八幡宮）
近江には、神社の境内地に古墳がみられることが多く、30数個を数える。草津市内でも数カ所の神社で散見する。山田正八幡宮では境内の北と南に後期古墳の円墳が1基ずつ現存する。南側のものは、北側よりも大きな円墳で遺存状態がよい。主体部構造は、いずれも明らかでない。

五条古墳群は北山田町の山田正八幡宮境内地にある古墳群で、拝殿の北側と南側とに一基ずつみられる。北側の古墳は直径約五m、高さ一mの円墳、南側は直径約一〇m、高さ二mの円墳であるが、主体部の構造は明らかでない。

印岐志呂《いぎしろ》神社古墳群とは、境内地内にある二基の古墳群である。一基は拝殿の西南にある直径約五m、高さ一mの円墳で、他の一基は境内地の西端に一辺約一二m、高さ約五mの二段築成の方墳である。主体部の構造は両方ともに明らかでない。なお、かつて境内地内の馬場から馬鈴が三個採集されており、そのうち二個には五つ、他は三つの小鈴がついている。これも古墳の副葬品であろう。

三ツ塚古墳群は、『栗太志』に南笠町の治田《はるた》神社の東七〇〇mの位置に、高さ二、三尺、周囲一丈七、八尺ばかりの円墳が三列に並び、それぞれが三二、合わせて九六あったと記されている大規模な群集墳であった。しかし、昭和一一年に編纂《へんさん》された『滋賀県史蹟名勝天然紀念物概要』では、山麓に四基ほど残っていると記しているが、その後残念ながらすべてが破壊された。

後期古墳と階層分化

草津市内の後期古墳の分布からみると、丘陵地・平野部とも各所に古墳を造営する階層が存在したことがわかる。発掘調査によって古墳の全容が明らかになった北谷古墳群の二号墳から一〇号墳は、早い時期に築造された一一号墳・一号墳とは時期を隔てているが、これと関連をもつ地域集団によって築造された古墳群とみなされる。残存した横穴式石室では規模・構造ともによく類似している。墳丘が残っていたものは少ないが、この時期に一般的にみられる小規模な円墳と推測される。副葬品においては以前のような、鏡・碧玉製石製品・鉄製工具類などは姿を消すか少なくなっており、代わって鍍金《ときん》した金属製の装身具や馬具・武器・須恵器・土師器などから構成されており、この時期の畿内の古墳とも共通した内容となっている。

前期古墳が地域の首長を埋葬したのに対して、後期古墳はこの時期の家族形態である家父長制的世帯共同体の家父長層を葬ったものといわれている。この家父長層を葬った古墳からは、これまでのような首長権継承の祭祀の場としての意味は失われ、かわって有力家族の家族墓の意味あいが強くなってくる。

北谷古墳群でも、複数の人骨や複数の耳飾りが検出されているように、一つの石室に家父長が葬られ、さらにその家族が追葬された痕跡がみられる。後期古墳は家父長の死にあたって築造され、つぎの家父長が新たな古墳に葬られるまで、家父長の家族が追葬されている。しかし、北谷古墳群の人骨や副葬品からみると、その数は二ないし三人程度ではなかったかとみられるので、家父長の家族の構成員のなかでも限られた者が追葬されていることになる。

近江のこの時期の古墳群の中で、発掘調査が進み内容がよく判明しているものには、甲賀郡甲西町の狐栗《きつねぐり》古墳群がある。二一基からなる狐栗古墳群は、七小群に分かれて存在する。各群は六世紀後半に、二ないし三基の横穴式石室を継続的に造営し、七世紀に入ると各群とも横穴式石室や木棺を直葬した古墳を一基ずつ築造して終わっており、この古墳群では、共同体的な強いつながりをもって集落を構成していた七家族が存在したことがわかる。そして、墳丘や石室規模からみると、七小群のうち一小群だけがまさっている。これはおそらく他の六家族を統率する位置にあった有力家父長家族が営んだ古墳と想定される。

では、六世紀に入って各地にこのような家父長を葬る古墳が、急激にしかも多数造られるようになったのはなぜであろうか。

五世紀後半以降になると、大陸から新しい鉄製農具をはじめ先進的な農業技術が導入されてくる。一方では、鉄製農工具類の生産量の増大と普及によって、鉄製農工具の所有形態がそれまでの一地域を単位とする共同体による所有から、家父長制的世帯共同体ごとの所有へと大きく変化することとなったのである。この変化は農業生産力の発展をひきおこし、それにともなって共同体に対する家父長制的世帯共同体が、相対的に自立性を強めることとなった。つまり、家父長制的世帯共同体は、生産と消費に対して自立性をもった単位として、大きく成長することとなったわけである。こうした状況の変化が、家父長制的世帯共同体を運営したり、剰余生産物や鉄製農工具などの生産手段の管理にかかわっていた家父長権を、より強化させることになったと推測される。このようにして新興勢力となった家父長層は、自らをも小首長として位置付けることによって、それまでは地域の有力首長だけが独占的に造営してきた古墳を築造するようになったと解されよう。

後期古墳の副葬品としては、北谷古墳群や大市神社跡古墳にみられるように、頻繁《ひんぱん》に武器や馬具が出土する。これは各地の家父長層が乗馬をたしなみ、武装していたことをある程度反映しているものとみなされる。このような各地の家父長層の急激な成長に対応し、大和政権はそれまでの首長による各地の支配から、新興勢力である家父長層を、直接的に把握する新たな支配方式を採用することになる。草津市内で散見される古墳に被葬されている家父長層のなかにも、この時期の大和政権の政治機構の末端につながりをもつ者が存在したことが想定される。

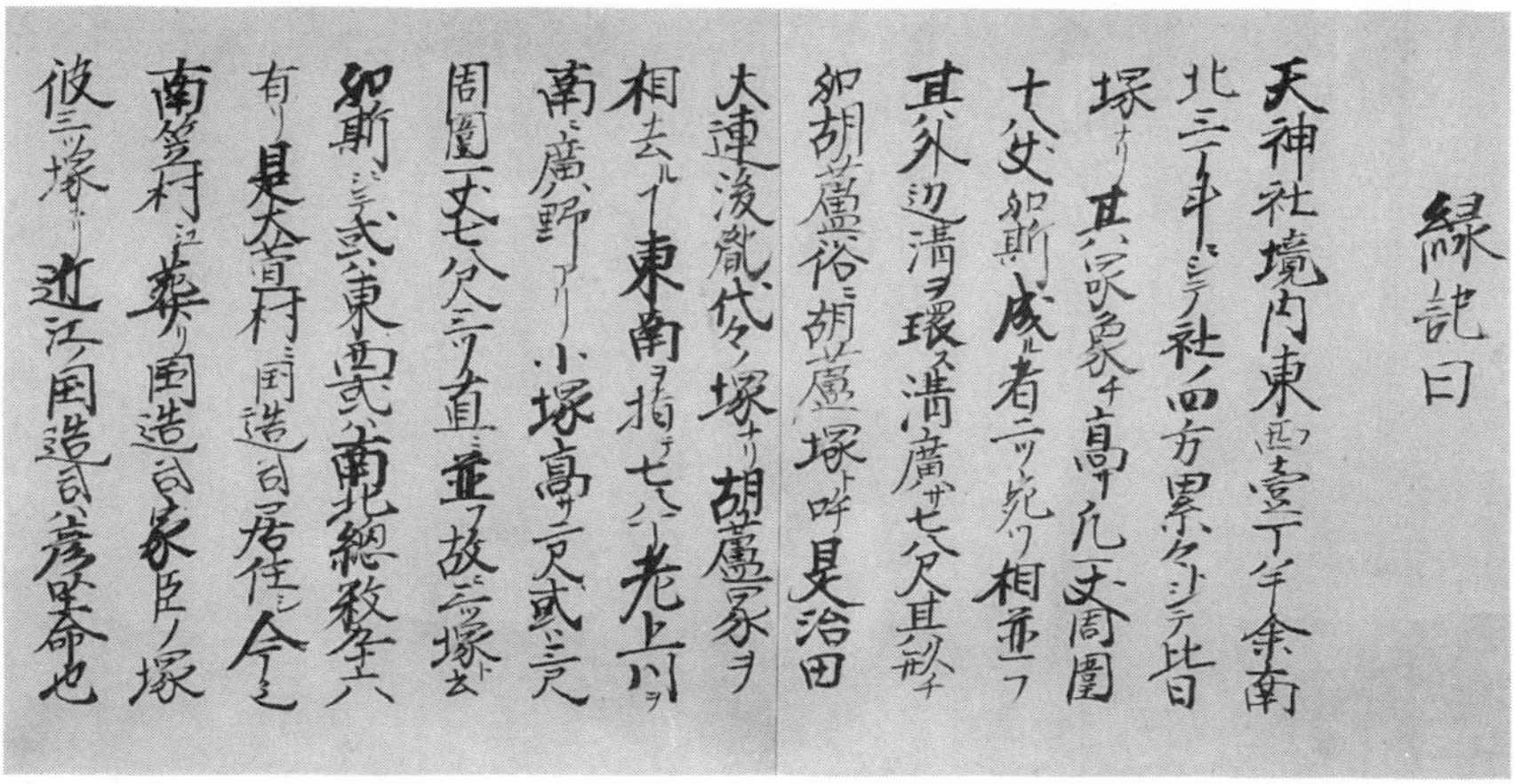

縁記曰
天神社境内東西壹丁半余南北三丁半ニシテ社ノ四方累々トシテ皆塚ナリ其ノ家系ハ高サ凡一丈周圍十丈如斯成ル者三ツ宛ツ相並ヘフ其外辺ニ濠ヲ環ス濠廣サ七尺其形チ如胡蘆俗ニ胡蘆塚ト呼ブ是治田大連後胤代々ノ塚ナリ胡蘆家ヲ相去ル丁東南ヲ指テ七八丁老上川ヲ南ニ廣野アリ小塚高サ一丈弐三尺周圍一丈七八尺三ツ直ニ並フ故ニ三塚ト云如斯ニシテ弐東西弐ハ南北總数九十六有リ是大倉村国造ノ司居住シ今ニ之南笠村ニ葬リ国造ノ司家臣ノ塚彼三塚ナリ近江ノ国造ノ司彦坐命也

写2-1-12　治田神社縁起
古来天神社と称された治田神社は雄略天皇6年に治田連彦人により勧請されたと伝えられ、その四方を取り囲んだ塚の中には治田大連を葬ったという2基からなる胡蘆（ひょうたん）塚があった。三ツ塚は国造司を葬ったと伝えられ、呼称は96基の古墳が3列に並んでいたことによる。

ところで、草津市内で最大の群集墳であった南笠町の三ツ塚古墳群は、残念ながらすべてが破壊されてしまったが、もとは一〇〇基に近い大群集墳であったことが永正二年（一五〇五）の奥書を持つ治田神社の縁起にみえている。このような一〇〇基にもおよぶ大群集墳は、畿内でも限られており、近江では一二カ所を数えるにすぎない。これらのうち曼陀羅山《まんだらやま》古墳群・春日山古墳群・穴太古墳群・大谷古墳群・大通寺《だいつうじ》古墳群など、半数がせまい湖西地域の南半部に集中している。湖東地域では、三ツ塚古墳群のほかに愛知郡《えちぐん》泰荘町《はたしょうちょう》の金剛寺野《こんごうじの》古墳群、犬上郡甲良町《こうらちょう》の池寺古墳群が知られているだけである。

一般に後期古墳は、各所に分散しており、古墳の周辺に被葬者である家父長層が居住した古代集落が存在したことを予想させる。古墳の群集規模が、そのまま集落規模を反映するとすれば、一〇〇基にもおよぶ大群集墳では、世代を異にした被葬者の古墳から構成されているとしても、やはり大集落を想定するのが妥当であろう。しかし、この時期の集落遺跡の調査では、数棟からなる居住群が一つの単位となり、それが数群集まって構成される集落が一般的である。大群集墳の古墳の数に一致するという大規模な集落の存在を、当時の集落に求めることは困難である。おそらく大群集墳は一つの集落のみで形成されたものではなく、複数の集落が同一地域を墓域として何世代にもわたって古墳を築造した結果と推測される。

複数の集落が、限定された特定の地域を共同の墓域としたのは、血縁関係をもつ氏族が分散して居住しながらも、血縁関係を重視することによって、一地域に集中して古墳を営んだためと考えられる。また、この時期の大和政権は、各地の氏族に特定の職業を担わせていた。こうした氏族が各地で一定地域を墓域として与えられた結果、そこに集中的に古墳が築造されたという見解もある。三ツ塚古墳の場合、いずれの背景によって大規模な古墳群が形成されたか明らかでないが、この古墳群が前方後円墳二基を含む南笠古墳群に近い笠山地域に築造されたことは、両者の間に関連性を想定してもよいかも知れない。

渡来系氏族と古墳

古代の近江に多くの渡来系氏族が広く居住したことは周知のことであり、この草津でも例外ではない。草津と渡来系氏族との結びつきは親羅《しらぎ》の王子であるアメノヒボコ（『古事記』では天之日矛、『日本書紀』では天日槍）との結びつきによって知られている。新羅から渡来したアメノヒボコは播磨・淡路・近江・但馬《たじま》の諸国巡歴の過程で、瀬田川を上り近江の「吾名邑《あなむら》」に一時居住する。この「吾名邑」については、竜王町・近江町とともに草津市穴村町を推定する諸説がある。穴村町には天日槍《あめのひぼこ》命を祭神とする安羅《やすら》神社が鎮座し、西にあたる志那町では銅鐸が出土しているように、この付近は弥生時代からかなり開発が進展していた地域であることがわかる。アメノヒボコが瀬田川を経て近江に入り、若狭に向かったルートからすれば、穴村町の位置は交通上の条件をも十分満足させるものがある。

近年、近江の湖西地域では、渡来系氏族の古墳が集中して存在することが明らかにされている。六世紀の横穴式石室は、一般に長方形の玄室をなし、四壁は直立して天井石に近い上半部のみがわずかにせりだしている。しかし、六世紀後半の湖西地方南部の古墳では、玄室の平面形が正方形か横に長く、四壁をドーム状に持ち送り、一石で天井を覆っているものがある。こうした特徴をもつ古墳は湖西の大通寺古墳群・穴太古墳群・福王子古墳群・東本宮《ひがしほんぐう》古墳群など滋賀郡大友郷《おおともごう》（大津市坂本付近）に集中している。この形態の横穴式石室は、朝鮮半島の高句麗《こうくり》や百済《くだら》の古墳との関連性が認められ、渡来系氏族が残した古墳であることが明らかにされている。石室内には、しばしばミニチュアの竈《かまど》・甕《かめ》・甑《こしき》の炊飯具がセットで副葬されていることがある。こうした炊飯具を副葬する習《ならわし》も、三国時代の朝鮮半島で見いだされる。草津市内では渡来人によって築造された古墳はまだ確認されていないが、渡来系の神を祀った安羅神社が鎮座していることなどから、渡来系氏族が居住していたとみられるので、今後特徴的な古墳や遺物が見いだされる可能性も少なくない。

図2-1-9　炊飯具の模型土器実測図
大津市北郊の後期古墳には、竈・甕・甑などの炊飯具のミニチュアをセットで副葬する例が多い。炊飯具の副葬は、古代中国の墳墓の明器（墳墓に埋めるための特製器物）に散見し、朝鮮でも百済を中心にみられる。石室の形態の特徴からも、渡来系氏族の古墳の副葬品ではないかと思われる。

古墳と氏族分布

家父長層を葬った後期古墳は、各地に居住した有力氏族の戸籍の役割を果たしている。草津市青地町には小槻神社が、その北東の栗東町大字下戸山には小槻大社があり、この両社は『延喜式神名帳』に記されている小槻神社・小槻大社にあてられる。この神社の存在は、小槻《おづき》氏がこの地域を本拠地としていたことをうかがわせる。小槻氏は、『新撰姓氏録《しんせんしょうじろく》』（古代の京畿諸氏の系譜を集成したもの）によると垂仁天皇の皇子のオチワケノミコトからはじまる皇別氏族で、『続日本紀《しょくにほんぎ》』に小槻山君広虫《おづきのやまぎみのひろむし》、『続日本後紀』に小槻山君家島《いえしま》、『日本三代実録』に小槻山公今《いま》

写2-1-13　小槻神社（上、青地町）・小槻大社（下、栗東町）
小槻神社は草津市青地町、小槻大社は栗東町大字下戸山にあり、両社ともに、『延喜式神名帳』に名の見える式内社として知られる古社である。古代には小槻氏、中世には青地氏と、それぞれの時代に権勢を誇った氏族と関係の深い名社である。

雄《お》・有緒《ありお》がみえており、これらの人々はこの地域に居住した有力な氏族であったと考えられる。草津市東南部には、追分古墳から北谷一一号墳へと系譜を引く初期の首長墳が築造されている。これらの古墳は、四世紀末から五世紀前半にかけて営まれた首長墳で、相当に強固な首長的支配がこの地域で堅持されたことを示している。その後の後期古墳の展開でも、北谷古墳群・山寺古墳群や小槻大社の古墳群があり、さらに青地町小槻神社の部田古墳群や追分北古墳などが存在する。これらの古墳の分布は、おそらく小槻氏の勢力範囲に含まれるものと推測され、一族がいくつかに枝わかれして、広い範囲にわたって居住していたことを示すものと理解される。

小槻氏が強大な首長権を獲得できたのは、この地域が交通上すこぶる重要な地域であったことによると思われる。瀬田川を越えて東進した道は、この地域で後の東山道と東海道とに分岐する。さらに北谷丘陵をはじめとする台地は、草津市の西方・北方の平野部を視野におさめうる好条件を備えており、政治的にも軍事的にも重要な意味をもっている。律令制下においてこの地域に岡田駅が置かれたと推測されているのも、同様の理由からである。その後、五世紀後半には西方の平野部に首長権が移ることになった。しかし、後期古墳の分布やその後の文献史料からは、永く有力氏族として勢力を持ち続けたことが知られるのである。

次に述べる治田連《はるたのむらじ》は、治田神社付近に居住していたのではないかとみられる有力氏族である。『新撰姓氏録』では開化天皇の皇子のヒコイマスノミコ四世の後に近江国の浅井郡に土地を賜り、また、その六世の後に治田連の姓を賜ったという。律令制下の栗太郡治田郷は、矢橋・南笠から大路・青地・山寺一帯を含んでいたとみられ、治田氏の一族が後に分かれてこの地域に居住したものと解されるが、いつごろからこの地に居住したか明らかでない。しかし、『日本書紀』の斉明天皇七年（六六一）一一月条に、百済《くだら》の佐平福信《さへいふくしん》が一〇六人の唐俘《とうふ》（唐の捕虜）を近江国墾田《はりた》に献じたことを記しており、この近江国墾田というのはこの地域にあたるものと解されているので、七世紀には居住していたことがわかる。

治田神社の西北には、前方後円墳二基を含む南笠古墳群がある。これらは五世紀後半から末にかけて、この地域を統轄した首長墳とみなされる。その被葬者として治田連を結びつけて考えたいが、現状ではそれを肯定しうる材料に乏しい。

ところで、草津市には上笠・下笠さらに南笠・笠山など笠氏の居住に関連したとみられる地名がある。年代は下がるが、永治二年（一一四二）に造られた金胎寺《こんたい》本尊の脇侍《わきじ》の胎内銘には、物部氏など多くの氏族とともに笠氏の名も連記されており、おそらく、それ以前からこの地域に笠氏が居住していたのではないかと推測される。しかし、いつからこの地域に居住していたかは知りえない。地名が広い地域にわたることからすれば、かなり勢力をもった有力氏族であったことを想定してよいであろう。この地域の古墳では、まず南笠古墳群があげられる。南笠古墳群は、治田神社に近接して存在することから、前述のように治田氏との関連も考えられるが、笠氏との関係も重視されよう。また、その東南にあたる笠山地域の丘陵に群集していたといわれる三ツ塚古墳群も、やはり同様に注意すべき古墳である。

その北の芦浦《あしうら》の地については、『日本書紀』安閑《あんかん》天皇二年五月甲寅条に、近江の「葦浦」に屯倉《みやけ》を設置した記事があり、東に隣接する守山市三宅町の地を含めてその地に比定されている。この地域に屯倉が設置されたのは、一つには、湖東の野洲平野の三上山麓周辺を本拠地とした近淡海安国造《ちかつおうみのやすのくにのみやつこ》に属する地域の中でも、とりわけ豊かな地域であったことによる。そして二つには、近世初頭に芦浦観音寺の賢珍《けんちん》・詮舜《せんしゅん》らが織田信長・豊臣秀吉・徳川家康など、時の権力者の信頼を得て、琵琶湖の舟奉行《ふなぶぎょう》をつとめたことにあらわれているように、湖上交通の要衝の地として重要視されたことによるからであろう。

芦浦に関連する氏族では、『新撰姓氏録』に「葦占氏」が記されており、この地域に居住していた可能性も少なくないが確かではない。付近の古墳では、印岐志呂神社古墳群があり、有力氏族がこの地域を本拠地としていたことがうかがえる。

古墳築造の終焉

六世紀代には各地域で築造された古墳・古墳群も、七世紀に入ると激減する。七世紀の初頭では、鞭崎神社境内古墳のように、なお横穴式石室に追葬しているものも知られているが、新たに築造されている古墳はほとんどない。

畿内のこの時期の古墳は、有力氏族のなかでもごく限られた家父長のみが古墳を築造し、しかも一人だけを埋葬する傾向がみられる。この変化は大和政権の官人組織化の整備にともなって、特定の豪族を除いて古墳築造が禁止、あるいは厳しく規制されたことに関係があるとみられる。七世紀初めの推古一一年（六〇三）には冠位十二階制が制定されたが、こうしたことを契機に古墳の築造は特定の冠位の範囲内でのみ存続するようになったものと推測されている。おそらく政府の高位の官人層のみが、石積みの横穴式石室や塼《せん》室墳あるいは石棺式石室などに葬られたのであろう。

大化二年（六四六）の薄葬令《はくそうれい》は、墳丘・埋葬施設・使役人員数・造墓日数・葬具などを細かく定めており、古墳の終焉を予告している。七世紀代の古墳は、大和や河内の一部でのみ散見され、ごく限られた官人層だけが埋葬されたことを物語っている。

大津市の北隣りにあたる志賀町大字小野の唐臼《からうす》山《やま》古墳は、小野妹子《おののいもこ》の墓といわれる古墳である。

写2-1-14　唐臼山古墳（志賀町）
7世紀前半に築造された、終末期の円墳。現在、石室が露出した状態になっている。志賀町近辺は、推古朝前後、外交に活躍する豪族小野氏の本拠地であり、付近にみられる後期古墳群との関係が注目されるところであり、本墳も、小野妹子の墓と言われている。

この古墳は横穴式石室に納められている家形石棺の側辺に、入口を設けた特異な構造をもつ石棺式石室とみなされているものである。近江では小野のこの古墳が唯一の例であるが、畿内では大阪府羽曳野《はびきの》市観音塚古墳・同市オーコ古墳・河南町アカハゲ古墳など終末期古墳のいくつかの例が知られている。その築造年代は、七世紀前半から中ごろにあたるものと推測され、近江で知られている古墳築造年代の下限もほぼこの時期に求められる。

さて、天智六年（六六七）には、飛鳥京から近江大津京に遷都が行われた。飛鳥京の周辺では、この時期でもなおごく一部の高級官人層によって古墳が築造されているので、あるいは短期間の都城とはいえ大津京付近でもこの時期の古墳が存在することも考えられるが、まだ知られていない。

その後、横穴式石室や石棺式石室の古墳は消滅し、より簡略化された新たな様式の墓制が出現した。火葬墓や墓誌を副葬する墳墓である。たとえば、京都市左京区の崇道《すどう》神社裏山に営まれた小野毛人《おののえみし》の墓は、墓誌を副葬した一例である。この墓は板石を組み合わせた箱式石棺をわずかに覆った墳丘からなるもので、金銅板に刻んだ墓誌が副葬されている。火葬墓は『続日本紀』によれば、文武四年（七〇〇）に、僧道昭《どうしょう》が大和の栗原で火葬されたことに始まるといわれる。大宝三年（七〇三）には、持統天皇の火葬が行われ、その荼毘《だび》骨《こつ》は銀製の骨蔵器に納めて天武陵に合葬された。

この火葬には、仏教儀礼の影響が少なからずあり、火葬の流布にともなって、墓誌の副葬も急激に広まったようである。墓誌の副葬は壬申の乱以降、新たに組織化された中央官人層に受容され、その結果、それまで特定個人の記録をとどめることのなかった古墳が、埋葬者を記録する墳墓へとその性格を変えていったのである。ここには限定されたものとはいえ、官人層における文字の普及もみのがすことができない。

古墳の造営は以上のような過程で終わりを迎えることになる。これは単なる終わりではなく、法と新たな政治機構の整備によって、有力氏族の政治力の表現が、古墳造営から他のものへ変化したことを示している。畿内を中心とし、近江でも数多く散在する古代寺院の造営は、およそ古墳とは異なるものではあるが、この延長上に位置づけうるものと考えられる。各地の氏族による古代寺院の造営は、氏族の繁栄を願うものであるが、この大建築工事は、一面では氏族のもつ政治力と経済力を誇示する役割を果たしたのである。

〔補記〕本稿は「古墳の出現と地域的展開」『草津市史』第一巻（一九八一年七月）を改題して掲載した。

二　野洲川左岸の古代集落

(1) 栗東地域の縄文・弥生集落

狩猟生活のはじまり

栗東において現在最も古く、祖先の足跡がたどれるのは、霊仙寺《りょうせんじ》に所在する霊仙寺遺跡で、今からおよそ六〇〇〇年前、縄文《じょうもん》時代中期とみられている。

ところで、わが国において現在知られる最古の遺跡は、宮城県古川《ふるかわ》市でみつかった馬場壇《ばばだん》A遺跡などで、今から二〇万年前、前期旧石器時代に所属するものと考えられている。県下においても、栗東の南にのびる瀬田《せた》丘陵や田上《たなかみ》山地において、ナイフ形石器や有舌尖頭器《ゆうぜつせんとうき》など、二万年から一万年前の後期旧石器時代の遺物の出土が知られており、将来栗東においても、縄文時代をさかのぼる遺跡が発見される可能性は大きいといえよう。

二万年から一万年前はウルム氷期の最末期にあたり、氷期にともなう海面低下により、日本列島と大陸は陸つづきとなり、マンモスをはじめとする多くの動物が、樺太《からふと》から、あるいは朝鮮半島を経て、日本列島に移動してきたことが推測されている。そして、それとともに大陸から多くの旧石器時代人が、動物を追って列島内にやってきたとみられている。

旧石器時代の狩人たちは、火を使うことや、石製の武器は知っていたが、いまだ土器づくりは知らず、今から一万年前初めて土器がつくられた。そして煮炊きの発明は、人々の生活を大きく変貌させることになった。最古の土器はその文様から縄文土器とよばれ、これ以降を縄文時代とよんでいる。

今から一万年前、縄文時代早期には、湖辺にいくつかのムラが形成された。その一つ大津市石山寺辺《てらべ》町に所在する石山貝塚では、南北五〇m、東西二〇m、厚さ二mの貝層が検出され、炉跡や屈葬人骨《くっそうじんこつ》が発見され、多数の石器類や骨角器のほか、魚や獣の骨類が出土し、ムラの生活を彷彿《ほうふつ》とさせてくれる。縄文時代早期の遺跡は、米原《まいばら》町磯《いそ》の磯《いそ》山城《やまじょう》遺跡などが知られているが、近年調査が進んでいる琵琶湖の湖底遺跡のうち、守山市赤野井《あかのい》湾遺跡からは、水面下三・〇m（海抜八〇・八m）で縄文時代早期の遺構面を検出し、多数の土壙《どこう》やピットを発見した。赤野井湾遺跡の発見は、湖南地域における早期縄文遺跡の初見であるとともに、当時の南湖が大部分陸化していたことを示すものであり、湖面変動について貴重な資料を提供することになった。

霊仙寺遺跡

縄文時代前期の遺跡は、県下においても安土《あづち》町弁天島《べんてんじま》遺跡・大津市螢谷《ほたるだに》貝塚などが知られる程度で、まだ多くは知られていないが、中期に入ると、近年の調査で多くの遺跡の存在が明らかになっている。かつては、湖辺の村が湖北の山麓や京都盆地北東部に移動したとみられていたが、従来より知られていた大津市粟津《あわず》湖底遺跡のほか、草津市矢橋《やばせ》湖底遺跡や津田江《つだえ》湖底遺跡、守山市赤野井湾遺跡、さらに近江八幡市長命寺《ちょうめいじ》湖底遺跡など、湖中に所在する遺跡の存在が明らかになり、湖辺のムラがいぜん存続していたことが明らかになりつつある。霊仙寺遺跡はこれらと異なり野洲川の形成した扇状地性低地に所在する遺跡であるが、昭和六〇年度の調査で、沼沢地とその縁辺に所在する多数の土壙から、大量の土器、石器が出土した。土器は西日本の縄文時代中期末に一般的な北白川C式

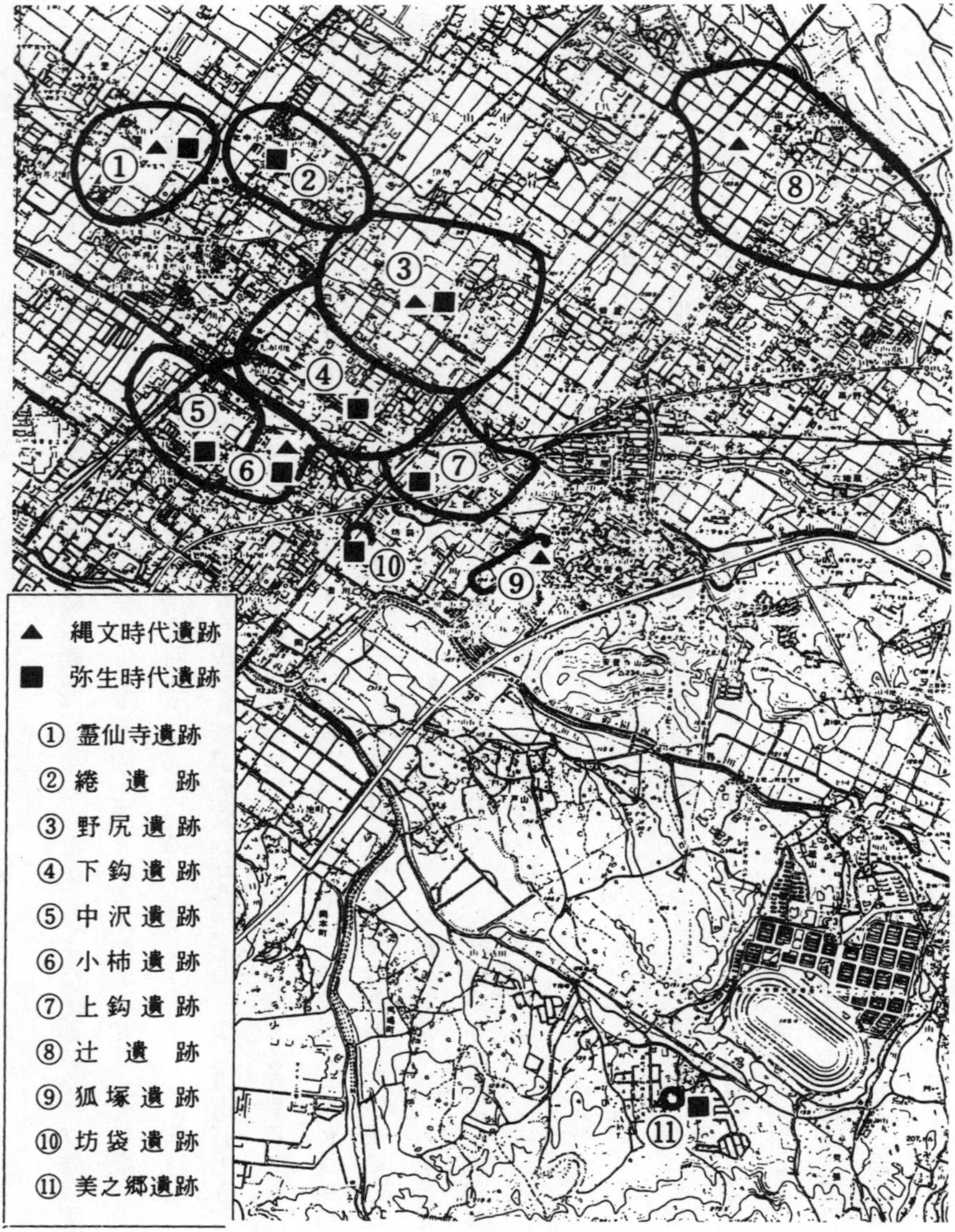

図2-2-1　栗東の縄文・弥生遺跡分布図

を主体とするものであり、石器も、総数一〇〇点にのぼる石鏃《せきぞく》をはじめ、石斧《せきふ》、石皿《いしざら》、磨石《すりいし》などきわめて多く、二〇点にのぼる石錘《せきすい》の出土は、この地の縄文人の漁労生活の一端を示すものとして興味深い。縄文時代後期になると、さらに遺跡の数は増加するが、この時期の遺跡は、大津市穴太《あのう》遺跡、守山市播磨田《はりまだ》東遺跡、岡《おか》遺跡、吉身《よしみ》北遺跡など、扇状地性低地の微高地に立地するものが多く、栗東の下鈎《しもまがり》遺跡も、同じような性格を持つものとみられる。昭和五九年に実施された調査で、大きな流水路より北白川上層式《じょうそうしき》など磨消《すりけし》縄文を持つ縄文時代後期前半の土器や石器が出土しているが明確な遺構の発見はなく、その実態の究明は今後の調査・研究にゆだねられている。

　縄文時代晩期の遺跡としては、近畿地方の標識《ひょうしき》遺跡である大津市滋賀里《しがさと》遺跡をはじめ、県下には多くの遺跡が知られているものの、栗東では、野尻遺跡や下鈎遺跡・辻《つじ》遺跡で土器片の出土が知られるのみで、遺跡の内容は明確ではない。なお縄文時代晩期の遺跡では、弥生時代前期の遺物が共伴《きょうはん》する例が少なくないが、昭和六一年の霊仙寺遺跡の調査で別地点ではあるが、遠賀川《おんががわ》系の土器が出土しており、縄文時代から弥生時代への移行過程を考えるうえで、注目されるところである。

農耕社会の形成

　我々の祖先は、長く続いた狩猟・採集、さらに栽培を中心とした原始農耕の生活から、弥生時代になると稲作によるより安定した生活をおくるようになった。これは、明治維新《めいじいしん》を起点とする近代工業化に比すべき社会の大きな変革であった。ところで、わが国における稲作文化の成立は、列島内で自生したものではなく、中国大陸、朝鮮半島より渡来したものである。稲作文化が渡来した紀元前三世紀前後の東アジア世界は、秦《しん》、漢《かん》帝国による中国最初の統一国家成立前夜にあり、二世紀にわたる戦国七雄の乱のなかにあった。このような大陸の長期にわたる動乱の波が、それを避ける人々の渡来となって列島内に波及したのが、このような変革の外的契機とみられている。また一方において縄文時代中期以来の社会の成熟が、高度な稲作文化を受容し発展させる背景をなしていたことも明らかにされている。

近年における発掘調査の進展によって、稲作文化は徐々に伝播《でんぱ》したのではなく、高い技術を持った人々がまず北九州に渡来し、一定の集落を形成し、先住者とも融合しつつ、さらに東へ北へと移住した。したがって、列島内の稲作技術が当初よりかなり高度なものであったことが明らかにされている。守山市服部《はっとり》遺跡では、弥生時代前期中ごろのムラと、それに対応する水田跡が検出されているが、集落では弥生時代前期の土器とともに、縄文時代晩期の土器が出土している。水田跡は中央に整然とした用排水路を持ち、地形変換点に幅一・五m、高さ〇・三mの大畦畔《けいはん》を設け、それを幅〇・六m、高さ〇・二mの小畦畔で、一〇～七〇㎡に小区画した水田がつくられており、近江においても弥生文化成立時から、高度の稲作技術が導入されていたことがうかがえる。栗東では水田跡こそ発見されていないが、霊仙寺遺跡では、弥生時代前期の土器だけをふくんだ溝や、前期から中期中ごろまで存続した集団墓地が発見されており、栗東における弥生文化形成期の様相をうかがうことができる。

霊仙寺遺跡の集団墓地

霊仙寺遺跡は、霊仙寺、小平井《こびらい》、十里《じゅうり》、駒井沢《こまいざわ》（草津市）の広い範囲に所在する集落跡で、縄文時代中期の土器が大量出土したことは先に述べたが、昭和五七年八月に実施された発掘調査で、弥生時代前期後半から中期中ごろまで存続した墓地跡が発見された。調査地区は、東西五〇m、南北二八mの一四〇〇㎡ほどであったが、その東端で方形周溝墓《ほうけいしゅうこうぼ》一基が発見されたほか、そのまわり一帯で二〇基にのぼる土壙墓《どこうぼ》群が検出された。方形周溝墓は北・南・西の溝が独立し、各コーナーに陸橋部を持つもので、溝でかこまれた中央に、東西二・一m、南北二・三mの墓壙があり、組合式《くみあわせ》木棺が埋置されていたとみられる。土壙墓群は、一m、一・五mの長隋円形を呈するものが多く、深さ〇・二mの皿状を呈し、およそ三～五m間隔で散在していた。周溝墓の溝や墓壙、土壙墓のなかからは多くの供献《きょうけん》土器が出土し、土壙墓については、弥生時代前期後半から中期中ごろまで継続してつくられていることが判明した。周溝墓は中期初頭のものとみられるが、調査地区外にも、存在する可能性が高く、この地域に霊仙寺遺跡の墓域がひろがっていたことが推定できる。

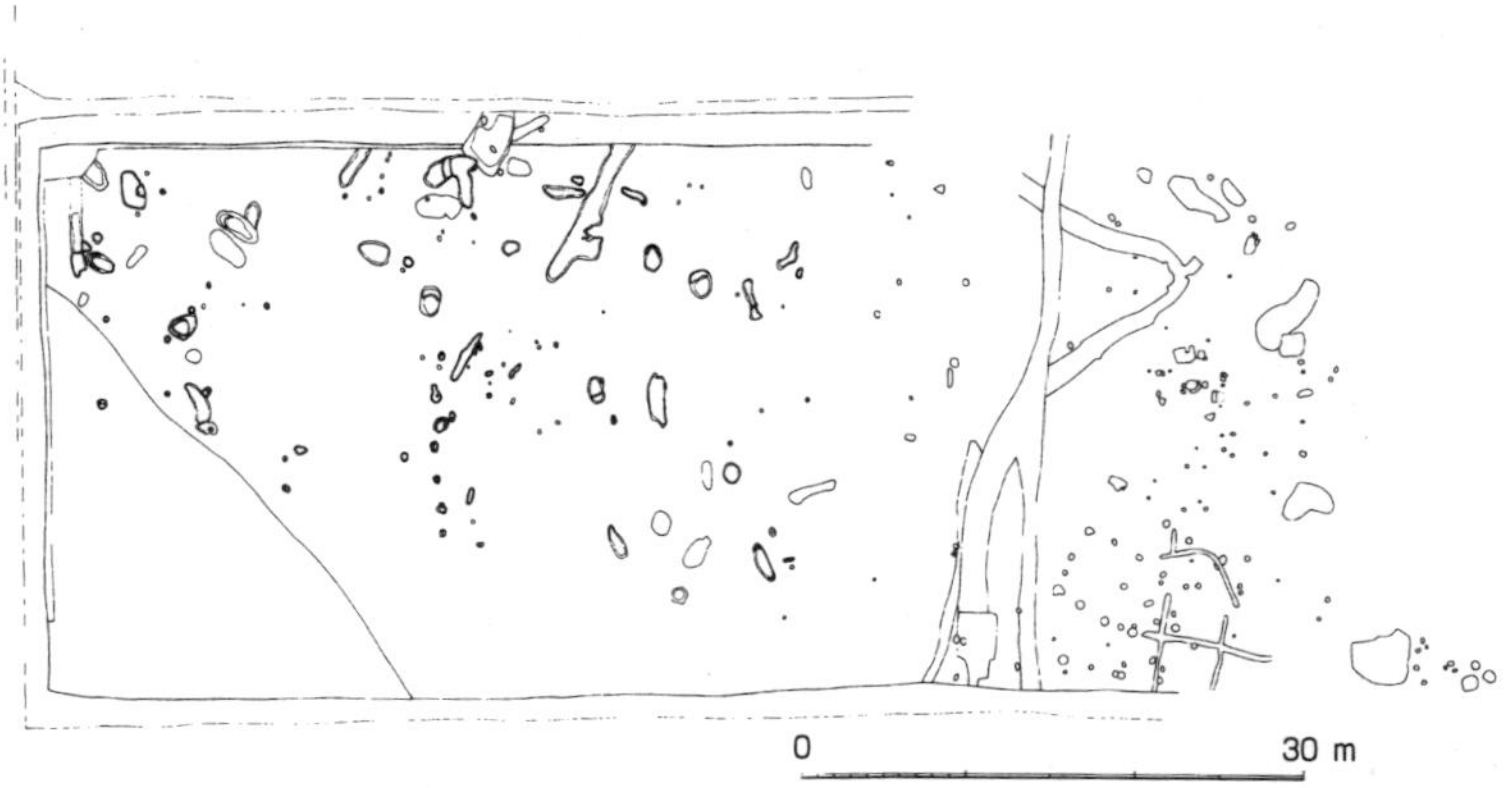

図2-2-2　霊仙寺遺跡遺構

霊仙寺遺跡の集団墓地は、多数の土壙墓群と周溝墓から構成されており、同じ時期の大津市南滋賀《みなみしが》遺跡の集団墓地と、類似したあり方を示し、ムラの中で周溝墓を築造できた人と、土壙墓しかつくれなかった人々とに、階層や身分の差が生じていたとみることができる。しかし、守山市服部遺跡のように、土壙墓群をふくまず、周溝墓のみからなる集団墓地もあり、ムラ・ムラにおける集団の性格や構造の違いを示すものとして興味深い。なお、墓域の西よりには、沼沢地状の落ち込みがひろがり、昭和六一年度に実施された調査地点では、弥生時代前期の土器のみをふくんだ水路も検出されており、霊仙寺遺跡が今後の調査の進展によって、初期農耕集落としての全貌を明らかにするのも遠い将来のことではないと考えられる。

湖南における弥生時代前期のムラは、前述の服部遺跡のほか、野洲町市三宅《いちみやけ》東遺跡、守山市小津浜《おづはま》遺跡、寺中《じちゅう》遺跡、草津市志那湖底《しなこてい》遺跡、七条浦《しちじょううら》湖底遺跡と湖辺やそれに準ずる地域に立地することが多く、霊仙寺遺跡はその点でやや異質であるといえる。弥生時代中期の集落は、前期の集落が存続する一方、新たに守山市金森《かねがもり》東遺跡、吉身《よしみ》西遺跡、下《しも》ノ郷《ごう》遺跡、中主《ちゅうず》町比留田《ひるた》堂立《とうたち》遺跡、野洲町野洲川左岸遺跡、五《ご》之里《のり》遺跡、草津市上寺《かみでら》遺跡、志那中遺跡など平野中心部にも大きく拡大するが、栗東においても、下鈎、上鈎、坊袋《ぼうぶくろ》、野尻などの諸遺跡で多くの遺構、遺物が発見されており、弥生文化がさらに広範囲に展開したことがうかがえる。

下鈎遺跡の環濠集落

下鈎遺跡は、霊仙寺遺跡の南東一・五kmにあり、下鈎を中心に、苅原《かりはら》、中沢、上鈎にものびる集落跡で、弥生時代中期後半から後期初頭にかけての環濠集落の可能性が考えられている。すなわち、昭和五八年度の調査では、遺跡の南端付近で東西に走る幅三m、深さ二mのV字溝と数基の方形周溝墓がみつかり、昭和六一年度の調査でも、遺跡の東寄りでほぼ同じ規模の南北に走るV字溝が発見され、ムラの周囲をめぐる環濠とみられている。

写2-2-1　下鈎遺跡　V字溝
下鈎遺跡で確認された大溝は、断面の形状がきれいなV字状を呈しており、人工的に掘削されたものである。いずれも遺跡の端で発見されていることから、弥生時代中期から後期にかけての集落をとり囲む環濠ではないかと考えられている。

環濠の内部については、住宅建設などにともなう小規模な調査が多く、明確な住居跡はみつかっていないが、多くの流水路や、井戸跡、土壙、ピットなどが検出され、大量の土器をはじめ、鋤、木杵《きぎね》など多くの木製品や石包丁《いしぼうちょう》などの石製品の出土が知られる。また、翡翠《ひすい》製の勾玉《まがたま》、銅釧《どうくしろ》など装飾品の出土もあって、環濠の外側に立地するとみられる墓地（方形周溝墓群）とともに、下鈎遺跡が、弥生時代前期から中期中ごろの拠点的な集落であった霊仙寺遺跡をひき継ぐ拠点集落であることを推測させる。ところで、ムラ・ムラの拡大が進むなかで、集落間の対立、抗争が地域的な戦争に発展したらしく、中期後半から後期にかけて、防衛的な機能を持った環濠集落や、高地性集落が各地にみられる。守山市服部遺跡や下ノ郷遺跡のものとともに、下鈎遺跡でもその一端を知ることができる。

　弥生時代後期の栗東における中核的な遺跡は、下鈎遺跡から、北に接してひろがる野尻遺跡や南に接する中沢遺跡に移るとみられる。野尻遺跡では、数次にわたる調査で、大規模な流水路などを検出し、多くの土器の出土が知られているが、現在のところ明確な遺構はみつかっていない。弥生時代後期末になると、野洲川左岸の高野遺跡をはじめ、岩畑《いわはた》遺跡、辻遺跡などで集落の形成が開始され、古墳時代から奈良時代にかけて、栗東地域、ひいては湖南地域の中核的集落となるが、それらの具体相については後述する。

弥生時代の農耕と土壌

　ところで、この地域の初期の農耕社会がどのように発展していったかは、この時期のムラがどのような性格の土壌に営まれたかをみることによって知ることができる。

　まず、瀬田川から野洲川左岸までの琵琶湖東岸地域の弥生時代前期の遺跡は、現状では九遺跡が知られる。これらは湖岸では草津市志那中遺跡、烏丸崎《からすまざき》遺跡、守山市山賀《やまが》遺跡、赤野井浜《あかのいはま》遺跡、湖岸から二㎞ほど離れた地域では草津市芦浦《あしうら》遺跡、守山市服部遺跡、寺中遺跡、さらに湖岸からへだてたところに霊仙寺遺跡、中沢遺跡が位置する。これらのうち、湖岸の志那中遺跡、烏丸崎遺跡、赤野井浜遺跡はいずれも細粒グライ土壌に立地する。野洲川下流の服部遺跡もグライ土壌に立地するが、これは中粗粒グライ土壌とよぶ少し粗い土壌に立地した遺跡で、寺中遺跡も近くにこれと同じ土壌が分布するところに営まれている。

　このグライ土壌とよばれる土壌は、地下水位が高いことから、耕作するだけで湧水がみられる湿田型の土壌であ

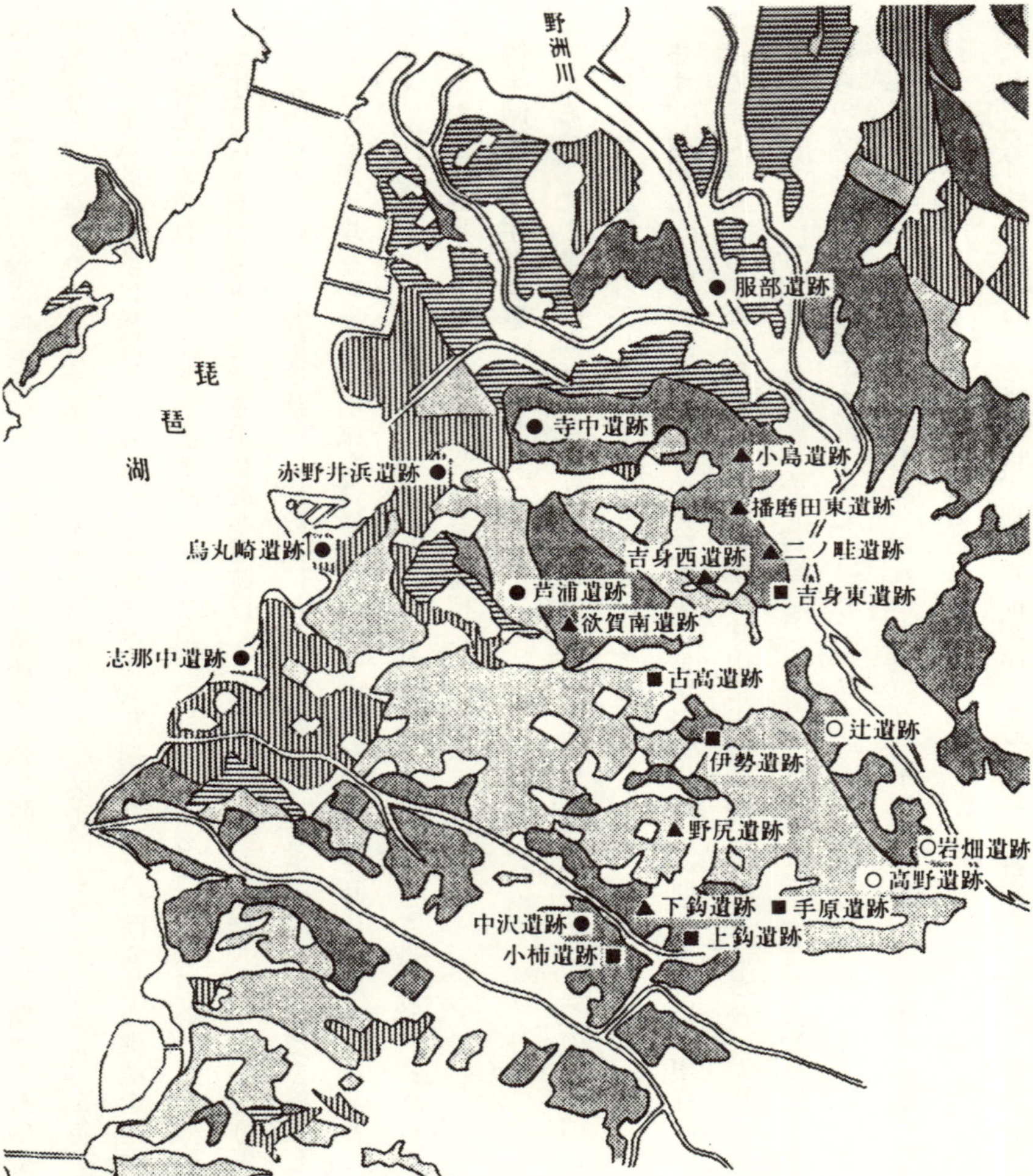

図2-2-3　弥生時代の遺跡分布と土壌

る。このような土壌に弥生時代前期の遺跡の大部分が立地したことは、稲作農耕の開始にあたって、これらのムラが農業用水を河川からひくことを必要としない条件の地域に水田を営んで定住したことがわかる。これは琵琶湖岸にひろがるまさにアシハラともいうべき地域にムラが営まれ、近江の農耕社会がはじまったことを示している。

しかし、このグライ土壌の水田は、湿田型の水田のため生産力は高くなかった。それにもかかわらず、このような条件の土壌の地域に水田が開かれてムラが営まれたのは、先に述べたように用水を必要としなかったことと、耕作にあたって鉄製の農耕具を持たないことから、鉄製農耕具なしでも水田を耕作できるところを選択したことによるところが大きかった。弥生時代の農耕具は、著名な奈良県唐古《からこ》遺跡、静岡県登呂《とろ》遺跡などの発掘調査によって、木製の鍬《くわ》や鋤《すき》が使用されたことが知られてきたが、昭和三九年に湖底から現れた大中《だいなか》の湖南《こみなみ》遺跡の調査によって、木製農耕具の種類、その製作工程、さらには日常生活にも多くの木製品が使用されていたことが明らかになった。

さて、栗東の弥生時代前期の霊仙寺遺跡と中沢遺跡は、前者が細粒、後者が中粒の灰色低地土壌に立地した遺跡である。この土壌は湖岸にひろがるグライ土壌よりも生産性の高い半湿田型の土壌で、野洲川と葉山川間の一帯に分布する。霊仙寺遺跡、中沢遺跡では、ともにまだ住居跡、水田跡がみつかっていないが、ここでは水田を営むにあたって河川から用水を入れることが必要だったであろう。

その後、中期になると野洲川と葉山川との間には、多くの弥生時代のムラがみられるようになった。野洲川下流域では、守山市播磨田東遺跡、小島《こじま》遺跡、吉身西遺跡、欲賀《ほしか》南遺跡があり、その南に栗東でも野尻遺跡、下鈎遺跡の新たなムラが出現している。これらの遺跡は、いずれも細粒や中粒の灰色低地土壌の地域にムラが営まれたものであった。これはそれまで未開発であった用水を必要とした地域にも、新たに水田が開発され、人口の増加による分村やムラの移動が行われたことを物語るものである。

さらに中期末から後期になると、守山市域では南よりに大門《だいもん》遺跡、古高《ふるたか》遺跡、吉身北遺跡、吉身東遺跡、伊勢《いせ》遺跡などが出現している。栗東でも上鈎遺跡がこの時期に新たに営まれたほか、中沢遺跡でもこの時期の集落がみられる。続く弥生時代の末には、野洲川左岸の扇状地の扇央地にひろがる中粗粒灰色低地土壌の地域に、岩畑遺跡、辻遺跡、細粒灰色低地土壌に高野《たかの》遺跡の集落遺跡が営まれ、これらの集落が古墳時代にもそのまま存続したことが知られている。

このように、この地域の農業集落は初期には湖岸の低湿地帯で居住が開始され、その後野洲川による扇状地にあたる生産力の高い土壌が分布する地域一帯へ開発が進展したことをみることができる。

(2) 古墳時代の集落とムラ

高野遺跡

栗東の北部には、野洲川が形成した扇状地性の広い平野がみられる。この地域では近年、古墳時代の集落遺跡の発掘調査があいつぎ、古代に営まれたムラのようすがかなりよくわかってきた。

高野にある高野遺跡は、扇状地のほぼ頭頂部付近に立地した古墳時代前期を中心とする大規模な古代集落である。この遺跡は中ノ井川と葉山川にはさまれた平野部に位置したムラで、昭和五七年度を最初として、すでに十数カ所で発掘調査が行われている。これまでのところ調査は高野郵便局、葉山保育園、葉山幼稚園周辺とその南にあたる葉山中学校から農協葉山支店周辺で集中して行われている。この遺跡を南北両地域に分けると、南地域では葉山中学校用地で広範囲にわたって発掘され、古墳時代前期の竪穴住居一七棟、掘立柱建物三棟が詳細に調査され、ほかにも十数棟の竪穴住居があったことが明らかになった。

竪穴住居はいずれも方形プランで、床面に四本の柱穴があり、中央部に炉跡がある。ほかに南辺中央に貯蔵穴と

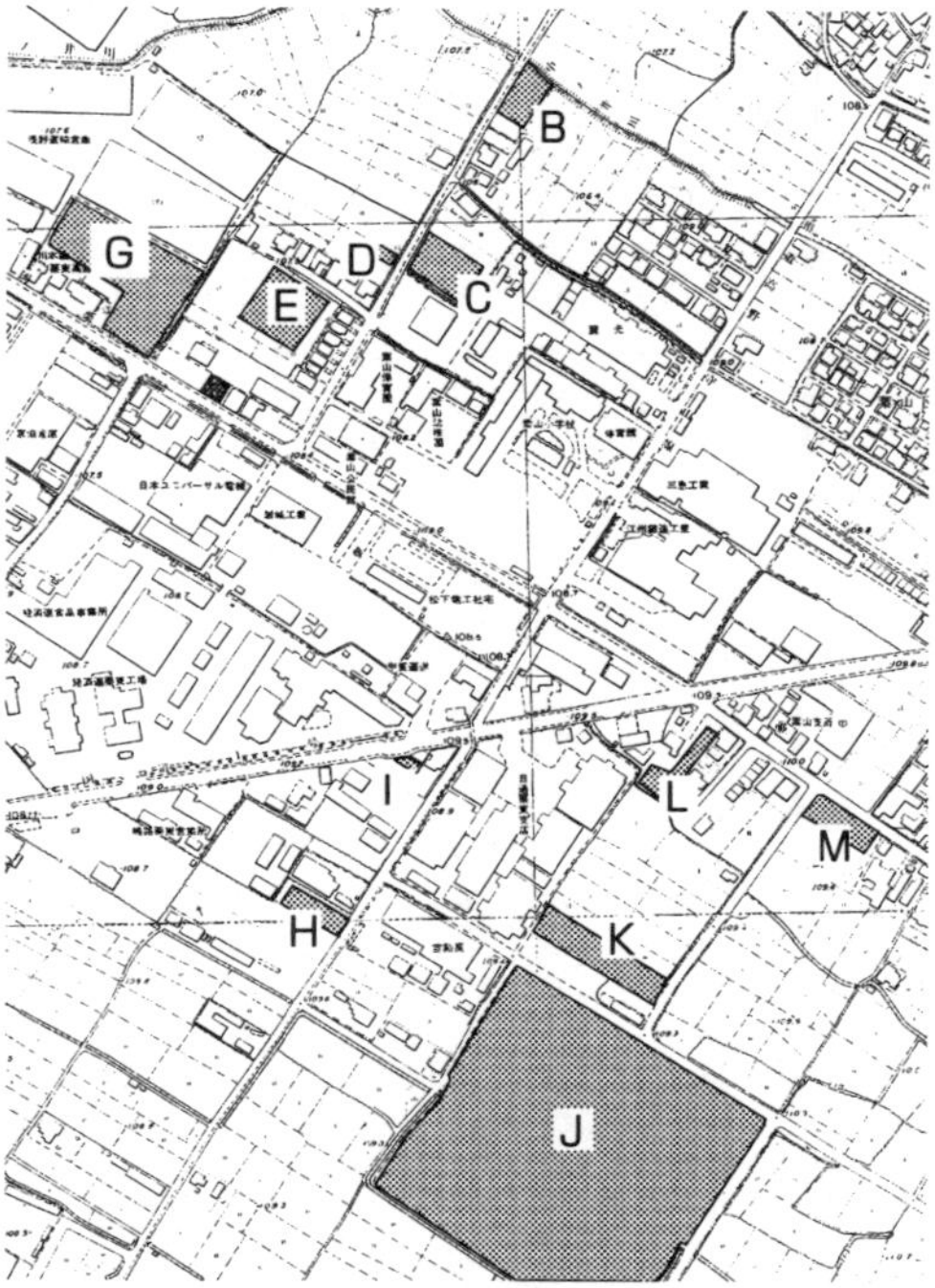

図2-2-4　高野遺跡調査地区

理解される土壙が併置されている。この竪穴住居群では、調査地の北側でほぼ同一方向に建てられた五棟からなる半円状にならぶ住居群がみられた。これはその南側でもやはり五棟ほどがグループをなし、二時期以上にわたって変遷している。

このようなグループを構成した竪穴住居群は、古代集落を構成した最も小さなまとまりで、単位集団とよばれるものである。北側の単位集団ではほかに掘立柱建物二棟と南側に小規模な竪穴住居状のものがともなっていたようである。この二棟の掘立柱建物は小規模で、しかも妻柱を欠くので居住よりも倉庫ではなかったかと思われる。小型の竪穴住居も、床面で柱穴がみつかっていないうえに貯蔵穴も検出されていないので、この単位集団の作業場として使用されたものであろう。

南地域ではほかに北のK、L、Mの地区で一一棟におよぶ竪穴住居がみつかっており、葉山中学校からさらに北にかけて集落がひろがっていたことが知られた。

つぎに北地域は八地区で調査が行われ、西よりのD、E、F、G地区で弥生時代末から古墳時代前期の竪穴住居三〇棟ほどが検出され、さらに二〇棟におよぶ竪穴住居が一部みつかっている。これらのうちE地区では、四棟からなる単位集団が三時期以上にわたって変遷したことがわかる。うち一棟からは、小型仿製鏡《ほうせいきょう》が出土したことが注目される。

このような単位集団を構成する竪穴住居小群は、ほぼ同じ向きに構築され、貯蔵穴も同じ位置に設置されたものが多い。これはこの単位集団に強い共同体規制があったことを示している。この単位集団を構成する竪穴住居は、有機的なつながりを持つ集団をなしており、これらは血縁的な結びつきを持った世帯とみられることから、世帯共同体の性格を持つものと想定されている。単位集団の竪穴住居のなかには、ひときわめだつ大きなものがふくまれているものが多い。この大型の竪穴住居は、そこに多人数の家族が居住したことも想定されるが、むしろ有力戸であった家長が居住した可能性が高い。古代ではこのような性格の古代家族が集まって、大小のムラをなしていた。

高野遺跡の古墳時代後期には、北地域、南地域とも数棟の竪穴住居がみつかっているだけである。後期の竪穴住居には、それ以前の炉にかわって壁面に粘土によって構築されたカマドが付けられ、煙は煙道によって住居外に導かれる構造となった。このカマドによって煮焚《にたき》のさいの熱効率があがったうえ、煙処理の改良によって住居内の居住性も高まった。

ほかに高野遺跡の北地域の東寄りで、前期から後期にかけての方形周溝状遺構七基、南地域でも北西寄りに前期の方形周溝墓四基と竪櫛《たてぐし》が出土した土壙墓一基がみつかっている。北地域、南地域ともそれぞれ方形周溝状遺構が検出されているのは、高野遺跡の集落では少なくとも北と南のように、一定距離をへだてていくつかの地点に住み分けてムラが営まれていたことを物語っている。また南地域の北西部一帯には暗褐色《あんかっしょく》の砂質土が広くひろがっている。これは土壌の状態からみると、低湿地帯となっていたことをうかがわせるものであった。ここでは深い溝が検出されているだけで、竪穴住居や墓はまったくみつかっていない。集落の隣接地にこのような低湿地の空間地があることは、畦畔は確認されていないが、生産にかかわる水田耕地が西側一帯にひろがっていたことを推測させる。

高野遺跡のムラも、後期には前期からみると住居数がかなり減少している。これは後期に同じ集落内で単位集団が居住地をほかの地に移したことが想定されるが、そのほか単位集団の一部が新たに開発された周辺地域に分村したものもあるであろう。

岩畑遺跡

高野遺跡の東方、高野神社の東側一帯にはやはり古墳時代前期から後期にかけて営まれた岩畑遺跡がある。ここでは前期の竪穴住居四九棟、後期四〇棟、前方後方型周溝墓一基などがみつかっている。竪穴住居は前期のほうが後期よりも少し多いが、両時期ともほぼ同数である。検出された竪穴住居は前期のものと後期のものとが重なるだけでなく、前期、後期ともそれぞれの時期のものが重複したり、屋根が接する位置でみつかっているなど、複雑なものとなっている。しかし、これら前期の竪穴住居には炉がみられ、土師器《はじき》のみが出土し、後期のものには壁面にカマドが設置され、須恵器がともなっているので、前期と後期におおまかに二分することができる。さらに集落の変遷を理解するために、調査区の北西端部の前期の竪穴住居をみると、1、2、3、6、8、9、11、13、15、17、20、21、32、33、34号の一五棟が集中する。これらは11号に2号と3号、1号に21号、6号に15号が重なるほか、2号と3号、11号が同時に建ちえない近距離にあることから、それぞれ異なった時期に構築されたことがわかる。これらは重複の前後関係によって整理すると、前期には五棟の竪穴住居が東南に開いた半円状を描いた配置をとり、三時期にわたって変遷したことが知られる。これはそのすぐ東側の前期の竪穴住居群も、四棟が北東に開いた半円を描いて三回、さらに南側も五棟の住居が西から東へ三回変遷している。ほかに前方後方型周溝墓がみつかった南東に、もう一つの単位集団があったことが知られる。

続く後期の竪穴住居群も、東側、西側に大きく分かれ、それぞれの地区で一つの単位集団が四時期にわたって小さな移動をともないながら変遷したことが理解される。

このように岩畑遺跡の八十棟余にのぼる竪穴住居も、四ないし五棟の住居からなる単位集団が、前期は西側に三集団、東側に一集団あり、それが三時期にわたって小移動し、後期も東西にほぼ一集団が四時期にわたって小移動したことがわかる。これらの竪穴住居は調査地区外にもなおひろがっているので、岩畑遺跡の古代のムラはさらに大規模なものであったことになる。

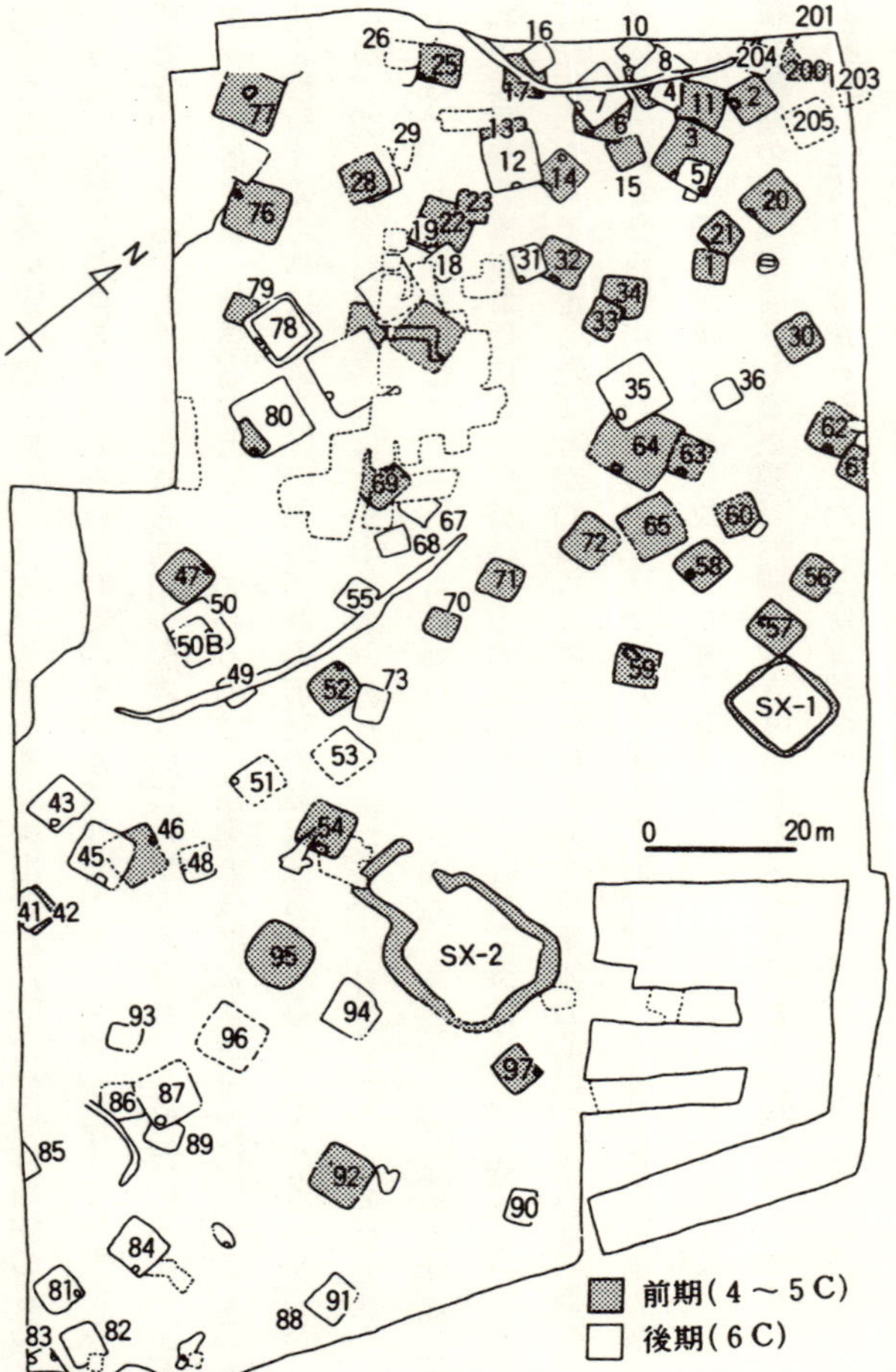

図2-2-5　岩畑遺跡遺構全体図
高野神社の東側一帯にひろがる古墳時代の遺跡で、区画整理事業にともなう発掘調査で多数の竪穴住居が検出された。竪穴住居は、中央に炉がみられ多数の土師器が出土したものを前期（4〜5C）、壁面にカマドが設置され多数の須恵器が出土したものを後期（6〜7C）と大きく分けることができる。特にこの遺跡からは、鉄鏃などの鉄製品を多数出土していることは注目される。SX-2は、前方後方型周溝墓である。

高野・岩畑遺跡の特色

古墳時代の集落では、単位集団を構成する竪穴住居小群が、一つのまとまりをもって水田耕地の耕起から収穫までの作業を行った。これは年々くりかえされた。日常生活の諸物資の消費にあたっても、この集団が一つのまとまりをなすものであった。古代の水田経営では、ほかに人口増にともなって、あるいはまた生産増をはかるために、たえず新たな耕地の拡大がはかられた。これには開墾や灌漑工事がともなうことになる。このような開墾や灌漑工事は岩畑遺跡では、小規模な場合はいくつかの単位集団が共同で行った。しかし大規模な場合は、西に位置する高野遺跡のムラなど周辺のムラと共同で行うなど、規模によって多様な協業形態がとられたことが推測される。

写2-2-2　古墳時代の土器
古墳時代の土器には、縄文・弥生時代からの技術を受け継いできた穴窯による赤褐色系の土師器と、朝鮮半島から技術が伝わってきた青灰色系の登り窯で堅く焼きしめられた須恵器の2種類がある。写真は、岩畑遺跡と高野遺跡の住居跡から出土したもので、壺・高坏・坏など主として生活に使われた土器である。

ところで、岩畑遺跡では、鉄鏃《てつぞく》のほかに鉄製品が前期六棟、後期九棟の竪穴住居から出土している。これは前期の住居数の一二％、後期は四七％にあたる。この時代の鉄製品の出土率は畿内ではまだ明らかでないが、関東を中心とした東日本の集落遺跡では、前期の五領《ごりょう》期二・二％、和泉《いずみ》期七・〇％、矢倉《やぐら》台《だい》期九・八％、さらに後期の鬼高《おにたか》期一六％の比率が知られている。岩畑遺跡の前期の比率は東日本とさほどかわらないが、後期は東日本に比べてかなり高いものになっていることが注目される。

この鉄製農工具は、初期の農業社会である弥生時代では特定の支配集団によって独占され、古墳時代以降は単位集団による所有へと変化した。そして竪穴住居ごとの所有形態の変化は東日本では九世紀前半、畿内は七世紀後半から八世紀前半であったという。この所有形態の変化は、当初では簡単な工具類、後に鎌、鍬などの農具類におよんだことも知られている。岩畑遺跡の鉄製品の農具、工具をみると前期は鎌一、刀子《とうす》二に対し、後期には鎌三(二個増の可能性あり)、刀子六が出土し、倍以上の増加をみている。そして、この遺跡でもやはり刀子の比率が高く、このような工具類の鉄製品から竪穴住居ごとの所有へと発展したことを想定させている。

岩畑遺跡の鉄製品では、ほかに鉄鏃が前期四棟、後期七棟の住居から出土し、前期の11号住居のように八本がみつかったものもある。この鉄鏃は武器のほか狩猟にも使用しうるものであるが、岩畑遺跡が野洲川の川岸近くに位置したムラであることからすると、狩猟の可能性は少なく武器とみて問題はない。とすると岩畑遺跡の鉄鏃は、前期八・二%、後期一七・五%と高く、一般の集落遺跡では出土しない遺物が少なくないことからして、注目される鉄製品である。この遺跡からは、わずかながら刀剣類の武器も出土していることを考慮すると、この集落が農業のかたわら、かなりの武器を常備していたことになる。これは岩畑遺跡が農業のほかに軍事部門とも少なからずかかわりの強いムラであったとみてよいのではなかろうか。

では、岩畑遺跡が軍事的性格を強く持つムラであったのはなぜであろうか。それはこのムラが営まれた位置と深くかかわったものであろう。岩畑遺跡の南側は、東から野洲川沿いに進んできた東海道が通過する。一方の北側は、野洲川を越えて東山道が通過し、二つのルートがほぼ交差する交通の要衝の地に位置している。二つのルートのうち、東山道は野洲川を横断する位置にあったことからも、特に重要視されるところである。それは壬申《じんしん》の乱のとき、この付近の野洲川で合戦があったことが、『日本書紀《にほんしょき》』に記されていることからも、十分想定されることである。

このような重要な位置にあることから、この地域一帯は早くから有力氏族によって占地され、集落が営まれることになったことが推測される。岩畑遺跡の一画で前方後方型周溝墓がみつかったのも、古墳成立前後からここがこの地域の有力首長とかかわりの強い地域であったことをうかがわせるものである。岩畑遺跡のこのような性格は、古墳時代を通じて継続している。その背後には、大和王権とのつながりも考慮される。古墳時代中期の安養寺古墳群中の新開《しんがい》古墳には、武器のほか冑《かぶと》・短甲《たんこう》の武具、馬具などが豊富に副葬されたのも、このような性格からくるものと考えられる。

辻遺跡

国道八号線と県道守山高野線が交差する辻交差点付近に辻遺跡がある。この遺跡は昭和五八年から八カ所にわたって調査され、古墳時代前期から奈良時代にかけて営まれた大規模なムラがあったことが知られている。ここでは、これまで総数三〇〇棟におよぶ竪穴住居と三〇棟以上の掘立柱建物がみつかっており、この集落の内容がかなり判明してきている。

辻交差点の南西一五〇ｍの調査地区では、東西六〇ｍ、南北九〇ｍにわたって調査され、前期の竪穴住居一六棟と後期

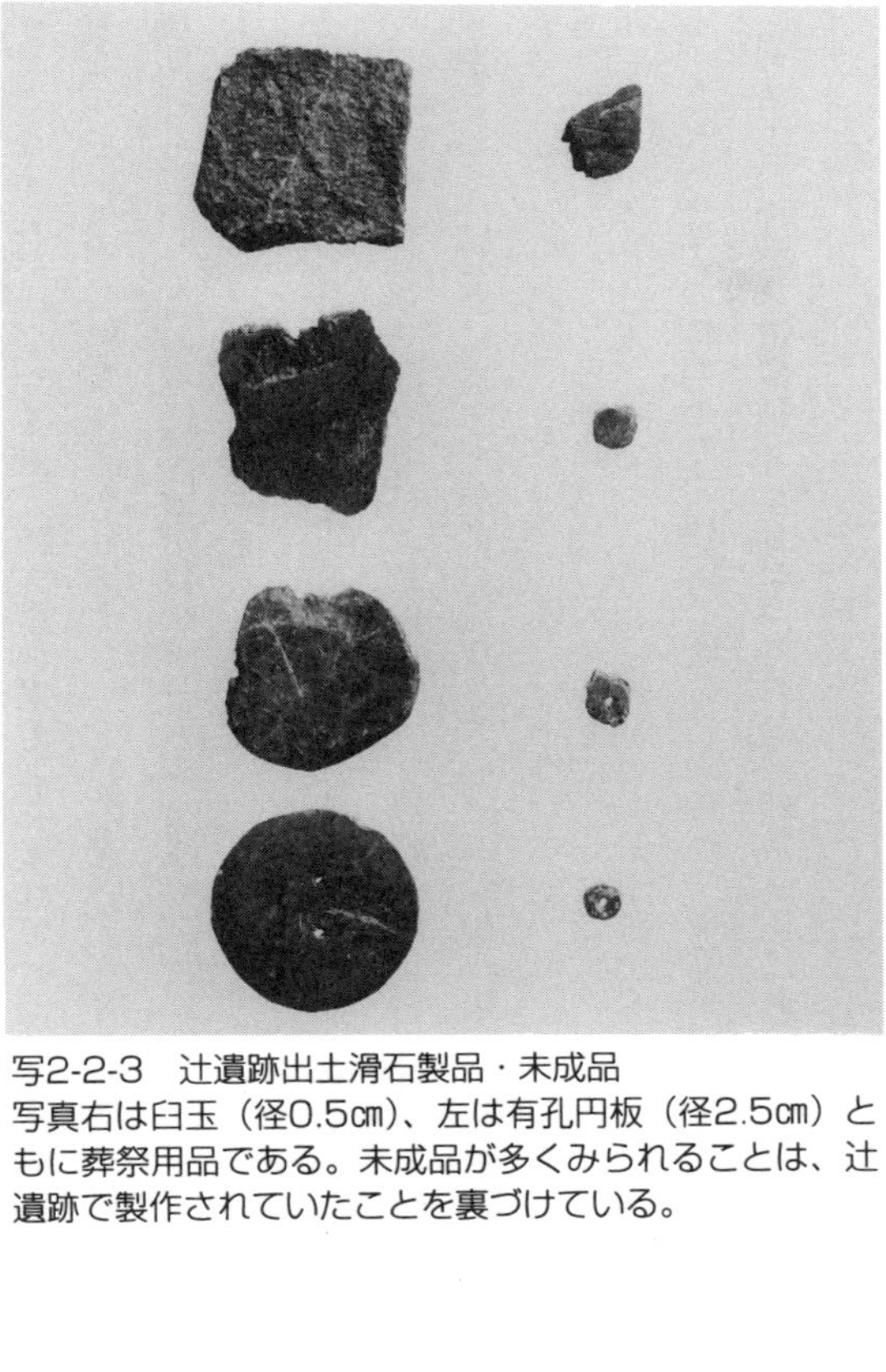

写2-2-3　辻遺跡出土滑石製品・未成品
写真右は臼玉（径0.5㎝）、左は有孔円板（径2.5㎝）ともに葬祭用品である。未成品が多くみられることは、辻遺跡で製作されていたことを裏づけている。

のもの三九棟がみつかっている。これらは方形で、なかには一〇mを越える大型住居もふくまれていた。この地区は、前期、後期とも竪穴住居がじつに複雑に重なっているが、竪穴住居から出土した土器の違い、住居の重なりあい、さらに住居の向きなどをみると、前期、後期とも二つほどの単位集団が数回ほど小さな移動をともないながら建てかえを行って居住したことが想定される。

また交差点の西一五〇mの調査地区では、古墳時代の竪穴住居三〇棟と古墳時代後期以降の柵もしくは塀をともなった掘立柱建物五棟などがみつかっている。ここは竪穴住居の重なりは比較的少なく、高野遺跡、岩畑遺跡と同じく、前期の住居には炉跡、後期のものには東壁もしくは北壁にカマドがよく残り、さらにいずれの時期にも住居の一端には円形や方形の貯蔵穴がみられる。

辻遺跡の後期の竪穴住居では、滑石《かっせき》製の有孔円板《ゆうこうえんばん》が多数出土している。この滑石製品は高野遺跡でもやはり後期の竪穴住居や方形周溝状遺構から出土している。これらはこの時期の竪穴住居で顕著にみられ、単位集団による祭祀に用いられたものであるが、ほかに墓とみられる方形周溝状遺構にもともなっており、葬送儀礼にあたっても用いられたことが知られる。

辻遺跡からは滑石製品とともに、滑石製品を製作するための原石や製作途中の半製品、さらに砥石なども出土している。これらの原石や半製品が出土していることは、滑石製品がほかからこの集落にもたらされたものではなく、この集落で製作され、祭祀に使用されていたことがうかがえる。

ほかに辻遺跡で出土して注目される遺物としては、大陸からもたらされた陶質《とうしつ》土器がある。陶質土器は須恵《すえ》器の祖形ともいうべきもので、近年、九州から近畿の各地に広くもたらされていることが明らかになってきているものである。辻遺跡では蓋《ふた》、壺《つぼ》、台付壺《だいつきつぼ》、甕《かめ》など一〇点ほどが出土している。この陶質土器は、近江からはほかに守山市服部遺跡で高坏《たかつき》、甕、近江八幡市塚町《つかまち》南遺跡で甕、安曇川《あどがわ》町南市《みなみいち》東遺跡で器台《きだい》、甑《こしき》など、一二遺跡からの発掘が知られるが、辻遺跡では特にこの点数が多いことが注目される。さらにこの遺跡からは、わが国で須恵器生産が開始したごく初めの時期の須恵器も、坏身、坏蓋、甕などが一〇個体ほどみつかっている。

　このような陶質土器や初期須恵器が辻遺跡から多く出土していることは、このムラが後期には高野遺跡や岩畑遺跡と関連性を持ちながら、強い経済力をもったムラとして発展していたことが想定される。

　この辻遺跡からは、竪穴住居のほかに、古墳時代にさかのぼる掘立柱建物も数棟検出されている。このような竪穴住居とは異なる平地式の住居がみつかっていることもこの集落に経済力をもった有力首長が居住したことをうかがわせるものである。

古墳と集落

　これまで述べた古墳時代の高野遺跡、岩畑遺跡、辻遺跡などの集落遺跡は、野洲川左岸から葉山川流域に集中して分布する。これらの遺跡は先に述べたように、高野遺跡は細粒灰色低地土壌に、岩畑遺跡と辻遺跡は中粗粒灰色低地土壌に立地していることからみると、湖岸のグライ土壌系の水田よりも生産力が高かったことが想定される。この灰色系土壌の地域では、河川から用水をひくことによって営まれた。また新たな水田開発にあたっては、近くの集落から協力を得ることによって水利工事を行う必要が

写2-2-4　亀塚古墳
開墾により墳形などは判然としないが、前方後円墳とすれば後円部径36m、全長44m以上の規模を持つことになる。出土した鏡は現在京都国立博物館に寄託されている。

あった。これには用水の確保にともなって、ムラとムラとの間に政治的な関係が生じるとともに、この地域のムラにも政治力や経済力の格差が顕著になったことが推測される。岩畑遺跡にみる前方後方型周溝墓は、この集落が発展し、この地域を支配する有力首長がこのムラに出現したことを想定させるものである。その東の高野遺跡、北の辻遺跡も相互に異なる利害関係をふくみながらも、この岩畑遺跡と密接な関連を持ったムラとして地域集団を形成していたとみてよいであろう。

このような条件のうえに、これらのムラは交通の要衝の地域に位置することが、この地域のムラをいっそう大きく発展させる要因になったとみてまちがいない。これは、この時期に築造された古墳に顕著に反映している。

この地域の集落と古墳との関連は、直接的なつながりは求めにくい。しかし、前期の亀塚古墳が辻遺跡の西一・一km、高野遺跡、岩畑遺跡の西北一・五kmの平野部に築造されていること、岡山古墳が岩畑遺跡、高野遺跡の南一・二kmの丘陵端部に築造されていることは、いずれもこれらの集落との関連を除いては考えにくい。高野遺跡の竪穴住居から小型仿製鏡が出土しているのも、このムラにこのような遺物を入手しうる有力首長が居住したことを理解させる。とすると亀塚古墳は東山道沿い、岡山古墳は東海道沿いの性格の強いこれらの集落とのかかわりあいで、それぞれの位置に築造されたものとみてよいのではなかろうか。

これに続く中期古墳は、高野遺跡の南西一・五kmに椿山《つばきやま》古墳、さらに安養寺山北西麓に新開古墳、下味《したみ》古墳などをふくむ安養寺古墳群がある。また高野遺跡の南一・一kmに佐世川《させがわ》古墳群が分布する。これらの古墳群もまた辻遺跡、岩畑遺跡、高野遺跡などの大規模集落がそのままこの地域に継続して営まれたことと、ほぼ対応するものである。これらは墳丘規模のわりに鏡、武器、武具などの豊富な副葬品をみるのも、この地域のムラが大和王権と強いつながりを持っていたことを反映したものである。

さらに後期には、平野部の南の丘陵地域に日向山古墳群、堂山《どうやま》古墳群、龍王古墳、さらに南に小槻大社古墳群などが分布する。また北側平野部にも小槻古墳群が知られる。これらの各古墳群も、古墳の築造地は異なるが、その多くは前段階の関係をひき継いだものであろう。

(3) 律令時代の集落

手原遺跡

栗東で古墳時代に続く集落を代表するのは、ＪＲ草津線手原駅周辺に位置する手原遺跡である。この遺跡は早くから条里とは異なるほぼ真南北に近い地割がみられ、古瓦も採集されることから古代寺院があったことが想定されていたところである。昭和五六年（一九八一）春に商工会館建設にともなって発掘調査されて以来、周辺で一〇回ほどの調査が行われている。うちＡ地区、Ｄ地区で特に多くの建物がみつかっている。

駅北東部のＤ地区では、奈良時代中ごろから後半にかけて、掘立柱建物一棟、高床倉庫四棟、井戸一基がみつかっている。続く奈良時代後半から九世紀前半には、北側の軒を揃えて東西にならぶ四棟の高床倉庫とその南に掘立柱建物一棟がある。さらにその後の九世紀から一〇世紀にも建物がみつかっている。ここでは、鋏具《かこ》とよぶ鉄製帯《てっせいおび》金具《かなぐ》が出土し注目された。

またＡ地区の商工会館建設地では、七世紀中ごろから末の時期の竪穴住居三棟のほか、八世紀後半から九世紀前半の掘立柱建物六棟と西端部で平行する南北溝二条が検出された。この溝からは白鳳《はくほう》期の複弁八葉蓮華文軒丸瓦《ふくべんはちようれんげもんのきまるがわら》のほか多量の瓦類が出土しており、この付近に古代寺院があったことが想定された。ほかに土馬《どば》とよばれる祭祀遺物も出土している。つづく九世紀後半から一〇世紀には、掘立柱建物二棟、さらに一一世紀後半から一三世紀にかけて、それぞれ総柱の大型掘立柱建物が一棟ずつみつかっている。

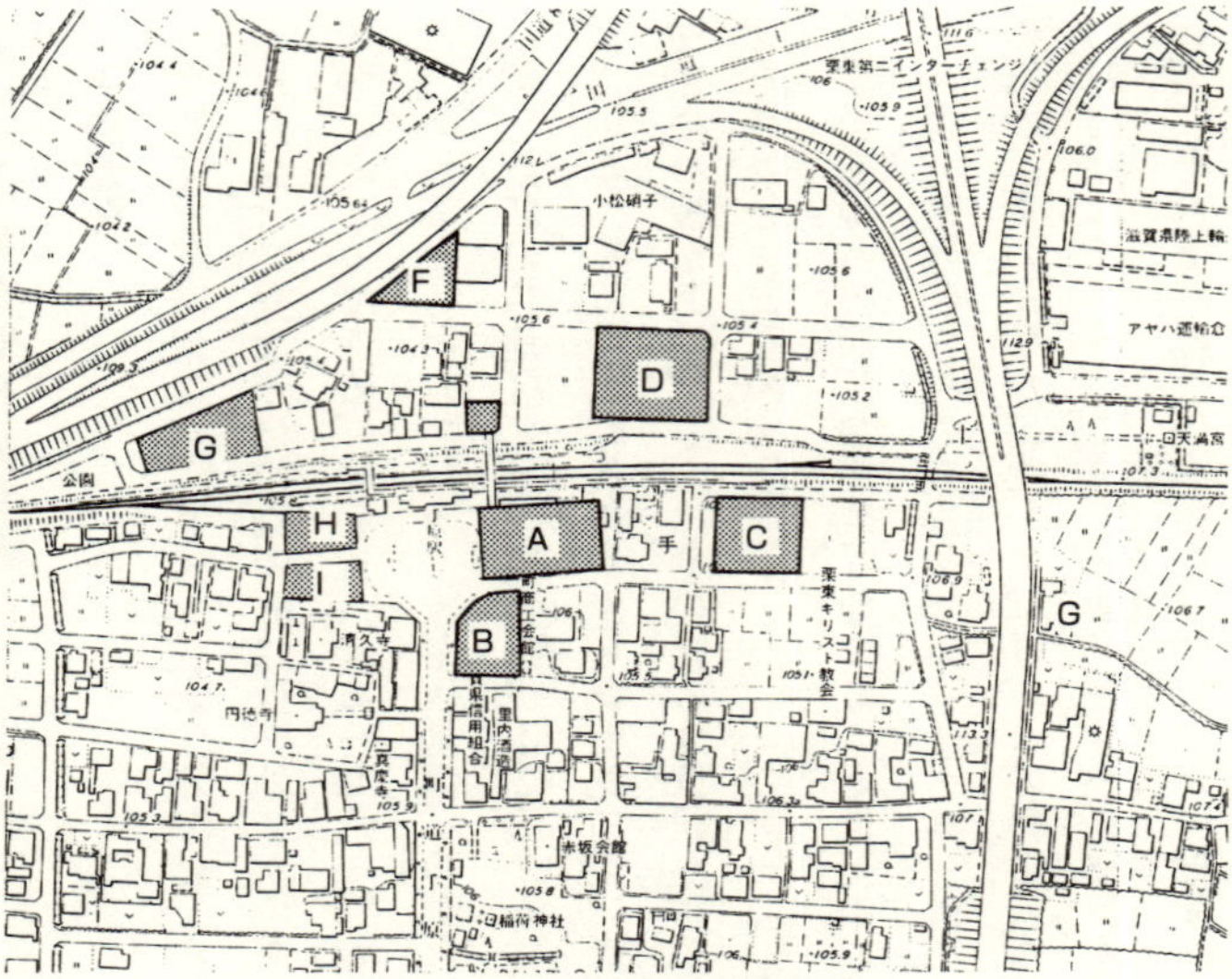

図2-2-6　手原遺跡調査地区

そのほかの地区でも、奈良時代後半から平安時代の掘立柱建物がC地区で七棟、H地区で一棟、七世紀後半から平安時代初期のものがE地区で六棟が検出されるなど、多くの掘立柱建物があったことが知られた。遺物では、C地区で蛇紋《じゃもん》岩製の石製《せきせい》銙帯《かたい》の巡方《じゅんぽう》が出土し注目された。

このような手原遺跡の調査からみると、この遺跡は七世紀後半に有力氏族によって寺院が造営され、ついで寺院の一画に企画性をもった倉庫群が置かれるとともに、集落も営まれたことがわかる。近年、大阪府池田寺《いけだでら》跡、海会寺《かいえじ》跡、鳥坂《とっさか》寺跡、愛媛県来住《きし》廃寺などでは、寺域内や寺域周辺から寺院造営氏族の集落と関連する建物が多数みつかっている。手原遺跡の掘立柱建物も、この寺院造営を行った有力氏族のムラが寺院に隣接して営まれた例とみてよいものである。

手原廃寺がこの地域に造営され、また隣接して集落も営まれたのは、ここが東海道沿いの地域であったことがまずあげられるが、さらに湖岸ルートともつながりを持ちうる条件の位置にあったことも重視される。

ところで、手原遺跡では七世紀後半の竪穴住居三棟がみつかっている。竪穴住居は古墳時代後期の六世紀後半までは、各地のムラで一般的に構築された。しかし畿内や周辺地域の集落では、六世紀末から七世紀代にかけて掘立

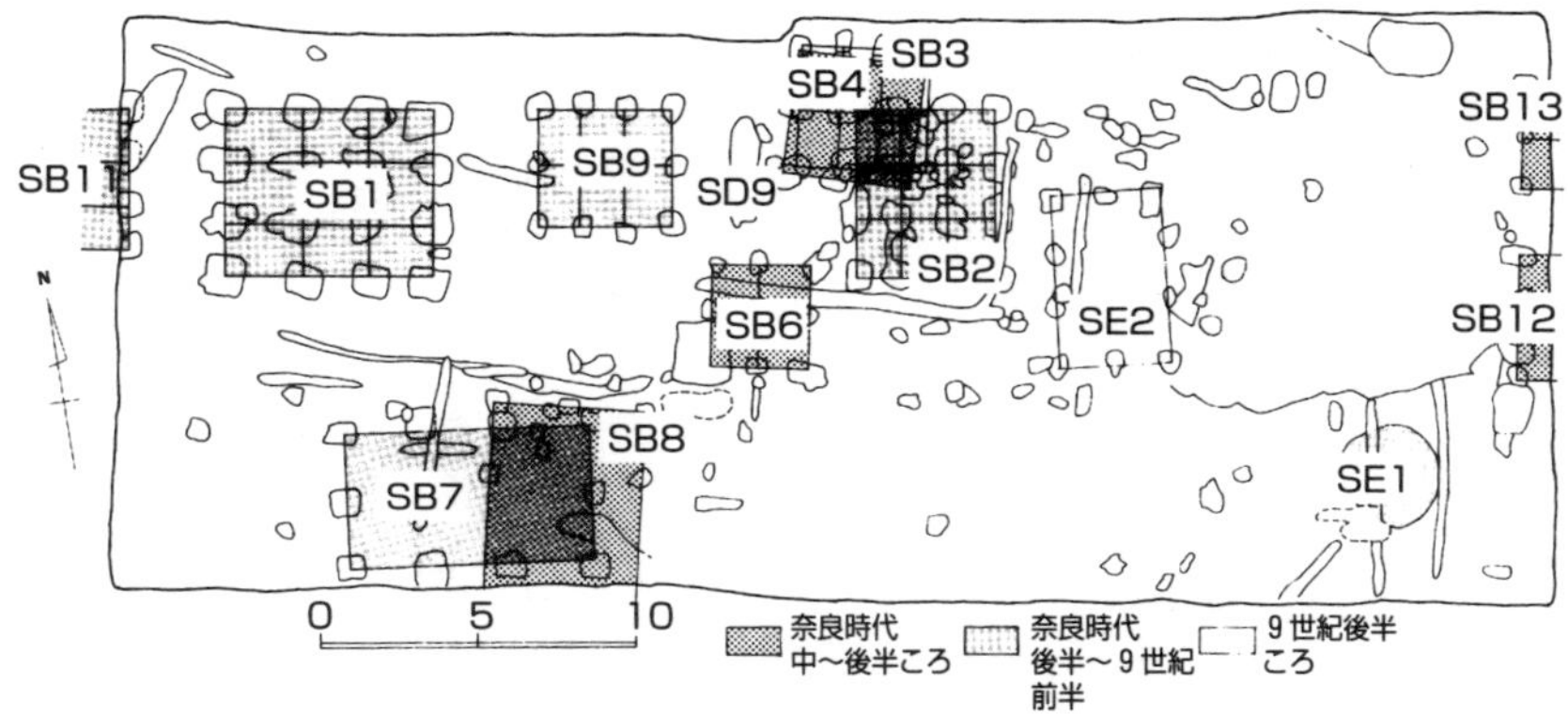

図2-2-7　手原遺跡の遺構

柱建物に変化した。いいかえれば半地下式の住居から平地式の住居に変化したのである。これはこの時期に分業形態の発展によって、掘立柱建物の構築に必要とする柱、板材などの建築資材の入手が容易になったことによるところが大きい。近江でも湖北地域の高月《たかつき》町井口《いのくち》遺跡などで、八世紀以降まで下る竪穴住居跡が一部みつかっているが、八世紀に下る竪穴住居は少ない。その点では手原遺跡の竪穴住居は、この住居様式の終末段階のもので、栗東にはほかにこの時期の竪穴住居が高野遺跡、辻遺跡でも知られている。以後、この地域の古代集落の景観は掘立柱建物に大きく変化したことが想定される。

　この掘立柱建物は、近年岡山県百間川《ひゃっけんがわ》遺跡などで弥生時代までさかのぼるものが知られるが、その数はまだ少ない。古墳時代には群馬県三ツ寺Ｉ遺跡、大阪府伽山《とぎやま》遺跡、兵庫県松野《まつの》遺跡など各地の首長層の居館で、それまでの竪穴住居にかわって掘立柱建物がみつかっている。ほかに首長一族の集落でも、この様式の建物が多く検出されている。古墳に樹立された家形《いえがた》埴輪の住居や倉庫も、掘立柱建物の様式で表現されている。

　このように掘立柱建物は、それまでの伝統的な竪穴住居とは異なり、建物規模も大きく、しかも立体性に富むことから、古墳時代の首長によって築造された古墳と同じく、首長の政治力、経済力を誇示する格好のものであった。栗東でも、昭和六一年に古墳時代にさかのぼる掘立柱建物群が前述した辻遺跡のほか、下鈎《しもまがり》遺跡でみつかっている。下鈎遺跡では倉庫をふくむ数棟の建物から構成されており、首長の居宅に関連する建物群の可能性の高いものである。

さて、手原遺跡のD地区でみつかった企画性をもってならぶ四棟の倉庫は、床面積三五㎡、柱穴一・二m大のものをふくんでいる。これは官衙《かんが》の正倉《しょうそう》をはじめ、何らかの官衙に関連したものとする考えがだされている。

手原遺跡と周辺遺跡

官衙といえば、昭和六一年（一九八六）秋に手原遺跡の南東二㎞でみつかって注目された岡遺跡がある。この遺跡は金勝川と草津川の合流地東側の微高地にある。遺構は三時期にわたっており、中心時期のものは堀によって大きく三区画される。

東区は南門とその西側に長廊状建物、その北にも長廊状建物をコ字型に配し、全体としてロ字型の郭を構成する。この郭は、一辺五〇mにおよぶ大きなものである。郭のなかには中央北よりに東西棟建物で桁行八間、梁行四間の大型建物が配置される。この西側は溝によって北と南に二分される。

北区は大きな柱穴からなる高床倉庫三棟が北よりにならび、さらに離れて西側にも二棟ある。これらは、床面積が六〇㎡におよぶ大型倉庫である。南区は堀の内側に塀《へい》が併設され、なかに大型建物などが置かれている。

写2-2-5　岡・手原両遺跡出土の同笵軒丸瓦
写真右が岡遺跡、左が手原遺跡出土の複弁八葉軒丸瓦で、1＋5＋9の蓮子を持ち、外縁は鋸歯文である。川原寺式とよばれる瓦であり、その大きさや文様など検討された結果、2つの瓦が同笵であることが確認されている。

このような岡遺跡にみる三区画は、それぞれ性格を異にした建物群が隣接して配置されたことがわかる。東区は岡山県宮尾《みやお》遺跡の美作《みまさか》国久米《くめ》郡衙《ぐんが》、福岡県小郡《おごおり》遺跡の筑後《ちくご》国御原《みはら》郡衙、鳥取県万代寺《まんだいじ》遺跡の因幡《いなば》国御原《みはら》郡衙の政庁跡と類似する。西側の北半は倉庫群からなる正倉院《しょうそういん》、さらにその南半は明らかでないが、厨家《くりや》的性格が想定しうることからも、栗太郡衙の可能性が最も高い。

しかし、この官衙の性格づけには、なお検討すべき点も多い。一つはこの官衙遺跡西半の倉庫群では手原廃寺と同笵《どうはん》の軒丸瓦が出土することからも、七世紀の第4四半期に造営されたことが知られる。とするとこの官衙は、郡以前の評《ひょう》制段階の性格が強くなるであろう。二つには政庁跡の長廊状建物、中心の東西棟建物とも建てかえが少ない。これは、いつまで存続したかが問題となるであろう。

以上のような岡遺跡の官衙遺跡をみたうえで、あらためて手原遺跡の倉庫群をみると、企画的配置は共通する。しかし手原遺跡の倉庫はいずれも二分の一規模で、小規模な感じをまぬがれない。この倉庫群の配置と規模は、ほかに例を求めると、甲良《こうら》町長畑《ながはた》遺跡がある。長畑遺跡は方一町規模の溝による区画をみる八世紀を中心とした豪族の居宅に想定されるもので、南よりに東西棟建物を中心とした配置、その西側に一列に配置された倉庫群がある。その規模、配置は手原遺跡に類似する。

手原遺跡も、寺院に隣接して造営氏族が居住したことが推測されるので、造営氏族の居宅の一画に置かれた倉庫群の可能性がある。また手原廃寺の正倉に関連したことも考慮される。

手原遺跡の集落に居住した氏族の性格としては、手原廃寺の瓦当文様《がとうもんよう》が注意される。この廃寺では軒丸瓦に複弁八葉蓮華文のほかに、無子葉《むしよう》の単弁八葉蓮華文で外縁に輻線文《ふくせんもん》を付けたものがある。後者の輻線文縁軒丸《ふくせんもんえんのきまる》瓦は、大津市の穴太《あのう》廃寺、南滋賀町廃寺など渡来系氏族とかかわりの強い軒丸瓦であることが明らかにされている。とすれば、手原廃寺の造営氏族も、そうした渡来系氏族が七世紀後半段階に、新たにこの地域に入った可能性が少なくないであろう。この地域の岡遺跡に栗太郡衙が置かれたさいに、軒瓦を供給したのも手原廃寺の造営氏族が、何らかのかかわりを持っていたことによるのではなかろうか。この時期の古代集落は手原遺跡のほかに、高野遺跡、辻遺跡、岩畑遺跡、小柿遺跡、下鈎遺跡、中村遺跡（御園）などが知られる。

高野遺跡ではE地区で、古墳時代の竪穴住居群がみつかった上層から、一〇世紀ないし一一世紀ごろの掘立柱建物六棟がみつかっている。建物の柱穴は小さいが、桁行七間、梁行六間や桁行五間で梁行四間など、規模の大きなものが三時期にわたって建てられている。ここでは緑釉《りょくゆう》陶器などの遺物も出土している。これらの建物群は、手原遺跡の一一世紀の建物と類似した規模を持つことからすると、有力氏族の居宅を構成する建物群の一部がみつかっている可能性が高いものである。

岩畑遺跡でも、調査地区の南端部で、やはり小さな柱穴ながら比較的規模の大きな掘立柱建物数棟が検出されている。さらに下鈎遺跡でも平安時代の掘立柱建物が数棟あり、うち倉庫が二棟ふくまれている。ほかに辻遺跡、小柿遺跡、中村遺跡でも平安時代の掘立柱建物がみつかっている。これらの遺跡は、いずれもこの地域を貫通した幹道の周辺に営まれた集落である。ほかに、この時期の幹道沿いに立地したとみられる遺跡には、昭和五一年（一九七六）に調査された草津市岡田追分《おかだおいわけ》遺跡がある。

この遺跡は、栗太郡衙に想定される岡遺跡の南西二・二㎞に位置し、八世紀末から一一世紀後半の掘立柱建物群が検出されている。遺跡の性格には、駅家《うまや》を想定する見解もあるが、幹道沿いに営まれた有力ムラの性格を多分に持っている。こうした遺跡とこの栗東地域の律令期のムラとの比較検討が、今後大きな課題になるであろう。

〔補記〕本稿は「生活と文化のあけぼの」『栗東の歴史』第一巻（一九八八年三月）を改題して掲載した。

三　日野川流域の縄文集落

(1) 旧石器人の活動

旧石器時代の日本列島

日本列島での人間の活動は、近年、宮城県古川市馬場壇《ばばだん》A遺跡、同大和町中峰《なかみね》遺跡などの発掘調査などによって、今から十数万年以前の前期旧石器時代まで遡《さかのぼ》ることが明らかになってきた。この旧石器時代には、四回の氷河期《ひょうが》があったことが知られている。氷河期には海水面が現在の海面から一〇〇m以上も低下し、南の朝鮮半島や北の樺太《からふと》半島と日本列島が陸でつながっていたので、すでに絶滅したシガゾウ、オオツノジカ、野牛などの大形動物が日本列島に移動してきた。これらの大形動物群を追って、人類もまた大陸から日本列島に到来した。これらの人たちは日本の各地で旧石器を製作して狩猟をしたほか、採集活動を行って生活したことが知られるのである。

蒲生町周辺の遺跡

さて、滋賀県では前期旧石器時代の遺跡や遺物は見つかっていないが、後期旧石器時代のナイフ形石器、尖頭器《せんとうき》、剥片《はくへん》石器などが二〇カ所ほどで採集されている。しかし、発掘調査によって、この時代の旧石器人が、この地域でどのような活動や生活を行っていたかを明らかにするまでには、まだ至っていない。

蒲生町では旧石器とみてよい石器はまだ採集されていないが、周囲には日野丘陵、水口丘陵の洪積《こうせき》丘陵が広がるので、いずれこの丘陵一帯や日野川の河岸段丘で旧石器人が居住した遺跡が見つかるであろう。

蒲生町周辺では、日野町薬王寺溜《やこうじだめ》遺跡、北代《きただい》遺跡、風呂流《ふろながれ》遺跡から有舌《ゆうぜつ》尖頭器が採集されている。これらは、下端に短く舌状の基部を作った尖頭器で、両面にきれいな並行する押圧剥離《おうあつはくり》が施されている。また、竜王町高塚《たかつか》遺跡で出土した有舌尖頭器も、七・五㎝以上の大きさで、少し細身であるが、短い舌状の基部がつけられたものである。これらのうち、薬王寺溜遺跡、高塚遺跡はサヌカイトの石材、北代遺跡、風呂流遺跡のものはチャートで製作されている。

ほかに、八日市市土器町庚申溜《こうしんだめ》遺跡で、チャートの剥片、大森町池ノ谷遺跡からサヌカイトの剥片、芝原《しばはら》町玉緒《たまお》遺跡からサヌカイト製で尖頭器の先端状のものが出土している。

旧石器人の活動

これらの旧石器のうち、サヌカイトは近江には産出しない石材で、大阪府と奈良県の境にある二上山《にじょうざん》で産出する石材を用いて旧石器を製作したものである。旧石器人は特定の場所に、長期間居住することは少ない。したがって、この地域に居住した旧石器人がサヌカイトの石材を入手するにあたって、周辺に居住した他集団に依存することは難しいので、原産地に直接出かけて石材を入手する場合が多かったものと想定される。近江では、旧石器人の活動は丘陵地のほかに、近江八幡市宮ケ浜湖底遺跡から柳葉《りゅうよう》型尖頭器、西の浜湖底遺跡から旧石器の剥片が採集されている。これらは、旧石器人が湖岸に寄って来た大形動物群を対象に狩猟活動を行ったことが少なくなかったことを推測させるものである。

旧石器時代には、狩猟で捕獲した大形動物の肉は食料に、牙、角、骨の一部は住居や道具を製作する材料となっ

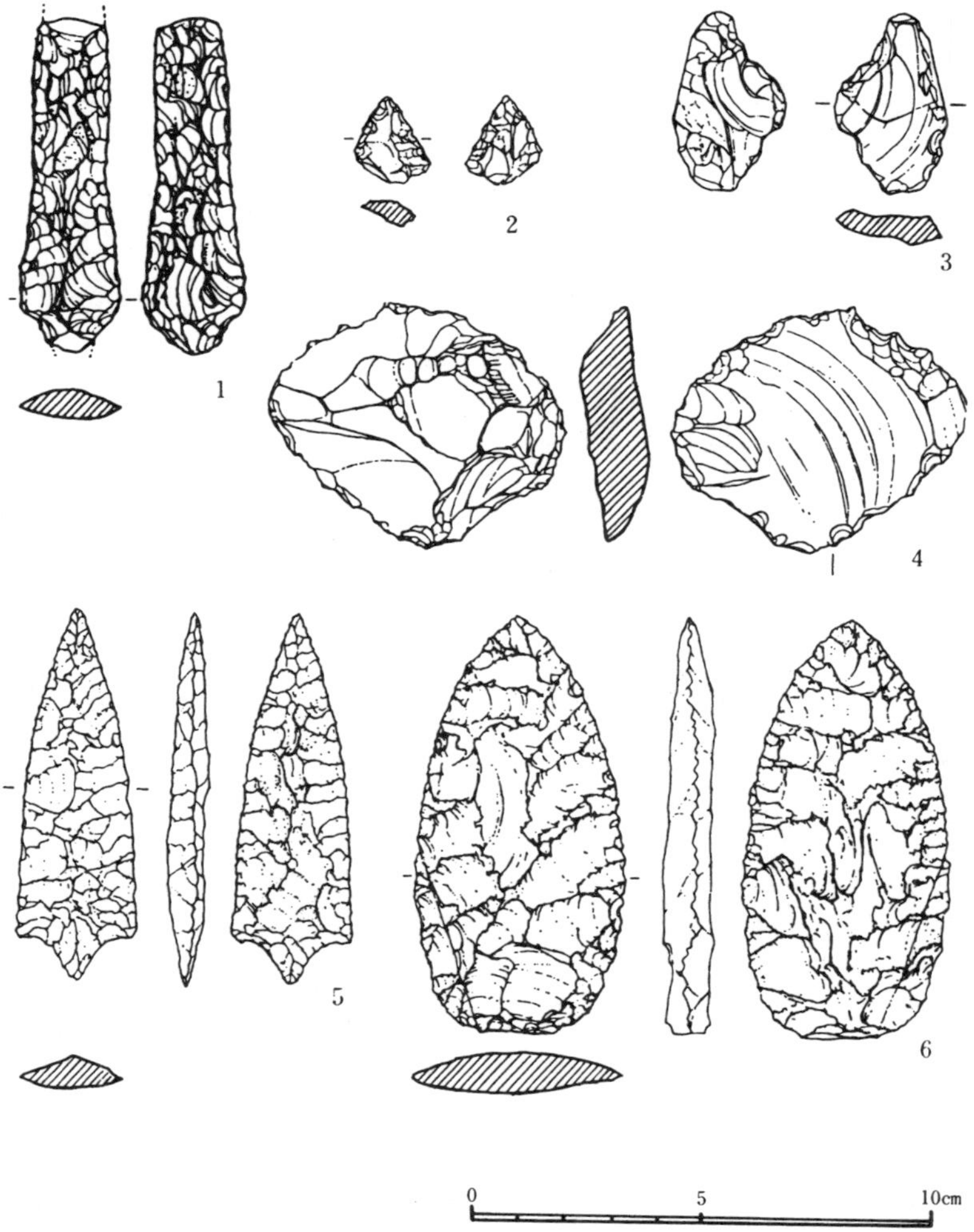

図2-3-1　蒲生町周辺の旧石器（1、竜王町高塚出土　2、八日市市玉緒出土　3、八日市市庚申溜出土　4、八日市市池ノ谷出土　5、日野町薬王寺溜出土　6、近江八幡市宮ケ浜湖底出土）
これらの旧石器はいずれも採集品。近江の旧石器時代の研究は、まだ本格的な旧石器遺跡の調査が行われていないので、今後の調査で解明すべき点が多い。（『八日市市史』第1巻、図22より転載；一部改変）

た。

この時代は磨製石斧《ませいせきふ》が用いられていないので、住居の構築にも太い木材を利用することは難しく、簡素で小規模な住居が建てられたと思われる。これは、旧石器人が狩猟のため、居住地を頻繁に移動させたこととも深く関係していた。

(2) 縄文社会の成立

縄文時代の日本列島

約一万二千年前、宗新世(沖積世)になると、海水面が上昇し、日本列島は大陸から分離し、今日とほぼ同じ姿となった。落葉性広葉樹林《らくようせいこうようじゅりん》が南から北に広がり、シカ、イノシシ、ウサギなどの中小動物が各地で繁殖した。これらの動物は、以前に狩猟の対象としていたすでに絶滅した大形動物とは異なり、敏捷《びんしょう》で、手槍や投槍などでは捕獲しにくいので、投槍を改良した弓矢(石鏃《せきぞく》)が考案された。

各地の丘陵地では、クルミ、クリ、カシなどの植物性食料資源が多くなり、植物採集も以前に比べてさらに盛んになった。海辺部や湖沼地域では魚貝類を捕る漁労《ぎょろう》活動が盛んに行われるようになった。

このような変化に対応して、動物、魚貝類、植物を煮炊きして調理するために、新たに縄文土器が発明され、各地で急速に普及した。

県内の縄文時代遺跡

近江では、近年、ほ場整備事業に先立つ発掘調査や琵琶湖岸での湖底遺跡の発掘調査などによって、縄文時代遺跡が著しく増加した。これまでのところ、二〇〇カ所近い縄文時代遺跡が知られている。これらの遺跡は大きくくみると、つぎの八地域に集中して分布する。それは南から、南湖周辺地域（Ⅰ）、湖東湖岸南部（Ⅱ）、湖東東部（Ⅲ）、湖東湖岸北部（Ⅳ）、湖北東部（Ⅴ）、湖北南部（Ⅵ）、湖北北部（Ⅶ）、湖西北部（Ⅷ）ということになる。

Ⅰの南湖周辺部は南湖の両岸に分布するもので、代表遺跡に瀬田川入口の粟津《あわづ》湖底遺跡、瀬田川右岸の石山貝塚（石山遺跡）、螢谷《ほたるだに》貝塚（螢谷遺跡、以上大津市）、南湖東岸の志那《しな》湖底遺跡（草津市）、南湖西岸の穴太《あのう》遺跡、滋賀《しが》里《さと》遺跡（以上大津市）など多くの遺跡がある。この地域では早期前半の押型文《おしがたもん》土器から晩期まで、各時期の遺跡があり、発掘調査された遺跡も多い。

Ⅱの湖東湖岸南部では、湖岸の長命寺《ちょうめいじ》湖底遺跡、水茎《すいけい》内湖岸の元水茎《もとすいけい》（水茎Ｂ、水茎Ｃ）遺跡（以上近江八幡市）、大中《だいなか》の湖《こ》岸の大中の湖東遺跡（能登川町）、大中の湖西（白王《しろおう》）遺跡（近江八幡市、安土町）、弁天島《べんてんじま》内湖岸の弁天島遺跡（安土町）など、琵琶湖と内湖岸を中心に多くの遺跡が分布する。この地域の遺跡は早期後半に出現しており、Ⅰの地域よりもわずかに遅れるようであるが、やはり早期から晩期まで各時期とも継続して遺跡がみられる。

Ⅲの湖東東部では、日野川中流域と愛知《えち》川中流域の左岸に縄文時代遺跡が分布する。ここは中期以降に遺跡が出現しており、蒲生町市子《いちこ》遺跡、杉ノ木遺跡、日野町内池《うちいけ》遺跡、八日市市下羽田《しもはねだ》遺跡、瓦屋寺《かわらやじ》カマエ遺跡、日吉《ひよし》遺跡などがあるが、長期間存続した遺跡はみられないようである。

Ⅳの湖東湖岸北部は入江内湖、松原内湖など、内湖沿岸を中心として遺跡が分布する地域である。ここには磯山《いそやま》城《じょう》遺跡、入江内湖《いりえないこ》遺跡、入江内湖西野《にしの》遺跡（以上米原町）、松原内湖《まつばらないこ》遺跡（彦根市）などがある。近年、磯山城遺跡、松原内湖遺跡が発掘調査され、この地域の早期から晩期まで各時期の資料が得られている。

Ⅴの湖北東部は、伊吹山麓の南に立地したもので、番《ばん》の面《おもて》遺跡（山東町）、杉沢《すぎさわ》遺跡（伊吹町）など、中期以降の遺跡が分布する。湖岸に比べて遺跡数は少ない。

Ⅵの湖北南部は、中期の遺跡として著名な醍醐《だいご》（醍醐Ｂ）遺跡（浅井町）をはじめ、湖岸寄りに川崎遺跡、十里《じゅうり》

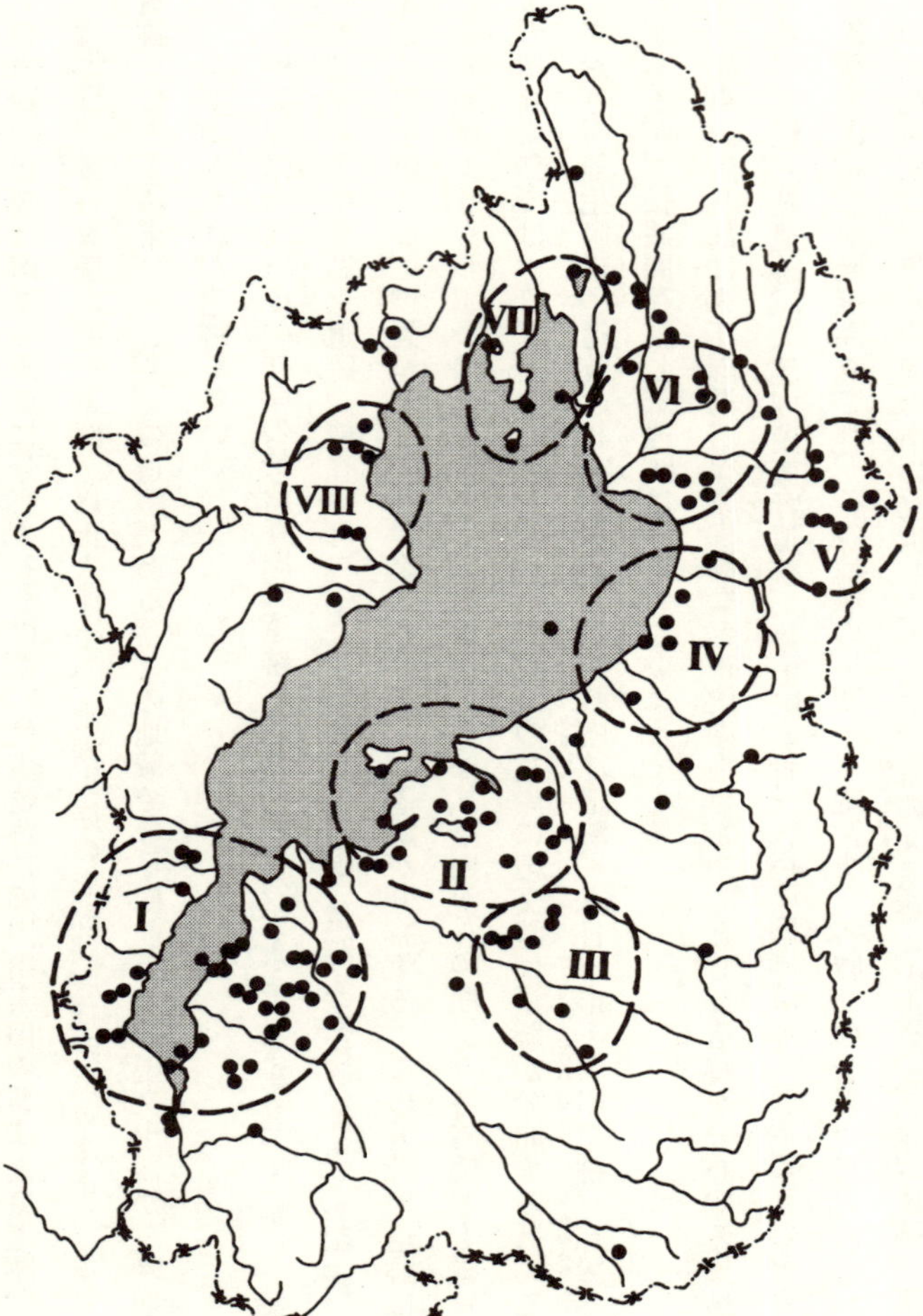

図2-3-2　県内の縄文遺跡の分布（Ⅰ、南湖周辺地域　Ⅱ、湖東湖岸南部　Ⅲ、湖東東部　Ⅳ、湖東湖岸北部　Ⅴ、湖北東部　Ⅵ、湖北南部　Ⅶ、湖北北部　Ⅷ、湖西北部）
縄文人は早くから琵琶湖の周辺に生活の場を求めた。とくに内湖が集中する地域に多くの集落が分布する。内陸部へは中期以降に湖辺から移動して集落を営んだものとみてよい。

町《ちょう》遺跡、宮司《みやし》遺跡（以上長浜市）などがある。中期以降、晩期まで各時期の遺跡が知られる。

Ⅶの湖北北部では、葛籠尾崎《つづらおざき》湖底遺跡（湖北町、高月町、西浅井町）、余呉川《よごがわ》河口遺跡（湖北町）、延勝寺湖底遺跡などがある。葛籠尾崎湖底遺跡からは、早期から晩期の土器が採集されている。地形的な制約もあり、この地域から見つかっている縄文時代遺跡は少ない。

Ⅷの湖西北部では、仏性寺《ぶっしょうじ》遺跡（マキノ町）、弘部野《ひろべの》（弘部野藺生《ゆう》中ノ町、弘部野藺生中芝原、弘部野薦池《こもいけ》）遺跡、弘川《ひろかわ》（弘川A、弘川B）遺跡、北仰《きとげ》西海道遺跡（以上今津町）などが分布する。これまでのところ、中期以降、晩期まで各時期の遺跡が知られる。

分布の地域的特質

以上のような近江の縄文時代遺跡の地域的な分布をみると、早期から集落が営まれたのは、Ⅰの南湖周辺地域、Ⅱの湖東湖岸南部、Ⅳの湖東湖岸北部、Ⅶの湖北北部の四地域である。その後、遅れて日野川中流域にあたる湖東東部、伊吹山麓南の湖北東部、湖北南部、さらに湖西北部の各地域では中期以降に遺跡が出現した。これは大まかに言えば、縄文人は湖岸に早く居住を開始し、中期以降に内陸部にも多く居住することになったということになる。

また、ここでは各地域に分布する個別の遺跡が存続した時期は省略するが、前述した各遺跡をみただけでも、内陸部に比べて湖岸に居住した遺跡のほうが長期にわたって集落が営まれていることがわかる。これは、湖岸のほうが漁労活動を盛んに行うことによって、より安定した生活を営むことができたことを示している。

(3) 日野川流域の縄文時代遺跡

日野川流域の遺跡分布

蒲生町が位置する日野川流域では、日野川河口から琵琶湖岸の地域と中流域で縄文時代遺跡が集中して見つかっている。まず、河口から湖岸地域をみると、湖岸には長命寺湖底遺跡、水茎内湖岸に元水茎（水茎B、水茎C）遺跡、その東北の大中の湖岸に大中の湖東遺跡、大中の湖西遺跡、大中の湖南遺跡、弁天島湖岸に弁天島遺跡などの遺跡がある。これらの遺跡の時期的な推移をたどると、早期後半に大中の湖西遺跡や弁天島遺跡で集落の営みが開始した。弁天島遺跡は昭和二四年（一九四九）の調査で、早期後半の条痕文土器《じょうこんもん》、前期の爪形文土器《つめがたもん》などが出土し、その後、前期まで続いたことが知られる。大中の湖西遺跡も、早期末から後期前半まで長期にわたって集落が存続している。

さらに、前期になると、大中の湖東遺跡、大中の湖南遺跡でも集落が営まれ、東遺跡は中期まで、南遺跡は前期でいったんは終わるが、晩期になると再び集落が営まれている。

琵琶湖岸の遺跡

このように、大中の湖岸では、縄文時代集落が小移動したり、集団の一部が移り住んだりしながら、湖岸で集落が継続して営まれた。これらの遺跡では磨製石斧《ませいせきふ》、石鏃《せきぞく》、石錘《せきすい》などの石器が出土している。磨製石斧は住居を建てる木材を伐採するのに、石錘は網漁をするのに用いられたものである。さらに、石鏃が出土しているので、近くの山麓で弓を用いて狩猟も行っていたことがわかる。

また、水茎内湖岸でも小砂嘴《さし》に集落が営まれた。昭和四〇年（一九七五）の調査では、北岸のA地点で二隻、B地点で五隻の縄文時代後期に使用された丸木舟が見つかっている（元水茎B、元水茎C遺跡）。これらの丸木舟は後・晩期の遺跡である長命寺湖底遺跡でも、昭和六〇年（一九八五）の発掘調査で、長さ六・二m、幅〇・六m大の晩期のものが出土している。この長命寺湖底遺跡の丸木舟は、丸木を焼きながら削って作りあげたものである。この遺跡では船を漕ぐのに用いた櫂《かい》も出土している。

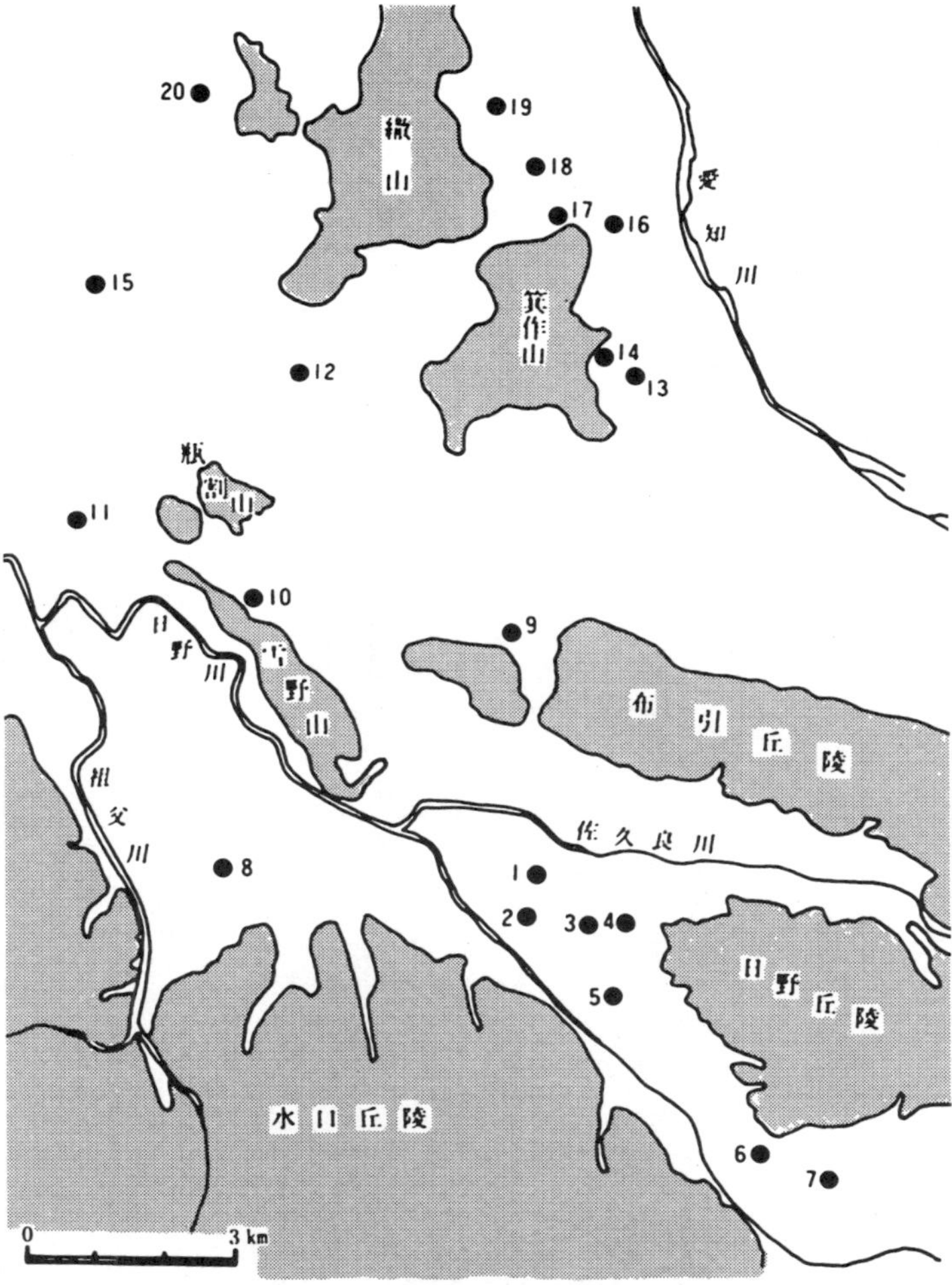

図2-3-3　日野川流域の縄文遺跡の分布（1．平塚遺跡　2．堂田遺跡　3．田井遺跡　4．杉ノ木遺跡　5．麻生遺跡　6．野辺遺跡　7．内池遺跡　8．田中遺跡　9．布施横田遺跡　10．下羽田遺跡　11．馬淵遺跡　12．常衛遺跡　13．日吉遺跡　14．瓦屋寺カマエ遺跡　15．黒橋遺跡　16．木流遺跡　17．山本遺跡　18．北町屋遺跡　19．善覚寺遺跡　20．弁天島遺跡）内陸部で生活した縄文人は狩猟と採集に適した条件の地を求めて生活した。日野川流域には中期以降に集落が営まれたが、小規模で、安定性に乏しいものが多かったようだ。

これらの湖岸で出土した丸木舟は大きさからみて、二～三人が十分乗れるものである。湖岸で生活した縄文時代人は、湖で漁労を行った際に舟を盛んに利用したことがわかるが、ほかに湖岸やその周辺に営まれたほかの集落へ交易のために物資を運搬する場合にも、頻繁に活用したものと推測される。まさに、丸木舟は当時の最も効率のよい交通機関であったのである。

写2-3-1　長命寺湖底遺跡の丸木舟（近江八幡市）
丸木舟は縄文人にとって最も重要な交通機関であった。横波に弱い欠陥をどう克服していたかが問題だ。（滋賀県教育委員会提供）

日野川中流域の遺跡

さて、日野川中流域の蒲生町とその周辺では、八日市市上羽田町の内堀《うちぼり》遺跡で中期後半の土器と磨製石斧、磨石《すりいし》などの石器が出土している。蒲生町域では日野川右岸にある杉ノ木遺跡で、昭和六三年（一九八八）の日野川農業水利事業にともなった発掘調査で、後期の磨消縄文《すりけしじょうもん》をつけた土器片が出土しており、この地域で縄文時代人が生活したことが知られる。しかし、この遺跡ではわずかに土器片が出土しただけで、住居跡などは確認されていないので、生活の詳細は明らかでない。

　この後期の縄文時代遺跡は、佐久良《さくら》川と日野川に挟まれた日野丘陵の西端部に広がる段丘上に立地しているので、縄文時代人は日野丘陵や西の水口丘陵で狩猟を行い、さらに二つの河岸で簗《やな》を掛けるなどして漁労をしながら生活を営んだものと思われる。しかし、採集されている土器が少量であることと、それに続く後期の土器が見つかっていないことからすると、比較的に短期間の居住であった可能性が高い。

　蒲生町では今後の発掘調査によってさらに古い時期の縄文時代遺跡が見つかるであろうが、今日のところは、この杉ノ木遺跡が最も古い時期の縄文時代人の足跡を留める遺跡ということになるのである。

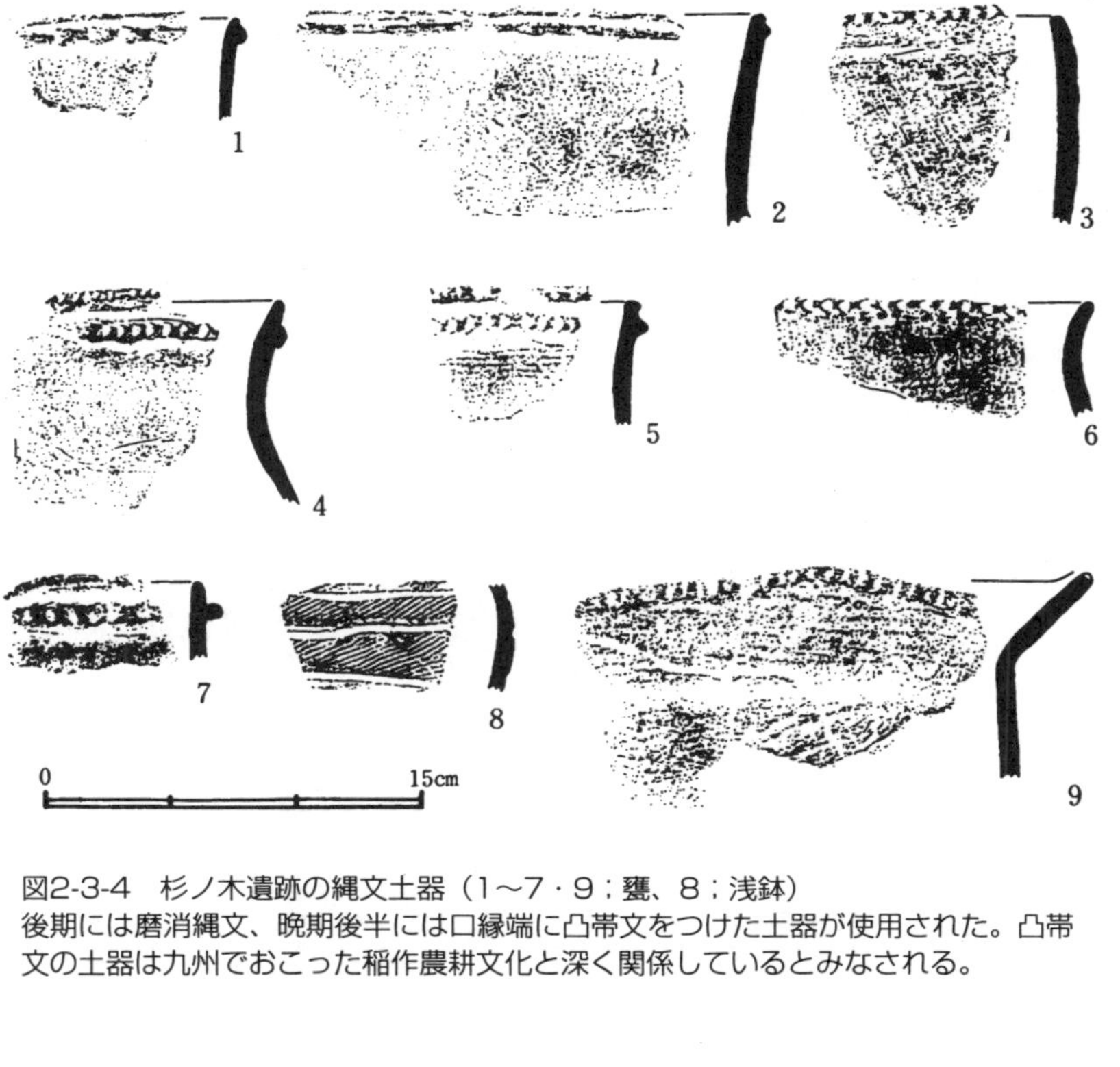

図2-3-4　杉ノ木遺跡の縄文土器（1～7・9；甕、8；浅鉢）
後期には磨消縄文、晩期後半には口縁端に凸帯文をつけた土器が使用された。凸帯文の土器は九州でおこった稲作農耕文化と深く関係しているとみなされる。

(4) 縄文時代人の生活

粟津湖底遺跡の発見

近江の各地に居住した縄文時代人が、この時代に何を食料とし、またどのような生活を営んでいたかは、これまで不明な点が多かった。しかし、平成二～三年(一九九〇～九一)に、琵琶湖の南端、瀬田川河口にあたる大津市粟津《あわづ》湖底遺跡で貝塚が発掘されたことによって、かなり具体的な内容が明らかになってきた(滋賀県教育委員会・滋賀県文化財保護協会編『粟津湖底遺跡』)。

粟津貝塚は縄文時代中期前半に形成された淡水産貝塚である。この貝塚では貝層と貝層との間に、多量の植物を含んだ層が残っていた。一般に貝塚では動物の骨はよく残るが、植物質のものが遺存することはめったにないことなので、驚嘆に値することであった。この植物層はトチが約七割、ドングリが約二割、クルミ、クリと水生のヒシが約一割を占めていた。これらの植物質の食料のうち、特に注目されたのは、多量に出土したトチの実である。

というのは、トチはアク抜きしないと食料にできない実である。このアク抜きの技術は、これまで東日本では中期に始まったが、西日本では京都府舞鶴市桑飼下《くわがいしも》遺跡などによって遅れて後期に普及したものとみなされてきた。しかし、粟津貝塚の調査結果によって、西日本でも中期前半にアク抜きして食料にされていたことが明らかになったのである。

クリも大粒のものが多量に出土したことが注目される。これは、粟津貝塚に居住した縄文時代人がたまたま大粒のクリの実を収穫したということよりも、特定の地域に自生したクリの木を毎年管理することによって収穫したものとみられている。

貝塚を構成した貝はセタシジミが主体をなし、ほかにイシガイ、タニシ、カラスガイなどが含まれている。さらに、コイ、ナマズ、ギギなどの魚骨、イノシシ、シカ、サル、スッポンなどの動物、カモなどの鳥類の骨も見つかっている。

このような、粟津貝塚の縄文時代人が食料とした動物、植物をみると、春には主として貝類を捕採し、夏には漁労によって魚を捕り、秋は木の実を採集し、冬にシカやイノシシの狩猟を行っていたことがわかるのである。

蒲生町域の遺跡

さて、湖岸から一五㎞ほど隔てている蒲生町域に居住した縄文時代人の場合も、湖岸部の縄文時代人とかなり類似した動物や植物を食料としていたものと推測される。しかし、日野川中流域では湖で捕れる貝類を食料とすることはごくまれで、魚類の種類も湖岸とは異なるものとなったであろうし、量的にもかなり少なかったと思われる。おそらくその分は丘陵地で行う狩猟によって捕獲したシカやイノシシなどの動物の肉を多く食料とすることによって補われていたとみてよい。したがって、日野川中流域に住んだ縄文時代人は、湖岸の縄文時代人に比べて、狩猟に重点を置いた生活形態がとられていたと推測されることになるのである。

続く晩期になると、蒲生町では杉ノ木遺跡、市子遺跡、麻生《あそう》遺跡の三遺跡で縄文時代人が集落をなしていたことが知られる。杉ノ木遺跡では遺構は特に見つかっていないが、甕《かめ》や鉢などの土器が出土している。甕には口縁部《こうえんぶ》に

写2-3-2　粟津湖底遺跡（大津市）
縄文前期末から中期のセタシジミを主とした貝塚である。貝層の間に植物をふくんだ層が互層になっていた。湖底に沈んだ要因はまだ明らかでない。

突帯《とったい》を貼りつけて刻みを入れ、口縁端部にも刻みをつけたもの、口縁部に刻目《きざみめ》突帯《とったい》を付けただけのもの、口縁端部に刻みを入れただけのものなどがある。これらの刻目《きざみめ》突帯文《とったいもん》をつけた土器の一群は、晩期後半の滋賀里Ⅳ式土器とみてよいものである。

麻生遺跡

麻生遺跡は杉ノ木遺跡の南八〇〇mにある遺跡で、山《やま》部《べ》神社の東二三〇m付近から竪穴住居、甕棺墓《かめかんぼ》、土壙《どこう》、柱穴などとともに、サヌカイトの剥片が散乱した状態で見つかっている（滋賀県教育委員会・滋賀県文化財保護協会編『ほ場整備関係遺跡発掘調査報告書』XⅣ―5）。竪穴住居は直径が五mの不整円形、深さは八cmほどのごく浅い遺存状態であった。住居内からは打製《だせい》石斧、石鏃のほかにサヌカイト片が五〇片ほど集中して出土した。この竪穴住居の北東七mでは、長辺一・一m、短辺〇・八m、深さ〇・二七m、底の北半部にベンガラを撒《ま》いた状態で見つかった土壙がある。これは、おそらく埋葬用のものであろう。さらに、竪穴住居の東南二七mからは、口径四四cmの大形の甕棺を用いた墓も検出されている。

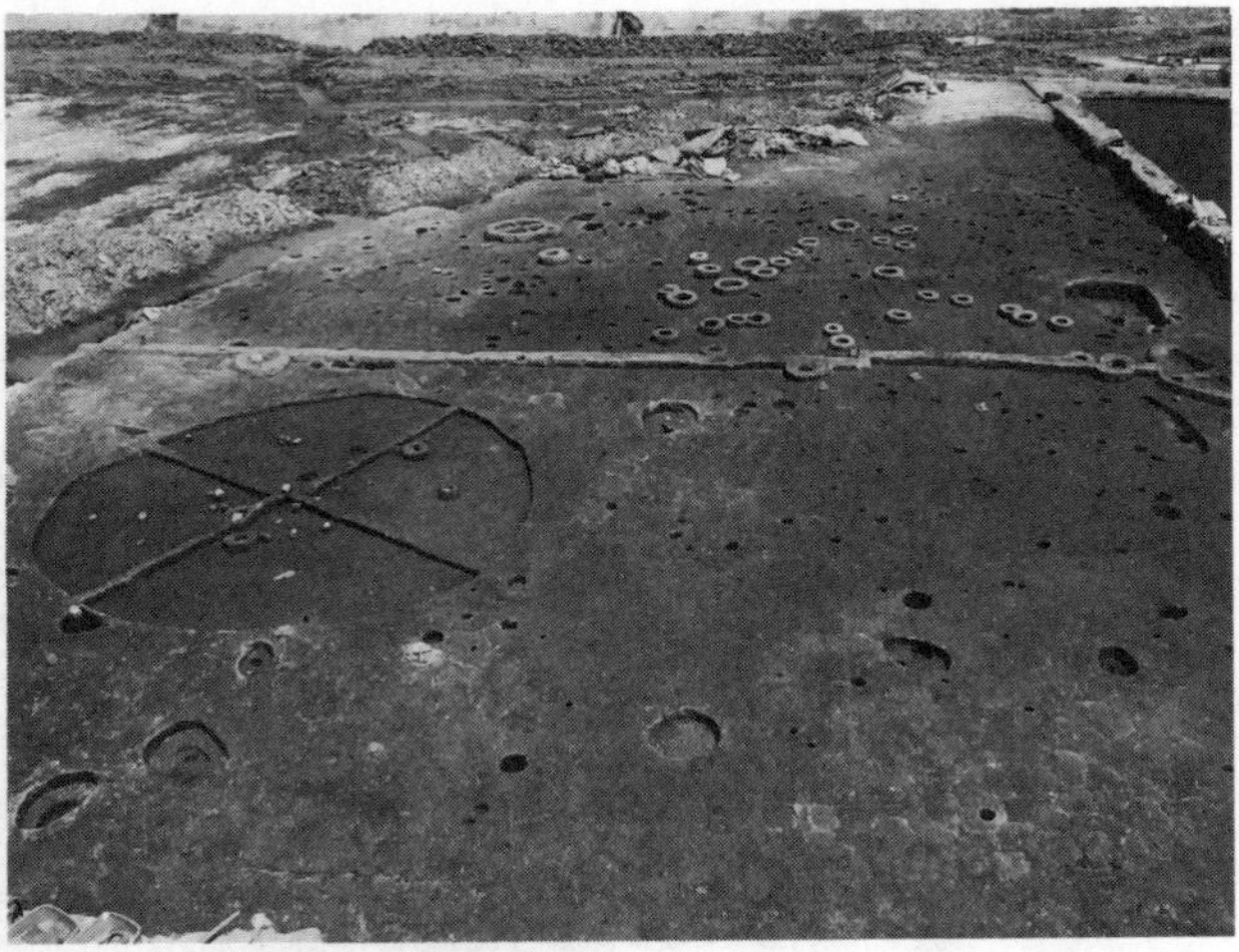

写2-3-3　麻生遺跡の竪穴住居跡
竪穴住居は掘り下げた地面を壁にし、屋根のみをかけた住居である。これは壁材を必要としないので、以後、長く用いられることになった。（滋賀県教育委員会提供）

麻生遺跡から出土した晩期の土器は、口縁部に幅の広い突帯を付け、その上に貝殻を押し付けたもの、断面三角形の突帯に刻目を入れた刻目突帯文土器、突帯を付けただけのもの、突帯を付けていないものなどがある。これらのうち、突帯に貝殻を付けたものは、馬見塚《まみづか》～五貫森《ごかんもり》式土器とみられ、東海地方の土器、もしくはその影響を受けたものである。

石器は住居から出土したものも合わせて石鏃七点、石匙《いしさじ》一点、打製石斧一点が出土した。これらはいずれもサヌカイト製である。ほかに円形、楕《だ》円形をなした石皿一点、七条の溝を付けたものを含む石棒《せきぼう》二点、凹石《くぼみいし》三点などが出土している。

ほかに市子遺跡でも、町役場から南一〇〇m付近で、全長三八・七cm、上端から約五cmのところに頭部を表現した石棒と晩期の条痕《じょうこん》をつけた土器片が出土している（滋賀県教育委員会・滋賀県文化財保護協会編『ほ場整備関係遺跡発掘調査報告書』XⅦ―10）。

このような蒲生町で知られる縄文時代晩期の各遺跡は、佐久良川の自然堤防や日野丘陵北西端部に形成された扇状地に立地している。これらの各遺跡に居住した晩期の縄文時代人は、石器からみると後期とほぼ同じく狩猟を主体とした生活をまだ営んでいたものとみなされる。これらの遺跡のうち麻生遺跡では、石鏃、打製石斧、石匙などの石器がいずれもサヌカイトを用いて製作されている。この時期のサヌカイト製の石器は、この地域ではほかに日野川と佐久良川合流地の西二・七kmにある竜王町田中遺跡でも出土している。田中遺跡では、後期、晩期の土器とともにサヌカイトの石鏃一点と剥片が採集されている。おそらく距離的にみて、田中遺跡も麻生遺跡、市子遺跡、杉ノ木遺跡と何らかの交流をもった遺跡であったと推測されるのである。

サヌカイトの利用

サヌカイトは前述したように、大和と河内の境にある二上山で産出する石材である。したがって、この日野川中流域に住んだ縄文時代人がこの石材を入手するには、二上山から直接運んだ場合と大和や南山城にある二上山へのルート沿いにある集落から、ほかの物資と交換して入手した場合とが想定される。縄文時代晩期には、東北北部で

写2-3-4　布施横田遺跡の甕棺（八日市市）
遺体を土器に入れて埋葬する風習は縄文晩期に顕著にみられる。これには大型甕が用いられるものが多い。（滋賀県立近江風土記の丘資料館編『近江の縄文時代』より転載）

産出したアスファルトが東北南部の多くの遺跡で接着剤に利用されているように、食料や諸道具を製作する材料を交易するシステムが各地の集団間で、かなり進展していたことが推測される。近江の地域で出土するこの時期のサヌカイトの石材も、近隣の集団から交換によって入手する場合が多く、二上山まで直接石材を得るために出かけることは少なかったであろう。

このように石器の石材として近江で産出しないサヌカイトが利用されたのは、この石材が緻密《ちみつ》で、石器製作が容易な石材であったことが理由としてあげられる。さらに、石の表面が漆黒色《しっこくしょく》で製品としての仕上がりがよく見えたこともまた、石材として好まれた理由の一つに加えうるであろう。

晩期に蒲生町域の遺跡と関連をもったとみられる同時期の遺跡には、ほかに雪野山東麓付近にある八日市市下羽田遺跡がある。この遺跡は雪野山の裾を流れる白鳥川の東側の微高地に立地した遺跡である。昭和五四年（一九七九）の調査で、三基の晩期の甕棺墓が見つかっている。これらの土器は、口縁端部に刻目をつけた突帯を一条付け、さらに体部にも刻目突帯を付けた晩期末の突帯文土器で、長原《ながはら》式土器とみられるものである。これとほぼ同じ形態と文様をつけた土器は、布施山のすぐ北にある八日市市布施横田《ふせよこた》遺跡、愛知川左岸の箕作山《みつくりやま》の東麓にある瓦屋寺カマエ遺跡、日吉遺跡でも出土している。

縄文時代晩期の稲作農耕

これらの口縁端部と体部上半とに分けて二条の刻目突帯をつけた深鉢形《ふかばちがた》土器は、北九州を中心に分布する晩期後半～末の夜臼《ゆうす》式土器の系譜を引くものである。近年、九州ではこの夜臼式の刻目突帯文土器の時期に作られた水田が佐賀県唐津市菜畑《なばたけ》遺跡、福岡市板付《いたづけ》遺跡などで検出され、縄文時代晩期後半～末に稲作農耕が行われていたことが明らかになった。

一方、近畿では晩期末の単純層から水田が検出された遺跡はまだない。東大阪市鬼塚《おにづか》遺跡では船橋《ふなはし》式～長原式土器と弥生時代前期の畿内第一様式古段階の土器が同一層から出土し、大阪市長原遺跡では長原式土器と弥生の第一様式中段階の土器が共伴したという。したがって、大阪湾岸の縄文時代人が稲作を行う弥生人と交流をもったのは、船橋式や長原式と呼ぶ刻目突帯文土器の時期であったことになるのである。

近江では、弥生時代前期の第一様式古段階の土器は出土していないので、第一様式中段階以降に稲作農耕が受け入れられたことになる。二条の刻目突帯文が出土する日野川中流域にある晩期の遺跡は、近江の各地で、どのように稲作農耕が開始されていったかを知るうえで、きわめて重要な遺跡ということになるのである。

〔補記〕本稿は「農耕以前の文化」『蒲生町史』第一巻（一九九五年一二月）を改題して掲載した。

四　日野川流域の農業社会の成立

(1) 縄文晩期の遺跡と土壌

弥生時代は、それまでの狩猟、採集を主とする時代から稲作農業が生業の中心になった最初の時代である。この稲作農業は近年の研究では長崎県菜畑《なばたけ》遺跡、福岡県板付遺跡などで見つかった水田遺構によって紀元前五世紀ないし四世紀に、朝鮮半島から九州北部の玄界灘《げんかいなだ》に面した地域にもたらされたことが明らかになっている。その後、稲作農業は九州北部で定着し、きわめて短期間のうちに、瀬戸内海を東進して近畿地方に伝えられたことが西日本各地の弥生遺跡から出土する土器、木製農耕具と水田遺構などによって判明している。

近江で行われた初期の稲作農業は、守山市服部遺跡の調査で検出された水田遺構からみると、各地の弥生遺跡で見つかっている水田跡と同様に、低湿地に多くの小区画された水田がつくられていた。弥生人たちが低湿地を対象にして水田を設けたのは、朝鮮半島からもたらされた鉄器の使用がごく限られたことから、主として木製の鍬や鋤が用いられたことによるものであった。

水田耕土の土壌には湿田型、半湿田型、乾田型のものがある。弥生時代の初期に設けられた水田の大半は、前述した服部遺跡にみるように湿田型土壌に作られたものであった。この湿田型土壌の水田は木製の鍬、鋤でも容易に耕起することができたが、栄養分が乏しいことから高い収穫を得ることは期待しにくいものであった。しかし、湿田型の水田は地下水の水位が高いので河川から用水を引くことを必要としないという大きな利点があったのである。[註(1)]

水田耕地に投入する労働力の効率からすると、水田の耕土は湿田型よりも収穫量の多い半湿田型や乾田型土壌に水田を設けるほうが望ましいことであったが、これには水田の耕起にあたって木製鍬、鋤の先端に鉄製刃を装着することが必要であった。また、集落の付近を流れる河川から用水を引くことも必要な条件となった。

そこで、鉄製農具と用水を必要とする半乾田、乾田系土壌で水田開発を行うには、鉄製農具が広くに普及し、各地の弥生人が容易に入手しうることと河川から用水を確保する土木技術の一定の発展がその前提となったのである。そして、規模の大きな用水施設を設ける工事を行うには、単一のムラでは実現しにくいので周辺に営まれたいくつかのムラと開発の規模に応じた集団の労働力を編成することがその前提となったことが想定されるのである。

さて、日野川流域で展開した初期の農業社会が成立する過程をみるにあたって、ここでは、この地域に居住した弥生人たちがどのような土壌条件の土地を選択しながら稲作農業を営み、農業社会を形成し、発展させていったかをみてみよう。

これには、その前段階の日野川流域で稲作農業が開始される直前にあたる縄文晩期の縄文人の集落を少しみることにする。

日野川流域の晩期の縄文人の集落は、下流域の琵琶湖岸で多く知られており、近江八幡市長命寺湖底遺跡、水茎内湖遺跡、少し北に離れた大中の湖岸にある能登川町大中ノ湖南遺跡、獅ケ鼻B遺跡などがある。これらの遺跡は、琵琶湖岸や内湖周辺に立地しており、土壌的には湿田型の細粒グライ土壌が広がる地域のうち、特に微高地を選択し、主として湖から生活資源をえながら集落を営んだものとみられる。また、湖岸から少し離れた内部に入ったところにある近江八幡市勧学院《かんがくいん》遺跡、馬淵《まぶち》遺跡でもこの時期の土器が出土している。これらの遺跡は、いずれも半湿田型の細粒灰色低地土壌が広がる地域に集落が営まれており、湖岸から少し離れたこれらの地の縄文人たちは、琵琶湖や内湖とかかわりをもちながらも、岡山、鏡山山麓、雪野山一帯で狩猟や植物採集を行って生活したことを推測することができる。

つぎに、中流域に分布する縄文晩期の遺跡には、日野川左岸に竜王町田中遺跡、右岸では八日市市下羽田《しもはねだ》遺跡、蒲生町市子《いちこ》遺跡、平塚遺跡、麻生《あそう》遺跡、杉ノ木遺跡などがある。さらには右岸の少し東に離れた愛知川左岸に近い箕作山東山麓周辺に八日市市瓦屋寺カマエ遺跡、日吉遺跡がある。これらのうち市子遺跡、平塚遺跡、麻生遺跡、杉ノ木遺跡などで生活した縄文人たちはどれだけ定住性を求めて生活したか明らかでない。そして、稲作農業をこの地で受け入れるにあたっては、日野川下流域まで移動したか、それとも、その周辺に分布するグライ土壌を求めて移動せざるをえなかったであろう。

一方、カマエ遺跡と日吉《ひよし》遺跡は湿田型の細粒グライ土壌に立地しており、稲作農業をそのまま受け入れられる条件があった。

以上のように日野川流域に分布する縄文時代の晩期遺跡をみたが、、これらのうち新たにもたらされた稲作農業を受け入れて、弥生前期にそのまま稲作農業を行ったことが知られるのは元水茎《もとすいけい》遺跡、長命寺《ちょうめいじ》湖底遺跡、大中ノ湖南遺跡の三遺跡である。これらはいずれも琵琶湖岸で集落を営んだものであり、土壌条件からみると集落が営まれた地域とその周辺に湿田型の細粒グライ土壌が広く分布していることが注目される。とすると、これらの湖岸に居住した縄文人たちは稲作農業を受け入れるにあたって、居住地を大きく移すことなく周辺に広がる湿田型土壌に対して木製の鍬・鋤を用いることによってかなり容易に水田耕地を開発し、稲作農業を開始することができたものと推測することができるのである。

湖岸に立地した弥生前期に営まれた遺跡で、弥生人の生業や生活のようすを具体的に知りうるものは乏しいが、大中ノ湖南遺跡からは、少しだけ時期の下がる中期前半の水田遺構、水路、方形周溝墓、多量の木製農具などが見つかっている。[註(2)]

(2) 弥生遺跡と土壌

大中ノ湖南遺跡は一九六四年の大中ノ湖干拓事業にともなって調査されたもので、大中、小中湖を分ける葦刈地先の砂州上で見つかった遺跡である。ここでは大砂州の北側に沿って小砂州が発達し、この大小の砂州間に水田や水路が造られ、小砂州上にムラが営まれていた。水田遺構のうち、第一号水田跡は北辺七五m、南辺一二〇m、奥行き九〇mの規模のもので、小畦畔は明らかでない。

ここでは、多量の木製農具が出土している。この木製農具は幅一〇cm、長さ三〇cmの狭鍬と呼ぶ幅の狭い鍬、幅一五~二〇cm、長さ三〇cm大の広鍬、又状の歯をつくりだした又鍬、長い柄をつけた鋤、柄と身が結束された鋤、さらに丸鍬と呼ばれたものが出土した。これらのうち丸鍬は平鍬にともなう泥よけ用の補助部材とみなされている。これらの農耕具は開墾用に狭鍬、耕起用に広鍬、土ならし用に又鍬、溝を切るのに鋤、耕土をすくうのにスコップ状の鍬が主として用いられたことを物語っている。

大中ノ湖南遺跡では、これらの木製農具の未成品も多く出土しており、これらの農具の製作工程を知ることができる。その出土品によると、これらの農具は原木を楔を利用して放射状に割り、これを荒加工—整形—切断—仕上げの工程をとって複数個体の鍬や鋤を製作していた。この製作工程には、石製工具と仕上げ工程に鉄製刀、ヤリガンナが使用されていたことが知られている。また収穫した米は竪杵が出土しているのでこれで脱穀され、多くの稲束が出土した梯子を用いる対象となる高床倉庫に保管されたことがわかるのである。

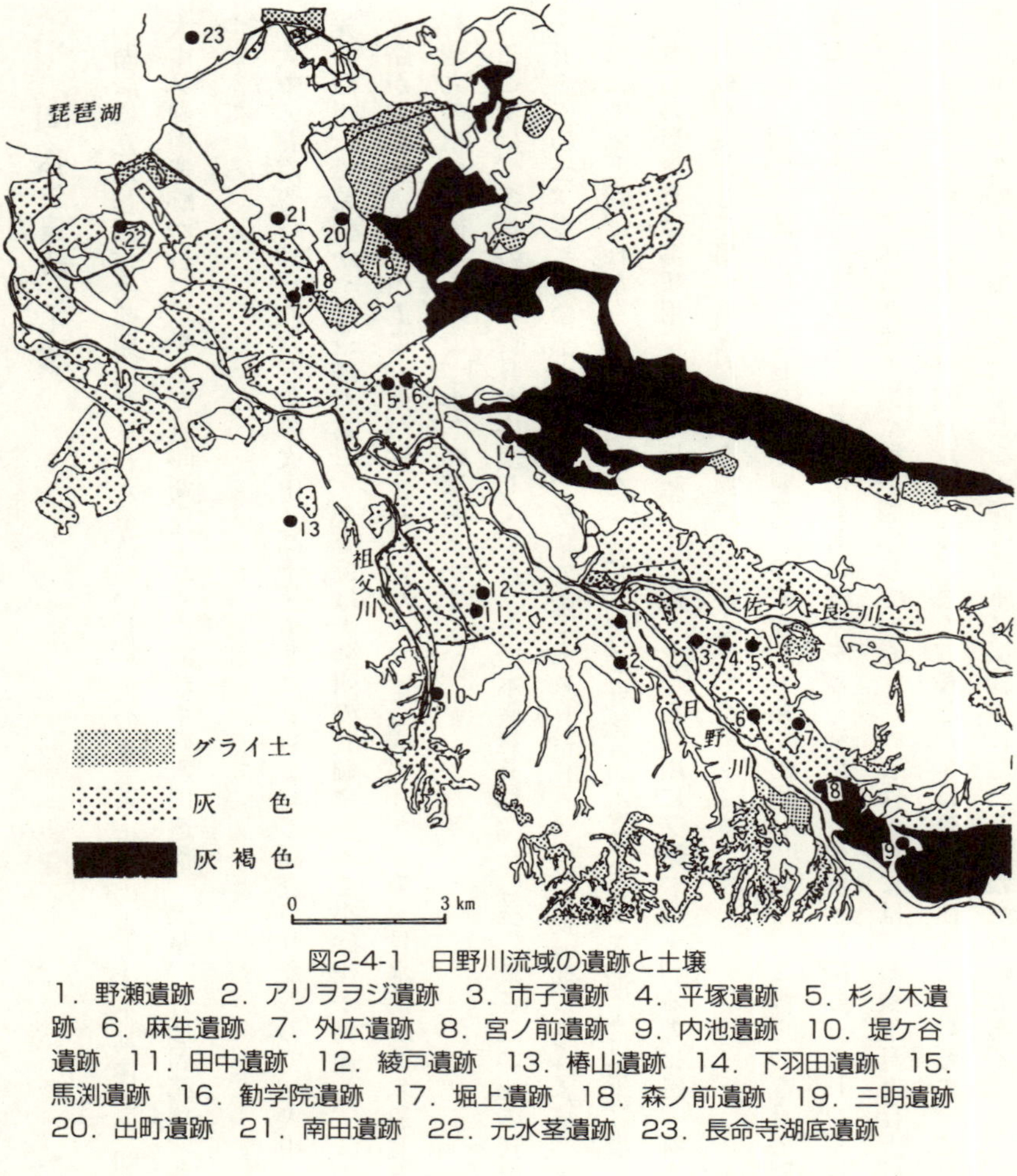

図2-4-1　日野川流域の遺跡と土壌
1．野瀬遺跡　2．アリヲヲジ遺跡　3．市子遺跡　4．平塚遺跡　5．杉ノ木遺跡　6．麻生遺跡　7．外広遺跡　8．宮ノ前遺跡　9．内池遺跡　10．堤ケ谷遺跡　11．田中遺跡　12．綾戸遺跡　13．椿山遺跡　14．下羽田遺跡　15．馬渕遺跡　16．勧学院遺跡　17．堀上遺跡　18．森ノ前遺跡　19．三明遺跡　20．出町遺跡　21．南田遺跡　22．元水茎遺跡　23．長命寺湖底遺跡

　また、これらの稲作農業に関連する遺物の他に、湖岸で漁労を頻繁に行ったことを示す網や漁網用の土錘、鹿角製の銛などの漁具、丸木舟なども出土している。

　これらの出土遺物からみると、初期に行われた稲作農業では、まだ生産性が低いだけでなく、集落間の諸物資の生産の分業が未発達なことから漁労や狩猟などにも一定のかかわりをもちながら、多様な食料資源を自らが調達する必要があったことを示しているものと理解されるのである。

この弥生時代前期の時期の水田遺構は、その後、守山市服部遺跡から一九七五～七九年の調査によって、広い面積にわたって検出されている。ここでは青灰色粘土を基盤層とし、グライ土壌の微高地にもひろがる黒色粘土層を耕作土とする地下水型の水田が検出されている。ここでは畦畔は黒色粘土を盛りあげた大畦畔と小畦畔が見つかった。大畦畔は幅〇・八～一・五m、高さ一五～三〇cmの上面が平らなもので、主に斜面や地形の変換点に作られ、水の流れを変えたり、安定した滞水をはかるものと農道として利用されたことが推測されている。小畦畔は幅二〇～六〇cmで高さ五～二〇cmの台形状のもので区画されていた。水田面は三二〇～四〇〇面ほどが見つかっており、規模が確認されたのは二六〇面ほどで、その倍ほどが設けられていたものと推測されている。水路には排水用と用水を入れる用水路とがあり、畦畔、水路には水口、堰状の施設、盛土による堰がみられた。註(3)

一方、中流域で縄文晩期から弥生前期にかけて継続して集落が営まれたとみなされるのは、箕作山東麓の瓦屋寺カマエ遺跡だけである。この遺跡も地下水位の高い細粒グライ土壌に立地しており、居住地を移動するだけでなく、そのまま稲作農業を受け入れる条件があったものと推測されるのである。

しかし、そのほかの晩期に集落があったと想定される蒲生町市子遺跡、平塚遺跡、杉ノ木遺跡、竜王町田中遺跡は、いずれも細粒灰色低地土壌に立地しており、その地域でそのまま稲作農業を受け入れる条件に乏しかったようで、弥生前期にそのまま継続して集落が営まれていった痕跡は現状では知られていない。おそらくこれらの遺跡に集落を営んだ縄文人たちは、新たな生業となり、またコメという食糧の貯蔵を可能とした稲作農業を容易に行いうる適地を求めて周辺に移動せざるをえなかったものと想定されるのである。いずれ前期に営まれた遺跡が見いだされる可能性が少なくないであろう。

前期に日野川下流で新たに出現した遺跡には、近江八幡市南田遺跡、森ノ前遺跡、堀上《ほりがみ》遺跡、三明《さんみょう》遺跡、出町《でまち》遺跡などがある。[註(4)]これらの遺跡が立地した土壌をみると、近江八幡駅のすぐ南にある三明遺跡とその北東一㎞にある出町遺跡は細粒グライ土壌、駅の西方一㎞付近に位置する森ノ前遺跡、南田遺跡、堀上遺跡はいずれも細粒灰色低地土壌にムラが営まれた。これらの三遺跡の周辺には、すぐ東、南、北東などの隣接地にグライ土壌や強グライ土壌が分布する。とすると、これらの集落は灰色低地土壌に立地しているとはいえ、微高地に集落を営み、比較的地下水の高い低地に水田を設けていたか、少しだけ離れた周辺のグライ土壌の地域に水田を開発したかのいずれかであろう。

つぎに、中流域でグライ土壌が分布するのは佐久良川流域の綺田、野出の地域、日野川左岸では水口丘陵の北端部にあたる宮川、東出、山之上の地域がある。これらの地域では、いずれも比較的狭いながらグライ土壌が分布しているので、弥生前期に稲作農業を行った遺跡が見いだされる可能性が少なくないであろう。

ついで中期になると、近江では各地で集落が拡散しており、稲作農業が発展していったことが知られる。日野川下流域では、大中の湖南遺跡のほかに、南田遺跡、森ノ前遺跡などの集落が前期からそのまま継続して営まれた可能性が高く、これらの集落の周辺で耕地の開発が進展していったものと推測される。特に大中ノ湖南遺跡からは前述したように多量の木製農具や未成品が出土していることからすると、この湖岸地域で営まれた農業集落のうちでも拠点的集落の性格をもった中心的なムラとして発展していったものと思われる。近年の研究では、この拠点的集落には環濠を巡らしたものも少なくない。この拠点集落はその地域の中心的な集落として、それぞれの地域で形成された農業共同体間で諸物資の流通をはかるうえで、まさに拠点的な役割を果たしたことが推測されるものである。大中ノ湖遺跡も、この時期には農業共同体を統率し、諸物資の流通、貯蔵、管理を行う機能を果たしていたことが想定されるのである。

さらに、中期中葉になると勧学院遺跡で新たに集落が出現したことがしられるが、現状では方形周溝墓が一六基ほどが検出され、墓域が判明しているが、ここでは住居群が所在する位置は明らかでない。また、中期後半にはその少し北に位置する蛇塚遺跡が出現し、中期後半と後期の竪穴住居群が見つかっている。

以上の遺跡が集落を営んだ所在地は、その土壌条件をみると、蛇塚遺跡がグライ土壌に立地したが、勧学院遺跡の墓域は半湿田型の灰色低地土壌の地に営まれている。

一方、中流域では、中期中葉に蒲生町市子遺跡、アリヲヲジ遺跡、竜王町綾戸遺跡、堤ケ谷遺跡が出現した。これらの遺跡は堤ケ谷遺跡をのぞくと、いずれも灰色低地土壌に集落を営んでいる。

さらに中期後半になると蒲生町地域では市子遺跡に加えて、平塚遺跡、野瀬遺跡でも集落が営まれた。このうち市子遺跡では、一九八五年に方形周溝墓一九基、竪穴住居一棟、土壙二三基、溝五条、一九八七年に三基の方形周溝墓が検出されている。方形周溝墓群はいずれも中期後半に築造されたもので、たとえば規模の大きいＳＸ１０４が東西一三・四ｍ、南北一三・二ｍ、ＳＸ１０３が東西一四ｍ、南北一二・八ｍあり、最も小さいＳＸ１０９が東西六・七ｍ、南北六・二ｍのものなどから構成されていた。この方形周溝墓群とともに竪穴住居が一基検出されている。[註(5)]また周辺の竜王町では椿山遺跡からもこの時期の土器が採集されている。

以上の遺跡のうち、中流域の市子遺跡、アリヲヲジ遺跡、野瀬遺跡から方形周溝墓が検出されており、その付近に集落が安定して営まれたことがわかるだけでなく、集落内部で階層分解が著しく進展したことが推測されるのである。

また、一方では竜王町堤ケ谷遺跡のように、高地性集落という水田が営まれた平地からかなり高い丘陵上に特殊な集落が営まれたことも注目される。[註(6)]この堤ケ谷遺跡は鏡山の東麓部に位置した遺跡で、標高一五〇ｍの尾根上にムラがつくられている。ここは平野部からの比高が約三五ｍあり、遺跡のすぐ下には日野川支流の祖父川が北流する。この遺跡からは中期中葉から後半の壷、甕などの弥生土器とともに、石器として石鏃、石槍、有柄式磨製石斧、石錐などが出土している。これらの石器のうち、石槍、石剣、さらに石鏃は、遺跡の立地も併せて考えると、いずれも武器として備えられていたものとみなされている。

このような高地性集落として日野川中流域に堤ケ谷遺跡が出現したことは、この地域の地域集団と他地域の地域集団との間に政治関係が著しく進展し、利害を異にする集団間で抗争が引き起こされ、戦闘に対する緊張関係が著しかったことがうかがわれる。

近江では中期後半に営まれた高地性集落は、この堤ケ谷遺跡のほかに大津市高峯《たかみね》遺跡、春日山遺跡、新旭町熊野《くまの》本《もと》遺跡などが知られている。その一つの高峯遺跡は雄琴町の丘陵部に営まれた高地性遺跡で、山頂部から斜面にかけて五基の竪穴住居が検出され、周濠が見つかっている。ここでは焼土壙も数箇所検出されている。さらに、饗庭《あいば》野《の》台地の東縁部に営まれた熊野本遺跡でも、丘陵の東側の平野部から約四〇mの比高をもつ丘陵地に中期後半から後期にかけて竪穴住居が三〇棟以上見つかっている。ここでは広いひろがりをもって住居が検出され、土器のほかに石鏃、鉄鏃、さらに鉄斧、ヤリガンナ、鉄素材なども見つかっている。また多数のガラス小玉を副葬した後期の方形墳丘墓も検出されている。[註(7)]

さらに後期には、大津市部屋ケ遺跡、惣山遺跡、新池北遺跡、新旭町熊野本遺跡などの高地性集落が見つかっている。これらのうち新池北遺跡は滋賀丘陵の一つの頂部に営まれたもので、北側斜面で竪穴住居二棟、南側に土器溜りがある。また、尾根上から南斜面にかけて二五基の土壙群が見つかっている。[註(8)]

これらの高地性集落遺跡では、高峯遺跡などで焼土壙が見つかっており、兵庫県会下山《えげのやま》遺跡でも竪穴住居、倉庫、祭祀《さいし》跡とともに焼土壙が検出されており、狼煙をあげた痕跡とみなされている。[註(9)]

このように高地性集落は、主として西日本一帯にみられる相互に狼煙によって連絡をとりあう任務をもった特殊な軍事的な防御や監視、通信伝達を目的とした性格をもつ集落に想定されている。

つぎに、後期の時期には下流域で近江八幡市馬淵遺跡が新たに出現したが、この地域のほとんどの遺跡は中期から継続して営まれた集落である。また、中流域でも後期には堂田遺跡、田井遺跡、麻生遺跡、呉媛塚《くれひめつか》遺跡が新たに出現している。

さらに、上流にあたる日野町でも宮ノ前遺跡で後期の土器が出土しており、新たにこの時期から古墳時代前・中期にかけて集落が営まれている。註(10)

以上のような後期に出現した各遺跡は、いずれも灰色低地土壌に集落が営まれたものである。とくに日野川右岸では沖積地を蛇行して流れる古川に接するように市子遺跡、田井遺跡、麻生遺跡の集落遺跡がある。これらの遺跡と古川の流れをみると、これらの各集落に居住した弥生人が開発して営んだ水田への潅漑用水は、日野川の本流から直接的に取水したものでなく、支流として流れる小規模河川の古川からそれぞれ引いていたものと想定されるのである。これは弥生時代に水田耕地が開発された当初には、水量が豊かに流れる日野川から直接用水を引く高度な潅漑技術がともなわなかったことによるものであろう。また、それを必要とするほど広い面積の水田耕地がまだそれぞれの集落とも作られていなかったであろう。

以上のように、日野川流域に営まれた弥生時代の集落とそれらの集落で居住した弥生人が行った稲作農業と深いかかわりをもつ土壌条件との関係に留意してたどってみた。その結果、中流域では中期の中ごろに灰色低地土壌の半湿田系土壌に、市子遺跡が他の集落に先んじて出現した。そして、中期後半にはこの市子遺跡が構成するムラから集団の一部が古川沿いに分村したことが想定される。さらに、その南の地域には新たに他地域から移住した弥生人たちによっていくつかの集落が増加していったことが推測されるのである。

この中期後半に出現した集落は、前期の時期の集落とは異なり、いずれも生産性が高い灰色低地土壌を求めてムラが営まれている。そして、その後の中期後半以降に、この地域にはいくつかの集落が増加して農業共同体が形成され、政治的、経済的に中心をなす拠点集落の役割を果たしていったことが想定される。そして、この地域では市子遺跡が最も早くこの地域を本拠地とし、周辺を開発しながらムラを営んだものと想定されるのである。

この市子遺跡は集落の広がりも大きく、中期後半以降は、この地域で拠点的集落の性格を強めることになり、日野川中流域で政治的、経済的に重要な役割を担った有力首長が居住したムラであったと推測されるのである。

註

(1) 八賀晋「古代の開発」『日本史研究』第九六号　一九六八年三月
(2) 滋賀県教育委員会『大中ノ湖南遺跡発掘調査概要』一九六七年三月
(3) 大橋信弥・山崎秀二ほか『服部遺跡発掘調査概報』一九七九年三月
(4) 小竹森直子「近江における縄文晩期から弥生前期・中期の遺跡立地に関しての一考察」『滋賀考古』創刊号　一九八九年一月
(5) 藤居朗「農耕社会の成立」『蒲生町史』第一巻　一九九五年一二月
(6) 丸山竜平「原始・古代の竜王町」『竜王町史』一九八七年三月
(7) 新旭町教育委員会『平成九年度熊野本遺跡発掘調査現地説明会資料』一九九七年
(8) 松浦俊和ほか「日本住宅公団仰木地区土地区画整備事業対象地区埋蔵文化財包蔵地発掘調査報告書」『大津市文化財調査報告書』一一　一九八〇年三月
(9) 石野博信『会下山遺跡発掘調査報告書』一九六六年三月
(10) 日永伊久男「県営ほ場整備関係遺跡発掘調査報告」『日野町埋蔵文化財発掘調査報告書』第五集　一九八八年三月

五　日野川流域と古墳の築造

(1) 近江の古墳出現前夜

墳丘墓と円墳

三世紀後半から四世紀初め、畿内、瀬戸内の各地で大規模な墳丘をもつ古墳が出現した。この古墳は前方後円墳《ぜんぽうこうえんふん》のほかに前方後方墳《ぜんぽうこうほうふん》と呼ばれる日本固有の墳丘をもつものや、円墳《えんふん》、方墳《ほうふん》などが平野部を見下ろす丘陵や山麓上に築造されている。

古墳は畿内のうち、とくに大和に大型の前方後円墳が集中して営まれているので、大和を中心とした大和政権が形成されたことを物語るものとみなされている。前方後円墳は巨大な規模をもち、しかも形態、埋葬施設とも弥生時代に各地で造られた墳丘墓《ふんきゅうぼ》からみると、強い画一性をもって築かれた。しかし、このような前方後円墳が弥生時代に各地で営まれた地域性をもつ墳丘墓から、どのようにして成立したかは、まだ不明な点が少なくないのである。

滋賀県でも近年、前方後円墳が築造される直前の時期に築かれたとみられる墳丘墓や小円墳が各地で見つかってきている。その主なものをあげると、

近江町法勝寺《ほっしょうじ》遺跡の前方《ぜんぽう》後方型周溝墓《こうほうがたしゅうこうぼ》

近江八幡市高木遺跡の前方後方型周溝墓

野洲町冨波《とば》遺跡の前方後方型周溝墓

野洲町古冨波山《ことばやま》古墳

栗東町岩畑遺跡の前方後方型周溝墓

大津市織部《おりべ》古墳

大津市皇子山古墳二号墳

などがある。これらは前方後方型周溝墓と呼ばれるものと円墳の墳形をもつ二つの形態のものがある。

まず、前方後方型周溝墓をみると、法勝寺遺跡で見つかったものは、全長二〇・四m、前方部長三・二

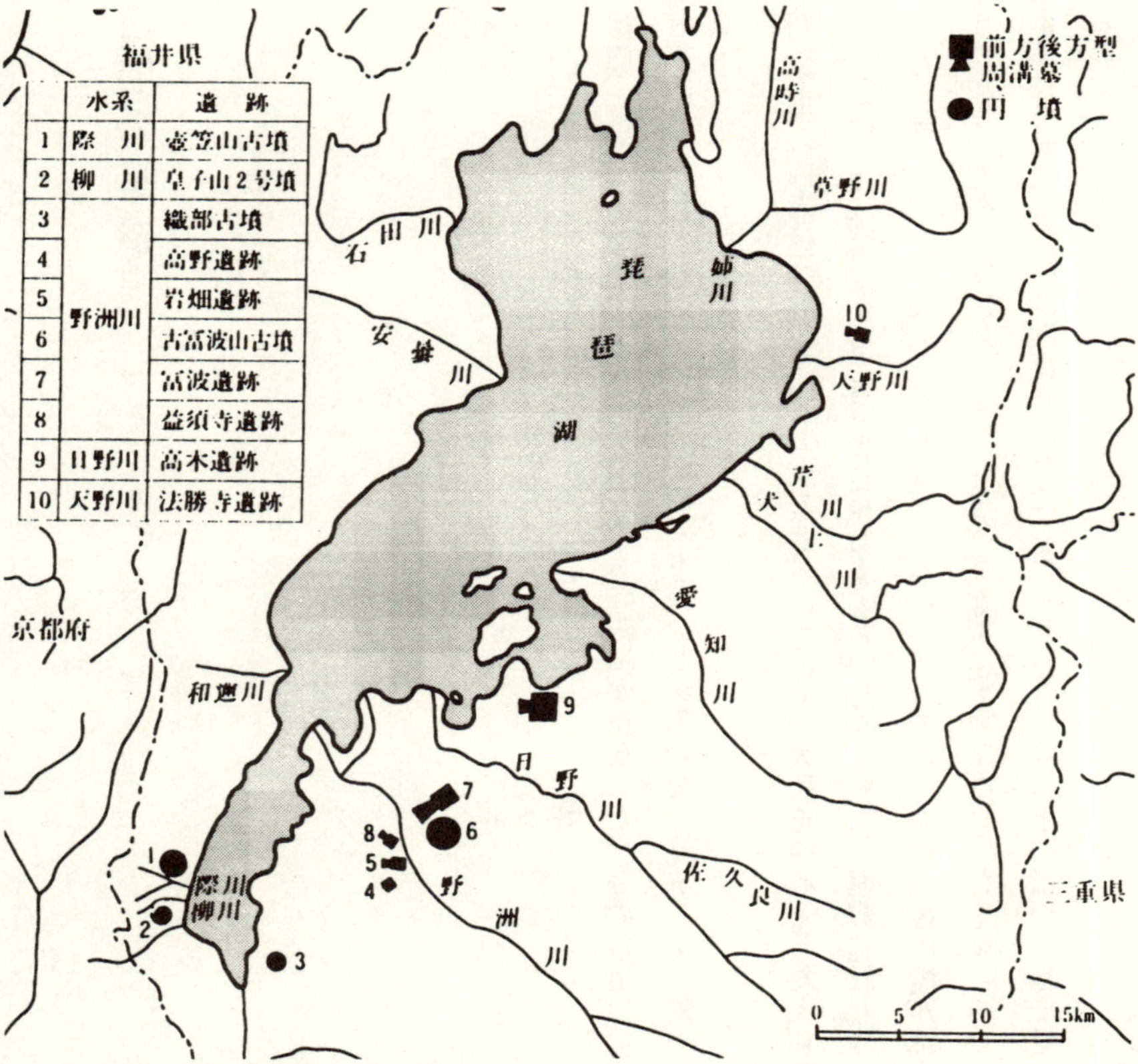

	水系	遺跡
1	際川	壺笠山古墳
2	柳川	皇子山2号墳
3	野洲川	織部古墳
4		高野遺跡
5		岩畑遺跡
6		古冨波山古墳
7		冨波遺跡
8		益須寺遺跡
9	日野川	高木遺跡
10	天野川	法勝寺遺跡

図2-5-1　古墳出現前後の墳丘墓の分布
墳丘墓は弥生集落が集中して営まれた湖南、湖東、湖北の湖辺部に広がる平野部で見つかっている。これは古墳出現期の有力首長の分布状況をよく物語るものである。

m、前方部幅六mの規模である。後方部の平面形は縦長の長方形、前方部は台形状を示し、周囲に三・二〜〇・六m幅の周溝がめぐっている。この周溝墓では前方部先端部の周溝が、その前に造られている別の方形周溝墓と共有して造られている点が注意される（近江町教育委員会編『法勝寺遺跡』）。

高木遺跡の前方後方型周溝墓は全長三六m、後方部長が二五mに対し、前方部長が一一mあり、後方部に比べて前方部が短い形態のものである。周溝は幅が後方部七m、前方部三mのものがめぐっていた（滋賀県教育委員会・

写2-5-1　法勝寺遺跡の前方後方型周溝墓（近江町）
前方後方型に低い墳丘をつくり、周溝をめぐらせた墳丘墓である。前期古墳のように丘陵上ではなく、集落周辺の平地部につくられている。（近江町教育委員会提供）

写2-5-2　高木遺跡の前方後方型周溝墓（近江八幡市）
近江では、古墳成立前後の大型墳丘墓は前方後方型の墳型をとるものが多い。高木遺跡もその一つである。（滋賀県教育委員会提供）

写2-5-3　冨波遺跡の前方後方型周溝墓（野洲町）
野洲川右岸に造られた整然とした前方後方型周溝墓。その規模からみて首長墳としての偉容が充分に感じられる。（野洲町教育委員会提供）

滋賀県文化財保護協会編『県営干拓地等農地整備事業関係発掘調査報告書』Ⅲ）。

冨波遺跡の前方後方型周溝墓は全長四二m、後方部長二二m、近江で最も大型の前方後方型周溝墓である。周溝は七～四m幅で周り、前方部の側縁は古式の前方後円墳と類似し、撥形《ばちがた》状に開いている点が注目されている（野洲町教育委員会編『冨波遺跡発掘調査概要』）。

岩畑遺跡の前方後方型周溝墓は全長二一m、後方部一三・五m、前方部七・五mで、後方部に幅二m、前方部に一・三mの周溝がめぐっていた。これは後方部に比べて前方部が短い形態のものである。

以上の四つの前方後方型周溝墓では、高木遺跡が最も古く、畿内の弥生後期にあたる第五様式の新しい時期、法勝寺遺跡と冨波遺跡はそれに続く古墳時代初頭の庄内式《しょうないしき》の時期、さらに岩畑遺跡が布留式《ふるしき》の時期に築造されたものと想定されている。これらのうち、前方後方型周溝墓では、埋葬施設が削平されてしまっているので副葬品の内容が明らかでないが、弥生時代に各地にみられた墳丘墓の方形周溝墓とともに検出される場合が多いので、墳丘墓の系譜を強くもつものとみなされる。

このような前方後方型周溝墓に対し、古冨波山古墳、織部古墳、皇子山古墳の二号墳はいずれも円墳の墳形をもつものである。

古冨波山古墳は、昭和四九年（一九七四）年に調査された結果、直径三〇mの円墳で埋葬する主体部の墓壙《ぼこう》は上方が幅約三m、下方が一・五m、深さ〇・八mの規模のものであることが知られた（丸山竜平ほか「野洲郡野洲町富波遺跡調査報告」、野洲町教育委員会編『冨波遺跡発掘調査概要報告書』）。この古墳では石材が見つかっていないので、墓壙に木棺《もっかん》を直接埋葬したものであったとみなされており、棺の長さが六〜七mあったものと推測されている。古冨波山古墳の埋葬品としては、古く三面の鏡が出土している。この鏡はいずれも舶載鏡《はくさいきょう》（中国鏡）で、陳氏作《ちんしさく》四神二獣鏡《ししんにじゅうきょう》、王氏作《おうしさく》四神四獣鏡《ししんしじゅうきょう》、三神五獣鏡《さんしんごじゅうきょう》と呼ばれる三角縁神獣鏡《さんかくえんしんじゅうきょう》が出土している。この古墳では土師器《はじき》の布留式土器の古式のものと、庄内式土器に相当するものが採集されているので、庄内式から布留式土器の古い段階に築造されたものとみなされる。

写2-5-4　織部古墳の鏡（大津市）
断面三角の線、内区に四神と四獣を表現した中国からもたらされた鏡とみなされているものである。

また、瀬田の織部古墳は径約一八m、高さ約二・四mの小円墳とみなされているものである。ここからは明治四五年（一九一二）に、舶載鏡の三角縁四神四獣鏡とともに鉄斧三個、刀などの副葬品が出土した（梅原末治「栗太、野洲両郡に於ける二三の古式墳墓の調査報告」（二完結））。築造時期は出土した土器から、庄内式の段階とみなされている。

さらに、皇子山古墳二号墳は皇子山丘陵の頂上部に造られた前方後方墳である一号墳のすぐ東下に築造された円墳である。東西径二〇m、南北径二二・八mで、墳丘の裾部から庄内式から布留式の古い段階の土師器が出土している。これらの土器によって、二号墳は頂上部に造られた一号墳よりも早く築造され

写2-5-5　整備後の皇子山古墳一号墳（大津市）
皇子山丘陵の頂上に、琵琶湖を望むように築造された湖西南部の最古の古墳である。墳丘は前方後方墳であることに歴史的意味がかくされている。

写2-5-6　箸墓古墳（奈良県桜井市）
バチ形に前方部が開いた最古の形態をもつ前方後円墳である。三輪山のふもとにあり、『日本書紀』に古墳築造の伝承が記されている。

た古墳であることが明らかになったのである（滋賀県教育委員会編『大津市皇子山古墳群調査概要』）。

　以上のような円墳から出土した土器をみると、これらはいずれも庄内式もしくは布留式の古い段階の時期に築造されたとみなされるものである。このうち庄内式土器については、現状では最古期の前方後円墳に想定されている奈良県桜井市の箸墓《はしはか》古墳でも、前方部から同じ型式のものが採集されている。したがって、古冨波山古墳、織部古墳、皇子山古墳二号墳は大和に前方後円墳が出現したのと、ほぼ同じ時期に造られた円墳ということになるのである。しかし、近江ではこの時期の前方後円墳はまだ見つかっていない。

　このことは、今後の研究によるところが大きいが、現状では古冨波山古墳、織部古墳、皇子山古墳二号墳などの円墳は、近江で前方後円墳がまだ築造されていない段階に造られた可能性が高いものと推測される。

地域首長と大和政権

では、近江に前方後円墳が出現する前に、前方後方型周溝墓や円墳が出現したのは、どのように理解されるのか。湖東地域でも蒲生郡北部にある高木遺跡で前方後方型周溝墓が見つかっているので、最古期の前方後円墳との関連で検討してみよう。

前方後方型周溝墓は前方後方形の墳形をもつものであるが、低い封土《ふうど》をもつもので、方形周溝墓につながる要素を多くもっている。これは墳形の大部分が削平されているので、埋葬の主体部の内容が明らかでない。しかし、方形周溝墓の系譜を引くとすると、方形周溝墓と同じく組み合わせ式の木棺を使用し、一つの墳丘に多数の人が埋葬された可能性を多くもっている。副葬品は他の例からすると、玉類と装身具などがわずかに出土しているだけで、その種類や量が少ない。しかも、そのほとんどは周辺に多数の方形周溝墓が集中して営まれた集団墓の一画に築造され、他の方形周溝墓と周溝を共有して営まれたものが少なくない。

このような低い墳丘をもち、副葬品が少ないことからみると、被葬者は律令時代の郡規模におよばない狭い領域を支配した地域首長で、なお自らが居住する共同体と強い関係をもち、副葬品にも厚葬する埋葬儀礼が採用されるに至っていなかったものと推測される。

一方、古富波山古墳、織部山古墳、皇子山古墳二号墳などの古墳が前方後方型周溝墓とは別に各地で出現したことは、大和を中心とした首長連合体制の編成が一定度進展し、古墳の形態や規模による新しい身分秩序の表現が開始されたことを示すものであろう。古富波山古墳で出土した三面の鏡のうち、王氏作四神四獣鏡は福岡市老司《ろうじ》古墳、ワシントンのフリーア美術館蔵品と、三角縁三神五獣鏡は兵庫県洲本市コヤダニ古墳、静岡県小笠町平川大塚古墳とそれぞれ同じ型から造られた同笵《どうはん》のもので、同一の笵から造られた鏡を分有する関係にあったことが知られている。

また、織部古墳の四神四獣鏡も、京都府向日市北山古墳、岡山市備前車塚《びぜんくるまづか》古墳と同笵の関係にあることが判明している。これらの古墳で出土した鏡に、このような他地域の古墳と同笵鏡を分有する関係が生じたのは、大和政権が鏡を各地の地域首長に威信財として配布することによって、それぞれの地域と政治的関係をもち、各地の地域掌握に着手したことを物語っている。そして、前方後円墳を中心とした定型化した古墳の墳形が各地で築造されたのは、各地の有力首長が大和政権に組み込まれるに至ったものと理解されるのである。これは言葉を換えると、大和政権による政治組織の一端に加わり、大和政権が各地に進めた身分秩序体制に明らかに組み込まれたことを表現したものとみなしてよいであろう。

(2) 前方後円墳の出現

安土瓢箪山古墳の築造

前方後円墳は円形の主墳に前方部を併置した古墳である。この前方後円墳は後円部と前方部の比率、高さなどに強い計画性をもって各地で築造された首長を埋葬した古墳であった。しかも、これは単に首長を埋葬するための施設ではなく、先の代の首長からつぎの首長に首長権を継承する祭祀を行う場をも兼ねて造られたものであったと理解されている。

近江で出現した最古期の前方後円墳は、蒲生郡の東端に位置する安土町の瓢箪山《ひょうたんやま》古墳と平成元年（一九八九）に雪野山の山頂で新たに見つかった雪野山古墳である。これらはいずれも湖東地域に築造されている。

安土瓢箪山古墳は、蒲生郡北部の繖山《きぬがさやま》（観音寺山）から西に張りだした尾根の先端部に築造された西向きの大型の前方後円墳である（梅原末治「安土瓢箪山古墳」）。この古墳は近江で最大の規模をもつ古墳で、全長はこれまで一六二mとされてきたが、近年の墳丘測量結果によると一四〇m前後であるという（丸山竜平「安土瓢箪山古墳」、用田政晴「三つの古墳の墳形と規模」）。後円部には墳丘と直交するように竪穴式石室《たてあなしきせきしつ》が三基構築され、前方部からも二基の箱式石棺《はこしきせっかん》が検出されている。

後円部の三基の竪穴式石室のうち、中央石室は割石を小口積《こぐちづ》みした長大なもので、全長六・三m、幅一・三m、高さ二・一mの規模のものである。石室内には墓壙中央部の底に砂利を敷き、その上に扁平な板石を置き、さらに粘土を敷いて割竹形《わりたけがた》木棺を据えていた。石室はこの粘土床の上に扁平な板石を持ち送って構築し、その上を九枚の天井石で覆っていた。

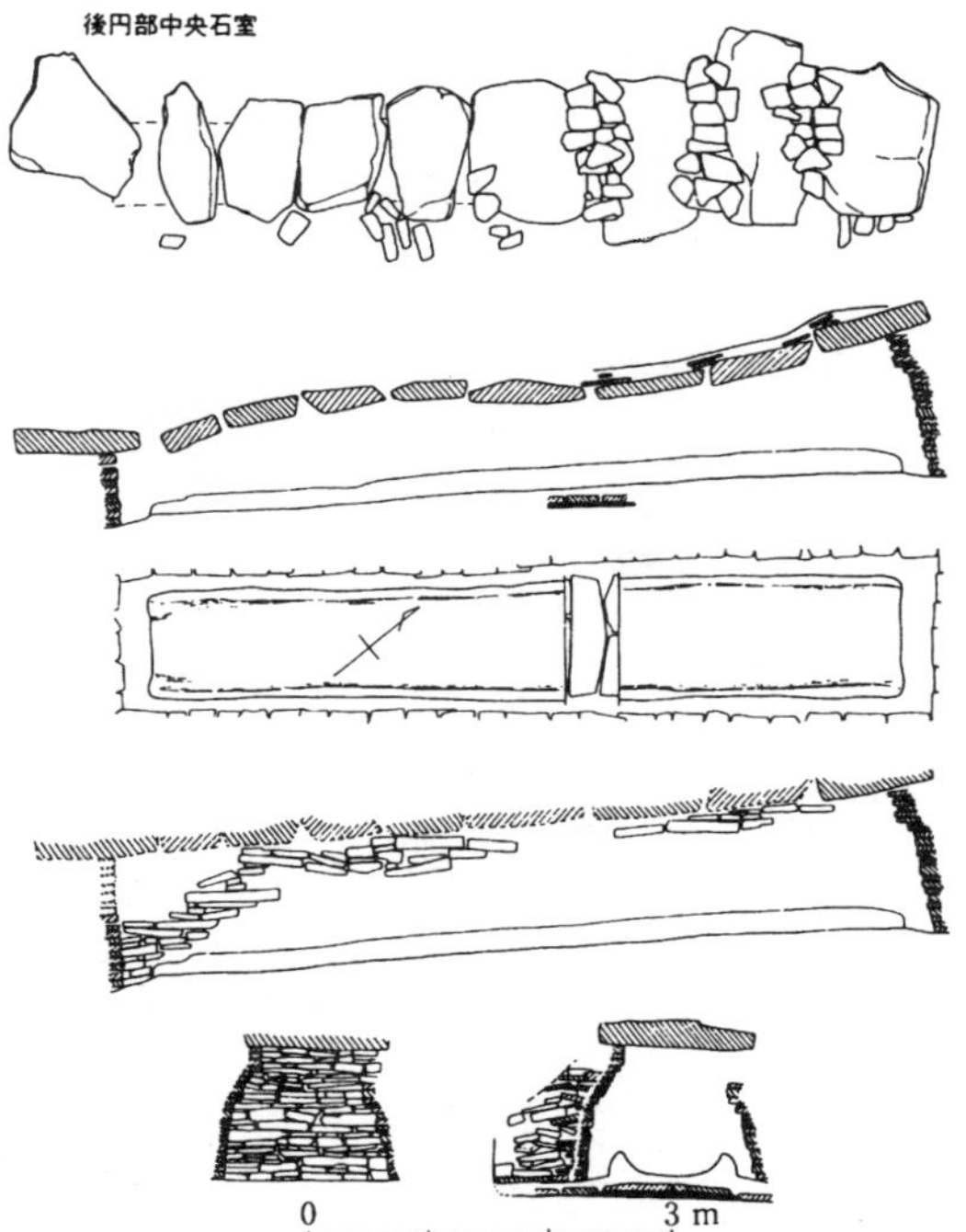

図2-5-2　安土瓢箪山古墳の石室（安土町）
後円部に長大な竪穴式石室、前方部に箱式棺が埋葬されていた。雪野山古墳の調査が行われる前は、近江で最古の前方後円墳とされていた。（梅原末治「安土瓢箪山古墳」より転載）

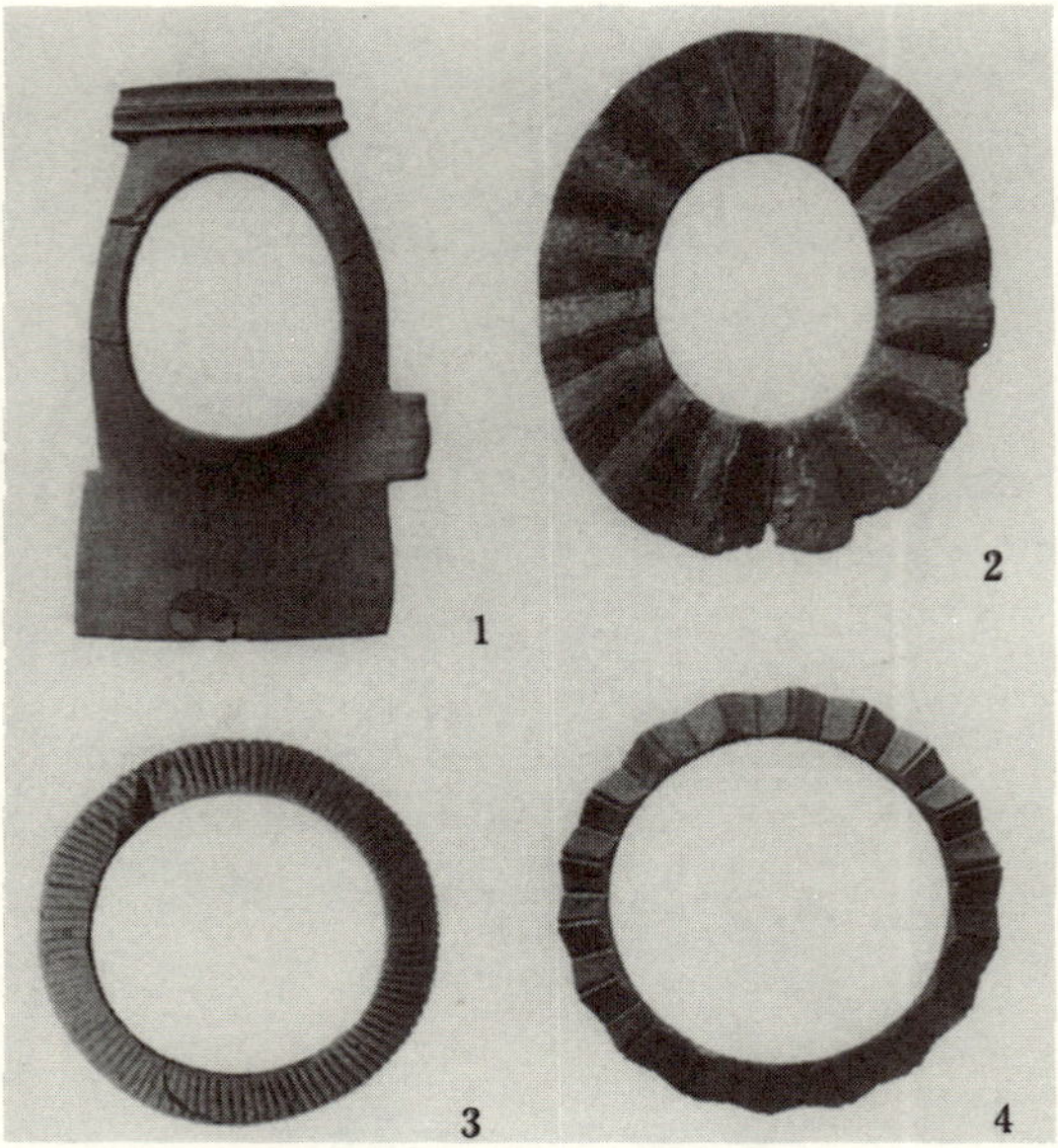

写2-5-7　安土瓢箪山古墳の遺物（安土町／1．鍬形石　2．車輪石　3・4．石釧）
前期古墳には碧玉製の腕輪が宝器として副葬された。これらは南方産の貝を祖形にして作られたものだ。（京都大学文学部博物館提供）

石室内には中央から北寄りに、朱に塗った顎骨《がくこつ》が一部遺存し、周辺で管玉《くだたま》二三個が出土した。その北に鍬形石《くわがたいし》一個、石釧《いしくしろ》二個、車輪石《しゃりんせき》一個などの腕飾類《わんしょくるい》と銅鏡二面が二列をなすように副装されていた。鏡は一面が虁鳳鏡《きほうきょう》、他の一面は平縁二神二獣鏡である。この二面の鏡はこれまではいずれも舶載鏡とみなされてきたが、二神二獣鏡は仿製鏡《ぼうせいきょう》に類似品があることから仿製鏡とみなす見解が近年はとられるに至っている。さらに、鏡のそばでは短剣一本、足の部分に相当する位置で短剣一本と鉄鏃二本が出土した。

このように、安土瓢箪山古墳の棺の内部には、北を枕にした被葬者の頭部に鏡と石製腕飾類を置き、頭部と足元に短剣を副葬したことが知られた。そして、副葬品はこのほかに、棺の外にあたる棺と石室の両側壁間と棺の北端部にも置かれていた。これらの石室の両側壁間には、筒形銅器二個のほかに銅鏃、鉇、直刀《ちょくとう》、短剣などが置かれていた。また、北端部にも短甲のほかに、鉄斧、鎌、鉇など農耕具類がまとめて副葬されていた。

安土瓢箪山古墳は、このような武器、武具を主体とした多量の副葬品が置かれており、その組み合わせからみて、中心石室の被葬者は男性であったと推測されている。

一方、後円部の他の二つの竪穴式石室は、いずれも浅く掘り、少し簡略化して構築されたものが、東と西に一基ずつ配置されていた。副葬品は西側の石室からわずかに鉄斧、刀などが出土しただけである。
また、前方部に埋葬された二つの箱式石棺では、一号棺から石釧三個、勾玉《まがたま》三個、管玉《くだたま》八個、丸玉三個、玻璃玉一個などが出土した。このほかに、墳丘の後円部頂上からは、古く大型で大きく開く土師器の壺形土器《つぼがたどき》が出土しているが、近年の墳丘の調査で円筒埴輪片も採集されているという。

新しく見つかった雪野山古墳

つぎに、雪野山古墳は八日市市、蒲生町、竜王町、近江八幡市にまたがる雪野山（竜王山）の山頂で、平成元年（一九八九）に新たに見つかった前方後円墳である。この雪野山古墳は標高三〇八・八ｍの雪野山の最高所に営まれており、東に八日市市域、北に遠く近江八幡市域、安土町域、西に竜王町域、そして南に蒲生町域を一望することができる。古墳の全長は七〇ｍ、後円部径四〇ｍ、高さ四・五ｍ、前方部長三〇ｍ、高さ約二・五ｍの北向きの前方後円墳である（雪野山古墳発掘調査団編『雪野山古墳発掘調査概報』）。

墳丘の斜面には葺石が貼られている。主体部は後円部のやや東寄りに、北向きの竪穴式石室が構築されており、その西にもう一つの埋葬主体部があることが確認されている。

竪穴式石室は床面で内側の長さが六・一ｍ、北端幅一・五ｍ、南端幅一・三五ｍ、高さ一・六ｍの規模である。石材は湖東流紋岩《ことうりゅうもんがん》を積んでおり、石室の壁には赤色顔料が全面に塗られていた。石室の床面は墓壙の四周に溝をめぐらせ、溝内に小礫を詰めた後、墓壙の底の中央に黄白色の砂質土を敷き、その上に粘土床を造っていた。この粘土床の上に、長さ五・二ｍ、幅が北端で〇・九ｍ、南端で〇・八ｍの舟形木棺《ふながたもっかん》が置かれていた。この舟形木棺は両端の小口部に半環状の突起が造り出され、内部に二カ所の仕切り板が付けられていた。

木棺内に置かれた副葬品は、北から記すと、北端部で鉄製農工具類と紡錘車形《ぼうすいしゃがた》石製品が二個出土した。その南には柳葉《りゅうよう》式の銅鏃一七、八本を納めた靫《ゆき》がある。さらに南にあたる被葬者の頭部付近に銅鏡三枚、鍬形石、琴柱形《ことじがた》石製品が置かれていた。銅鏡は東に鼉龍鏡《だりゅうきょう》、西に三角縁《さんかくえん》波《は》文帯盤龍鏡《もんたいばんりゅうきょう》、その南に内行《ないこう》花文鏡《かもんきょう》が配置され、このうち内行花文鏡のみが鏡背を上にして出土した。

木棺の中央部からは鉄剣と鉄刀が出土した。これらは西側で鉄剣一本、鉄刀一本、東側から鉄剣の把部《つかぶ》が遺体に沿うように置かれていた。

さらに足元にあたる位置では、木棺を区切る仕切り板に立て掛けた状態で、銅鏡二面が出土した。上は

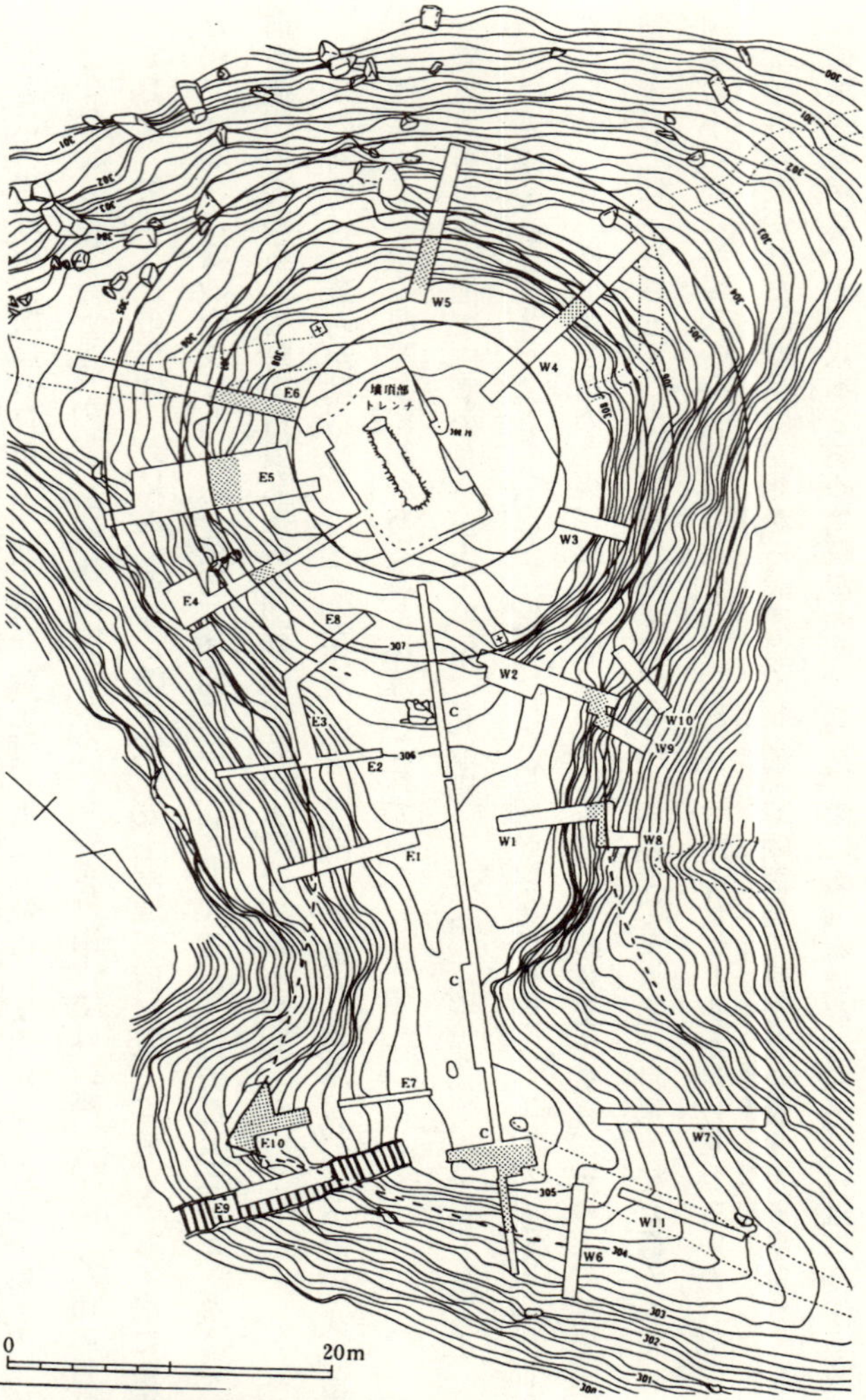

図2-5-3　雪野山古墳の測量図（八日市市）
雪野山の最高所に自然地形を利用して築かれた前方後円墳。築造後、中世に少し手が加わっているが、最古期の形態をとどめる。
（雪野山古墳発掘調査団編『雪野山古墳発掘調査概報』より転載）

三角縁天王日月唐草文帯四神四獣鏡《さんかくえんてんのうにちげつからくさもんたいししんしじゅうきょう》、下は亲出銘三角縁四神四獣鏡《しんしゅつめいさんかくえんししんしじゅうきょう》である。この仕切り板の南側では、鉄剣、鉄鏃、ヤス、鉄釘などの鉄製品が出土し、さらに南端部に朱を入れた土師器の壺が置かれていた。

また、棺外では北端の小口部の東寄りから小札革綴冑《こざねかわとじかぶと》、西寄りから木製の竪櫛《たてぐし》二二個、合子《ごうす》一個が出土した。さらに西側では、鉄槍一本、鉄剣二本、鉄鏃五本、銅鏃四本と、少し南に離れて鉄鏃を収めた靫、南端近くで銅鏃三四本と靫の背負い板と推定される木製品が出土した。そして、東側では北寄りで銅鏃一八本、遺体と平行するあ

写2-5-8　雪野山古墳の石室（八日市市）
下から少しずつせりださせながら積んだ長大な竪穴式石室である。床面に棺内に置かれた副葬品が遺存していた。（八日市市教育委員会提供）

写2-5-9　雪野山古墳の遺物出土状況（八日市市）
棺内の中心部に副葬された三面の鏡と鍬形石、横に並ぶ二面の鏡ともう一面の鏡との間に仕切り板があった。（八日市市教育委員会提供）

たりで鉄鏃四本、銅鏃四本などが見つかっている。

以上の副葬品のうちで、棺内から出土した五面の鏡については、内行花文鏡と鼉龍鏡が仿製鏡で、三角縁波文帯盤龍鏡は舶載鏡で福岡市藤崎遺跡の鏡と同笵、三角縁天王日月唐草文帯四神四獣鏡は舶載鏡で京都府山城町椿井《つばい》大塚山《おおつかやま》古墳、兵庫県新宮町吉島《よしま》古墳、奈良県河合町佐味田《さみだ》宝塚古墳、静岡県浜北市赤門上古墳と同笵、三角縁楽出銘四神四獣鏡はワシントンのフリーア美術館に同笵のものが知られている。

また、鍬形石は祖形となったゴホウラ製貝輪の形態をよく残した型式のもので、古い型式のものとみることができる製品である。

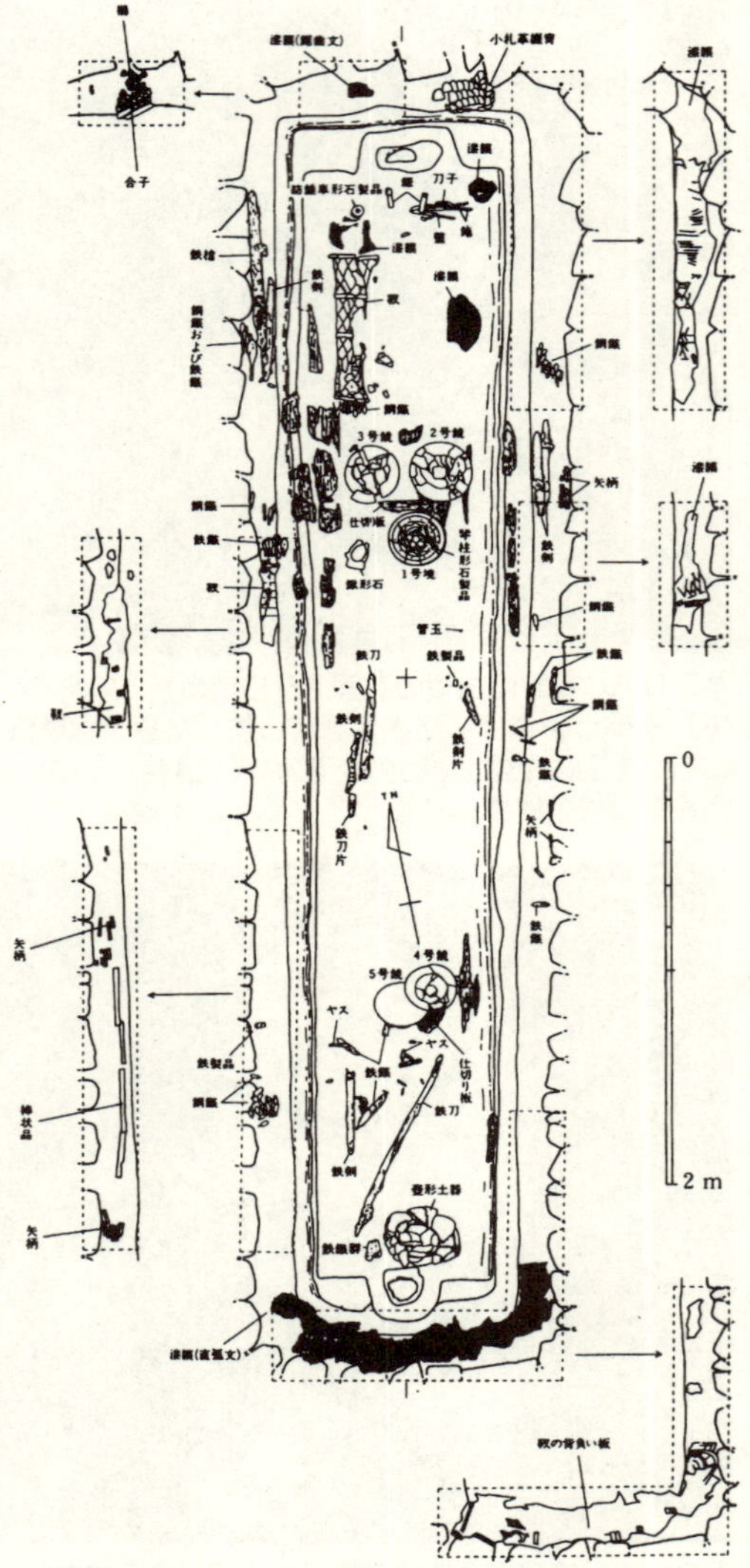

図2-5-4　雪野山古墳の副葬品の配置（八日市市）
長大な舟形木棺の内部と石室と棺との間に副葬品がおさめられていた。中央部北寄りにある鏡の南に頭部を置き、北枕にして埋葬されていたことがわかる。（雪野山古墳発掘調査団編『雪野山古墳発掘調査概報』より転載）

これらのほかに、雪野山古墳では、くびれ部と後円部の斜面から土師器の二重口縁壺と甕が採集されている。これらの土器はいずれも布留式土器の中段階のものとみなされるものである。

二つの古墳の先後関係

蒲生郡に築造された最古期の二つの前方後円墳は、いずれも丘陵を利用して墳丘が築かれている。雪野山古墳の形態は、後世に前方部がかなり改変されているとはいえ、前方部は狭く、しかも撥形に開いていたふしがある。また、二つの古墳の墳丘には葺石が貼られ、安土瓢箪山古墳では壺形土器や埴輪が立てられていたことも知られている。さらに、主体部の埋葬施設には長大な木棺が採用され、扁平な石によって竪穴式石室が構築されていた。

このような安土瓢箪山古墳と雪野山古墳にみられる特徴は、冨波遺跡などの前方後方型周溝墓や古冨波山古墳などの円墳とは、墳丘、主体部ともに大きく異なっている。また、石室内に置かれた副葬品も、種類と量の点で、やはり大きな違いをみることができるのである。

ところで、雪野山古墳と安土瓢箪山古墳は、蒲生郡に営まれた湖東地域の最古期の首長墳であるが、二つのう

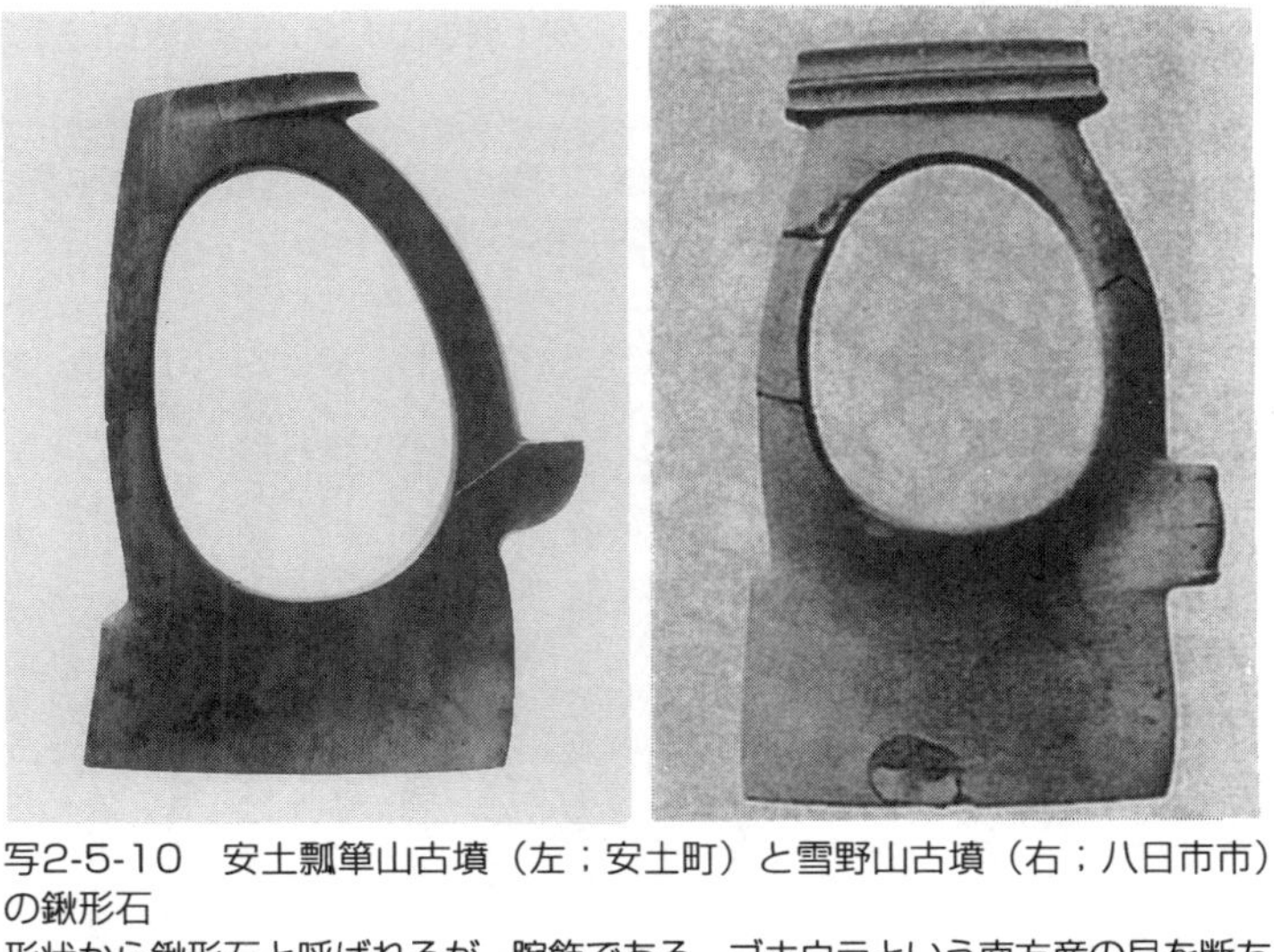

写2-5-10　安土瓢箪山古墳（左：安土町）と雪野山古墳（右：八日市市）の鍬形石
形状から鍬形石と呼ばれるが、腕飾である。ゴホウラという南方産の貝を断ち割った形を模倣したもの。（八日市市教育委員会・京都大学文学部博物館提供）

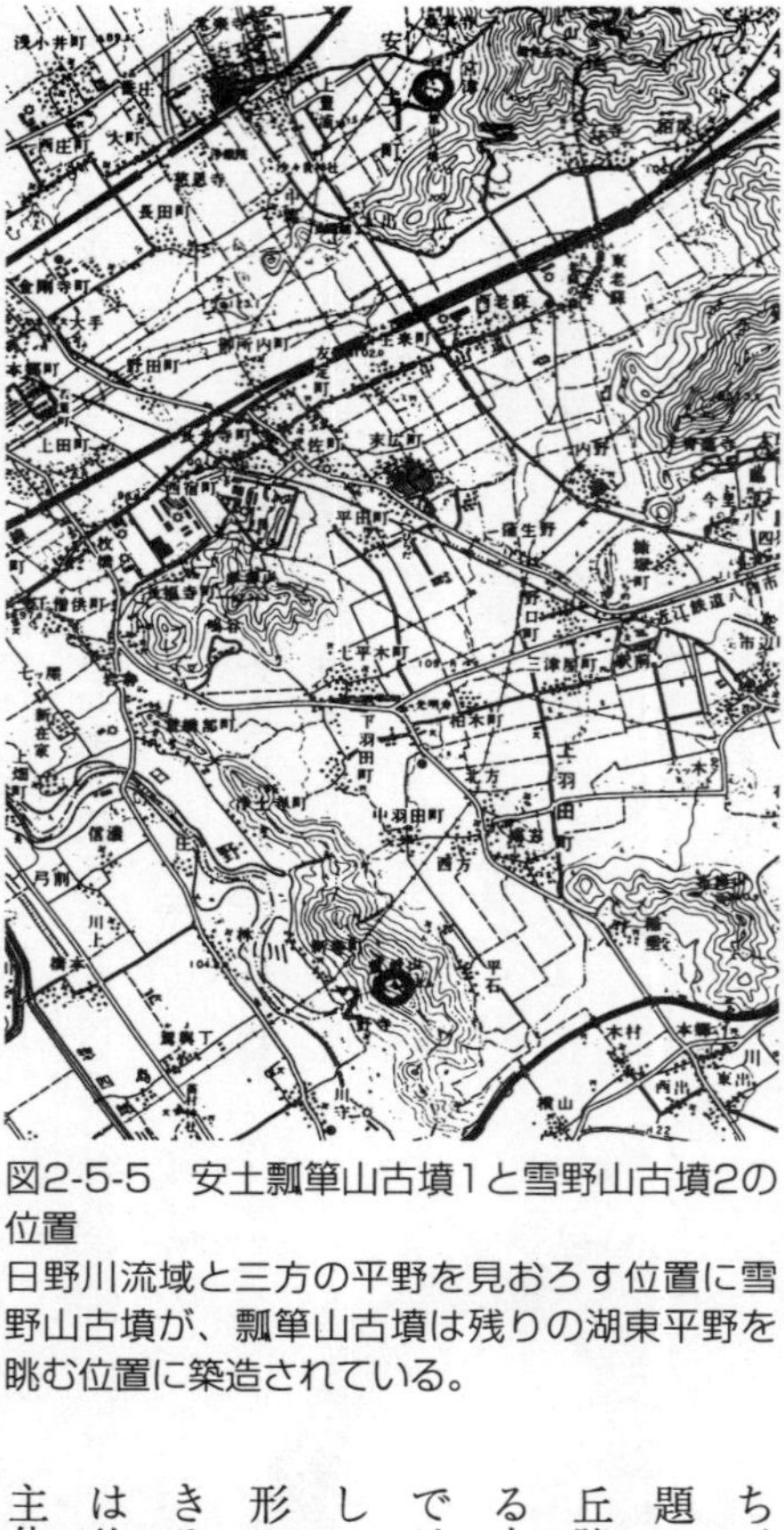

図2-5-5　安土瓢箪山古墳1と雪野山古墳2の位置
日野川流域と三方の平野を見おろす位置に雪野山古墳が、瓢箪山古墳は残りの湖東平野を眺む位置に築造されている。

ち、いずれが先に築造されたかが問題になる。二つの古墳を比べると、丘陵を利用して墳丘が築造されている点は共通する。墳形は雪野山古墳では後世の前方部に対する改変が著しいが、それでも前方部が狭く、撥形に開いていた特徴を窺うことができる。これに対して安土瓢箪山古墳は後円径に比べて、前方部が広い。主体部の竪穴式石室は安土瓢箪山古墳は墓壙の基底部に砂利を敷き、その上に板石を置いて粘土床を造っているので、雪野山古墳よりも少し丁寧な構造となっている。

副葬品では雪野山古墳は三面の舶載鏡《はくさいきょう》と二面の仿製鏡が出土し、安土瓢箪山古墳はこれまでは二面とも舶載鏡とされてきたが、平縁二神二獣鏡は仿製鏡とみなしうる可能性が高いので、両者とも舶載鏡と仿製鏡が出土していると理解してよいであろう。

一方、ほかに二つの古墳から出土している鍬形石は、雪野山古墳のものでは、上の笠状部上端が左下りで、左端は突起部がない。右側の環状部に付く突起部は上面を平坦に大きく張り出して造られ、内孔はD字状で下端が板状部にくい込む形状となっている。これは安土瓢箪山古墳では笠状部が平坦で、環状部の突起中央に刻線がみられる。また、環状部の突起は上下ともに差がなく、円孔がO字状をなし型式化している。これは河村好光氏による鍬形石の型式変遷観からすると、雪野山古墳のものが最古型式、安土瓢箪山古墳のものは最新型式ということになるのである（河村好光「碧玉製腕飾の成立」）。

以上のように、雪野山古墳と安土瓢箪山古墳は、近江の最古期の前方後円墳とみてよいものであるが、その先後関係を求めると、雪野山古墳のほうが古く築造された可能性が高いものとみなしてよいように思われる。二つの古墳が築造された時期は公表されている土師器からみると、雪野山古墳が布留式の中段階とみなされるので、その年代は研究者によって多少の差があるが、四世紀中ごろに推定してよいであろう。そして、それに遅れる安土瓢箪山古墳は四世紀後半ということになるであろう。

前方後円墳と画一性

さて、雪野山古墳、安土瓢箪山古墳にみられるような前期の前方後円墳は、畿内をはじめ各地できわめて強い画一性をもって出現した。

前方後円墳は高い後円部とその前に長大な前方部が二、三段に壇をなして築成されている。前期の前方後円墳は後円部に大型の墓壙が掘られ、そこに長大な棺を置き、それを囲む長大な竪穴式石室が設けられている。副葬品も鏡や装身具のほかに、刀、剣、靫《ゆき》、甲などの武器や武具などが棺内と棺外に置かれた。雪野山古墳、安土瓢箪山古墳の場合も、副葬品の埋納は、被葬者とともに棺内に配列した段階と、それに続いて棺蓋が覆われ、棺外に配列された段階の二つの過程をたどって行われたことを知ることができる。

このように、前期古墳では墳丘、埋葬施設のほかに副葬品の配置にも強い共通性をもって古墳祭祀が行われている。これは京都府向日市寺戸大塚古墳、大阪府高槻市弁天山古墳などの前期古墳でも共通してみられ、前方後円墳の古墳祭祀がいかに強い画一性をもって畿内や各地で行われたかがよくわかる。

前期の前方後円墳では、雪野山古墳、安土瓢箪山古墳にみられるように、刳り抜いた長大な木棺が用いられた。

これは一人の首長が埋葬されるのに必要とした空間からみると倍以上の大きなものということになる。しかも、それまでの弥生時代の墳丘墓に用いられた組み合わせ式の木棺とは系譜を異にしたものであった。現状ではこのような長大な木棺がどのようにして用いられるに至ったか、その過程はまだ明らかでない。長大な木棺が用いられた背景としては、おそらく副葬品を棺内と棺外とに区別し、棺内に多量の副葬品を収納する必要が生じたことに起因するものと思われる。

また、古墳には葺石が貼られている。墳丘に石を貼ることは、弥生時代の墳丘墓では山陰地域の四隅突出型墳《よすみとっしゅつがたふん》丘墓《きゅうぼ》など、ごく一部でみられたものであるが、畿内の大和、河内などの墳丘墓では採用されなかった技法である。

このような点からみて、前方後円墳は、畿内の弥生時代の墳丘墓の伝統に加えて、畿内の周辺地域の墳丘墓にみられる諸要素を統合して成立したものといわれている。また前方後円墳は大和政権によって生みだされたきわめて政治性の強い古墳祭祀を行う場でもあった。

前方後円墳は大和を中心に、畿内とその周辺、瀬戸内沿岸、ついで、北東九州、山陰に広がり、やや遅れて東国の各地で出現している。しかも、出現期の前方後円墳は各地ともその数はきわめて少ない。これはのちの国の規模で一時期に二、三基とみなされるので、特定の有力首長に限って採用されたもので、その後は各地ともいくつかの地域ごとに首長墳が成立をみるに至ったことが知られるのである。

(3) 二つの前方後円墳の性格

二つの古墳と立地

雪野山古墳が近江の湖東地域で最古の前方後円墳として築造されたのは、どのような背景によるものなのであろうか。この古墳は、竜王町、八日市市、蒲生町の三地域からよく望みうる場所に築造されている。これは雪野山の最高所が選ばれたということも考慮されるが、やはり被葬者の首長とかかわりあいの深い地域から望みうる所に築造されたものとみてよいであろう。そして、前方部が北向きに造られたのは、日野河流域を根拠地としながらも、湖東地域の有力首長として北部一帯をも望んで築造されたものと推測されるのである。雪野山古墳が築造された雪野山は日野川のすぐ東に接し、しかも古代蒲生郡域のほぼ中央部に位置する。ここは琵琶湖岸とは少し距離を隔て、古代の交通路であるのちの東山道とも少し南に離れている。しかし、大和政権の本拠地であった大和と東山道の各地域を結ぶ交通路としては、関ケ原から西進し、愛知川を越え、日野川中流域を横断し、甲賀郡の甲西・水口を通り、和束《わつか》を経て大和に至るルートが重要なものとしてあったと想定してよい。このような大和と美濃以東地域を結ぶ重要な交通路を日野川中流域に想定しうるとすると、雪野山古墳が築造された位置は、後の古代蒲生郡の中心的位置にあたることと、大和および東山道地域をつなぐ交通の要衝であることとを考慮して決定されたものとみてよいのではなかろうか。

これに続いて築成された安土瓢箪山古墳は、繖山の山麓西端部に営まれている。ここは日野川下流域の東に開けた平野部の東端にあたり、湖東平野の出入り口に位置している。また、小中の湖、大中の湖を経て琵琶湖の湖上交通とも深いかかわりをもつ地域でもあった。まさに、安土瓢箪山古墳は湖東平野と琵琶湖の湖上交通を掌握するのに適した条件の地に築造されたものである。しかも、安土瓢箪山古墳は雪野山古墳の二倍の規模をもち、近江最大の前方後円墳として築かれたことを重視する必要があるであろう。

前方後円墳と大型化

雪野山古墳や安土瓢箪山古墳のような前方後円墳は、部族連合の首長を埋葬した墓である。しかも、これは単に亡くなった首長を埋葬しただけでなく、先の首長がもっていた首長権をつぎの首長が継承するために、集団全体で

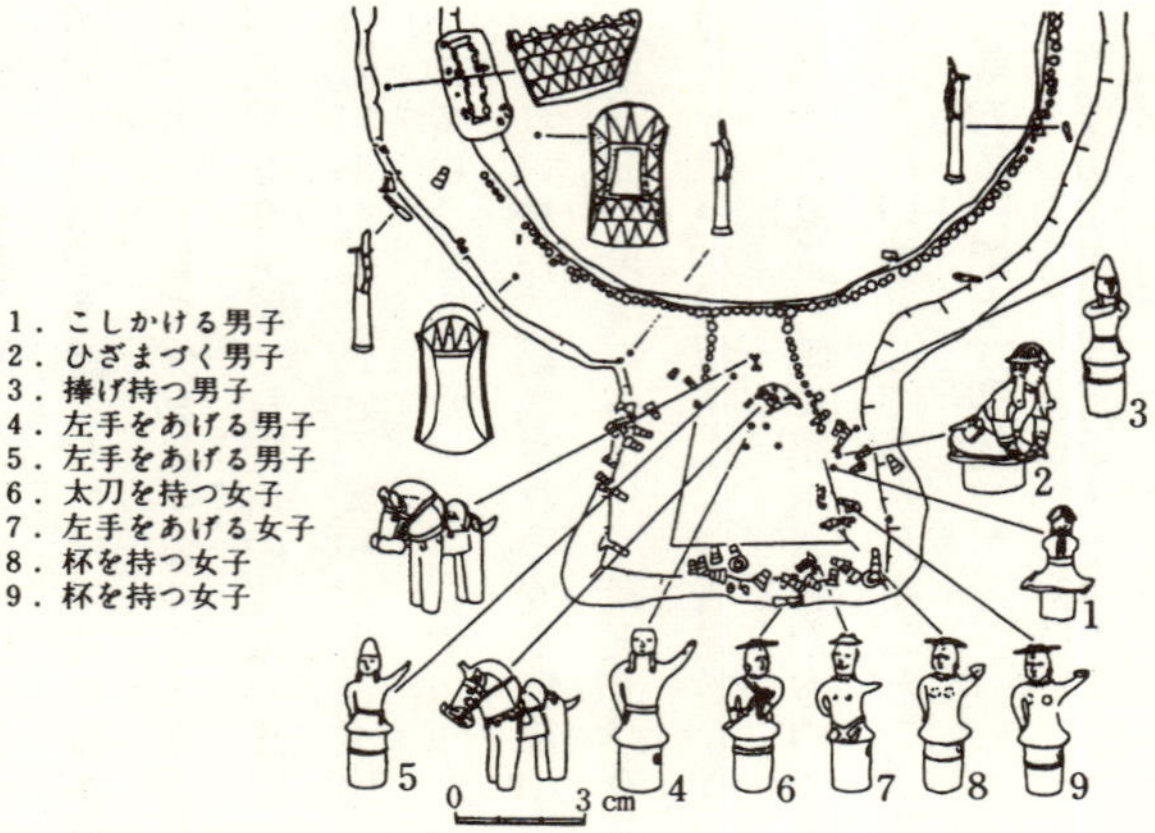

図2-5-6　首長権継承儀礼（群馬県太田市塚廻り4号墳の人物埴輪）
前方後円墳では首長の埋葬後に、次の首長へ首長権を継承する儀式が行われた。この人物埴輪はその様子をよく物語る。跪くのが次期首長である。（群馬県教育委員会編『塚廻り古墳』より転載）

首長権を継承する祭祀をあわせて行う場でもあった。換言すると、前方後円墳の築造は、新しい首長自らが支配することになる地域集団と他の地域集団に対して、首長権を継承したことを示すとともに、その祭祀を行うことによって新首長としての支配権が確立したことを誇示する意図で行われたものといわれている。このような性格をもつだけに、古墳を築造することは集団祭祀の場を設定するためのものであり、大土木事業にかかわるその労働すらも、民衆による集団祭祀の形態に組み込まれて進展したものと理解されるのである。

初期の前方後円墳では、新首長は自らの権威を誇示するために、先の首長墳よりも規模がより大きな首長墳を築造することを意図することがしばしばみられた。蒲生郡に築造された前方後円墳の雪野山古墳が全長七〇mであったのに比べ、安土瓢箪山古墳がその二倍の規模をもつのは、首長権が飛躍的に強大化しただけでなく、前方後円墳に大型化を志向する論理が内在するという性格によるところが少なくないものと推測されるのである。

これは近江の湖西地域の首長墳でも、最古の大津市皇子山古墳（一号墳）が全長六〇mの前方後方墳として出現し、ついで堅田の和邇《わに》大塚山古墳が七二mと大型化し、それに続く膳所《ぜぜ》茶臼山《ちゃうすやま》古墳が一二〇mとこの地域で最大の大型墳が築造されている。しかし、その後は、大型墳からいずれも小型化した前方後円墳が造られて変遷したのは、湖東地域と類似する。

さて、古墳時代の前期に蒲生郡に大型前方後円墳が築成されたのは、この蒲生郡を中心とした湖東地域の部族連

表2-5-1　近江の首長墳（田中勝弘「東部（滋賀・三重）」より転載；一部改変）

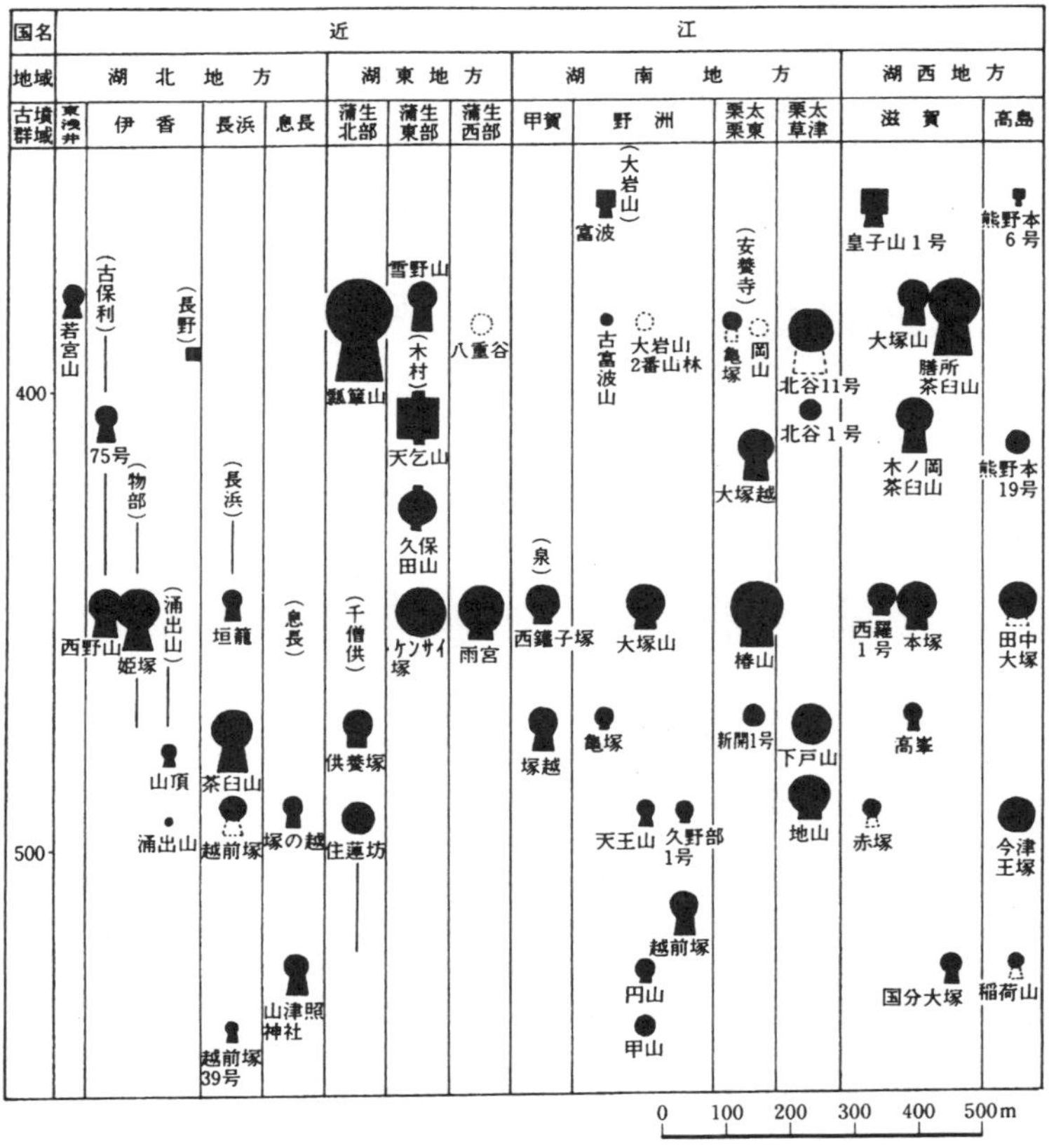

合と大和政権との間に、政治的な関係が形成されたことを示している。このような関係は前方後円墳の出現からみると、湖西のほかに野洲川流域の湖南、さらに湖北でも少しだけ遅れて成立したものと推測される。おそらく近江の各地の部族連合の首長は、大和政権と関係をもつことによって、これをうしろ盾としながら支配権を強化し、地域集団の統率にあたったものと推測することができる。この前期古墳にみられる鏡や腕飾類の石製模造品は、大和政権とのつながりによって各地の首長が得たものであった。

このように大和政権と近江の各地の地域首長が政治関係をもったことは、おそらく、その代償として大和政権へ特定の物資の貢納と剰余労働力を提供することが義務として生じたことが想定されるのである。

(4) 二つの前方後円墳と被葬者

雪野山古墳と蒲生稲寸

雪野山古墳、安土瓢箪山古墳はいずれも蒲生郡に築造された古墳なので、それぞれこの地域を本拠地とした有力豪族が埋葬されたものと思われる。それを、『古事記』『日本書紀』などで知られる古代近江の豪族に求めると、羽《は》田君《たのきみ》、蒲生稲寸《がもうのいなぎ》、狭狭城山君《ささきやまのきみ》がその候補としてあげられる。

まず、羽田（羽多）君は、『古事記』応神天皇段に同天皇の御子としてみえる若野毛二俣王《わかぬけのふたまたのおほきみ》（『日本書紀』では稚《わか》野毛二派皇子《のけふたまたのみこ》）の子である意富富杼王《おほほどのおほきみ》を祖としたことが知られる。同祖の氏族には三国君《みくにのきみ》、息長坂君《おきながのさかのきみ》、酒人君《さけひとのきみ》、山道君《やまぢのきみ》など、湖北や越の氏族と関係の深い氏族がある（『古事記』応神天皇段）。この羽田君は元武元年（六七三）の壬申の乱の際に、羽田君矢国とその子の大人《うし》が大海人皇子側に加わり、活躍したことがよく知られている（『日本書紀』同年七月辛卯〈二日〉条ほか）。羽田君の本拠地は羽田の地名からみて、八日市市の羽田地区に想定される。ここには六世紀中葉から後半にかけて前方後円墳一基をふくむ八幡社古墳群が築造されているので、六、七世紀には現在の八日市市を中心とし、蒲生町、近江八幡市南部、五個荘町にかけての中小豪族を支配していたものと推測される。このように羽田君は羽田地区から八日市市の愛知川左岸流域にかけてを本拠地としていたものと思われる。

しかし、この地域の古代の開発は蒲生郡でも遅れた地域で、前期古墳の出現と密接な関係をもつ弥生時代後期から古墳時代前期の集落は現状ではほとんど知られていない。おそらく、八幡社古墳群を築造した羽田君がこの地域を本拠地として開発を進め、大きな勢力をもつに至ったのは古墳時代中期以降のことであったと想定されることになるのである。

とすると、羽田君を前期古墳の雪野山古墳、安土瓢箪山古墳に埋葬された豪族とするのは、いずれの場合も困難

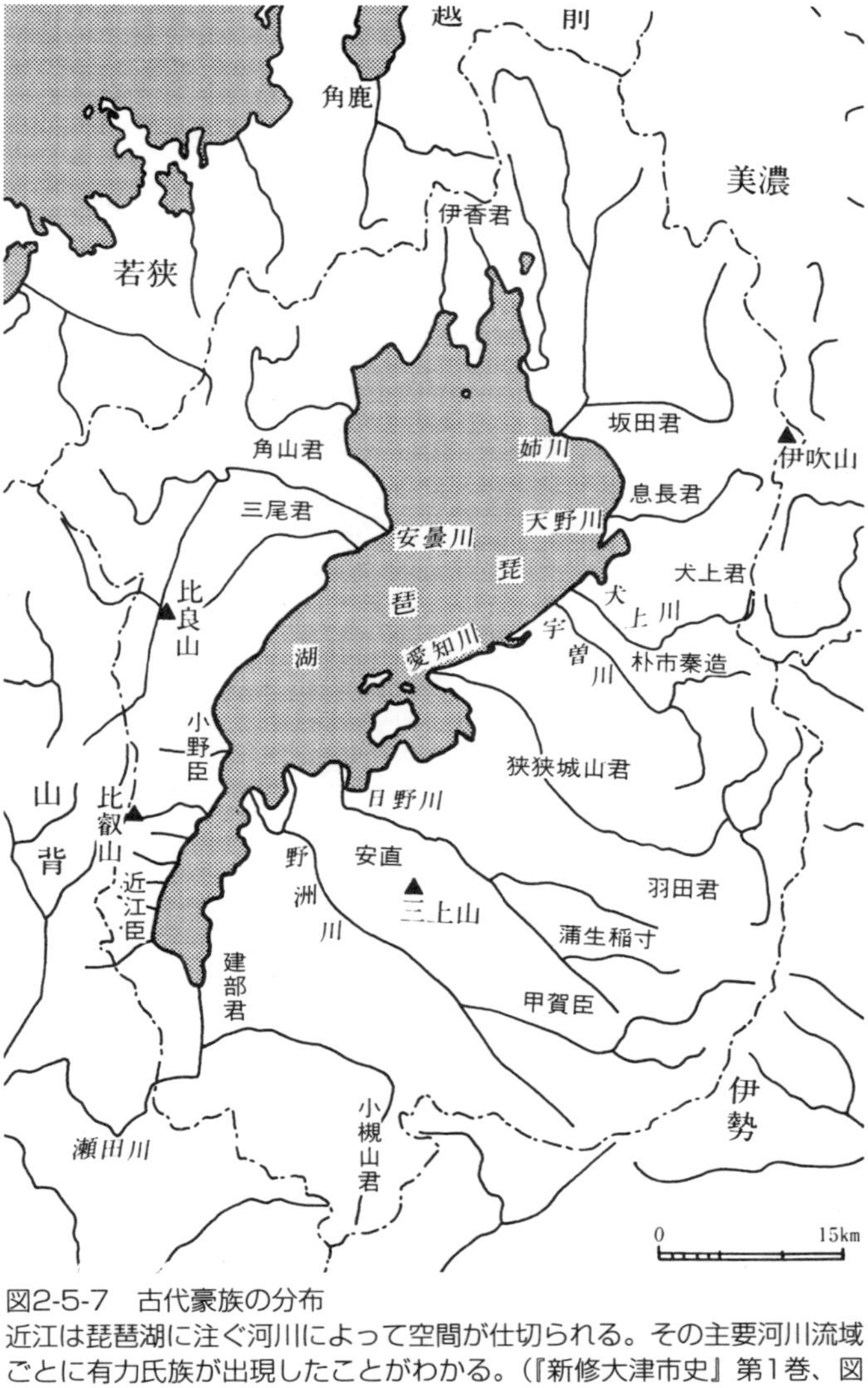

図2-5-7　古代豪族の分布
近江は琵琶湖に注ぐ河川によって空間が仕切られる。その主要河川流域ごとに有力氏族が出現したことがわかる。(『新修大津市史』第1巻、図20をもとに作図)

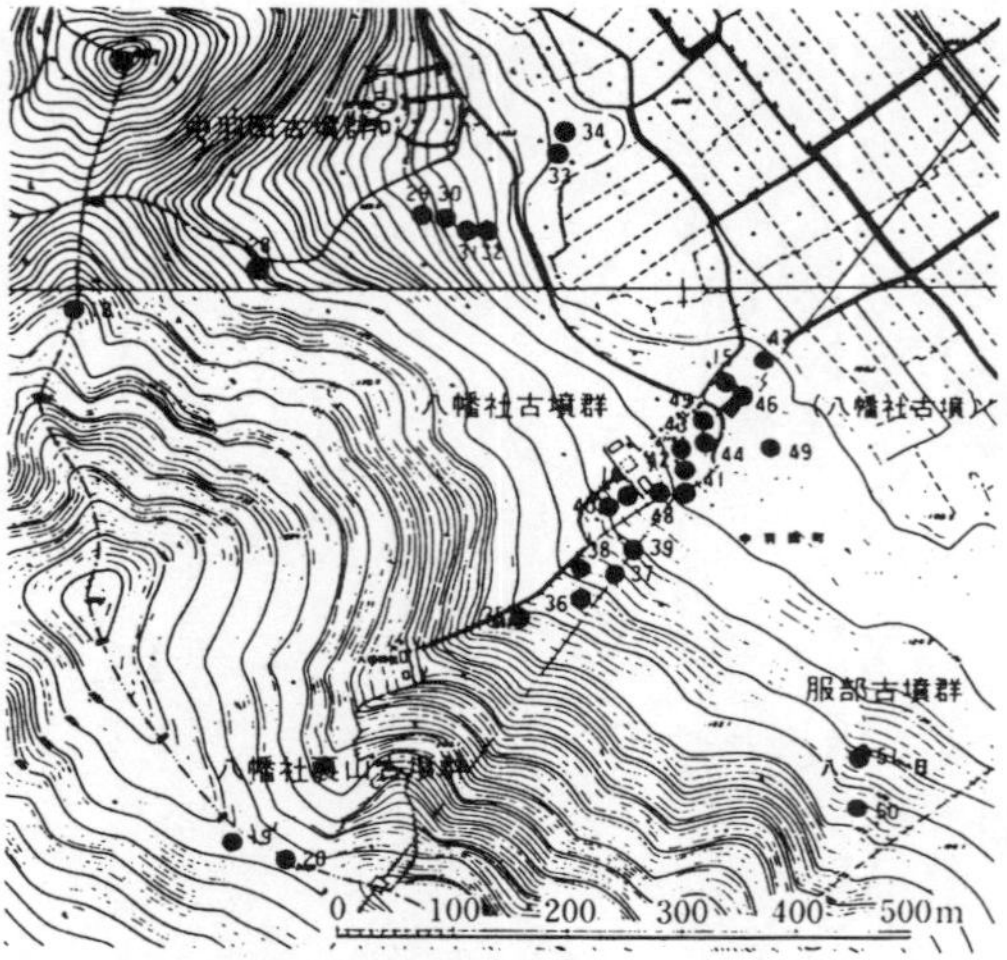

図2-5-8　八幡社古墳群の分布
雪野山東麓の小さな谷筋に50基ほどからなる群集墳が分布する。前方後円墳の八幡社46号墳が中心的位置を占めて築造されている。（『八日市市史』第1巻、図50より転載）

図2-5-9　八幡社46号墳
後期の前方後円墳に三つの横穴式石室が設けられている。2号石室は特異なL字形のものである。（滋賀県立安土城考古博物館編『常設展示解説』、図48より転載）

な想定ということになるであろう。

つぎに、蒲生稲寸は、『古事記』神代巻に、天《あま》津日子根命《つひこねのみこと》を出自としたことが記されている氏族であるが、詳しいことは明らかでない。この蒲生稲寸は、闘鶏稲置《つげのいなぎ》（『日本書紀』仁徳天皇六二年是歳条）が大和国山辺郡都介《つげ》郷を本拠地としていたとみなされるように、その氏姓から推測して、その支配領域はあまり広い範囲を考えることは難しいように思われる。古代の蒲生郡では北部を狭狭城山君が広く本拠地としていたことからすると、後の東生《ひがしお》、西生《にしお》の二つの郷域を中心とした日野川中流域を本拠地とした氏族であったとみなすのが妥当かと思われる。だとすると、現在の蒲生町から八日市市の一部に及ぶ地域をその本拠地としたものとみなされる。

前期古墳の築造前後の時期にあたる蒲生町を中心とする日野川中流域に営まれた古代集落は、弥生時代後期から古墳時代前期にかけて、日野川支流の古川《ふるこ》流域に蒲生町市子遺跡、堂田遺跡、田井

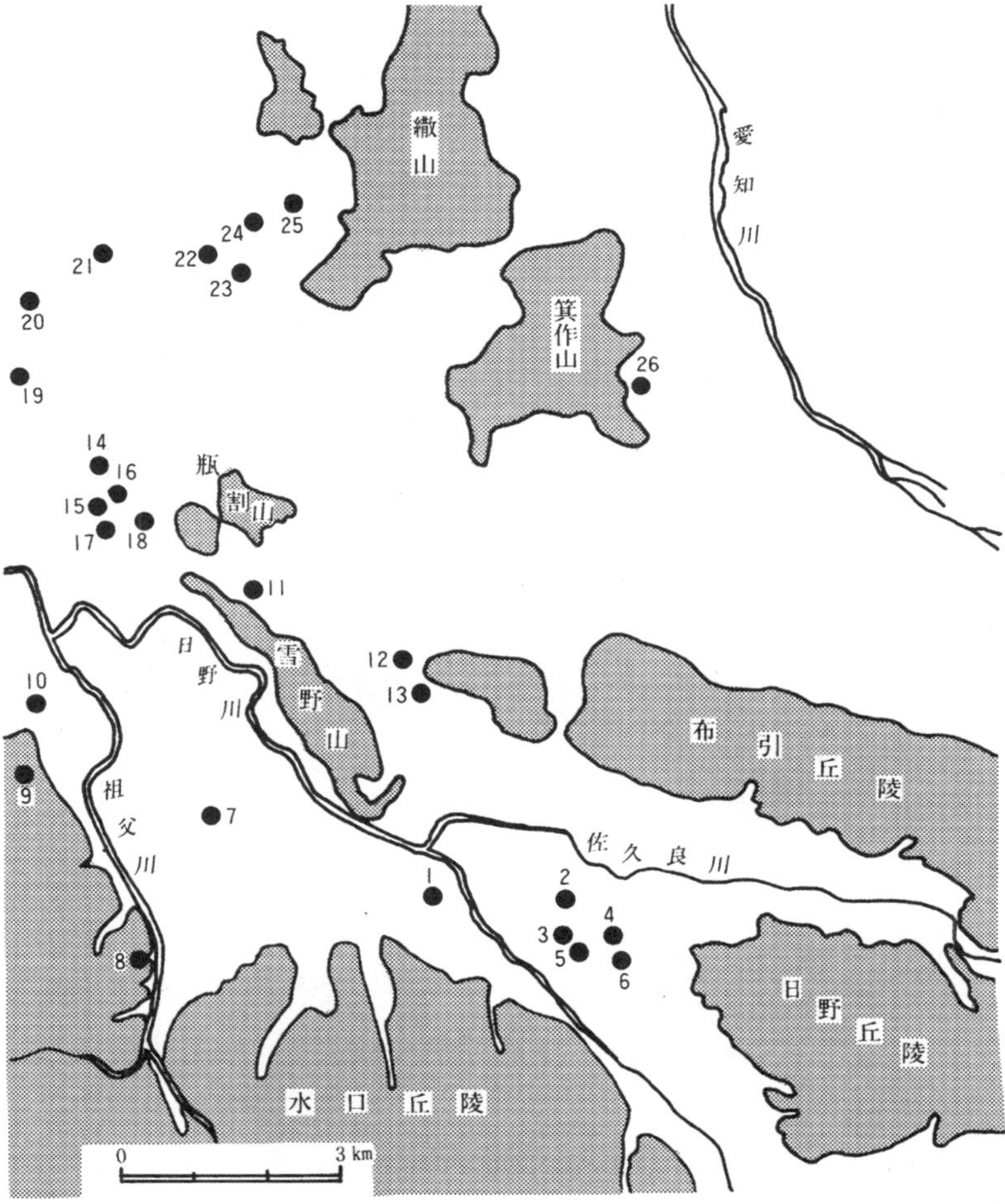

図2-5-10　雪野山周辺の集落の分布（1．野瀬遺跡　2．市子遺跡　3．堂田遺跡　4．平塚遺跡　5．田井遺跡　6．杉ノ木遺跡　7．綾戸遺跡　8．岡屋北遺跡　9．七里遺跡　10．須恵東遺跡　11．下羽田遺跡　12．五反田遺跡　13．内堀遺跡　14．蛇塚遺跡　15．観音堂遺跡　16．柿ノ町遺跡　17．勧学院遺跡　18．堀の内遺跡　19．森ノ前遺跡　20．出町遺跡　21．高木遺跡　22．慈恩寺遺跡　23．中屋遺跡　24．小中遺跡　25．西才行遺跡　26．日吉遺跡）
日野川と佐久良川の合流域の南側一帯と日野川と祖父川の合流域の北側一帯の二つの集落集中地域がある。前、中期の首長墳の分布とよく対応する。

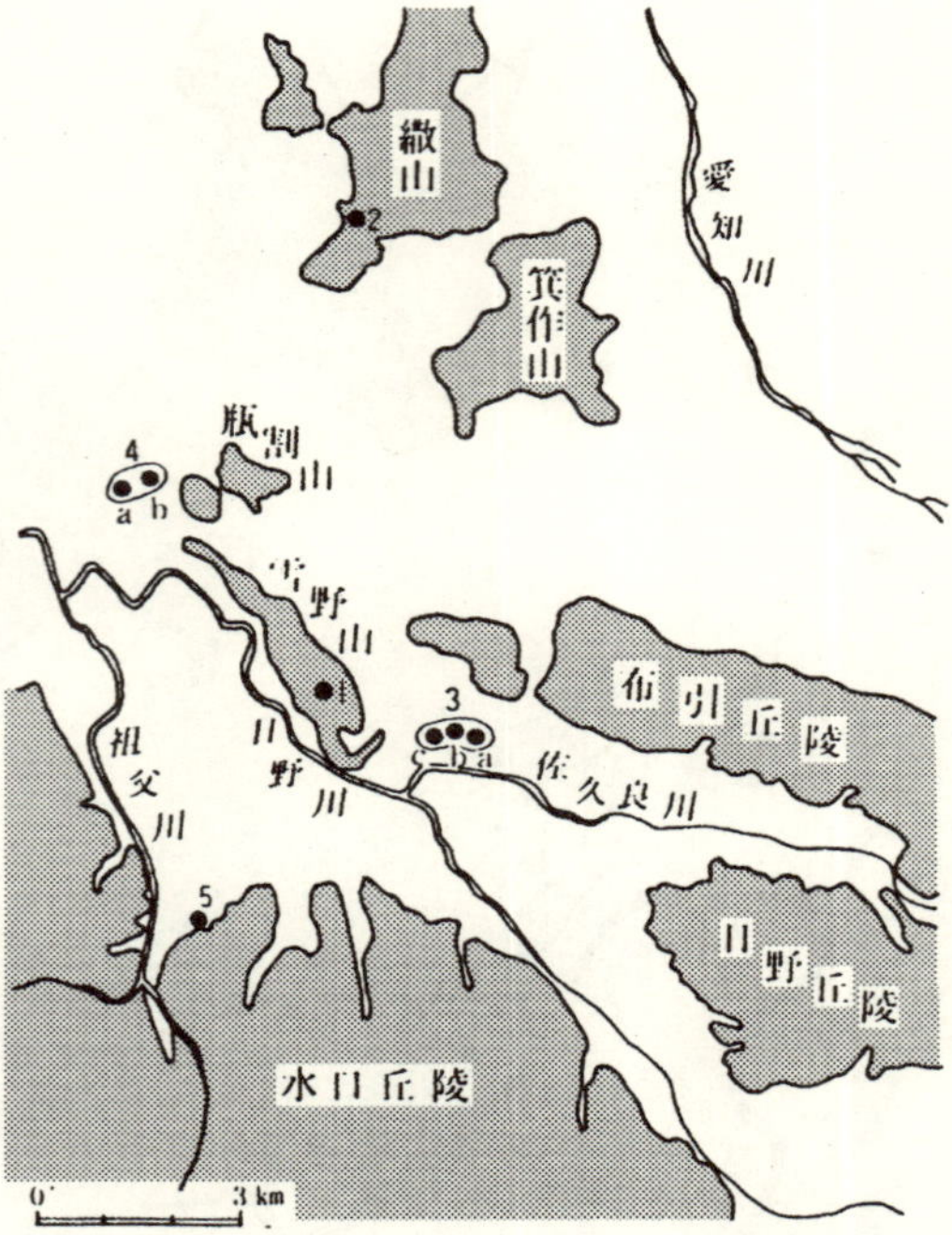

図2-5-11　日野川流域の前・中期古墳の分布（1．雪野山古墳　2．安土瓢箪山古墳　3．木村古墳群〈a．ケンサイ塚古墳　b．天乞山古墳　c．久保田山古墳〉　4．千僧供古墳群〈a．供養塚古墳　b．住蓮坊古墳〉　5．雨宮古墳）
古墳は集落が集中する地域で、耕地の開発しにくい条件の地に集中して造営されている。

遺跡、麻生遺跡があり、日野川左岸に野瀬遺跡が営まれている。これらの集落遺跡はいずれも雪野山古墳から南に二～六㎞以内に集中して分布し、住居跡や方形周溝墓などが多数見つかっており、集落規模も大きく、かつ安定した生活が営まれていたことが近年の発掘調査で明らかになった。

雪野山古墳から眼下に眺望される蒲生町域に、前期古墳が成立した前後の集落遺跡がこのように集中して営まれていることは、この蒲生町域の集落遺跡が集中する地域が、雪野山古墳に埋葬された首長の本拠地として最もふさわしい候補地ということになる。

ところで、前述したように蒲生稲寸は実体を明らかにしがたい豪族である。しかし、蒲生というこの氏族名からすると、日野川中流域にあたる後の東生郷、西生郷にあたる地域を支配した有力豪族であったことは動かないであろう。とすると、文献史料からは蒲生稲寸のその後の活動は全く知り得ないが、雪野山古墳の被葬者が蒲生町域に集中する集落遺跡を本拠地としていたとみなされる地域と、蒲生稲寸の本拠地に想定される地域は重なることにな

写2-5-11　雪野山遠景（稲垂より）
蒲生郡の中心部に南北に延びた独立丘陵である。古代人も朝夕、この丘陵を仰ぎみながら生活したであろう。東側一帯は大きな河川がないため古代には野の景観をなしていたものと推測される。

る。だとすると、雪野山古墳の被葬者は、日野川中流域を本拠地とした有力豪族である蒲生稲寸と断定することはできないまでも、その可能性はきわめて高いことになるのである。その考えをさらに補足するのが、つぎの第二章第二節で詳しく述べるこの地域の中期に築成された木村古墳群である。

木村古墳群はケンサイ塚古墳、久保田山古墳、天乞山古墳など規模の大きな中期古墳からなるもので、日野川中流域の佐久良川との合流地付近に営まれ、雪野山古墳から眼下に見下ろされる位置にある古墳群である。この古墳群は大規模な帆立貝式《ほたてがいしき》古墳、円墳、方墳などからなり、明らかにこの地域を本拠地とした有力豪族の古墳と理解されるものである。これらの古墳群を構成する古墳数、それぞれの古墳の築造年代と先後関係、主体部の埋葬施設の構造などには、なお検討すべき点が少なくない。しかし、日野川中流域に営まれた蒲生町域の集落遺跡を本拠地とした中期の有力豪族によって築造された古墳群であったことは疑いがない。したがって、雪野山古墳にすぐ続くこの地域の首長墳がふくまれているかどうかはなお検討すべき点が多いが、雪野山古墳の被葬者と同一氏族の古墳群であったとみなすことは、墳形、規模からみて問題はないであろう。

写2-5-12　ケンサイ塚古墳
名神高速道路の建設にともなって調査され、その後失われた。墳形の調査は十分行われていないが、地割からみると帆立貝式古墳であった可能性が少なくない。

写2-5-13　天乞山古墳・久保田山古墳の空中写真
手前から方墳の天乞山古墳、円墳の久保田山古墳、その北を名神高速道路が走る。久保田山古墳のすぐ西にケンサイ塚古墳があったが、今は失われている。

写2-5-14　天乞山古墳の造り出し葺石
大型方墳の南と北に造り出しをもつ。北側の造り出しは葺石が貼られていた。5世紀前半の首長墳である。

安土瓢箪山古墳と狭狭城山君

つぎに、狭狭城山君（佐々貴山君・佐佐紀山君とも表記される）は、『日本書紀』孝元天皇七年二月丁卯〈二日〉条に、大彦命の子孫とされており、『日本書紀』『古事記』などにしばしば登場する近江の名族である。狭狭城山君の氏名の由来は、一つには後の蒲生郡篠笥《ささけ》郷を本拠地とした地名によるとみなすもので、山は山部《やまべ》氏、山守部《やまもりべ》氏の伴造《ばんぞう》氏族であったとする考え（日本古典文学大系『日本書紀』上、頭注）がある。また、いま一つは安土町、能登

写2-5-15　整備後の天乞山古墳
北と南に造出しが伴う中期の大型方墳である。北側の造出し部には葺石が貼られていた。墳頂部には竪穴式石室が復元されており、自由に見学できる。

川町、五個荘町の三つの境にそびえる繖山の古称である佐佐木山の地名によるものとする考え（岡田精司「古代豪族佐々貴山君」）がある。いずれかといえば、後者の考えが有力視されるであろう。

狭狭城山君に関連する注目される記事の一つには、『古事記』『日本書紀』の安康《あんこう》天皇、顕宗《けんそう》天皇の条に、韓帒《からぶくろ》宿禰《のすくね》が雄略天皇による市辺押磐皇子《いちのべのおしはのみこ》の暗殺に連座し、山部連《やまべのむらじ》に隷《つ》けられた記事と、倭帒宿禰《やまとぶくろのすくね》に妹の置目老媼《おきめおみな》が市辺押磐皇子の遺骨を埋めているところを教えた功によって本氏姓の狭狭城山君を賜ったとするものがある。この狭狭城山君は、その後も八、九世紀を通じて蒲生郡、神崎郡の大領を務めた記録があるので、この地域の郡司に任命される譜代の有力豪族であったことを知ることができる。

狭狭城山君の支配領域とみなされる蒲生郡北部と神崎郡の弥生時代後期から古墳時代前期の集落遺跡をみると、日野川・白鳥川流域に近江八幡市勧学院遺跡、千僧供《せんぞく》遺跡、内堀遺跡、蛇塚（三明《さんみょう》B）遺跡、出町遺跡、高木遺跡があり、さらに安土町小中《こなか》遺跡、慈恩寺《じおんじ》遺跡、西才行《にしさいぎょう》遺跡などが集中して営まれている。また、神崎郡では愛知川下流の左岸に、能登川町斗西《とのにし》遺跡、中沢遺跡、伊庭《いば》遺跡、柿堂《かきどう》遺跡など、やはり規模の大きな集落遺跡が集中し、しかも長期にわたって存続していることが知られる。これらの弥生時代後期から古墳時代前期の集落遺跡の分布と集落の規模を考慮すると、狭狭城山君は、まさに日野川・白鳥川下流と愛知川下流左岸の二つの地域を広く本拠地とした有力豪族であったことを想定することができる。

安土瓢箪山古墳が築造された宮津の位置は、この二つの地域にまたがる地域の中央部にあたっており、しかも湖東平野を一望に望みうる地にある。安土瓢箪山古墳の被葬者は、これまでも狭狭城山君とみなす考えがだされてきたが、この古墳が出現する前後の集落遺跡の分布からみても、最も妥当な想定である。

以上のように、雪野山古墳と安土瓢箪山古墳の被葬者を想定したうえで、湖東地域に営まれた部族連合の首長墳の系譜をみると、前方後円墳が近江に出現した時には、大和と東山道との近道ルートとみなされる内陸部にあたる日野川中流域を本拠地とした有力豪族がこの地域の首長権を掌握したものとみなされる。これが蒲生町域を本拠地とした有力豪族であった蒲生稲寸であった。

ついで、湖東平野の北半分と湖上交通を把握した繖山付近一帯を本拠地にした有力豪族の台頭があり、部族連合を統率する首長権は蒲生郡北部に移動したことが知られる。この有力豪族が、奈良、平安時代にも蒲生郡、神崎郡を本拠地として大きな勢力をもった狭狭城山君である。この狭狭城山君が二つの郡にかけて有力豪族として強い勢力をもったのは、前述したように東山道ルートの交通路と湖上交通の掌握によるところが大きかったとみてよい。

湖との関連では、ここには琵琶湖と大中の湖、小中の湖の二つの大きな内湖があり、稲作農業のほかに、漁労活動によっても大きな経済力をもち得たものと推測される。それを窺わせるものに、この二郡に限定されるものではないが、琵琶湖に関係するものとして、のちの『養老賦役令《ようろうふやくりょう》』調絹《ちょうきぬ》 絁《あしぎぬ》条に、調雑物として、「近江鮒《ふな》五斗」と記されており、淡水魚が近江の特産物となっていた。また、『延喜内膳司式《えんぎないぜんししき》』の「諸国貢進《こうしん》御贄《みにえ》（年料）」として、近江国で煮塩年魚《にしおあゆ》、鮒、鱒《ます》、阿米魚《あめのうお》、氷魚《ひお》、『延喜主計寮式《えんぎしゅけいりょうしき》』に、中男作物《ちゅうなんさくもつ》として、醤鮒《ししびしおのふな》、阿米魚鮨《あめのうおのすし》、煮塩年魚が挙げられているのをみても、十分に想定することができる。

(5) 蒲生郡西部の古墳

八重谷の古墳

蒲生郡では、雪野山古墳、安土瓢箪山古墳以外の前期古墳は明らかでない。しかし、昭和一一年（一九三六）刊行の『滋賀県史蹟名勝天然紀念物概要』によると、かつて蒲生郡鏡山村（現竜王町）八重谷《やえだに》の八重谷古墳から、鏡とともに管玉《くだたま》、琴柱形《ことじがた》石製品が採集されているという。この古墳は残念ながら墳丘の形態や主体部の埋葬構造は知られていない。副葬品のうち、鏡の詳細も明らかでないが、琴柱形石製品は単頭双脚式《たんとうそうきゃくしき》で頭部から左右に開いた両脚の股部に向かって一孔を穿っていたとされている。この古墳には埴輪も伴っていたと記されている。記されている内容だけでは、八重谷古墳が築造された正確な時期は知りがたいが、鏡、管玉、琴柱形石製品の組み合わせからすると、古墳時代前期末から中期初めごろの古墳とみなしてよさそうである。

この八重谷古墳の付近には、ほかに竜王町岡谷の東端にあたる山之上の集落の台地先端に雨宮《あまみや》古墳が築造されて

写2-5-16　雨宮古墳（竜王町）
日野川左岸に築造された唯一の首長墳。帆立貝式の前方後円墳で、5世紀中ごろとみなされているが、詳細は不明。（竜王町教育委員会提供）

いる。この古墳は前方部を北に向けて造られた全長八二m、後円部径六七m、高さ七~九mの規模をもつ二段築成の帆立貝式古墳である。周囲には濠がめぐっている。墳頂部からは埴輪片も採集されている。その築造時期は五世紀前半とみなされているので、蒲生町の木村古墳群のケンサイ塚古墳、久保田山古墳、近江八幡市の供養塚古墳とほぼ同じころとみなされる。

湖東地域の首長墳

このようにみると、日野川流域の湖東地域では、前方後円墳が出現した以後は、日野川中流域の右岸を中心とした蒲生郡東部、近江八幡市から安土町域を中心とした蒲生郡北部、さらに日野川中流域の左岸、鏡山山麓付近を中心とした蒲生郡西部で、それぞれ首長墳とみてよい古墳が築造されたことが知られる。しかし、これらの三地域のうち、蒲生郡西部では首長墳とみなされる古墳が少なく、地域としての自立性は弱かったものとみなされる。

さて、安土瓢箪山古墳が築成された以後、湖東地域では定型的な大型の前方後円墳の系譜をたどることは現状では難しい。これに続く首長墳は、蒲生郡北部、東部ともに、帆立貝式古墳の系譜で、湖東の三地域間で継承されていることがわかる。

このように、特定地域で首長墳が築造されなかったことから近江の首長権に輪番制があったとみなす考えも示されている（丸山竜平「前期古墳のいろどり」）。しかし、その実体は、古墳時代の首長権は世襲制がとられなかったことによって、首長権が移動することが多かったことによるものであろう。湖東地域でも、蒲生郡北部、東部を中心に、時には西部の有力首長が湖東地域の部族連合の首長として、首長権を継承したことが、つぎの中期の古墳の展開によって知ることができるのである。

〔補記〕本稿は「古墳出現と日野川流域」『蒲生町史』第一巻（一九八五年一二月）を改題して掲載した。

六　日野川流域の古墳時代集落と生産

(1) 日野川流域の古墳時代集落

前期の集落

古墳時代の集落は、前期には日野川中流域の南部に杉ノ木遺跡、田井遺跡、北部に堂田遺跡が分布する。これらの前期の集落は、弥生時代の後期集落とほぼ同じく、日野川の東を分岐して流れる小河川である古川《ふるこ》の流域に営まれている。

杉ノ木遺跡は、古川の右岸に位置する集落で、弥生時代後期から古墳時代前期に継続して営まれたことが知られており、少ないながら竪穴住居が検出されている。この集落は、その上流三〇〇mの地点でも、前期の土器が出土しているので、いくつかの地点に分かれて居住し、一つの集落を構成していたことが推測される。

田井《たい》遺跡は、現在の田井集落の西方一〇〇m付近に集落が営まれているものである。この遺跡は、昭和六一年(一九八六)に発掘され、弥生時代後期の住居と、それに続く古墳時代前期の竪穴住居が一三棟検出されている(蒲生町教育委員会編『ほ場整備関係遺跡発掘調査報告書』Ⅳ)。これらは、いずれも方形の平面形をなし、住居の主軸が南北を向くもの（三号、五号、九号）と、北で東に大きく振れるもの（一号、四号、六号、七号、八号、一二号、一三号）とがあり、少なくとも二つの時期にわたって住居群が建てられたことが知られる。このうち、北で東に振れる住居は、北側で三棟、南側で四棟で一つのまとまりをなしているので、二つの住居小群が検出されているものとみなされる。

また、南北を向く住居も、北側で二棟、その南で少し離れて一棟が見つかっているので、やはり二つの住居小群が存在していたものと推測される。これらの二時期にわたる住居小群のうち、北で東に振れる住居群は半円ないし円形に配置されている。このような住居小群は、それ以前の弥生時代の集落の場合と同じく、古墳時代でもごく一般的にみられるもので、それぞれ稲作農耕を経営し、また日常生活で消費をともにした古代家族とみなされるものである。田井遺跡では、このような古代家族が地点を違えていくつか存在し、それらが集まって一つの集落をなしていたものと推測される。これまでの発掘調査では、まだ水田跡は検出されていないが、おそらく住居跡の周辺には水田も広く設けられていたものと想定される。田井遺跡が立地した古川流域には、半湿田《はんしつでん》（半乾田）型の灰色《かいしょく》低地《ていち》土壌《どじょう》が広く分布しているので、この地域の集落では必要に応じて古川から用水を導くことによって水田経営が行われていたものとみなされる。

古川流域の下流には、前期に堂田遺跡の集落が営まれている。この遺跡は、弥生時代後期に古川流域一帯の拠点集落であった市子遺跡のすぐ西に位置している。弥生時代末に市子遺跡で住居が見られなくなる一方、古墳時代初めに堂田遺跡で新たに住居が出現してくることからすると、この遺跡は、市子遺跡に居住していた人たちが西方の堂田遺跡に移動することによって出現した集落と理解されるものである。堂田遺跡の前期集落では、自然流路のほかに、ごく少数ながら竪穴住居が検出されている。しかし、前期の集落の構造や規模は、まだ明らかでない。

古墳時代前期の稲作農耕技術は、それ以前の弥生時代後期の段階と著しい大きな差はなかったものとみなされて

写2-6-1　宮ノ前遺跡の木製品の出土状況（日野町）
宮ノ前遺跡では古墳時代前期の沼跡が見つかった。そこから農具、漁労具、武器、服飾具、容器、祭祀具などの木製品が多量に出土した。祭祀具は水に関連する祭祀が行われたことを示す。（日野町教育委員会提供）

いる。しかし、弥生時代後期に使用された石鏃などの石製品が全く姿を消している。しかも、古墳の副葬品に鉄製農耕具が少なからず副葬されていることからすると、鉄の供給体制がより組織化され、鉄製農耕具が一層普及したことが想定される。これは結果的に、それまでの農具が木製農具を中心とした利用の段階から、鉄製農耕具の利用に変化し、それによって生産力の高い土壌が分布する地域に耕地を開発し、移住や分散を促すことになったものと推測されるのである。

蒲生町周辺のそのほかの集落をみると、日野川上流には、日野町宮ノ前遺跡で前期の沼状の遺構《いこう》が検出されている（日野町教育委員会編『日野町埋蔵文化財発掘調査報告書』第5集）。この沼状遺構からは、四〇〇点におよぶ多量の木製品が出土している。この木製品には、えぶり、横槌《よこづち》、竪杵《たてぎね》、木錘《もくすい》などの農具、弓、槍形《やりがた》木製品などの武器、容器、食事用の匙形《さじがた》木製品、服飾具、刀、剣形《けんがた》、鏃形《ぞくがた》、鞘形《さやがた》などの祭祀《さいし》用具とみなされるものなど、多数なものが多く含まれており、注目されている。

これらの木製品をみると、宮ノ前遺跡では、農業用水の供給源となったこの沼で、豊穣を祈る農耕祭祀《さいし》が頻繁に行われたことを窺わせる。これは、古代人が稲作農耕を行うにあたって、いかに水とのかかわりあいを重視し、しかもその祭祀に期待していたことがよくわかるのである。

日野川周辺の下流域の前期集落では、東方に少し離れるが、安土町慈恩寺《じおんじ》遺跡から、この時期の住居群が見つかっている（滋賀県教育委員会・滋賀県文化財保護協会編『ほ場整備関係遺跡発掘調査報告書』Ⅹ-5-1）。この慈恩寺遺跡は、繖山《きぬがさやま》の西方、常楽寺山の北一kmに位置する遺跡である。ここでは古墳時代前期を中心とした一四棟の竪穴住居群が検出されている。これらは、住居の重複関係と方位からみると、大型住居一棟と、中、小規模の住居からなる三～四棟で、古代家族をなしていたとみなされる住居小群が二単位ほど検出されている。これらのうち、大型住居はこの時期の多くの集落で一棟のみ含まれる場合が多いので、居住する人員が多かったというよりも、そこに有力戸である家長が住んだ住居と理解したほうがよいようである。古墳時代の集落では、このような家長が家族全体で行う農業経営の中心的な役割を果たしたものと推測される。おそらく、家長が居住した大型住居は、いくつかの住居に分かれて居住した古代家族が、時には一堂に寄りあう集会所的性格ももっていたものとみなされるのである。

中期の集落と竈

中期以降の集落では、前期から続く堂田遺跡、田井遺跡のほかに、野瀬《のせ》遺跡、市子《いちこ》遺跡、麻生《あそう》遺跡などで、新たな集落が出現している。これらの集落も、野瀬遺跡のほかは、前期と同じく古川流域に営まれたものである。これらの集落遺跡のうち、この地域の中心的な役割を果たしたとみなされるのは、堂田遺跡である。

堂田遺跡は、古川下流の左岸に営まれたもので、市子沖集落の西南から東南一帯にかけて広がる集落で、東部、西部それぞれで竪穴住居が集中して見つかっている（滋賀県教育委員会・滋賀県文化財保護協会編『ほ場整備関係遺跡発掘調査報告書』ⅩⅤ-3、ⅩⅥ-5）。そのうち、市子沖集落の東南六〇〇mでは、五世紀後半の竪穴住居を中心とした一三棟が検出されている。これらの住居が集中する状態をみると、主軸を同じくするものが三～四棟で、半円あるいは円形の配置をとり、中央に広場を構成していたものと推測される。竪穴住居のなかには、北壁あるいは東壁に竈《かまど》を設置したものも出現している。

また、堂田遺跡の溝や自然流路からは、馬鍬《まぐわ》四点、梯子《はしご》をはじめとした木製品、一〇〇点におよぶ手づくね土器や多量の滑石製臼玉《かっせきせいうすだま》が出土している。

出土した木製品のうち、馬鍬は畜力を利用して土壌を攪《かく》はんする農具である。また五世紀後半のこの時期に、U

写2-6-2　堂田遺跡の手づくね土器
堂田遺跡の集落遺構の一部を流れる自然流路から大量のミニチュアの手づくね土器が出土。いずれも農耕祭祀に用いられ、終わった後に投棄されたものとみられる。（滋賀県教育委員会提供）

写2-6-3　堂田遺跡の馬鍬
この遺跡からは4点の馬鍬が出土した。写真はその一つで、畜力を利用した最新の農具として古墳時代後期にとり入れられたものとみてよい。（滋賀県教育委員会提供）

字形鋤先《すきさき》の普及とともに、耕作にあたってこのような効率をはかる新たな農具が導入されたことは、農業技術の画期的な発展があったことを示している。さらに、自然流路やその周辺で、多量の手づくね土器、土師器《はじき》の高坏《たかつき》、壺、甕《かめ》、滑石製臼玉などの祭祀にかかわるものが集中して出土しているのは、前期の宮ノ前遺跡と同じく、水にかかわる祭祀が重視されていたことを知ることができる。

写2-6-4　堂田遺跡の竈をもつ竪穴住居跡
古墳時代には方形の竪穴住居が各地で建てられた。中期からはそれまでの炉に替わって竈が設けられ、居住性もよくなった。（滋賀県教育委員会提供）

つぎに、麻生遺跡では、麻生集落の西側一帯の調査で、五世紀後半の住居群が二カ所で見つかっている（滋賀県教育委員会・滋賀県文化財保護協会編『ほ場整備関係遺跡発掘調査報告書』XⅣ-5）。

一カ所は、山部神社の西北三〇〇mにあたる二号排水路地区の調査で、六棟ほどの竪穴住居群が検出されている。これらは竪穴住居が狭い調査区内で三期にわたって重複して検出されており、麻生遺跡の集落の住居群がこの時期に、同一地点に長期にわたって継続して営まれたことを示している。その背景には、おそらくこの地域で大規模な水田開発を行ったことが想定される。ここでは、住居群の北側を幅三mの自然流路が流れており、ここからは須恵器が広範に普及する以前の時期にあたる五世紀中ごろの甕、高坏が多数出土し、ほかに壺、坏《つき》などの土師器が出土している。

また、山部神社の西北四〇〇mの調査地点でも、五世紀後半の竪穴住居二棟が見つかっている。これは、麻生遺跡の場合でも中期後半に、いくつかの地点に住居群が分かれ、この地域を流れる自然流路を利用して集落が営まれていたものと理解されるのである。

ところで、五世紀前半までの竪穴住居では、住居の中央部の床面に炉《ろ》が置かれた。しかし、中期後半からは、各地で住居の壁面に粘土で設置する竈《かまど》が広く採用されるに至っている。堂田遺跡で見つかった五世紀後半の竈をもつ竪穴住居は、高島郡安曇川町南市東《みなみいちひがし》遺跡、愛知郡秦荘町軽野正境《かるのしょうざかい》遺跡、守山市吉身南《よしみみなみ》遺跡、大津市真野神田《まのかんだ》遺跡などとともに、きわめて早い時期に竈が設けられた例である。竪穴住居の壁面に竈を設けた古い例は、近年では福岡市西新町遺跡下―二号住居、福岡県吉井町塚堂遺跡B地区第一号住居、松山市北久米遺跡第二号住居など、須恵器生産が開始される以前のものにもみられることが明らかになってきた。

これらの九州や四国地域の竈の設置はそれまで想定されてきたような須恵器窯の影響とはみなしにくいことになる。中国では漢代に竈の明器《めいき》（墓の副葬用につくった器物）が墓に副葬されているので、その後、三国時代の朝鮮半島に伝えられ、さらに百済から北部九州に伝播《でんぱ》した可能性が高いであろう。

この竈が竪穴住居に一般的に採用されたのは、六世紀のことである。これによって熱の拡散が少なくなり、煮沸《しゃふつ》がより効率化することになった。さらに、重要なことの一つは、煙が煙道《えんどう》で住居外に導かれたので、住居内の居住性の改善を促すことにもなったのである。そして、いま一つは、それまでのように、炉を住居の中央部に設置する必要がなくなったことから、住居空間を利用する規制がほぼ取り除かれ、空間を自由に利用しうるようになった点である。ほかに、竈の設置に伴って、近江を含め、東日本一帯では胴の長い長胴の土師器甕が用いられるようになったことも、変化の一つとして挙げられる。

初期須恵器の性格

堂田遺跡からは、陶質土器の甑《こしき》や器台《きだい》、甕の初期須恵器と呼称される須恵器が出土している。この初期須恵器は、五世紀後半に成立した定型化される様式以前の段階に生産されたものである。同様の初期須恵器の生産は、大阪府陶邑《すえむら》古窯跡群、一須賀古窯跡群、千里古窯跡群など、大阪府下に営まれた初期の須恵器窯で製作されたと推測されるものである。

このような各地の須恵器窯で生産される以前の段階にあたる初期須恵器や朝鮮半島から搬入されたとみなされる陶質土器は、近江でも栗太郡栗東町辻遺跡、高島郡安曇川町南市東遺跡などで出土している。しかし、各遺跡とも、その出土量はごく限られたものである。

堂田遺跡のＳＤＯ一から出土した須恵器の器台は、半球形の坏部と高い脚部からなるものである。坏部の外面はゆるい稜線で区画され、五条の文様帯で飾られている。この文様は上から波状文《はじょうもん》、組紐文《くみひももん》、組紐文、波状文、格子文の順に施文され、脚部には四方に四段の三方透《すか》しが付けられる。文様のうち、組紐文を付けた須恵器は、定型化する以前の初期須恵器でも、古い段階に主として施文されたものである。また、甕は大きく外反《がいはん》して開き、端部近くの外面に断面三角形の突帯を周らしたものである。甑は底部に六孔があけられたもので、体部外面に格子叩きを施し、把手部《とってぶ》に一条の沈線を付けている。

堂田遺跡から、この地域の他の集落では出土していない、このような初期須恵器が出土していることは、この集落が日野川中流域の中心的な役割を果たした集落で、この時期に生産が開始された土器を、他集団よりも早く入手しうる政治力と経済力をもつ氏族が居住した集落であったことを物語っている。このことは、堂田遺跡に日野川中流域に集中して営まれた田井遺跡、麻生遺跡、野瀬遺跡、平塚遺跡、市子遺跡などを含むこの地域の地域集団を統率した有力首長が居住したものと理解してまちがいないであろう。

ところで、この堂田遺跡に居住したとみなされる首長とかかわりの深い古墳とみなされるものに、北二・五kmにある木村古墳群がある。この木村古墳群は、五世紀から六世紀前半にかけて築造された、この地域の有力首長が埋葬された古墳群である。雪野山の南東に、この地域の首長墳が集中して築造されたのは、この時期の有力首長が日野川中流に継続して居住していたことにほかならない。しかも、これまでのこの地域の集落分布状況、集落規模、出土遺物などの知見からすると、古川下流域に営まれた堂田遺跡に有力首長が居住していたものと推測して、ほぼ誤りないものと思われるのである。

豪族の居館

このように、木村古墳群を構成する首長墳の被葬者が堂田遺跡と深いかかわりをもつとすると、この遺跡内に有力首長の豪族居館が構築されていた可能性が少なくないことになるであろう。

古墳時代の豪族居館は、昭和五六年（一九八一）以降の発掘調査によって、大分県日田市小迫辻原《おさこつじばる》遺跡、

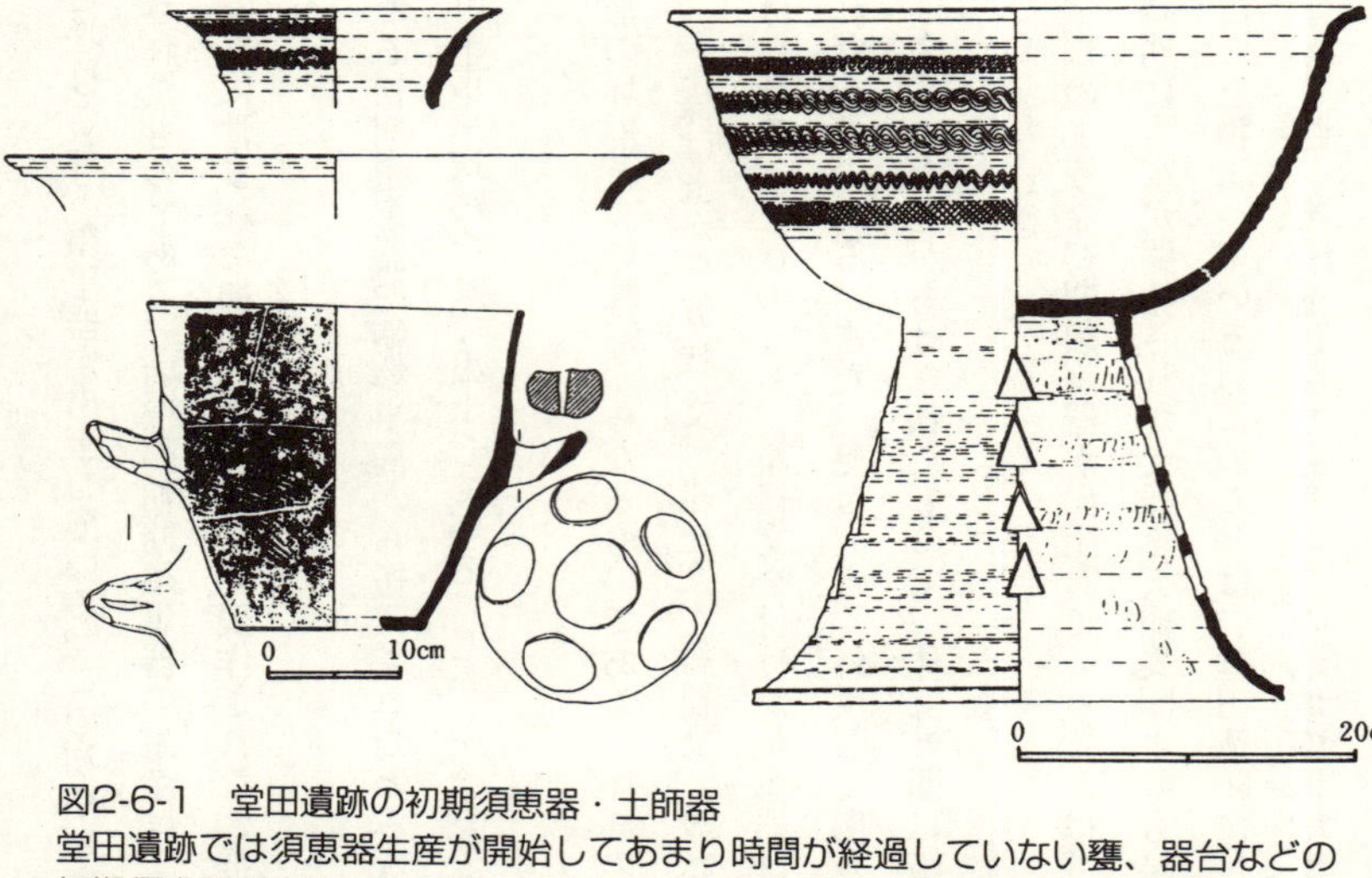

図2-6-1　堂田遺跡の初期須恵器・土師器
堂田遺跡では須恵器生産が開始してあまり時間が経過していない甕、器台などの初期須恵器が出土している。ここにこれらの土器を入手できた有力首長がいたことを示す。（滋賀県教育委員会編『ほ場整備関係遺跡発掘調査報告書』ＸＶ－３、ＸⅦ－５より転載）

奈良県橿原市藤原宮東方官衙遺跡、群馬県群馬町三ッ寺遺跡、同伊勢崎市原之城《げんのじょう》遺跡、同前橋市荒砥荒子《あらとあらこ》遺跡、栃木県小山市成沢《なりさわ》遺跡など、五〇カ所近くが見つかっている。これらのうち、三ッ寺遺跡は、昭和五六年（一九八一）に豪族居館として初めて発掘されたもので、一辺八六ｍの規模の屋敷地と、その外側に幅三〇ｍの水濠がめぐらされていた。内部は周囲に複数の柵で囲まれ、南北に二分されており、その南半は大型の平地建物と付属建物、井戸、さらに水濠の外側から木樋《もくひ》で導水し、祭祀を行った石敷遺構が見つかっている。

　また、北半は調査は十分に行われていないが、工房とみなされる竪穴住居などが検出されている。時期は五世紀後半から六世紀前半のものである。

　この三ッ寺遺跡の豪族居館は七〇〇〇〇㎡を越える大型のもので、その南半で首長が政治や水とりのかかわりの強い農耕祭祀を行っていたことが知られる。また、北半の工房では、鍛冶《かじ》に関連した遺物が出土しているので、首長が統率した地域集団が用いる武器や耕地の開発に必要とする鉄製農具などの鉄製品をはじめ、集団が必要とした諸要具の製作にあたっていたものと推測されるのである。

　また、原之城遺跡は、南北一六五ｍ、東西一〇五ｍにおよぶ、三ッ寺遺跡よりも大きな豪族居館である。ここでは、幅二〇ｍの堀がめぐり、内部には土塁もめぐっていた。内

写2-6-5　群馬県三ツ寺遺跡の豪族居館跡（群馬県群馬町）
幅広い水濠をめぐらせ、岸には石垣を貼った古墳時代の大型居館の代表例である。内部では柵に囲まれ、大型の掘立柱建物の主屋がある。

部の中央には大型の平地建物が数棟建てられ、その西北部に倉庫六棟が整然と二列に建てられていた。東北隅や東辺中央部からは、祭祀にかかわった多量の手づくね土器などが出土している。時期は六世紀中ごろから後半のものである。

以上の二つは、大型の豪族居館の例であるが、各地で見つかっている居館の大部分は中型、小型のものである。滋賀県でも、昭和六三年（一九八八）に栗東町野尻《のじり》遺跡で、南北五〇m、東西四〇m、幅一・五mの堀をめぐらせた古墳時代中期の豪族居館が検出されている（栗東町文化体育振興事業団編『埋蔵文化財発掘調査年報』昭和六三年度）。この居館の内部には、南半に布掘《ぬのぼ》りしたなかに、柱を立てた柵がめぐっていた。区画内では、掘立柱建物二棟と竪穴住居二棟が検出されている。

以上のような豪族居館の建物規模、配置、祭祀遺物の出土などからみると、首長が地域集団を統率するために、政治を行ったり、経済活動をしたり、さらに農耕祭祀を行うなど、首長が職務を執行するにあたって、その中心的な場所となったものであることが知られるのである。

堂田遺跡のこれまでの調査では、このような豪族居館に関連するものは見つかっていないようである。しかし、このような居館が存在したことも十分想定しうるので、今後、この遺跡の周辺部を含め、留意する必要があるであろう。

さて、日野川下流域の中期の集落遺跡を少しみると、安土町小中遺跡で住居群が検出されている。この遺跡は沙《さ》沙貴《さき》神社の東側一帯に営まれた規模の大きな集落遺跡で、中期の竪穴住居を中心に四七棟におよぶ住居が東西一五〇m、南北一六〇mにわたって見つかっている。この小中遺跡の南六〇〇mには、繖山の西端にあたる常楽寺山の尾根上に、五世紀中ごろから六世紀にあたる常楽寺山古墳群が築造されている。この古墳群は小中遺跡を眼下に見おろす位置にあり、しかも小中遺跡と同時期に築造されているので、小中遺跡と強い関連をもつ首長が埋葬された可能性がきわめて高いものとみなされている。

後期の集落

後期の日野川中流域では、中期に続く、堂田遺跡、麻生遺跡、野瀬遺跡のほかに、外広《そとひろ》遺跡などが知られる。

麻生遺跡の六世紀の集落に関連する住居は、山部神社の北東一〇〇mと西二〇〇mの二つの地点で見つかっている。北東にあたる切土F地点の調査では、南北を向く竪穴住居一棟と北で西に少し振れた一棟が五mほど離れて検出されている。これらは北壁中央が焼けており、竈《かまど》が設けられていたものと想定され、住居の一つには、南壁の東寄りに貯蔵穴も設置されていた。

また、西二〇〇m隔てた一号排水路地区の調査では、ほぼ真北をさす六世紀後半の竪穴住居一棟と向きが西に少し振れた竈をもつ六世紀初頭の竪穴住居が見つかっている。二つの竪穴住居は二五m離れており、未検出ながら、それぞれ他の竪穴住居とともに住居小群を構成していたものと推測してよいであろう。

さらに、外広遺跡では、竹田神社の東南一〇〇mの地点で、竪穴住居一棟と幅二mで、大量の六世紀後半の須恵器、土師器が出土した溝が見つかっている（滋賀県教育委員会・滋賀県文化財保護協会編『ほ場整備関係遺跡

写2-6-6　堂田遺跡の竪穴住居跡
竪穴住居が重なって見つかったり、近接しているのは、特定の限られた空間で住居が建て替えられたことによる。宅地がすでに出現していたかも知れない。（滋賀県教育委員会提供）

発掘調査報告書』XⅢ-3）。この溝は、土留めのために板で護岸を施していた。おそらく、ここでも周辺には他に竪穴住居がいくつか存在するものと推測される。

つぎに、蒲生町周辺のこの時期の集落をみると、日野川上流の日野町三十坪《みそつ》の下森《したもり》遺跡で、この時期の竪穴住居一二棟が集中して検出されている。ここでは、主軸が北で西に四五度振れる住居と三〇度前後西に振れたものとがある。これらの住居の重複関係と隔てている距離からすると、少なくとも三時期にわたるものとみなされる。ここでは大型住居が四棟検出されているので、おそらくこれを一棟ずつ含む三～四棟で古代家族をなす住居小群が一～二単位存在したものであろう。これらの竪穴住居は、大部分のものに竈が設けられており、しかもそれを東壁に設けるきまりがあったようで、古代家族の共同体規制を窺うことができる。

ほかに、日野町内池遺跡からも、竪穴住居一四棟、宮ノ前遺跡で一棟が検出されている。内池遺跡の住居群は、重複したものや方位の違いなどからみて、少なくとも二時期にわたり、二つの古代家族を示す住居小群があったものとみなされる。

ところで、後期には日野川中流域でも古墳、古墳群が各地で築造されている。これらは西北部の雪野山南麓周辺に、立石《たていし》古墳群、平石《ひらいし》古墳群、横山《よこやま》古墳群が集中する。また、北東では布施山麓に稲垂山《いなたりやま》古墳群、千石岩屋《せんごくいわや》古墳群、狐塚《きつねづか》古墳群、平子《ひらこ》古墳群などが築造されている。

一方、佐久良川流域でも、北に内田《うちだ》古墳、一の谷古墳、南に飯道塚《はんどうづか》古墳群、七ッ塚《ななつづか》古墳群などが分布する。

これらの古墳群と集落との関連をみると、集落が日野川の東から佐久良川の南に集中するのに対し、古墳群は雪野山南麓、布施《ふせ》山南麓、布引《ぬのびき》山南麓、日野丘陵北麓に築造されており、集落とはいずれもかなりの距離を隔てており、直接的な関連は求めにくい。

しかし、日野川中流域に築かれた首長墳が集中する木村古墳群が、日野川と佐久良川との合流地北側に営まれていることは、水利を得にくいこの地域一帯の開発が遅れていたことが選地の対象になったと推測される。とすると、その東西に広がる丘陵地に多くの群集墳が築かれたのも、この周辺に大きな集落が全くみられないので、やはり古川流域に集中して居住した有力氏族の古墳が築造されたものと理解してよいであろう。

これらの群集墳のうち、横山地区の天狗前《てんぐまえ》古墳群は、横穴式石室の玄室《げんしつ》の床面が羨道部《せんどうぶ》の床面より一段下がっている。このような床面に段差をもつ古墳は、湖東地域では、これまで竜王町三ッ山古墳群、愛知郡秦荘町上蚊野《かみかの》古墳群、安土町竜石山《りゅうせきさん》古墳群などで知られ、いずれも渡来系氏族によって築造された古墳とみなされている。このことは、天狗前古墳群の場合も、この古墳群の周辺に渡来系氏族が居住した集落があったことを推測させている。

日野川中流域に渡来系氏族が居住していたと推測されることは、七世紀後半に佐久良川流域に造営された綺田《かばた》廃寺の綺（かんばた、あやぎぬの意）の地名と、この寺院から出土する軒丸瓦に、渡来系氏族寺院に顕著にみられる湖東式軒丸瓦が葺かれていることからも、すでに想定されていることである。この綺田廃寺が佐久良川の右岸に造営されていることからすると、この寺院が建てられる以前の古墳時代後期に佐久良川の右岸地域に、新たに渡来系氏族が移住していたことを考えておく必要があるかも知れない。

また、日野川左岸でも、七世紀後半に宮井廃寺が造営されたことからすると、これに先行して営まれた野瀬遺跡も、十分注意する必要がある。ここでは、宮井廃寺の北側にあたるE地区で、南西部から蛇行してその西のB地区に流れる大きな自然流路が、長さ一〇〇mにわたって検出されている。これは六～八m幅で、溝の中から古墳時代後期の多量の須恵器坏身《つきみ》、坏蓋《つきぶた》、高坏、壺、鉢、𤭯《はそう》と土師器の鉢などが出土している。ここでは、まだ竪穴住居群は検出されていないが、多量に出土した六世紀後半の土器からみて、周辺に規模の大きな集落があったものと推測されるのである。

(2) 須恵器生産の始まり

土師器から須恵器へ

古墳時代前期の土器は、弥生時代の土器の技術をそのまま引いた土師器が各地で生産され、使用された。この土師器は野焼きする簡易な焼成法がとられたことから、現在でもなお、製作地や生産形態に不明な点が多い。その後、五世紀中ごろには、新たに朝鮮半島の伽耶《かや》地域から技術がもたらされたとみなされる須恵器生産が行われた。これは、初期には近畿を中心に展開した。

近畿の初期の須恵器生産は、大阪府堺市陶邑古窯跡群、富田林市一須賀古墳群、吹田市千里古窯跡群などで知られるが、その中心となったのは和泉の陶邑古窯跡群であったことが知られている。

初期に生産された須恵器には、器台、高坏、坏身、坏蓋、䟽《はそう》、壺、把手付椀《とってつきわん》、甕などの器種がある。これらのうち、特に甕が高い比率で生産されている。これは、それまで水溶液を入れる大型の容器を欠いていたので、須恵器の大甕が特に好んで用いられることになったものと思われる。

蒲生町堂田遺跡からは、定型化した様式が成立する以前の初期須恵器に含まれる器台、甕、甑《こしき》が出土している。これらは堂田遺跡に居住した首長が、陶邑古窯跡群から何らかの手だてで、入手した製品であったとみなされるものである。

須恵器は丘陵に地下式、あるいは半地下式の登窯《のぼりがま》を用いて一、一〇〇度前後の高温で焼成された土器である。須恵器の製作には、土師器では使用されていないロクロを用いて形成し、細部の調整にもロクロによる回転が利用されている。しかも、その生産には、男子を主とした労働組織が編成され、専業的に行われたことが想定されている。

これは、それまで行われてきた土師器生産が主として女性労働を主体に編成され、燃料の伐採や製品の運搬などに男性が補助的にかかわったのとは、労働編成に大きな違いがあったものと推測されるのである。近年調査された大阪府堺市日置荘遺跡では、窯跡のほかに、周辺の谷から須恵器の製作に用いられた叩《たた》き板の当《あ》て具の木製品も出土しており、当時の製作技術や工人集団の組織、規模なども、かなり明らかになってきている。

近江での須恵器生産

近江で、須恵器生産が行われた最も古い窯は、現在のところ甲賀郡水口町泉古窯跡群である。この古窯跡群は、野洲川中流域の右岸に営まれている。泉古窯跡群からは、坏身、坏蓋、高坏、甕などの器種が出土している。坏身は体部が深く、口縁部の立ち上がりが高い特徴がみられる。高坏は脚部が低い短脚式のもので、脚部に円形の透孔をあけている。これらの坏身、坏蓋、高坏は陶邑古窯跡群では、ＴＫ二三型式とみなされ、五世紀末の年代が想定されているものである。

泉古窯跡群の近くには、この時期の甲賀郡では最も規模の大きな前方後円墳である塚越《つかごえ》古墳、帆立貝式古墳の西罐《にしかん》子塚《すづか》古墳（以上水口町）が築造されている。これらの古墳は、野洲川流域を代表する有力首長が埋葬されたとみなされるものである。西罐子塚古墳は墳丘に埴輪を並べた全長六〇ｍの規模、塚越古墳は金銅装の眉庇付冑《まびさしつきかぶと》が副葬されていた全長六六ｍの平地に営まれた前方後円墳である。

泉古窯跡群の周辺にあたる野洲川中流域に、このような有力首長墳が存在することからすると、近江の他地域に先行して、ここで須恵器生産が行われたのは、これらの有力首長が須恵器工人集団を招来して生産にあたらせたものと理解してよいであろう。おそらく、泉古窯跡群の製品は、在地で生産された初期の須恵器として、甲賀郡のほか、湖東、湖南の各地に供給されたであろう。

これに続く、六世紀の須恵器窯は、前半のものに大津市真野沢組《まのさわぐみ》古窯跡群（沢組遺跡）がある。さらに、これに続く六世紀後半のものが蒲生町辻岡山古窯跡群、竜王町鏡谷古窯跡群、同町八重谷《やえたに》古窯跡群（八重谷遺跡）、野洲町夕日ケ丘古窯跡群（夕日ケ丘遺跡）などで見つかっている。

辻岡山古窯跡群

辻岡山古窯跡群は、宮川古窯跡群とも呼ばれているもので、昭和五〇年（一九七五）、工場敷地の造成中に見つかったものである。その際に窯跡は破壊を避け、そのままコンクリートの擁壁で保存されて現在に至っている（近藤滋ほか「蒲生郡蒲生町・日野町　宮川・岡本古窯跡　大谷古窯跡調査報告」）。ほかに辻岡山の一帯では、数カ所で須恵器窯の灰原の一部を示すとみられる炭や灰が散布するところがある。この辻岡山古窯のある辻岡山は、南北に長い独立丘陵で、第三紀から第四紀にかけて形成された砂利と粘土層からなるものである。須恵器窯は、このいわゆる古琵琶湖層の洪積世台地に構築されたものである。この辻岡山古窯から出土している須恵器は、口径が大型化した坏身、坏蓋や壺などがあり、六世紀中ごろを中心としたものである。この古窯が最も発展した時期は、散布する資料からみると、後期の群集墳が各地で築造された六世紀後半とみなされる（辻岡山A遺跡）。しかし、その後、七世紀後

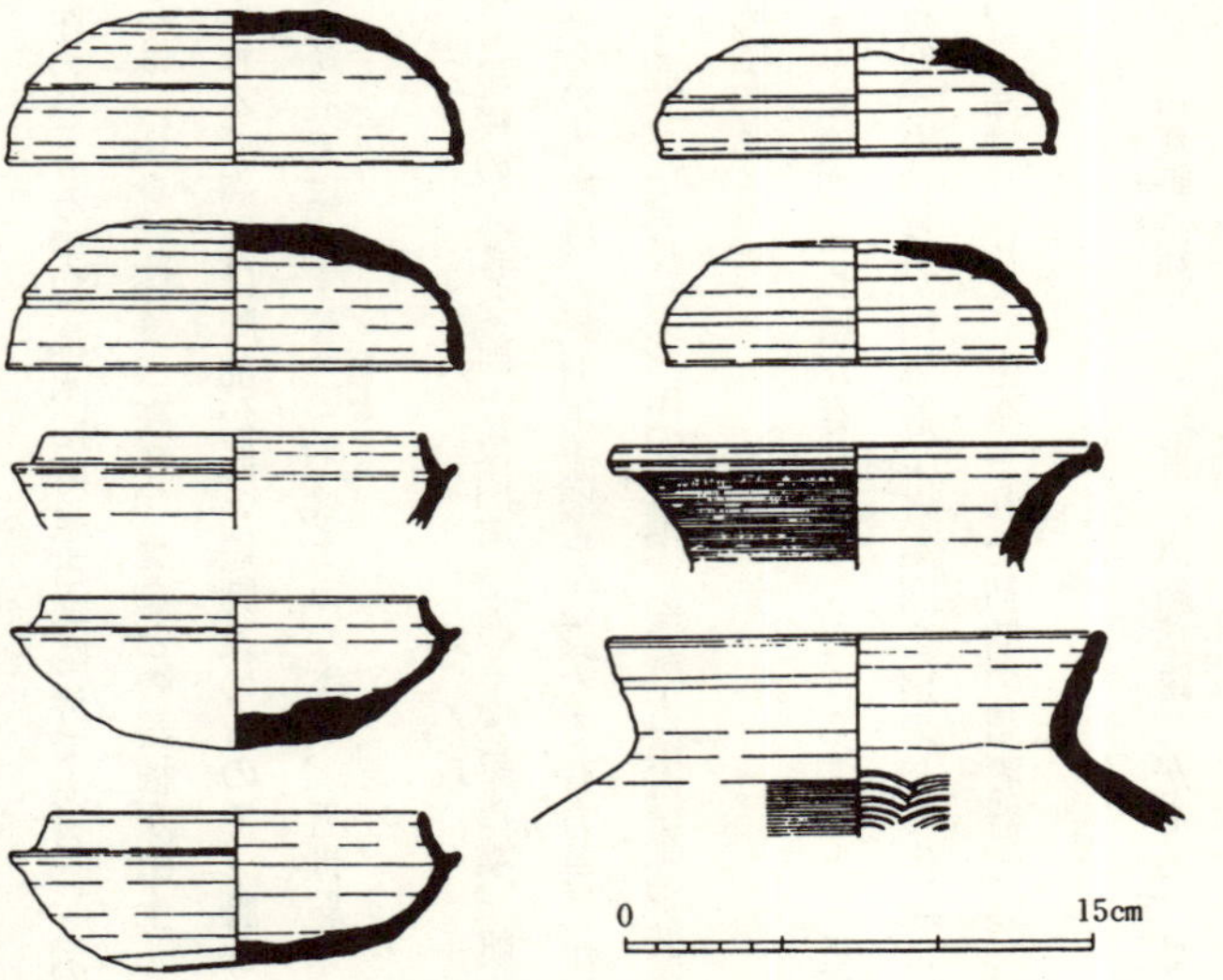

図2-6-2　辻岡山A遺跡の須恵器
6世紀には近江でも各地で須恵器生産が開始した。辻岡山古窯も、この時期、須恵器窯がつくられている。鏡山古窯群から工人集団が移動したものであろう。（近藤滋ほか「蒲生郡蒲生町・日野町　宮川・岡本古窯跡　大谷古窯跡調査報告」より転載）

半まで、何らかの形で生産は継続していたものと思われる。というのは、この辻岡山古窯では、西側の斜面に七世紀後半から八世紀にかけて宮井廃寺の瓦生産が大規模に行われているからである（辻岡山B遺跡）。このような寺院の瓦生産がここで行われたのは、後述するように、その時期まで辻岡山で須恵器生産が行われていたことによるものであったと推測されるのである。

鏡山山麓の須恵器生産

さて、この時期に蒲生町周辺で須恵器生産を行った古窯で最も注目されるのは、竜王町から野洲町域にかけて営まれた鏡山山麓の古窯跡群である。ここには鏡谷《かがみたに》古窯跡群、八重谷古窯跡群、夕日ケ丘古窯跡群、大篠原古窯跡群など、数十カ所におよぶ古窯跡群が知られている。これらは、これまでの分布調査では、六世紀前半に溯るものはごく一部知られるだけで、そのほとんどは六世紀後半に操業されたものとみなされている。

このように、近江の須恵器生産は、五世紀末から六世紀初めに甲賀郡で開始し、その後は野洲町から竜王町、蒲生町などで行われ、特に鏡山山麓一帯で大規模に行われている。辻岡山古窯で須恵器生産が開始したのは、これまで知られる鏡山山麓の古窯跡群の年代からすると、現状では鏡山一帯から工人集団の一部が移動して生産を開始したとは言いがたい。しかし、鏡山山麓の須恵器生産の開始が、現在知られているよりも古く溯る可能性も少なくないので、なお検討すべき余地を残している。

それは、『日本書紀』垂仁《すいにん》天皇三年三月条に、「近江国の鏡村の谷の陶人《すえびと》は、天日槍《あめのひほこ》の従人なり」と記されていることが留意される。天日槍の説話は、そのまま事実とみなすことはできないことであるが、鏡山一帯に数十カ所におよぶ須恵器窯があり、しかも近江で最古の古窯がわずかな距離を隔てるにすぎない野洲川流域に設置されている。これは、『日本書紀』の伝承のように、ここに最古期の須恵器窯が営まれた可能性が少なくないであろう。

もし、六世紀以前に溯るものが、鏡山一帯に存在するとすれば、辻岡山古窯はその工人集団の一部が移動した可能性が高くなる。今後、鏡山一帯に分布する古窯を詳細に検討することが、蒲生町域での須恵器生産を考えるうえでも重要なことになるのである。

蒲生町域の古墳時代後期の生産では、住居跡や自然流路から多数の須恵器が出土している。これらの須恵器は産地分析は行われていないが、辻岡山古窯や鏡山一帯の須恵器窯で生産されたものが使用されたものであろう。

須恵器の副葬

古墳時代後期には、このほかに、各地で築造された横穴式石室の遺構をもつ群集墳に多量の須恵器が副葬されている。蒲生町域のこの時期の古墳では、横穴式石室をもつ古墳の調査例は乏しいが、天狗前古墳群の七号墳に坏身、坏蓋、壺、提瓶《ていへい》、一〇号墳に坏身、坏蓋、高坏が遺存していた。これらの須恵器は被葬者が黄泉《よみ》で使用する食器として副葬されたものが多かったであろう。

しかし、なかには和歌山市東国山古墳群のように、副葬された須恵器のなかに、貝殻や桃の種などが遺存したものも、少なからず散見する。このような例からすると、横穴式石室に副葬された須恵器のなかには、容器に食物を入れて供献されたものも含まれている可能性があることになろう。

古墳時代後期には、このような須恵器だけでなく、土師器も各器種の生産が行われていた。しかし、横穴式石室に須恵器のみが多量に副葬されている。これは硬質な食器として、保存に適していた点と、ロクロを用い、熟練した高い技術によって製作されたことが評価されたものであろう。さらに推測すると、朝鮮半島の伽耶、新羅《しらぎ》地域から横穴式石室とともに、この土器を多量に副葬する風習そのものも、あわせて伝播したことによるものであろう。

〔補記〕本稿は「古墳時代の集落と生産」『蒲生町史』第一巻（一九九五年一二月）を改題して掲載した。

七　日野川流域の白鳳寺院

(1) 近江の古代寺院

飛鳥・白鳳寺院

近江は古代寺院が多く造営されたところである。飛鳥・白鳳時代に建立された寺院は、これまでのところ六〇数カ寺あったことが知られている。これは大和の八〇数カ寺につぐ数であることは、古代の近江を理解するうえで重視されることである。

六〇数カ寺にのぼる古代寺院のうち、飛鳥時代に遡《さかのぼ》るものは可能性が高いものまで含めると四寺院がある。それは大津市穴太《あのう》廃寺《はいじ》、衣川《きぬがわ》廃寺、草津市大般若寺《だいはんにゃじ》跡《あと》、能登川町小川《おがわ》廃寺で、蒲生郡では見つかっていない。

写2-7-1　穴太廃寺の移建金堂跡（大津市）
穴太廃寺では新旧二つの伽藍が見つかった。写真は再建した金堂で、瓦積基壇の外装が採用されていた。渡来系氏族の穴太村主氏の氏寺とみてよい。（滋賀県教育委員会提供）

写2-7-2　衣川廃寺の軒丸瓦（大津市）
衣川廃寺は穴太廃寺とともに飛鳥時代に溯る数少ない古代寺院である。ここでは素弁軒丸瓦のほかに白鳳期の単弁軒丸瓦などが出土する。（滋賀県教育委員会提供）

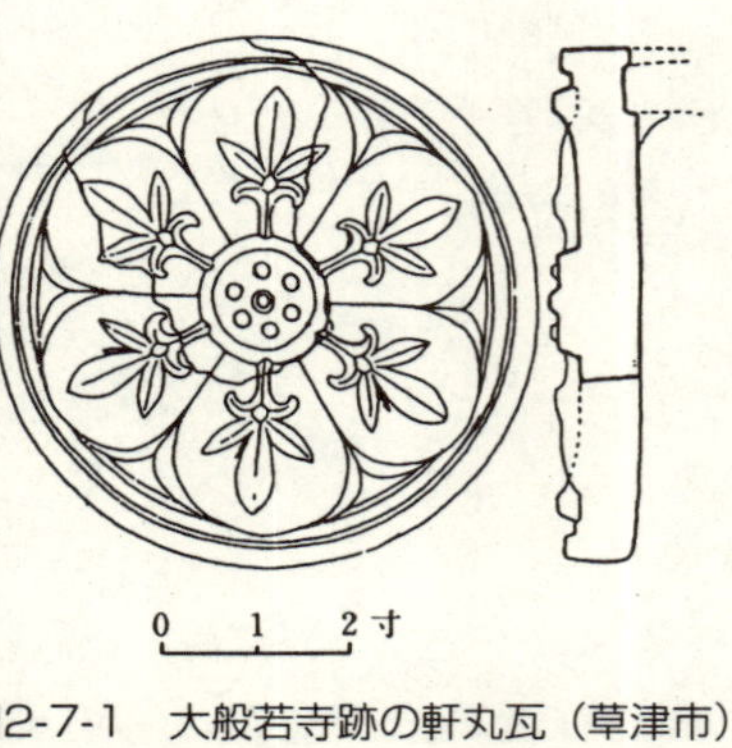

図2-7-1　大般若寺跡の軒丸瓦（草津市）
草津市大般若寺跡からは蓮弁に忍冬文をつけた飛鳥期の軒丸瓦が採集されている。しかし、遺構は明らかでない。（梅原末治「忍冬様文軒丸瓦について」より転載）

穴太廃寺は昭和五九〜六〇年（一九八四〜八五）に発掘されたもので、主軸が北で東に四〇度ほど振れた創建期の伽藍《がらん》と、ほぼ真南北に建てられた再建（移建）のものとの、新旧二つの伽藍が見つかっている。二つの伽藍のうち、新伽藍は川原寺系の複弁八葉蓮華文《れんげもん》軒丸瓦、大型の単弁八葉蓮華文と重弧文《じゅうこもん》軒平瓦が出土しているので、南滋賀《みなみしが》廃寺や崇福寺《すうふくじ》とともに、大津京時代に建てられたことが知られる。

これに対し、旧伽藍では堂塔に直接ともなった軒瓦は出土していないが、軒丸瓦のなかの小さな中房《ちゅうぼう》の中央に蓮子《れんじ》を一つ配し、中央に稜《りょう》をもつ蓮弁と楔形《くさびがた》の間弁をつけた高句麗系の軒丸瓦が出土している。これは明らかに新伽藍にともなった軒瓦よりも先行する型式のもので、これと同じ型式のものは、京都市北野廃寺、幡枝《はたえだ》瓦窯《がよう》、宇治市隼上《はやあが》り瓦窯から出土しており、飛鳥時代のものとみなされる。

さらに穴太廃寺からは、「庚寅年」、「壬辰年六月」とヘラ描きされた文字瓦も出土している。庚寅《かのえとら》年は六三〇年か六九〇年、壬辰《みずのえたつ》年は六三二年か六九二年のいずれかにあたるが、六九〇年代の造営に関連する軒瓦がないので、六三〇年～六三二年に想定されている。

また、衣川《きぬがわ》廃寺は昭和五〇年（一九七五）に調査された寺院で、金堂とその東南で塔が検出されている。出土した軒瓦のうち、最も型式的に溯る軒丸瓦に無子葉《むしよう》八葉蓮華文のものがあり、型式的にみて飛鳥時代の末に想定されている。

さらに、大般若寺跡からは、昭和二五年（一九五〇）に梅原末治氏によって報告された六葉の蓮弁に忍冬文《にんどうもん》を入れた軒丸瓦が出土している（梅原末治「忍冬様文軒丸瓦について」）。これは法隆寺の若草伽藍のものと同じ笵で造られたものとされている。

ほかに、『近江神崎郡志稿』や『滋賀県史蹟名勝天然紀念物概要』には、小川廃寺から出土した無子葉十葉蓮華文軒丸瓦の拓本が掲載されている。これも軒丸瓦の型式からすると、飛鳥時代とみなされるものであるが、大般若寺跡と同様に、寺院に関連する遺跡はまだ確認されていない。

飛鳥時代は古代寺院の造営が開始された初期の時期で、『日本書紀』推古天皇三二年（六二二）秋九月条では、「寺卌（四十）六所、僧八十六人、尼五百六十九人、并て一千三百八十五人有り」と記されている。飛鳥時代に含まれる七世紀中ごろまでは、なお二十余年を残しているので、その間に造営された寺院を加えるとしても、ごく限られた数ということになる。地域も畿内とその隣接地の近江や瀬戸内沿岸などの一部にとどまっている。

これに続く白鳳時代は、畿内から各地で寺院造営が拡大して行われた時期である。『扶桑略記《ふそうりゃくき》』持統六年（六九二）には、諸国で寺院が建立され、その総計が五四五寺あったことが記されている。この白鳳時代には近江でも各郡で有力氏族によって多数の寺院が建立されている。これまで知られる白鳳時代に近江に存在した寺院は、各郡ごとにみると、

滋賀郡　一〇（真野《まの》廃寺、衣川《きぬがわ》廃寺、坂本《さかもと》廃寺、穴太《あのう》廃寺、崇福寺跡、南滋賀廃寺、園城《おんじょう》寺、大津《おおつ》廃寺、膳所《ぜぜ》廃寺、国昌寺《こくしょうじ》跡）

栗太郡　一〇（石居《いしずえ》廃寺、東光寺《とうこうじ》廃寺、花摘寺《はなづみでら》廃寺、観音寺《かんのんじ》廃寺、観音堂《かんのんどう》廃寺、長束《なつか》廃寺、宝光寺《ほうこうじ》跡、笠寺《かさでら》廃寺、狛坂寺《こまさかでら》跡、手原《てはら》廃寺）

甲賀郡　不明

野洲郡　六（益須寺《やすでら》跡、福林寺《ふくりんじ》跡、永原《ながはら》廃寺、北村《きたむら》廃寺、兵主《ひょうず》廃寺、八夫《やぶ》廃寺）

蒲生郡　一一（安土《あづち》廃寺、船木《ふなき》廃寺、安養寺《あんようじ》廃寺、千僧供《せんぞく》廃寺、長光寺《ちょうこうじ》、倉橋部《くらはしべ》廃寺、雪野寺《ゆきのでら》跡、宮井《みやい》廃寺、綺田《かばた》廃寺、石塔寺《いしどうじ》、蒲生堂《かもど》廃寺）

神崎郡　五（法堂寺《はっとうじ》廃寺、猪子《いのこ》廃寺、木流《きながせ》廃寺、金堂《こんどう》廃寺、普光寺《ふこうじ》跡）

愛智郡　六（小八木《こやぎ》廃寺、妙園寺《みょうおんじ》廃寺、軽野塔ノ塚《かるのとうのづか》廃寺、目加田《めかた》廃寺、野々目《ののめ》廃寺、屋中寺《やちゅうじ》跡）

犬上郡　二（高宮《たかみや》廃寺、竹ケ鼻《たけがはな》廃寺）

坂田郡　七（三大寺《さんだいじ》跡、磯《いそ》廃寺、法勝寺《ほっしょうじ》廃寺、飯村《いむら》廃寺、大東《おおひがし》廃寺、榎木百坊《えのきひゃくぼう》廃寺、新庄馬場《しんじょうばば》廃寺）

浅井郡　五（小江《おえ》廃寺、満願寺《まんがんじ》跡、八島《やしま》廃寺、津里《つのさと》廃寺、下八木《しもやぎ》廃寺）

伊香郡　三（井口《いのくち》廃寺、保延寺《ほえんじ》跡、松尾寺《まつおでら》廃寺）

高島郡　三（大供《おおとも》廃寺、大宝寺《たいほうじ》跡、藁園《わらその》寺跡）

となり、栗太郡、蒲生郡、滋賀郡ではいずれも一〇カ所を越える多くの寺院が造営されている。

寺院造営の契機

古代人が寺院を造営した意図や契機には種々の場合が推測される。大和の粟原寺《おうばらでら》の三重塔露盤銘には、仏果を得ることや彼岸に至ることを祈念したことが記されている。また、河内の観心寺の阿弥陀如来の光背には、その功徳によって夫や七世の父母が浄土に生まれ、法界に至ることの祈願が記されている。そのほか、『日本霊異記《にほんりょういき》』上巻第七には、「百済の乱るる時に当りて、備後国の三谷《みたに》の郡の大領《たいりょう》の先祖、百済を救はむが為に軍旅《いくさ》に遣《つかわ》さる。時に誓願を発《おこ》して言はく、『若し、平《たいらけ》く還り来らば、諸神祇《かみがみ》の為に伽藍を造立せむ』といふ」とあり、寺院造営の契機が述べられている。

一方、古代寺院の伽藍は金堂、塔、講堂などの中心堂塔のほかに食堂、僧坊など多くの建物がともなった。それらの伽藍建物の造営には、多大な資材の調達と高度な建築技術をもつ工人集団の関与を必要とした。しかも、この工事が多年に及んだことは、粟原寺の塔露盤銘《ろばんめい》や『上宮聖徳法王帝説《じょうぐうしょうとくほうおうていせつ》』の紙背に記された大和山田寺の造営などによって知ることができる。

したがって、古代寺院の造営は政治力、経済力をもつ各地の有力氏族のみが可能なことであったということになる。これは換言すると、古墳の造営が衰退した七世紀後半には、各地の有力氏族が古墳に替わるものとして経済力、政治力の誇示を意図に含めて寺院を造営した場合も少なくなかったことを推測させる。さきの『日本霊異記』や『出雲国風土記《いずものくにふどき》』の記載からは、郡司層がこれらの寺院造営にかかわったことを窺うことができる。

このように、飛鳥・白鳳時代の古代寺院の造営者が、のちの郡司層を含む在地の有力氏族であったことからすると、近江には各郡に実に多くの経済力、政治力をもつ有力氏族が居住していたかがよくわかる。特に栗太郡、滋賀郡と並んで、蒲生郡に有力氏族が多く盤踞《ばんきょ》していたことが理解されるのである。そこで、蒲生町域を含む蒲生郡の古代寺院をみてみることにしよう。

(2) 日野川下流の古代寺院

下流域の六寺院

古代の蒲生郡には、これまでの発掘調査や遺跡の分布調査などによって、少なくとも一〇カ所の白鳳寺院があったことが知られる。これらは湖岸側から日野川中流にかけて挙げると、安土町安土廃寺、近江八幡市船木廃寺、安養寺廃寺、千僧供廃寺、倉橋部廃寺、長光寺（武佐寺）、竜王町雪野寺跡、蒲生町宮井廃寺、綺田《かばた》廃寺、石塔寺、蒲生堂廃寺ということになる。

安土廃寺は下豊浦安土山の山麓にあったとみられる寺院で、ここでは四地点で軒丸瓦、鬼板《おにいた》などが採集されている。正確な寺院の所在位置は確認されていないが、湖岸に臨んで建立されていたものと推測される。採集されている軒丸瓦には、単弁八葉で外区に珠文《しゅもん》を周らせたもの、複弁八葉のもの、X字状文をつけた外縁破片、外縁に面違《めんたが》い鋸歯文《きょしもん》をつけ、その外側上面にも面違い鋸歯文を付けた外縁破片、外区内縁に面違い鋸歯文、外区外縁を無文とした破片などがある。ほかに鬼板に単弁八葉蓮華文を付けたものがある。

この安土廃寺は、『和名類聚抄《わみょうるいじゅうしょう》』に記された郷名では、篠筍《ささけ》郷に想定されるので、この地域の有力氏族であった狭狭《ささ》城山君《きやまのきみ》（佐々貴山君・佐佐紀山君とも表記される）氏の一族によって造営された氏寺に推測することができる。

船木廃寺は、八幡山の西南麓に建立された寺院である。軒丸瓦に単弁八葉蓮華文で外区に鋸歯文と三重圏文を付けたもの、複弁八葉蓮華文で外縁に鋸歯文をつけたものが採集されている。

安養寺廃寺はJR篠原駅の東南七〇〇mにある寺院である。軒丸瓦には単弁八葉蓮華文で外縁に輻線文《ふくせんもん》をつけたものや素文《そもん》のもの、単弁八葉蓮華文で小さな中房に蓮子を四個つけ、外縁に圏線《けんせん》をつけたもの、複弁八葉蓮華文で、

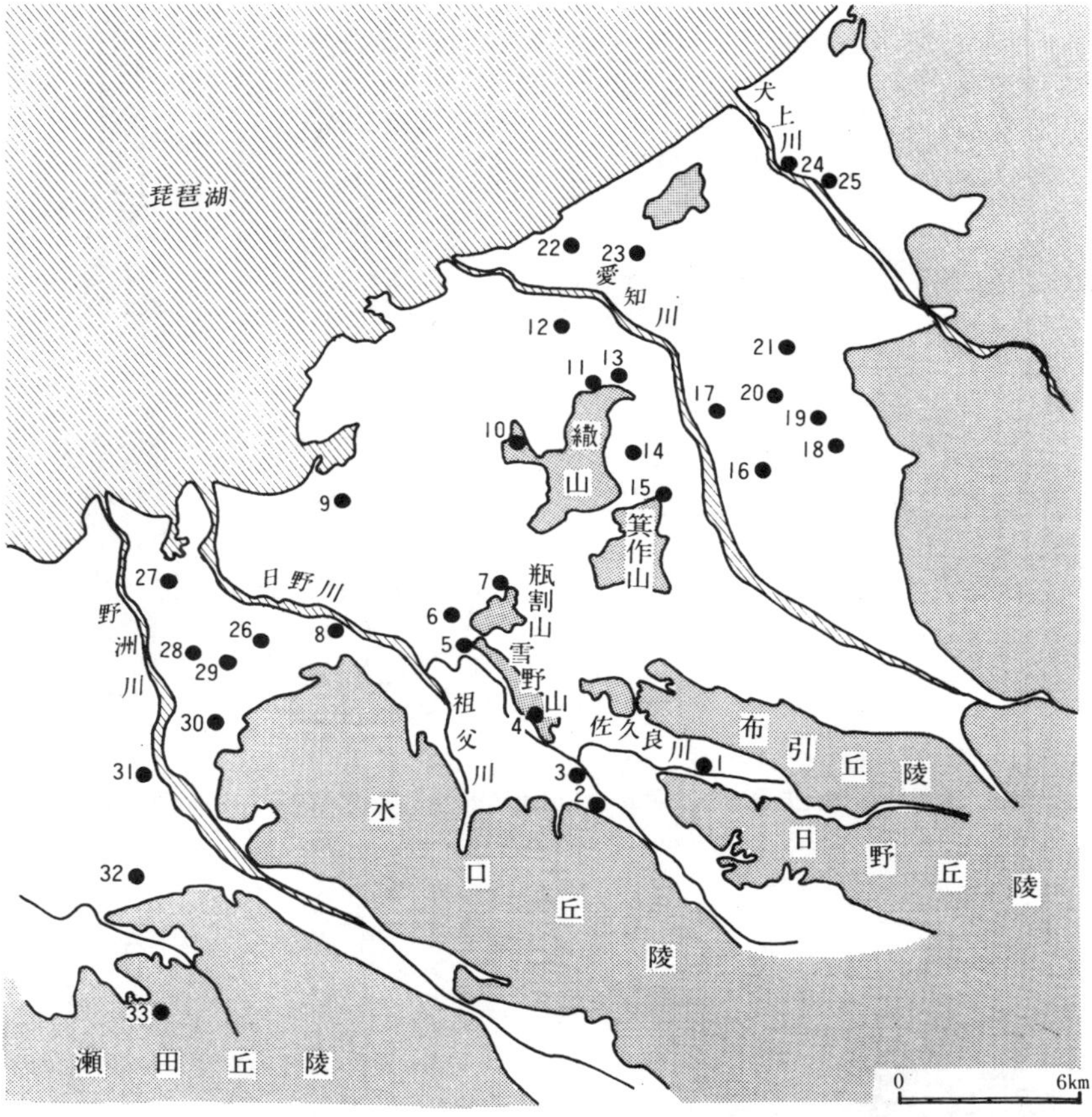

図2-7-2　湖東の古代寺院の分布（1．綺田廃寺　2．蒲生堂廃寺　3．宮井廃寺　4．雪野寺跡　5．倉橋部廃寺　6．千僧供廃寺　7．長光寺　8．安養寺廃寺　9．船木廃寺　10．安土廃寺　11．猪子廃寺　12．小川廃寺　13．法堂寺廃寺　14．金堂廃寺　15．木流廃寺　16．畑田廃寺　17．野々目廃寺　18．妙園寺廃寺　19．軽野塔ノ塚廃寺　20．小八木廃寺　21．目加田廃寺　22．普光寺跡　23．屋中寺跡　24．竹ケ鼻廃寺　25．高宮廃寺　26．北村廃寺　27．兵主廃寺　28．八夫廃寺　29．永原廃寺　30．福林寺跡　31．益須寺跡　32．手原廃寺　33．狛坂寺跡）
湖東地域には多くの古代寺院が建立されている。これらは有力氏族の氏寺として建てられたものとみてよいので、経済力をもつ氏族が多く居住したことがわかる。

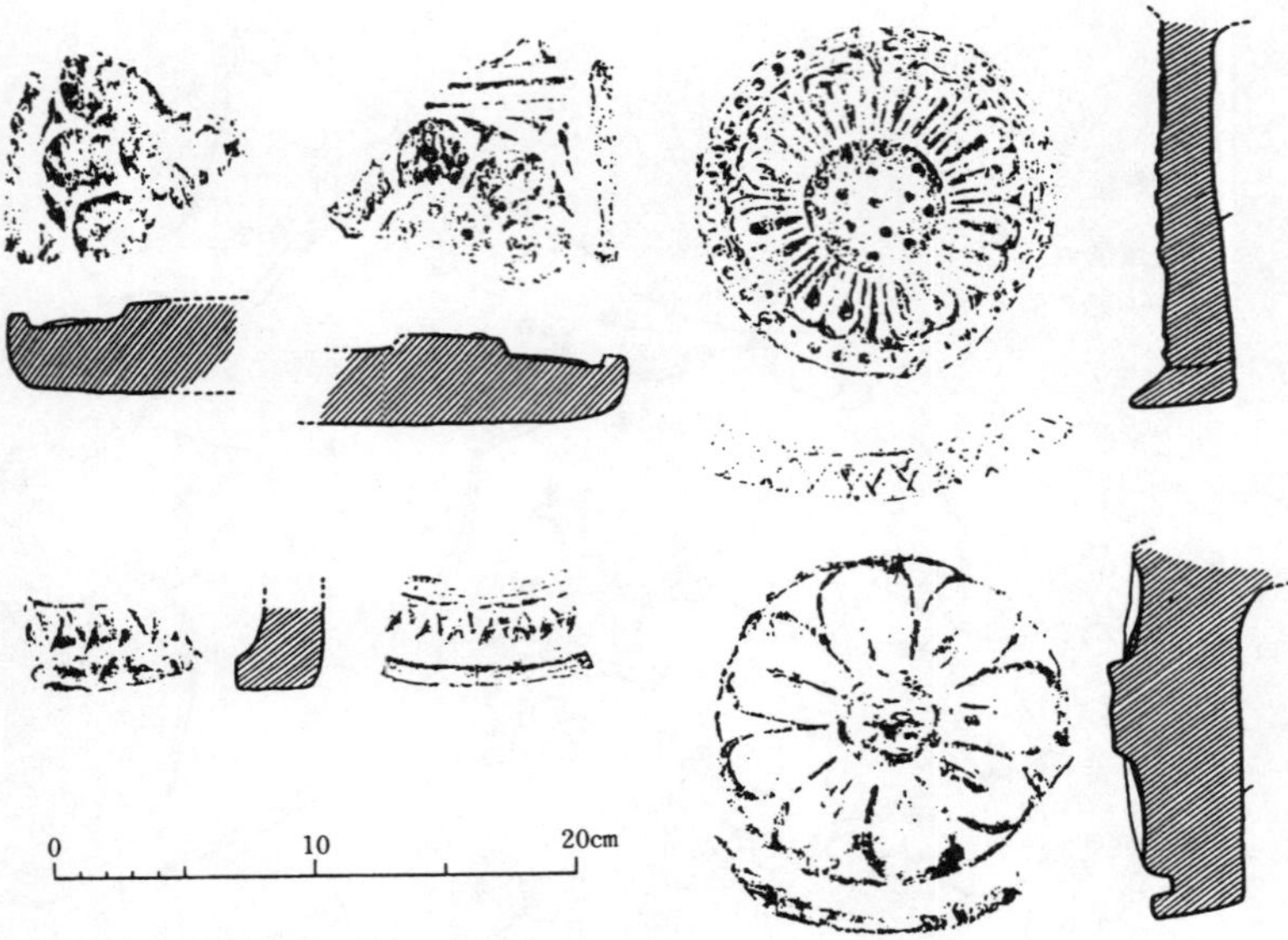

図2-7-3　安土廃寺の軒丸瓦・鬼板（安土町）
単弁、複弁蓮華文軒丸瓦と単弁蓮華文の鬼板が出土しているので、白鳳期の本格的な寺院があったものとみられる。（小笠原好彦ほか『近江の古代寺院』より転載）

面違い鋸歯文をつけたものがある。また、軒平瓦には三重弧《さんじゅうこ》文《もん》をつけたものが採集されている。

これらのうち、外縁に輻線文をつけた軒丸瓦は、大津市穴太廃寺、南滋賀廃寺、栗東町手原廃寺、草津市宝光寺跡、彦根市屋中寺跡などで出土する。この輻線文縁軒丸瓦は山崎信二氏によると七世紀の第3四半期に、大津京関連寺院を造営した志賀漢人系の渡来系氏族によって新たに採用され、その後、近江の渡来氏族の寺院

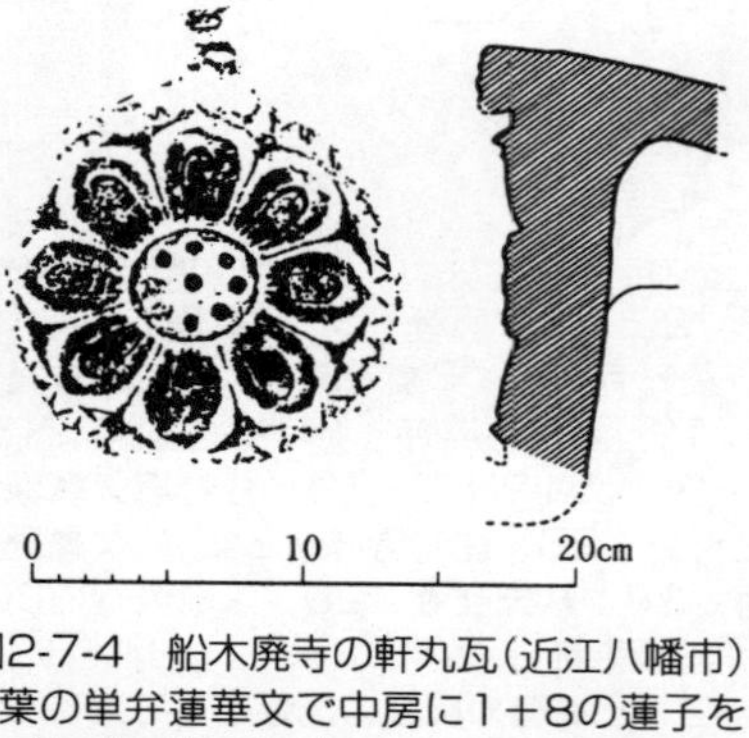

図2-7-4　船木廃寺の軒丸瓦（近江八幡市）
8葉の単弁蓮華文で中房に1＋8の蓮子をつけた白鳳期の軒丸瓦である。（小笠原好彦ほか『近江の古代寺院』より転載）

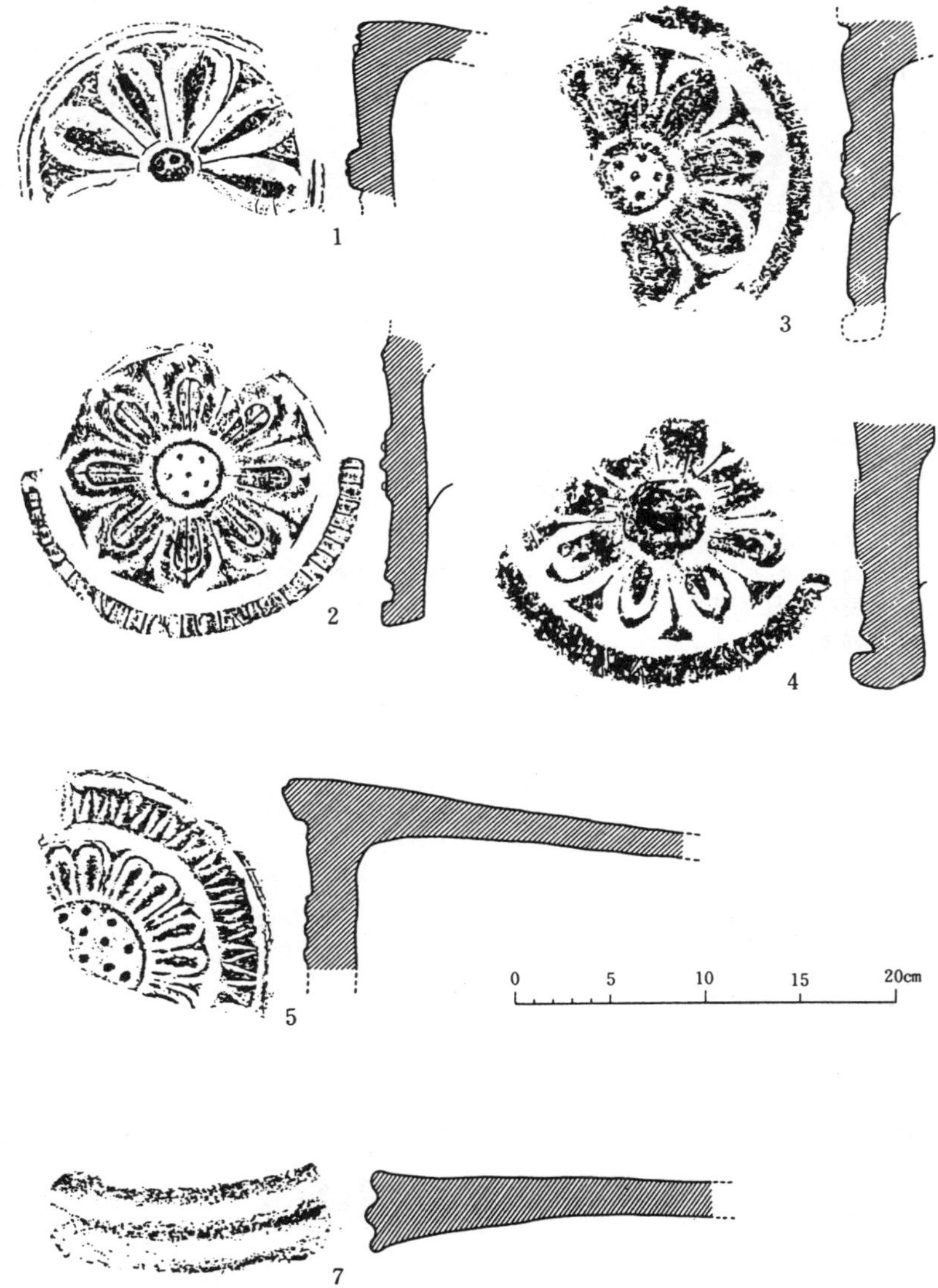

図2-7-5　安養寺廃寺の軒丸瓦・軒平瓦（近江八幡市）
安養寺廃寺の軒瓦では、単弁の蓮弁をもち、周縁に輻線文をつけた軒丸瓦が注目される。これは大津京域の南滋賀廃寺、穴太廃寺と同じく渡来系氏族によって造営された寺院とみてよい。（小笠原好彦ほか『近江の古代寺院』より転載）

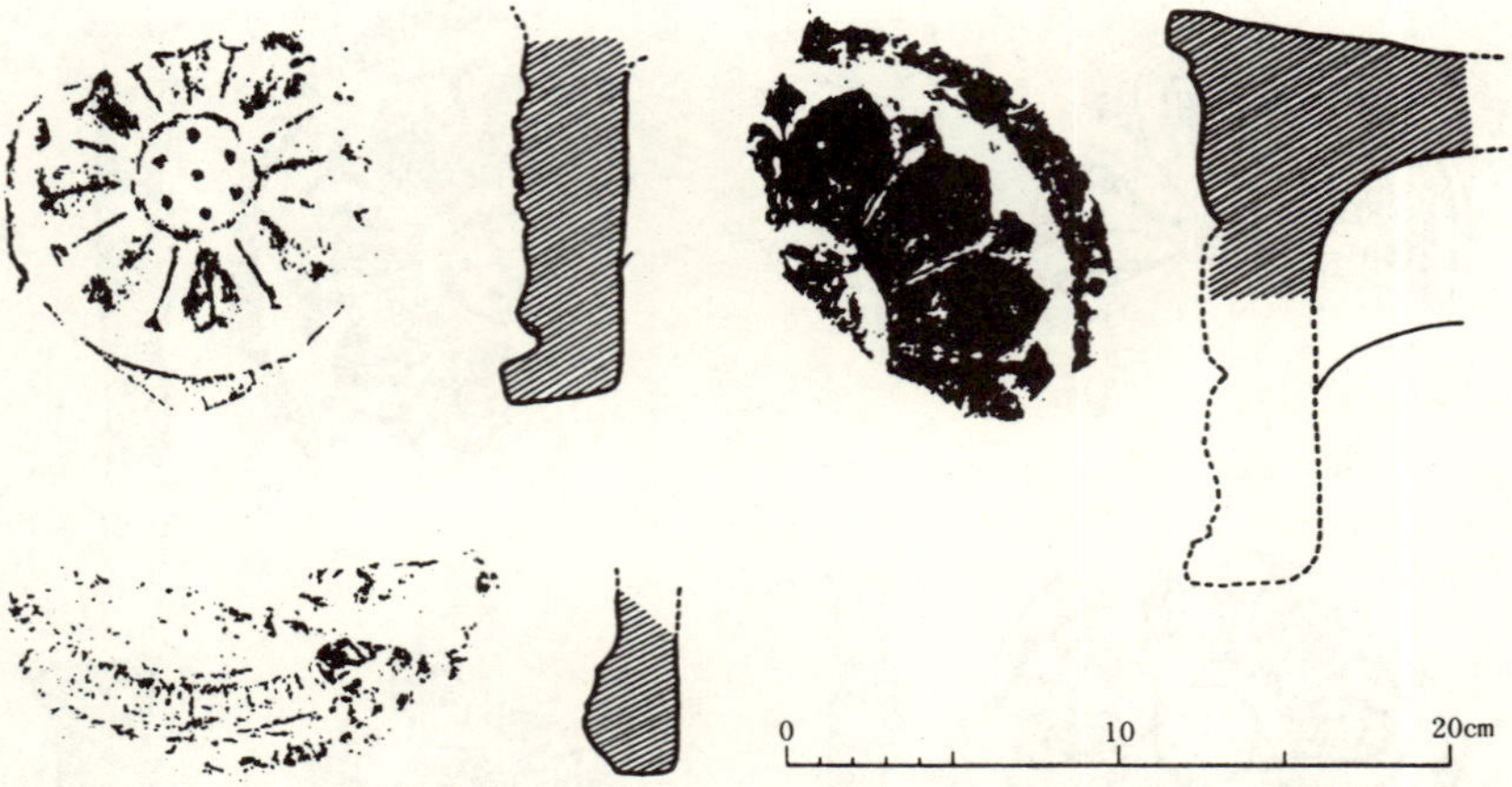

図2-7-6　千僧供廃寺の軒丸瓦（近江八幡市）
単弁蓮華文軒丸瓦のほかに、雷文をつけた紀寺式の軒丸瓦が出土する。これは宮井廃寺の軒瓦と関連するものとみてよい。（小笠原好彦ほか『近江の古代寺院』より転載）

に葺かれたという。安養寺廃寺が建立された桐原郷に居住した渡来系氏族には、大友曰佐《おおとものおさ》千嶋《ちしま》が居住したことが知られ、山崎氏はこの大友曰佐氏が造営者であったと推測している。

千僧供町の千僧供廃寺は、『近江輿地《おうみよち》志略《しりやく》』巻之六十に曼多羅堂跡《まんだらどうあと》と記されているものであるが、この寺院名は白鳳時代までは溯りえない。ここからは単弁十葉蓮華文と単弁八葉蓮華文の軒丸瓦、外区内縁に雷文縁を付けた破片が出土している。

倉橋部廃寺は雪野山西北端の西麓、安吉神社の境内およびその前面の水田にかけて所在したとみられるもので、この地区の水田には寺域が想定される規模で真南北の地割がみられる。南にはすぐ日野川が臨まれる。ここからは単弁八葉蓮華文で外縁に線鋸歯文を付けたものなど、三種類以上の単弁八葉蓮華文軒丸瓦が採集されている。昭和六二（一九八七）年度に、ほ場整備事業に関連して発掘され、幅二～二・五mの東西溝が検出されている。ここには安吉《あぎ》神社があるので、倉橋部廃寺は安吉郷《あぎごう》に位置したことになるが、安吉郷は竜王町一帯に比定さ

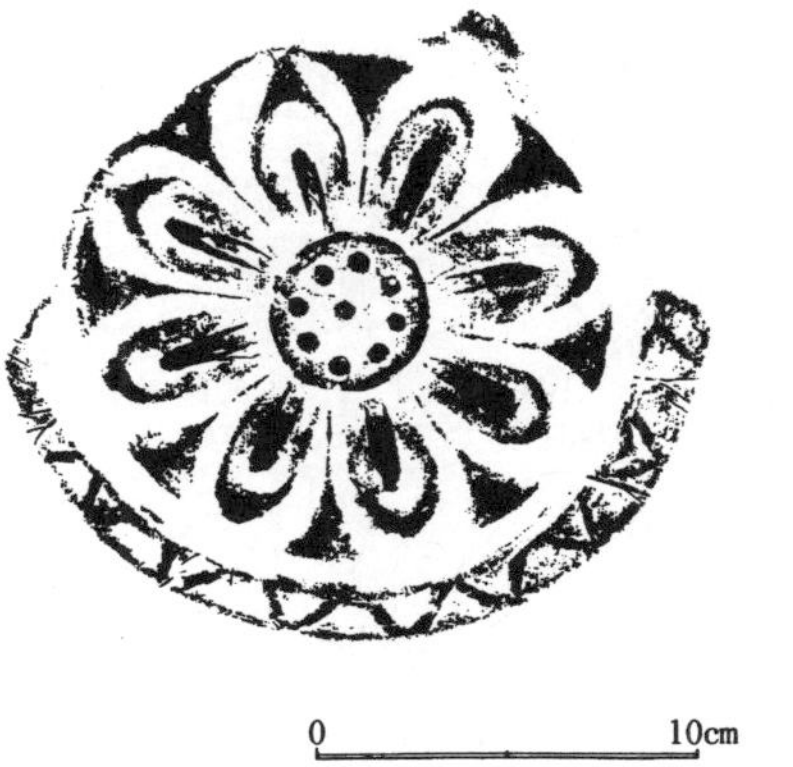

図2-7-7　倉橋部廃寺の軒丸瓦（近江八幡市）
中房に1＋8の蓮子をつけた単弁蓮華文で、周縁に線鋸歯文をつける軒丸瓦が出土。白鳳時代の創建であろう。

れるので、安吉郷の北端付近に造営された寺院ということになる。造営氏族は安吉勝《あきのすぐり》が想定されている（森山宣昭「近江の古代寺院―安吉氏発展の背景―」）。

長光寺は瓶割《かめわり》山の東北端、現在の長光寺境内に位置する古代寺院である。『近江蒲生郡志』巻七には武佐寺と称し、聖徳太子建立の一寺院にあてられている。ここの裏山から、段顎《だんあご》で四重弧文《しじゅうこもん》をなし、裏面に格子目叩きをもつ軒平瓦が採集されたとされているが、詳細は明らかでない。

以上の六寺院が、湖岸から日野川下流域に造営されたとみなされる白鳳寺院である。これらはいずれも発掘調査で堂塔が確認されていないので、伽藍、寺域の四至《しいし》など不明な点が多い。

(3)　日野川中流域の古代寺院

雪野寺跡

雪野寺は雪野山南端付近西麓に造営された寺院である。古く、昭和一〇年（一九三五）に塔跡が発掘され、少し北側に隔てた地点から多量の塑像《そぞう》が出土したことで著名な寺院である（柏倉亮吉『雪野寺阯発掘調査報告』）。近年の平成元～三年（一九八九～九一）に発掘され、塔の北から講堂跡、その西側から食堂《じきどう》と推定された建物が見つかっている（岡村秀典・菱田哲郎・高橋克壽「滋賀県雪野寺跡発掘調査の概要」）。

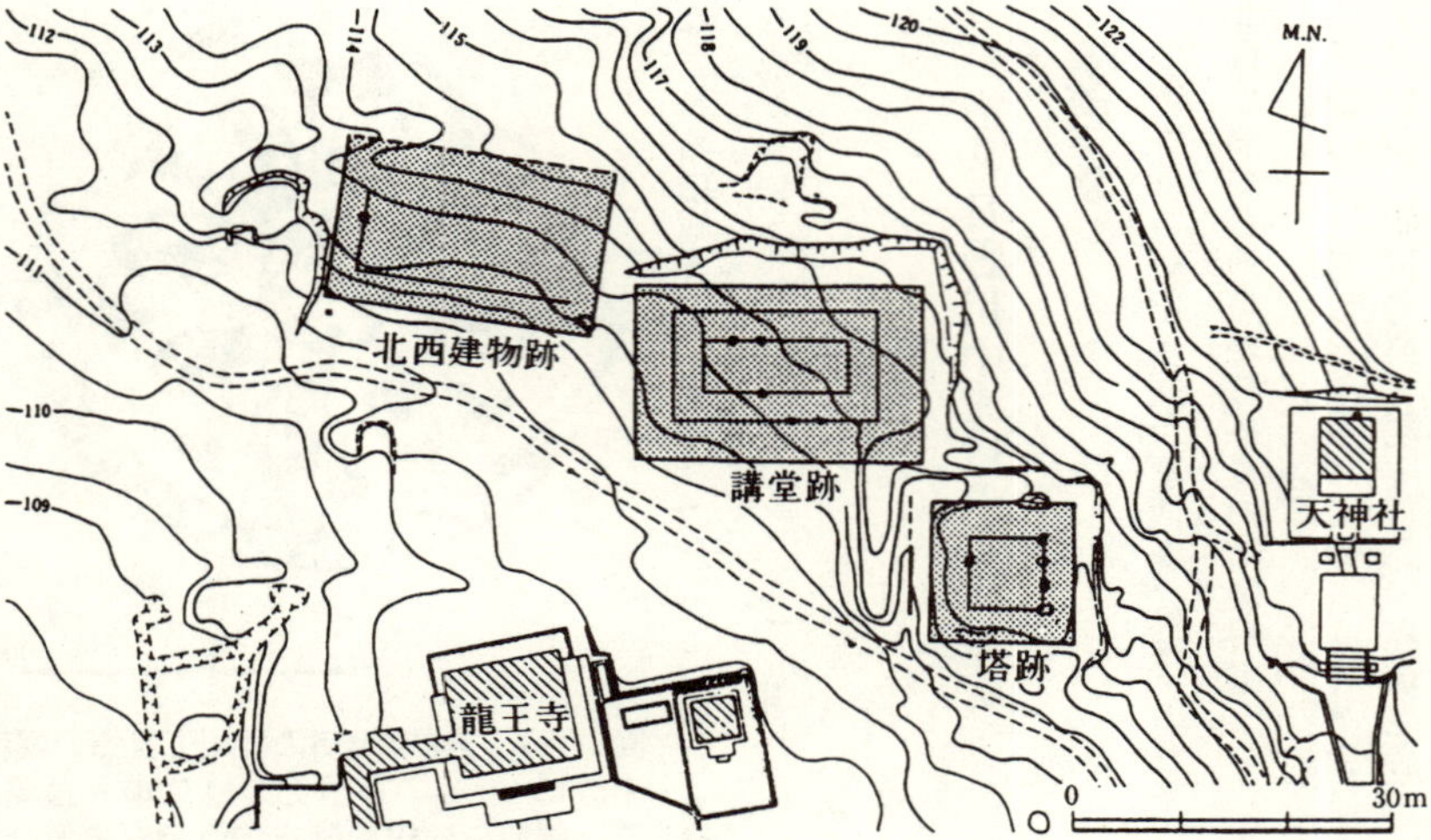

図2-7-8　雪野寺跡の伽藍配置（竜王町）
雪野寺は塑像仏の出土で著名な古代寺院である。古く塔跡が明らかにされたが、近年に講堂と北西建物が新たに判明した。しかし、金堂の位置は不明である。（京都大学文学部『塑像出土古代寺院の総合的研究』より転載）

ここから出土した軒丸瓦には、複弁八葉蓮華文で外縁に面違い鋸歯文《きょしもん》を付けたものと重圏文を付けたもの、単弁八葉蓮華文で中房に蓮子を一つ付け、蓮子を周囲に環状にめぐらし、外区内縁に珠文、外区外縁に太い圏線を一本めぐらした湖東式軒丸瓦と称されるものがある。軒平瓦は四重弧文や重弧文の下端に指頭圧痕《しとうあっこん》を付けたものなどがある。ほかに、風鐸《ふうたく》が出土している。

雪野寺が建立された雪野山南半部は、安吉郷の南端付近に想定されるが、この安吉郷には渡来系氏族の安吉勝氏が居住したことが知られる。雪野寺から

写2-7-3　雪野寺の軒丸瓦・軒平瓦（竜王町）
雪野寺の軒瓦には湖東式軒瓦が出土する。この軒瓦は渡来系氏族の寺院から出土するので、この寺院もその可能性が高い。（京都大学文学部博物館提供）

出土した湖東式軒丸瓦は、指頭圧痕重弧文の軒平瓦と組み合わされるものであるが、この様式の軒瓦は朝鮮半島から導入され、近江では愛智郡などを中心に渡来系氏族によって建立された寺院に多く葺かれたものと考えられる（小笠原好彦「近江の古代寺院と渡来系氏族」）。雪野寺がこの湖東式軒丸瓦を採用していることからすると、この寺院も渡来系氏族である安吉勝氏一族の氏寺であったとみなしてよいであろう。

宮井廃寺

蒲生町の日野川にかかる宮上橋を西に渡ったすぐ北側の天神社境内に、宮井廃寺がある。この寺院は通称「釣鐘堂」とも呼ばれた土壇《どだん》が水田中に遺存し、その東に少し離れて塔心礎が置かれていたことから、『近江蒲生郡志』巻七、『近江蒲生行幸啓志』などに記され、早くから寺院跡として注目されていた。この宮井廃寺は、ほ場整備の計画に先だち、昭和五五～五八（一九八〇～八三）年度に寺域一帯の発掘調査が実施されている（小笠原好彦編『宮井廃寺跡』）。

高さ約二mの土壇は、発掘調査の結果、一辺一二・七五m（四二・五尺）、高さ一・二m（四尺）の規模をもつ塔基壇であることが明らかになった。基壇上には四天柱《してんばしら》の東北礎石と南側柱列の東から二つ目の礎石が抜かれていただけで、ほかの礎石は原位置のまま残っていた。礎石はいずれも火を受けて赤色化していた。

塔心礎の位置には大型の礎石があり、一見すると心礎を思わせるが、これは四天柱の礎石をのちに移動させたもので、塔心礎は天神社前に置かれている。この心礎は北辺二・一六m、東辺一・八四m、西辺一・五八m、厚さ〇・八六mあり、三角形の大型石を用いている。上面は平坦で三段に孔を彫り下げ、三段目には直径一八cm、深さ九cmの舎利孔が彫られている。

塔基壇の外装は遺存状態がよくなかったが、北側の基壇端で花崗岩質の石が一部残っており、乱石積《らんせきづみ》基壇であったと推測された。塔の建物規模は礎石から桁行、梁行とも三間で、柱間は二・二五m（七・五尺）等間であったこ

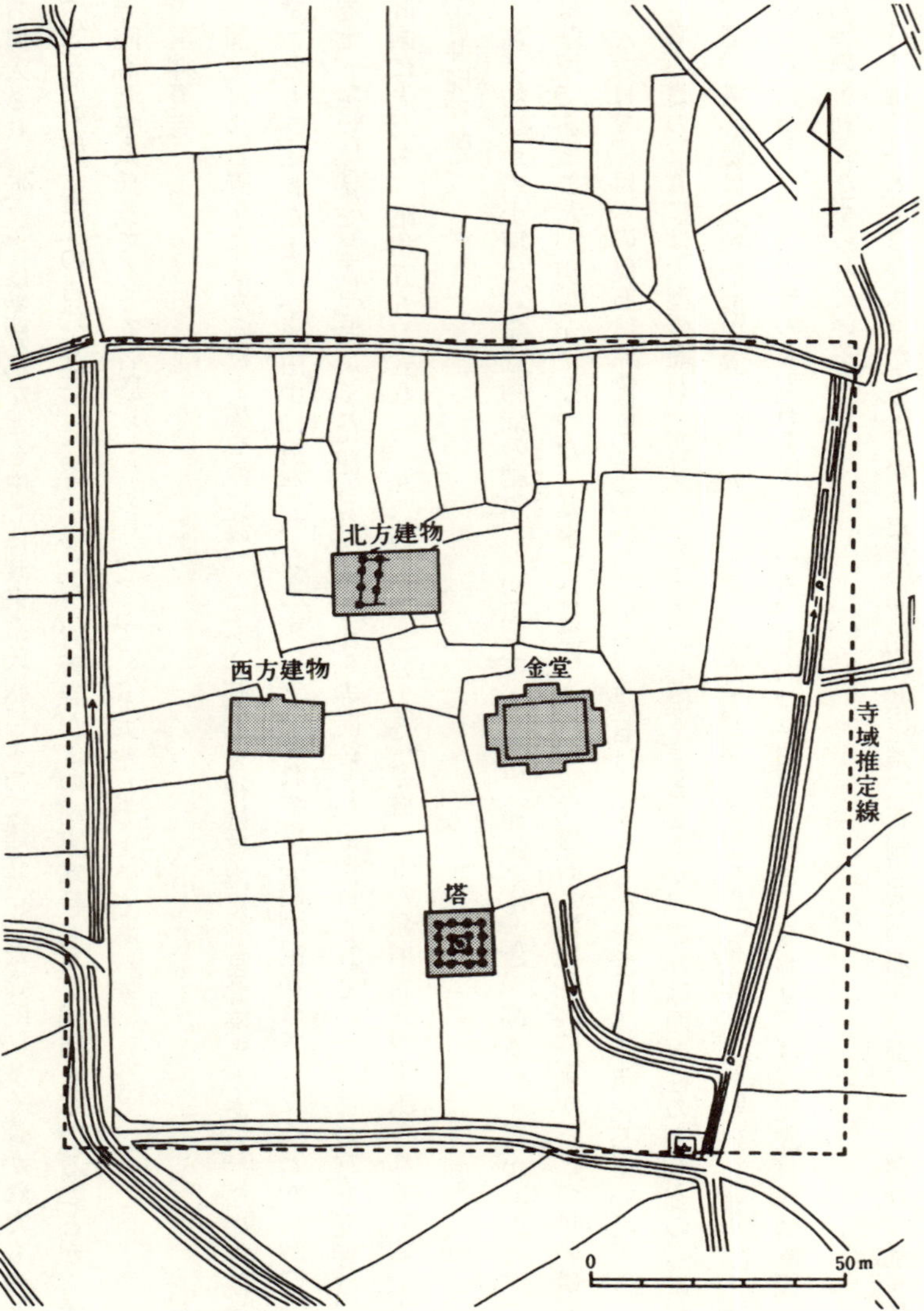

図2-7-9　宮井廃寺の伽藍配置
金堂の西南に塔を配したもので、塔の東側では建物は見つかっていない。西方建物、北方建物は後に建てられたもの。金堂では瓦積基壇が検出されている。（小笠原好彦編『宮井廃寺跡』より転載；一部改変）

とがわかる。

塔基壇の上面には、焼土、灰、壁土が堆積し、その中から塑像《そぞう》片、泥塔《でいとう》、銅片、熔解した銅粒が出土した。これによると塔内には塑像仏や泥塔が置かれていたことが推測される。

つぎに金堂は一段高くなった天神社境内地のほぼ中央部から北側にかけて見つかった。基壇規模は東西一六・七m（五六尺）、南北約一一・七m（三九尺）、基壇の高さが一m以上あったとみられる。建物の規模や柱間は明らか

写2-7-4　宮井廃寺の塔跡
塔基壇には礎石の大部分が残っていた。心礎の位置にある礎石は四天柱の礎石が移動したもの。崇福寺跡（大津市）についで礎石がよく残る塔である。

写2-7-5　宮井廃寺の塔心礎
三段に彫りこまれた舎利孔がある。表面に火災を受けた痕跡をとどめる。心礎の厚さは0.86mある。

ではない。基壇外装は南、東、西の基壇端で半裁した瓦を平積みした瓦積基壇《かわらづみきだん》を検出した。この金堂基壇の周辺からは塼《せん》が出土しているので、瓦積基壇の上端には塼を敷いていたものと推測される。

金堂の北西四〇mでは、一〇個の礎石が検出されており、そこに東西棟建物があったことが知られた。この北方建物は桁行五間（一二m）、梁行四間（八・八m）の小規模なもので、基壇外装は塔と同じく乱石積みしたものと推測された。この建物は金堂の中軸線から大きく西にずれており、しかも規模も小さいので講堂とはみなしがたい。おそらく、僧房的な建物であろう。しかも、この建物は東端東側下層で焼土がつまった土壙が検出されており、創建時の付近にあった建物が焼失後に建てられたものであることも判明した。

さらに金堂の西方四〇mでは、東西棟建物の一部が見つかった。この西方建物も基壇外装は乱石積《らんせきづ》みしたもので、東西七・四m以上、南北四・七m以上の建物である。検出した基壇のほぼ中央部北側には石積みした階段が設けられており、二段分が残っていた。西方建物の基壇土には少量ながら瓦片や焼土、灰が含まれているので、金堂、塔などの建物が焼失後に建てられたものと推測される。なお、西方建物の基壇土には、常滑壺《とこなめつぼ》を用いた蔵骨器《ぞうこつき》二個が北側階段のすぐ東側に埋納されていたほか、その上に積まれた厚い礫層中からは倒壊した数個体分の五輪塔《ごりんとう》が出土しており、寺院廃絶後は中世墳墓が営まれていたことが知られた。

宮井廃寺では金堂とその西南に塔が置かれ、また検出されてはいないが金堂の北に講堂が配置されていたと推測される。これと同一の伽藍の呼称は知られていないが、類似や同じ配置をとるものに、大和の紀寺《きでら》跡に金堂の東南に塔があり、その対称位置に建物を欠いたもの、群馬県上植木廃寺に金堂の西南に塔のみを配した白鳳寺院が知られる。このうち紀寺跡では塔の西方に太い支柱が一本立てられており、当初から建物を置く計画がなかったふしがある。とすると、宮井廃寺の場合も、本薬師寺《もとやくしじ》のように二塔を配置することを予定していたとみるほかに、当初から一塔を配置した場合とが想定される。後者の場合では検出されていないが、紀寺のように支柱が立てられたことも想定しうるかも知れない。

宮井廃寺の寺域は、これまで日野川左岸に広がる蒲生郡条里と方向を異にする一五〇m四方の真南北地割が想定されてきた。発掘調査でも北限は金堂北の東西農道の南約八mで北を限るとみなされる東西溝が見つかっており、南限も塔から南三四mの東西農道のすぐ南で東西溝が検出されたことから南北一六〇m（一町半）に推測された。西限も西方建物の西にある南北農道のすぐ西側で幅二・八mの広い溝を検出した。しかし、東限は日野川の流路が寺域の東を浸蝕しており、東限の溝も検出されていないので、金堂の中軸線で西溝を折り返すと一町半を占めていたことが推測された。

ところが宮井廃寺の調査終了後、ほ場整備事業の事前調査で、隣接する野瀬《のせ》遺跡が全面的に発掘された結果、限界は北の東西農道からさらに北五〇mで東西溝が検出され、その間に寺院と関係をもつ大形の井桁組み井戸や大形の掘立柱建物が見つかっているので、南北は二町を占めていたものと訂正する必要があることが判明した（蒲生町教育委員会編『ほ場整備事業関係遺跡発掘調査報告書』Ｉ）。

宮井廃寺の遺物

出土した瓦類には軒丸瓦六種、軒平瓦一二種、丸・平瓦がある。軒丸瓦は紀寺式と呼ばれる外区内縁に雷文《らいもん》を付けた型式のものである。これには複弁八葉蓮華文が二型式、単弁十六葉蓮華文が二型式ある。最も古いのは、複弁八葉蓮華文で中房が大きく、１＋６の周環をめぐらせた蓮子《れんじ》を配し、三二個の雷文を付けたものである。これは金堂跡から出土している。

軒平瓦は重弧文が三型式、偏行唐草文《へんこうからくさもん》一型式、均整《きんせい》唐草文八型式がある。重弧文には段顎《だんあご》のもの、直線顎《ちょくせんあご》、曲《きょく》線顎《せんあご》で重弧文の下に指頭圧痕を付けたものがある。偏行唐草文には周縁をもつものと、もたないものとがある。金堂や塔の創建時には重弧文、もしくは重弧文に偏行唐草文が葺かれたと推測されるが、軒丸瓦との組み合わせは明

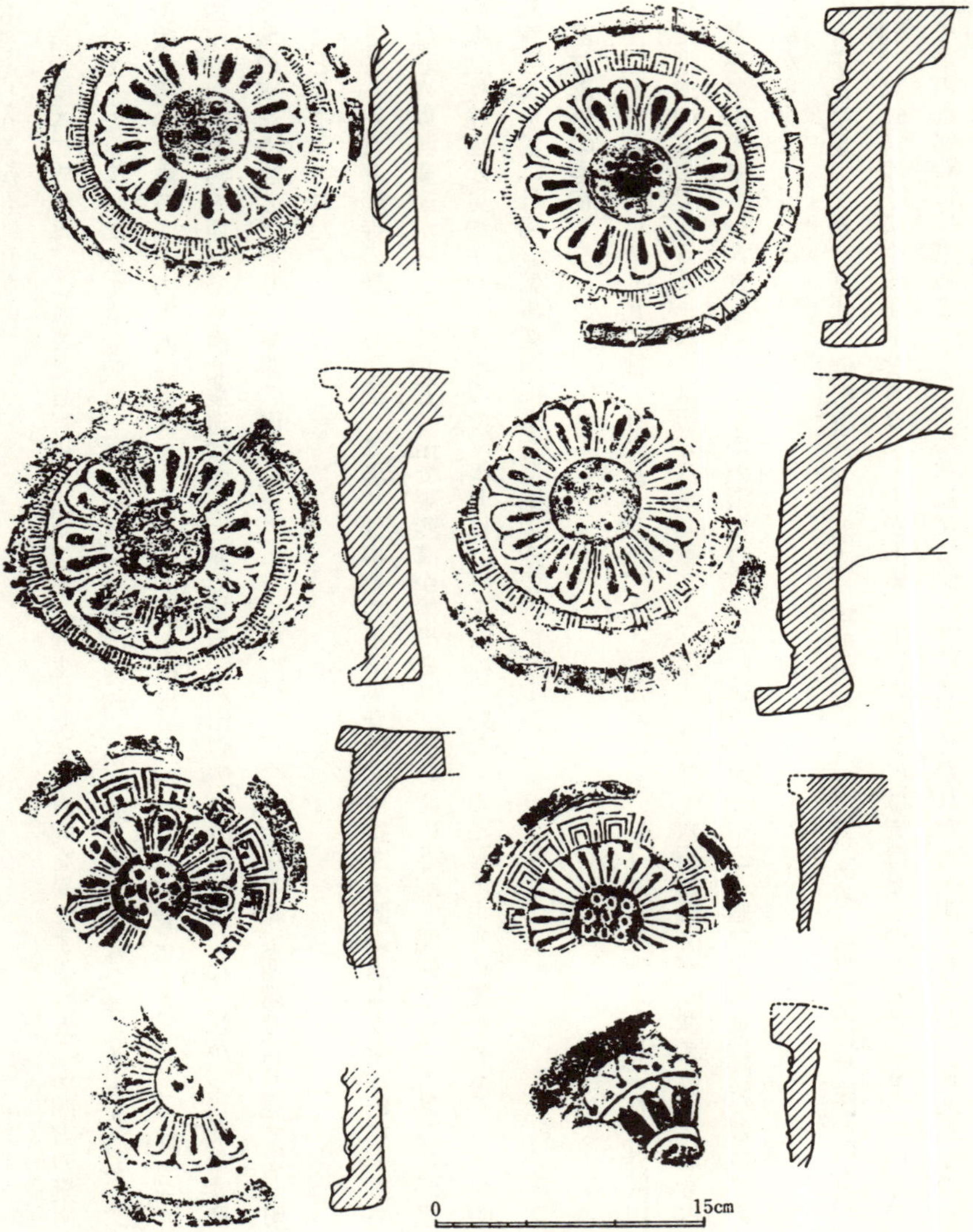

図2-7-10　宮井廃寺の軒丸瓦
宮井廃寺は雷文をつけた紀寺式軒丸瓦が創建時に用いられ、その後もこの系統の文様が執拗につけられたのは注目されることだ。（小笠原好彦編『宮井廃寺跡』より転載）

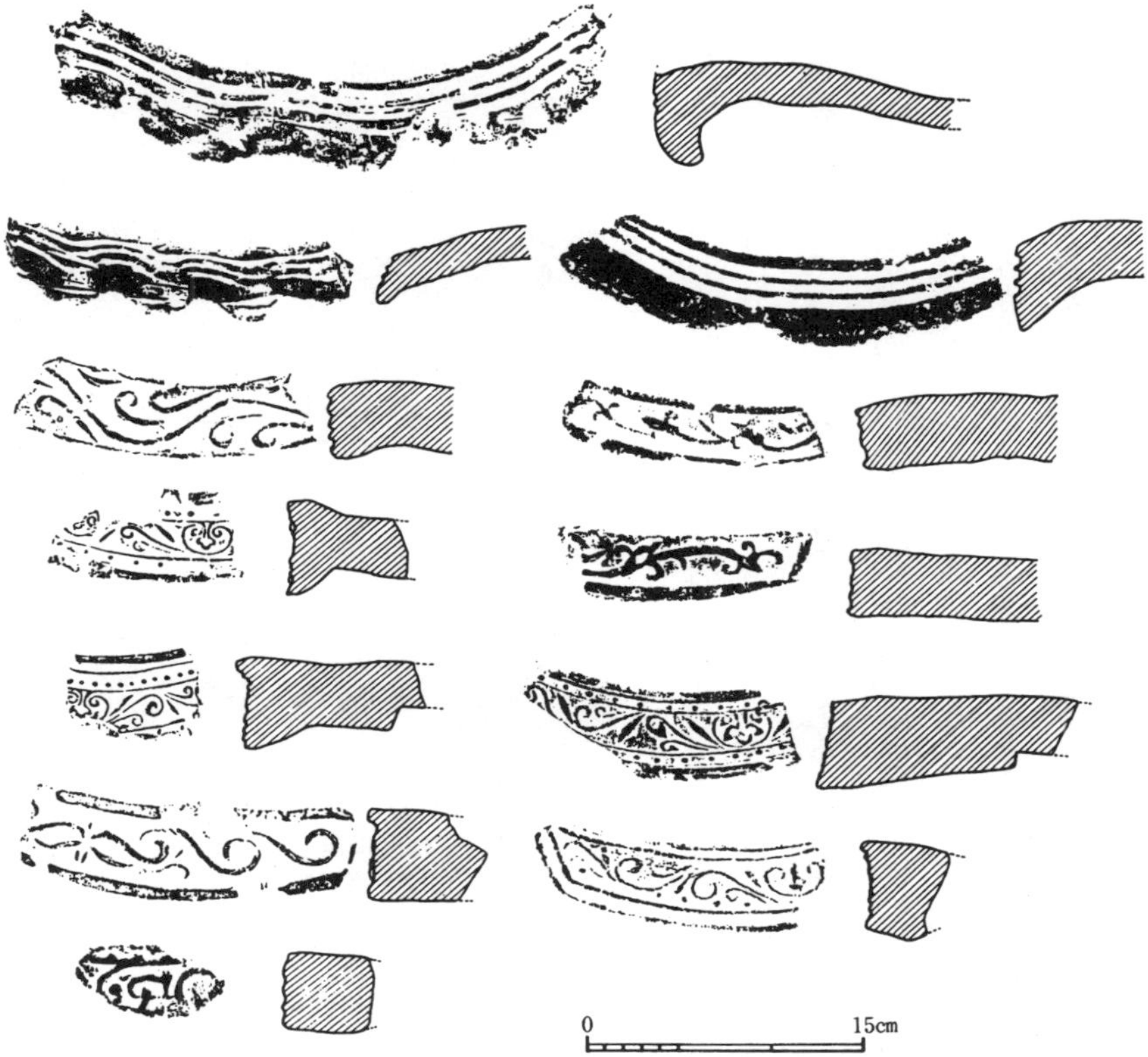

図2-7-11　宮井廃寺の軒平瓦
宮井廃寺の創建時には重弧文、偏行唐草文の軒平瓦が葺かれた。その後は各種の軒平瓦が用いられ、軒丸瓦よりも変化にとむ。（小笠原好彦編『宮井廃寺跡』より転載）

らかではない。

ほかに注目される遺物に塑像片がある。これは塔跡から三八片、金堂跡から金箔を貼ったものが一片出土した。これらは頭部、顔面部、体部上半、体部下半、腕部などの破片があり、形態から菩薩像、天部像、童子像があったことがわかる。

また、塔跡からは二四個の泥塔が出土している。泥塔は基座、塔身、笠から構成されており、いずれも型造りされている。これらは塔の西南部にまとめて置かれていたものと推測される。

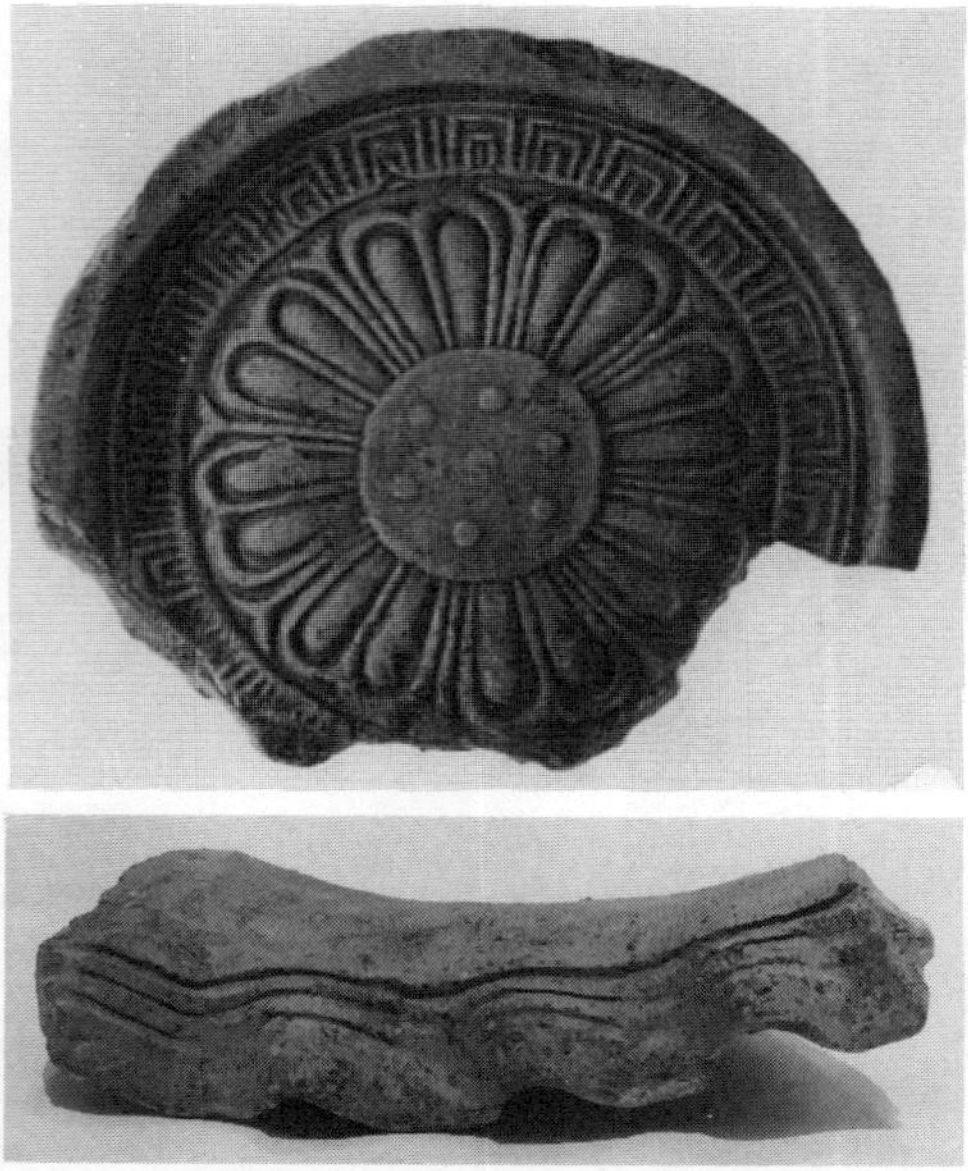

写2-7-6　宮井廃寺の創建時の軒丸瓦・軒平瓦
複弁8葉蓮華文で外区に雷文をつけた紀寺式軒丸瓦と重弧文の下に指頭圧痕をつけた重弧文軒平瓦がセットとして用いられた。

以上の遺物のうち、宮井廃寺の創建時に葺かれた軒瓦は、複弁八葉蓮華文の紀寺式軒丸瓦と重弧文あるいは重弧文に指頭圧痕を付けたものとみなされる。したがって、宮井廃寺の造営時期は大和の紀寺とほぼ同時期にあたる七世紀の第4四半期であったと推測される。

なお、指頭圧痕重弧文は近江では秦荘町軽野塔ノ塚廃寺、妙園寺《みょうおんじ》廃寺、小八木廃寺、竜王町雪野寺跡などで湖東式軒丸瓦とセットを構成している。しかし、宮井廃寺では湖東式軒丸瓦は古く一点が採集されているだけで、指頭圧痕重弧文軒平瓦とセットをなしていない点が注意される。

宮井廃寺の性格

この廃寺は古代ではどのように呼ばれた寺院であろうか。宮井廃寺は古代の文献史料には記されていないが、隣接する野瀬遺跡から須恵器に、「□本寺」と寺名を記した墨書《ぼくしょ》土器が出土している（蒲生町教育委員会編『ほ場整備関係遺跡発掘調査報告書』Ⅰ）。上の文字は判然としないが、「勢」の可能性が最も高く、ついで「努」ということになるので、勢本寺もしくは努本寺と呼ばれていたことが推測されるのである。宮井廃寺の造営氏族が居住したとみてよい野瀬遺跡からはほかに、「東一坊」、「西一坊」、「造佛」、「中薗」などと記した一〇世紀から一一世紀の灰釉《かいゆう》陶器などが見つかっている。これらの墨書土器からすると、この廃寺には東西に僧房が置かれ、一一世紀まで長く寺院が存続していたことが知られるのである。

宮井廃寺の造営氏族は知りえないが、大津京周辺の渡来系氏族によって採用された瓦積基壇が見つかっていることからすると、工事には蒲生郡に居住した百済系の渡来人が関与したことが想定される。蒲生郡に百済系渡来人が

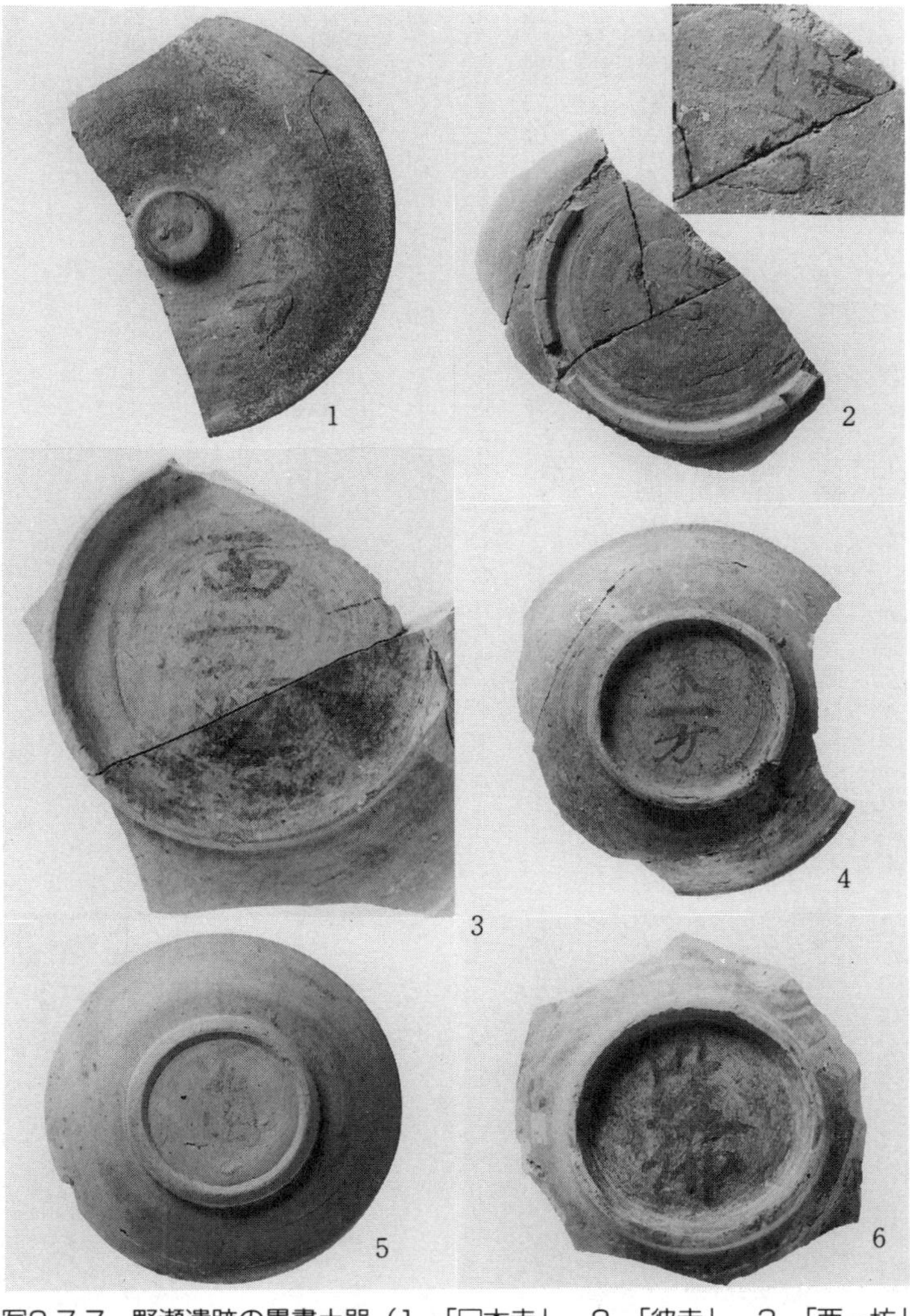

写2-7-7　野瀬遺跡の墨書土器（1.「□本寺」　2.「彼寺」　3.「西一坊」　4.「東一方」　5.「中薗」　6.「造佛」）
宮井廃寺のすぐ北に隣接した野瀬遺跡からは、「□本寺」の寺名を記したもののほか、僧房、園地に関連した墨書土器が出土している。

居住したことは、『日本書紀』天智八年（六六八）是歳条に、「又、佐平余自信《さへいよじしん》、佐平鬼室集斯《さへいきしつしゅうし》等、男女七百余人を以て、近江国の蒲生郡に遷《うつ》し居《お》く」とあり、その可能性が少なくないであろう。

また、宮井廃寺の紀寺式軒丸瓦と同型式の瓦は、蒲生郡の郡寺に想定されている千僧供廃寺でも小片が出土している。同笵とすると宮井廃寺の造営者が供給したことになり、そうでない場合でも宮井廃寺との関連で千僧供廃寺に採用されるに至ったものと想定される。千僧供廃寺が郡寺とみなしうるとすると、蒲生郡の郡司と強い関係をもっていたことも推測される。

辻岡山瓦窯

宮井廃寺の瓦は西四〇〇ｍにある宮川の辻岡山に瓦窯を設置して製作されている（辻岡山Ｂ遺跡）。辻岡山は六世紀後半から須恵器生産が行われていた（辻岡山Ａ遺跡）ところで、七世紀後半に宮井廃寺の造営にあたって新たに瓦窯が置かれ、瓦生産が行われている。この瓦窯跡は昭和六二～平成二年（一九八七～九〇）に発掘され、五基の瓦窯が検出されている。このうち、一号窯は須恵器と変わらない無段式登窯が用いられ、格子目叩きをもつ平瓦が製作されていた。三～五号窯は丸瓦で段を構成し、二号窯は有段式登窯が築成されていた。二号窯からは宮井廃寺の軒丸瓦のほかに、宮井廃寺では出土していない軒丸瓦も見つかっているので、ほかの寺院の軒瓦もここで製作されていたことが知ら

写2-7-8　辻岡山瓦窯4号・5号窯
宮井廃寺の瓦を焼成したのが辻岡山瓦窯である。これまで5基の瓦窯が調査されている。4号・5号窯は天井の一部が遺存した。

れる。

蒲生堂廃寺

宮井廃寺の南一・二km、小字「大堂《だいどう》」、「塔《とう》ノ《の》本《もと》」を中心に蒲生堂廃寺が営まれたと推定されている。ここには、条里地割とは異なる真南北方向の地割がほぼ方二町の範囲でみられ、古く工事の際に礎石や軒丸瓦が出土したと伝

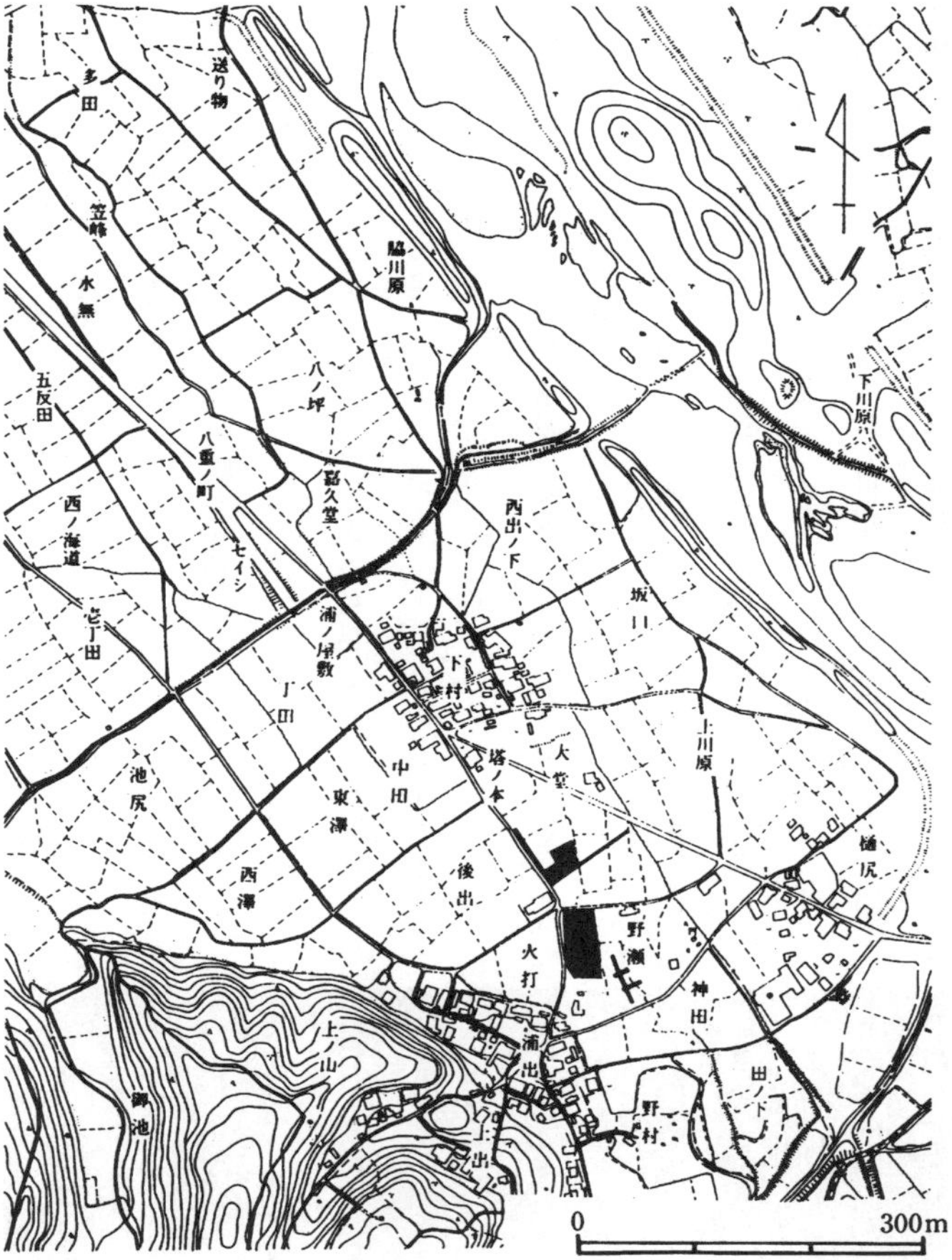

図2-7-12　蒲生堂廃寺周辺の地割
蒲生堂には条里地割と異なる真南北、真東西方向の地割があり、古代寺院があったことを窺わせる。「大堂」「塔ノ本」の小字がある。（蒲生町教育委員会編『ほ場整備関係遺跡発掘調査報告書』Ｉより転載）

えられている。しかし、現在は平瓦が数片遺存するだけで、礎石や平瓦の所在は明らかでない。

蒲生堂廃寺の発掘調査は昭和五六年（一九八一）に、ほ場整備に関連して切土部と排水路設置予定地を対象に、小字「大堂」とその南の「野瀬」で実施されている（蒲生町教育委員会編『ほ場整備関係遺跡発掘調査報告書』Ⅰ）。この調査では大堂地区で掘立柱建物が二棟、野瀬地区で掘立柱建物五棟、南北大溝一条、土壙数カ所が検出されている。しかし、調査地内からは、寺院に関連する建物や寺院があったことを直接窺わせる遺物はほとんど見つかっていない。

掘立柱建物は北で西側に少し振れた方位のもの、真北に近いもの、東に少し振れたものなどがある。南北大溝は幅四～六ｍあり、真南北方向に振れており、南から北に流れる。上層は一二～一三世紀、下層は七世紀後半～八世紀の土器が出土しているが、瓦は出土していない。

蒲生堂には小字名や地割からみて寺院があったことは疑いないが、宮井廃寺と同じように堂塔が揃った寺院であったかどうかは、今後の検討が必要とされる。なお、野瀬地区の調査地からは瓦器椀の生産にかかわったとみられる遺構も検出されている。これは年代は下がるが、中世の土器生産の点から注目されるものである。

写2-7-9　綺田廃寺の礎石（稲荷神社拝殿）
稲荷神社の境内に、古代寺院の礎石とみてよい石がある。古瓦も散布する。佐久良川の北岸に白鳳寺院があったとみてよい。

綺田廃寺

宮井廃寺の東方三・五㎞、佐久良川のすぐ北岸に稲荷《いなり》神社境内を中心とした綺田《かばた》廃寺がある。神社の拝殿《はいでん》正面にはほぼまっすぐ東西に並ぶ二個の礎石が置かれ、背面にも一個の礎石状の石がある。さらに拝殿の少し南側には一段高い、東西二〇m、南北一〇m前後の低い土壇状の高まりがみられる。これは北側では〇・五mの高さで瓦片を含む土層断面が一部観察でき、南端は一段大きく落ちるように下がり、堀状をなしている。

　この土壇状高まりの西南にも、一辺一〇mほどの方形状の高まりがある。現状は竹藪になっている。これらの二つの高まりは、後世の土取りの結果、このような形状になったことも考えられるが、周囲で瓦片が多数出土することからすると、古代寺院の堂塔基壇に関連する可能性が少なくないように思われる。

　さらに、南側一帯はほぼ平坦地が延び、この地域の瓦の散布状況と稲荷神社境内地の地

図2-7-13　綺田廃寺の軒丸瓦・軒平瓦
この寺院からは湖東式軒丸瓦が出土し、地名の綺の語が特殊な絹織物をさすことからも渡来系氏族の寺院とみてよいであろう。(『近江蒲生郡志』巻七より転載、右中のみ手拓)

形からすると、神社境内地を綺田廃寺の中心部に想定してよいであろう。

この綺田廃寺は、『近江蒲生郡志』巻七に「諸願成就寺」として、軒丸瓦五点、軒平瓦一点が紹介され、『滋賀県史蹟名勝天然紀念物概要』にも、軒瓦の写真が掲載され、早くから知られてきた古代寺院である。その後、特に知見はなかったが、昭和六〇年（一九八五）に、神社境内から西一〇〇m付近で工事が行われた際に発掘され、溝が検出されている（蒲生町教育委員会編『町内遺跡発掘調査報告書』V）。ここからは単弁十六葉蓮華文軒丸瓦とともに縄目叩きの平瓦などが多数出土している。この溝が綺田廃寺の西限に関連した溝とみなしうるかは明らかではないが、神社境内地を中心部とすると、綺田廃寺は方二町程度の寺域が想定しうることになる。これは蒲生郡条里と異なる真南北方向の地割がほぼこの範囲に含まれることになる。また、神社の東北二〇〇mには、寺村城の土塁が遺存しており、この土塁の南端付近でも瓦が散布する。しかし、そこまで寺域がおよんだとはみなしにくいので、これは寺域内から移動したものであろう。

綺田廃寺の軒瓦は、これまで軒丸瓦に単弁八葉蓮華文が三種、単弁十六葉蓮華文二種、軒平瓦一種が採用されている。単弁八葉蓮華文は中房は明らかでないが、蓮弁が肉厚なもの、中房に蓮子《れんじ》を一つ付け、その周囲に蓮子を環状に配し、外区内縁に珠文、外区外縁に圏線を付けたものと外区外縁に太い圏線を一本付けた湖東式軒丸瓦の二型式がある。単弁十六葉蓮華文は中房に大きく圏線をめぐらすものと、中房の径は小さく、各蓮弁の先端を線で連結し、外区内縁に珠文を付けたものとがある。

これらの五種類の軒丸瓦では、型式的にみて単弁八葉蓮華文が古く、おそらく七世紀末とみられ、ほかは奈良時代から平安時代初期のものと推測される。このうち、肉厚の単弁八葉蓮華文はこれまで宮川廃寺と呼ばれてきた辻岡山瓦窯から採集されているものとよく似ている。類似のものは石塔寺からも採集されているという。

軒平瓦は均整唐草文で、第四、第五の単位文が同じ方向につけられている。これは平安時代のものである。

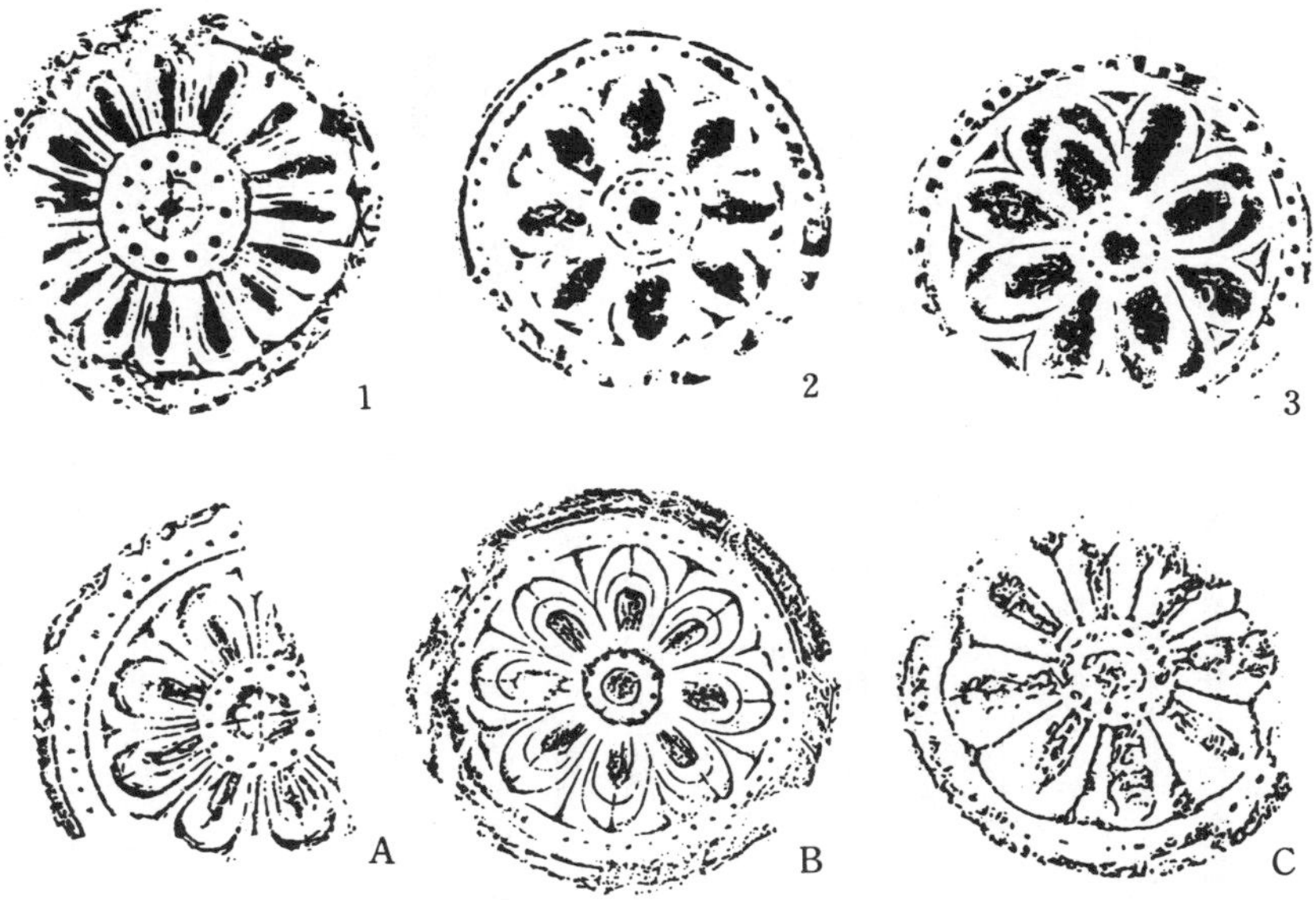

図2-7-14　湖東式軒丸瓦と朝鮮半島の軒丸瓦（A．綺田廃寺　B．軽野塔ノ塚廃寺　C．小八木廃寺　1．南穴寺址　2．大通寺址　3．阿火付近）
湖東式軒丸瓦の祖形は朝鮮半島の新羅の南穴寺、大通寺などの軒丸瓦に求められる。7世紀末に近江の湖東に居住した渡来系氏族寺院によって採用されたものとみてよい。

以上のような綺田廃寺の軒瓦をみると、この寺院は七世紀の第4四半期に建立されたものと思われる。その後、奈良時代にもなお建物の造営が継続して行われたことが推測され、平安時代まで存続していたことがわかる。

この綺田廃寺では、二種の湖東式軒丸瓦が出土している。しかし、これと組み合う指頭圧痕重弧文軒平瓦がまだ出土していない。湖東式軒丸瓦と指頭圧痕重弧文軒平瓦は特に古代の愛智郡の寺院に集中し、愛智郡では上蚊野古墳群で竪穴系横口式石室《たてあなけいよこぐちしきせきしつ》という特異な後期古墳の石室がみられることから、これらの寺院は渡来系氏族の朴《え》市秦造《ちはたのみやつこ》氏の一族によって造営された寺院とみなされている。

綺田廃寺が営まれた佐久良川流域の古墳では、西南五〇〇mに飯道塚《はんどうづか》古墳群、南五〇〇mに七ッ塚古墳群がある。これらの古墳群では渡来系氏族が築造したことを想定させる要素は特にみられない。しかし、蒲生郡にも吉士《きし》氏、安吉勝《あぎのすぐり》氏、大友曰佐《おおとものおさ》氏、錦曰佐《にしごりのおさ》氏ら多くの渡来系氏族が居住していたことが知られる。綺田廃寺が造営された綺田の綺は錦の一種である。とすると、このような高度な絹織物生産に携わった錦曰佐氏がここに居住し、氏寺を造営した可能性が少なくないであろう。百済系の三層石塔をもつ石塔寺から綺田廃寺の単弁八葉蓮華文軒丸瓦と同型式（同笵か）の軒丸瓦が採集されているというのも、二つの寺院が渡来系氏族として強いつながりがあったことを示すものかもしれない。

石塔寺

綺田廃寺の北東一・五km、布引山の南麓丘陵上にある石塔寺《いしどうじ》は、重要文化財の石塔で著名な寺院である。この三層石塔は百済様式であるが、新羅の石塔とも類似点が多いという。造立年代は奈良前期、すなわち白鳳時代とする見解が定説となっている。この石塔は、『近江蒲生郡志』巻七では第三塔身の正面に方孔があり、そこに舎利が収納されていたことが想定されている。とすると、この石塔は、古代寺院の伽藍を構成する木塔に替わるものとして配置されたことが推測されることになる。

古代寺院に石塔が建てられた例は、朝鮮半島の寺院に顕著にみられる。百済では扶余《ふよ》の定林寺《じょうりんじ》の五層塔、王宮里寺址の三層塔、益山《えきさん》の弥勒寺《みろくじ》の石塔、新羅《しらぎ》では感恩寺《かんおんじ》の三層からなる双塔が著名である。

石塔寺の石塔も、伽藍の一部を構成していたとすると、金堂、講堂などの他の建物位置が問題になる。現在の石塔が建つ丘陵上には西側に少し平坦地があるので、ここに金堂を想定することは困難ではないが、瓦の散布は確認されていない。そのほかの建物は、いずれも山麓下に想定せざるをえないであろう。

石塔寺の軒瓦は肉厚の単弁八葉蓮華文軒丸瓦が採集されているという。これは前述した綺田廃寺のものとよく似ている。

中流域寺院の性格

中流域の五寺院は、蒲生郡の郷との関連では竜王町南部の雪野寺が安吉郷に想定される。蒲生町は郷名の比定が定まっていない。いま条里地割の分布と足利健亮氏の見解を参考にすると（足利健亮「古代の景観」）、宮井廃寺、蒲生堂廃寺は西生《にしお》郷、石塔寺、綺田廃寺は東生《ひがしお》郷に想定される。

さて、古代の蒲生郡は東生、西生、必佐《ひっさ》、篠田《しのだ》、篠笥《ささけ》、大嶋《おおしま》、船木《ふなき》（船木）、安吉《あぎ》、桐原《きりはら》の九郷からなっていた。このうち、各郷に造営された寺院をみると、湖岸に近い大嶋郷と日野川上流の必佐郷にのみ寺院が知られない。二つのうち、必佐郷は後期古墳が乏しく、耕地の開発が遅れたことからすると、有力氏族が乏しかったことがその一因となったのであろう。宮井廃寺、蒲生堂廃寺はのちの条里地割が比較的広くみられ、先だつ後期古墳は、宮井廃寺の西南に少し離れるが、東出南古墳、東出東古墳があり、蒲生堂廃寺は近くに上の山古墳が分布する。また、石塔寺、綺田廃寺も飯道塚古墳群、七ッ塚古墳群、東大塚古墳、飲ガ塚古墳などが分布する。これらの古墳、古墳群は直接的にそれぞれの古代寺院に関連したかどうかはなお検討すべき点が多いが、それぞれの地域で開発が進展し、このような有力氏族を生み出しうる生産基盤があったことを知ることができる。

中流域の寺院は、石塔寺が渡来系氏族によって造営されたことが想定され、ほかに雪野寺、綺田廃寺もともに軒瓦から同様の性格をもったことが推測される。また、宮井廃寺は在地の有力氏族によって造営された氏寺の性格をもつものとみなされるが、瓦積基壇を採用していることからすると、蒲生郡に居住した渡来系氏族ともかかわりを強くもったことを窺うことができる。

〔補記〕本稿は「日野川流域と白鳳寺院」『蒲生町史』第一巻（一九九五年一二月）を改題して掲載した。

八　日野川流域の古代集落と生産

(1) 日野川流域の古代集落

掘立柱建物集落

日野川中流域に分布する七、八世紀の古代集落には、日野川右岸に蒲生町外広《そとひろ》遺跡、杉ノ木遺跡、平塚遺跡、日野川左岸に野瀬遺跡、佐久良川左岸に山端《やまはた》遺跡、佐久良川右岸に本郷遺跡がある。これらのうち、本郷遺跡と山端遺跡は八世紀前後に新たに出現した集落とみられるもので、ほかは古墳時代後期から継続して営まれているものである。

外広遺跡は竹田神社の周辺にある集落遺跡である。昭和六〇年（一九八五）、竹田神社の西南一〇〇ｍ付近で、奈良時代の掘立柱建物五棟、神社の北二〇〇ｍにあたる外広地区で七世紀の竪穴住居四棟、八世紀の竪穴住居一棟が検出されている（滋賀県教育委員会・滋賀県文化財保護協会編『ほ場整備関係遺跡発掘調査報告書』ⅩⅡ-４）。

近畿の古代集落の建物は、古墳時代後期までは竪穴住居による集落が一般的であるが、七世紀以降は掘立柱式の平地住居を中心としたものに大きく変化した（小笠原好彦「畿内および周辺地域における掘立柱建物集落の展開」）。

このような変化は近江でもほぼ同様に認められるが、湖北の高月町井口《いくち》遺跡などにみられるように、一部では竪穴住居が八世紀末まで継続して用いられたところも少なくない。外広遺跡でも、その数は少ないが、竪穴住居がなお利用されていたことが知られる。

外広遺跡の五棟の掘立柱建物は、いずれもほぼ北を向いて建てられている。これらは桁行五間、梁行三間の規模をなす大きな南北棟建物の主屋と付属建物、倉庫などで建物小群を構成している。建物群を囲む溝や柵は検出されていないが、これらは複数の大型建物で空間を構成していることからみて、有力豪族が居住したものとみなされるものである。

山端遺跡は日野丘陵の北端付近に位置する集落遺跡である。昭和五七年（一九八二）に奈良時代から平安時代初めにかけての掘立柱建物六棟が検出されている（蒲生町教育委員会編『町内遺跡分布調査報告書』）。建物は桁行六間、梁行四間で、北と西に庇《ひさし》をもつ南北棟建物と桁行二間以上の倉庫、桁行三間、梁行二間の建物を中心とした四棟から構成される二つの建物小群が存在したとみなされるものである。このうち、東側の建物小群をなす庇付建物は、八五m^2の主屋とみなされる大型建物で、なお調査区外にも付属する建物が存在するものと推測される。これは、主屋の建物規模からすると、有力首長が居住した居宅の中心部が見つかっている可能性がきわめて高いものである。

このようにみると、この集落に居住した氏族は、位置からみて、その北四〇〇ｍにあたる佐久良川北畔に建立されている綺田《かばた》廃寺の造営者と関係をもつものとみなしてよいであろう。この遺跡からは、須恵器坏《すえきつき》、高台付坏、蓋、薬壺、土師器《はじき》皿、甕《かめ》などが出土しているが、特に有力氏族の首長が居住したことを窺わせるものはみられない。しかし、調査面積に比べて多量の須恵器が出土しているのは、多量の土器を必要とするような居住者の性格を反映しているものとみなしてよいかも知れない。

本郷遺跡の墨書土器

さて、佐久良川の北、天乞山古墳の東側一帯に位置する本郷遺跡でも、ほぼ真南北、真東西を向く奈良時代の掘立柱建物一棟と倉庫一棟が見つかっている（蒲生町教育委員会編『本郷遺跡発掘調査報告書』）。付近からは、丸太材を刳《く》り抜いた井戸が検出され、須恵器の坏蓋、皿に「林」と記された墨書土器も出土している（蒲生町教育委員会編『団体営ほ場整備事業に伴う川合古墳群発掘調査報告書』）のが注目される。

この土器に記された「林」はこれだけでは人名か地名に関係したものか明らかでない。しかし、いま、人名と理解すると、林氏は『新撰姓氏録』右京諸蕃下に、

林《はやし》。林連《はやしのむらじ》と同じき祖《おや》。百済国《くだらのくに》の人、木貫《もくき》の後《すえ》なり。

とある。林氏の始祖である木貫氏は、『日本書紀』天智二年（六六三）九月甲戌〈二四日〉条に、

日本の船師《ふないくさ》、及び佐平余自信《さへいよじしん》、達率《だちそち》木素貴《もくそくゐ》子《し》、谷那普首《こくなしんす》、憶礼福留《おくらいふくる》、并《あわせ》て国民《くにのたみども》等、弖《て》礼城《れさし》に至る。明日、船発ちて始めて日本に向ふ。

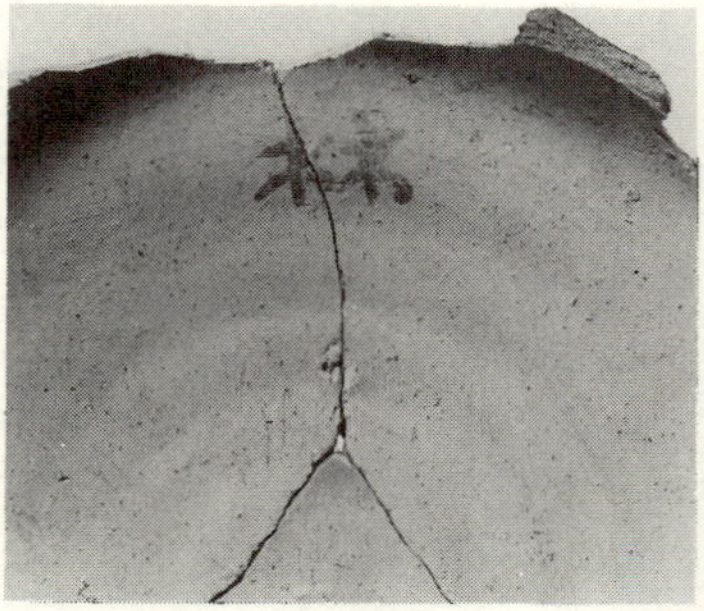

写2-8-1　本郷遺跡の「林」銘墨書土器
墨書土器は一文字を記したものが一般的である。それだけにその意味を知るのは難しい。「林」も人名、地名いずれとも想定できる。ここでは人名を考えてみた方がよいだろう。

と記されている木素貴子と同一人物と考えうる。さらに関連するものに、『日本書紀』天智八年（六六九）是歳条には、

又佐平余自信、佐平《さへい》鬼室《きしつ》集斯《しふし》等《ら》、男女七百余人を以て、近江国の蒲生郡に遷《うつ》し居《お》く。

とあり、蒲生郡に遷された百済からの渡来人の集団に木貫氏も含まれていたものとみなされるので、その居住地との関連が問題になるであろう。本郷遺跡が位置する佐久良川流域に百済系の渡来人が居住したとみなしてよいことは、石塔寺《いしどうじ》に百済系の三層石塔が建てられていることからも想定しうることである。

さらに、この本郷遺跡では、時期は少し遡るが、七世紀初頭の長方形で焼灰、焼炭を伴う火葬墓も見つかっている。このようにみると、この地域に渡来系氏族が居住したことは動かないことになる。同時に、「林」の墨書土器を氏族名を記したとみなしうる可能性も少なくないとみてよいであろう。

つぎに、野瀬遺跡は宮井廃寺の造営氏族が居住した集落と推測されるものである。ここでは宮井廃寺の西北部（第二・四区）、北部（第五区）の調査区で真東西、真南北方向の掘立柱建物が検出されている。また、石製銙帯《かたい》の巡方《じゅんぽう》なども出土しており、ここに有力氏族が居住したことが知られた。しかし、調査区内からは、豪族の居宅とみなしてよい大型建物を中心とする建物構成は検出されていない（蒲生町教育委員会編『ほ場整備関係遺跡発掘調査報告書』Ⅰ）。

この時期の集落として他に知りうる集落に日野町宮ノ前遺跡がある。ここでは集落の内容は明らかでないが、調査区の西端付近で見つかった浅い土壙《どこう》状の落込みから、土師器甕に納められた一〇〇枚の和同開珎が出土している（滋賀県教育委員会・滋賀県文化財保護協会編『ほ場整備関係遺跡発掘調査報告書』XⅡ-4）。ここでは、円面硯《えんめんけん》と少量ながら瓦片も出土しているので、有力氏族の居宅もしくは地方官衙の出先機関が置かれたことも検討の余地があるであろう。

日野川中流域の七、八世紀の集落遺跡の主要なものは、以上のようなものである。これらの飛鳥・白鳳期から奈良時代の集落をみると、この地域の中心となる集落は、宮井《みやい》廃寺と綺田廃寺の周辺に営まれていることがわかる。しかし、その一方で、それ以前の古墳時代後期に、この地域の中心的な集落であった堂田《どうだ》遺跡、市子《いちこ》遺跡、麻生《あそう》遺跡でこの時期の建物がほとんど検出されていないことが重視される。古墳時代後期にみられたこれら三集落の建物群からすると、このような変化は自然的なものとはみなしにくい。これは律令制が採用されるにあたって、古川《ふるこ》流域に営まれた集落が口分田の班給に伴って何らかの再編成が行われたことを想定してよいのではなかろうか。

七・八世紀の集落と土器

古墳時代後期に引き続き、七・八世紀の集落では、土師器、須恵器が日常雑器として使用されている。このうち、土師器は煮沸《しゃふつ》用の甕のほか、金属製の仏具容器を模して七世紀に成立した坏、椀、高台付坏、蓋、大型の皿と大型高坏などが供膳用の土器として使用されている。また、須恵器も七世紀後半には、貯蔵用の壺、瓶、甕のほかに、ほぼ土師器と類似した坏、高台付坏、蓋、さらに鉄鉢型の鉢などが量産され、各地の集落で使用されている。

日野川中流域の集落をみると、たとえば本郷遺跡の八世紀の供膳用の土器では、土師器は坏がごくわずか出土しているだけで、須恵器の坏、高台付坏、蓋がそのほとんどを占めている。七世紀の第4四半期に建立された宮井廃寺に隣接した野瀬遺跡の場合も、やはり八世紀の食器のほとんどは須恵器の器種で占められている。土師器の食器は、坏がごく一部散見する程度にすぎない。

これは畿内にみる都城《とじょう》遺跡の平城京や、大和、河内、山背の集落では、食器の半分あるいはそれ以上を土師器が占めている。とすると、日野川中流域の集落と畿内の集落では、使用された土器にかなりの差異がみられたことになる。

実は、八世紀の畿内でも、このように土師器に比べて須恵器の食器が著しく高い比率で使用された地域がある。

それは、和泉国である。この和泉は陶邑《すえむら》古窯跡群という、古代最大の須恵器生産地をかかえた国であった。和泉の集落が須恵器の食器を他地域に比べて多用できたのは、生産地を近くにかかえ、各集落が容易に須恵器を入手できる流通体制があったことによるものと理解されるのである。

とすると、日野川流域の七・八世紀の集落が日常雑器として、須恵器の食器をこのように多用できたのも、この地域に豊富な須恵器の生産と流通体制があったことを示唆《しさ》するものではなかろうか。

七・八世紀とそれ以降の日野川流域での須恵器生産地は、近年の分布調査や一部の発掘によって布引丘陵、日野丘陵、水口丘陵で多くの須恵器窯が営まれたことが知られてきている。ここには蒲生町岡本古窯跡群（岡本遺跡）、八日市市壺焼谷古窯跡群（壺焼谷遺跡）、日野町大谷古窯跡群（大谷窯遺跡）など、蒲生町三、八日市市四、日野町一二カ所におよぶ大小の須恵器窯跡群が含まれており、これらの生産地から多量の須恵器が各集落に供給されていたものとみなしてほぼ間違いないであろう。この地域の須恵器窯の分布と操業時期は、後述することにしたい。

日常雑器として使用された古代の土器のうち、食器は土師器と須恵器が競合する関係にあったといわれる。二つの種類の食器を比較した場合、土師器よりも須恵器の方が硬質で、破損しにくいので優位にあったものと理解される。しかし、当時の都城である藤原京、平城京、そして大和、河内、山背などの畿内集落では、土師器の食器が須恵器以上に多量に使用されている。これは、土師器がもつ伝統性と簡易に生産できる利点が生かされたことが挙げられるが、ほかに、これらの地域では大規模で安定した供給をはかりえた須恵器生産地をもちえなかったことが、その主要な要因であったと理解すべきであろう。

(2) 日野川流域の平安時代集落

平安前期の集落

写2-8-2　野瀬遺跡の井戸（SE502）
四隅に柱を立てた井戸枠をもつ井戸である。古代のものより簡略化した造りのもので、施釉陶器などが出土しており、10世紀中ごろのもの。

平安時代には、日野川右岸に麻生遺跡、田井遺跡、堂田遺跡、市子遺跡、日野川左岸に蒲生堂《かもと》遺跡、アリヲヲジ遺跡、野瀬遺跡などが営まれたことが知られる。これらの平安期の集落のうち、九・一〇世紀を中心とした前期の集落建物は麻生遺跡、野瀬遺跡、蒲生堂遺跡から見つかっている。

麻生遺跡では、山部神社の西北二〇〇mにあたるほ場整備の際の切土A～Bの調査地点で、北で一六～二一度西に振れた九世紀前半の掘立柱建物三棟が見つかっている。これらは、いずれも比較的小規模な建物から構成されている（滋賀県教育委員会・滋賀県文化財保護協会編『ほ場整備関係遺跡発掘調査報告書』XⅣ-5）。

また、野瀬遺跡では、北で数度東ないし西に振れた建物が検出されている。これらは奈良時代の建物が一mに近い柱穴を掘っているのに対し、〇・五mと著しく小型化している。その後の一〇世紀にも、宮井廃寺の寺域の西側にあたる第四地区を中心に、少ないながらいくつかの建物が散見する。これらの建物が検出されている第四地区とその北東の第五地区からは、「西一坊」「東一坊」「造佛」などの墨書土器が出土しているので、寺院との関りは、なお存続していた集落であったことがわかる。

野瀬遺跡の一一～一二世紀の建物も、ここであわせて記すと、第四区を中心に大型建物二棟を中心とした建物配置がみられる。これらの建物は北で数度振れているだけで、それ以前の建物と大きな方位の変化はみられない。

しかし、続く一三世紀には、北側地域の建物は姿を消し、宮井廃寺の南側にあたる第六区で新たに掘立柱建物一三棟、土壙、木棺墓などが検出されている。これらは北で四〇～五〇度東に振れており、桁行四間、梁行三間、桁行、梁行とも三間で床をはった総柱建物が多く建てられている。

このように、野瀬遺跡では一二世紀までは宮井廃寺と関りをもつ建物がほぼ真東西、真南北に建てられたが、一三世紀以降は、集落が南に移動し、蒲生郡条里と同一方向をとって建物が構築されたことが知られるのである（蒲生町教育委員会編『ほ場整備関係遺跡発掘調査報告書』Ⅰ）。

平安後期の集落

さて、麻生遺跡のその後の集落は、一二世紀ごろには、切土B・C区で大型の建物二棟と倉庫一棟、大型建物と小型建物二棟、切土E区で大型建物二棟、切土F区で大型建物一棟などが検出されている。これらは条里地割の坪内にそれぞれ建てられている。しかも、ごく少数の建物が分散して検出されていることからみると、一二世紀段階の集落は特定の地域に集中して建物が構築されていたとはみなしにくく、散村的な集落景観を示していたものと理解される。

平安後期の集落では、前述した野瀬遺跡のほかに、市子遺跡、堂田遺跡、田井遺跡、蒲生堂遺跡などで建物が検出されている。

まず、田井遺跡からは、第一、第二地区で北で二四～二七度東に振れた掘立柱建物一〇棟が検出されている。二

写2-8-3　堂田遺跡の掘立柱建物
平安時代以降、掘立柱建物の柱穴は円形化し、小型化したものが一般化した。方位も条里制地割にならうようになる。

つの地区のうち、第一地区の建物は庇をもつ大型建物とそれに付属するものから構成され、しかも同一場所で何度か建替えられている（蒲生町教育委員会編『ほ場整備関係遺跡発掘調査報告書』Ⅳ）。

市子遺跡は市子殿の西南三〇〇m、第一地区の西溝付近で弥生時代の方形周溝墓一九基とともに、平安後期から鎌倉期の建物九棟が集中して見つかっている。これらは北で二六～三七度西に振れたもので、蒲生郡条里とほぼ近い方向に建てられている。建物は少なくとも四期に細分されるが、一二世紀前後に建てられたものと推測されている（蒲生町教育委員会編『ほ場整備関係遺跡発掘調査報告書』Ⅲ）。この南五〇〇mにあたる堂田遺跡でも、同時期の建物が多数検出されている。

堂田遺跡では、三八号排水地区、四六号排水地区、第一地区と呼ばれた地区で、この時期の建物が見つかっている（滋賀県教育委員会・滋賀県文化財保護協会編『ほ場整備関係遺跡発掘調査報告書』ＸⅥ-5、蒲生町教育委員会編『ほ場整備関係遺跡発掘調査報告書』Ⅴ）。これらのうち、三八号排水地区では、四棟の中小規模の建物が集中する。その東三〇〇mの四六号排水地区からは、東側に溝で区画された大きな建物と、その東側で規模の大きな建物三棟、さらにその東の第一地区でも大中小の建物が五棟集中して建てられていた。これらは、いずれも蒲生郡の条里地割と同じ方向に建てられている。これらの建物は、調査面積が限られているので、ほかにどの程度の数の建物が周辺に建てられていたか知りえないが、第一地区をはじめとしたいくつかの調査地区からみると、同時期にはいくつかの地点ごとに、数棟ずつの建物が分散して建っていたものとみなしてよいようである。

以上のような建物は、文献に記されている市子荘に建てられていた建物ということになる。とすると、これらの数棟から構成された建物には大小がみられるので、建物規模の大小とこれらの建物が占めている屋敷地の大小は、この荘園内に居住した名主層や作人層など、経営基盤の強弱や階層差に関るものとみなされることになるであろう。

これは時期的に、ほぼ共通する麻生遺跡で数カ所検出されている建物群の場合も、同様の性格のものと理解してよいであろう。

平安後期の土器

堂田遺跡や麻生遺跡などからは、平安後期の土器が多量に出土している。この時期の日常雑器は、それまで使用されてきた須恵器生産が終わり、土師器と黒色土器《こくしょくどき》、瓦器《がき》が用いられている。その比率は堂田遺跡の場合では、出土した一万三六八六個体のうち、土師器が六二％で最も多く、ついで黒色土器二〇％、瓦器一六％、灰釉陶器《かいゆうとうき》一・八％の比率を占めている。ほかに、わずか〇・二％ながら白磁《はくじ》も出土している。

これらの日常雑器のうち、黒色土器と瓦器はいずれも土器の表面を燻でいぶして黒く仕上げたものである。二つの土器のうち、瓦器は大和、河内、山城で高い比率を占めて使用された土器で、近江では比較的少なく、むしろ黒色土器が高い比率で使用されている。しかし、蒲生郡の遺跡では瓦器の比率が高く、黒色土器とかなり近いものとなっている。これと関連して注目されるのが蒲生堂遺跡で検出されている一辺が一・二〜一・八ｍの長円形で、その中に焼灰、焼土、焼壁などが含まれていた二つの土壙《どこう》状遺構である。

この二つの土壙状遺構からは、多量の土師器の坏、皿のほかに、黒色土器の埦、瓦器の埦、皿、小埦などが出土している。なかには生焼《なまや》けの土器、熱で変形したものも含まれていた。このような土壙と土器の出土状態は、この周辺に土師器や瓦器を焼成した窯があり、そこで生じた不良品を土壙に投棄して処理したものとみなされる。そして、蒲生堂遺跡など、日野川流域でこのように瓦器生産が行われたことが、大和型と異なる瓦器がこの地域の堂田遺跡、麻生遺跡、野瀬遺跡などで多量に出土する要因となっているものと理解されるのである。

(3) 須恵器と緑釉陶器の生産

須恵器窯の分布

日野川流域では、七世紀以降、布引丘陵、日野丘陵、水口丘陵に多数の須恵器窯が分布することが知られる。まず、布引丘陵のものには、八日市市壺焼谷古窯（壺焼谷遺跡）、黒丸西古窯（黒丸西遺跡）、黒丸北古窯（黒丸北遺跡）、南黒丸古窯（南黒丸遺跡）、蒲生町壺焼谷古窯（壺焼谷遺跡）などがある。これらは七世紀後半から八世紀に須恵器生産を行った窯である。その南にあたる日野丘陵では、蒲生町岡本古窯（岡本遺跡）、日野町大沢古窯（大澤遺跡）、大谷古窯（大谷窯遺跡）など奈良時代から平安時代に操業された須恵器窯がある。また、前述の布引丘陵では、東南縁辺部にも、日野町北脇古窯（北脇窯遺跡）、壺焼谷古窯（壺焼谷窯遺跡）、奥池《おくいけ》古窯（奥池窯遺跡）、雁谷《かりがたに》古窯（雁谷窯遺跡）、瀬戸山古窯（瀬戸山窯遺跡）などがある。さらに水口丘陵にも、日野町徳谷古窯（徳谷窯遺跡）、下久保古窯（下久保窯遺跡）、別所古窯（別所窯遺跡）、大田和《おおたわ》古窯（大田和窯遺跡）などの須恵器窯があり、そのほとんどは奈良時代から平安時代にかけて操業されていたものとみなされている。

以上のような須恵器窯のうち、発掘されているものはごく一部で、蒲生町岡本古窯（岡本遺跡）、八日市市壺焼谷古窯（壺焼谷遺跡）、日野町大谷古窯（大谷窯遺跡）で実施されているだけである。

岡本古窯（岡本遺跡）は溜池の側溝の改修時に、一号、二号窯から須恵器が採集されている（近藤滋ほか「蒲生郡蒲生町・日野町　宮川・岡本古窯跡　大谷古窯跡調査報告」）。これらは七世紀末から八世紀初頭に操業されたことが知られるものである。これとほぼ同じ七世紀後半から八世紀に須恵器生産が行われたのが八日市市壺焼谷古窯（壺焼谷遺跡）である。ここは昭和六〇～六三年（一九八五～八八）に調査され、二基の窯が検出されている（八日市市教育委員会編『壺焼谷遺跡発掘調査報告書』）。

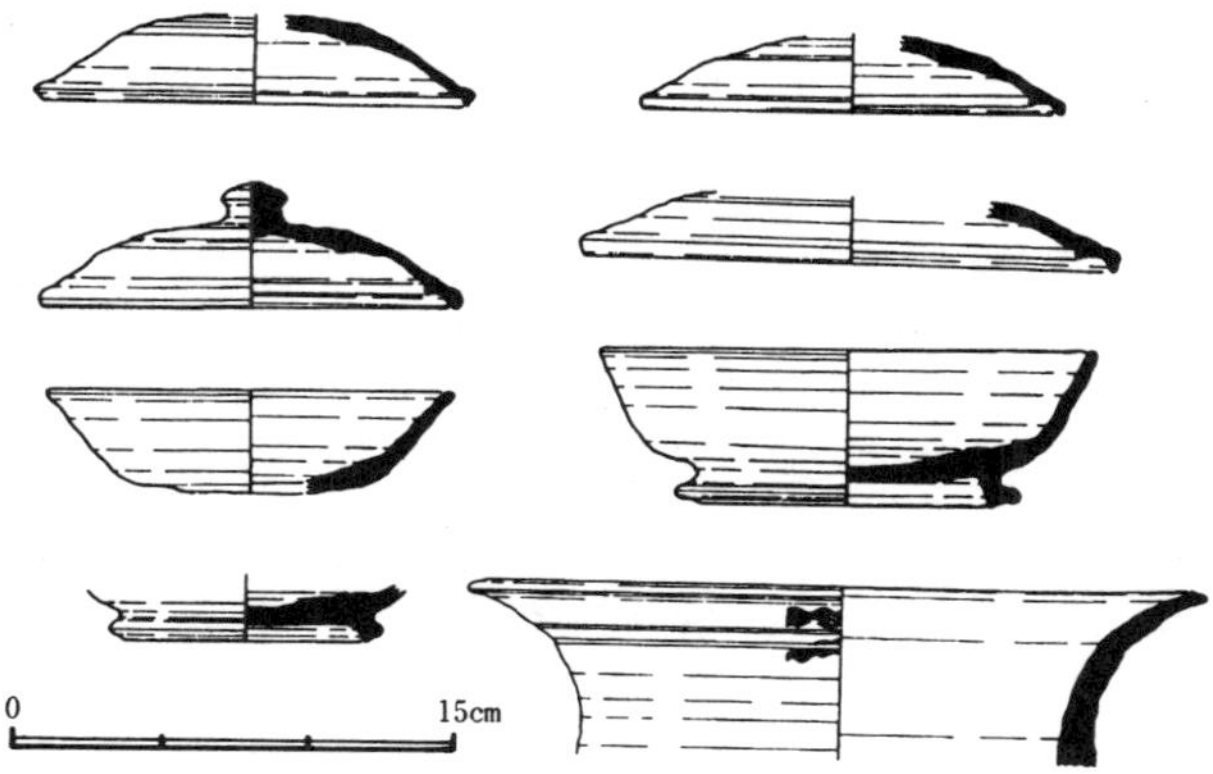

図2-8-1　岡本遺跡の須恵器
蓋の口縁部内側にかえりがみられ、高い高台をもつことから7世紀後半のものとみてよい。宮井廃寺の瓦生産が開始したことから、辻岡山古窯の須恵器生産は振わなくなり、替わって岡本古窯の生産が拡大した。（近藤滋ほか「蒲生郡蒲生町・日野町　宮川・岡本古窯跡　大谷古窯跡調査報告」より転載）

東側のA窯は全長八・五m、最大幅一・七mの地下式登窯、B窯も全長九・四m、最大幅一・七mの地下式登窯である。これらの窯からは、須恵器の坏、高台付坏、蓋、鉢、高坏、壺、瓶、甕のほかに、少量の円面硯が出土している。操業された時期は陶邑古窯のⅢ型式の二段階に開始し、Ⅳ型式の二段階に停止したとみなされているので、七世紀後半から八世紀後半にかけて操業されたものとみてよい。

大谷古窯（大谷窯遺跡）は灰原が調査されたもので、八世紀後半の須恵器坏、高台付坏、蓋、皿、壺、甕などが出土している。蓋には輪状つまみをつけたものがある（日野町教育委員会編『日野町内遺跡詳細分布調査報告書』昭和六三年度版）。

さて、七世紀後半ないし末から八世紀後半にかけて、布引丘陵北部で須恵器生産が行われたのは、それまでこの地域で須恵器生産を担ってきた辻岡山古窯で宮井廃寺の瓦生産を大規模に行い、須恵器生産が行われなくなったことと関連するものとみられる。その後、この布引丘陵北部は八世紀後半以降に衰退し、布引丘陵南縁部と日野丘陵に須恵器生産の中心が移ったものとみてよい。さらに、平安時代には、日野川左岸の水口丘陵に須恵器生産の中心が移ったことが知られる。

以上のように、日野川中流域では、日野川の周辺丘陵部を小移動しながら、大規模な須恵器生産が継続している。このような須恵器生産地の移動をみると、これらの須恵器窯がそれぞれ付近に居住した有力氏族によって経営されたとするのは難しい。各古窯がどの程度の規模で操業されたかは明らかでないが、日野川流域一帯の丘陵地で継続されていることからすると、この地域一帯を統轄した郡司が関与して須恵器生産を行い、この地域に供給する流通体制をとったものと推測されるのである。

緑釉陶器の生産

奈良時代には三彩、二彩の多彩陶器と緑釉《りょくゆう》を施した単彩陶器が製作されている。これらの施釉陶器はいずれも鉛を主成分とし、銅や鉄の呈色剤《ていしょくざい》を加えた鉛釉《えんゆう》陶器である。奈良時代の初期の施釉《せゆう》陶器は、中国の唐三彩の影響のもとに、奈良時代前半から製作されたもので、当初は三彩、二彩の多彩陶、後半は単彩陶の緑釉陶器が中心に生産されている。これまで、三彩、二彩陶器を生産した窯跡は、平城京周辺に想定されながらも、まだ明らかでない。

しかし、平安初期のものは、わずか一例ながら平成四年（一九九二）に京都市栗栖野《くるすの》瓦窯群《がようぐん》のなかに、三彩、二彩陶を焼成した窯が含まれていることが明らかになった。この窯は斜面を利用した登窯で、上、下二面の焼成面があり、下層で三彩、二彩陶器、上層で須恵器が焼かれていたという。

一方、緑釉陶器を生産した窯の場合は、これまで山城一四、近江七、尾張一三カ所にわたる生産窯の所在が知られる。これらのうち、近江の緑釉陶器窯として判明しているのは、日野町作谷《つくりや》窯（作谷窯跡）、金折山窯（金折山窯遺跡）、八日市市十禅寺谷窯（十禅寺谷遺跡）、黒丸窯（黒丸遺跡）、水口町山の神窯（春日山の神遺跡）、峰道窯（春日峰道遺跡）、春日北窯（春日北遺跡）で、いずれも日野川、野洲川流域に分布することが知られるのである。

写2-8-4　作谷窯跡1号窯（日野町）
水口丘陵に営まれた緑釉陶器を焼いた小型窯である。燃焼部と焼成部が明瞭に区分されている。焼台、三叉トチンなどが出土している。（日野町教育委員会提供）

これらのうち、発掘調査によって窯の構造や生産した器種などが明らかになっているのが作谷窯（作谷窯跡）である。

作谷窯（作谷窯跡）は日野川左岸の水口丘陵の東北端付近に営まれたもので、窯体が一基と灰原三カ所が検出されている（日野町教育委員会編『日野町埋蔵文化財発掘調査報告書』第6集）。一号窯は焚口《たきぐち》を南に向けたもので、燃焼部と焼成部が遺存していた。燃焼部は長さ一・一m、幅〇・八m、中央部が船底状に窪んでいる。焼成部は長さ約二・一m、幅一・〇mで、底面が二五〜二八度の傾斜をもち、断面がU字状の火道が三条と畦二条が構築されていた。燃焼部と焼成部には、〇・三mの段差があり、明瞭に区別されている。

この一号窯の前面に広がる平坦地のさらに南側では、東西七m以上、南北四・七m以上にわたって炭を含む一号窯の灰原が見つかっている。また、一号窯の東西および北側で、東西八・二m以上、南北五・八m以上の二号窯灰原とみなされるものがある。さらに、一号窯の東方二五〇mの地点にも、東西一五m、南北六・八m以上の三号窯灰原が検出されている。

出土した緑釉陶器は、皿、埦が大半で、ほかに鉢、壺などがある。これには緑釉をかける以前の生地《きじ》を素焼《すやき》したものと施釉したものとがある。その比率は、緑釉を施す以前のものが多く占めていた。

各器種のうち、底部に高台が付くものでは、底部外面に回転糸切り痕がそのまみられ、しかも高台の内端に一条の凹線が付けられているのが著しい特徴である。器面はロクロでなでて仕上げ、釉は刷毛塗りする。釉の色調は淡緑色ないし淡緑褐色を示している。

また、水口町山の神窯（春日山の神遺跡）の灰原からは、埦、皿、長頸瓶などが採集されている。ここでも、緑釉を施したものと、施していないものとがある。形態、調整手法、釉の色調などは作谷窯（作谷窯跡）のものと類似する。近江のそのほかの窯の製品もほぼ共通する。

以上のように、近江の緑釉陶器を生産した窯のうち、窯の構造を知りうるのは作谷窯（作谷窯跡）のみであるが、瓦窯にみるようなロストルが採用されている。これは山城の篠窯《しのよう》にみる三角状の窯や尾張の登窯と異なる形態のものが用いられたことがわかる。これらの近江の緑釉陶器窯は平安時代前期に生産されたもので、主として平安京のほか、南都諸大寺、地方官衙《かんが》、地方寺院などに供給されたものと推測される。したがって、これらの緑釉陶器は一般民衆が日常的に使用したものではなく、貴族階層や寺院の僧侶、地方の富豪層などが主として用いた容器であったとみなされるものである。

これらの緑釉陶器を生産した生産窯の経営がどのようになされたかを知る材料は乏しい。しかし、これらが高度の技術を必要とし、しかも特定階層を対象に生産されたこと、生産窯が特定の地に限って設けられていることからみると、律令国家による官営工房的な性格をもつものとみてまちがいないであろう。
とすると、近江の水口丘陵、布引丘陵に生産窯が設けられたのはなぜか。これは、山城の篠窯が保津川に近接して設置されたように、野洲川、日野川、愛知川の水運によって琵琶湖から平安京、南都諸大寺などに容易に運送しうる条件が重視されたものであろう。

緑釉陶器の生産がこのような条件のもとに、水口丘陵、布引丘陵で行われたとすると、蒲生町域に含まれるこれらの丘陵地でも、近い将来に緑釉陶器の生産窯が見つかる可能性がきわめて高いことを留意する必要があるであろう。

(4) 古代寺院の瓦生産

辻岡山瓦窯

土器生産と並んで古代の窯業生産で重要な位置を占めたのが、古代寺院に葺かれた瓦の生産である。瓦生産は、六世紀末に飛鳥寺の造営に伴って百済から技術導入されたものである。その後、各地で古代寺院の造営に伴い技術が拡散した。

日野川流域では、すでに述べたように、蒲生町宮井廃寺、綺田廃寺、蒲生堂廃寺、竜王町雪野寺跡などの古代寺院が建立されている。これらの寺院は、いずれも日野川、佐久良川にごく近接した位置に建てられている。日野川、佐久良川の流路が現存する条里地割の分布からみて、今日と大きくは変らないとみなしてよいことからすると、両河川の流路はほぼ安定して流れていたことが窺える。とすると、これらの寺院を造営するにあたって、多量に運ぶ必要がある資材の調達がはかりやすい位置に寺地を求めたことが推測しうるように思われる。

さて、前述の古代寺院のうち、瓦生産を行った瓦窯跡の所在が明らかなのは、宮井廃寺の辻岡山瓦窯（辻岡山B遺跡）、綺田廃寺の壺焼谷窯（日野町壺焼谷窯遺跡）、雪野寺跡の谷内瓦窯（蒲生町谷内遺跡）である。

辻岡山瓦窯は、宮井廃寺の西南四〇〇ｍにある南北に長い独立丘陵に営まれたものである。ここは六世紀前半から北半部を中心に須恵器生産が行われたところであった（辻岡山A遺跡）。瓦窯跡は、瓦の散布からみると、丘陵の中央部から南半部にかけて分布し、その一部は西に対面する丘陵の斜面にも存在した可能性がある。

辻岡山の西斜面からは、昭和六二～平成二年（一九八七～九〇）の調査で、四基の瓦窯跡が検出されている（辻岡山B遺跡）。これらはいずれも遺存状態のよいもので、二基には天井部の一部も残っていた。

一号窯は四基のうち、北端に位置する窯で、全長九・八ｍ、最大床面幅一・八ｍの無段式の地下式登窯である。この窯は平坦な燃焼部と約三〇度で傾斜する焼成部、まっすぐ立上る煙道部《えんどう》からなるもので、須恵器窯と変らない構造のものであった。窯内の燃焼部には、最終時に放置された多量の平瓦、丸瓦と焼成部の床面から須恵器が数点出土した。平瓦はいずれも格子目《こうしめ》叩きを施したものである。また須恵器は坏身か坏蓋か判別しにくい形態のもので、七世紀後半、飛鳥Ⅳ期のものとみなされるものである。

一号窯の焚口外側には、灰原が一部だけ遺存したが、後世の削平で崖となり、大半が失われていた。この崖の断面に灰原の一部が露出している。この一号窯からは、窯内、灰原ともに軒瓦は出土していない。

二号窯は一号窯の南に位置するもので、全長八・六ｍ、床面最大幅一・八ｍの有段式の登窯である。平坦な燃焼部から約三〇度の傾斜をもち、階段をなす焼成部が形成されている。階段は九段分残っており、最終時の操業面は厚く土をかぶり、鈍い段となっていた。

この瓦窯は操業当初の床面は二・二ｍあり、最終時は〇・四ｍ狭くなっていた。煙道に近い焼成部上端から二段下った位置に丸瓦が二個伏せて置かれていた。煙道部は焼成部から直角に近く立ち上っている。また、焚口部分には、口を閉塞するのに用いた大小の平たい石が粘土とともに遺存していた。焼成部と焚口付近より広がる灰原から、軒丸瓦、軒平瓦など十数点の軒瓦、多量の丸瓦、平瓦、須恵器が出土している。平瓦は縄目叩きした一枚造りのものである。須恵器は坏、高台付坏、蓋などが出土しており、八世紀に操業されたことが知られる。

三号窯は二号窯の南、四号窯とほぼ平行するように窯体が検出されたもので、南の四号窯と焚口を合わせて造られたものである。焼成部の下半に砂を敷き、丸瓦を平行に並べて段を形成しており、丸瓦が五段遺存していた。焚口から焼成部の一部にかけて三mにわたって天井部が遺存していた。

四号窯は五号窯の南で検出されたもので、全長一一・八m、床面の最大幅一・五mである。焼成部に砂を敷き、丸瓦で九段の段を形成した地下式の登窯である。焚口から焼成部の一部まで、四mにわたって天井部が遺存していた。煙道は幅〇・七m、煙出し部では平瓦が数枚出土した。これは二号窯と同じく、煙出しの壁面を補強したものとみられる。

写2-8-5　辻岡山瓦窯2号窯
辻岡山の西面斜面に築かれた有階式の登窯である。焚口付近から出土した土器と軒瓦から8世紀に瓦生産を行ったことが知られた。

辻岡山瓦窯の操業時期

瓦窯の形態、出土瓦、須恵器からみて、無段式の一号窯が最も古く、有段式の二号窯が最も新しい。三号、四号は焼成部に砂を敷き、丸瓦を並べて段をなしており、いずれも焚口が並ぶので、ほぼ同時期に用いられたものと推測される。

このようにみると、辻岡山瓦窯は七世紀第４四半期に一号窯を設置して瓦生産が開始し、その後、八世紀代にかけて操業されたことがわかる。これは窯の形態からすると、初めに須恵器工人を中心として瓦の生産体制を組織し、須恵器窯をそのまま用いて瓦生産に着手したことが想定される。その後、焼成部に丸瓦を並べて有段の窯とし、八世紀以降、床面を有段に掘削した本格的な瓦窯を用いて瓦生産を行ったことが知られる。

四基の瓦窯の位置からみると、辻岡山瓦窯では当初は宮井廃寺に近い丘陵の北側に設置され、のちに丘陵の奥の方に移動したことになる。生産された瓦は宮井廃寺の瓦とみてよいが、宮井廃寺からは出土していない軒丸瓦も採集されている。これは宮井廃寺で出土していないだけとも考えられるが、文様の型式が全く異なるので、他の寺院の軒瓦を一時的に供給した可能性の方が高いように思われる。

なお、一号窯、二号窯からは須恵器も出土しているので、時には須恵器も生産されたことが知られる。しかし、須恵器の出土量が少ないことからすると、その頻度はごく限られたものであったとみてよい。

綺田廃寺・雪野寺跡の瓦窯

綺田廃寺の瓦は、廃寺の東一・一kmにある日野町蓮花寺字壺焼谷にある壺焼谷窯（壺焼谷窯遺跡）で生産されたものと推測されている。ここは布引丘陵の南斜面にあたり、多数の須恵器窯とともに丸田溜の東岸土手に瓦窯一基の存在が知られる。この壺焼谷窯は広く須恵器窯が散布し、奈良時代を中心に大規模な須恵器生産が行われたところである。とすると、須恵器工人によって瓦生産体制が組織されるとともに、ここでは須恵器生産もそのまま大規模に行われたことを知ることができる。

また、雪野寺の瓦窯は、雪野山南麓端部の東側にあたる蒲生町谷内瓦窯で生産されたものと推測されている。ここも詳細は明らかではないが、雪野寺の造営に伴って新たに設置されたものと推測される。

このようにみると、日野川流域の古代寺院では、寺院に近い丘陵地に瓦窯を設置し、瓦生産が行われている。その際には、それ以前から須恵器生産が行われている地に瓦生産の工人集団を組織化した場合と、新たな地に工人集団を配置して瓦生産を行った場合があったことがわかる。宮井廃寺、綺田廃寺は既存の須恵器生産地で、雪野寺は新たな地に設けられた瓦生産地であったとみなしてよい。なお、八日市市建部瓦屋寺町の瓦屋寺瓦窯の一号窯からは、小片ながら雪野寺跡出土の川原寺系複弁蓮華文軒丸瓦とみられるものが出土しているので、そこで雪野寺の瓦生産が行われたとみる見解もある。時期の違いなど詳細は知りえないが、二カ所の瓦窯で生産された瓦が雪野寺に供給された可能性を考慮してよいであろう。

〔補記〕本稿は「古墳時代の集落と生産」『蒲生町史』第一巻（一九九五年一二月）を改題して掲載した。

九　雪野山山麓の古墳と築造氏族の本拠地

(1) 前期古墳と首長の本拠地

雪野山《ゆきのやま》山麓は湖東平野のほぼ中央部に東西一km、南北四kmにわたって延びる独立丘陵である。この雪野山の丘陵南端付近に造られた前期の古墳に、一九八九年（平成元）に新たに見つかった雪野山古墳がある。この古墳は雪野山の最高所の山頂に築造された全長七〇mの規模をもつ前方後円墳で、墳頂から東に八日市市域、北に近江八幡市域の一部、西に竜王町域、さらに南に蒲生町域を一望することができる。（図2-9-1のA）

雪野山古墳の主体部は湖東流紋岩《ことうりゅうもんがん》によって竪穴式石室が構築され、その内部に舟形木棺が置かれていた。[註(1)] 木棺内部には北端部に鉄製農工具、銅鏃を入れた靫《ゆき》、頭部付近に銅鏡、鍬形石《くわがたいし》、中央部から鉄剣と鉄刀、足元から二面の銅鏡、南端部で朱を入れた土師器の壺が置かれていた。さらに棺外には北端の小口部の東寄りから小札《こざね》革綴冑、西よりから木製の竪櫛《たてぐし》、合子《ごうす》、また西側では鉄槍、鉄剣、鉄鏃をおさめた靫《ゆき》などが副葬されていた。これらの副葬品のうち、棺内から出土した鏡、ゴホウラ製貝輪とよく似た鍬形石《くわがたいし》の形態から前期古墳でも古い時期の様相がみられることが知られた。また墳丘の後円部の斜面から土師器の二重口縁の形態をもつ壺と甕が出土したことから、布《ふ》留《る》式土器の中段階にこの古墳が築造されたものと想定されている。

　雪野山周辺の湖東地域に築造された前期古墳としては、これまで安土瓢箪山《あづちひょうたんやま》古墳が早くから知られてきた。[註(2)] 瓢箪山古墳は繖山《きぬがさやま》から西に張り出した低い尾根の先端部に築造された全長一四〇m余の規模をもつ西向きの前方後円墳である。この古墳の主体部は後円部に竪穴式石室が三基、前方部から二基の箱式石棺が見つかっている。三基の竪穴式石室では中央石室が先行して構築されており、木棺内から銅鏡二面、鍬形石、石釧《いしくしろ》、車輪石《しゃりんせき》、管玉などが出土した。（図2-9-1のB）

　このように湖東地域では最古期の前方後円墳として安土瓢箪山古墳が知られていたが、新たに雪野山古墳が加わることになったのである。この前期の二つの前方後円墳をみると、雪野山古墳は後世に前方部が少し改変されているが、それでも前方部が狭くなり、撥形《ばちがた》に開いた古い形態の特徴をとどめている。一方の安土瓢箪山古墳は後円部に比べて前方部が広くなっている。しかし主体部の竪穴式石室の構築では、墓壙《ぼこう》の基底部に砂利《じゃり》を敷き、その上に板石を置いて粘土床を造っており、雪野山古墳よりも少し丁寧に造られていた。副葬品では、雪野山古墳は三面の舶載鏡《はくさいきょう》、二面の仿製《ほうせい》鏡が出土し、安土瓢箪山古墳はこれまで二面とも舶載鏡とされてきたが、近年の研究では平縁二神二獣鏡は仿製鏡の可能性が高いといわれるので、両者とも舶載鏡と仿製鏡が出土しているものと理解してよい。

　さらに、両古墳から出土している鍬形石をみると雪野山古墳は上の笠状部上端が左下りで、左端には突起部がなく、内孔はD字状で下端が板状部にくいこみモデルとなったゴホウラの貝輪の形状をよくとどめている。これに対し、安土瓢箪山古墳のものは笠状部分は平坦で、環状部の突起中央に刻線があり、円孔がO字状をなしており、型式化がより進んでいる。これらの二つの鍬形石の形態の違いは、河村好光氏によって雪野山古墳のものが最古式、安土瓢箪山古墳のものを最新式とみなす見解がだされている。[註(3)]

このように古墳の形態と副葬品の一部を比較した結果を踏まえると、雪野山古墳が安土瓢箪山古墳に先行して築造された有力首長墳とみなしてよいことがわかる。そして、築造時期は雪野山古墳から出土した土師器が布留式土器の中段階の時期のものとみなされるので、四世紀中ごろに築造された可能性が高く、安土瓢箪山古墳は、それより少し遅れる四世紀後半に築造された首長墳に想定されることになる。註(4)

この雪野山古墳の墳頂からは、八日市、竜王町、蒲生町の三地域をよく眺望することができる。これは、この地域を統率した首長の古墳を築造するにあたって、この雪野山の最高所が選ばれたにすぎないことも考えられないことでないが、各地の前期の首長墳が築造された位置が眺望《ちょうぼう》のきく山上に築造されていることからすると、この古墳に埋葬された首長の本拠地から直接望みうる位置にこの古墳が築造されたものと推測してよいのではなかろうか。この古墳に埋葬された首長は、具体的な事跡は記されていないが、『古事記』にその名をとどめている蒲生稲《がもうのいな》置《ぎ》がその候補としてあげられるであろう。

雪野山古墳が築造された位置は、古代の蒲生郡のほぼ中央部に近く位置しており、後に設けられた幹道《かんどう》の東山道からは、かなり南に入ったところに位置することになる。しかし、この雪野山古墳が築造された位置は、大和王権の中枢部《ちゅうすうぶ》があった大和東南部と東山道沿いの美濃《みの》地域、さらに東の地域と結ぶ交通路としては、関が原から西進し、愛知川《えちがわ》を越え、日野川中流域を横断し、甲賀郡の甲西、水口《みなくち》を通り、和束《わつか》を経て大和に至るルートとしてきわめて重要なものであったことが想定される。雪野山古墳は、まさにそのようなルートを意識してこの位置に築造されたことが推測される。すなわち、このような大和と東国との交通路として、日野川中流域に位置する雪野山山麓一帯が早くからきわめて重要な地域であったことと、雪野山山頂にこの地域の最古期の首長墳が築造されたことは深い関連をもってなされたものと推測されるのである。

ところで、雪野山古墳が築造される前後の日野川流域一帯の弥生時代末から古墳時代前期の集落をみると、主として中流域と下流域の二つの地域に集中して集落が営まれている傾向を認めることができる。このうち中流域では日野川右岸に開けた沖積平野部に多くの集落が分布し、特に小河川の古川流域に集落が集中する。この古川は日野川右岸の地域を南から北に向かって蛇行して流れ、さらに西北に流れて日野川に注いでいる。ここには弥生時代後期に南から麻生《あそう》遺跡、田井《たい》遺跡、杉ノ木遺跡、市子《いちこ》遺跡などの集落が営まれている。また、古墳の出現後も、市子遺跡、田井遺跡、杉ノ木遺跡の三遺跡が隣接しながら強いつながりをもって営まれ、さらに南へ六〇〇mほど離れた麻生遺跡にも規模の大きな集落があったことが知られる。ここでは古川《ふるこ》から分流したり、古川に流れ込んだ自然流路や溝によって稲作農業が経営されていたものと推測されるのである。[註(5)]

　このように日野川中流域の弥生末から古墳時代の初期には、日野川と佐久良川に区画された沖積地に広がる平野部を本拠地とし、しかも日野川右岸、佐久良川北岸地域とも強いつながりをもちうる条件をもつ市子遺跡、田井遺跡、杉ノ木遺跡の集落遺跡群が強いつながりをもって営まれたものと推測される。そして、これらの集落がこの中流域で最もすぐれた立地条件のもとに中心となって農業社会を形成し、政治力、経済力をもつ集団に成長していったものと推測されるのである。

　初期に行われた農業経営では、農耕具や利器《りき》として鉄製品を確保することがきわめて重要なことであった。この鉄製品をはじめとする諸物資を集団と集団との間で交易したり、情報交換をはかるため他集団と交流をはかる交通の側面からみても、この中流域では日野川と佐久良川の合流地域のすぐ南に位置した地域集団が最もめぐまれた位置にあったものとみてよい。ここは、大和王権の本拠地があった大和中枢部と東国や北陸を結ぶ主要なルートの一つが市子遺跡の周辺を通過することによってつながっていたことも十分に想定されることである。

　以上のように、複合した立地条件によって、古墳の出現前後の時期にはこれらの日野川と佐久良川の合流地に近い地域を本拠地とした集団がこの地域の有力集団に成長し、この日野川流域の首長権をもつようになったものと推測されるのである。

以上述べたように、湖東の日野川右岸に古墳が出現する時期には市子遺跡、田井遺跡、杉ノ木遺跡の集落が一つの集団を構成し、相互に強い関連性をもって営まれたことが想定される。しかも、これらの集落の集団関係では、集落規模、立地などからみて市子遺跡がその中核的な役割を果たし、拠点的集落の性格をもっていたものと推測されるのである。

しかし、その後の中期になると、市子遺跡の南に新たに堂田《どうだ》遺跡が出現した。しかも、この地域の拠点的集落の性格をもつ集落は、検出されている竪穴住居群や出土した初期須恵器や馬鍬などからみると市子遺跡から堂田遺跡に移ることになったものと想定される。また、南に位置する麻生遺跡は弥生時代末から古墳時代前期、さらに後期まで、特に集落が衰退することなく存続したことが想定されるが、その北部に営まれた市子遺跡、田井遺跡、杉ノ木遺跡や堂田遺跡を越えるような政治力、経済力をもった首長が本拠地とした集落とはみなしにくいように推測される。

一方、この時期に日野川下流域に営まれた集落遺跡をみると、近江八幡市地域には雪野山の北方に堀ノ内遺跡、橋立遺跡、勧学院遺跡があり、その北に蛇塚遺跡がある。これらの古墳時代前期の集落では堀ノ内遺跡、勧学院遺跡を中心として営まれたことがこれまでの調査によって想定することができる。そして、中期に千僧供古墳群として首長墳が築造されていることからすると、勧学院遺跡付近にこの地域を統率した有力首長の本拠地があったものと想定される。

また琵琶湖岸に近く営まれたこの時期の集落には、加茂遺跡や高木遺跡がある。これらのうち高木遺跡からは前方後方型周溝墓が検出されており、前方後円墳が出現する直前、もしくは同時期に有力首長が出現したことを示している。

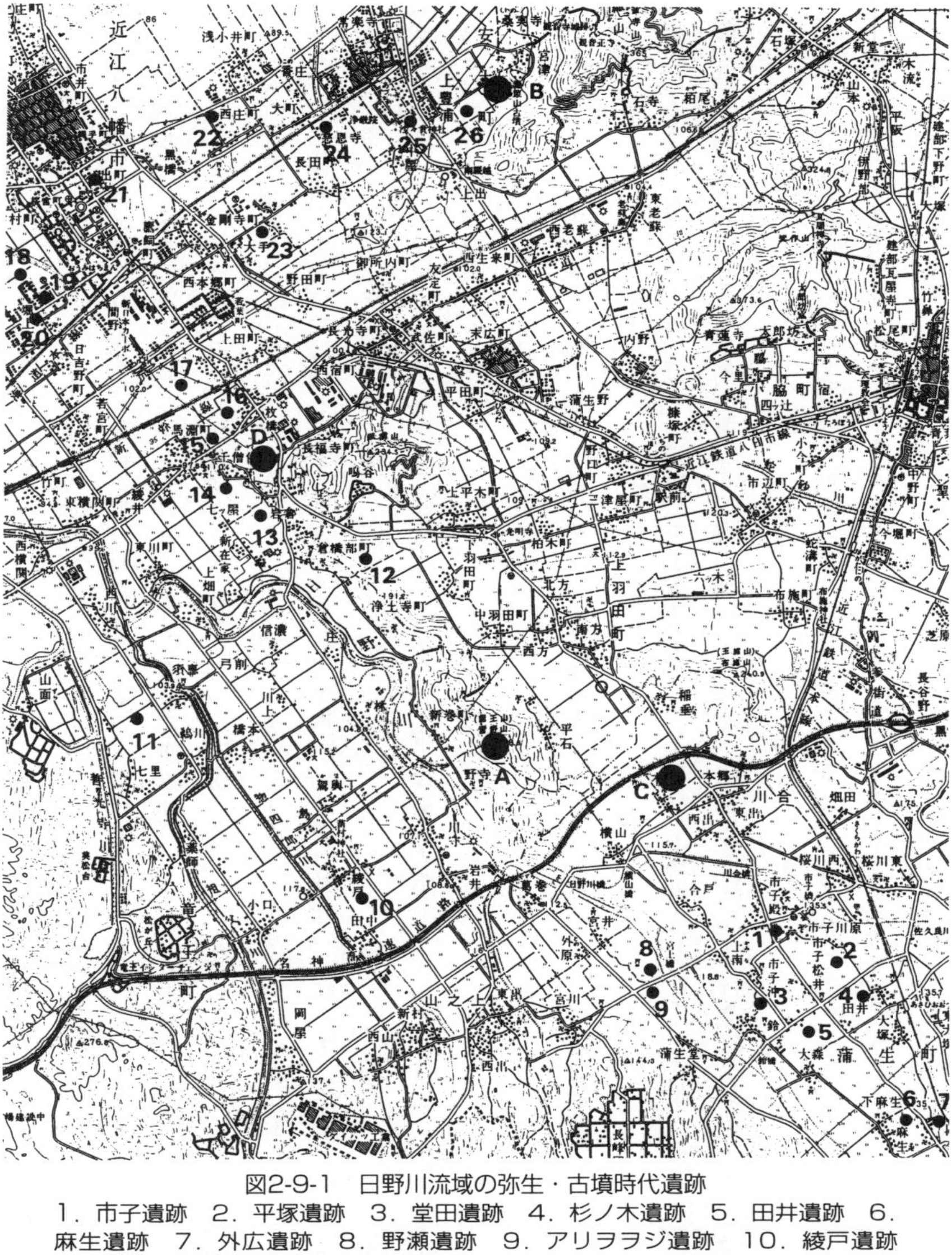

図2-9-1　日野川流域の弥生・古墳時代遺跡

1．市子遺跡　2．平塚遺跡　3．堂田遺跡　4．杉ノ木遺跡　5．田井遺跡　6．麻生遺跡　7．外広遺跡　8．野瀬遺跡　9．アリヲヲジ遺跡　10．綾戸遺跡　11．須恵東遺跡　12．下羽田遺跡　13．堀内遺跡　14．勧学院遺跡　15．観音堂遺跡　16．柿ノ内遺跡　17．蛇塚遺跡　18．南田遺跡　19．森ノ前遺跡　20．堀上遺跡　21．出町遺跡　22．高木遺跡　23．金剛寺遺跡　24．慈恩寺遺跡　25．小中遺跡　26．西才行遺跡

さらに、日野川から少し東に離れた繖山、常楽寺山周辺では、安土山の西南部にあたる地域に安土町小中《こなか》遺跡、慈恩寺《じおんじ》遺跡、西才行《にしさいぎょう》遺跡などの集落が営まれたことが知られる。小中遺跡は平坦な低地に立地しており、古墳時代前期後半の布留式段階から中期にかけて営まれた集落である。調査ではA区から一四棟、B区から一八棟の竪穴住居が集中し、重複して住居が見つかっている。これらの竪穴住居群の中には大型住居に想定されるものもふくまれていた。ここでは、ほかに自然流路が検出されており、この自然流路から多量の土師器が出土している。[註(6)]

さらに、小中遺跡の東に西才行遺跡がある。この遺跡では竪穴住居は見つかっていないが、木製農具が出土しており、周辺に住居群があったものと推測される。また慈恩寺遺跡は沙沙貴神社の北側一帯に位置するもので、G地区から弥生末から古墳時代前期の竪穴住居一四棟が検出されている。これらは調査範囲が限られているが、庄内《しょうない》式から布留《ふる》式にかけて竪穴住居が集中して建てられており、住居の重複関係からみると少なくとも三時期にわたって営まれたものと推測される。[註(7)]

これらの小中遺跡、慈恩寺遺跡、西才行遺跡は安土山と常楽寺山とに囲まれた地域に古墳時代の前期に営まれた集落群で、これらの三遺跡では、小中遺跡で最も竪穴住居が集中して検出されており、この地域の拠点的集落の役割を果たしていた可能性が高い。

以上のように、日野川流域では、中流域に市子遺跡を中心とする集落遺跡群があり、下流域に蛇塚遺跡、堀ノ内遺跡、勧学院遺跡を中心とする集落遺跡群、その東に小中遺跡、慈恩寺遺跡、西才行遺跡などからなる遺跡群が存在した。

では、これらの集落遺跡群と前期の雪野山古墳との関連を求めると、どのように考えられるであろうか。

雪野山古墳と集落遺跡群との関連をもとめると、雪野山山麓の東西には大規模な集落が営まれていたことは認めにくい。そこで、この首長墳がなお本拠地と何らかのかかわりをもってこの丘陵上に築造されたことが想定されるとすると、雪野山古墳は下流域の勧学院遺跡、堀ノ内遺跡、蛇塚遺跡や繖山山麓の西に営まれた慈恩寺遺跡、小中遺跡などの集落からも望めないことからみて、それとのかかわりあいを求めることは難しい。とすると、雪野山古墳は南の古川流域に営まれた市子遺跡をはじめとする集落遺跡群と強いかかわりをもったことを推測するのが可能性の高い想定である。そして、日野川中流域の佐久良川との合流地付近に営まれた集落に強い政治力、経済力をもつ首長が存在したことが想定されることからみて、この地域の首長が雪野山古墳に埋葬されたものとみなして間違いないであろう。

一方、雪野山古墳に続く有力首長墳である安土瓢箪山古墳は、雪野山の北に位置する瓶割山の北、安土山、繖山、常楽寺山に囲まれた低平地を望んだ位置に築造されている。この首長墳からは西に眺望が開け、ここには前述したように小中遺跡、慈恩寺遺跡、西才行遺跡などの集落群があり、これらの集落群と関連を強くもつ有力首長がこの首長墳に埋葬されたものとみなされる。

安土瓢箪山古墳は、湖東平野の東端部付近に位置することから、湖東全体を眺望する位置に築造されたものとみなす考えがとられてきている。その考えは特に変更する必要はないであろうが、安土瓢箪山古墳は低い台地の先端部に築造されており、湖東地域のうち特に湖岸地域を強く意識してこの首長墳が築造されたものと推測される。この古墳は雪野山古墳の倍以上の墳丘規模をもつことからみて、日野川流域はもとより琵琶湖の水運をも掌握し、より強大化した首長権をもつにいたったことを示したものと推測される。註(8)

(2) 中期の首長墳と本拠地

中期の雪野山山麓に築造された古墳群は、雪野山丘陵の南端部から東南にわずかに離れた木村古墳群と、北端部

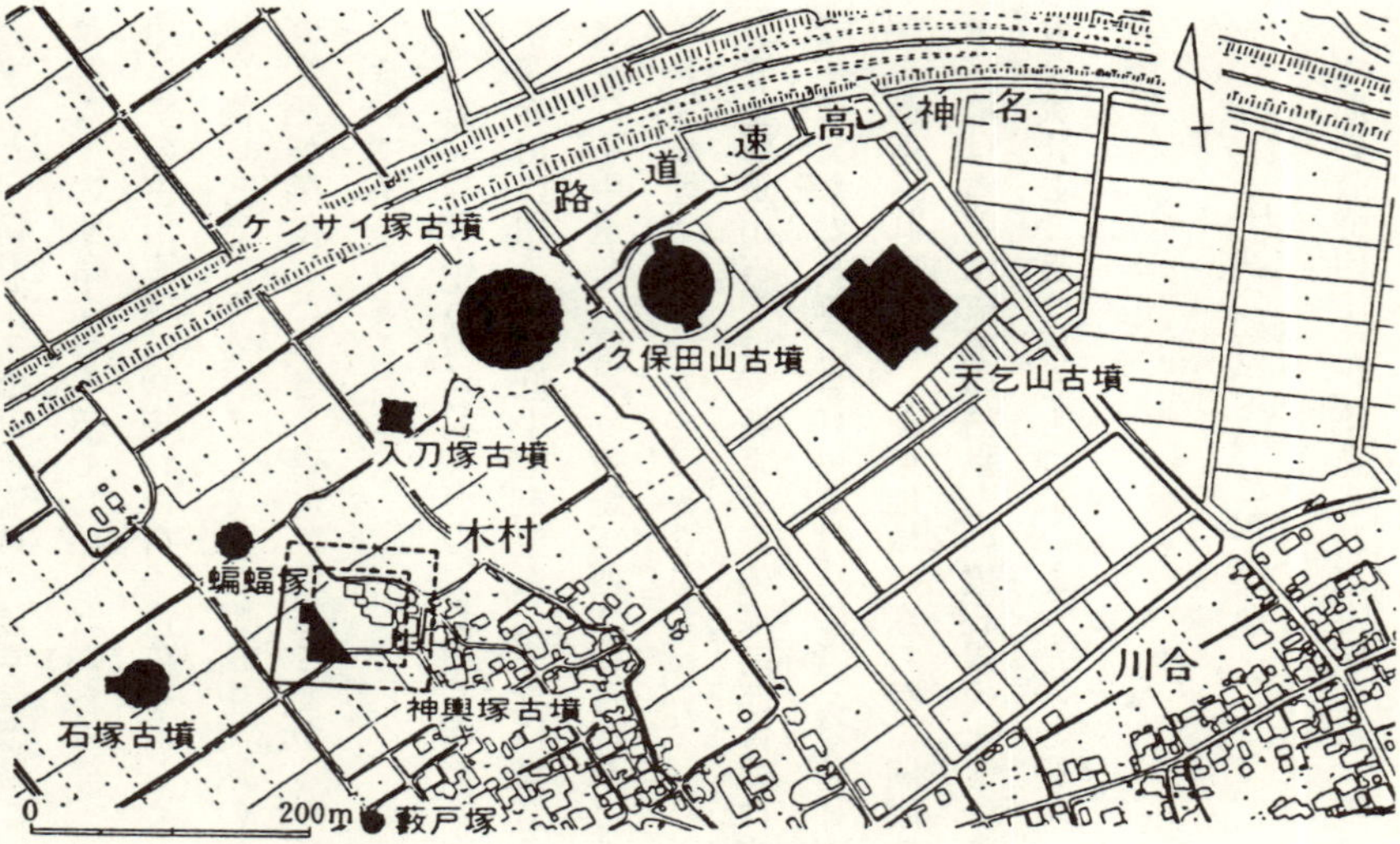

図2-9-2　木村古墳群（『蒲生町史』より）

から少し北に築造された千僧供《せんぞく》古墳群がある。（図2―9―1のD）

木村古墳群は『近江蒲生郡志』に、ここに久保田山古墳、天乞山古墳、ケンサイ塚古墳、神輿塚《みこしづか》古墳、石塚古墳などから構成された古墳群であったことが記されている。[註(9)] 農地改良などによって現在は天乞山《あまごいやま》古墳、久保田山古墳の二古墳が残るだけであるが、東に天乞山古墳、西に久保田山古墳が史跡整備されている。その後のほ場整備に関連して、一九九八年には神輿塚古墳の位置が確認され、規模もほぼ明らかになった。[註(10)]（図2―9―1のC）

東端に位置する天乞山古墳は全長六五ｍの二段築成の方墳で、北と南に規模の大きな造出しが設けられていることが注目される。主体部の詳細は明らかでないが、遺存した天井石からみて竪穴式石室が構築されていたものと想定してよい。その西の久保田山古墳は全長五五ｍの円墳で、天乞山古墳と同様に北と南に大きな造出しが設けられていた。この古墳は主体部は明らかでないが、墳丘に配列された円筒埴輪列の一部が明らかになった。この久保田山古墳の西南七〇ｍにケンサイ塚古墳が築造されていた。この古

写2-9-1　復原整備された久保田山古墳

墳は一九六〇年に名神高速道路の建設に関連して調査された結果、粘土槨の主体部が検出されており剣、大刀、鉄鏃、刀子、手斧、ヤリガンナなどが副葬されていたほか、墳丘から家形埴輪、円筒埴輪などが出土している。[註(11)] さらに、このケンサイ塚の西南三〇〇mに全長四六m以上の規模をもち、西に造出しをもつ神輿塚古墳があったことも近年の調査によって確認されている。この神輿塚古墳の主体部は明らかでないが、出土した円筒埴輪などからケンサイ塚古墳に先行して築造された五世紀の中頃のものと想定されている。さらに、その西側に規模は明らかでないが、石塚古墳があったことも推測されている。

以上のように、木村古墳群を構成する古墳は、いずれも五〇mを超える大型の円墳、方墳から構成されており、その規模と造出しが設けられていることからみて、首長墳の系譜をもつ古墳がここに集中して築造されたものとみなしてよい。

これらの古墳群を構成する首長墳は、主体部の構造、副葬品、出土土器、埴輪などからすると、天乞山古墳、神輿塚古墳、ケンサイ塚古墳、久保田山古墳、石塚古墳の順に累世的《るいせい》にここに築造されたものと推測されている。

では、ここに継続して築造された首長墳の首長が本拠地とした地域はどこに求められるであろうか。木村古墳群が築かれた地域は、日野川と佐久良川の合流地のすぐ北に位置する。この佐久良川の北岸には、五世紀前半に遡る規模の大きな集落はほとんど知られていないので、これらの首長墳の被葬者は佐久良川と日野川の合流地の南側一帯を本拠地としたものとみなして間違いない。これらはその位置からみて雪野山古墳に埋葬された有力首長の系譜を引くものと想定され、この時期に営まれた集落である市子遺跡、田井遺跡、杉ノ木遺跡と市子遺跡から移動、あるいは分村した大規模集落の堂田遺跡がその対象になる。そして、これらの集落では市子遺跡・堂田遺跡がこの地域の中核的な集落の性格をもったことが想定されることからみて、ここにこの古墳群に埋葬された首長たちの本拠地があったものと推測して間違いない。

これらの集落遺跡群のうち、堂田遺跡からは中期、さらに後期の竪穴住居、自然流路、溝などが検出されている。遺物では土師器のほかに初期須恵器の器台《きだい》、甕《かめ》、甑《こしき》が出土している。初期須恵器はこの時期の近江の集落では、栗東町辻遺跡、新旭町南市東遺跡など、ごく限られた集落遺跡から出土しており、この中期の時期にはきわめて入手しにくい製品で、威信財《いしんざい》的な性格を強く内在させたものであったと想定される。

また、この遺跡では初期須恵器のほかに、木製の馬鍬《うまぐわ》が四点出土している。これは水田を起こした耕土を砕くのに家畜を利用して行う農具で、古墳時代中期に新たに大陸から導入されたとみなされるものである。このような最新の農耕具がこの時期に他地域に先んじてこの集落で利用されていたことをみても、この地域を統率した有力首長がここを本拠地としていた可能性がきわめて高いものと思われる。

このように日野川中流域では、堂田遺跡を中心に、市子遺跡、田井遺跡、杉ノ木遺跡などの集落が群を構成したが、その南にも前期と同様に麻生遺跡、さらに宮ノ前遺跡などの集落が営まれていた。これらの南に位置する麻生遺跡なども北の堂田遺跡などと強いつながりをもって営まれたものと想定されるのである。

以上のように、中期の日野川中流域では、この地域を統率した有力首長が堂田遺跡を本拠地として、強力な首長権を行使したものと想定されるのである。しかも、この首長権は長期にわたってこの地域の首長によって継承されたと想定されることも首長墳が累世的に築造されていることと、この地域の集落遺跡群とほぼ対応するものと理解される。また堂田遺跡からは祭祀《さいし》にかかわる多量の手捏《てずくね》土器が出土しているのも、これと少なからず関連するものであろう。

一方、雪野山の北側にある岩倉山、瓶割《かめわり》山の小独立丘陵の西側一帯に千僧供《せんぞく》古墳群がある。これは住蓮坊《じゅうれんぼう》古墳、供養塚《くようづか》古墳、岩塚古墳、トギス塚古墳などからなるものである。住蓮坊古墳は二段築成の径五三mの大型円墳である。主体部、埴輪の有無は明らかでないが、五世紀中ごろの須恵器が出土している。供養塚古墳は南に前方部をもつ全長五〇mの帆立貝式古墳で、家、人物、馬、蓋《きぬがさ》、靫《ゆき》、鶏などの形象埴輪が出土している。これは五世紀後半の時期の古墳に想定されている。岩塚古墳は径二七mの横穴式石室をもつ後期の円墳である。トギス塚は南に開口する径一四mの横穴式石室をもつ後期古墳である。六世紀末ないしは七世紀初頭のものと想定されている。

以上の古墳の周辺には勧学院遺跡、堀ノ内遺跡、蛇塚遺跡などがあるので、これらの集落と強いつながりをもつ首長墳とみなされる。

(3) 雪野山山麓の後期古墳群の築造と集落

雪野山山麓は南北に細長く連なる独立丘陵をなしている。ここには東、西の山麓ともに大小の後期の古墳群が築造されている。このうち東山麓に築造された古墳群は、北から南へ倉橋部《くらはしべ》古墳群、山上古墳群、中羽田《なかはねだ》西山古墳群、中羽田古墳群、八幡社古墳群、服部古墳群、平石《ひらいし》古墳群、定石《さだいし》古墳群、火打谷《ひうちたに》古墳群、天狗前古墳群が築造されている。[註(12)]これらの古墳群を見ると山麓裾部に築造されたものが多いが、中には南側にある平石古墳群のように山麓裾部から丘陵の中高部に及ぶものもある。また、最も規模が大きな古墳群も南端付近に築造された平石古墳群で、この古墳群はいくつかの小支群を構成して一つの古墳群をなしている。

また、西山麓には、北から南へ栗木山古墳群、浄土寺C古墳群、荒巻A古墳群、荒巻B古墳群、荒巻C古墳群、荒巻D古墳群、安吉《あぎ》古墳群、天神山古墳群が築造されている。これらの古墳群は山麓の裾部に主として築造されているが、一部に裾部から丘陵の高所に及んでいるものがある。

一方、雪野山の東山麓と西山麓一帯に築造されたこれらの古墳群と同時期に営まれた後期の群集墳には、この雪野山丘陵のほかに西には善光寺川の西方に大規模な丘陵地をなす鏡山に古墳群が築造されている。ここには鏡山の北端部から東側一帯にかけて大小の後期の群集墳が築造されている。また、雪野山の東方丘陵の北端部付近にある瓶割山の南麓部に上平木古墳群、瓶割山《かめわりやま》古墳群、その東方にあった瓦屋《かわらや》寺《じ》山の山麓に瓦屋寺山古墳群、瓦屋寺北山古墳群、上日吉古墳群が分布する。そして、さらに少し距離を隔てた繖山の南側山麓にも後期の群集墳が築造されている。

このように雪野山山麓とその周辺の丘陵では、雪野山の東側と北側にある瓶割山、瓦屋寺山に、また西側でも狭い空間を隔てた西の鏡山山麓に後期の群集墳が築造されている。これらの丘陵地と後期古墳群の分布状態からすると、雪野山および周辺の丘陵に築造された後期の古墳群は、いずれもこれらの丘陵周辺に広がる平野部にこの時期に営まれ集落を本拠地とした古代氏族によって築造されたものとみなして間違いないものと理解される。

しかも雪野山山麓の西方に位置する鏡山山麓でも、その北端部から東側にかけて同時期の古墳群が多く築造されていることは、雪野山山麓と鏡山山麓に囲まれた竜王町域の平地部に営まれた集落を本拠地とした氏族は、おそらく二つの丘陵に分かれて古墳群が築造されたものと推測してよいであろう。その場合、鏡山丘陵と雪野山丘陵に築造された古墳群の区分は、この地域の平野部を流れる河川などによって分けられることになった可能性が高いのではなかろうか。このように想定すると、雪野山山麓西方に広がる平地部に同時期に営まれた集落を本拠地として築造された古墳群は、大まかにみて、この空間を二分して北流する祖父川によって東西に区分された可能性が高いように思われる。すなわち祖父川の西岸に分布する須恵遺跡、須恵東遺跡などの集落はすぐ西の鏡山丘陵に群集墳を築造し、その右岸に営まれた綾戸《あやど》遺跡、駕輿丁遺跡、朝宮遺跡、尾上遺跡、外美濃田遺跡などを本拠地とした氏族は雪野山の西山麓に群集墳を築造することになったものと推測され、少なくともその逆ということはないであろう。

一方、雪野山の東山麓と瓶割山、玉緒山《たまおやま》、瓦屋寺山丘陵によって構成される空間をみると、ここにもこれらの丘陵によって構成されたかなり広い平野部が広がっている。この平野部は既に足利健亮《あしかがけんりょう》氏によって、布引山《ぬのびきやま》丘陵から この空間に流れでる水量が豊かな河川がほとんどないことから、この低平地に農業用水を供給しうる条件に恵まれた空間がきわめて限られていたという特殊条件があったことが明らかにされている。註(13)そして、そのようなことが主要な要因として、近江の古代史上で著名な蒲生野が、ここに広がっていたことが足利氏によって明らかにされているることが注目されるのである。いま雪野山山麓から瓦屋寺山、布引山丘陵一帯に分布する古墳時代の集落をみると、下羽田遺跡、中野遺跡、内堀遺跡、登り道遺跡、布施横田遺跡、平子遺跡、松原遺跡、羽田道遺跡がある。これらの遺跡では比較的規模の大きな集落に下羽田遺跡があるが、ほかはごく小規模な集落遺跡とみなされる。そして、雪野山山麓と瓦屋寺山、玉緒山丘陵によって囲まれた平野部の中央部付近では、集落遺跡がごく一部しかみられないことが注意されるのである。しかも、前述した集落遺跡のうち布施横田遺跡、平子遺跡の集落が営まれたすぐ近くの玉緒山丘陵に築造された古墳群に玉緒山古墳群があり、羽田道遺跡、日吉遺跡などの集落が営まれた近く

表2-9-1　平石古墳群

支群	中支群	小支群	古墳番号	小支群基数	総数
A		第一	二一、二二、一二〇	3	3
B	第一	第一	五二	1	5
		第二	五三～五六	4	
C	第一	第一	五七～五九	3	11
		第二	六〇、六一	2	
		第三	六三～六七	5	
		第四	六二	1	
D		第一	七〇、七一	2	2
E		第一	七二、七四	3	3
F		第一	七五～七七	3	3
G		第一	七八、一〇〇、一〇二	3	3
H		第一	一〇二～一〇四	3	3
I		第一	九九、一〇五、一〇六	3	3
J		第一	八一、一一三	2	2
K		第一	七九、八〇	2	2
L		第一	六八、六九	2	2
M	第一	第一	八二	1	19
		第二	八三～八五、一一二、一一四	5	
		第三	八六	1	
		第四	八七、八八	2	
		第五	九二、九三	2	
		第六	八九、九〇、九一	3	
		第七	九四～九八	5	
N		第一	一〇七	1	1

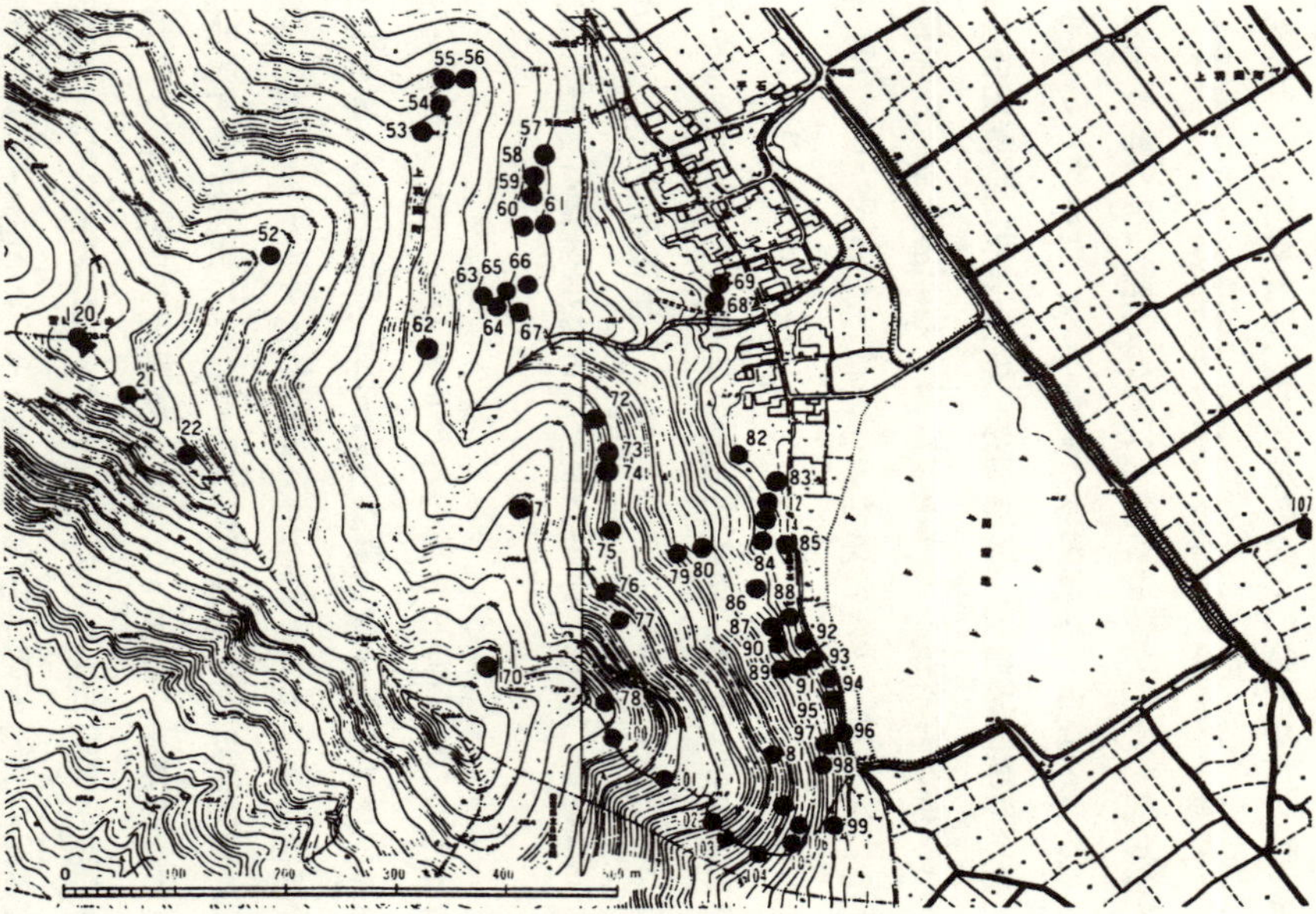

図2-9-3　平石古墳群（『八日市市史』より）

の瓦屋寺山には、瓦屋寺山古墳群、瓦屋寺北山古墳群が築造されている。

　このようにみると、雪野山東山麓に築造された下羽田地域から南端部の天狗前《てんぐまえ》古墳群にいたる一二箇所に及ぶ古墳群を築造した集落を推測するにあたっては、これから二、三の新たな集落遺跡が見いだされることが想定されるとしても、これらにみあうほどの多くの集落遺跡が新たに見いだされることは、既に分布調査や圃場《ほじょう》整備事業も行われていることからみて想定しにくいであろう。このことはこの地域の集落と古墳群を考えるにあたって重視すべき点である。

　さて、この雪野山東山麓に築造された古墳群で規模が最も大きなものに平石古墳群がある。この古墳群を少しとりあげて、雪野山山麓に築造された古墳群の性格を検討してみることにする。

　この平石古墳群は、雪野山東山麓一帯に築造された古墳群のうち、丘陵南部の頂上に築造された雪野山古墳の東尾根から平地部と南よりの裾部にかけて築造されたものである。この古墳群は『八日市市史』に詳しく記されているように、[註(14)]A群からN群の一四小群に分かれ、六二基から形成されている。各支群は数基から一〇基前後で構成され、これらは尾根上、尾根状突出部、急斜面、緩《かん》斜面、山裾《やますそ》部、平地に築造されている。これらの小支群をなす古墳はいずれも横穴式石室の主体部をなすものから構成され、築造位置はいずれも谷筋に築造されたものはなく、陽が当たる斜面や急斜面に広がりをもって築造されている。

　このような古墳群の構成は、集落の関係にそのまま置き換えうるかどうかは、なお支群の形成過程などに検討すべき点が少なくないが、地形と築造された古墳群の位置をよりどころとすると、広い平坦部に中核的な性格をもつM支群が構築され、さらに傾斜の強い面にC・H支群などの小支群がいくつかつながって構成され、全体として一つのまとまりをもつ群集墳をなしていたものと理解してよいように思われる。すなわち、この古墳群の群構成は、集落を統括するような性格をもつ有力家族を中核とし、その他の同族的つながりをもつ多数の家族による小支群と、さらに親密度が比較的少ない同族あるいは擬制的《ぎせいてき》な同族集団による小支群をなす古墳から構成されたものと理解されるであろう。

では、このような支群構成をもつ平石古墳群は、雪野山東山麓から東側の瓦屋寺《かわらやじ》山一帯を望む地域に営まれたどのような集落遺跡にその対象を求めうるであろうか。

この雪野山山麓のすぐ東一帯では前述したように水量に富む河川を欠いているので、この時期に営まれた大規模な集落はみあたらない。これは『八日市市史』でも、この東山麓に分布する平石《ひらいし》古墳群に相当する大集落の候補を求めながら、それに相応しい集落が見いだし難いことから、この古墳群に対し、自然村落に対応するものを求めることを疑問視している。註(15)

いま、雪野山東山麓に集中して築造されている後期の群集墳と集落の対応関係を少し求めると、丘陵のすぐ東側に位置する下羽田《しもはねだ》遺跡、内堀遺跡などの集落遺跡を本拠地とした氏族の古墳群がふくまれていることは容易に想定しうるが、前述の平石古墳群に相当するような大規模な集落を求め難いように、それのみでは古墳群の数と集落遺跡数、古墳群の規模とそれに相当する大きな集落の所在関係で大きなズレを認めざるをえないことになる。このことは、この雪野山山麓の狭い空間を越えた少し距離を隔てた地域に営まれた集落を本拠地とした氏族の古墳群も、この山麓に築造されたものと考えざるをえないことになるであろう。すなわち、このように多くの後期の群集墳が築造され、また平石古墳群のような規模の大きな古墳群が築造されたのは、この雪野山東山麓のすぐ東側に広がる空間を超えた広い地域に営まれた集落を本拠地とした氏族がここに群集墳を営んだ結果によるものと推測されることになるのである。

そこで、この丘陵に近接した地域一帯で古墳時代後期の集落が多く営まれながら、その周辺に群集墳の分布が明らかでない地域を求めると、日野川流域で最も集中して集落が営まれた中流域の右岸の集落遺跡群がある。この中

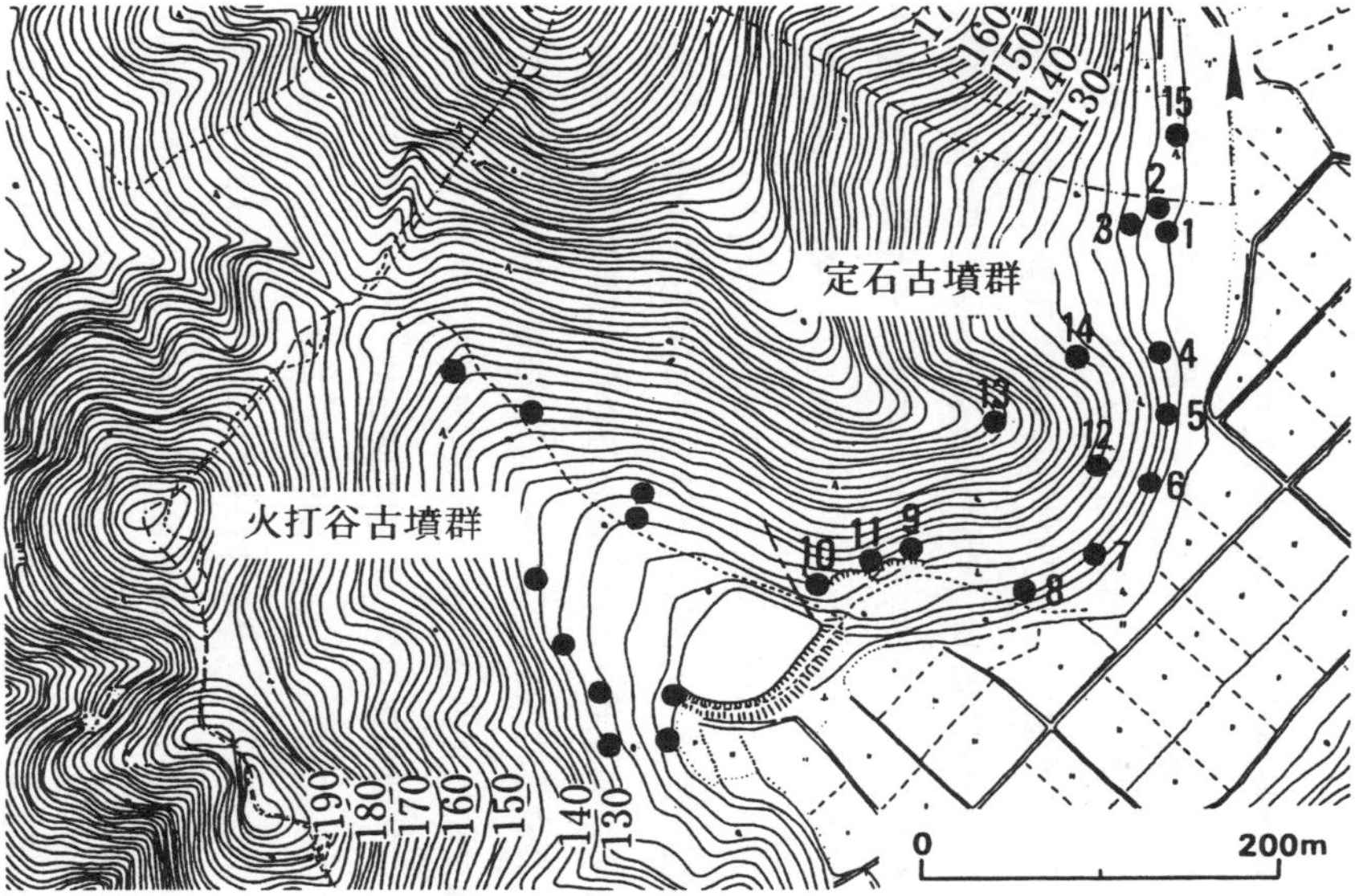

図2-9-4　定石古墳群・火打谷古墳群

流域の右岸には、前述したように市子遺跡、平塚遺跡、堂田遺跡、田井遺跡、杉ノ木遺跡、その南に麻生遺跡、外広遺跡などの後期の大小の集落が集中する。これらの集落遺跡のうち、日野川と佐久良川の合流地の南側一帯を本拠地とした市子遺跡・堂田遺跡を中心とする集落群は、前期には雪野山古墳に埋葬された地域首長ときわめて深いかかわりをもったことが想定されており、さらに続く中期にも木村古墳群を構成する首長墳に埋葬された各首長の本拠地として強い関連をもったことが推測される集落遺跡群である。この集落遺跡群は前期、中期を通じて最も強い政治力、経済力をもった集落に想定され、後期段階でも、日野川右岸の地域を流れる古川流域に継続して集落群が営まれている。

一方、この日野川中流域の右岸の市子遺跡、田井遺跡、杉ノ木遺跡、平塚遺跡などの各集落遺跡とその少し南に隔てた麻生遺跡、外広遺跡に関連を求めうる古墳群は、日野川左岸の水口丘陵や右岸の日野丘陵一帯でほとんど知られない。ここにはじつに多くの集落がこの時期に集中しながら、これらの集落遺跡に関連を求めうる群集墳がほとんどみられないことになる。これは集落と古墳群との対応関係からすると、不審なことといわざるをえないであろう。しかも、ここは前期、中期に有力首長が本拠地とした集落も所在したことが想定される地域であったことからすると、この地域に墓域を築造しえなかったことを想定することは難しい。むしろ、これはこの地域の集落に関連する古墳群から少し距離を隔てた所に築造されたことを想定すべきものと思われるのである。

前述のように、雪野山東山麓の東方一帯では所在する古墳群の数や規模にみあったような集落遺跡を見いだし難いことからすると、東山麓に築造された古墳群には、少しだけ隔てた日野川中流域の右岸に集中して営まれた集落群を本拠地とした氏族集団によって築造された群集墳の大半がふくまれているものと推測されるのである。これは日野川中流域に本拠地をもつ氏族は、いずれの集落もその周辺の丘陵地ではなく、雪野山山麓を墓域として古墳群を築造した可能性がきわめて高いものと推測されることになる。そのことは、前期に雪野山古墳が築造されたこの丘陵に、群集墳の築造が開始した段階で、雪野山周辺に営まれた集落のみでなく、日野川中流域に集落を営んだ氏族たちにとっても、この雪野山丘陵を墓域として群集墳を築造する対象地として強く意識されていたことを物語るものと思われる。このような古墳群の築造は、かつて白石太一郎氏が「大型古墳と群集墳」で論じた大和や河内の大型古墳と群集墳の関係[註16]と強い類似性がみられることになるように思われる。

いま白石氏の論文を略述すると、白石氏は大型古墳と大型群集墳との関係には、大型群集墳に大型古墳をふくむもの（A類）、群中にふくまれないが、近接して同時期の大型古墳があるもの（B類）、近接して前代の大型古墳があるもの（C類）、付近に大型古墳がふくまれていないもの（D類）の四種にわける。これらのうち、ここで注目されるのはC類の近接して大型古墳がある例で、その例に巨勢山《こせやま》古墳群があげられている。巨勢山古墳群は室大墓《むろのおおはか》と呼ばれる大型前方後円墳の宮山古墳が中期初頭に築造され、その後、一世紀以上の年代差をもちながら宮山古墳の背後の丘陵の尾根に順次築造され四〇〇基におよぶ大群集墳が形成されている。白石氏はこれは宮山古墳と無関係に営まれたものではなく、むしろ宮山古墳の存在が契機となって群集墳が形成されたものとする。すなわち宮山古墳の被葬者を集団の祖と考える人びとによって形成されたものとする。そして、これは祖先を共通とする同族関係、あるいは現実には血縁関係をもたない集団が擬制的な同族関係をもつことによって大古墳群が形成されたものとみなしている。巨勢山古墳群では宮山古墳を見下ろす背後の丘陵に群集墳が築造されているが、この宮山古墳と群集墳の形成との関係は、まさに雪野山古墳と平石古墳群、定石古墳群、火打谷古墳群など雪野山東山麓の南部に築造された古墳群とは、大型古墳と群集墳の位置関係は異なるが、共通する性格が少なくないものと思われるのである。

すなわち、この雪野山ではこれらの群集墳が雪野山古墳を仰《あお》ぐような位置に築造されている。これは、これらの群集墳が雪野山古墳を同祖とし雪野山古墳に埋葬された有力首長と強い同族観念をもつことによって、集落周辺の丘陵とは異なる雪野山古墳を望める位置の山麓一帯に集中して古墳群を築造したものと推測されるのである。

このように、雪野山山麓に雪野山古墳と同族観念を強くもって築造された古墳群が存在することを想定すると、丘陵の東山麓南半部には、このような性格をもつ中流域に営まれた集落と関連する古墳群が営まれたものと想定される。これは、雪野山山麓では後期古墳の横穴式石室の築造に不可欠な石材として、湖東流紋岩を容易に入手しうるという条件があったが、この条件はここではおそらく二次的な要因であったと推測される。

以上述べたように、雪野山東山麓に築造された一〇箇所におよぶ多数の群集墳のうち、丘陵東山麓の南部に築造された平石古墳群をふくむ古墳群は、この地域の集落との関連からみると日野川中流域の集落を本拠地とした諸氏族によって築造された古墳群によって構成されたものと推測されるのである。

では、丘陵東山麓の南部に築造された古墳群と、日野川中流域に所在する集落との関連を具体的にどのように求めうるであろうか。

最も規模の大きな平石古墳群をみると、前述のように最も低い位置を占める一九基からなるM支群を中心に一二支群から構成されている。これらの支群は大まかには四、五の支群でまとまりをなしていたものとみなすことができる。これは中流域の集落群の構成では、拠点的《きょてんてき》集落とみなされる堂田遺跡とそれに強い関連をもつ市子遺跡、田井遺跡、杉ノ木遺跡とのつながりとほぼ対応するものと想定してよいのではなかろうか。そして、平石古墳群の支群の性格をそのように想定すると、その南側に隣接する定石古墳群、火打谷古墳群もその地域を本拠地とした集落遺跡を想定しうることになるように思われる。

定石古墳群は雪野山の南東部の平石古墳群の南に築造された古墳群で、一六基ほどから構成され、その個別の古墳規模や石室の構造は『蒲生町史』第三巻[註(17)]に記されているように、一〇～一三m大の墳丘規模のものからなるものである。石室は両袖式のものをふくむ横穴式石室から構成されている。各古墳は丘陵裾の平坦地と少しだけ上った傾斜面に築造されている。また、その南に隣接して築造されている火打谷古墳群も定石古墳群と類似性の強いもので、一〇基から構成された小規模な古墳群である。[註(18)]この古墳群は雪野山丘陵の南端部にある溜池の周辺の平坦地に分布する古墳群で、いずれも中・小の横穴式石室から構成されるものである。

以上のような定石古墳群と火打谷古墳群は、ごく近接して築造された古墳群である。これは集落でも相互にごく近い関係にあったと推測すると、その位置からは堂田遺跡・市子遺跡が営まれた地域と一定の空間を隔てて南に営まれたことを想定することができる。とすると、その候補としては麻生遺跡に集落を営んだ氏族が埋葬された可能性が高いものと推測される。これは、この古墳群の規模と前述した平石古墳群の規模とほぼ対応するものとみてよいことになる。さらに、火打谷古墳群は定石古墳群よりも規模が小さいことからすると、麻生遺跡に隣接して営まれた外広遺跡がその候補に求めうるであろう。

一方、日野川中流域で比較的大きな集落が営まれたことが想定される野瀬遺跡は日野川の西岸に位置しており、雪野山の西山麓に築造された可能性が高いであろう。ここには七世紀後半に白鳳寺院の宮井廃寺が建立されたこと[註19]と、六世紀に辻岡山丘陵で須恵器生産に関与したことが推測される氏族であったことからすると、雪野山の南部にそれなりの規模をもつ古墳群を築造した可能性が高い。とすると、その古墳群としては雪野寺跡の東側一帯の丘陵に築造された天神山古墳群がその候補になるであろう。

さらに、この地域で注目される古墳群に天狗前《てんぐまえ》古墳群[註20]がある。この古墳群を構成する古墳の石室には、竪穴系横口式石室と呼ばれるものが多くふくまれていた。これは竜王町三ツ山古墳群、安土町竜石山《りゅうせきざん》古墳群[註21]、秦荘町上蚊《かみか》野《の》古墳群[註22]に顕著にみられるもので、渡来系氏族によって築造されたものとみなされている。

この付近で渡来系氏族が建立した七世紀後半の寺院には雪野山の西南部に竜王町雪野寺跡、佐久良川流域に蒲生町綺田《かばた》廃寺が知られるので、この地域に天狗前古墳群の築造にかかわった渡来系氏族が本拠地とした集落が営まれたものと推測される。そこで、その地域を求めると、この古墳群は佐久良川沿いに築造されていることからすると、やはり佐久良川一帯に営まれたものと推測してよいのではなかろうか。

註

(1) 雪野山古墳発掘調査団『雪野山古墳の研究』八日市市教育委員会　一九九六年三月
(2) 梅原末治「安土瓢箪山古墳」『滋賀県発掘調査報告』第七冊　一九三八年三月
(3) 河村好光「碧玉製腕飾の成立」『北陸の考古学』一九八九年三月
(4) 八日市市教育委員会『雪野山古墳Ⅱ』一九九二年三月
(5) 小笠原好彦「古墳時代の集落と生産」『蒲生町史』第一巻　蒲生町　一九九五年十二月
(6) 滋賀県教育委員会・財団法人滋賀県文化財保護協会「小中遺跡・慈恩寺遺跡」『ほ場整備関連遺跡発掘調査報告書』一九八二年三月

(7) 前掲註(6)と同じ。
(8) 福永伸哉氏は前期中葉を境に、近江の前期古墳築造の背景となる政治的局面が大きく変化したと理解する（福永伸哉「雪野山古墳と近江の前期古墳」『雪野山古墳の研究』考察篇　一九九六年三月）。また、細川修平氏は安土瓢箪山は大型前方後円墳で琵琶湖の水運を媒介として、南近江全体を統括し、雪野山古墳は中型前方後円墳で南近江を分割するそれぞれの地域支配を担ったとする（細川修平「二つの前方後円墳」『紀要』第七号　一九九四年三月）。これは時期的な違いを重視することが重要と考える。ほかに関連する論文に用田政晴「三つの古墳の墳形と規模―近江における古墳時代首長の動向および特質メモ作成のために―」『紀要』第三号　一九九〇年三月がある。
(9) 蒲生郡役所『近江蒲生郡志』巻一　一九二二年三月
(10) 蒲生町教育委員会『木村古墳群発掘調査現地説明会資料』一九九八年一一月
(11) 安井良三・宇田川誠一「ケンサイ塚古墳発掘調査概要」『日本考古学協会第二五回総会研究発表要旨』一九七〇年五月
(12) 滋賀県教育委員会『平成二年度　滋賀県遺跡地図』一九九一年三月
(13) 足利健亮「古代の景観」『八日市市史』第一巻　一九八三年三月
(14) 丸山竜平「後期古墳と群集墳の世界」『八日市市史』第一巻　一九八三年三月
(15) 前掲註(13)と同じ。
(16) 白石太一郎「大型古墳と群集墳」『橿原考古学研究所紀要』第二冊　一九七三年一〇月
(17) 『蒲生町史』第三巻　二〇〇〇年二月
(18) 前掲註(17)と同じ。
(19) 滋賀大学考古学ゼミナール・蒲生町教育委員会『宮井廃寺跡』一九八五年三月。小笠原好彦ほか『近江の古代寺院』一九八九年五月
(20) 斎藤博史『蒲生町文化財資料集』一六　一九九二年三月
(21) 中谷雅治「階段状石積みのある横穴式石室について―滋賀県三ツ山古墳群を中心として―」『水と土の考古学』一九七三年一二月
(22) 藤川清文ほか「秦荘町上蚊野古墳群」『ほ場整備関係遺跡発掘調査報告』一九七八年三月

十　蒲生野の領域

(1) 蒲生野

蒲生野と薬猟

日野川と佐久良川の合流地のすぐ北には、雪野山《ゆきのやま》がそびえている。この雪野山は北は近江八幡市の倉橋部《くらはしべ》町から南は蒲生町横山の北まで南北約四・三㎞におよんでいる。この雪野山の南端から北へ一・五㎞、山頂に築かれた雪野山古墳から遠望すると、西は日野川流域から鏡山に至る竜王町域の平野部、南は日野川と佐久良《さくら》川流域に広がる蒲生町域とさらに遠くに日野町域の平野部が見わたせる。そして、その東には、近くに布施《ふせ》山、遠くに瓶割《かめわり》山と箕《み》作《つくり》山の間に広がる平野部が眺望される。

『日本書紀』、『万葉集』に登場する古代の「蒲生野」は、以上の眺望の内に含まれる野であったことは間違いないであろう。

『日本書紀』天智七年（六六九）、五月五日条には、

天皇《すめらみこと》、蒲生野《かまふの》に縦猟《かり》したまふ。時に、大皇弟《ひつぎのみこ》・諸王《おおきみたち》・内臣《うちつまへつきみ》及び群臣《まへつきみたち》、皆悉《ことごと》に従《おおみとも》なり。

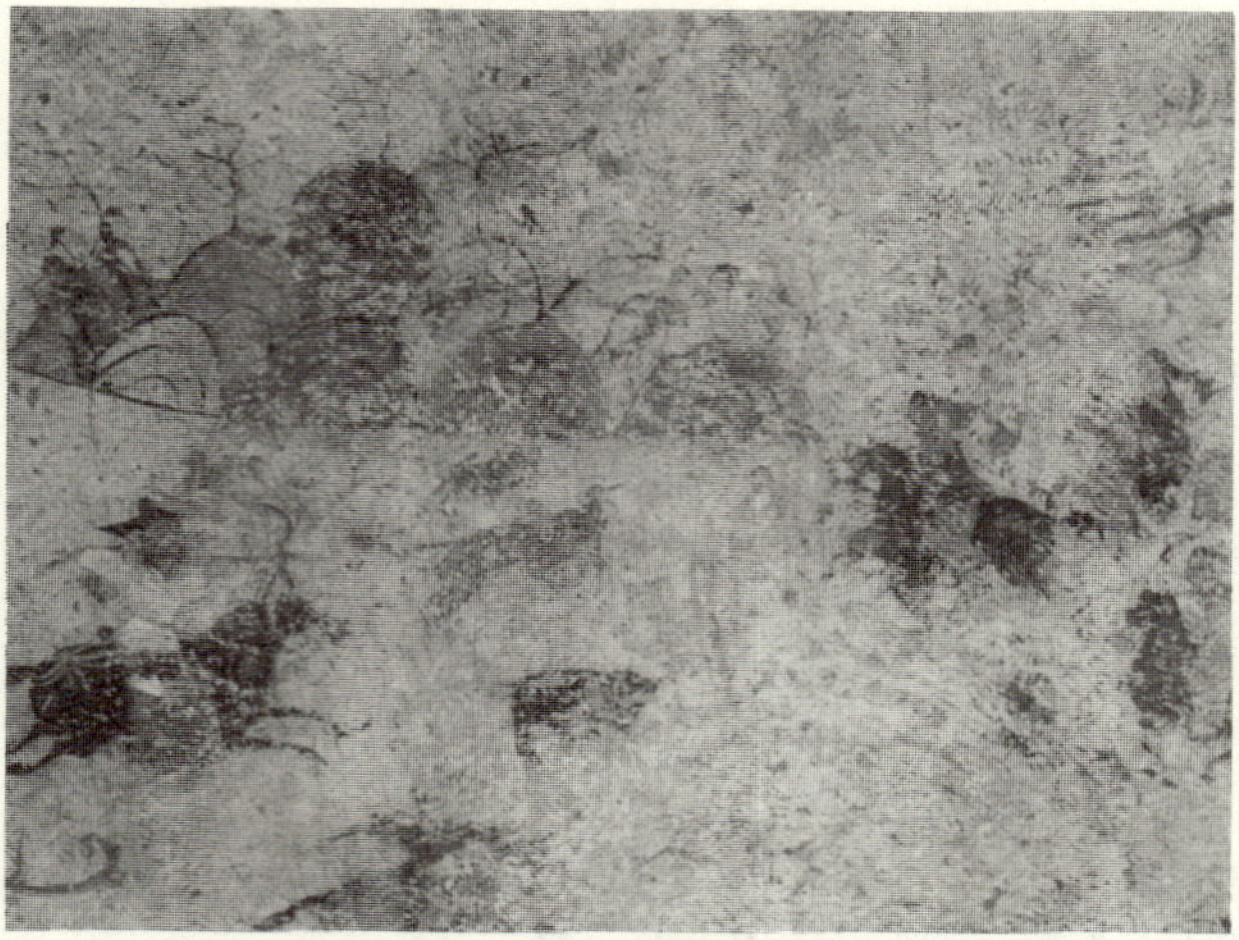

写2-10-1　古代の狩猟図（高句麗の薬水里古墳の壁画）　古代には貴族の遊楽として狩猟がしばしば行われた。古代人が馬に乗り、狩猟を行う様子を描いた絵画は中国、高句麗に多くみられる。この壁画もその一つである。

とあり、蒲生野で遊猟が行われたことが記されている。この五月五日の遊猟は、冬から春にかけて行われる野鳥、野獣を狩る狩猟とは異なり、『日本書紀』には、これに先だつ推古一九年（六一一）五月五日条に、

菟田野《うだのの》に薬猟《くすりがり》す。鶏鳴時《あかつき》を取りて、藤原池の上《ほとり》に集《つど》ふ。会明《あけぼの》を以て乃ち往く。（中略）是の日に、諸臣の服の色、皆冠の色に随ふ。各髻華《うずさ》着せり。則ち大徳・小徳は並に金を用ゐる。大仁・小仁は豹《なかつかみ》の尾を用ゐる。大礼より以下は鳥の尾を用ゐる。

と記されている薬猟のことで、その後も宮廷での年月行事として行われていたものとみなされている。

これは、古代中国で五月五日の端午の日の行事として男子は薬用の動物を狩り、女子は薬草を摘む風習があり、日本でも飛鳥時代に宮廷行事として定着したものであった。

薬猟の対象は雄鹿に生える鹿茸《ろくじょう》で、『神農本草経』に、鹿茸は、

味は甘温にして、漏下、悪血《おけつ》、寒熱驚癇《きょうかん》を主《まほ》り、気を益《ま》し、志を強くし、歯を生じ、老いず。

と記され、精力増強、不老長寿の効果があるとされている。

このような薬猟が蒲生野で行われたことは、蒲生野にはそれに適した野が広がっていたものと理解することがで

きる。

蒲生野の諸説

蒲生野の所在については、吉田東伍氏の『大日本地名辞書』第二巻では、

古の蒲生野は繖《きぬがさやま》山の南、雪野山の東、愛知川に至るまでを指せしならん。

と記し、雪野山の東から愛知川におよぶ一帯に想定している。また、澤瀉《おもだか》久孝氏の『萬葉集注釋』巻第一には、

蒲生野は滋賀県蒲生郡の野。東海道線近江八幡駅の東廿余町（近江鉄道あり）に武佐《むさ》村がある。その東に南野、そのまた東に（八日市市）蒲生野、野口、（安土町）内野などの地名が残っている。そのあたりであらう。

と、八日市市西部や安土町に遺存する地名から、八日市市から安土町にかけてを想定している。

近年、足利健亮氏は箕作山、船岡《ふなおか》山、瓶割山の間をつなぐ八日市市、近江八幡市の二つの境を挟み、その両側に展開する同一地形面の全域が蒲生野であったとした。そして、この地域がなぜ長いこと野であり続けたかを、この地域の地形を分析することによって解明を試みている（足利健亮「古代の景観」）。

蒲生野の名は、現在では安土町南端の集落名として残っている。しかし、足利氏も述べるように、狩猟を行ったような野が一集落に限られるような狭いものではなかったとみなされる。これは、箕作山の西にあたる船岡山一帯を蒲生野に想定する場合もまた、同様の問題があることになる。足利氏は、地形分析に加えて、蒲生郡の郷域を復元し、その結果、広大な郷の空白地帯が日野川と愛知川との間にみられることを明らかにし、これが蒲生野に相当するものとみなしている。

これは、蒲生野の範囲を現在の地名で明示したものとはなっていないが、布引《ぬのびき》丘陵と箕作山、愛知川左岸の間に広がる平坦面を広く蒲生野とみなす見解を示したものと理解されるのである。

このような、安土町南端から八日市市域とみなす見解とは別に、蒲生野の語源はガマが生育する地から起こった

とし、八日市市西部の地質は火成岩系なので、ガマの生育には適さないことから、堆積岩系の日野川中流左岸に想定する見解もだされている（津島喜一『考証　万葉集　蒲生野』）。これは谷川士清《ことすが》が『日本書紀通証』に蒲生野を「蒲生郡遺邇野《ひもの》」としていること、蒲生町下麻生《しもあそう》にある山部神社の中世文書（『山部神社文書』）のうちの「麻生庄百姓等重言上書」に、檜物《ひもの》の地名が記されていることから想定されているものである。

集落遺跡の分布

蒲生野はガマの語源から広い地域の一部に湿地があったとしても、広い湿地帯は湖岸を除いては求めにくい。やはり、蒲生野は鹿狩りを可能とした広大な野の景観に重点を置いて検討することが必要であろう。

とすると、古代の蒲生野がどの範囲までおよんでいたかは、この地域に営まれた古代の農耕集落の分布を検討することによって、それを明らかにしうるであろう。ここでは、古代の集落の分布を弥生時代後期から古墳時代の集落と、七、八世紀ごろの集落との二つに大きく区分して、この地域の開発をみてみよう。

まず、日野川右岸から愛知川左岸地域に営まれた弥生時代後期から古墳時代の集落をみると、箕作山、瓶割山の北では繖山の北東、愛知川左岸に能登川町中沢遺跡、斗西《とのにし》遺跡がある。さらに繖山の西には安土町小中遺跡、慈恩寺遺跡、さらにその西に近江八幡市高木遺跡、観音堂遺跡、勧学院遺跡、柿ノ木遺跡、蛇塚（三明B）遺跡などの集落が集中して営まれている。

さらに、瓶割山から雪野山、布施山にかけては、雪野山の北縁部に八日市市下羽田遺跡、離れて箕作山の東に日吉遺跡が知られるだけであることは注目されることである。

その南の日野川中流域には、右岸に蒲生町市子《いちこ》遺跡、堂田《どうだ》遺跡、麻生《あそう》遺跡、外広《そとひろ》遺跡などが集中し、左岸には野瀬遺跡が知られるだけである。

このように弥生時代末から古墳時代の集落は、北は瓶割山、箕作山の北側にあたる近江八幡市、安土町、能登川町の一帯に集中して営まれている。また、一方では日野川中流域の蒲生町南半部に大小の集落が集中する。この中間地域にあたる雪野山の東から瓶割山、布施山、さらに箕作山の一帯にかけては、雪野山の北縁端に一遺跡が知られるだけで、集落がほとんど営まれていない大きな空閑地となっていたものとみることができる。

そのすぐ南に続く日野川と佐久良川との合流地点付近の北側には、天乞《あまごい》山古墳、ケンサイ塚古墳、久保田山古墳など、大型方墳、帆立貝式の前方後円墳、円墳など、この地域の首長墳を含む古墳時代中期の木村古墳群が築造されている。これらの大型円墳が、この平野部に集中して築造されたのも、その北部一帯と同様にここも古墳時代中期には未開発地であったことによるものと推測されるのである。

一方、日野川左岸の雪野山西方地域では、この地域平野部の少し南よりに、竜王町綾戸遺跡、七ッ塚遺跡などがある。また、鏡山の東縁部に須恵東遺跡、少し南よりに田中遺跡などが知られる。これらの各集落遺跡の内容は充分に明らかになっていないが、弥生時代中期後半以降、継続して集落が営まれたり、地点を小移動したものが少なくないと推測される。

以上のような弥生時代から古墳時代の集落分布からすると、集落が少ない、あるいは全く見られない未開発地の状態にあったのは、箕作山、瓶割山、雪野山、布施山に囲まれた地域とそのすぐ南側に続く布引丘陵の西にあたる佐久良川右岸地域ということになる。ここが、まさに飛鳥時代以前の蒲生野に想定される地域である。

つぎに、蒲生野で薬猟が行われた七世紀後半を含む七、八世紀の集落の分布をみてみよう。

日野川下流東方の瓶割山から北にあたる地域では、近江八幡市金剛寺遺跡、勧学院遺跡がある。その南にあたる雪野山の東から瓶割山、箕作山の南では雪野山の北縁部に下羽田遺跡、布施山西縁部に八日市市内堀遺跡、登り道遺跡、その南端から少し南に蒲生町本郷遺跡が知られている。

さらに、その南の日野川中流域では、左岸に蒲生町野瀬遺跡、蒲生堂遺跡、右岸に市子遺跡、杉ノ木遺跡、堂田遺跡、麻生遺跡などの集落が集中して営まれている。

このように、七、八世紀では、以前の段階に比べて布施山の北縁端に集落が出現する。さらに、その南では本郷遺跡のほかに佐久良川右岸に綺田《かばた》廃寺が造営されているので、その造営氏族の集落が隣接して営まれていたことが推測される。このうち佐久良川流域の綺田廃寺はその北の三層石塔をもつ石塔寺とともに、渡来系氏族と関連をもつ寺院とみられることからすると、この時期の佐久良川流域の、開発には、渡来系氏族が関与することによって大きく進展したことが推測される。

これは、『日本書紀』天智八年（六六九）是歳条に記されている

又《また》佐平《さへい》余自信《よじしん》・佐平《さへい》鬼室集斯《きしつしゅうし》等、男女七百余人を以て、近江国の蒲生郡に遷《うつ》し居《お》く。

という百済人の新たな移住と関連する点も少なくなかったものと想定される。おそらく日野川流域に比べて水位が低く、水利を得にくかった佐久良川流域でも、渡来人が導入した新たな土木技術によって、水田開発の進展をみるようになったことを想定してよいであろう。これは七世紀末には蒲生野の南端部がかなり狭くなったことを意味する。

しかし、天智七年五月五日に蒲生野で薬猟が行われたのは、これらの百済人の居住および寺院に葺かれた軒丸瓦からみると、綺田廃寺、石塔寺が造営される以前のことである。しかも、布引山一帯は鹿の棲息《せいそく》条件に適した低丘陵が広がり、佐久良川流域には集落も乏しいので、むしろ狩猟の対象地に含まれていた可能性が高いとみてよい。

一方、日野川中流域には右岸に市子遺跡、堂田遺跡、左岸に野瀬遺跡、蒲生堂遺跡などがある。その詳細はすでに第二部の七で述べたように、多くは古墳時代から継続して営まれている集落である。このように、長期にわたって集落がこの地域で営まれていることは、安定した稲作経営が行われていたことと、時間の経過にともなって日野川、古川《ふるこ》流域で耕地の拡大がはかられたことも、この地域の条里地割の存在から容易に想定されることである。と

すると、日野川左岸に蒲生堂のように蒲生の地名が遺存するが、ここにも蒲生堂遺跡、アリヲヲジ遺跡があり、蒲生野にみあうような野がこの時期に残されていたことを想定するのは難しいであろう。しかも、この地域には右岸になるが、蒲生町田井に蔵ノ町の小字がある。この「クラノマチ」の地名は、足利氏が郷の中心に想定するように、東生郷《ひがしお》の中心地域に想定する考えがだされていることも、蒲生野とは想定しにくい点としてあげられるであろう。

また、雪野山の西方にあたる日野川左岸の竜王町域の広い平野部も、現状ではこの時期の集落遺跡として知られるものは、ごくわずかである。しかし、この地域の地形と流れる河川からみると、七、八世紀に未開発地が広く残されていたとは想定しにくい。その要因は、日野川、祖父川による後世の沖積作用によって古代集落のいくつかが埋没しているものと想定されている（丸山竜平「原始・古代の竜王町」）通りであろう。それは、この地域に広範に残っている条里地割からみても想定できることである。

蒲生野と匱迮野

以上述べたように、古代集落の分布から蒲生野が日野川中流域にあたる蒲生町南部までは及んでいなかったとすると、匱迮野《ひさのの》と蒲生野の関係も、匱迮野が蒲生野の一部あるいは連続した地域とみなすのは難しいことになる。

匱迮野は、『日本書紀』天智九年（六七〇）二月条に、

　時に、天皇、蒲生郡の匱迮野に幸して、宮地《みやどころ》を観《みそなは》す。

とあり、天智天皇が遷都を計画したところである。

この匱迮野は日野町十禅師《じゅうぜんじ》にある必都佐《ひっさ》神社の一帯にあった野と推測されている。ここは日野川と出雲川との間に開けた平坦地となっている。この必都佐神社の周辺から出雲川間にある集落遺跡は、古墳時代には十禅師遺跡だけである。ついで白鳳時代から奈良時代には十禅師遺跡のすぐ西に猫田《ねこだ》遺跡、北に北代《きただい》遺跡が知られる。ほかに、少し離れて北西部には古墳時代以後、日野川と出雲川沿いに播沢《はりさわ》遺跡、番場遺跡、下森《したもり》遺跡などの集落遺跡がある。

このように、匱迮野が必都佐神社をふくむ一帯であったとすると、野の景観をなす空間はごく限られており、南北二km、東西三・五kmほどのものではなかったかと推測されるのである。

参考文献

吉田東伍『大日本地名辞書』第二巻　冨山房　一九〇〇年
津島喜一『考証 万葉集 蒲生野』芸術と自由社　一九九二年
丸山竜平「原始・古代の竜王町」『竜王町史』上巻　一九八七年
足利健亮「古代の景観」『八日市市史』第一巻　古代　一九八三年
館野克己「蒲生野の薬猟」『蒲生町史』第一巻　一九九五年

『蒲生町史』第一巻　一九九五年一一月

十一　名神高速道路とケンサイ塚古墳の破壊

(1) ケンサイ塚古墳の破壊

名神高速道路と遺跡

敗戦から一一年を経過した昭和三一年（一九五六）、『経済白書』は、もはや戦後ではないと記した。その前年にあたる三〇年から三二年には神武景気、さらに三四～三六年には岩戸景気と表現された好景気が続いたように、日本経済の復興には著しいものがあった。しかも日本の産業構造は、それまでの軽化学工業から重化学工業を中心としたものへと大きく転換が図られるようになったのである。そして、このような経済発展や産業構造の変化を支え、その後もさらに大きく促進する役割を果たしたものの一つに高速道路建設の整備があった。

わが国の初期の高速道路建設は昭和三一年に、これを進める日本道路公団が生まれ、次いで翌年には高速自動車国道法、国土開発幹線自動車道建設法が成立することになった。そして、早くもこの年に弾丸道路とも呼ばれた高速道路の第一号として名神高速道路の施工命令が出されることになったのである。しかも、名古屋―神戸間の長大な路線のうち、京都府内が最初に着手され、次いで大阪府と滋賀県下の工事が行われることが計画されることになったのである。

この名神高速道路は、滋賀県では彦根市から多賀町、愛東町、八日市市、蒲生町、竜王町、栗東町、大津市などを横断して建設が計画された。しかし、この建設には騒音や廃棄ガスなどの環境問題のほかに、この予定地内には瀬田町瀬田廃寺（大津市）、栗東町安養寺古墳群、多賀町敏満寺《びんまんじ》跡などの埋蔵文化財である貴重な遺跡が多く含まれていたことから、それらの対応も重要な問題になった。そして、蒲生町でもこの道路建設に関連して木村古墳群の中心的な古墳であるケンサイ塚古墳の破壊が大きな問題になったのである。

ここでは、名神高速道路建設と遺跡の保護問題を大規模な開発と埋蔵文化財との望ましいあり方を探る意味を含めて少し述べることにしよう。

昭和三三年になり、名神高速道路の計画路線が日本道路公団によって公表されるやいなや、関西在住の若手の考古学研究者によって路線内に多くの重要な遺跡が含まれていることが明らかにされた。そして、それに対する対応を求める運動が起こった。そこで、この工事が最初に着手される京都府では、文化財保護課が関西在住の考古学研究者の協力を得ながら予定線上にある遺跡の詳細なデータを作り、これを充分に発掘調査するのに要する予算見積を作成して、文部省の文化財保護委員会（文化庁文化財保護部の前身）に送付するところとなった。

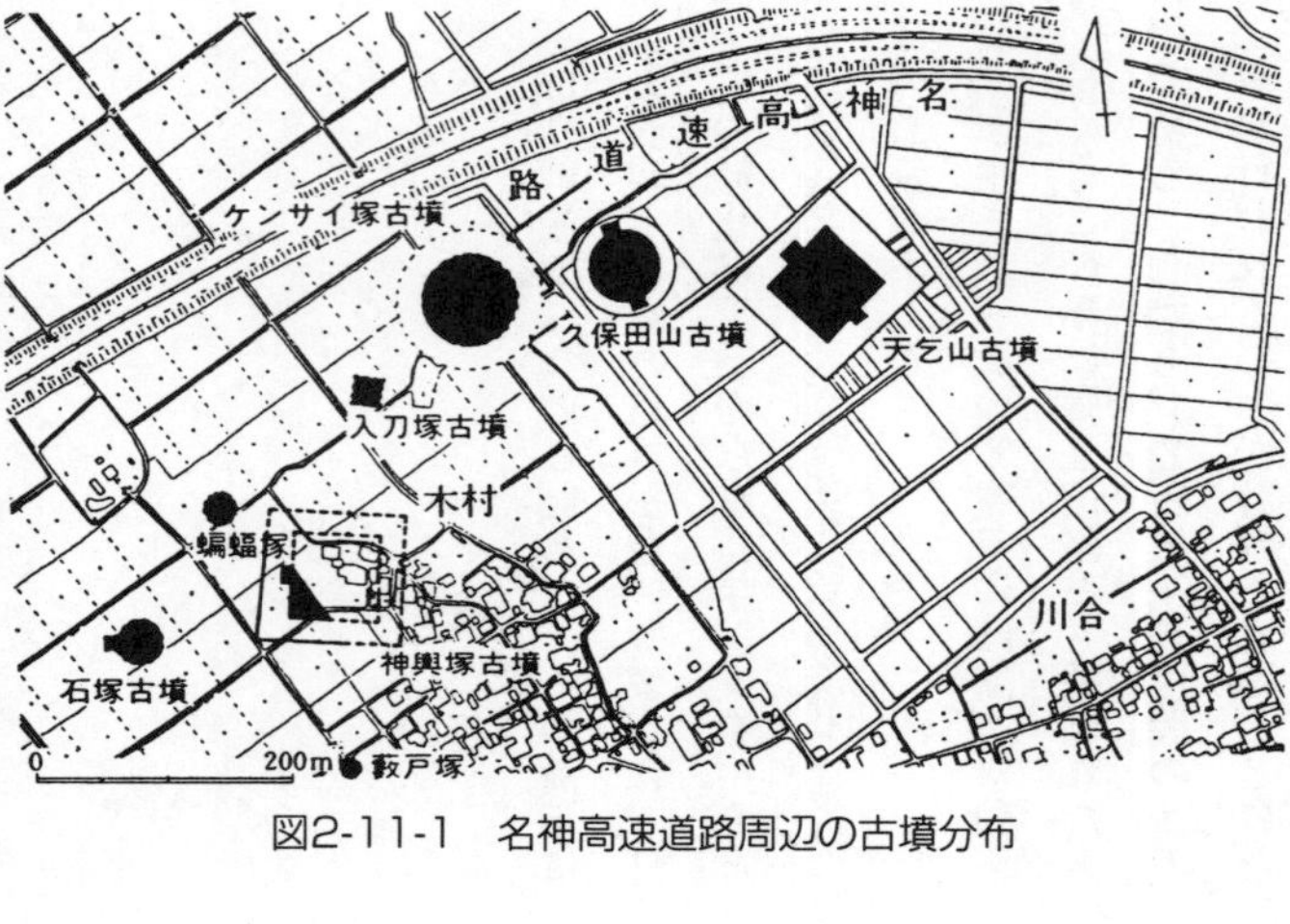

図2-11-1　名神高速道路周辺の古墳分布

一方、四月二六日には、東京国立博物館で考古学関係の学会のうち最も権威を持つとされる日本考古学協会が開催され、その総会で名神高速道路建設による遺跡破壊の問題が検討されることになった。その結果、学会内にこれに対応するために名神高速道路対策委員会が作られ、文化財保護委員会、日本道路公団に要望書が提出され、文化財保護法によって遺跡保護を進めている国自身が遺跡を破壊することのないように、また財政措置によって充分な事前調査を実施するように要望がなされるに至っている。

また、このような動きとともに、関西では日本考古学協会員の京都大学の有光《ありみつ》教一《きょういち》氏、同志社大学の酒詰《さかづめ》仲男《なかお》氏らと昭和三〇年にイタスケ古墳の保存運動が契機となって結成された青年考古学協議会員の関西在住の会員たちが中心となり、高速道路の計画路線上の遺跡をどのように調査すべきか、その具体的な対応策が検討されている。

そして、この建設工事に伴って京都府下で行われる遺跡の事前調査費は、前述のように京都府によって二四四六万六〇〇〇円が計上されていたが、五月下旬には一〇分の一にも満たない一一八万五〇〇〇円に決定したことが明らかになった。この金額では、発掘調査の対象となる遺跡数からみて、着手する以前から調査の限界がうかがえるものといわざるをえないものであった（石部正志「名神高速道路建設に伴う文化財保護の諸問題」）。しかし、このような経費措置ではあったが、これは日本の埋蔵文化財保護行政上で、開発に伴って原因者がその調査費用を負担するに至ったまさに初めてのものであり、埋蔵文化財保護上できわめて重要な歴史的意義を持つものであったのである。

さて、滋賀県では瀬田町瀬田廃寺（大津市）、栗東町安養寺古墳群（新開《しんがい》古墳、下味《したみ》古墳、毛刈《もっかり》古墳など）、多賀町敏満寺跡などがこの高速道路上に含まれ、調査の対象になった。これらの調査費は京都府に準じて予算化され、一六四万八〇〇〇円が計上されることになった（『滋賀県史蹟調査報告』第一二冊）。そこで滋賀県下では教員から滋賀県教育委員会に勤務となった西田弘氏や産業文化館に勤務されていた宇野茂樹氏らが中心となって対応が図ら

写2-11-1　発掘中のケンサイ塚古墳
墳丘上に繁った樹木を伐採したことによって、円墳の墳形をなしていたことが判明した段階の写真である。北側の墳丘の状態からみると、短かい方形部ないしは造出しがあった可能性が少なくない。墳丘の西側と北側に調査区が設定され、発掘調査が開始された直後の状態である。上端部に久保田山古墳の裾部が写っている。

れることになった。そして瀬田廃寺の場合では杉山信三氏ら奈良国立文化財研究所員らが担当するなど、遺跡別に関西在住の調査協力者を求めて発掘調査が行われることになった。その結果、瀬田廃寺、新開古墳、下味古墳などの安養寺古墳群、敏満寺跡などから画期的な内容を持つ成果が得られることになったのである（『滋賀県史蹟調査報告』第一二冊）。

ケンサイ塚調査の顛末

ところが、高速道路による遺跡の破壊はこれらのものにとどまらなかった。蒲生町木村に所在するケンサイ塚古墳もまた、道路建設地の代替地として、また前期の前方後円墳である草津市北谷一一号墳が道路建設の土取り対象地となって破壊されることになったのである。

ケンサイ塚古墳は周辺にある久保田山古墳・天乞山《あまごいやま》古墳・石塚古墳・入刀塚《いりたちづか》古墳・神輿塚《みこしづか》古墳、蝙蝠塚《こうもりづか》古墳などとともに木村古墳群を構成していたとみなされるものであった。これらの古墳は、いずれもそれまで調査されたことがなかったので、明らかになっていることが少なかったが、ケンサイ塚古墳は天乞山古墳・久保田山古墳とならんで築造された大型墳で、しかも日野川中流右岸の雪野山の南端部に造られていることからみて、日野川中流域一帯を統括《とうかつ》した中期の首長墳であることは誰の眼にも容易にわかるものであった。

しかし、高速道路が通過することによって、耕地が著しく減少することから、その代替地としてこのケンサイ塚を開墾《かいこん》して農地とすることが地元の北部土地改良区から計画されることになったのである。そこで蒲生町教育委員会では、ケンサイ塚古墳がきわめて重要な文化遺産であるだけに、その保存の方策を県教育委員会、文部省文化財保護委員会と連絡を取りながら検討を重ねることになったが、古墳を残すにはその損失《そんしつ》補償《ほしょう》問題を解決することが必要となるなど、その解決の見通しを得ることはきわめて困難なものであった。また、ケンサイ塚古墳を破壊して開墾工事に着手するには、名神高速道路上にかかった他の遺跡と同様に事前発掘調査を行うことが必要となる。そこで町の教育委員会は滋賀県教育委員会と連絡を取り、このケンサイ塚の発掘調査を同志社大学の酒詰仲男教授に依頼することにした。そして、酒詰氏が責任者となり、同大学の安井良三氏を主任として調査が実施されることになったのである。

このケンサイ塚古墳の発掘調査は、滋賀県下の戦後初めての大型古墳の調査だけに、開始前から報道関係者の注目されるところとなり、調査成果に対する大きな期待のもとに昭和三五年一月一四日から蒲生町青年団員らの協力によって開始されることになった。

古墳の調査に先立って、墳丘上の樹木を伐採したところ、ケンサイ塚古墳はそれまで前方後円墳とみなされてきたが、そのようにはみなしがたく、周濠をもつ全長七〇～八〇m、高さ一〇mの円墳であることが明らかになった。発掘調査は道路建設との関係から期間の制約もあり、古墳の南側と東側の裾部から墳頂部までトレンチ（調査溝）を設定して行い、次いで西側、北側を発掘して十字状に設定して行う方法で進められた。調査の開始後まもなく、古墳の墳頂部からは家形埴輪《はにわ》片、中段あたりから円筒埴輪が多数出土した。また墳丘からは葺石も多くみつかった。

そして、一月一七日には墳頂部付近で砂利の層もみつかったことから、その付近にこの古墳に埋葬された被葬者

写2-11-2　ケンサイ塚古墳の発掘調査
墳丘上にテントを設けて調査中の遠景。墳丘の周囲には雪が残っている（上）。墳丘の中心部での調査が進展し、主体部の所在位置も確認され、いよいよ埋葬主体部が粘土槨であることが判明。粘土槨の全体を検出する作業にとりかかった段階の写真（下）。

にかかわる遺構が検出されることも容易に想定されるようになり、報道関係者による取材にも熱がはいるようになった。そして、毎日新聞社のようにケンサイ塚の全形の空撮写真を掲載して調査の詳細な報道を行うなど、各社とも強い期待感を含めながら調査のなりゆきを詳細に紙面に報道するところとなったのである。

　続く一八日の報道では、墳丘の中央部で粘土槨《ねんどかく》状のものが見いだされたことから、埋葬された木棺《もっかん》が検出される可能性が高くなったことが報道された。そこで地元の北部土地改良区も、「粘土槨が貴重なものなら工事の延期もやむをえない」と調査期間の延長に協力することになり、さらに二〇日間にわたって調査が行われることになった。そして、当初は三日間の予定で行われた地元青年団員たちの協力も、さらに延長されることになったのである。

　次いで、二四日の報道記事では、木棺を求めて掘り進んでいることと、一方では墳頂部付近から櫛《くし》、剣、ヤリガンナ、ノミなどの副葬品とみられるものがみつかったことを報道する記事が各社によって出土遺物の写真とともに掲載された。さらに二九日の報道では、粘土槨の規模も幅一・五m、長さ六～七mを測るものであることが判明し、この古墳が五世紀の豪族のものとみなしてよいことが記されている。そして、三〇日、三一日にかけていよいよ粘土槨の中心部を掘り下げる最終段階になったのである。

しかし、二月一日付の新聞では、「見つからぬ主墳―ナゾのケンサイ塚発掘―」という見出しで報道されることになった（『朝日新聞滋賀版』）。調査団はもとより多くの人たちが豪族の人骨や埋葬された鏡、玉類などが掘り出されるものと期待をよせてきたが、粘土槨中には、なぜか埋葬遺骸も副葬品も見いだされなかったのである。

一方、この日の調査では墳頂部の東南部で一m大の石室の天井石と付近から壺一個、坏二個、剣、鉄鏃《てつぞく》、農工具、朱、櫛などが三カ所に分かれて見つかったので、謎の粘土槨以外に三回の埋葬が行われたことが知られることになった。そして、調査団は調査期限の二月六日が迫っているため、急いで成果をとりまとめ、残りの日は遺構の実測作業に費やす方針をとることが報道されている。それにしても、粘土槨から遺骸に関連する資料や副葬品が全く出土しなかったのはなぜか。調査団はこの意味を急遽《きゅうきょ》究明することにした。そこで、出土した鉄剣、農工具などがいずれも実用に乏しい儀式的なものであることに注目し、この古墳が改葬者を埋葬したことによって、このような主体部の内容になったものという考えが公表されることになった。改葬者の古墳という、これまでの古墳では研究例のない課題に対する見解が提示され、しかも東一〇〇mにある円墳の久保田山古墳との関係が注目されることとなった。その結果、二月五日付の各社の新聞では、

「市辺押磐皇子《いちべのおしはのみこ》の墓か―ケンサイヅカに新事実」（『朝日新聞滋賀版』）、「市辺押磐皇子真陵とわかる―蒲生町のケンサイ塚―」（『産業経済新聞滋賀版』）、「殺された皇子の陵―調査班が宮内庁認定を覆えす結論―『書紀』の記述とも一致」（『毎日新聞』）

という見出しで、調査団による見解が公表され、新たな局面を迎えることになったのである。

これらの各紙に記された市辺押磐皇子《いちのべのおしはのみこ》の墓とは、『日本書紀』『古事記』に、市辺押磐皇子が大泊瀬皇子《おおはつせのみこ》（雄略

天皇）に蒲生野で殺され、顕宗《けんそう》天皇が父の霊を弔《とむら》うために従臣の佐伯部売輪《さえきべのうるわ》とともに埋葬されたのを掘り出して、蚊屋野によく似た二つの墓を造って埋葬したことが記されているのである。

調査団の見解がケンサイ塚古墳が市辺押磐皇子の陵墓に推測される可能性が高いと考えるに至ったことから、この調査の応援に訪れた京都国立博物館の鈴木博司《すずきひろし》氏によって、この成果が京都の宮内庁書陵部分室に報告されることになった。そのため宮内庁の陵墓監がケンサイ塚古墳の視察に訪れ、その結果を本庁に報告し、本庁の指示を待つということになった。そして、これと関連して、八日市市市辺町にある市辺押磐皇子の陵墓が定められた当時の経緯に関しても調査が進められることにもなった。

しかし、このような被葬者に対する新見解が出された五日後にあたる二月一〇日付の新聞は、九日に宮内庁がケンサイ塚古墳の農地転用計画は地元の判断に任せる旨の回答が伝えられたことを報道し、この日からブルドーザーを入れて農地への工事を開始することが併せて記されている。そして、土地改良区はケンサイ塚古墳がここにあったことだけは何らかのかたちで残したいという所見を述べ、一二日から農

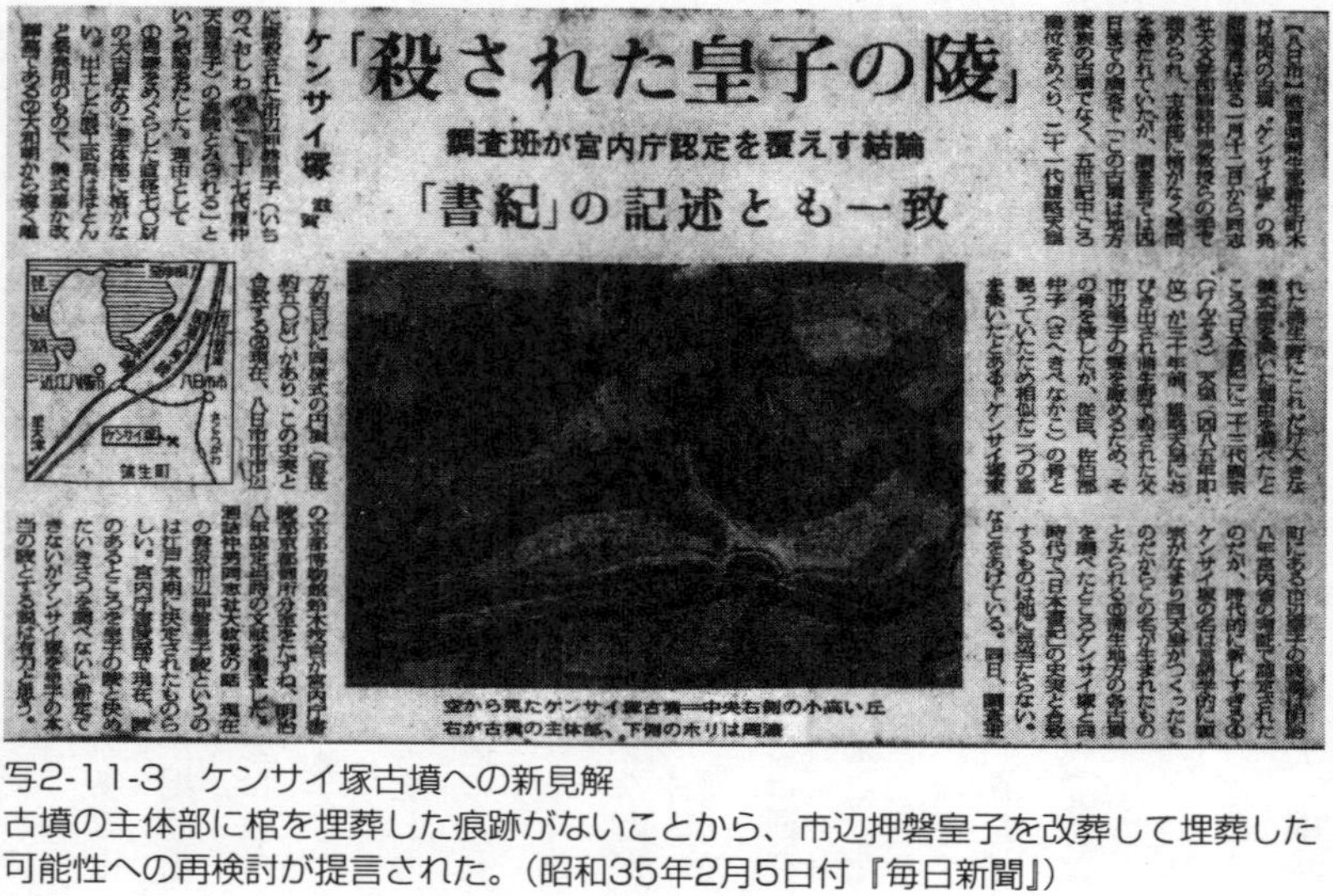
「殺された皇子の陵」
調査班が宮内庁認定を覆えす結論
「書紀」の記述とも一致
ケンサイ塚
空から見たケンサイ塚古墳＝中央右側の小高い丘右が古墳の主体部、下側のホリは周濠

写2-11-3　ケンサイ塚古墳への新見解
古墳の主体部に棺を埋葬した痕跡がないことから、市辺押磐皇子を改葬して埋葬した可能性への再検討が提言された。（昭和35年2月5日付『毎日新聞』）

地転用工事が開始されることになったのである。そして、この日に、蒲生野の開発に尽くした古代首長の記念碑的な古墳が破壊されることになったのである。

以上記したように、ケンサイ塚古墳の調査を委託された調査団による悲愴《ひそう》というべき調査の取り組みは、まさに戦後の大規模開発と埋蔵文化財との闘いの幕開けを象徴するドラマであった。高速道路によって耕地が著しく減少することになったことから、失われる農地を近くの古墳に求めたことは、生活費を農作物の生産に大きく依存していた当時のこの地域住民のおかれた状況からみて、今日的な観点から批判することはできないであろう。しかし、惜しまれることは、その後、わずか二〇年にして、全国各地で水田耕地が実に安易に他の地目に転化されていった状況を目の当たりにするとき、いかに時代の先を読むことが難しいかを思わないわけにはいかない。

ケンサイ塚古墳を残す手立てが失われたことが報道された二月一〇日付のある新聞には、町教育長が、「こわしてしまえば後世に悔いを残すことも考えられるので（後略）」と苦渋に満ちて記者に述べた言葉は、今日の状況からすれば、やはり危惧した思いに近い状況になっているのではなかろうか。

ケンサイ塚古墳の破壊は、その後の開発と埋蔵文化財保存との宿命的な課題の展開からみると、序幕にすぎないものであった。しかし、この調査から得られた教訓は実に大きなものがあったと言わざるをえないであろう。この課題の解決は、いずれかの選択ではなくして、常に両者が共存しうる方策が望まれていることを知ることができるように思われるのである。

あかね古墳公園の誕生

それから三〇年が経過した平成二年（一九九〇）、蒲生町は地元住民の協力によって滋賀県指定史跡の木村古墳群の天乞山古墳、久保田山古墳の史跡整備を行い、ここに古墳公園を造ることを計画した。そして、この整備工事は平成九年三月に完了し、二つの古墳がみごとに現代に蘇《よみが》えることになったのである。公園の名称は町民からの公募を経て、「悠久の丘蒲生町あかね古墳公園」と名付けられた。大型方墳の五世紀前半の天乞山古墳は墳頂に割石で竪穴式石室が復元され、墳丘の大半には芝生が貼られ、北と南には造出しが復元されることになった。大型円墳の五世紀後半の久保田山古墳も墳丘の全体に葺石が貼られ、円筒埴輪がめぐらされた。二つの古墳の各所には、陶板に発掘状況を示したカラー写真や古代人が古墳を築く状況を描いた絵を焼き付けた説明板も配置されることになった。

　この二つの古墳整備が完了した二カ月後の五月一八日の日曜日、蒲生町民による古墳祭りが盛大に行われた。二つの古墳の間には二〇を超える模擬店が並んだ。これには古代の赤米のおにぎりを売る店もあって、古代食の素朴

写2-11-4　古墳祭りさまざま
天乞山古墳、久保田山古墳の古墳整備竣工を記念して行われた「古墳祭り」。歌、トークショー、仮装コンクールなど、町民のエネルギーで盛りあがった一日。一瞬にして、模擬店街が出現した。（上：久保田山古墳での火起こし作業、中：仮装コンクール、下：天乞山古墳前の模擬店街）

な味覚を味わうことができた。企画された催しでは歌、音楽、古代人仮装コンテスト、さらにトークショーなどが昼近くから夜まで行われ、五〇〇〇人を越える人たちが一日中楽しんだ。

この日の歌、音楽、トークショーでは天乞山古墳の北側に設けられた造出しがステージとして頻繁に利用された。この造出しは古代には首長権の継承にともなう祭祀《さいし》が行われた場所であるといわれている。この日、古代人が造ったこのステージは、まさに現代人の祭りのステージとして蘇ったと表現してよいものであった。

天乞山古墳、久保田山古墳は、その規模からみて古代の蒲生一帯を統率し、開発を推し進めた首長の古墳である。この古墳築造はこの地の民衆による共同体祭祀として行われたにちがいないものである。これだけの大工事が、機械力を利用できなかった時代になし遂げられたことの意味と、この地域の古代人たちの持つエネルギーを思うとき、今後も、これらの古墳は地域住民に無限の力をあたえずにはおかないであろう。

歴史的な埋蔵文化遺産は時代を越えて語りかけてくれる記念物である。これは人類の歴史の継続性と永遠性を象徴的に語るものといってよいであろう。このような時代を越えて生きてきた文化遺産が、これまで各時代の人間社会をいかに豊かなものにしてきたかについては多く語る必要はないであろう。

整備された天乞山古墳、久保田山古墳の上から西方をみると、ケンサイ塚古墳の存在を明示した石碑が建っているのが眺められる。調査時には充分な検討は行われなかったが、周濠もめぐらされていた。円筒埴輪がめぐっていたことも知られている。このうち周濠は今日も失われずにそのまま埋まっており、その後の調査で位置と規模もほぼ判明している。調査時の写真も多く残っている。木村古墳群の史跡整備が完了し、あかね古墳公園が生まれた今日、ケンサイ塚古墳の復活を望む声も少なくないようだ。この復元と整備は二一世紀の蒲生町民に贈られた夢の埋蔵文化財遺産といってよいのではなかろうか。

参考文献

石部正志「名神高速道路建設に伴う文化財保護の諸問題」『私たちの考古学』第五巻第一号　一九五九年
滋賀県教育委員会『滋賀県史蹟調査報告』第一二冊　一九六一年
日本考古学協会『埋蔵文化財白書』学生社　一九七一年

『蒲生町史』第二巻　平成一一年三月

十二　愛知川流域の集落と古墳の展開

はじめに

鈴鹿山脈から流れでる愛知川は、永源寺町山上付近を扇頂とする広大な扇状地を発達させている。扇状地は地表水が地下に浸透しやすいため乏水性の土地になり、農業開発に困難をきたす場合が多い。愛知川の中流地域も同様な条件をもつ地域である。しかしこの地域にも多数の古代遺跡が存在する。古代遺跡の存在は、程度の差はあれ古代人の土地利用のありかたを顕著に反映している。現状では、この地域の遺跡の調査が実施されているものが少ないので、古代の地域開発を語るにはかなりの制約があるが、今日知られている主な遺跡からいくつかの問題を掘りさげてみることにしたい。

(1) 旧石器・縄文時代の遺跡

近江の旧石器に関する資料は、湖東地域に一二、湖南地域五、湖西地域二の一九カ所で採集されている。最も出土例の多い湖東地域では、広い空間を占めるこの地域のうちでも、愛知川・日野川流域にあたる丘陵・山麓・平坦地などから見つかっている。各遺跡とも発掘調査が実施されていないので、石器組成など具体的な内容は明らかでないが、秦荘町元持で有舌尖頭器、同じく蚊野毛人堂や八日市市土器町庚申溜《こうしんだめ》や芝原町玉緒などでポイントが出土している。また少し離れた白野町薬王寺山溜や竜王町山面でも有舌尖頭器の資料が知られている。石材は二上山のサヌカイトのほかにチャートなどが使用されている。近江ではこれらの石器よりもさかのぼるナイフ形石器が大津市田上里町大谷河原で採集されているが、湖東地域ではこのナイフ形石器の報告はまだされていない。

つぎに愛知川流域の縄文時代遺跡も、現在知られているものはごく限られている。右岸では鈴鹿山脈の西麓に位置し、西明寺から西にのびている丘陵地先端部にあたる秦荘町常楽寺から、磨製石斧三個が出土していることが『有史以前の近江』に記されている。註(1) その南四㎞の湖東町祇園でも石鏃一個が採集されているけれども、時期は明らかでない。

一方、左岸では一九七九～一九八〇年にかけての圃場整備事業の際に、八日市市日吉《ひよし》遺跡、瓦屋寺《かわらやじ》カマエ遺跡、下羽田柳の町遺跡、下羽田小豆湯の四遺跡が存在することが明らかになった。

日吉遺跡は箕作山の東半部にあたる通称瓦尾寺山の東方に位置する遺跡である。工事によって北側の野神地区で石斧二、石鏃二、晩期の縄文土器が採集され、発掘調査で甕棺一が検出されている。その南の雨原地区でも石錘一と縄文土器が採集され、さらに南の一ノ井地区でも石鏃二、石斧一、石錘一と甕棺一が見つかっており、いずれも晩期とみなされている。

瓦屋寺カマエ遺跡は瓦屋寺山のすぐ麓、日吉遺跡野神地区の西一〇〇ｍに位置する遺跡である。遺物を含む層は上下二層が確認され、上層は晩期末の土器が出土し、下層は中期の土器が採集されている。ほかにこの遺跡からは後期の土器片も出土しているが、地点を異にしているという。註(2) 各時期ごとの遺跡の中心地点は必ずしも充分明らかでないが、各時期ごとに地点がかなり移動していることが知られている。

下羽田柳の町遺跡は、瓦屋寺カマエ遺跡から西六㎞ほど離れた雪野山の東側に位置している。遺跡は雪野山とその東にあたる瓶割山からのびる岩倉山によって囲まれた地域にあり、西側を白鳥川が流れていることから低湿地が広がったなかの微高地に立地していたとみなされている。ここでは外面の口縁部と頸部に凸帯文をはりつけた晩期末の特徴をもった甕棺四基が検出されている。さらにまた柳の町遺跡の南三〇〇ｍの小豆湯遺跡でも、白鳥川の改修工事の際に口縁端部と頸部外面に凸帯文をつけた晩期末の土器片を含む黒褐色の包含層が二〇〇ｍ余にわたってみられたといわれ、かなり大規模な縄文時代の集落が存在したことが想定されている。

愛知川左岸地域では、以上のような前期、中期、晩期の縄文集落が存在したことが知られるが、これらは出土土器を時期ごとにみると後期を欠いているだけである。しかし土器編年をさらに細かくみると各時期ともいくつかの土器形式を欠いていることがわかる。けれども前期、中期と連続し、さらに晩期には瓦屋寺カマエ遺跡、下羽田柳の町遺跡、小豆湯遺跡など複数地点に遺跡が存在する。このことは前期以降ある程度の移動をともないながらも、愛知川左岸の箕作山から雪野山一帯を生活基盤とした縄文集落が連続して営まれていたことを想定させている。

ところで、これまで近江の縄文時代遺跡の立地では、琵琶湖岸に立地するものと山麓や扇状地に立地するものとが知られている。前者は地域的には湖南、湖東地域に、後者は湖北地域に偏在して分布するといわれ、しかも二つの立地は地域のほかに時期差をもっているといわれている。[註(3)]

しかし縄文時代の遺跡の分布調査が進み、一方では遺跡の発掘調査が進展するにともなって、縄文時代遺跡の資料も大幅にふえつつある。その結果、これまでの縄文時代遺跡の理解も再検討すべき点が少なくない。たとえば大津市を中心とした湖南地域では、早期に石山貝塚、北大津遺跡、前期に螢谷貝塚、中期に粟津貝塚、後期に穴太《あのう》遺跡、滋賀里遺跡、晩期に滋賀里遺跡や田上森添遺跡などが知られている。これらの遺跡では充分内容が明らかでないものも含まれているが、ほぼ早期から晩期までこの地域で遺跡が連続していることを示している。

また湖東地域では、大中の湖から水茎内湖にかけて早期・前期・後期に弁天島遺跡、早期から後期にかけて元水茎遺跡、晩期に大中の湖南遺跡、ほかに長命寺遺跡、切通《きりとおし》遺跡、大房《おぶさ》湖底遺跡などがあり、早期から晩期まで地点を異にする遺跡によって連続していることを知ることができる。

また湖北地域でも、葛籠尾《つづらお》崎湖底遺跡出土土器の内容からすると、早期から各時期の土器が連続して採集されており、この地域でも各時期の遺跡が連続していることを充分予想することができる。

さらに近江の縄文遺跡で注意されることは、これらの湖岸に立地する遺跡とは別に、湖東地域の愛知川左岸にも広範な扇状地や山麓を主要な生活基盤として営んでいる集落が存在しているとみられることである。これらの縄文集落の規模や一地域における定住期間については不明な点が多いが、かなりの長期にわたり小移動をともないながら継続して集落が営まれていることが想定される。これらは愛知川や日野川下流域にあたる大中の湖から水茎内湖地域の集落と強いつながりをもっていたことも推測される。このような遺跡が存在することからすると、湖北地域の山麓部に孤立する古橋遺跡や醍醐遺跡、あるいは番ノ面《おもて》遺跡についてもなお周辺で縄文遺跡を探索する必要があるように思われる。

(2) 弥生時代の遺跡と農業集落

愛知川・宇曽川流域の扇状地で知られる弥生時代の遺跡は、わずかに愛東町池之尻遺跡だけで、現状ではほとんど明らかになっていない。この上田遺跡は中位段丘の段丘崖付近に位置しており、一九八一年に圃場整備事業のための事前発掘調査で恵美須溜の北二〇〇mから弥生時代後期の甕形土器一点が出土している。[註(4)] この土器は自然流路とみられる遺構から出土しているので、遺跡の中心部から離れている可能性もあるが、しかし出土地点からそう離れていないところに遺跡が存在しているとみてまちがいないであろう。

弥生時代の遺跡は、水田経営を基盤としているので、この遺跡付近に集落の経済基盤となった水田が存在したことが当然想定される。中位段丘面では低湿地はもとより付近を流れる河川もみられないので、この水田は低位段丘

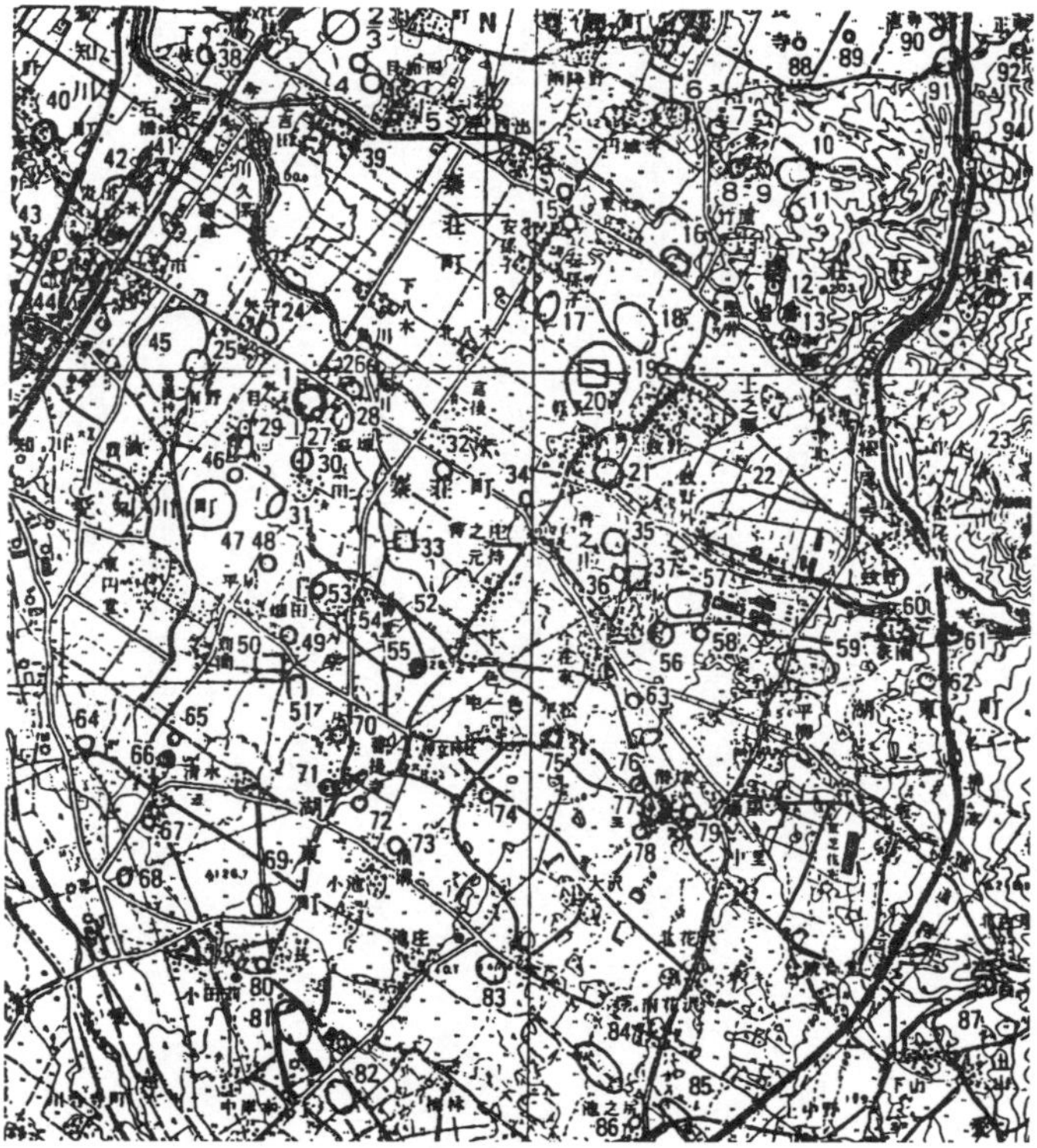

図2-12-1　愛知川、宇曽川流域の遺跡

秦荘町
1. 大間寺遺跡　2. 古戸遺跡　3. 目加田城遺跡　4. 竹ノ尻遺跡　5. 目加田遺跡　6. 常安寺北遺跡　7. 二子塚遺跡　8. 常安寺遺跡　9. 常安寺南遺跡　10.高坪山遺跡　11.光林寺遺跡　12.竹原谷遺跡　13.金台寺遺跡　14.斧磨遺跡　15.安孫子遺跡　16.深田遺跡　17.鷺俣遺跡　18.毛入堂遺跡　19.狩野遺跡　20.軽野遺跡（軽野塔ノ塚）　21.軽野正境遺跡　22.金剛寺野遺跡　23.金剛輪寺遺跡　24.矢守城遺跡　25.矢守遺跡　26.報恩寺遺跡　27.長塚遺跡　28.島川遺跡　29.野々目遺跡（野々目廃寺）　30.栗田城遺跡　31.栗田遺跡　32.塚越遺跡　33.元持遺跡　34.狐塚遺跡　35.妙園寺遺跡　36.大藪塚遺跡　37.小八木廃寺遺跡

豊郷町
38.観音堂遺跡　39.吉田城遺跡

愛知川町
40.福泉寺遺跡　41.山塚遺跡　42.沓掛遺跡　43.久遠寺遺跡　44.宝満寺遺跡　45.市遺跡　46.塚原遺跡　47.ミグルシ遺跡　48.平居北遺跡　49.畑田北遺跡　50.畑田遺跡（畑田廃寺）　51.畑田稲荷遺跡

湖東町
52.勝堂遺跡　53.北浦遺跡　54.勝堂横穴遺跡　55.下一色遺跡　56.小八木遺跡　57.木戸口遺跡　58.小八木東遺跡　59.平柳遺跡　60.祇園遺跡　61.祇園東遺跡　62.新池遺跡　63.今在家遺跡　64.石塚遺跡　65.塚原遺跡　66.瑞光寺遺跡　67.大塚遺跡　68.塚原遺跡　69.大日溝遺跡　70.北菩提寺遺跡　71. 菩提寺遺跡　72.南菩提寺遺跡　73. 平塚遺跡　74. 鍋塚遺跡　75. 平松城遺跡　76.天神遺跡　77.下里遺跡　78.カイゴメ遺跡　79.僧坊遺跡　80.小田苅遺跡　81.中岸本遺跡　82.高塚遺跡　83.薬師堂遺跡

愛東町
84.ハツ塚遺跡　85.上田遺跡　86.池の尻遺跡　87.百済寺遺跡

甲良町
88.横枕遺跡　89.四ツ塚遺跡　90.堀之内遺跡　91.寺道遺跡　92.狐塚遺跡　93.勝楽寺山遺跡　94.西明寺遺跡

を流れる加領川の流域に求めるのが妥当であろう。近年各地の弥生時代や古墳時代の集落遺跡で水田跡があいついで検出されているので、将来この集落の周辺地域での調査が期待される。

右岸では、ほかにこの遺跡の西北一六kmにあたる湖東町東円堂でも古く石鏃が採集されており、その立地から弥生代遺跡が存在するものとみなされている。しかし現在のところ、まだ弥生土器が採集されていないので、確かな地点や時期は明らかになっていない。

つぎに愛知川左岸の中流地域でも、現在知られている弥生時代の遺跡は少なく、河川からはかなり離れた上羽田町内堀遺跡だけである。この内堀遺跡は、雪野山にはさまれた上羽田町の東南部位に位置し、一九八一年の圃場整備事業に関連して発掘され、中期から後期にかけての方形周溝墓八基が見つかっている。これらは限られた調査範囲で検出された数なので、さらに多くの墓が周辺に存在するものと推測される。またこの方形周溝墓の付近には住居跡や水田も想定されるが、調査はそこまで及んでいない。これらは周辺の地形から、布施山山麓から上羽田の集落地にかけて存在するものと推測されている[註(5)]。

つぎに下流地域には、愛知川右岸に彦根市金田遺跡、上岡部《かみおかべ》遺跡、稲里遺跡、曽根沼遺跡がある。これらの遺跡

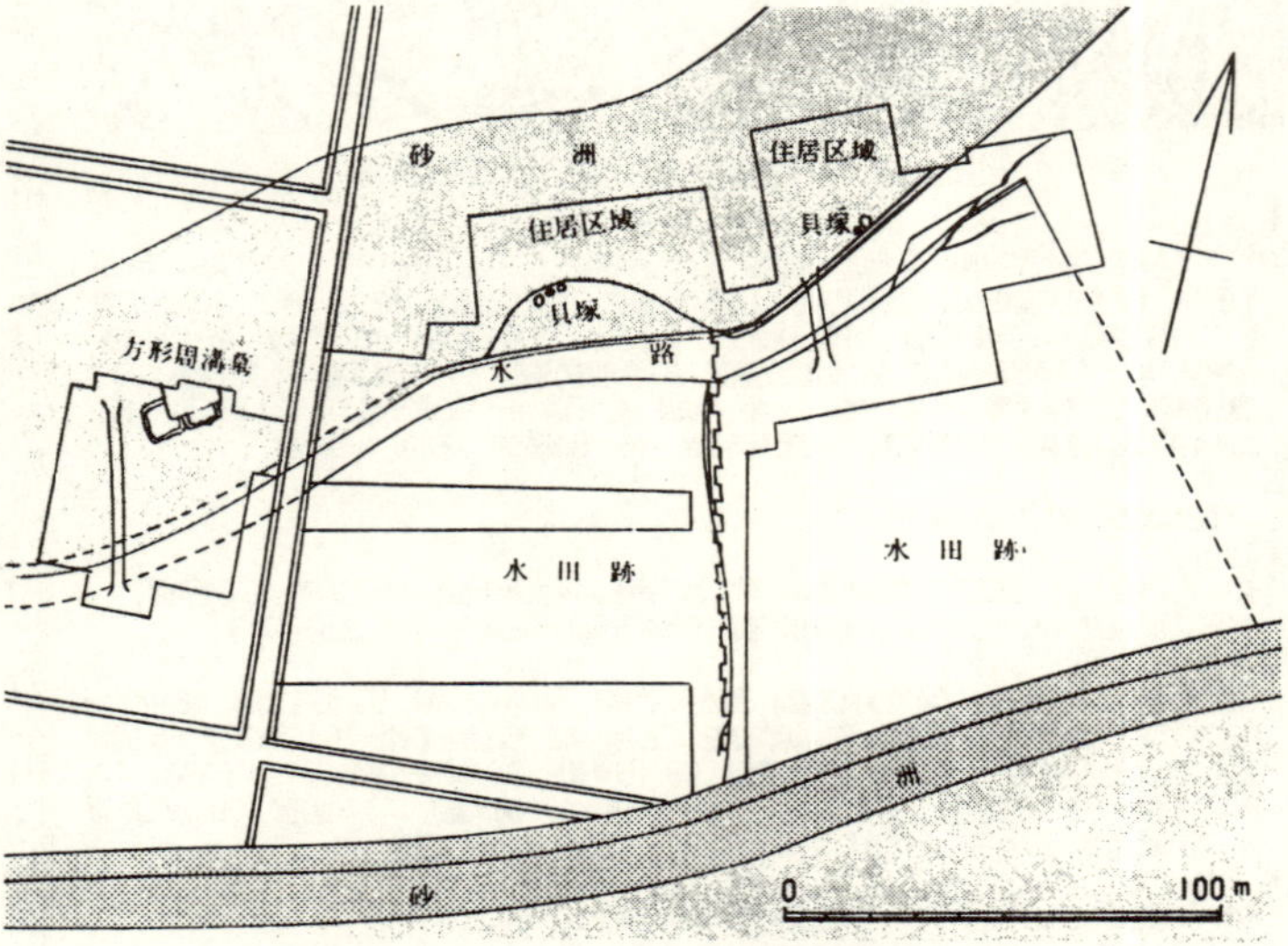

図2-12-2　大中の湖南遺跡遺構配置図

は詳しいことは知りえないが、いずれもこの地域に広く分布するグライ土壌に立地する遺跡である。したがって上流・中流域からみると農業集落を営みやすい条件にあったものと想定される。また左岸には能登川町宮の前遺跡があり、一九六二年に工場用地の一部が調査され、弥生土器の壺が出土している。またこの宮の前遺跡の東二kmには弥生時代前期末から中期にかけて営まれた大中の湖南遺跡がある。

大中の湖南遺跡は、愛知川の沖積作用による砂洲の発達によって形成された小中の湖、大中の湖を分ける砂洲上で見つかった遺跡である。一九六五年から二年間にわたって調査され、縄文時代から弥生時代、古墳時代、奈良・平安時代にかけての遺構や遺物が検出されている。これらのうちとくに弥生時代の水田跡と農耕具をはじめとする多量の木製品が注目された。『発掘調査概要』によると、弥生時代には大砂洲の北側に沿って小砂洲が発達し、この大砂洲間に幅七mの浅い水路が東西数一〇〇mにわたってのび、その南に大規模な水田がある。[註(6)]

砂洲の平坦部は標高八三・三五m、水田は八三・一八mを測る。この砂洲の南縁には二地区に小貝塚があり、またかつての湖水汀線を示す黒色汚染がみられ、現在の湖水面よりも一m余低いことが知られている。水田は矢板によって区画されている。その面積は第一号地域の水田では北辺七五m、南辺一二〇m、奥行九〇mで九二〇〇m前後の大規模なものであることが報告されている。水田土壌はスクモを多量に含む腐植土壌や黒色有機質土を耕土とし、その下は砂質土層や砂層からなっている。ほかに西側の第三号地域や第四号地域では、一辺が七～九mの方形に溝をめぐらせた住居跡とされた遺溝があるが、後述するように再検討をせまられている。

遺物は数百点におよぶ木製品が出土している。とくに広鍬、狭鍬《せまぐわ》、丸鍬、また鍬、鋤などの木製農具やその未製品が多量に出土している。また弓、竪杵《たてぎぬ》、鉢、田下駄、などの木製品のほか、束《たば》ねられた稲や琵琶湖で漁労を行っていたことを物語る舟、櫂《かい》、網も出土し、弥生時代の農業生産や漁労生産にかかわる諸用具や日常生活にかかわる多様な用具の実態が明らかにされた。

以上のような多大な成果が得られているが、調査が終了してからすでに一七年たち、その後の各地の弥生時代の調査の進展にともない、なお検討すべき点もあらわれている。

たとえば、その一つは西側の第三、第四地域で検出された住居では、柱穴や炉がないことから各地域で見つかっている方形周溝墓《ほうけいしゅうこうぼ》ではないかといわれている。住居としてはやや大きすぎるきらいがあるので、やはり墓とみられ、住居は小貝塚が検出されている付近に営まれていた可能性が高いであろう。二つには、矢板《やいた》や杭列で区画された水田の面積にかかわる問題である。近年岡山県百間川《ひゃっけんがわ》遺跡をはじめ多くの弥生時代遺跡から、数平方メートルから一〇数平方メートルの小規模な水田跡が検出されている。この小区画水田は、滋賀県でも守山市服部遺跡から前期、中期のものが検出されており、その規模は一辺が五m前後のものから長さ一八m、幅一〇m、ほどのものまで含んでいる。服部遺跡の畦畔《けいはん》には、幅一m、高さ〇・三mの大型のものが地形の勾配《こうばい》が変化する境界線上につくられており、この大畦畔による区画面積は二〇〇〇m^2におよぶ。このことから大中の湖南遺跡の一区画は、服部遺跡にみる大畦畔に相当し、小区画水田は水を均等に配る技術的なものではないかという見解がだされている。註(7) 今後、大中の湖南遺跡の水田と服部遺跡の水田の詳細な比較研究がなされることによって、二つの水田の性格が明らかになるであろう。

(3) 古墳の分布と愛知川流域の開発

まず首長墓である前方後円墳の分布を愛知川流域にみると、前期古墳にあたる四世紀の古墳はみられない。最も近く位置するものとしては、蒲生郡安土町の瓢箪山古墳が知られる。ついで五世紀以降の首長墓とみられる前方後円墳は、愛知川右岸では河川流域に近い湖東町小田苅《こたかり》古墳がある。この古墳の北四・二kmに秦荘町長塚古墳があり、一八八一年に墳丘の一部が破壊されたときに須恵器の提瓶と高杯が出土したといわれるので、六世紀以降に範造されたことが知られる。また小田苅古墳の東北四・二㎞に湖東町小八木東古墳がある。さらに北四・八㎞には豊郷町安食《あじき》に安食西古墳がある。一方の愛知川左岸では小田苅古墳の南三㎞に八日市市妙法寺熊の森古墳、同じく西三㎞

2-12-3　池之尻周辺の遺跡

湖 東 町
1. 上田遺跡　2. 塚原遺跡　3. 瑞光寺遺跡　4. 北菩提寺遺跡　5. 菩提寺遺跡　6. 南菩提寺遺跡　7. 平塚遺跡　8. 鍋塚遺跡　9. 平松城遺跡　10. 天神遺跡　11. 下里遺跡. 12. 僧坊遺跡　13. カイゴメ遺跡　14. 大日溝遺跡　15. 小田苅遺跡　16. 中岸本遺跡　17. 高塚遺跡　18. 薬師堂遺跡　19. 横溝遺跡

愛 東 町
20. 八ノ塚遺跡　21. 池の尻遺跡　22. 北古屋遺跡　23. 百済寺遺跡　24. 上岸本遺跡　25. 上岸本城遺跡　26. 鯰江遺跡　27. 鯰江城遺跡　28. 光明寺遺跡　29. 西教寺遺跡　30. 大覚寺西遺跡　31. 大覚寺遺跡　32. 坊主谷遺跡　33. 園遺跡　34. 岡の上遺跡　35. 瓦塚遺跡　36. 東光寺遺跡　37. 曽根遺跡　38. 石塚遺跡　39. 七塚遺跡　40. 青山城遺跡　41. 青山遺跡　42. 小倉遺跡　43. 堂山遺跡　44. 勝島城遺跡　45. ガジョウ寺遺跡　46. 小倉城遺跡　47. 外遺跡　48. 千手川沿岸遺跡　49. 山口遺跡　50. 山口城遺跡

八日市市
51. 神宮寺遺跡　52. 綾の森遺跡　53. 八咫森神社遺跡　54. 妙法寺遺跡　55. 熊の森遺跡　56. 円福寺遺跡　57. 寺町西遺跡　58. 真光寺遺跡　59. 薬師寺遺跡　60. 野崎遺跡　61. 上大森大塚遺跡　62. 福応寺西遺跡　63. 善光寺遺跡

永源寺町
64. 石谷遺跡　65. 一式遺跡

図2-12-4　湖東北部の前方後円墳（『八日市市史』より、一部変更）

1．安食西古墳　2．亀塚古墳　3．長塚古墳　4．小八木東古墳
5．小田苅古墳　6．伊野部古墳　7．安土瓢箪山古墳　8．熊の森古墳
9．八幡社古墳

に伊野部古墳がある。さらにこの伊野部古墳の下流五・五㎞に能登川町亀塚古墳、また西六・五㎞に八幡社古墳がある。

以上の首長墓は、長塚古墳を除いては時期を把握する材料に乏しく、細かな築造年代を明らかにし難い古墳である。丸山竜平氏によると、これらの首長墓はそれぞれ数㎞を隔てて所在しており、一地域に集中して変遷していないことから近江の湖西や湖南地域の首長墓の分布と共通点が多く、「湖西型」と呼びうるという。註(8)とするとこの「湖西型」の首長墓には、湖西のように広い地域に分散する場合と愛知川流域のように比較的狭い地域に点在するものとがあることになる。これらの首長墓は政治的な地域首長墓とみてよいことからすれば、その内容に違った側面を含んでいることも想定される。現状では首長墓の変遷を具体的に考える必要があるが、それには帰属時期が不明なものが多く、これらの首長墓が同時期に二つの前方後円墳が築造されていないかどうかという基礎的な事実の検討を急ぐ必要がある。このように現状では首長墓の資料に限界があるが、湖東地域の前方後円墳の分布をみると、湖東南部の野洲川流域で首長墓の系譜がたどれるので、その首長墓との関連が問題になろう。具体的にはそれぞれの首長権がおよぶ領域や各時期における首長相互の政治関係などを首長墓の位置や規模などの比較によって検討すべきであろう。

さて、これらの前方後円墳をみると、小八木東古墳を除くものは、ほぼ条里がみられる地域に位置している。条里の施行年代については、諸説があり、また古墳の所在との直接的な関連は求めにくい。ただ愛知川流域右岸では条里がみられる地域は下流地域にあたっており、みられない地域に比べて水を得やすい地域となっていることは留意されよう。

つぎに愛知川・宇曽川流域には六世紀以降に築造された後期古墳が多数分布している。愛知川が山間部からでた地域には低位段丘と中位段丘とがみられるが、この二つの段丘の境界および低位段丘と新期の扇状地との境界には段丘崖がみられる。現在この段丘崖付近に未開墾の林が多く残っており、そのなかに多くの古墳が遺存している。

まず右岸の愛東町外《との》から湖東町小田苅あたりまでのびる低位段丘には、外《との》に山口古墳、青山に青山古墳、七塚古墳群、曽根に曽根古墳群、石塚古墳、鯰江《なまずえ》に鯰江古墳群、上岸本に上岸本古墳群、中岸本に高塚古墳群、中岸本古墳群などの古墳あるいは古墳群が点々と帯状につらなっている。これらのうち、古墳群を形成するものでは、上岸本古墳群が二六基、中岸本古墳群が十余基で、ほかは数基程度からなる小規模な古墳群である。『近江愛智郡志』によると、上岸本古墳群の一基からは古く金環一、須恵器坏一・瓶一、馬具（雲珠）などが出土し、他の一基でも金環二、須恵器瓶一・高坏一・坏四、鉄鏃一などが副葬されていたという。これらは石室の記載はないが、六世紀後半の後期古墳に共通した副葬品が出土していることが知られる。

一九八三年二月に実施された中岸本の高塚古墳群の発掘調査では、五基の円墳の墳丘規模が明らかにされている。各古墳とも主体部は横穴式石室とみられるが、石材がすでに抜かれてしまっており、石室構造は明らかになっていない。また愛知川左岸の低位段丘には、八日市市池田町の野崎古墳、妙法寺町の八咫《やた》森神社古墳、綾の森古墳などの円墳と前方後円墳で横穴式石室からなる熊の森古墳が知られている。また中位段丘では、段丘崖に近い位置に愛東町園の瓦塚古墳群、岡の上古墳、池の尻に上田古墳群、八ノ塚古墳群がある。八ノ塚古墳は恵美須溜の西方に大小八基の古墳が東西に並んでいるもので、うち一基は横穴式石室の羨道部が一部開口している。古く須恵器が石室の周辺に散在していたという。上田古墳群も溜池のすぐ北側に八基程存在していた古墳群であるが、現在はほとんど破壊されてしまっており、溜池のすぐ東にあたる恵美須神社の境内地西端に一基の円墳が残るだけである。

以上のように段丘崖付近の古墳群は、いずれも十基から数基規模の古墳群で、現在の集落ほどとはいえないまでも、かなり高い密度でこの流域に存在している。このことは、かなりの数の集落がこの地域に存在していたことを示唆している。

宇曽川《うそがわ》が山間部からでた地域には、右岸に滋賀県でも最も大規模な群集墳として著名な秦荘町金剛寺野古墳群があり、その左岸には湖東町平柳古墳群、祇園古墳群が存在する。金剛寺野古墳群は、上蚊野《かみかの》から蚊野外《かのと》のゆるやかな傾斜地にかつては二九八基（上蚊野一〇二・蚊野外一九六）の古墳が存在したといわれる。しかし、戦後まもなく大規模な開墾によってその大半が破壊され、上蚊野地区に二〇数基が残存するだけとなったが、さらに一九七六年の圃場整備事業によってさらに八基が破壊され、古墳公園を中心に百穴古墳、こうもり塚、たぬき塚など一七基が残るだけとなった。『近江愛智郡志』の記載や圃場整備の際に行われた発掘調査によると、古墳は相互に接するほどに密集していたことが知られ、その規模は直径一五m前後のものから数mほどの小規模なものまである。内部構造は同一床面で玄室に羨道がつく横穴式石室に一般的にみる形態のものと、羨道部から階段を設けて玄室に入るといういわば竪穴式石室の横口から玄室に入るという形態に似た竪穴系横口式石室と呼ばれるものの二種類が存在することが明らかにされている[註(9)]。

この竪穴系横口式石室は、五世紀後半から六世紀前半の北九州で知られているが、近江でも上蚊野古墳群のほか、すぐ南の湖東町祇園《ぎおん》古墳群、安土町竜石山《りゅうせきざん》古墳群、常楽《じょうらく》寺《じ》山《やま》古墳群、竜王町三ッ山古墳群など湖東地域の古墳群にも含まれていることから注目されている。これらと類似した石室の形態は、新羅の慶尚北道達西面古墳群の三七号墳や五五号墳、百済の梅竜里八号墳や二号墳など朝鮮半島にもみられることが知られている。近江の竪穴系横口式石室は、北九州、朝鮮半島いずれにも祖源を求めうることになるが、この時期に北九州と直接的なつながりを示す材料に欠いている。また朝鮮半島と直接関連を示す材料もまた現状では乏しいが、七世紀代には『日本書紀』に神崎郡、蒲生郡に渡来系氏族が移住した記載をみることと、渡来系氏族の依《え》智《ち》秦《はた》氏がこの地域に大きな勢力をのちにもつにいたっていることからも、いずれかといえば渡来系氏族との関連でもたらされた古墳の形式とみるむきが多い。

平柳古墳群は円墳一三基からなるもので、一九一二年に破壊された一基から須恵器や金環が出土したといわれている。内部構造は横穴式石室で、一部開口しているものがある。宇曽川を少し下った勝堂《しょうどう》付近には湖東町勝堂古墳群、下一色《しもいっしき》古墳、小八木東古墳、秦荘町長塚古墳などがある。勝堂古墳群は古く四八基が存在したといわれる中規模群集墳であったが、現在は六基ほど残っているにすぎない。その東に位置する下一色古墳群では、赤塚古墳と弁天塚古墳の二つが保存されている。赤塚古墳は直径三三m、高さ六・７mの比較的大型の円墳で、玄室の長さ三・八m、幅二・三mの横穴式石室が開口している。玄室の天井石は大形の一枚石が用いられており、墳丘規模が大きいこととともに注目される点である。その北側の弁天塚古墳は、直径二〇m、高さ四・五mで赤塚古墳よりも小さいが、一四m幅の周溝とその外側に一・五m幅の周堤がめぐらされておりきわだった古墳である。この地域にはほかに行者山古墳、おから山古墳などの横穴式石室をもつ後期古墳がある。また正眼寺境内には二個の凝灰岩製の家形石棺の蓋が立石状に立てられて保存されており、すぐ南の端正寺にも同様の石棺蓋の一部が置かれている。これらの石棺はいずれの古墳から運ばれたか明らかでないが、勝堂古墳群や下一色古墳群など付近の古墳から運ばれたものと推測される。また小八木東古墳、長塚古墳は先述したように前方後円墳で、長塚古墳からは須恵器提瓶、高坏が出土したといわれるので、後期古墳の段階の首長墓の性格をもつ古墳である。

以上が愛知川・宇曽川流域に築造されている古墳や古墳群の主要なものである。これらの古墳、古墳群をみると愛知川右岸では段丘崖に帯状に並んでいることが注意される。これは現在まで雑木林として保存されてきたということも考慮する必要があるが、いずれかといえばこうした立地が古墳築成の対象地として選ばれた可能性の方が高いように思われる。後期古墳の分布状況は、現在の集落と一致してはいないが、それに近い状況となっている。後期古墳の存在は、被葬者が居住した古代集落がその周辺に存在したことを示す場合が多い。とすればこの愛知川右岸の扇状地には、かなりの数の集落がこの時期に営まれていたことが想定される。そのなかには、長塚古墳や小八木東古墳にみるように、愛知川流域一帯を支配した政治的首長が居住した集落も存在したことが想定されることになる。このような多数の集落の存在は、少なくともこの時期までにかなりの農業開発がこの地域で進展していた結果を示すものと解される。

ところで、この地域は『和名抄』に記されている蚊野部、八木郷、養父《やぶ》郷、大国《おおくに》郷に想定されている地域である。『延喜式』にみる軽野神社は蚊野、蚊野外、岩倉、高野沢に軽野神社があるので、いずれをあてるべきか明らかでない。軽野は『古事記』に「袁邪本《おざほ》王者、葛野《かずの》之別、近淡海《ちかつおうみ》蚊野《かの》之別祖《わけのおや》也」とある。この軽野之別の子孫と思われる軽野公は弘仁二年（八一一）に愛智郡少領従七位下軽野公二足、蚊野郷戸主軽野公成山などの名がみえる。また蚊野郷には弘仁一一年（八二〇）に依智秦公成人、八木郷には承和一四年（八四九）に依智秦公吉などの名がみえるので、秦氏一族がこの地域の有力氏族として居住していることがわかる。この秦氏は『日本書紀』の孝徳紀に「朴市秦造田来津《えちはたのたくつ》」の名が記されているのをはじめ、奈良・平安時代の文献で依智秦氏が郡の大領、少領に譜代氏族として任ぜられていることをみることができる。しかしこの依智秦氏がいつの時期からこの地域に強力な力をもつようになったのかは文献からは明らかでない。したがって、それはこの地域の古墳と古代集落の分布にその答を求めざるを得ないことになるが、現状では集落の調査が遅れているので前者の比重が大きくなる。依智秦氏の居住地とされる愛智川流域の右岸では、前期古墳を欠き、中期古墳の存在も現状では不明瞭である。したがって五世紀までのぼるかどうかは明らかでない。恐らくこの地域の前方後円墳である秦荘町長塚古墳、湖東町小八木東古墳、小田苅古墳の存在からみると、後期古墳の段階からとみてよいであろう。すなわち、扇状地が広範に広がり水の得にくいこの地域に新たな開発技術をもった依智秦氏一族が入り、大規模な開発を行った結果によるものと想定される。二九八基におよぶ金剛寺野古墳群は、その古墳の石室の特徴からも、その一族が集中して営んだ墓域と考えられる。それは宇曽川が谷間からでた傾斜の強い上蚊野とそれに接した蚊野外地域が、水田耕作に不向きな条件にあったことから、大規模な墓域にあてられたものと推測される。したがってその農耕地はいずれかといえばより下った勝堂、長塚、下八木、菩提寺《ぼだいじ》などの地域がその中心的位置を占めたと考えられる。それは次の古代寺院の分布からも推測できるように思われる。

(4) 古代寺院の分布

七世紀後半に造営された白鳳寺院は、いずれも氏族寺院の性格をもっているので、この寺院の存在はその地域に寺院造営を行うことができる政治力と経済力をもつ有力氏族が居住していたことを示している。愛知川中流の右岸で知られる古代寺院は、秦荘町に軽野塔ノ塚廃寺、野々目廃寺、目加田廃寺、湖東町に小八木廃寺、愛知川町に畑田廃寺があり、いずれも白鳳時代の古瓦が出土している。これらは軽野、小八木、畑田、南野々目とほぼ三㎞の範囲に集中して造営されている。前述した古墳・古墳群からみると勝堂《しょうどう》古墳群、長塚古墳、小八木東古墳、金剛寺《こんごうじ》野《の》古墳群、平柳古墳群など首長墓、大・中古墳群が集中する地域に相当する。これらの古墳と寺院との関係を直接求めることは難しいが、地域的な観点からすると、畑田廃寺と目加田《めかた》廃寺は勝堂古墳群や下一色古墳群、野々目《ののめ》廃寺は長塚古墳、軽野塔ノ塚廃寺は宇曽川右岸の金剛寺野古墳群、小八木廃寺は宇曽川左岸の平柳古墳群と密接な関係をもって造営された可能性が高いように思われる。またその造営者は、さきの古墳群の造営者として依智秦氏一族を想定したが、これらの古代寺院がその古墳とほぼ近接あるいは重なることからみるとやはり依智秦氏一族によって営まれたものとみなしてよいであろう。

註

(1) 島田貞彦「有史以前の近江」『滋賀県史蹟調査報告』第一冊　一九三〇年
(2) 丸山竜平「古代のあけぼの」『八日市市史』第一巻　古代　一九八三年
(3) 小江慶雄『水中考古学究』一九六七年
(4) 愛東町教育委員会『上田遺跡発掘調査報告』一九八二年
(5) (2)に同じ。
(6) 滋賀県教育委員会『大中の湖南遺跡発掘調査概要』一九六七年
(7) 都出比呂志「第二章　弥生時代」『向日市史』上巻　一九八三年
(8) (2)と同じ。
(9) 滋賀県教育委員会『圃場整備関係発掘調査報告』Ⅳ　一九八一年

〔補記〕本稿は「愛知川流域の遺跡の展開」『ペドロジスト』二七巻一号（一九八三年六月）に掲載されたものを改題して引用した。

十三　姉川流域の古墳と古代寺院

(1) 古代寺院と姉川流域

仏教の伝来

古墳時代は有力首長が堀をめぐらせた居館《きょかん》を構えて居住し、亡くなると民衆の墓とは異なった前方後円墳、円墳、方墳などの古墳に埋葬された時代であった。横穴式石室《よこあなしきせきしつ》が埋葬施設として採用された後期には、丘陵地に数基から数十基、時には数百基にも及ぶ数の古墳が群集して築造された。これらの群集墳は各地に居住した有力氏族の家族墓的性格を強くもつものであった。この群集墳の出現とともに、前、中期にみられたような大型の前方後円墳を築造する風潮が減少し、古墳に対する考えも大きな変化をともなうようになったことがわかる。

このような古墳築造の変化をもたらすようになった要因の一つになったとみられるものに仏教の伝来があげられる。それまで古墳時代の人たちは、『古事記《こじき》』、『日本書紀《にほんしょき》』などに記されているように、死後の世界として、「黄泉《よみ》の国」を想定する他界観をもっていた。しかし、中国から朝鮮半島を経て新たにもたらされた仏教は、善悪の業《ごう》によっておもむき住む六つの迷界である地獄《じごく》、餓鬼《がき》、畜生《ちくしょう》、修羅《しゅら》、人間、天の六道《ろくどう》の考えをふくむなど、それまで

写2-13-1　三大寺遺跡の遺構（米原町）
近江の古代寺院の一つ。古代寺院の跡には瓦や建物の基壇跡が見つかる。

の他界観とは質的に異なる内容をもつものであった。

この仏教伝来のことは、『日本書紀』の欽明《きんめい》天皇一三年（五五二）条によれば、百済《くだら》の聖明王《せいめいおう》が使者を遣わして、釈迦仏像、幡蓋《ばんがい》、経論《きょうろん》などを献じたと記されている。しかし、『元興寺《がんごうじ》伽藍縁起《がらんえんき》并《ならびに》流記《るき》資財帳《しざいちょう》』に記された史料などをよりどころとして、近年は仏教伝来の年代が五三八年説が一般にとられるようになった。

このような百済から公的な外交ルートによって仏教が伝えられたのとは別に、私的にも仏教が伝えられていたともいわれる。その私的に伝えられたとするものに、『扶桑略記《ふそうりゃっき》』では、継体《けいたい》天皇一六年（五二二）に、渡来した司馬達止《しばたっと》（等）らが、大和の高市郡坂田原に草堂《そうどう》を営み、本尊を安置礼拝したと記されている。そして、世の人はこれを「大唐の神」と呼んだという。

この坂田寺は近江の坂田郡と強いかかわりをもった古代寺院で、『日本書紀』によれば推古天皇一四

写2-13-2　軒丸瓦　衣川廃寺（大津市）
寺跡に近い瓦窯跡から見つかった無子葉八葉蓮華文軒丸瓦。伽藍の瓦は、この瓦窯で製作された。白鳳期のものと考えられる。

年（六〇六）に、近江坂田郡の水田二〇町を賜ったことによって金剛寺《こんごうじ》を建立したとされている。そして、この坂田寺の縁起に記されていたものが、『延暦《えんりゃく》寺僧禅岑記《ぜんしんき》』、さらに薬恒《やくこう》の『法華験記《ほっけげんき》』に記されていたものとされている。しかし、これは、『日本書紀』の敏達《びだつ》天皇一三年（五八四）に、司馬達等《たっと》の娘の嶋を出家させて善信尼といったという記事とはあわないので、干支《かんし》を一巡下げて考えるべきとされている。

このような文献史料の伝承とは別に、欽明朝以前から仏教が崇敬されていたことをうかがわせる資料も少なくない。たとえば、長野県御猿堂《おさるどう》古墳、岡山県赤井古墳、千葉県祇園《ぎおん》古墳、鶴巻《つるまき》古墳などから、仏獣鏡《ぶつじゅう》が出土している。それらの鏡では中央の鈕《ちゅう》をめぐって四獣を表し、その獣の間に三尊像と二尊像が交互に表現されている。これらの仏像表現のみでは仏教がどのように崇敬されたかは知り難いが、近畿や九州の渡来人を中心に、死後に浄土での再生を願う思想が、しだいに多くの人たちの知るところとなったことを推測してよいであろう。

そして、それが六世紀前半に仏教を公的に受け入れる基盤の一部を形成する役割を少なからず果たすことになったものと思われる。

公伝後の仏教は、主として渡来系氏族によって崇敬されたが、その後、難波《なにわ》に大別王寺《おおわけおうじ》、飛鳥《あすか》では蘇我馬子《そがのうまこ》が屋敷を仏殿としたり、石川の屋敷に仏殿を造るなど、有力氏族による仏堂の造営の動きがあった。そして、朝鮮半島から本格的な瓦葺の堂塔の造営技術を導入することになったのである。

近江の飛鳥寺院

わが国の古代寺院の本格的な造営は、六世紀末に開始された。『日本書紀』の崇峻《すしゅん》天皇元年（五八八）条には、この年に百済の僧によって舎利《しゃり》が献上され、さらに寺院を構築する寺工、露盤博士《ろばんはかせ》、瓦博士、瓦工らの技術者が渡来して、飛鳥寺《あすかでら》の造営が大規模に行われたことが記されている。

この飛鳥寺は昭和三一～三二年（一九五六～五七）に発掘され、一塔三金堂式の伽藍《がらん》をもつ本格的な寺院であることが明らかになった。あわせて、わが国で最初に寺院の屋瓦として葺かれた軒瓦も確認されることになった。

その後、古代寺院の造営は大和、河内、摂津、山背《やましろ》に居住する上宮王家《じょうぐうおうけ》や畿内の有力豪族によってすすめられ、白鳳《はくほう》期には、ほぼ全国的に寺院の造営が行われるようになったことが知られている。

近江の古代寺院は、飛鳥、白鳳期のものを合わせると、これまで六〇数寺院が建立されたことが知られる。これは古代の国制の寺院数では、大和の八〇数寺院につぐものである。

六〇数寺院のうち、飛鳥期まで遡《さかのぼ》るものは、大津市

写2-13-3　講堂跡　穴太廃寺
大津市の穴太廃寺では、飛鳥期と白鳳期の二つの伽藍が重複して見つかっており、白鳳期の再建伽藍は大津京時に建立されたものとみられる。

衣川《きぬがわ》廃寺、同市穴太《あのう》廃寺の二寺院、さらにその可能性の高いものとして、能登川町小川廃寺などがあげられる。

衣川廃寺は堅田《かたた》地区の台地上に建立された寺院で、昭和五〇年（一九七五）に調査され、近江で初めて飛鳥寺院として確認されたものである。ここからは金堂とその東南で塔跡が検出されている。その後、平成七年（一九九五）にも補足調査が実施され、多くの知見が加わった。衣川廃寺の金堂には無子《むし》葉八葉《ようはちよう》蓮華《れんげ》文軒丸瓦《もんのきまるがわら》が葺かれ、この軒丸瓦からみて飛鳥期末に建立されたことがわかる。その後、山田寺式軒丸瓦なども採用されているので、白鳳期にかけて継続して造営が行われたことがわかる。この衣川廃寺では、講堂が建てられたかどうか明らかでない。また、西側には建物を建てた痕跡がなく、金堂の西南部からは、堂塔の屋根に葺く瓦の生産を行った瓦窯が複数設けられていたことも明らかになった。

穴太廃寺は昭和五九～六〇年（一九八四～八五）に発掘された寺院で、飛鳥期と白鳳期の二つの伽藍が重複して見つかった。創建伽藍は金堂と塔が検出された。これらは主軸が北で東に四〇度ほど振れて建てられていた。また、再建伽藍は金堂、講堂、塔などが検出され、法起寺式の伽藍配置をもつことが判明した。

この再建伽藍の金堂、塔からは川原寺式の複弁八葉蓮華文軒丸瓦と重弧文《じゅうこもん》軒平瓦、単弁八葉蓮華文軒丸瓦と重弧文軒平瓦が出土した。これらの軒瓦は南滋賀廃寺から両型式の軒瓦、崇福寺《すうふくじ》から複弁系の川原寺式軒瓦が出土しているので、大津京時に建立された伽藍であったことが知られた。

また、創建伽藍の堂塔の周辺からは、これらの建物に葺かれた軒瓦は出土していない。しかし、寺域の北辺部などからは、小さな中房《ちゅうぼう》の中央に蓮子《れんじ》を一つ配し、中央に稜をもつ素弁《そべん》の蓮弁と楔形《くさびがた》の間弁《かんべん》を配した高句麗《こうくり》系の軒丸瓦が出土している。この軒丸瓦は再建伽藍に用いられた軒瓦よりも明らかに古い飛鳥期のもので、同型式のものは京都市北野廃寺・幡枝瓦窯《はたえだがよう》、宇治市隼上《はやあが》り瓦窯から出土している。

この穴太廃寺からは、「庚寅年」「壬辰年」とヘラで記した瓦も出土した。庚寅年は六三〇年、六九〇年、壬辰年が六三二年か六九二年のいずれかであることはまちがいない。ここでは六九〇年の造営をうかがわせる軒瓦の資料をほかに欠いているので、六三〇年、六三二年に想定しうる可能性が高い。

また、大般若寺《だいはんにゃじ》跡からは蓮弁中に忍冬文《にんどうもん》を入れた六葉の軒丸瓦が出土したことが報告されている。これは法隆寺の若草《わかくさ》伽藍《がらん》に葺かれたものと同じ笵《はん》で造られたものとみなされている。

さらに、小川廃寺からも無子葉の十葉蓮華文軒丸瓦が出土したと伝える拓本《たくほん》が知られている。しかし、大般若寺跡、小川廃寺ともに寺院の遺構に関連する資料は知られていないので、その候補にとどまっている。

飛鳥時代には、『日本書紀』推古天皇三二年（六二四）条によると、四六寺院があったことが記されている。この時期の古代寺院は畿内に集中し、それ以外では近江、吉備（岡山県）、尾張（愛知県）などで確認されているだけである。

白鳳寺院

しかし、それに続く白鳳期には、『扶桑略記《ふそうりゃっき》』持統《じとう》天皇六年（六九二）に、諸国に五四五寺院があったことが記されているように、半世紀間に十倍を越える多くの寺院が造営されたようである。それらは寺院の遺構が確認されたものと出土軒瓦に対する研究によって、約六〇〇寺院が各地に建てられていたことが明らかにされている。

この白鳳期に近江で営まれた古代寺院は旧郡別にみると、滋賀郡一〇、栗太《くりもと》郡一〇、野洲郡六、蒲生《がもう》郡一一、神崎《かんざき》郡五、愛智《えち》郡六、犬上《いぬかみ》郡三、坂田郡八、浅井郡五、伊香《いか》郡三、高島郡三が存在したことが想定されている。これらのうち、滋賀郡、栗太郡、蒲生郡に、とくに集中して古代寺院が造営されている。そして、これに続いて多いのが長浜市、近江町、米原町などをふくむ坂田郡であったことがわかる。

古代寺院の造営には堂塔の建立に多くの資材を必要とし、多岐にわたる分野の工人が関与することによって造営されている。このような資材の調達や工人集団の招集には、政治力、経済力がなくてはできない性格の大事業であった。それだけに、各地に建立された古代寺院の存在は、そうした政治力、経済力をもつ有力氏族がその地域に居住していたことをよく物語っているのである。

図2-13-1　県内白鳳寺院の分布
6世紀末から本格的に造営されはじめた古代寺院は、白鳳期に至って激増する。近江では滋賀郡、栗太郡、蒲生郡などに集中し、ついで坂田郡が多い。有力氏族の居住が反映されている。

そこで、姉川流域の長浜地域で造営された古代寺院をみると、現状では新庄馬場《しんじょうばんば》廃寺、榎木百坊《えのきひゃくぼう》廃寺、大東《おおひがし》廃寺、柿田《かきた》廃寺、上寺地《かみてらじ》廃寺などが知られている。

新庄馬場廃寺

新庄馬場廃寺は新庄馬場町の集落の西端に鎮座する八坂《やさか》神社の境内に輪環溝《りんかんこう》（環状の溝）式の塔心礎《しんそ》が置かれていることから付近に廃寺があったことが推測されているものである。この心礎は現在地の西約五〇ｍの畑地から見つかったと伝えられているが、八坂神社の境内地の周辺からも古瓦が採集されるので、付近に古代寺院があったことはまちがいない。

塔心礎は、東向きに建てられた八坂神社の石鳥居のすぐ前にある石燈籠《いしどうろう》の東側に置かれている。それは長径約一・八ｍ、短径一・五ｍ、高さ〇・五ｍある石灰岩質の巨石で、深さ五㎝の環状溝が上面にめぐらされている。すなわち、幅〇・一七ｍの溝が上面にめぐらされ、その中央部に径〇・五四ｍの円座が彫り残されたような形状となっている。

この心礎は、三河国（愛知県）舞木《まいき》廃寺、尾張国大山《おおやま》廃寺、阿波《あわ》国（徳島県）の国分寺などの心礎と類似する変形輪環溝心礎に分類され、奈良時代に下るも

写2-13-4　塔心礎　新庄馬場廃寺
新庄馬場町の八坂神社境内に置かれている。石灰岩質の大きな石で、中央に直径54㎝の円座を残し、その周囲に幅17㎝、深さ5㎝の溝を彫込んでいる。変形輪環溝心礎に分類される。

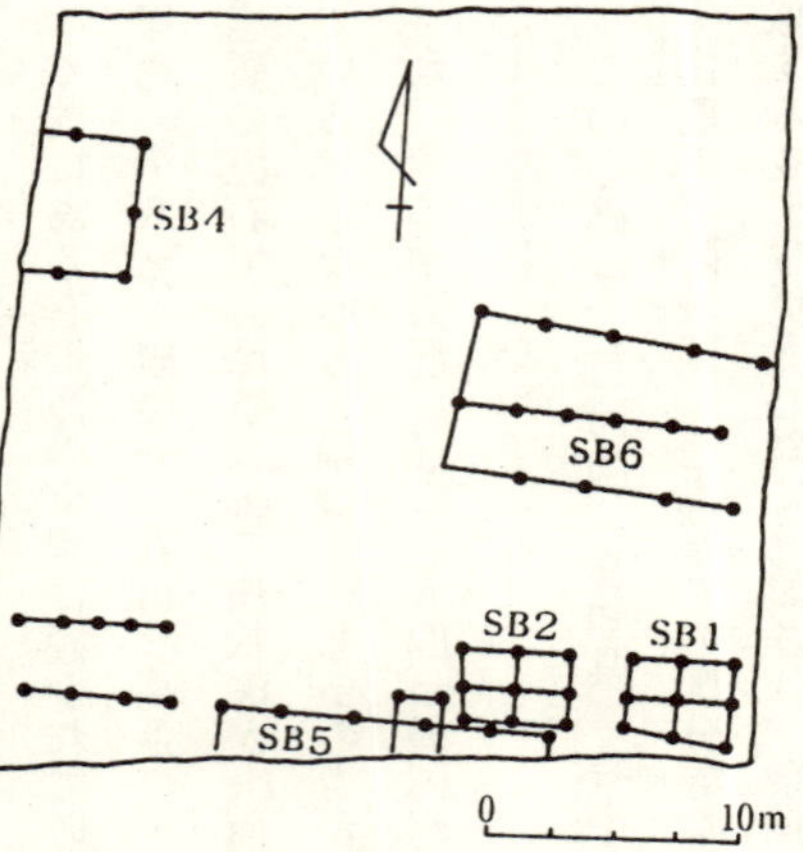

図2-13-2　新庄馬場廃寺の遺構
新庄馬場町の八坂神社の北側での発掘調査によって検出された掘立柱建物跡で、南にある建物2棟（SB1とSB2）は高床構造の倉庫と推定されている。

のが多いとされている。そして、心柱の径は輪状溝内の面径に等しく、心柱の装飾根巻《ねまき》をはめこんだものとみなされている。

新庄馬場廃寺の伽藍を構成する堂塔の位置は明らかでないが、昭和六〇年（一九八五）四月～六月に周辺のほ場整備を行うのに関連して発掘調査が実施されている。この調査は八坂神社の境内の北側と南側で行われている。

まず、北側では初めに二八小区で試掘が行われ、そのうち八坂神社の北七〇m付近で、東西三〇m、南北三〇mの範囲が拡大して調査された。その結果、大型の掘立柱建物二棟、小型の掘立柱建物二棟、倉庫二棟が見つかった。これらの建物周辺からは奈良時代の須恵器《すえき》のほかに多量の一〇～一一世紀の灰釉《かいゆう》陶器、さらに山茶椀《やまちゃわん》も一部出土した。

このような土器の出土状態から、掘立柱建物は一〇～一一世紀の時期に建てられたものとみなされている。しかし、掘立柱建物にともなった柱根《ちゅうこん》九本、礎板《そばん》六枚を年輪年代法によって測定したところ、六四二年から七八四年にこれらの材が伐採されたとする計測値がだされている。そのため、これらの建物にともなった柱も礎板は別の建物に使用されたものが、一〇～一一世紀に再利用されたものと推測されるにいたっている。

また、南側でも小区画の試掘溝が二二カ所設置して実施された。これらのうち神社のすぐ南に設定された地区で多量の須恵器、土師器《はじき》、瓦などが出土して注目された。瓦類は八坂神社の北側、南側ともに多くの平瓦片が出土した。この平瓦には、格子《こうし》目叩《めたた》き、斜格子目叩きと縄叩きのものとがある。

また、軒瓦には大きな中房に1＋5＋10（中心から外周へと順につけられた蓮子の数をあらわす。以下同じ。）の蓮子をつけた複弁八葉蓮華文のもの、単弁八葉蓮華文で周縁に重圏文《じゅうけんもん》をつけた山田寺式のもの、いま一つそれより下がる時期の単弁八葉蓮華文のものの三種が出土した。

これらのうち、単弁八葉蓮華文で四重の重圏文をつけた山田寺式軒丸瓦は、長浜市教育委員会に近年に寄贈されたものと同じ型式のものとみなされる。同一のものとすると、中房には蓮子が一つつけられ、周縁に四重圏文がめぐらされていたものと推測されることになる。しかも、この軒丸瓦は浅井町八島《やしま》廃寺から出土している軒丸瓦と同笵《どうはん》（同じ型枠）の可能性が高いものである。

写2-13-5　軒丸瓦　新庄馬場廃寺
①は複弁八葉蓮華文軒丸瓦で、大きな中房に2枚ずつの弁がついている。②③は単弁八葉蓮華文で周縁に重圏文をつけた山田寺式の瓦。④は布目の見られる平瓦で、①②③は神社北側で、④は南側で見つかった。

軒平瓦は五重弧文をつけた白鳳《はくほう》期のものと、それより時期が下がる偏行《へんこう》唐草文をつけたものの二点が出土している。

このように新庄馬場廃寺の発掘調査の成果によると、この廃寺は八坂神社の北側、南側ともに瓦が出土し、北側では掘立柱建物も検出されていることから、境内地の北方に伽藍《がらん》の中心堂塔が建てられていた可能性が高いことになるであろう。調査で検出された掘立柱建物は一〇～一一世紀とされているが、新建物の柱穴の特徴、柱根の太さなどからすると、新庄馬場廃寺が建立された白鳳期か、それに続く奈良時代に寺域内に建てられていた雑舎とみなすことも

写2-13-6　塔心礎　榎木百坊廃寺（榎木町）
花崗岩で出来た大型の礎石状の石。これは榎木百坊と称される多数の坊があったあかしとされている。直径44㎝、深さ6㎝の円形の穴がほり込まれている。

無理な推測ではないであろう。これらの建物の周辺から、灰釉陶器が多く出土したのは、その時期にも、なお寺院に関連した建物が周辺に建てられていた場合と、新庄馬場廃寺を造営した氏族の集落がその時期まで存続して営まれていた場合を考えることができるように思われる。

なお、八坂神社の南側で出土した瓦には、焼成時に変形したもの、窯壁《ようへき》が付着したものもある。このような瓦からみると、この周辺にこれらの瓦を焼成した瓦窯が存在することが想定しうるかも知れない。

榎木百坊廃寺

つぎに、榎木百坊廃寺は新庄馬場廃寺の東方三㎞、榎木町にある塔心礎をよりどころとして古代寺院が存在したことが推測されてきているものである。ここは榎木百坊と称し、多数の坊があったとされており、集落のなかほどに福ノ神古墳の標柱が立ち、石材がいくつかみられる。しかし、現状では古墳とはみなしにくい状態となっている。その石材の一つに塔心礎を思わせる大型の石がある。この塔心礎状の石は花崗岩《かこうがん》質で、長径約一・八m、短径約一・五m、高さ〇・七mの規模のものである。上面には中央から少し寄った位置に、直径〇・四四m、深さ六㎝に凹ませた刳《えぐ》りが施されている。

昭和六〇年（一九八五）、ほ場整備事業が周辺で行われることになったことから、この石の南側で八カ所の試掘調査が実施された。その結果では、寺院が存在したことをうかがわせるような瓦片などの出土はみられなかった。

また、すぐ横を通る町道がほ場整備事業にともなって一m拡幅されることになったため、心礎状の石が旧位置にあるかどうかの確認調査が実施されている。

その結果でも、盛土は攪乱《かくらん》されており、心礎に関連するような遺構や遺物は検出されなかったという。とすると、これまでの周辺調査からは、ここに古代寺院があったことを示す資料はまだ得られていないことになる。そこで、この礎石を心礎とみなしうるとすると、他の地域にあった古代寺院から現在地に移動したものと推測される可能性が高いことになる。

大東廃寺

これまで大東《おおひがし》廃寺は長浜平野の南部、現在の大東町の集落の東南部に鎮座する春日神社付近にあったと想定されてきた寺院である。この神社付近からは、早くから瓦が採集され、『改訂近江国坂田郡志』に軒瓦の拓影が掲載されている。しかし、この廃寺の寺域や伽藍を構成する堂塔の位置などに対する知見は得られないまま経過してきた。

ところが、昭和四八～四九年（一九七三～七四）、北陸自動車道が春日神社の東側を通過する計画がだされたことから発掘調査が実施されることになった。この調査では、寺院の遺構は検出されなかったが、掘立柱建物と瓦溜りなどが検出され、多量の瓦が出土した。掘立柱建物は南調査区で東西棟建物三棟、南北棟建物一棟、北調査区で南北棟建物一棟と倉庫三棟がみつかった。これらの建物は磁北に近い建物五棟と現存する条里畦畔《けいはん》の方位に近いも

写2-13-7　軒丸瓦　大東廃寺（大東町）
花弁が1枚ずつついた単弁八葉蓮華文の軒丸瓦で外側の周縁に三重圏線をめぐらす。山田寺式の瓦であることから、大東廃寺は白鳳期に建てられたと考えられる。

図2-13-3　姉川流域の古代寺院分布
長浜市域では、上坂郷に柿田廃寺と新庄馬場廃寺が、下坂郷には大東廃寺がある。これらは有力氏族の坂田酒人氏の造営と推定される。

のとがあり、七世紀後半から八世紀中ごろに建てられたものと推測される。しかも、建物のうち、南調査区の大型の東西棟建物は門に想定され、その建物の南側の軒を基準に一町を四等分した位置に建物がほぼ一致するものがあることなどから、これらの建物を坂田郡衙《ぐんが》を構成する建物群と理解する考えがだされることになった。

これらの建物のほかに重視されるのが六カ所におよぶ瓦溜りである。これらの瓦溜りは溝状遺構、掘立柱建物の柱穴をおおっていたことから、建物群が廃絶後に投棄されたことが明らかになった。

このように大東廃寺の調査では、寺院の堂塔に関連する遺構が確認されるには至っていないが、多量の瓦類が出土したことからみて、寺院が存在したことは疑いがない。瓦類には、平瓦、丸瓦のほかに軒丸瓦一八個、軒平瓦二四個、熨斗瓦《のしがわら》、隅軒平瓦《すみのきひらがわら》、隅平瓦などが出土した。これらのうち軒丸瓦では、単弁八葉蓮華文が中房に1＋4の蓮子をつけ、周縁に三重圏線《けんせん》をめぐらせたもの、やはり単弁八葉蓮華文で中房に1＋6の蓮子をつけ、周縁に三重圏線をめぐらせたものがある。軒平瓦は無顎《むがく》式で、四重弧文をつけたものである。ほかに平瓦は格子目《こうしめ》叩《たた》き、斜格子目叩き、条線叩きしたものなどがあるが、縄目叩きのものは出土していない。丸瓦はいずれも行基葺《ぎょうきぶ》きのものである。

以上のような大東廃寺の調査結果からみると、大型の掘立柱建物群と多量に出土した瓦類との関係が問題になる。大東廃寺は山田寺式の軒瓦が採用されているので、白鳳期に建立されたことがわかる。しかし、それらの古代寺院にともなった軒瓦からみると、奈良時代まで下がるものは見つかっていないので、七世紀末には廃絶した可能性が説かれている。そして、郡衙（郡役所）に想定されている建物群が寺院の廃絶にともなって構築されたものとみなす見解がとられている。

しかし、これにはこれらの建物群が郡衙とみなしうるかの検討が今日でもなお残っていることと、古代寺院の下限と掘立柱建物の上限とが正確には把握しにくいことからすると、掘立柱建物群と古代寺院が併存した時期もあったことも想定しえないことではないように思われる。すなわち、大東廃寺の古代寺院に隣接して大型の掘立柱建物群が構築された一画があった可能性もなお残されているであろう。

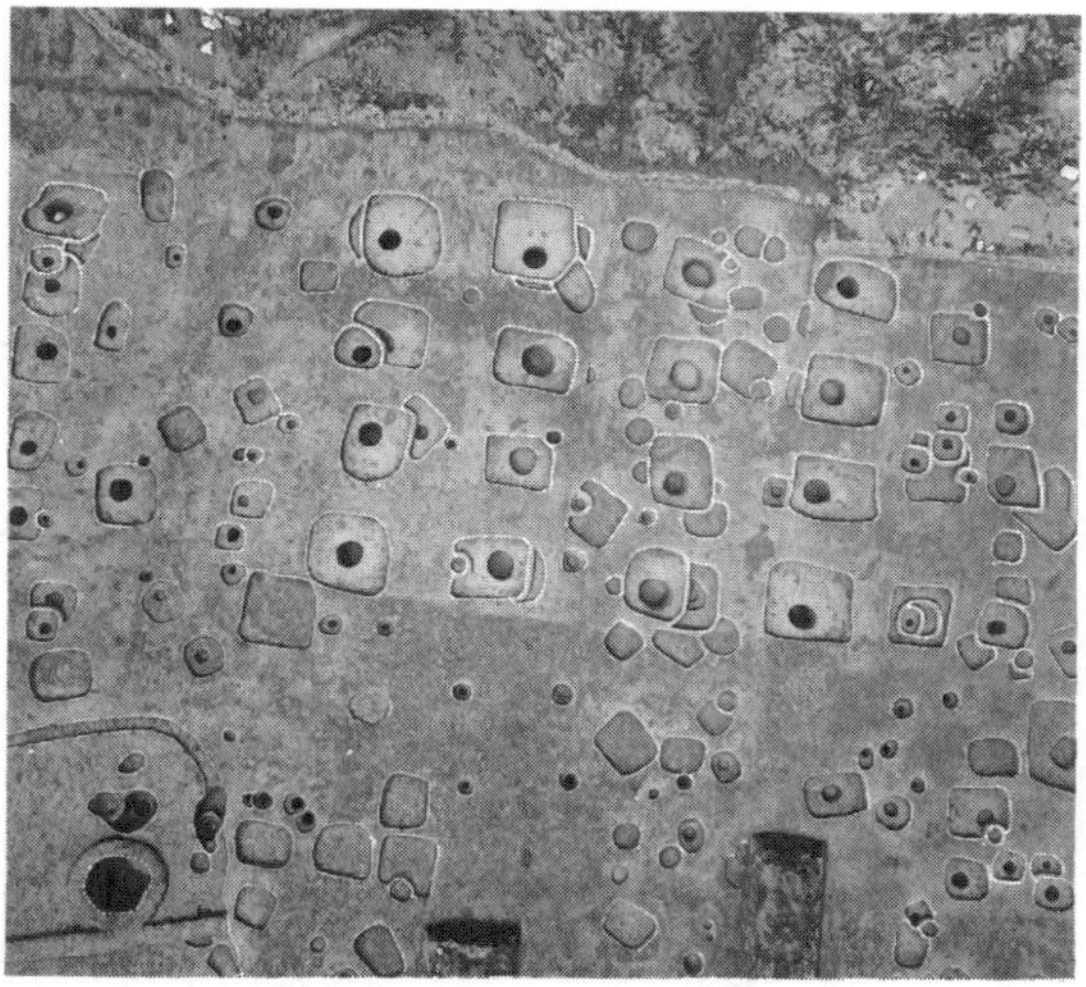

写2-13-8　竹ケ鼻廃寺の遺構（彦根市）
大型の掘立柱建物跡と大・小の倉庫跡などが多数検出され、その規模と配置から郡倉、あるいは郡衙出先機関の倉庫であろうと推定される。

さて、これまで推測されているように、大東廃寺が廃絶後に坂田郡の郡衙の性格をもつ建物群が構築されたとした場合、これとよく似た例に、平成七～八年（一九九五～九六）に調査された彦根市竹《たけ》ケ《が》鼻《はな》廃寺で検出された掘立柱建物群がある。この竹ケ鼻廃寺は南彦根駅から西へ〇・五km、犬上川の右岸にある古代寺院で、山田寺式軒丸瓦などが出土する白鳳寺院である。寺域のほぼ中央付近をJR東海道本線が横断している。平成七～八年（一九九五～九六）の調査は、JR東海道本線の北側一帯で実施され、大型の掘立柱建物と大・小の倉庫などが多数検出された。掘立柱建物には床束《ゆかづか》をともなわないものと、長大な建物ながら床束をもつ倉庫とみなされるものとがある。これらの建物群は、ほぼ真北を向き、方位をそろえて建てられており、計画的に配置されたことが容易に想定されることから郡衙の正倉とみなす考えがだされている。

しかし、各地の郡衙遺跡の調査では、正倉のほかに郡庁《ぐんちょう》、館《たち》、厨家《くりや》などの機能を果たす一画が隣接して置かれている。竹ケ鼻廃寺では、ほかの郡庁、館、厨家などの建物がまだ明らかになっていないことからすると、これを犬上郡衙の正倉と断定することはできないが、建物の規模と配置からは郡倉もしくは郡衙の出先き機関の郡倉の一部とみてよいように思われる。

竹ケ鼻廃寺の掘立柱建物群が検出された調査地一帯からは、広範囲にわたって軒瓦、平瓦、丸瓦、さらに鴟尾《しび》片も出土した。鴟尾は金堂など中心建物の棟端に据えられたと推測されるので、掘立柱建物が見つかった一帯に竹ケ鼻廃寺の伽藍の中心に置かれた堂塔が建てられていたことも想定されることになる。この廃寺からは、山田寺式軒丸瓦のほかに、単弁十六葉蓮華文、複弁八葉蓮華文軒丸瓦、さらに均整唐草文《きんせいからくさもん》軒平瓦などが出土していることから、白鳳期に建立され、奈良時代まで存続したことが知られる。調査では、一部で焼土、炭も検出されているので、焼失した建物があった可能性もある。

このように竹ケ鼻廃寺で検出された掘立柱建物群と多量に出土した瓦類との関係をみると、竹ケ鼻廃寺は廃絶後の寺域に郡衙に関連する施設が設けられた可能性がきわめて高いであろう。これは竹ケ鼻廃寺を造営した氏族が犬上郡の郡司とかかわりを強くもつ有力氏族であったことをもあわせて推測させるものといってよいものである。

以上のような竹ケ鼻廃寺、大東廃寺出土の白鳳期の瓦類と大型の掘立柱建物群との間には、きわめて類似した点がみられる。そして、その背景には古代寺院を造営した在地の有力氏族の共通した動きがあったことが推測されるかも知れない。

さて、大東廃寺が建立された大東町をふくむ姉川左岸の東上坂町、西上坂町、千草町、垣籠《かいごめ》町、保多町、春近町、新栄町、南小足町の一帯は古代の上坂郷に想定されている。また、下坂中町、下坂浜町、大戌亥《おおいぬい》町、高橋町などその南側一帯は、下坂郷に想定されている。この上坂郷、下坂郷は古代の有力氏族の坂田酒人《さかひと》氏の本拠地とみなされている地域である。大東廃寺は上坂郷の中心部からは少し西南に離れ、下坂郷の中心部にいずれかといえば近く位置する。ここは二分される以前の古代坂田の中心的な位置を占めていたと想定されるのである。大東廃寺はそのような位置に建立された古代寺院であったことが、寺院の廃絶後に坂田郡を統轄する坂田郡衙が一時的に設けられることになったものと推測されるのである。

また、新庄馬場廃寺を造営した氏族にはふれなかったが、新庄馬場廃寺も上坂郷の中心部からは西に離れるとはいえ、新庄馬場町一帯は上坂郷にふくまれていたものとみなされる。

このように理解すると、上坂郷にふくまれる新庄馬場廃寺も、この地域の有力氏族であった坂田酒人氏の一族によって建立された氏寺と推測される。それは、新庄馬場廃寺と大東廃寺がともに山田寺系の軒丸瓦が採用されていることも、そのようにみなして無理な推測ではないであろう。

柿田廃寺の性格

つぎに東上坂町にある柿田廃寺も、『改訂近江国坂田郡志』第一巻に、採集された平瓦の拓影《たくえい》が掲載されたことから、早くから注意されていた廃寺である。昭和六一年（一九八六）版の『滋賀県遺跡目録』でも、白鳳時代の寺院が存在する遺跡として登録されている。その後、昭和六二～六三年（一九八七～八八）、国道八号線から三六五号線を経て、岐阜・大垣に向う大型車が増加するにともなって、主要地方道中山東上坂線の道路改良工事が行われることになり、それにともなって発掘調査が実施されることになった。

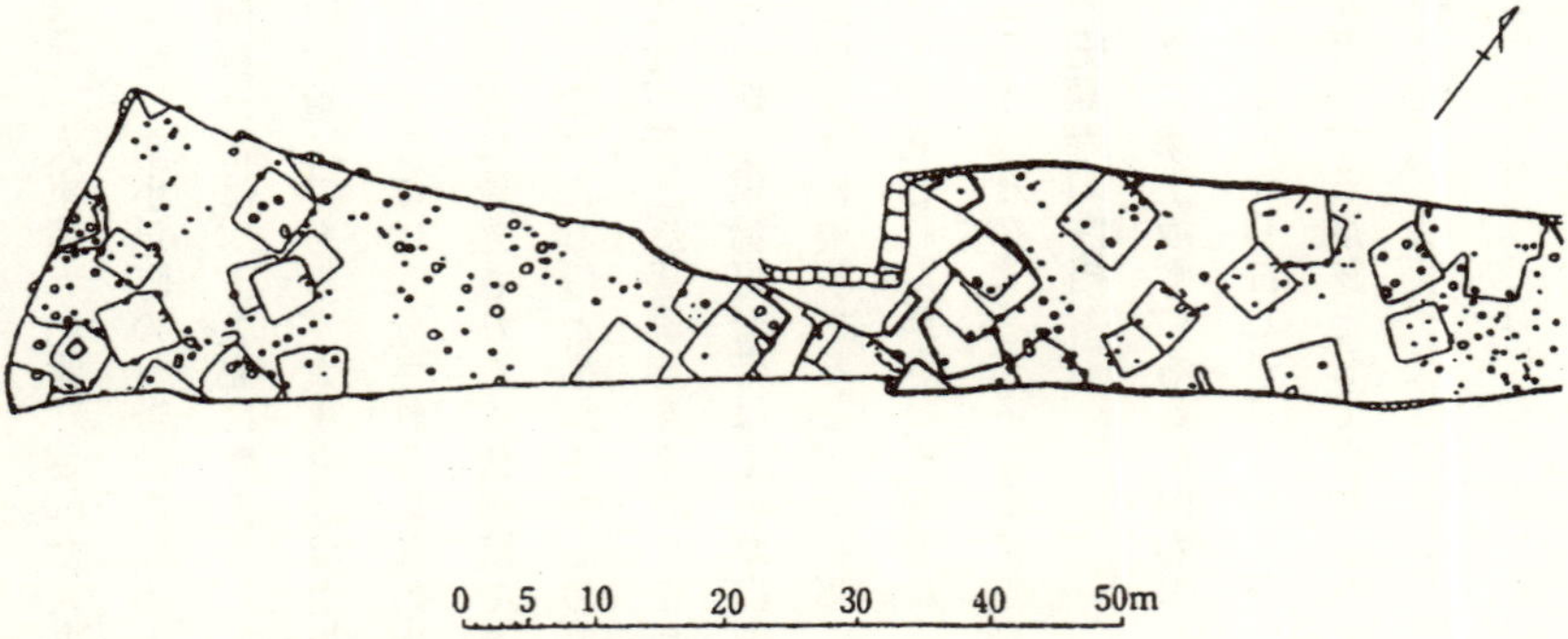

図2-13-4　柿田廃寺の遺構（東上坂町）
龍ケ鼻の茶臼山古墳のすぐ西側に位置し、竪穴住居跡、掘立柱建物跡等が検出された。瓦の出土から寺院跡であることが推定されている。

柿田廃寺は姉川が形成した左岸の扇状地の扇頂に位置する微高地に造営されている。その東には山東町、近江町を南北に縦断する横山（臥龍《がりゅう》山）の北端に築造された全長一〇〇mの前方後円墳の茶臼山古墳がすぐ望める位置にある。発掘調査は三次にわたって行われ、竪穴住居八六棟、掘立柱建物一四棟が見つかった。竪穴住居は古墳時代前期の初頭から、飛鳥期末までのものが検出され、時期が判明したものでは古墳時代のもの三一棟、飛鳥時代のもの三八棟がある。また、掘立柱建物は正確な時期は把握されていないが、竪穴住居と重複したものでは、上限の年代が知られている。

しかし、この調査では古代寺院に関連する遺構は道路予定地内では見つかっていない。とはいえ、平瓦、丸瓦のほかに獣面文《じゅうめんもん》軒丸瓦二点、隅切瓦《すみきりがわら》、熨斗瓦《のしがわら》などが出土しており、ここに古代寺院が建立されていたことは疑いがないことが判明した。

これらの瓦類のうち、獣面文軒丸瓦はきわめて出土例が少ない瓦当文様で、柿田廃寺をふくめて一八寺院で知られるだけである。その分布は九州から関東にわたっているが、白鳳期のものは畿内では大和（奈良県）の地光寺《ちこうじ》跡、大官大寺《だいかんだいじ》跡、山背（京都府）の志水《しみず》廃寺、河内（大阪府）の船橋《ふなはし》廃寺で出土しているだけである。以上の四寺院のうち、大官大寺跡から出土したものは地光寺跡のものと同笵、志水廃寺のものも船橋廃寺のものと同笵であることが知られている。また、志水廃寺、船橋廃寺出土のものは、眼を大きくむき、鼻も大きく表現されており、高句麗《こうくり》系のものである。一方、地光寺、大官大寺のものは眼、鼻が小さく、口のみ大きく開いて表現された新羅《しらぎ》系の特徴を示している。柿田廃寺のものは、この二系統のうち、新羅系の系譜をもつもので、周縁に三重の圏線もめぐらされており、地光寺のものとよく類似している。

しかし、地光寺のものと詳細に比較すると、地光寺のものよりも獣面のうち、口が占める比率が大きく、牙が長く、眼も水平に長く表現されている。また、鼻も地光寺のものは隆起して鼻孔まで大きく表されているが、柿田廃寺のものは扁平で鼻孔の表現が簡略化されるなど、より形式化して表されていることがわかる。

地光寺跡には東西二つの伽藍が想定されており、早くから知られる獣面文軒丸瓦は東方の遺跡から出土し、七世紀後半ないしは末に想定されてきている。柿田廃寺では獣面文軒丸瓦にともなう軒平瓦は明らかでないが、地光寺跡出土のものをモデルに製作されているので、少し遅れた時期とみなされる。とすると、七世紀末もしくは八世紀初頭に建立された古代寺院ということになるであろう。

柿田廃寺の発掘調査では、寺域の範囲は明らかでないが、瓦が分布する範囲で検出された竪穴住居は七世紀末までのものが見つかっている。とすると、集落を構成する竪穴住居群と寺院とは重複することなく両立しうることになる。これに続く奈良時代には、近江でも竪穴住居から掘立柱建物へ変化した集落が知られることからすると、柿田廃寺で検出された掘立柱建物も竪穴住居群に続いて建てられた可能性も少なくない。ただし、そのような場合では、これらの掘立柱建物群は、柿田廃寺の寺域からはずれた隣接地に建てられたものとみなされることになる。これらの掘立柱建物群が構築された時期の検討は、古代集落を述べる際に再度ふれることにしたい。

上寺地廃寺

柿田廃寺の南三〇〇m付近に位置する小字「上寺地《かみてらじ》」、「下寺地《しもてらじ》」を中心として古代寺院が存在するとみなされているものである。これまで、数地点から採集された瓦が長浜市教育委員会によって保管されているが、軒瓦はまだ採集されていない。平瓦は外面に格子の叩《たた》き目《め》をつけたものである。この上寺地廃寺と柿田廃寺はわずかしか離れていないので、二つの寺院がそれぞれ隣接して建立されていた場合と、柿田廃寺から後に移動した瓦類が上寺地付近で採集された場合とが想定される。いずれかといえば、前者の可能性が高いであろうが、いま暫《しばら》くは二つの点から検討し、今後の調査結果をまつべきであろう。

山田寺系軒丸瓦

以上述べたように、長浜市内の古代寺院では、その内容が幾分なりとも知られるのは新庄馬場廃寺と大東廃寺、柿田廃寺の三寺院である。榎木百坊廃寺、上寺地廃寺は寺院の伽藍を構成する堂塔があったかどうかを確認しうる資料がなお乏しいことになる。これにはどのような軒瓦が葺かれていたかを明らかにし、それを手がかりに寺院の時期、系譜を解明する必要があるであろう。その性格が一部明らかな新庄馬場廃寺は複弁八葉蓮華文と山田寺式の単弁八葉蓮華文が二種類出土しており、白鳳期に建立された寺院である。柿田廃寺は獣面文軒丸瓦のみが出土し、そのほかの軒丸瓦、さらに組合う軒平瓦は出土していないが、前述のように大和の地光寺の建立年代からみて、七世紀末に建てられた古代寺院とみなされている。

さて、新庄馬場廃寺、大東廃寺から出土した山田寺式軒丸瓦は、周辺に建てられた古代寺院では近江町の法勝《ほうしょう》

写2-13-9　軒丸瓦　飯村廃寺（近江町）
周囲に三重の重圏文をつけた単弁八葉蓮華文。新庄馬場廃寺、大東廃寺などから出土した軒丸瓦とともに山田寺式に分類される。坂田郡の古代寺院に特に多く使われている型の瓦である。

寺《じ》廃寺、飯村《いむら》廃寺（正恩寺《しょうおんじ》廃寺）、米原町の三大寺《さんだいじ》廃寺、浅井町の八島《やしま》廃寺などから出土している。これは坂田郡の古代寺院でとくに顕著に採用されている軒瓦である。この山田寺式軒丸瓦は川原寺式軒丸瓦とともに白鳳期の主要な軒丸瓦として各地の古代寺院に採用されたが、これには蓮弁が輪郭線で示されている山田寺式、西琳寺《さいりんじ》式、四天王寺式、浄泉《じょうせん》寺式、日吉《ひよし》廃寺式のものと、蓮弁が盛り上がるだけで、輪郭を示さずに間弁が中房まで達する横《よこ》見《み》廃寺式、平川《ひらかわ》廃寺式、竜角寺《りゅうかくじ》式、上植木《かみうえき》廃寺式、蓮弁ごとに輪郭線がつけられ、しかも間弁が中房に達している善正《ぜんしょう》寺式の三系統のものがあることが知られている。

このような山田寺系軒丸瓦の細分からみると、新庄馬場廃寺と大東廃寺のものは竜角寺式にふくまれるのに対し、近江町の法勝寺廃寺、飯村廃寺、米原町の三大寺跡のものは山田寺式の系譜を引いている。これは地域的には新庄馬場廃寺と浅井町の八島廃寺などの長浜北部から北のものは竜角寺式が分布し、近江町・米原町地域のものは山田寺式が分布し、地域的なつながりをもってこれらの瓦当文様が採用されていることがわかるのである。

写2-13-10　軒丸瓦　三大寺遺跡（米原町）
周縁に重圏文を施した単弁八葉蓮華文で山田寺式の系譜をひく。近江町、米原町付近に分布し、地域的なつながりのあることがわかる資料である。

また、そのほかの近江の地域で山田寺系軒丸瓦が出土している寺院には、旧郡域でみると滋賀郡で衣川廃寺、蒲生郡で安養寺《あんようじ》廃寺、神崎郡で木流《きながせ》廃寺、金堂《こんどう》廃寺、猪子《いのこ》廃寺、犬上郡で竹ケ鼻廃寺、屋中《やちゅう》寺跡に採用されている。これらのうち安養寺廃寺のものは竜角寺式で、ほかはいずれも山田寺式のものが採用されている。

このように山田寺系軒丸瓦の分布をみると、滋賀郡、栗太郡、野洲郡などではごく一部の寺院に採用されただけであるが、坂田郡、犬上郡、神崎郡の湖東東部から湖北地域ではこの山田寺式が顕著に採用されている。そのうちでも、長浜市、近江町、米原町など坂田郡の古代寺院にとくに山田寺系軒丸瓦が集中する傾向をみることができるのである。

　このことは『日本書紀』推古天皇一四年（六〇六）五月条に、鞍作鳥《くらつくりのとり》が近江国坂田郡の水田二〇町を賜《たまわ》り、その田を財源に金剛寺を建立し、南淵の坂田《さかたの》尼寺《にじ》と呼ばれたと記されていることが注目される。飛鳥の坂田寺の創建軒丸瓦の系譜を引く軒丸瓦は、坂田郡内の古代寺院では出土していないが、坂田郡で山田系軒丸瓦が多く採用された背景には、山田寺式軒丸瓦が採用された中心地であった飛鳥地域と坂田郡とが強いつながりをもっていたことと無関係ではなかったであろう。

渡来系氏族の寺院

　つぎに、柿田廃寺で採用された獣面文軒丸瓦は大和の地光寺のものをもとに瓦当文様が製作されたことは前述した。この地光寺は大和の旧忍海郡《おしぬみ》に建立された寺院である。ここは、忍海漢人《おしぬみのあやひと》、忍海村主《おしぬみのすぐり》などの渡来系氏族が居住したことが想定されている地域である。彼らは、葛城《かつらぎの》襲《そ》津彦《つひこ》によって新羅《しらぎ》から移住させられた渡来系氏族とされ（『日本書紀』神功皇后七年条）、金工技術にかかわったとされている。地光寺で採用された獣面文《じゅうめんもん》軒丸瓦も前述したように、朝鮮半島にみられる高句麗、新羅の二系統の獣面文軒丸瓦のうち、新羅系のものである。したがって、新羅系の渡来系氏族の忍海氏の氏寺とみなすのが妥当な想定であろう。

　このように忍海氏の氏寺とされる地光寺の軒丸瓦と強い関連性を柿田廃寺がもつとすると、この廃寺も渡来系氏族によって造営された氏族寺院の可能性が高いものと思われる。坂田郡には穴太村主《すぐり》、大友村主、秦《はた》氏のほかに、忍海村主氏が居住していたことも知られる。とすると、大和の忍海氏の氏寺に想定される地光寺の軒丸瓦と強い関連をもつことからみて、柿田廃寺も長浜平野に居住した忍海村主氏によって造営された氏寺の可能性が高いであろう。

　ところで、忍海村主氏が居住した地域と関連をもつとみなされている忍海庄は、長浜市南端付近にあたる布勢《ふせ》町、小一条町《こいちじょう》付近に想定されている。ここは柿田廃寺が建立された東上坂町の地とは六㎞離れている。そして、東上坂町がふくまれる上坂郷、さらに下坂郷にわたっては、坂田酒人氏が本拠地としていたことが想定されている。

しかし、柿田廃寺に葺かれた獣面文軒丸瓦の特徴からみると、七世紀後半には忍海村主氏の一族も、この地域に移住して集落をなしていたことが想定されることになるのである。

さて、これまで近江に居住した渡来系氏族によって造営された多くの寺院が明らかにされてきている。これには、旧郡でみると滋賀郡の大津京域に建てられた穴太廃寺、南滋賀町廃寺、崇福寺《すうふくじ》、園城寺《おんじょうじ》、栗太郡の宝光寺《ほうこうじ》跡、手《て》原《はら》廃寺、蒲生郡安養寺廃寺、綺田《かばた》廃寺、雪野寺《ゆきのでら》跡、愛智（知）郡軽野塔《かるのとう》ノ塚《づか》廃寺、小八木《こやぎ》廃寺、妙園寺《みょうおんじ》廃寺、浅井郡浅井寺跡、伊香郡井口《いのくち》廃寺などが知られる。これらの古代寺院には、大津京域の寺院に顕著にみられるような輻線文縁《ふくせんもんえん》軒丸瓦を葺いたものと、軽野塔ノ塚廃寺、妙園寺廃寺などにみられる湖東式軒丸瓦を採用したものと、大まかに二つの系譜のものが知られる。このうち輻線文縁軒丸瓦を採用したものは、滋賀郡のほかに、栗太郡、蒲生郡、犬上郡にみられ、湖北の坂田郡、浅井郡、伊香郡では見つかっていない。

写2-13-11　蓮華文方形軒先瓦　南滋賀町廃寺（大津市）
蓮華文様がさそりに似ているため、さそり瓦の名で呼ばれる。渡来系氏族によって建立されたと思われる南滋賀町廃寺に特有のものである。

一方の湖東式軒丸瓦は蒲生郡、愛智郡のほかに浅井郡、伊香郡の古代寺院から出土している。しかも、浅井郡、伊香郡の寺院から出土している湖東式軒丸瓦は、愛智郡、蒲生郡のものよりも瓦当文様の蓮弁や珠文《しゅもん》などからみると、形式化しており、時期的に下ることが知られる。とすると、この伊香郡、浅井郡の寺院に葺かれた瓦当文様は、湖東地域から導入されたことが推測されることになる。そして、湖北の北部に居住した渡来系氏族の一部が愛智郡、蒲生郡で寺院造営を行った渡来系氏族と強いつながりをもっていたことが推測されるのである。

柿田廃寺の軒丸瓦は、以上のような近江で顕著にみられる二つの系譜のものとは異なり、大和の渡来系氏族と直接的につながりを強くもっていた軒瓦ということになる。しかも前述したように新羅系の瓦当文様であることは、この時期の日本による新羅文化の導入を考えるうえでも大いに注目されるものである。

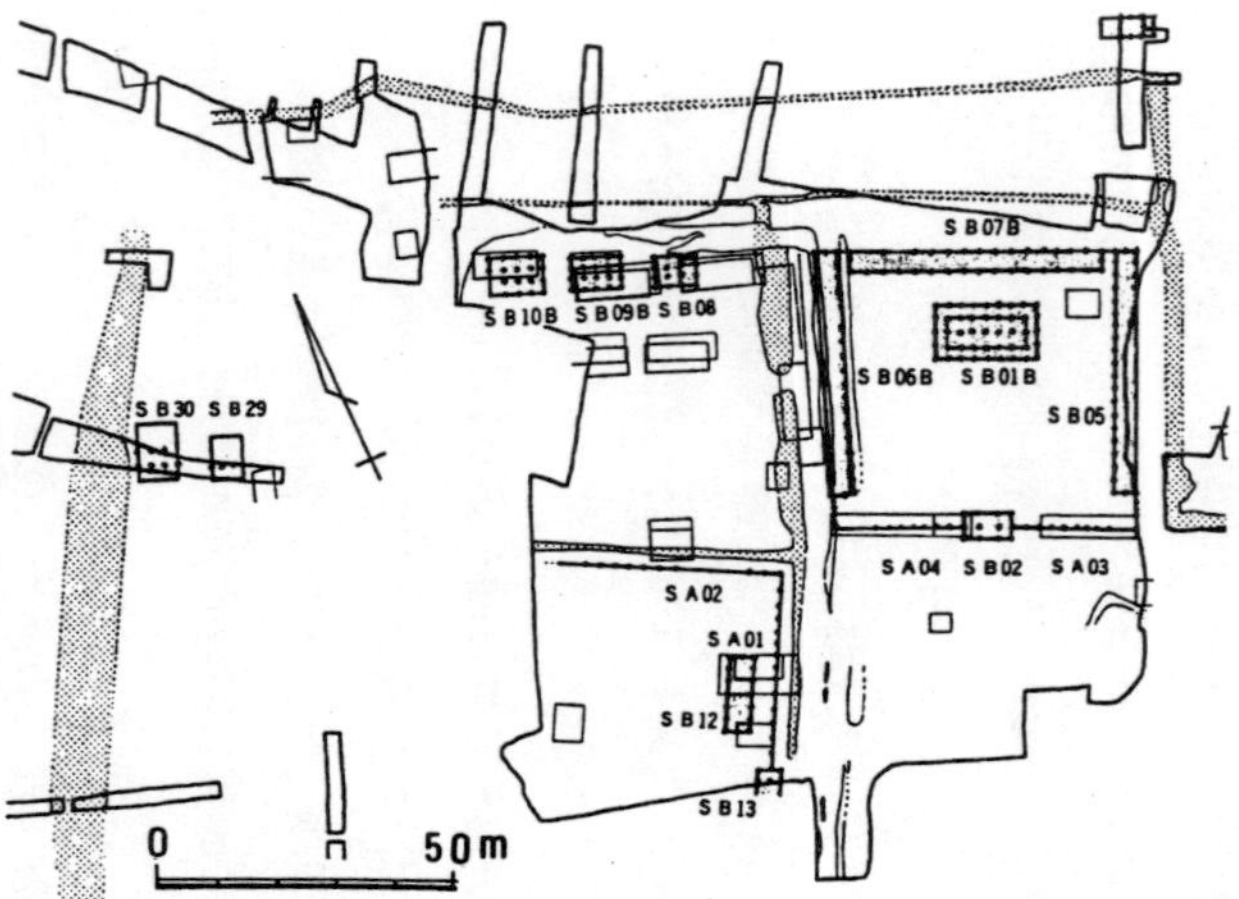

図2-13-5　岡遺跡の遺構（栗東町）
正殿と思われる大型建物（SB01B）を囲むように北、東、西に長い回廊状建物がある。その西側には北寄りに3棟（SB08、09B、10B）、西寄りに2棟（SB29、30）の高床倉庫も見られ、その配置などから栗太郡衙とする説が有力である。

(2) 坂田郡と古代官衙

郡衙の成立

大化元年（六四五）、中大兄《なかのおおえ》皇子が中臣鎌足《なかとみのかまたり》とともに蘇我《そが》氏の本宗家の蝦夷《えみし》、入鹿《いるか》を倒すと、孝徳《こうとく》天皇のもとに新たな政治体制が作られることになった。新政府は唐の律令制度をもとにした中央集権的な国家をめざし、それまで皇族や地方豪族が支配した人民と土地を国家が直接支配し、統一的な税制を施行することにしたものであった。宮都も飛鳥から難波へ遷都した。

その後、朝鮮半島で新羅が統一にのり出し、斉明天皇六年（六六〇）には唐と協力して百済を滅ぼした。百済は日本に救援を求めて再興をはかったが、天智天皇二年（六六三）に白村江《はくすきのえ》の戦いで唐軍に敗れた。

この敗戦後、中大兄皇子は唐や新羅に対する対策として、朝鮮式の山城を各地に設けるとともに、天智天皇六年（六六七）には大津に遷都し、翌年には即位して天智天皇となった。

さて、天智天皇の死去の後、天武天皇元年（六七二）には天智天皇の子の大友皇子と弟の大海人《おおあま》皇子との間に壬申の乱が起こり、大海人皇子側が勝利して即位し、天武天皇となった。天武天皇は都を大津から再び飛鳥に戻し、強い権力をもって律令国家の建設をすすめ、官位や行政制度を整備し、さらに国史の編《へん》さん事業にも着手した。この時期に律令制の整備の一つとしてとられたものに、地方制度の整備があげられる。この古代の地方制度そのものは、六四〇年代に評制が施行され、その後も整備が加えられ大宝元年（七〇一）に成立した大宝令《たいほうりょう》によって評制から郡制に改められた。そして官衙《かんが》の呼称も評衙《ひょうが》から郡衙《ぐんが》（郡家《ぐうけ》）に移行したものと想定されている。

郡衙には郡領《ぐんりょう》（大領《だいりょう》・少領《しょうりょう》）、主政《しゅせい》、主張《しゅちょう》らの郡司《ぐんじ》が案主《あんず》、税長《ぜいちょう》、鎰取《かぎとり》などの役人を従えて勤務した。この郡司の職務は郡内の徴税を行ったほかに、郡内での行政一般、さらに司法にかかわることにも及んだので、郡衙はまさに律令時代に地方支配を行った拠点になったところということになるのである。

郡衙の役所を構成した施設は、古代の史料によると、郡庁《ぐんちょう》、正倉《しょうそう》、館《たち》、厨家《くりや》、門、垣などが設けられていたことが知られる。それらの各施設の構造は律令国家が衰退期にあった一一世紀のものであるが、『上野国交替実録《こうずけのくにこうたいじつろく》帳《ちょう》』に、すでに失われた施設や郡衙の建物などが各郡ごとに記されており、それによって郡衙の構成や建物の内容などをほぼ知ることができるのである。

また、このような文献史料のほかに、近年では五〇カ所を越える郡衙遺跡が発掘調査され、郡衙の内容がより具体的に明らかになってきている。そして、郡衙を構成する各施設の建物構成と配置、規模などの検討も、大きく進展をみるようになってきている。では、坂田郡の郡衙はどこに置かれ、またどのようなものであったのだろうか。

坂田郡衙

坂田郡衙は『改訂近江国坂田郡志』では、旧南郷里村と旧北郷里村付近が「コオリノショウ」と呼ばれ、現在の小堀町の小字に「殿坪《とのつぼ》」、宮司町の小字に「古殿《ふるどの》」といった名称が残されていることから、この地に求められている。これには小堀が「郡（コホリ）」の転化したものとみなされるほかに、この小堀町の東に近江国分寺の最初の試地にされたという寺伝をもつ総持寺があることからも、宮司町付近に置かれたものと想定されてきた。

このように宮司町付近に坂田郡衙が想定されてきたが、その範囲はもとより、建物配置など具体的な知見は何ら得られないままとなっていた。しかし昭和四八年（一九七三）、それまで古代寺院の存在が想定されていた大東町の春日神社の東側一帯で北陸自動車道を設置するための事前調査が行われた。その結果、大東遺跡からは多数の大

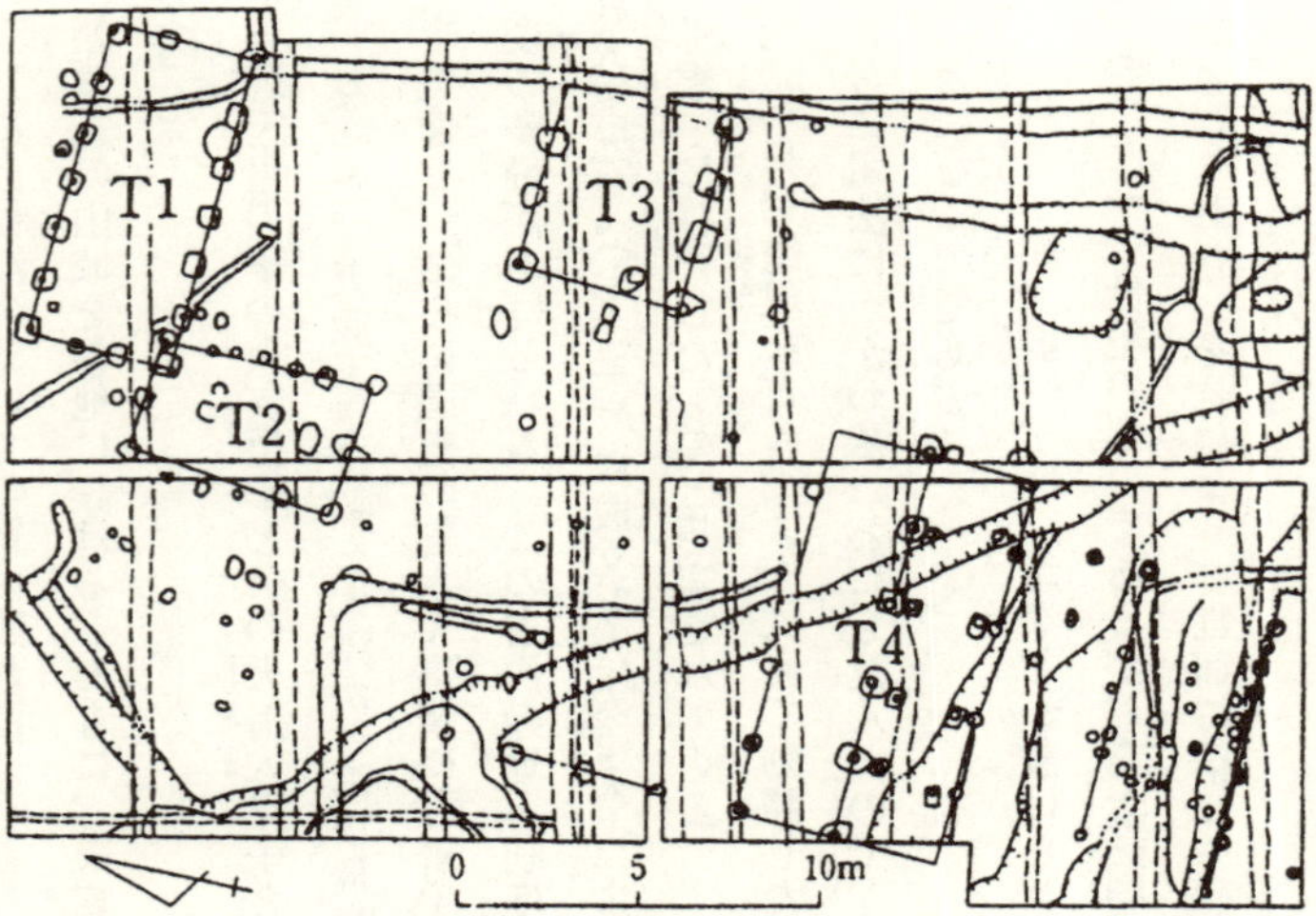

図2-13-6　大東遺跡の遺構（大東町）
多数の大型掘立柱建物の検出とともに多量の瓦類が出土し、古代寺院と坂田郡衙が置かれていたとする見方が強い。

型の掘立柱建物が検出され、あわせて多量の瓦類も出土し、ここに古代寺院と坂田郡衙が置かれていたとする考えがだされるに至った。

この発掘調査は春日神社のすぐ東側にあたる地区（図2-13-6）では、南側で柱間が桁行《けたゆき》五間、梁行《はりゆき》二間の東西棟の掘立柱建物（T4）、その北に桁行三間、梁行二間の東西棟建物（T3）、桁行六間、梁行二間の南北棟建物（T2）、桁行六間、梁行三間の東西棟建物（T1）が見つかっている。これらの建物では南北棟建物（T2）と東西棟建物（T1）が重複するので、少なくとも二時期に分かれることが明らかになった。

また、その東北部にあたる地区では、南側に桁行五間、梁行三間の南北棟建物とその東南に小規模建物一棟、さらに北五〇mで、床束《ゆかつか》をもつ倉庫三棟が重複して検出された。そのうち西端と東端の倉庫は軒を揃えて建てられているので、同時期に建っていたものと推測される。

以上のような九棟の掘立柱建物群のうち、東北部地区の倉庫三棟のほかは、いずれもほぼ同一方位に建てられていた。また、神社東側の地区の南端で検出された建物（T4）とその北の東西棟建物（T1）、東北部地区の南北棟建物は、ほぼ四分の一町の位置に建物の南側柱列、あるいは南妻柱列を配して計画的に建てられたものと推測されるとして、これらを公的な性格を持つ官衙の建物群に想定している。そして、これらの掘立柱建物群が出土した地域では、遺物の大半が七世紀後半から八世紀半ばまでのものが出土したことから、その時期に置かれた坂田郡衙とみなす見解がとられることになった。

つまり、大東遺跡で検出された掘立柱建物群は七世紀後半から八世紀前半に置かれたとみなされること、さらに建物の方位が真北を向き、条里制の規制を受けていないこと、それまで郡衙に想定されてきた宮司遺跡は八世紀中ごろ以降の遺物しかみられないことなどから第一次坂田郡衙とする考えがだされるに至ったのである。そして宮司遺跡は、それに続く第二次坂田郡衙に想定されることになり、その第二次坂田郡衙が占めていた敷地の復元も試み

写2-13-12　掘立柱建物跡　大東遺跡
古代の郡衙は郡庁、館、正倉、厨家などの施設から構成される。その中で大東遺跡から見つかった掘立柱建物群は館である可能性が推定されているが、これのみでは郡衙の確定は難しく、調査が全域におよんでいないため、新たな遺構の発見が期待されている。

られている。

それによると、宮司町付近では、坂田郡近江町顔戸《ごうど》と長浜市国友町を結ぶ県道伊部《いべ》近江線が宮司町の東側では里界線《かいせん》上を通り、その北では条里の里界線から西へ二町のずれがみられる。また、県道間田《はさまた》長浜線も長浜と宮司間はほぼ復元条里の七条の条界線上を走る。しかし、宮司町と七条町間はほぼ二町南にずれている。このような宮司町付近の道路と条里界線との関係から、宮司町に置かれた第二次坂田郡衙の敷地を七条六里の一、二、七、八坪の四坪に求める考えがだされている。

以上述べたような大東遺跡の掘立柱建物群に対する考えが出されてから、すでに二〇年が経過した。この間に各地で郡衙遺跡の調査例が増加しており、多くの知見が得られている。このような現在の郡衙遺跡の研究状況から、第一次郡衙とされている大東遺跡の建物群をあらためて、少し検討してみることにしよう。

大東遺跡の検討

古代の郡衙は『上野国交替実録帳』に記されているように、郡庁、館、正倉、厨家などの施設から構成されていた。このような機能を異にした施設から構成されていたとすると、大東遺跡で検出された郡衙の可能性をもつとされる建物群は、それらのうちいずれかの性格をもつものかを明らかにする必要があるであろう。

近江で郡衙遺跡の調査が行われたものに昭和六一年（一九八六）に見つかった栗太郡栗東町岡《おか》遺跡の建物群がある。この遺跡では七世紀後半から八世紀初頭の評衙に相当する官衙、八世紀前半から中頃の郡衙、さらに八世紀後半から九世紀末の時期の郡衙と、大きく三つの時期の郡衙の変遷が明らかになった。そのうち、とくに注目されたのが郡庁の建物配置である。ここには柱間が桁行八間、梁行四間の四面に庇《ひさし》をもつ大型の東西棟建物が配置され、その四周に長さ四〇ｍを越す大型の長殿建物で大きな空間を構成し、南門が開かれていた。

この郡庁には、ほかに岡山県宮尾《みやお》遺跡（美作《みまさか》国久米郡衙《くめぐんが》）、神奈川県長者原《ちょうじゃばら》遺跡（武蔵《むさし》国都筑《つづき》郡衙）、福岡県小《お》郡《こおり》遺跡（筑後《ちくご》御原《みはら》郡衙）のように、正殿をもたずに長殿を品字型に配するなど、大規模な長殿を左右対称に置いて大きな広場を構成するタイプのものがある。また京都府正道《しょうどう》遺跡（山背国久世《くぜ》郡衙）のように正殿を中心に配しながらも、長殿をともなわないもの、あるいは左右対称の配置をとらないものもあった。しかし、大東遺跡で検出されている建物は、庇をもつ中心建物とみなしうる東西棟の大型建物があるとしても、これだけでは郡庁とみなすことは難しいであろう。

つぎに栗太郡衙の岡遺跡では、郡庁のすぐ西に隣接して溝によって区画された中に、大型の高床倉庫群が軒を揃えて建てられており、正倉が置かれていたことが判明した。この正倉も、福岡県小郡遺跡、神奈川県長者原遺跡、千葉県日秀西《ひびりにし》遺跡（下総国相馬《しもうさのくにそうま》郡衙）、福島県関和久《せきわく》遺跡（陸奥国白河《しらかわ》郡衙）などでみるように整然と軒を並べて多くの倉庫が建てられている正倉遺構からみると、大東遺跡で検出された建物群を正倉とみなすことも、これまでの調査の限りでは無理な想定である。

とすると、大東遺跡の建物群は、郡庁、正倉以外の郡衙施設ということになる。そして、厨家を想定した場合も、井戸が見つかっていないことなどからすると、これも除かれるであろう。

写2-13-13　律令時代の食器
須恵器の坏身、蓋、土師器の坏、皿等の容器が同等の割合で使用されていた。

このように考えると、大東遺跡の建物群は館《たち》を想定するのが最も可能性が高いということになるであろう。この館の構造は、栃木県梅曽《うめそ》遺跡（下野国《しもつけのくに》那須《なす》郡衙）、長者原遺跡、兵庫県吉田《よしだ》南《みなみ》遺跡（播磨国《はりまのくに》明石《あかし》郡衙）、静岡県御子ケ谷《みこがや》遺跡（駿河国《するがのくに》信太《しだ》郡衙）などで見つかっているものでは、大小の建物が集中して建てられ、しかも左右対称配置のような高度な計画性はとられていない点で類似点が少なくない。しかし、館では中心建物とみなされる大型建物があり、井戸、倉庫などが有機的につながりをもって配置されている傾向が知られる。とすると、大東遺跡の建物群を郡衙の館とみなすには、建物の組合せ、建物群が占める敷地規模などを明らかにすることが今後の課題として残るであろう。

あわせて、郡衙遺跡では、木簡《もっかん》、陶硯《とうけん》、帯金具《おびかなぐ》などの遺物が顕著に出土する。したがって、このような出土遺物の点からも、大東遺跡の性格をさらに明らかにすることが望まれるのである。

官衙類似の建物群

ところで、近年調査された大阪府和泉《いずみ》市池田寺《いけだでら》跡、柏原市鳥坂《とっさか》寺跡、滋賀県蒲生町宮井《みやい》廃寺では寺院に隣接して、寺院の建立を行った造営氏族の屋敷地に建てられたとみられる大型の掘立柱建物が見つかっている。これらの遺跡の建物群も建物の相互の配置には、一定の計画性がうかがえるものが少なくないことからすると、大東廃寺で検出された建物群も、有力氏族の屋敷地を構成する建物群の可能性も全くないわけではない。

さらに、古代寺院に隣接したものではないが、奈良時代の有力氏族の屋敷地に建てられた建物群の調査例に、昭和五八年（一九八三）に見つかった犬上郡甲良町《こうらちょう》長畑《ながはた》遺跡がある。この遺跡では、掘立柱建物二四棟、井戸三基、柵《さく》二条などが検出されている。これらのうち、掘立柱建物は大型の東西棟建物が中心に配され、その東西、北に南北棟建物が多数建てられていた。そして、その西側では比較的小規模な倉庫五棟が揃えて建てられ、これらの建物群を区画する柵などの施設も見つかっている。

このように、大東遺跡で検出されたような掘立柱建物で構成された建物群は、いくつかの性格をもつものが知られてきている。それだけに、郡衙の可能性が高いとはいえ、なお隣接地の調査によって、その性格を確定することが望まれるのである。

第二次坂田郡衙

つぎに第二次坂田郡衙は宮司町の西一ノ坪、北畑、古殿の二町四方が想定されている。この想定地から西約一町離れた地域で一部が発掘され、倉庫状建物と井戸跡が検出されている。倉庫状建物は何度か建て替えられたことが知られたが、他の建物とどのような関連をもつものかは明らかでない。井戸は木枠をもつもので、底からひしゃくとして使用したとみてよいヒョウタン、つるべ用であったとみられる曲物《まげもの》の一部、須恵器、土師器のほかに、灰釉陶器の長頸瓶《ちょうけいつぼ》などが出土した。これらは出土した土器からみて、主として九世紀に用いられたものとしてよいものであった。

郡衙が占める全体の敷地が判明したものは少ないが、福島県関和久遺跡では外郭にめぐらされた溝によって東西二五〇m、南北四〇〇mに及び、東西二・五町、南北四町、滋賀県岡遺跡ではほぼ方三町を占めていたものとみなされている。また、神奈川県長者原遺跡は二つの舌状台地に設けられており、東西二〇〇m、南北三〇〇mほどを占めていた。坂田郡衙の宮司遺跡では方二町規模の敷地が想定されているが、調査地点の建物、井戸までふくまれるとすると、なお広い敷地をもっていたことも考える必要があろう。

郡衙の敷地の大小は、郡庁、館、厨家が占める敷地よりも、多数の倉庫を配した正倉の規模によって異なってくる傾向がある。さらに近年では、郡衙の正倉である郡倉は別院が設けられた場合や、平安時代には郡衙に置かれただけでなく今津町弘川《ひろかわ》遺跡に想定されているように郷倉も置かれたことが、推測されている。

このような地方官衙の研究状況からも、今後は坂田郡衙がどのような構造と規模をもって、坂田郡を統轄していたかを明らかにすることが望まれるであろう。

(3) 姉川流域の古代集落

集落遺跡の立地

姉川の左岸に開けた長浜平野には、北から大井川、米川《よね》、十一川《じゅういち》、五井戸川《ごいど》などの姉川の旧河道とみられるいく筋かの分流が琵琶湖に注いでいる。弥生時代以後の古代集落の多くは、これらの旧河流によって形成された自然堤防の性格をもつ微高地上に営まれている。長浜平野に営まれた七世紀以降の集落も、やはり古墳時代に引き続いて旧姉川流域の微高地を中心に営まれたものが多い。

この地域に古代寺院が建立された七世紀後半、さらに律令制が整備された八世紀の集落をみると、おおまかには大井川の以北にある長浜平野の西北部地域、米川流域、十一川流域、五井戸川流域に営まれたものに大きく四つに分けることができる。

写2-13-14　掘立柱建物跡　川崎遺跡
川崎町、八幡中山町、口分田町にまたがって広がる遺跡である。奈良時代の掘立柱建物跡で、同時代の土器類や木製品も出土している。

これらの区分によって、七、八世紀の集落をみると、北の大井川以北の地域には、十里町遺跡、相撲《すまい》北遺跡、八角堂遺跡（森町）、森遺跡、新庄馬場遺跡、神照寺《じんしょうじ》遺跡（新庄寺町）、泉町西遺跡、地蔵遺跡（泉町）などがある。また、米川流域には西から八幡東遺跡、川崎遺跡、川崎南遺跡、口分田遺跡、大塚遺跡（西上坂町）、大月遺跡（同）がある。ついで、十一川流域には、宮司遺跡、宮司東遺跡、越前塚遺跡（加納町）、少し東に離れて柿田遺跡（東上坂町）、神戸《かんど》遺跡（西上坂町）、堀部西遺跡、墓立《はかだて》遺跡（東上坂町）などがある。さらに南の五井戸川流域には高橋南遺跡、鴨田遺跡（大戌亥町）、永久寺遺跡、大東遺跡などが知られる。

　このように区分して長浜平野の古代集落をみると、旧姉川の分流が東北から西南方向に少し斜行して流れているが、長浜平野の律令期の集落をほぼ南北に四区分することになる。

　さて、古代の稲作農業による生産は耕地の土壌条件によって大きく制約されていたことが知られる。この地域の現在の土壌をみると、湿田型の強い還元土壌が長浜平野の西北部から湖岸沿いに広い範囲にわたって分布する。この強い還元土壌に立地する遺跡は相撲北遺跡、十里町遺跡、新庄馬場遺跡の西北部の遺跡、さらにその南寄りに位置する川崎遺跡などがある。同じく湿田型の還元土壌が加納町から小堀町と南の七条町の西側一帯、さらに長浜平野の湖岸寄りの南半部に広く分布する。ここには八幡東遺跡、その南に大戌亥遺跡、高橋南遺跡などが分布する。

これらの湿田型の強い還元土壌は地下水位が高いことから稲作に必要とする水を河川から用水として供給する必要がなかった土壌である。そのため近江では、稲作農耕が開始した初期の弥生前期や続く中期には、この湿田型土壌の地域が積極的に選ばれて集落が営まれたことが知られている。しかし、湿田型土壌では水はけが悪く、稲の生育に適した土壌とはいい難いので、低い生産量にとどまらざるをえなかったと推測される。とはいえ、朝鮮半島に鉄の供給を全面的に依存し、鉄製農具の供給が不十分であった弥生時代の前・中期には、この湿田型土壌は木製の鍬《くわ》、鋤《すき》で耕地を耕起することができる点で、あえてこの土壌が選択されたいま一つの理由があったものとみなされている。

つぎに半湿田《はんしつでん》型の灰色土壌は長浜平野の東北部、横山の西側一帯にあたる東上坂町、西上坂町から垣籠町、春近町一帯に広がっている。ここでは柿田遺跡、墓立遺跡などから古墳時代前期に集落が営まれたことが知られ、その後、七、八世紀にも柿田遺跡が継続したとみられるほかに、堀部西遺跡などの集落があったことがわかる。

また、灰色土壌は平野のほぼ中央部付近にあたる宮司町、大東町、永久寺町一帯にも比較的狭いながら分布する。ここには宮司遺跡、大東遺跡、永久寺遺跡など七・八世紀にはこの地域の中心的な役割を果たしたとみられる集落が集中して営まれている。

さて、長浜平野に七、八世紀に営まれた集落遺跡はこれまで三〇数遺跡があったことが知られている。しかし、このように多くの集落がこの長浜平野に営まれているが、これらのうち、発掘調査によって古代集落の内容が明らかになったものはごく限られている。その調査された数少ないものの一つに、東上坂町にある柿田遺跡があるので、これをとりあげて、この時期の集落の内容をみてみよう。

柿田遺跡の集落

柿田遺跡は前述したように、主要地方道中山東上坂線の道路の改良工事にともなって昭和六二～六三年（一九八七～八八）に調査され、竪穴《たてあな》住居八六棟、掘立柱建物一四棟が見つかった。これらのうち竪穴住居は古墳時代前期から七世紀末に及んだことが判明した。しかし、掘立柱建物はその営まれた時期を確定できないままとなっている。

写2-13-15　柿田遺跡の遺構（東上坂町）
ここでは竪穴住居86棟、掘立柱建物14棟が見つかり、竪穴住居は古墳時代前期から7世紀末のものと判明した。

ここでは集落が出現した古墳時代前期からそれに続く六世紀末のものは省略し、それ以降の七世紀の集落からみてみることにする。

七世紀の竪穴住居は飛鳥時代のもので三八棟が見つかった。これらの各時期の竪穴住居は帯状をなす調査地区内に各時期とも二～三棟が近接して検出され、それらが一つのグループをなして分散して集落を営んでいたことがわかるのである。

これまで各地で行われている古代集落の遺跡の調査では、四～五棟の竪穴住居群、時には掘立柱建物による平地住居がまとまって一つの単位をなし、それがいくつか集まって集落を構成していたことが明らかになっている。この集落の単位集団を構成する住居は、古墳時代後期以降のものでは、いずれも竪穴住居の壁面の一部に竈《かまど》が設けられていたことからも、それぞれが世帯をなしていたものとみなしてよい。そして、そのような世帯の性格をもつ住居がいくつかまとまって住居小群をなして、集落を構成していた。

このような集落を構成する単位集団の性格をもつ住居小群は、農業生産を行うために鉄製農具などの生産用具を共同で所有し、毎年行われる水田耕地の耕起から稲の収穫に至るまでの農作業を共同で行う最小単位をなしていた。また、それだけでなく、日常生活にともなう諸物資の消費にあたっても、これが最小の単位となっていたものと理解されている。

このような単位集団は、血統関係によって結ばれた家族の性格をもつもので、世帯共同体《せたいきょうどうたい》と呼ばれるものである。この単位集団は各地で行われている多くの調査例からみると、四～五棟の住居が半円あるいは円形、L字形などの住居配置をとって営まれた場合が一般的であった。そして、この住居群によって営まれた空間は、これらの単位集団を構成する各住居（世帯）が共同で農作業を行ったり、時には農耕祭祀を共同で行った共同の広場であったと理解される。つまり、古代集落では、このような数棟の住居に居住したそれぞれの世帯が一つにまとまって家族をなして生産と消費が行われていたのである。

したがって、一つの家族はお互いに共同体的な関係をもちながら、稲作農耕を中心とした農業生産にあたったり、さらには新たな耕地を得るための開発にかかわったのである。しかも、このような近隣に居住したいくつかの古代家族もまた他の家族と共同体的な関係を維持しながら、一つの集落をなしていた。そして、各集落は近隣に営まれたいくつかの集落と地縁《ちえん》的なつながりをもちながらムラ（村落）をなしていたものと推測されるのである。

さて、単位集団の性格をもつ四～五棟からなる住居小群は、各地の古墳時代や律令《りつりょう》期の集落から見ると、径四〇m前後にほぼ配置されていたことがわかる。これは各住居に住む世帯が一つの家族をなして相互に有機的なつながりをもって日常的な生活を行う限界を物語る空間をいうことにもなるであろう。そして、このような古墳時代や律令期の集落を構成する単位集団がもつ住居数、空間構成と規模を考慮しながら柿田遺跡で見つかった飛鳥時代の住居群をみると、つぎのようになると思われる。

まず、飛鳥Ⅰ期（七世紀第1四半期）には調査地の南端・北端に二棟ずつ分かれ、四棟が検出されているので、二つの古代家族が見つかっているとみてよい。飛鳥Ⅰ期の後半には、四カ所に分散し、七棟が検出されているので、少なくとも四つの古代家族が居住していたとみてよい。

飛鳥Ⅱ期（七世紀第2四半期）の一一棟は東半部にのみ集中して見つかっているが、四つの古代家族が住んでいたものと推測される。さらに、飛鳥Ⅲ～Ⅳ期（七世紀後半）の住居群も東半部にのみ一〇棟が検出され、三つの古代家族が見つかっているものとみなされる。

以上のように、少し煩雑《はんざつ》な記述になったが、柿田遺跡では飛鳥時代の各時期とも四～二家族が見つかっていることになる。これは西端付近では竪穴住居、掘立柱建物が検出されていないが、東端部はなお住居群が広がって存在したことがわかる。しかし、南北方向の集落の広がりは全く手がかりがない。そこで、関東地方の大規模な集落遺跡の調査例では、南北も東西と同規模の空間を占めるものが多いので、南北も東西と同規模の広がりをもって集落が営まれていたことを想定してよいであろう。

とすると、この調査では、東限は明らかでないが、少なくとも飛鳥Ⅰ期の後半は四家族以上、飛鳥Ⅱ期は九家族以上、飛鳥Ⅲ～Ⅳ期も九家族以上の古代家族によって集落をなしていたものと想定して、大きな誤りはないものと思われるのである。

そのほかに柿田遺跡では、掘立柱建物一四棟が見つかっている。これらの掘立柱建物には柱間が桁行三間以上をもつ住居とみなしてよいものと、それ以下の規模で、倉庫的なものに想定されるものとがある。掘立柱建物による建物小群は、同一の方位をもち、ほぼまとまって建てられていることからみると、南半部に三単位、東半部の東端

写2-13-16　井口遺跡の遺構（高月町）
当遺跡では竪穴住居から掘立柱建物への変化が平安時代に入ってからであることがわかった。

写2-13-17　柏原遺跡の遺構（高月町）
9世紀まで竪穴住居が残り、奈良時代には掘立柱建物への移行が終わる畿内地域に比べ、移行がやや遅い。

に一単位の四家族が存在したものと推測される。調査では、これらの掘立柱建物の時期は柱穴から時期を決定できる土器などの遺物が出土しなかったことから、確定するにはいたっていない。

湖北の集落遺跡

柿田遺跡の近隣に位置するこの時期の古代集落遺跡の一つに、伊香郡高月町井口《いのくち》遺跡がある。この遺跡は昭和五〇年（一九七五）以降、ほ場整備事業や国道三六五号線バイパスの工事などに関連して調査され、律令期の竪穴住居、掘立柱建物が検出されている。その調査結果によると、検出された竪穴住居の大半は七～八世紀のもので、掘立柱建物は九世紀のものであった。このことから竪穴住居から掘立柱建物への住居様式の変化は、この遺跡では平安時代に入ってからのことであったことが判明した。とくに昭和五四～五六年度（一九七九～八一）のバイパス調査では、竪穴住居三七棟、掘立柱建物一六棟が検出された。それらをみると竪穴住居の一部のものには、一〇世紀初めまで遺存したものもあったことが明らかにされている。

また、井口遺跡とともに三六五号線バイパス建設の際に調査された遺跡に、その南にある高月町柏原遺跡がある。ここでは竪穴住居一〇棟、掘立柱建物二棟が検出され、竪穴住居が九世紀まで残り、掘立柱建物への変化は平安初期であったことが知られた。

さらに、高月町大海道《おおかいどう》遺跡でも、ほ場整備事業にともなって調査され、古墳時代から奈良時代の竪穴住居、奈良時代の掘立柱建物や倉庫などが見つかっている。

つぎに、湖東地域の律令期の集落遺跡である犬上郡甲良《こうら》町下之郷《しものごう》遺跡、湖南地域の草津市岡田追分《おかだおいわけ》遺跡、矢倉口《やぐらぐち》遺跡の発掘結果をあわせてみてみよう。

写2-13-18　下之郷遺跡の遺構（甲良町）
犬上川左岸にある7〜8世紀を中心とした集落遺跡で、8世紀前半には掘立柱建物が建てられている。

写2-13-19　矢倉口遺跡の遺構（草津市）
奈良時代後半から平安時代初期の掘立柱建物で構成された集落遺跡である。竪穴住居は見つかっていない。

下之郷遺跡は犬上川左岸にある七〜八世紀を中心とした集落遺跡で、数回の調査が実施されている。ここでは古墳時代前期のものをふくんで竪穴住居七八棟、掘立柱建物五一棟が見つかっている。この集落は七世紀前半の竪穴住居による集落が数地点の微高地に分かれて営まれ、その後、集落は規模を拡大したり、集落の中心を移動させながら営まれている。そして、八世紀前半には集落を構成する住居様式に掘立柱建物をふくむようになったことが知られ、さらに、掘立柱建物が急増し、八世紀後半には竪穴住居の様式による住居は建てられなくなったことが明らかになっている。これらは南北棟建物を主体とした建物が多く検出され、倉庫も八棟見つかっている。この遺跡は調査時には岡田駅家《おかだのうまや》に想定する考えがだされたが、奈良時代から平安時代にかけて、数棟でまとまって建てられたいくつかの建物小群から構成されているとみられそうなので、やはり集落遺跡とみなした方がよいものである。

また、矢倉口遺跡でも掘立柱建物三八棟、井戸五基が検出されている。この遺跡の建物群の中心時期は奈良時代後半から平安時代の初期であったことが知られ、竪穴住居は検出されていない。この遺跡では倉庫が四棟ほど南北に並ぶことなどから岡田駅家と関連をもった官衙とみなす考えがだされている。しかし、建物の規模、配置からすると集落を想定した方がよいものである。

このように湖東、湖南地域の遺跡では、八世紀には掘立柱建物のみで構成された集落が散見するので、竪穴住居から掘立柱建物様式に変化していたことが想定される。とすると、柿田遺跡で検出された掘立柱建物群も、七世紀後半の飛鳥Ⅲ～Ⅳ期にすぐ続いて営まれたとみなしうるかは明らかでないが、少なくとも奈良時代後半には竪穴住居から変化したことを推測するのは、無理なことではないかも知れない。

さて、長浜平野で柿田遺跡のほかに律令期の八世紀の集落遺跡として、一部ながら発掘されたものとして地福寺遺跡、八角堂遺跡、神照寺遺跡、高橋遺跡、高橋南遺跡などがある。

地福寺遺跡では溝から須恵器の高坏、壺、鉢、甕、土師器の坏、皿、甕などが出土している。これらのうち土師器の坏、皿には内面に七世紀から八世紀前半に限って磨いて施文された暗文《あんもん》がつけられている。また、須恵器の蓋に、「柳」、坏に「衣」の墨書土器を記したものが出土した。

写2-13-20　大塚遺跡の韓竈（からかまど）
横穴式石室にミニチュアの竃、甕、堝、甑が副葬される風習は、志賀漢人系の渡来系氏族が埋葬された古墳群である。

写2-13-21　柿田遺跡の韓竈
朝妻郷には渡来系氏族の存在が知られるが、当遺跡の竃により長浜平野への居住も想定される。

また、森遺跡のすぐ北にある八角堂遺跡でも、泥湿地の遺構から木簡二点が出土したほかに、八世紀から九世紀の須恵器、土師器が出土した。さらに東方に位置する神照寺坊遺跡でも、調査が行われた四地区から、奈良時代の土師器、須恵器が出土している。

長浜平野の南に位置する高橋遺跡で見つかった土壙《どこう》でも、奈良時代の須恵器の坏、蓋、壺、土師器の坏、皿、鉢、盤、坏Bなどが出土した。これらのうち、土師器の坏、皿、坏の内側に暗文をつけたものがふくまれている。その南の高橋南遺跡では、奈良時代の須恵器が多量に出土し、一部ながら土師器も出土した。

このほかに、八田切遺跡（南田附町）、大戌亥遺跡などでも、八世紀前後の須恵器が採集されている。

このように各遺跡で奈良時代の土器が出土し、集落が営まれたことを推測させているが、これまでの調査では建物までは明らかになっていない。いずれ、これらの遺跡の調査によって、この時期に竪穴住居から掘立柱建物による平地住居の集落景観に変化した過程がたどられることになるであろう。

ところで、近年、七世紀後半に大津宮が遷都した大津北郊地域にあたる南滋賀から坂本地域では、六世紀後半から七世紀の切妻大壁造り住居と呼ばれる平地住居があいついで見つかっている。

写2-13-22　切妻大壁造建物跡　穴太遺跡（大津市）
切妻大壁造住居が検出された地域は、横穴式石室をもつ群集墳が分布する地域と一致し、渡来系氏族の集落とみられている。

この住居は一般的な掘立柱建物による平地住居とは異なり、幅一m前後の溝を矩形にめぐらし、その溝中に〇・五m間隔に柱を立て、さらにその柱を心として壁を塗った土壁造りにした新様式の住居であった。この新様式の平地住居が建てられた南志賀から坂本地域の後期古墳の玄室《げんしつ》平面形が矩《く》形で、断面がドーム状をなし、天井石を一石載《の》せる特徴をもつ横穴式石室が顕著にみられる。しかも、この石室にはミニチュアの竈《かまど》、甕《かめ》、堝《なべ》、甑《こしき》が一セットだけ副葬されるという特殊な風習がみられることから、志賀漢人系の渡来系氏族が埋葬された古墳群であることが明らかにされている。

　このような横穴式石室をもつ群集墳が分布する地域は、切妻大壁造り住居が検出された地域とほぼ一致することから、渡来系氏族によって営まれた集落とみなされている。南志賀から坂本地域には、三津首《みつのおびと》、穴太村主、大友村主、錦織《にしこおりの》村主《すぐり》など漢人系の渡来系氏族が居住していたことが明らかにされている。これらの渡来系氏族のうち、穴太村主氏は平城京の長屋王《ながやおう》家木簡などによって、坂田郡朝妻郷《あさづまごう》にも居住したことが知られる。ほかに、奈良時代から平安時代にかけて坂田郡の郡司を務めたことも知られるので、姉川左岸の長浜平野でも、その一族が居住していたことが想定される。とすると、大津北郊地域で見つかっている切妻大壁造り住居がこの地域でも検出される可能性が少なくないのではなかろうか。

　また、大津市穴太遺跡では、盛土上にL字状に石組みしたオンドル遺構と推測されるものも検出されている。この石組みは幅〇・五m、高さ〇・一五mの坑道に、幅〇・八m、奥行き〇・七mの燃焼部が付設されたものである。構築された建物は明らかでないが、大津北郊に居住した渡来系氏族が朝鮮半島で採用されている暖房施設を使用していたことが明らかになったことは、やはり、この地域の渡来系氏族の集落でも検出される可能性があるので、留意しておくことが必要であろう。

(4) 湖北の生産活動

古代の土器生産

七・八世紀には古墳時代から引き続いて土師器、須恵器が日常雑器《ざっき》として使用された。古墳時代後期の土師器は、煮炊き用の甕が中心に使用され、供膳《きょうぜん》用の坏、高坏、椀は少なく、貯蔵用の壺はごくまれに使用されただけであった。一方の須恵器はロクロを使用して成形され、丘陵に登窯を設けて焼成した硬質の土器で、供膳用の有蓋坏、高坏、貯蔵用の壺、甕などが中心に生産された。軟質と硬質の二つの土器のうち、煮炊き用は土師器、貯蔵用は須恵器、供膳用は両者が競合する関係にあった。しかし、いずれかといえば、須恵器の坏、高坏が多用され、横穴式石室にも須恵器の坏が主に副葬された。

　さて、六世紀後半から末に、朝鮮半島から仏具として金属製の佐波理《さはり》の鋺《かなまり》（椀形容器）がもたらされると、間もなく土師器工人によって佐波理の鋺を模した坏、椀が多量に生産されるようになった。そして、須恵器もそれまで

写2-13-23　オンドル遺構　穴太遺跡
L字状に石組みしたオンドル遺構と推測されている。朝鮮半島の暖房施設が使用されていたことがわかる。現在大津市歴史博物館に屋外展示されている。

の古墳時代に一般的に用いられた有蓋《ゆうがい》坏の立上りが極端に退化し、返りをもつ蓋と坏身を組合わせた食器に変化した。また、上面の中央につまみをつけた蓋と高台をつけた坏が多量に生産されるようになった。それらはその後、飛鳥の大官大寺跡、坂田寺跡、伝小墾田宮《でんおはりだのみや》跡、石神遺跡などから出土する多量の土器をみると、七世紀後半には土師器と須恵器の食器を組合わせて用いる律令的食器様式が整えられていったことがわかる。その完成時期は持統天皇八年（六九四）に持統天皇によって遷された藤原京の時期にあったものと推測されるのである。

　この律令期には、このような食器様式とともに煮炊き用の土師器の甕と堝が多量に使用された。この甕には丸甕型と長胴型のものとが各地で製作され、とくに近江型の甕、堝は内弯《ないわん》する口縁部と刷毛目《はけめ》を全体につけた後に体部の下半にヘラズリを施す固有の手法によって製作されている。そして、近江の地域から山背、大和、摂津などの各地に交易などにともなってもたらされていたことが明らかになっている。

　一方、この時期の須恵器は湖東地域では蒲生町辻岡山《つじおかやま》古窯跡群、岡本古窯跡群、八日市市壺焼谷《つぼやきだに》古窯跡群、黒丸古窯跡群、湖南では瀬田丘陵の大津市山ノ神古窯跡群、草津市笠山古窯跡群などで生産されたことが知られる。また、湖北では浅井町内野神古窯跡群などが知られているが、この時期の湖北の須恵器生産の具体的な内容はほとんど明らかになっていないのが実情である。

　近江は、『延喜式《えんぎしき》』主計寮式《しゅけいりょうしき》に須恵器の貢納国として記されていることからみても、須恵器の貢納対象国になりうるような生産体制があったことがわかる。それは、七世紀後半から八世紀の集落では、土師器よりも須恵器の食器が多く出土していることからも、想定できることである。そして、湖北の場合は、在地での生産のほかに、須恵器生産がさかんな美濃地域と接するところだけに、美濃、さらに尾張からもたらされたものも少なくなかったであろう。今後は在地の須恵器の特徴を明らかにし、他地域から搬入されたものの実態を検討することが課題である。

古代寺院と瓦生産

土器生産とともに、各地で行われたのが古代寺院の屋根に葺かれた瓦の生産である。瓦生産は須恵器生産と同じように、丘陵地に登り窯を設けて焼成された。近江は大和につぐ数の寺院が建立された地域で、それぞれの寺院に近接したところで瓦生産が行われたものと推測される。

近江の飛鳥期に建立された瓦窯は、大津市穴太廃寺の寺域のすぐ東方から検出されている。衣川廃寺でも寺域内の金堂の西南部に複数の瓦窯が設けられていた。衣川廃寺の瓦窯《がよう》は、傾斜する焼成部に階段がつけられており、飛鳥寺の造営にあたって百済から導入された瓦窯の形態と共通した構造のものが採用されていたことが知られた。

つぎに白鳳期の瓦窯では、大津京域に建てられた南滋賀町廃寺の瓦を生産した榿木《はんのき》原《はら》瓦窯、宮井廃寺の瓦を焼いた蒲生町辻岡山瓦窯などで調査が行われている。このうち、榿木原瓦窯は南滋賀町廃寺の寺域の西限に接した位置にある丘陵端で白鳳期の登り窯五基、平安期の平《ひら》窯五基が見つかっている。ほかに瓦窯の周辺では掘立柱建物による作業施設の工房や粘土を貯蔵する施設も見つかった。また、辻岡山瓦窯でも五基の瓦窯が検出されている。

写2-13-24　軒丸瓦　榿木原遺跡（大津市）
複弁八葉蓮華文軒丸瓦と、その瓦当の裏面。裏面には布目とそのしぼり痕が残っている。近接する南滋賀町廃寺の瓦を生産していた瓦窯跡と考えられている。

ここでは七世紀末のものは階段をもたない焼成部からなる登り窯が使用され、その後、奈良時代になると焼成室に階段をもつ登り窯に変化した。これは、辻岡山瓦窯での瓦生産が須恵器窯と同一の構造のものを使用した段階から、さらに発展したことをうかがうこともできる。そして、瓦生産の初期の段階には、須恵器工人がかかわって行われたことが推測されることになった。

さて、長浜地域の瓦窯では、名越《なごし》町の県道をはさんだ西側にある標高一五八・四mの独立丘陵にある四面山《しめやま》瓦窯が知られる。ここは古代寺院に想定しにくい地形からみて、瓦窯が設けられていたと推測されている。しかし、灰原や窯壁片などの資料はまだ得られていないので、瓦窯の確認調査が必要である。

湖北の長浜市、伊香郡、東浅井郡、坂田郡の一市三郡には、瓦の採集地が三九遺跡も知られている。これらは古代寺院が建てられていたと想定されるもののほかに、諸川《もろかわ》瓦窯、高野丸山遺跡、城山遺跡、不動谷《ふどうだに》瓦窯のように瓦窯あるいは瓦窯と推測されるものも少なくない。不動谷瓦窯は、米原町番場にある瓦窯で、重弧文に平行線の刻みを入れ、下端に指頭圧痕をつけた無顎《むがく》式の軒平瓦が出土している。重弧文に刻線をつけ、指頭圧痕をつけたものは、愛知郡秦荘町塔ノ塚廃寺、目加田《めかた》廃寺、伊香郡高月町井口廃寺などから出土している。

諸川瓦窯は琵琶湖の北湖に突きだした葛籠尾《つづらお》崎半島の西側にある湖岸近くに営まれた瓦窯である。半地下式の有段登り窯で、焼成部には四段の段が設けられていた。平瓦、丸瓦、隅切瓦などが出土したが、軒瓦は出土していない。焚口付近から数個体の土師器小皿が出土し、それらの土器から平安時代中ごろのものと推測されている。しかし、ここで製作された瓦類が供給された寺院は、まだ明らかになっていない。

湖北の鉄生産

律令期の鉄生産は北九州、中国山地、丹後、近江、関東北南部などで行われている。近江の鉄生産遺跡は高島郡、伊香郡、滋賀郡、栗太郡を中心に、五〇カ所以上の製鉄遺跡が知られている。これらは大きくみると、高島郡マキノ町北牧野遺跡、小荒路《こあらじ》遺跡のマキノ製鉄遺跡群、西浅井郡小山遺跡、黒山遺跡の大浦製鉄遺跡群、志賀町北比良遺跡、地蔵谷遺跡の比良山麓製鉄遺跡群、大津市藤尾遺跡の逢坂山麓製鉄遺跡群、大津市南郷遺跡群、大津市関ノ津東遺跡、大塚遺跡の田上山麓製鉄遺跡群、大津市源内峠《げんないとうげ》遺跡、草津市野路小野山《のじおのやま》遺跡、木瓜原《ほけわら》遺跡の瀬田丘陵製鉄遺跡群と伊吹山麓製鉄遺跡群とが知られる。

　これらのうち、とくに近年に調査が進展し、知見が多く得られているのが瀬田丘陵製鉄遺跡群である。ここでは源内峠遺跡、観音堂遺跡、木瓜原遺跡、野路小野山遺跡が調査され、さらに瀬田川沿いの南郷遺跡、平津池ノ下遺跡などの調査によって、この地域の七世紀から八世紀にかけて行われた鉄生産の実態がかなり具体的に明らかになってきている。

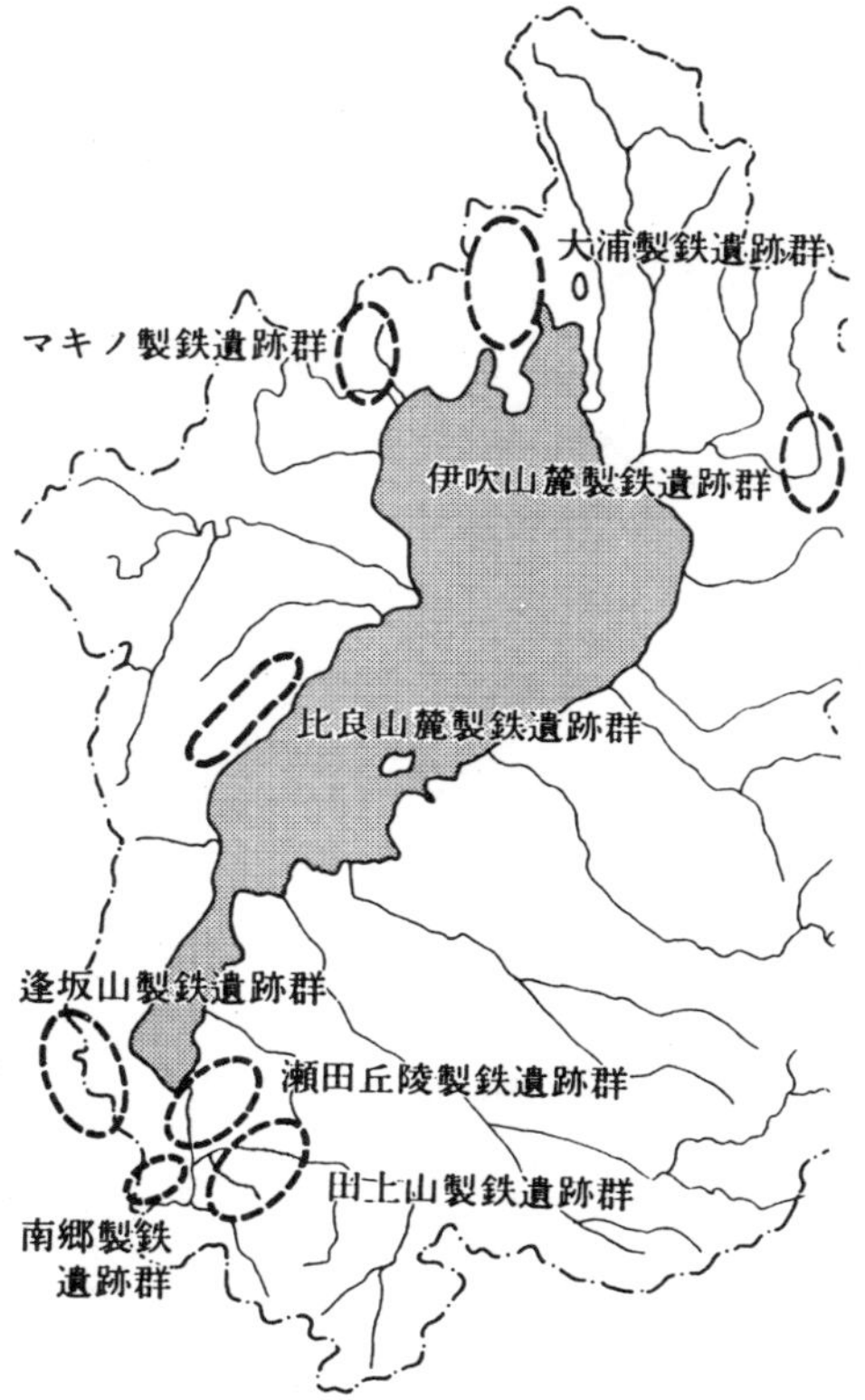

図2-13-7　県内の製鉄遺跡
近江には50カ所以上の製鉄遺跡の存在が知られ、湖北にも伊吹山系に多くの製鉄遺跡が見つかっている。

　これらの湖南地域の調査によると、七世紀中頃に南郷遺跡、ついで七世紀第4四半期に源内峠遺跡で行われたことが知られる。さらに奈良時代の初めには草津市木瓜原遺跡で製鉄炉、木炭窯が検出され、それに続いて野路小野山遺跡で一〇基に及ぶ製鉄炉、木炭窯が見つかっている。これらは

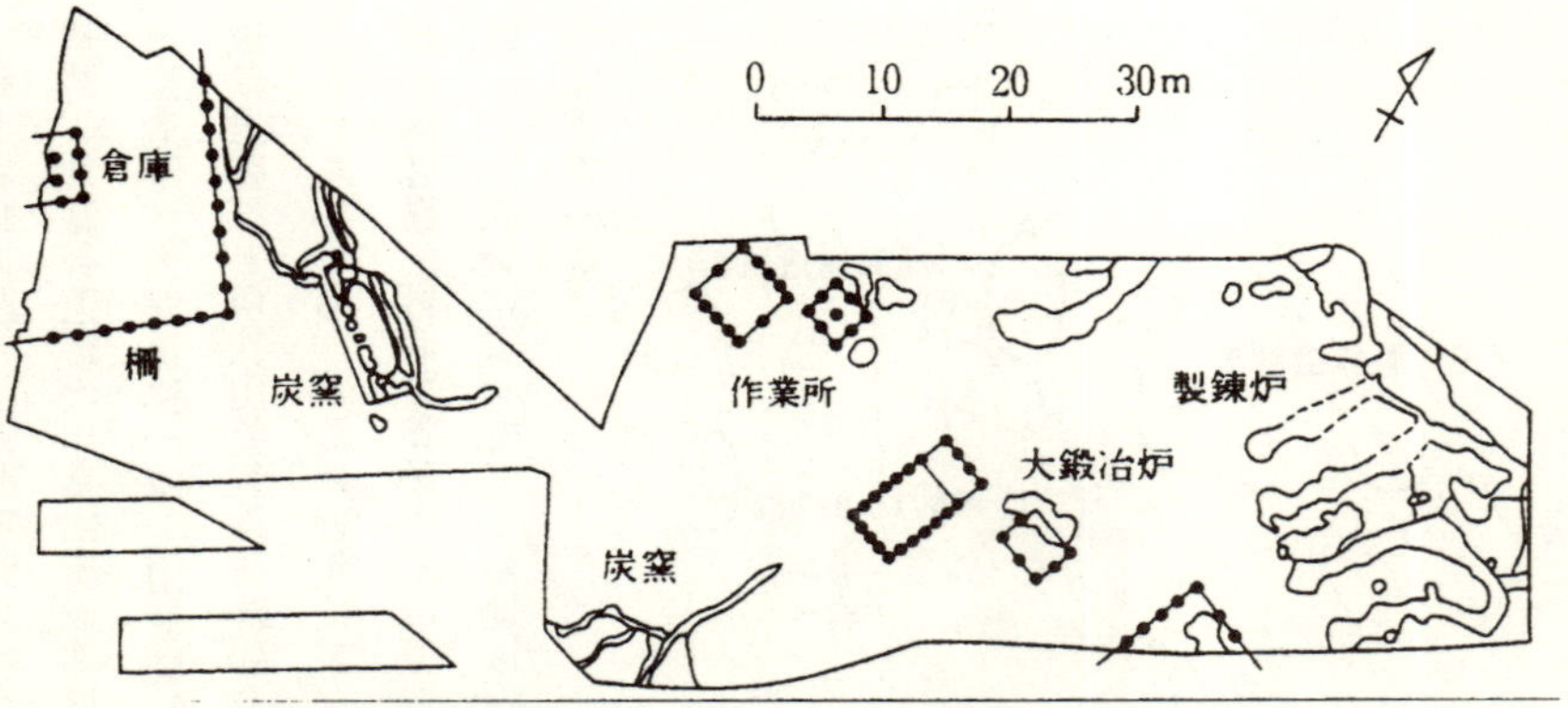

図2-13-8　野路小野山遺跡（草津市）
製鉄にかかわる一連の施設を完備した奈良時代の官営の製鉄遺跡で、製鉄炉、炭窯、作業所などが発見されている。製鉄炉の西側にある大鍛冶炉では、製鉄炉で生産された鉄塊の製品化などを行ったと考えられている。

八世紀の第2四半期に操業されたことが明らかになっている。そして八世紀の第3四半期には、瀬田川の平津池ノ下遺跡で操業されたとみなされている。

このように近江の国庁が置かれた瀬田地域では、製鉄が長期にわたって丘陵地を移動しながら操業が行われたものとする考えがだされている。そして、これらの各製鉄遺跡では、鉄鉱石が原料として用いられ、製鉄炉には長方形箱形炉《はこがたろ》が採用されていることが明らかになっている。

長方形箱形炉は炉床部の平面形が長方形の焼土や掘込部として検出されるもので、高さが〇・六mほどの箱形の炉が推定されている。これは斜面をL字形にカットして平面形を整形して作業場とし、その中央部にほぼ斜面に並行して自立型の炉が築かれたものとみなされている。炉床下は木瓜原遺跡では幅三・五m、長さ六m、深さ〇・七mの土壙に炭と灰を充填《じゅうてん》して防湿施設が設けられていた。

この長方形箱形炉はそのつど炉を構築したようで、遺構からは炉の構造が分かりにくい。残存した炉壁からみると、半地下式竪穴炉のように炉頂縁辺部はすぼまらずに箱形のまま解放されていたと推測されている。

さて、湖北で見つかっている古代の製鉄炉跡としては、古墳時代後期に遡るものとみられるものが、伊香郡木之本町古橋遺跡から検出されている。この製鉄炉跡と推測されるものは、製鉄炉の底面とみられる部分が遺存し、炉の上部構造が失われて詳細は明らかでない。しかし、焼土の広がりは長さ二・二m、幅〇・五mの方形状をなしているので、方形炉と推測されている。炉底の二カ所のほかに、できた鉄を取り出したとみられる溝跡の湯口も検出されたという。

この製鉄炉の上層から六世紀後半の須恵器片が出土しているので、それ以前のものと推測されている。この時期の類例を求めると、六世紀末から七世紀初頭の岡山県大蔵池南遺跡、広島県カナクロ谷遺跡の製鉄炉跡が知られている。

また、湖北町丁野《ようの》遺跡でも、奈良時代の製鉄炉とみられるものが見つかっている。この製鉄炉跡は、直径〇・四mのほぼ円形、中凹みで、深さ〇・二m、中に木炭と茶褐色粘土がつまり、壁面は赤く堅くなっていた。ここからは鉄滓《てつし》が付着したフイゴの破片も出土した。フイゴは製鉄の際に送風するために使用されたものである。この製鉄炉が検出された層からは、奈良時代の須恵器も出土した。

ところで、製鉄には砂鉄と鉄鉱石が原料として利用されているが、近江では鉄鉱石が利用された。近江の有勢者が鉄穴《てっけつ》を独占した記事があり（『続日本紀』天平一四年一二月一七日条）、さらには、藤原仲麻呂《なかまろ》が近江の浅井郡、高島郡の鉄穴一処ずつ賜った記事があることからも（同書天平宝字六年二月二五日条）、近江では鉄鉱石が採掘されたことが知られる。野路小野山遺跡では、小指先大の磁鉄鉱が原鉱として出土している。北牧野A遺跡でも、鉄滓の分析から、鉄鉱石が使用されたと推測されている。

このように近江では鉄鉱石を原鉱として鉄生産が行われた点に、一つの大きな特徴が見られる。

また、湖南地域に分布する野路小野山遺跡、木瓜原遺跡などをふくむ瀬田丘陵にある製鉄遺跡は、近江の国庁が置かれた地域だけに、これらは官営工房的な性格を強くもったものと推測されている。
これまでの野路小野山遺跡、木瓜原遺跡などの調査からみると、鉄鉱石を湖北から水運によって運んで製鉄に使用されたものとみなされる。なお、近江は律令期に、『延喜式』の主計寮式では須恵器貢納国となっているが、鉄の貢納国とはなっていない。これは、『延喜式』が編まれた段階には、生産体制に変化をきたしていたのだろうか。今後の検討すべき課題であろう。

参考文献

稲垣晋也「古瓦よりみたる飛鳥・白鳳期の寺院」『古代の日本』九　角川書店　一九七四年
小笠原好彦・田中勝弘・西田弘・林博通『近江の古代寺院』近江の古代寺院刊行会　一九八九年
山中敏史『古代地方官衙遺跡の研究』一九九四年
平井寿一ほか『岡遺跡発掘調査報告書』栗東町教育委員会　一九九〇年
藤居朗「瀬田丘陵における鉄生産について」『近江の歴史・考古論集』一九九六年

『長浜市史　第一巻　湖北の古代』一九九六年一二月

十四　地方史研究の現状—滋賀県—

(1) 原始・古代

この十数年、滋賀県で実施されている考古学の発掘調査は、圃場整備事業と琵琶湖総合開発に関連するものが中心となって行われ、縄文時代から奈良、平安時代にわたって新たな知見があいついでいる。古代の近江は琵琶湖とその周辺をふくむ地域で、各時代とも西日本と東日本をつなぐ重要な役割を果たしたところであった。

旧石器・縄文時代

旧石器時代の遺物は大津市唐橋遺跡でサヌカイト製の尖頭器が採集されているなど、しだいに資料が増加している。しかし、本格的な旧石器時代遺跡の発掘はまだ実施されていない。

縄文時代の調査、研究は近畿で最も多くの調査が行われ、研究も著しく進展している。

近江の縄文遺跡は早・前期のほとんどのものが湖岸ないし湖岸周辺に立地し、中期以降に湖岸から離れた内陸部でも多くみられるようになる。早期では、湖底遺跡の大津市粟津貝塚の範囲が確認され、さらに航路浚渫予定地からこれまで知られていた第一・第二貝塚とは別に、中期の第三貝塚が見つかった。この貝塚は小規模なものであるが、貝層と植物層が互層になっていた。これによって中期にトチの実が食料にされていたことが判明したように湖岸に居住した縄文人の食生活や生業が解明されることが期待される（坪井清足編『縄文の湖』雄山閣出版、一九九四年）。貝塚から少し南に離れた早期の堆積層の調査では、大鼻式、大川式、神宮寺式土器が層位的に把握される成果があった。

早期から中期の良好な資料は、米原町磯《いそ》山城《やまじょう》遺跡から出土している。ここでは早期末のエビ折り状に埋葬した特異な屈葬人骨も検出された（中井均『磯山城遺跡発掘調査報告書』米原町教育委員会、一九八六年）。後期では大津市穴太《あのう》遺跡、能登川町正楽寺遺跡の調査が注目される。一九九四年に調査された正楽寺遺跡は大規模集落で、六本の木柱が環状にめぐり、その中央で炉が見つかった。近くを流れる小河川から埋葬人骨が検出され、土面も出土した。

晩期では今津町北仰《きとげ》西海道遺跡（葛原《くずはら》秀雄『今津町文化財調査報告書』四・五、今津町教育委員会、一九八五・八六年）、大津市滋賀里遺跡、支那湖底遺跡などから、甕棺墓が多数検出されている。ほかに、後・晩期の丸木船が近江八幡市長命寺湖底遺跡（宮崎幹也『長命寺湖底遺跡発掘調査概要』滋賀県教育委員会、一九八四年）、彦根市松原内湖遺跡などから出土し、一九六五年の近江八幡市元水茎遺跡の資料に新たに加えることになった。

弥生時代

近江への稲作農耕文化の伝播は、一九六六年に書かれた佐原真《まこと》・田辺昭三『弥生文化の発展と地域性　近畿』（和島誠一編『日本の考古学』Ⅲ、河出書房）では、伊勢湾沿岸からもたらされたものとした。しかし、この十数年、弥生前期遺跡の調査が進展した結果、淀川経由で伝えられたものとみなしてよいことが明らかになった。前期では一九七四～七九年に調査された守山市服部遺跡の調査が大きな成果をもたらした。ここでは弥生前期から中期初頭の水田跡、住居跡と中期の方形周溝墓が検出された。水田は一万八七〇〇㎡にわたって検出され、畦畔《けいはん》に幅広い畦を小区画する小畦とがある。方形周溝墓は三六〇基を超えており、その性格づけが課題となった（山崎秀二ほか『服部遺跡発掘調査概報』滋賀県文化財得漢協会、一九八〇年）。

中期の水田は新旭町針江浜遺跡でも検出されている。この遺跡は湖面から三m下の砂洲上に立地し、前期の竪穴住居も見つかっている。弥生時代の方形周溝墓はほかに草津市烏丸崎遺跡、長浜市越前塚遺跡などでも集中して検出されている。

集落遺跡では環濠集落が守山市二の畦遺跡、古高遺跡、下之郷遺跡、伊勢遺跡などで見つかっている。このうちの伊勢遺跡と栗東町下鈎《しもまがり》遺跡からは、後期の大型掘立柱建物が検出されている。これらの大型建物は祭祀用の神殿や住居とみられるものと倉庫と推測されるものとがあり、首長の居住空間に大型で特殊な用途に用いられた建物が構築されていたことが明らかになりつつある。

弥生時代には近江でも、玉作りが行われていた。この玉作り関連の調査は高月町横山遺跡、長浜市鴨田遺跡、野洲町市三宅東遺跡、草津市烏丸崎《からすまざき》遺跡、今津町北仰西海道遺跡など二〇遺跡が知られ、玉作り工房跡や玉作りに関連した遺物が出土している。これらの遺跡では近江では産出しない碧玉を原石として管玉を制作している点が注目される（黒坂秀樹「近江における弥生玉作り研究ノート」『滋賀考古』三、一九九〇年）。

なお、弥生時代の研究は、一九八九年に刊行された『滋賀考古』の一～一八号で活発な論が展開されている。

古墳時代

弥生後期末から古墳時代初頭とみなされる前方後方型周溝墓が野洲町冨波《とば》遺跡、近江八幡市高木遺跡、近江町法勝寺遺跡、守山市益須寺《やすでら》遺跡、栗東町岩畑遺跡などから検出され、その時期決定と性格づけが問題になっている。

前期古墳では、一九八八～九二年に竪穴式石室をもつ八日市市雪野山古墳が調査された。墳丘は二段築成の前方後円墳であることが判明し、棺内からは鏡、鍬形石《くわがたいし》、靫《ゆき》、武器、棺外から竪櫛《たてぐし》、合子《ごうす》、靫、冑《かぶと》、武器など、多量の副葬品が出土した。これらの副葬品から、湖東地域最古の首長墳の安土瓢箪山古墳に先行し、湖西地域の皇子山古墳と同時期と想定されるほか、調査団によって石室構造、各副葬品に対し、詳細な検討が行われている（雪野山古墳発掘調査団『雪野山古墳の研究』報告篇・考察篇、一九九六年）。

中期古墳の調査では、直径五六ｍの円墳とされてきた栗東町地山古墳が全長九一ｍの帆立貝式古墳であることが判明した（佐伯秀樹「地山《じやま》古墳群」『栗東町埋蔵文化財調査一九九〇年度年報Ⅱ』栗東町文化体育振興事業団、一九九二年）。近江八幡市供養塚《くようづか》古墳も円墳とされてきたが、全長五〇ｍの帆立貝式であることが知られた。また、蒲生町木村古墳群のうち、大型方墳の天乞山古墳、大型円墳の久保田山古墳はいずれも北と南に造出しが設けられていることが判明した。

前述した供養塚古墳からは家、蓋《きぬがさ》、靫、人物、馬などの形象埴輪が出土したほか、六世紀初期の近江町狐塚古墳でも家、太刀、盾などが出土するなど、形象埴輪の良好な資料も増加した。近江の埴輪資料は、稲垣正宏ほか「滋賀県出土の埴輪資料集一～四」（『紀要』四～七、滋賀県文化財保護協会、一九九〇～九四年）に収録されている。

また、前期から後期の首長墳の研究では、丸山竜平「近江和邇《わに》氏の考古学的研究」（『日本史論叢』四、一九七四年）が湖西地域の首長墳の変遷を検討し、首長権が持ち回りされたことを論じて問題提起している。

つぎに、後期古墳の調査では、大津市北郊にある穴太野添《あのうのぞえ》古墳群、大通寺古墳群、太鼓塚《たいこづか》古墳の調査が注目される。これらの古墳群には玄室の平面が矩形で、断面がドーム状をなし、ミニチュアの竈、甕、堝、甑をセットで副葬したものが一般的にみられる。このような特徴をもつ古墳は、水野正好氏によって志賀漢人系の渡来系氏族の古墳であることが明らかにされた（「滋賀郡所住の漢人系帰化氏族とその墓制」『滋賀県文化財調査報告書』四、一九六九年）。その後、この地域の集落調査でもそうみなしてよい資料が検出されている。それは土壁造り建物と呼ばれる四周に溝をめぐらし、壁造りした六世紀後半から七世紀前半の住居がこの穴太、滋賀里、南志賀一帯で見つかってきたことだ（花田勝弘「渡来人の集落と墓域」『考古学研究』三九—四、一九九三年。小笠原好彦「近畿の古代集落と豪族居館」山中一郎・狩野久編『新版古代の日本』五、角川書店、一九九二年）。

さらに、穴太遺跡からは石組したオンドル遺構も七世紀前半ながら検出されている（青山均『穴太遺跡（弥生町地区）発掘調査報告書』大津市教育委員会、一九八八年）。このように、大津北郊地域には在地の氏族とは住居様式、暖房施設を異にした住居を構築した集落が営まれたことが明らかになってきている。

一方、湖東の秦荘町上蚊野《かみかの》古墳群、竜王町三ツ池古墳、蒲生町天狗前古墳群、湖南の栗東町和田古墳群などでも、在地の氏族の古墳とは異なる石室をもつ古墳群が見つかっている。これらは玄門部に階段状施設をもつ竪穴系横口式石室を主体に構成されており、石室の違いから渡来系氏族の古墳群に想定されている（中谷雅治「階段状石積みのある横穴式石室について」『水と土の考古学』小江慶雄《おえよしお》先生還暦記念論集刊行会、一九七三年。藤川清文「秦荘町上蚊野古墳群」『ほ場整備関係遺跡発掘調査報告書』Ｖ、滋賀県教育委員会、一九七八年）。

このように、近江では大津北郊に志賀漢人系の渡来系氏族、愛知郡・蒲生郡・栗太郡などに、それとは異なる渡来系氏族の遺跡、遺物が認めうるようになった。

古墳時代の集落は栗東町岩畑遺跡、高野遺跡、辻遺跡、蒲生町堂田遺跡、能登川町中沢遺跡、長浜市柿田遺跡などで大規模な集落が明らかになっている。とくに野洲川左岸の岩畑遺跡、高野遺跡、辻遺跡は安養寺山麓の北側一帯に営まれたもので、野洲川左岸の前期・中期の首長墳との関連で注目される。大橋信弥《のぶや》「野洲川下流域の古代豪族の動向」（『紀要』三、一九九〇年）は、古墳時代前期、中期の集落と首長墳の動向から、小槻山君と近淡海安国造の性格を論じている。

これに続く、七世紀前半を中心とした古墳群は大津市横尾山古墳群で、斜面に築かれた二八基の古墳が検出され、切石状で奥壁の組合せ部に加工がみられる横穴式石室、木炭槨、陶棺《とうかん》を用いたものなどが見つかっている（造酒《みき》豊

ほか『横尾山古墳群発掘調査報告書』滋賀県教育委員会、一九八八年)。

飛鳥・奈良・平安時代

大津宮は一九七四年に林博通氏によって大津市錦織地区で回廊をともなう南門が検出された。以後、正殿、後殿と区画施設などが検出され、内裏構造の復元が進められている(林博通『大津宮』ニュー・サイエンス社、一九八四年)。この大津宮と関連が深いとみてよい寺院に大津市穴太廃寺があり、主軸を異にした飛鳥、白鳳期の伽藍が重なって検出されている。再建された伽藍の主軸は大津京の地割りと同じなので、大津京の造営と関連した可能性が高いとみなされる(小笠原好彦「大津京と穴太廃寺」『考古学古代史論攷』伊東信雄先生追悼論文集刊行会、一九九〇年)。大津宮が廃絶する結果となった壬申の乱の時、最後の決戦となった勢多橋の遺構も一九八九年に瀬田川から検出された。この橋は慶州の月精橋と共通点をもつことが知られ、両者の系譜的な関係が検討されている(小笠原好彦編『勢多唐橋』六興出版、一九九〇年)。

また、古代寺院の調査は大津市衣川廃寺、草津市宝光寺跡、蒲生町宮井廃寺、竜王町雪野寺跡、米原町三大寺跡などで堂塔が検出され、伽藍の解明が進展した。この近江の古代寺院研究では、一九八九年に小笠原好彦・田中勝弘・西田弘・林博通『近江の古代寺院』(近江の古代寺院刊行会)が刊行され、飛鳥から奈良時代の七十余寺院が収録され、近江の古代寺院の全容がわかるようになった。

近江の地方官衙の調査では、一九八六～八八年に栗東町岡遺跡で栗太郡衙の郡庁、正倉、館などが検出された(平井寿一ほか『岡遺跡発掘調査報告書』栗東町教育委員会、一九九〇年)。ほかに、今津町日置前《ひおきまえ》遺跡、弘川遺跡でも官衙とみられる建物群が見つかっている。

さらに、生産関連の遺跡では、大津京時を中心に須恵器生産が行われた大津市山の神窯、南滋賀廃寺の瓦を焼成した榿木原《はんのきはら》瓦窯、宮井廃寺の瓦を焼いた辻岡山瓦窯、十世紀後半に緑釉陶器を生産した日野町作谷《つくりや》窯跡などの調査が行われている。また鉄生産に関連するものにも注目すべきものがある。これまで近江の製鉄遺跡の調査は高島郡で行われてきたが、その後、草津市野路小野山遺跡で奈良時代の製鉄炉が検出された（別所健二ほか『野路小野山遺跡発掘調査報告書』滋賀県教育委員会、一九九〇年）。さらに、草津市木瓜原《ぼけわら》遺跡で七世紀後半から八世紀前半の良好な製鉄炉が検出されている（藤居朗「瀬田丘陵における鉄生産について」『近江歴史・考古論集』畑中誠治教授退官記念会、一九九六年）。ほかに、大津市長尾瓦窯、坂本廃寺、草津市木瓜原遺跡で梵鐘鋳造の遺構も見つかっている。

古代史関連

古代の近江国を論じた大津透「近江と古代国家」（『律令国家支配構造の研究』岩波書店、一九九三年）は、近江は大和王権の財政基盤をなした地であるが、本質的には畿外とみなす。大津宮に関する仁藤敦史《にとうあつし》「大津京の再検討」（『史観』一一五、一九八六年）では、大津京は存在しなかったとし、胡口靖夫《こぐちやすお》「近江遷都の構想」（『日本書紀研究』一八、塙書房、一九九二年）は、近江への遷都が高句麗人の遷都の理想型によるもので、亡命百済人を中心に発想されて、中臣鎌足によって推進されたとした。

古代氏族の研究分野では、大橋信弥『日本古代国家の成立と息長《おきなが》氏』（吉川弘文館、一九八四年）は、姉川左岸の長浜平野の首長墓群の被葬者を坂田酒人氏とし、六世紀以前の息長氏は坂田酒人氏に従属する小氏族とした。これに対し、塚口義信「天日矛伝説と息長氏」（『文化史論叢』創元社、一九八七年）は、『記紀』の系譜に坂田酒人氏がみられないこと、首長墓群の被葬者をそうはみなせないとする異論を述べている。しかし、大橋信弥「坂田酒人氏について」（『紀要』五、滋賀県文化財保護協会、一九九二年）は、自説を平城京の二条大路木簡によって補強し再論している。

息長氏に関しては、堅田修「息長氏の名義と性格」（堅田修編『日本史における社会と宗教』文栄堂書店、一九九一年）、西田弘「息長真人に関する一考察」（『滋賀考古学論叢』三、滋賀考古学論叢刊行会、一九八六年）がある。ほかに、近江町で息長氏研究会が組織され、『息長氏論叢』が継続して刊行されている。

三尾氏の研究では、水谷千秋「三尾氏の系譜と伝承」（『龍谷史壇』九七、一九九一年）が三尾氏の本拠地を越前ではなく、近江とする。また、近江に多い山君を氏名とする氏族の研究には、磯野浩光「近江の『山君《やまのきみ》』について」（『史想』二〇、一九八四年）があり、小槻山君、佐々貴山君、角山君をとりあげ、中央の山部連のもとにあった伴造とした。これに対して大橋信弥「近江における和邇《わに》氏の勢力」（水野正好編『古代を考える　近江』吉川弘文館、一九九二年）は、近江の山君は王権に直接奉仕していたとする。

小野氏、和邇氏の研究では、遣隋使となった小野妹子をめぐるシンポジウムが一九七八年に行われ、山尾幸久・丸山竜平・門脇禎二・平野邦雄『遣隋使・小野妹子』（志賀町、一九九四年）が刊行された。ここでは小野妹子が国際性を身につけた背景として、大津北郊に居住した渡来系氏族との関連に注目している。これに関する論文としては、ほかに岡田精司「古代の小野氏と小野神社」（『翔古論集』久保哲三先生追悼論文集刊行会、一九九三年）と前述の大橋信弥「近江における和邇氏の勢力」がある。また、近淡海安国造の研究には、大橋信弥「近淡海安国造について」（『滋賀考古学論叢』二、一九八五年）、西田弘「安直小考」（宇野茂樹編『近江の美術と民俗』思文閣出版、一九九四年）がある。

古代寺院の調査は前述したが、櫻井信也「志賀山寺（崇福寺）の造立に関する問題」（『大谷大学大学院研究紀要』五、一九八八年）は、崇福寺の造営経過を論ずる。また、同「『寺院併合令』をめぐる二、三の問題」（『古代世界の諸相』晃洋書房、一九九三年）は、近江国司であった藤原武智麻呂が上奏した「寺院併合令」を検討しており、近江の古代寺院を考えるにあたって参考になる。

木簡史料に関連したものでは、一九八四年から紫香楽宮を求めて信楽町宮町遺跡発掘調査が続けられており、一九九三〜九四年には、建物群のほかに天平十三年から十五年の年紀をもつ荷札木簡、「造大殿所」と記された木簡などが出土した。これによって、宮町遺跡に紫香楽宮があったことが確実になった（天平の都　紫香楽刊行会『天平の都　紫香楽―その実像を求めて―』信楽町、一九九七年）。また、中生町西河原森ノ内遺跡出土の木簡からは、愛智郡に平留五十家（里）が存在したことが知られた（山尾幸久「森ノ内出土の木簡をめぐって」『木簡研究』一二、一九九〇年）。さらに、平城京の「長屋王家木簡」と「二条大路木路」によって、蒲生郡に周恵郷、南原里があったこと、坂田郡上坂郷が上坂田郷の略称であったことも判明した。

ほかに、平川南「地方官衙における文書の作成、保存、廃棄」（『漆紙文書の研究』吉川弘文館、一九八九年）は、近江国計帳手実の様式から、籍年前年の手実をもとに、郡衙で連年転写された過程を述べている。また、岡藤良敬『日本古代造営史料の復原研究』（法政大学出版局、一九八五年）では、造石山寺所関係文書の復原、栄原永遠男「関西大学図書館蔵『近江国大国郷長解』について」（『古代史の研究』七、関西大学古代史研究会、一九八七年）では、売券の作成過程を復原、また同「『近江国坂田郡大原郷長解』について」（『日本歴史』四九七、一九八九年）でも伝来過程を論じている。

条里制関連の研究では、森山宣昭「古代郷制における郷界試論」（『仏教と社会』中尾俊博先生古稀記念会、永田文昌堂、一九九〇年）が蒲生郡条里を、喜多貞裕「近江国愛智郡条里成立の一考察」（『花園史学』一三、一九九三年）が愛智郡条里を検討している。

ほかに、古代の交通に関連するものとして、館野和己「古代国家と勢多橋」と足利健亮「勢多橋と古代官道」（ともに『勢多唐橋』）が古代交通路と勢多橋との関連を論じている。古代史関係は櫻井信也氏の御教示を得た。

『日本歴史』第六〇九号　一九九九年二月

おわりに

私と考古学とのかかわりあいは、学生時代の一九六二年に松島湾にある宮城県里浜貝塚と陸奥国衙の多賀城に付属する多賀城廃寺の発掘調査に参加したことから始まった。その後、多賀城の中心部にあたる政庁を明らかにする調査にも参加することができた。大学をでた後、奈良国立文化財研究所（以下は奈文研と省略）に勤務することになり、平城宮・京と藤原宮・京、さらに飛鳥の宮殿や寺院などの遺跡の調査と研究に取り組むことになった。

奈文研に入所して間もないころの数年間、所内で古墳の研究や古墳に興味をもつメンバーを中心に「古墳ピクニック」と呼ぶ会が催され、ほぼ毎月一回のペースで、大和、河内、和泉、摂津、山城など畿内や近畿の古墳とその周辺の関連遺跡を対象として踏査することになった。この会は本村豪章氏、猪熊兼勝氏、佐藤興治氏らが推進者となって実施されたもので、天理・柳本地域、向日市地域、桜井市地域、馬見古墳群、柳本古墳群、三島古墳群、久津川古墳群の順に各地の古墳を踏査することから始まり、都合三四回に及んだ。これは東国の出身の私にとっては、畿内の地理にまだ暗い時期だったので、畿内の各地を知るよい機会になった。

この会での古墳の踏査は一回にかなりの数を踏査するだけに、二〇歳代の後半ではあったが、ハードに感じられることも少なくなかった。さらに訪れた古墳や関連遺跡に対し理解の域に及ぶようになったのも、いずれもかなり後になってからのものが大半であったように思われる。それでも畿内の古墳やその周辺の遺跡に対して、理解を深めることにつながったし、資料を見ないことには何も語れない考古学の研究からすれば、その後の研究を進めるうえでじつに貴重な遺産になった。また、事前に分厚い資料集を作成して踏査したことは、文献資料の所在を知ることにもつながった。この資料は現在も三冊のファイルに綴じて保存しており、時おり活用することがある。

奈文研では平城宮や平城京の薬師寺、西隆寺、大安寺の調査、藤原宮や京内の大官大寺、飛鳥の小治田宮伝承地、山田寺、和田廃寺など宮殿や多くの寺院の調査にかかわり、畿内の中枢部で造営された大規模な構築物の歴史的意義を考える機会になった。

その後、滋賀大学に転任することになり、研究に加えて学生の教育にもかかわることになった。転任後まもなくの一九八〇年に草津市宝光寺跡、さらに一九八一年三月から八三年三月にかけて蒲生町宮井廃寺の発掘調査をいずれも教育委員会の協力をえながら実施する機会があった。この調査の際に近江の古代寺院の資料をまとめたものがないことの不便さを痛感し、近江の古代寺院の資料集を編成することを計画した。これは西田 弘氏、林 博通氏、田中勝弘氏らと共同で進めることになり、一九八九年に『近江の古代寺院』を刊行することができた。これを編纂するにあたって、解説の一部を分担して執筆するために近江の古代寺院の大半を歩いて踏査してみた。これは冒頭に述べた「古墳ピクニック」の経験をもとに、いわば独りで行ってみたものである。これによって比較的短期間に近江の各地を歩くことになり、地域を知ることになった。

さらに、一九八九年から『蒲生町史』の編纂とかかわることになった。この蒲生町史を編集するにあたって、蒲生町域が位置する日野川流域の地域史を掘りさげることに徹してみることにした。この日野川流域は、天智天皇が天智九年（六七〇）二月に大津宮から遷都する動きがあったことが『日本書紀』に記されている地域で、百済から移住した鬼室集斯らを居住させた地域でもある。それだけに、この日野川流域がもつ歴史的特質をどのように明らかにするかが大きな課題になった。この原稿執筆の準備を進めていたさ中に、雪野山の山頂で近江で最古期に築造された豊かな副葬品をもつ前方後円墳の雪野山古墳が見つかったことは、この地域が古代で果たした役割をじつによく示したものと理解してよいものであった。この画期的な調査成果は調査関係者によって『雪野山古墳の研究』としてすぐれた調査報告が刊行されたことは、近江の古墳時代前期の研究を深める前提を確立したものと評価してよいであろう。

その後、古墳時代中期の首長墳が集中して築造された木村古墳群を構成する天乞山古墳、久保田山古墳の史跡整備にも関与したこともあり、日野川流域の古墳の展開をさらに考える機会が重なったことは、この地域の首長墳に対する理解を深めることになった。

そして、近年は『長浜市史』や『米原町史』を分担執筆したことから、湖北の姉川流域や天野川流域の遺跡をもとに、この地域の歴史的展開を考える機会をもつようになった。

さて、本書は、主としてこの一〇年間に執筆した論稿を中心に、新たに二編を書き加えて編集した。これを一つの区切りとして、今後は、さらに新たな考古学資料をもとに近江の原始・古代の歴史的発展や特質を明らかにすることにしたい。

収録した各論稿は年代順に配列すると、つぎのようになる。(初出の論稿の表題を変更したまま記す)

第一部　近江の遺跡と歴史的展開

近江の群集墳の成立―近江の群集墳のさまざま―	一九八一年七月
古代の近江型土師器と二つの特徴	一九八四年一月
湖底に眠る古代遺跡	一九八七年四月
近江の古代寺院と渡来系氏族	一九八八年四月
葛籠尾崎湖底遺跡考	一九八九年二月
発掘された勢多橋	一九九〇年二月
宮井廃寺と辻岡山瓦窯	一九九〇年二月
大津京と穴太廃寺	一九九〇年一一月
古代近江の生産遺跡	一九九一年四月
近江の仏教と古代寺院	一九九二年五月
近江の古代寺院と条里	一九九二年一二月
近江の縄文遺跡と貝塚食料	一九九四年八月
紫香楽宮を考える	一九九七年二月
縄文人と弥生人のくらし	一九九九年四月
近江の朝鮮系古代集落の世界	二〇〇〇年一月

第二部　近江の地域的世界

草津川流域の古墳の展開　一九八一年七月
愛知川流域の集落と古墳の展開　一九八三年六月
野洲川左岸の古代集落　一九八八年三月
日野川流域の縄文集落　一九九五年一二月
日野川流域と古墳の築造　一九九五年一二月
日野川流域の古墳時代集落と生産　一九九五年一二月
日野川流域の白鳳寺院　一九九五年一二月
日野川流域の古代集落と生産　一九九五年一二月
蒲生野の領域　一九九五年一二月
姉川流域の古墳と古代寺院　一九九六年一二月
名神高速道路とケンサイ塚古墳の破壊　一九九九年三月
地方史研究の現状—滋賀県—　一九九九年二月
日野川流域と農業社会の成立　二〇〇〇年四月
雪野山山麓の古墳群と築造氏族の本拠地　二〇〇〇年四月

本書の各論稿を転載し、挿図を掲載するにあたっては、多くの方のご協力をえた。とりわけ第二部では、滋賀県教育委員会、草津市教育委員会、長浜市教育委員会、蒲生町教育委員会、栗東町教育委員会、および西田弘氏、宮成良佐氏にお世話になった。また、校正を行うにあたっては、森 智美氏のお世話になった。さらに、刊行にあたってサンライズ出版の岩根順子氏、李真由美氏、川嵜愛子氏にお世話になった。記して感謝の意を表します。

◆図・写真・表一覧◆

図面

写真

表

◆口絵写真解説◆

粟津貝塚（大津市）

琵琶湖湖底に沈んでいるセタシジミを主体とした淡水産貝塚である。1990～91年度に発掘調査が行われた結果、縄文時代中期の貝塚とその下に前期、早期の落ち込み、早期の自然流路などが見つかった。貝塚は貝層と植物遺存体層が互層になっており、出土した多量のトチノ実から、中期にアクを抜いて食料とされていたことが判明した。

久保田山古墳（蒲生町）

中期の首長墳が集中して築造された木村古墳群を構成する古墳の一つである。北と南に造出しが付設された全長57mの大型円墳である。墳丘に円筒埴輪列の一部と裾部に葺石《ふきいし》がよく残っていた。周濠《しゅうごう》から朝顔型埴輪が出土している。５世紀後半のものである。1990年に墳丘に葺石を貼り、円筒埴輪がめぐらされて史跡整備されている。

宝光寺廃寺の講堂跡と瓦積基壇（草津市）

大津京の対岸にあたる草津市西北部地域に造営された白鳳寺院で、講堂基壇に平瓦を半截して積んだ瓦積基壇《かわらづみきだん》の外装が見つかっている。外縁に輻線文《ふくせんもん》をつけた素弁系の軒丸瓦と重弧文軒平瓦が葺かれている。輻線文縁軒丸瓦は渡来系氏族寺院に葺かれているので、この氏寺もその可能性が高い。ここからは大津京域の寺院に顕著にみられる方形瓦も出土している。

穴太遺跡の土壁造り住居（大津市）

大津市北郊では方形に狭い溝を掘り、その中に細い柱材を0.5m間隔に立て、柱と柱の間を木舞で編んで壁造りした建物が顕著に見つかっている。これと同様の住居は朝鮮半島の公州にある艇止山《ていしざん》遺跡などで検出されており、朝鮮系の渡来人の集落を構成する建物とみてよい。この住居は穴太《あのう》遺跡で初めてその構造が判明したもので、７世紀に近江の漢人系の渡来人のムラを中心に建てられている。遺跡の一部からは朝鮮民俗固有の暖房施設であるオンドル遺構も検出されている。

宮井廃寺の塔跡（蒲生町）

日野川中流域の左岸に造営された７世紀後半の氏院で、塔のほかに金堂、北方建物、西方建物が検出されている。塔跡には礎石の大半が遺存しており、残りがよい。雷文《らいもん》縁複弁蓮華文と指頭圧痕重弧文軒平瓦が創建期に葺かれている。この北に隣接する野瀬遺跡から多量の瓦と墨書《ぼくしょ》土器が出土し、この氏院を造営した氏族の集落があったことも知られている。

穴太廃寺の金堂跡（大津市）

穴太廃寺は近江飛鳥時代に造営された数少ない氏寺の一つで、新旧二つの伽藍《がらん》が検出されている。創建期の伽藍は北で東に40度ほど偏して建てられ、素弁系軒丸瓦が葺かれていたが、単弁系と複弁系軒丸瓦を葺く法起寺式に建替えられていた。その時期は大津遷都の時期とみなされており、大津宮を中心とした地割がここまで及んだことによるものであろう。建替えられた写真の金堂には瓦積基壇の外装《がいそう》が採用され、大和の山田寺の金堂と同じ例の少ない礎石配置を行っていたことが知られている。また講堂は礎石のほとんどが残っていた。

■著者略歴
小笠原好彦（おがさわら　よしひこ）
1941年　青森市生まれ
1966年　東北大学大学院文学研究科修士課程修了
1966年　奈良国立文化財研究所平城宮跡発掘調査部、飛鳥藤原宮跡発掘調査部を経て、現在は滋賀大学教育学部教授

主要著書
『近江の古代寺院』（共著　近江の古代寺院刊行会　1989年）
『勢多唐橋』（編著　六興出版　1990年）
『クラと古代王権』（編著　ミネルヴァ書房　1991年）
『高句麗の都城遺跡と古墳』（編著　同朋舎　1992年）
『難波京の風景』（文英堂　1997年）
『天平の都　紫香楽宮―その実像を求めて』（共著　ナカニシヤ出版　1997年）
『展望日本歴史4　大和王権』（編著　東京堂出版　2000年）

現住所　滋賀県大津市南郷6丁目1085-24

近江の考古学

2000年8月1日　初版1刷発行

著　者／小笠原好彦
発行者／岩根順子
発行所／サンライズ出版
滋賀県彦根市鳥居本町655-1
☎0749-22-0627　〒522-0004
印　刷／サンライズ印刷株式会社

ISBN4-88325-072-5 C1021